《现代数学基础丛书》编委会

主　编：杨　乐

副主编：姜伯驹　李大潜　马志明

编　委：(以姓氏笔画为序)

　　　　王启华　王诗宬　冯克勤　朱熹平
　　　　严加安　张伟平　张继平　陈木法
　　　　陈志明　陈叔平　洪家兴　袁亚湘
　　　　葛力明　程崇庆

"十四五"时期国家重点出版物出版专项规划项目
现代数学基础丛书 195

现代保险风险理论

郭军义　王过京　吴　荣　尹传存　著

科学出版社
北　京

内 容 简 介

本书的内容来源于多项国家自然科学基金资助的研究成果. 这些成果基本上是作者发表的部分学术论文. 第 1 章主要介绍破产概率、若干重要精算量的分布和联合分布以及 Gerber-Shiu 期望折扣罚金函数. 第 2 章主要介绍含投资回报风险模型的破产理论, 包括含投资回报的古典模型、更新模型以及带干扰的古典模型. 第 3 章主要介绍具有相依结构的风险模型的破产问题, 包括带延迟索赔离散时间二项模型、复合泊松模型以及索赔相依的风险模型. 第 4 章主要介绍莱维风险模型的若干结果, 主要包括末离时、逗留时以及最优分红问题.

本书适合作为数学、统计学和经济学等专业本科生和研究生的教材, 也可作为科研人员和高等院校教师的参考书.

图书在版编目(CIP)数据

现代保险风险理论/郭军义等著. —北京：科学出版社, 2022.10
(现代数学基础丛书; 195)
ISBN 978-7-03-073134-0

Ⅰ. ①现⋯ Ⅱ. ①郭⋯ Ⅲ. ①保险业–风险管理–研究 Ⅳ. ①F840.323

中国版本图书馆 CIP 数据核字(2022) 第 168771 号

责任编辑：李 欣 李 萍／责任校对：杨聪敏
责任印制：吴兆东／封面设计：陈 敬

科 学 出 版 社 出版
北京东黄城根北街 16 号
邮政编码：100717
http://www.sciencep.com

北京中石油彩色印刷有限责任公司 印刷
科学出版社发行 各地新华书店经销

*

2022 年 10 月第 一 版 开本：720×1000 1/16
2023 年 2 月第二次印刷 印张：23 3/4
字数：478 000
定价: 168.00 元
(如有印装质量问题, 我社负责调换)

《现代数学基础丛书》序

对于数学研究与培养青年数学人才而言，书籍与期刊起着特殊重要的作用．许多成就卓越的数学家在青年时代都曾钻研或参考过一些优秀书籍，从中汲取营养，获得教益．

20 世纪 70 年代后期，我国的数学研究与数学书刊的出版由于"文化大革命"的浩劫已经破坏与中断了 10 余年，而在这期间国际上数学研究却在迅猛地发展着．1978 年以后，我国青年学子重新获得了学习、钻研与深造的机会．当时他们的参考书籍大多还是 50 年代甚至更早期的著述．据此，科学出版社陆续推出了多套数学丛书，其中《纯粹数学与应用数学专著》丛书与《现代数学基础丛书》更为突出，前者出版约 40 卷，后者则逾 80 卷．它们质量甚高，影响颇大，对我国数学研究、交流与人才培养发挥了显著效用．

《现代数学基础丛书》的宗旨是面向大学数学专业的高年级学生、研究生以及青年学者，针对一些重要的数学领域与研究方向，作较系统的介绍．既注意该领域的基础知识，又反映其新发展，力求深入浅出，简明扼要，注重创新．

近年来，数学在各门科学、高新技术、经济、管理等方面取得了更加广泛与深入的应用，还形成了一些交叉学科．我们希望这套丛书的内容由基础数学拓展到应用数学、计算数学以及数学交叉学科的各个领域．

这套丛书得到了许多数学家长期的大力支持，编辑人员也为其付出了艰辛的劳动．它获得了广大读者的喜爱．我们诚挚地希望大家更加关心与支持它的发展，使它越办越好，为我国数学研究与教育水平的进一步提高做出贡献．

杨　乐

2003 年 8 月

前　言

在 20 世纪早期, Harald Cramér 和 Filip Lundberg 建立了风险理论与随机过程理论之间的联系. 至 20 世纪八九十年代这种联系已发展得很广泛和深入了. 许多专著也陆续出版, 如 *An Introduction to Mathematical Risk Theory* (Gerber, 1979) (有中文译著), *Aspects of Risk Theory* (Grandell, 1991) 和 *Ruin Probabilities* (Asmussen, 2000) 等. 在此背景下, 南开大学概率论学科的部分教师、研究生和校友, 自 20 世纪 90 年代中期, 开始了对该领域的学习和研究. 本书是我们研究工作的阶段性总结.

全书共四章, 按章节顺序分别由吴荣、王过京、郭军义和尹传存执笔.

第 1 章主要研究破产概率、重要精算量的分布、联合分布和 Gerber-Shiu 期望折扣罚金函数 (简称 Gerber-Shiu 函数), 共涉及七种重要精算模型 (随机过程), 在研究方法上凸显了马氏 (马尔可夫) 过程理论以及马氏过程与鞅理论相结合的应用.

Gerber 和 Shiu (1997) 对古典风险模型的三个重要精算量的联合分布函数问题做了分析研究, 并给出了当初始本金为零时的解析表达式. 在此基础上, 我们运用马氏过程的子过程理论, 得到了任意初始准备金下的三个重要精算量联合分布函数的解析表达式. 利用此方法也得到了常利率古典风险模型的三者联合分布函数的解析表示.

Gerber 和 Shiu (1998) 对三个重要精算量引入了 Gerber-Shiu 函数. 关于该函数的研究, 通常都用方程的方法. 我们利用概率的方法, 对常利率古典风险模型和常利率更新风险模型分别得到了 Gerber-Shiu 函数的级数展开式. 此法也适用于一般的更新风险模型. 对间隔时间为相位型分布的更新风险模型, 利用相位型分布与马尔可夫链的关系, 导出了 Gerber-Shiu 函数的积分-微分方程. 并在某些条件下, 当理赔分布属于有理分布族时得到了 Gerber-Shiu 函数的解析表示. 在风险理论中, 当破产发生后负盈余会持续多长时间? 破产会发生多少次? 负盈余的总持续时间是多长? 这类问题也是很受关注的. 对常利率古典风险模型, 我们首先研究了首中零点的分布函数. 在此基础上解决了上述一系列问题. 对有扩散扰动的风险模型, 利用极限逼近的方法和 Excursion 理论, 在 Egídio dos Reis (1993) 和 Schäl (1993) 的工作基础上解决了负盈余的总持续时间问题.

关于破产概率的研究, 我们不局限于求它的值, 估计它的上下界以及导出它满足的积分-微分方程. 对某些马氏过程的风险模型, 选择首先证明其二次连续可微性, 再导出它所满足的积分-微分方程, 并在某些特殊条件下还证明它是方程的唯一解.

其他重要精算量, 如恰在破产前的盈余、破产前的上确界值及破产时的损失等也分别得到了研究. 涉及的风险模型还包括含有借贷关系的 D-E 模型. 此外对个别风险模型也涉及分红问题的研究.

第 2 章介绍关于含投资回报风险模型的破产理论方面的一些工作, 涉及的风险模型主要包括含随机投资回报古典风险模型、含常利率带干扰古典风险模型和含随机投资回报更新风险模型. 研究内容包括: 含随机投资回报古典风险模型的破产概率、在破产时刻的亏损分布及在破产前盈余过程极值分布的分析性质和关系, 含常利率风险模型的破产概率和 Gerber-Shiu 期望折扣罚金函数的分解、相应的分析性质及闭形式表达式, 以及含随机投资回报更新风险模型的破产概率的分析性质及表达式等.

在以往文献中, Grandell (1991) 给出了古典风险模型的生存概率所满足的积分方程, 由该积分方程直接推出了最终破产概率作为初始盈余的函数具有连续可微分性, 然而对其他较一般风险模型很少有文献给出最终破产概率所满足的合适的积分方程, 在研究诸如最终破产概率、破产时间的拉普拉斯 (Laplace) 变换和 Gerber-Shiu 函数等诸多精算量时, 很多时候总是直接假设它们是保险公司初始盈余的连续可微分函数, 而直接验证这一假设一般是较为复杂的一项工作. 第 2 章借助现代随机过程和随机分析中的理论和方法对有关风险模型建立了相应模型的最终破产概率、破产时间的拉普拉斯变换函数和 Gerber-Shiu 函数等所满足的各类积分方程, 借助这些积分方程给出了这些精算量函数连续可微分的一些充分条件, 为已有文献中一些工作提供了理论基础.

第 3 章关于相依风险模型的部分主要包括具有相依结构的风险模型的破产概率等相关问题, 具体有如下两部分内容:

一是带延迟索赔的离散时间复合二项风险模型. 具体来说, 一个索赔的发生会引起另一个具有不同索赔额分布的索赔发生. 然而, 被诱发的索赔的发生时间可能被推迟到较晚的时间段. 这种现象在现实中是经常发生的, 比如对于像地震或暴雨这样的灾害, 很可能在直接的索赔之后还存在其他的被推迟的衍生保险索赔. 对于该类风险模型给出了计算生存概率和破产概率的一些递推公式, 并对破产前余额和破产时赤字等联合分布进行了研究, 利用其与复合二项模型的关系, 给出了相应的递推公式. 同时对于带延迟索赔的复合泊松模型利用鞅方法给出了破产概率的表达式. 上述结果的推导都用到了一个共同的方法, 即构造与所研究的模型相关的一类辅助模型, 来联合推导所涉及的精算量的递推和表达式. 二是关于一类具有泊松 (Poisson) 和埃尔朗 (Erlang) 风险过程的索赔相依风险模型, 通过模型转换的方法给出了相关精算量的表达式以及上界估计式.

第 4 章给出了莱维 (Lévy) 风险模型的若干结果. 莱维过程是一类具有平稳独立增量的随机过程, 它还是时空齐次马氏过程和半鞅, 其中布朗 (Brown) 运动、泊松过程、复合泊松过程和稳定过程是莱维过程的典型代表. 莱维过程在理论上和应用上均有非常重要的研究价值, 特别地, 在数理金融和精算等领域也得到了广泛的应用. 本章首先总结了莱维过程的性质及基本结论, 然后给出了它在保险精算中的应用. 特别地, 给出了谱负莱维过程的末离时的一些结果, 以及谱负莱维过程的逗留时的分布, 研究了具有终端值的谱正莱维过程的最优分红问题及谱正莱维过程的最优阈值分红问题. 在每节最后给出了一些最新的文献.

本书适合作为数学、统计学和经济学等专业本科生和研究生的教材, 也可作为科研人员和高等院校教师的参考书.

本书的写作和出版得到了国家自然科学基金 (项目编号: 12071251, 11771320, 12271274) 的资助. 在写作过程中苏州大学金融工程研究中心的师生做了大量的编辑工作. 另外, 出版社编辑李欣等在出版过程中给予了许多支持和帮助, 特此表示感谢.

郭军义　王过京　吴　荣　尹传存

(本书作者的署名顺序是按姓名的拼音字母顺序排列)

2021 年 10 月

目　　录

《现代数学基础丛书》序
前言
第 1 章　重要精算量的分布、联合分布和 Gerber-Shiu 期望折扣罚金函数 · · · 1
1.1　古典风险模型 · · · · · · 1
1.1.1　破产概率 · · · · · · 2
1.1.2　重要精算量的分布与联合分布 · · · · · · 6
1.2　带常利率的古典风险模型 · · · · · · 25
1.2.1　Gerber-Shiu 期望折扣罚金函数 · · · · · · 26
1.2.2　$T_r, U_r(T_r^-)$ 和 $|U_r(T_r)|$ 三个精算量的联合分布 · · · · · · 32
1.2.3　余额过程首次穿越零水平线时间分布及总负持续时间分布 · · · · · · 37
1.3　常利率更新风险模型 · · · · · · 44
1.3.1　引言 · · · · · · 44
1.3.2　Gerber-Shiu 期望折扣罚金函数 · · · · · · 45
1.3.3　关于最终破产概率 $\Psi_\delta(u)$ 的上下界 · · · · · · 56
1.4　Cox 风险模型 · · · · · · 61
1.4.1　引言 · · · · · · 61
1.4.2　破产概率 · · · · · · 62
1.4.3　首中时与末离时分布 · · · · · · 72
1.5　带有扩散扰动的古典风险模型 · · · · · · 85
1.5.1　引言 · · · · · · 85
1.5.2　$T, U(T-), |U(T)|$ 三者的联合分布函数 · · · · · · 86
1.5.3　负盈余的总持续时间 · · · · · · 92
1.5.4　两个重要精算量的分布 · · · · · · 110
1.6　具有相位型分布的风险模型 · · · · · · 121
1.6.1　间隔时间为相位型分布的 Sparre Anderson 更新风险过程的 Gerber-Shiu 期望折扣罚金函数 · · · · · · 122
1.6.2　含两类更新过程的 Gerber-Shiu 期望折扣罚金函数 · · · · · · 133
1.6.3　带阈值分红策略的更新跳-扩散过程 · · · · · · 157
1.7　逐段决定马尔可夫风险模型 · · · · · · 178

  1.7.1 关于 D-E 模型恰在破产前和在破产时盈余的分布 ················ 179
  1.7.2 一类逐段决定马尔可夫风险模型的破产概率和上确界值分布 ······ 193

第 2 章 含投资回报风险模型的破产理论 ·································· 206
2.1 含随机投资回报古典风险模型的破产理论 ···························· 206
  2.1.1 破产概率 ·· 207
  2.1.2 在破产时刻的盈余分布 ··· 213
  2.1.3 破产前盈余最大值分布 ··· 216
2.2 含常利率带干扰古典风险模型的破产概率 ···························· 217
  2.2.1 带干扰古典风险模型的情形 ·· 218
  2.2.2 含有确定性投资回报的情形 ·· 222
  2.2.3 例 ··· 226
2.3 含常利率带干扰古典风险模型的 Gerber-Shiu 期望折扣罚金函数 ··· 230
  2.3.1 积分和积分-微分方程 ··· 231
  2.3.2 一些关于 Φ_s 的闭形式表达式 ······································ 235
2.4 含随机投资回报更新风险模型的破产理论 ···························· 240
  2.4.1 Gerber-Shiu 期望折扣罚金函数 ···································· 241
  2.4.2 关于 $\Phi_\alpha(y)$ 的积分-微分方程 ······································· 244
  2.4.3 破产概率的上下界 ··· 247
  2.4.4 关于 $B_\alpha(y,x)$ 的一些分析结果 ···································· 249

第 3 章 相依风险模型 ··· 256
3.1 时间相依复合二项风险模型破产概率 ·································· 256
  3.1.1 引言 ·· 256
  3.1.2 模型 ·· 257
  3.1.3 递推公式 ·· 258
  3.1.4 一些特殊情况下的最终破产概率 ·································· 263
  3.1.5 一个推广 ·· 265
3.2 破产前余额与破产时赤字 ·· 268
  3.2.1 引言 ·· 268
  3.2.2 破产前余额和破产时赤字的联合分布 ···························· 269
  3.2.3 无穷时间破产概率 ··· 275
  3.2.4 Lundberg 指数和破产概率上界 ···································· 280
3.3 带延迟索赔的复合泊松风险过程 ·· 282
  3.3.1 引言 ·· 282
  3.3.2 模型 ·· 282
  3.3.3 破产概率的鞅方法 ··· 283

目录

  3.3.4 Lundberg 指数 ································· 290
  3.3.5 破产概率的逼近 ······························· 291
 3.4 一类具有泊松和埃尔朗风险过程的索赔相关风险模型 ········ 295
  3.4.1 引言 ··· 295
  3.4.2 模型转换 ····································· 296
  3.4.3 指数索赔的破产概率 ··························· 297
  3.4.4 一般索赔的渐近结果 ··························· 303

第 4 章 莱维风险模型 ·· 307
 4.1 莱维过程的定义 ··· 307
 4.2 莱维过程的例子 ··· 309
 4.3 谱负莱维过程的逸出问题 ··································· 310
 4.4 谱负莱维过程的末离时 ····································· 313
  4.4.1 引言 ··· 313
  4.4.2 特殊情况 ····································· 316
  4.4.3 一般情况 ····································· 319
  4.4.4 在风险理论中的应用 ··························· 322
 4.5 谱负莱维过程的逗留时 ····································· 325
 4.6 具有终端值的谱正莱维过程的最优分红问题 ················· 328
  4.6.1 引言 ··· 328
  4.6.2 尺度函数 ····································· 330
  4.6.3 主要结果 ····································· 331
 4.7 谱正莱维过程的最优分红问题 ······························· 336
  4.7.1 引言 ··· 336
  4.7.2 模型和最优化问题 ····························· 337
  4.7.3 阈值分红策略 ································· 340
  4.7.4 最优分红策略 ································· 345

参考文献 ·· 348
《现代数学基础丛书》已出版书目 ································· 359

第 1 章 重要精算量的分布、联合分布和 Gerber-Shiu 期望折扣罚金函数

本章着重讨论几类常用的精算模型,分别研究其某些精算量,在研究方法上除了用概率论、鞅论、方程等数学理论外,主要突出了马尔可夫过程理论的应用.

1.1 古典风险模型

设 $(\Omega, \mathscr{F}, P)$ 是一个完备概率空间,$N = \{N(t), t \geqslant 0\}$,$N(0) = 0$,是具有参数 $\lambda(> 0)$ 轨道右连续的泊松过程. $Z = \{Z_k, k \geqslant 1\}$ 为独立同分布的随机变量序列,具有共同分布函数 $P(x), P(0) = 0$. 期望为 μ,方差是 σ^2. 记

$$S(t) = \sum_{k=1}^{N(t)} Z_k,$$

$S(t)$ 是时间区间 $(0, t]$ 内的总索赔量,$N(t)$ 是索赔次数,Z_k 是第 k 次索赔的量,随机过程 (简称过程) N 与 Z 独立.

$$U(t) = u + ct - S(t), \tag{1.1.1}$$

$u \geqslant 0$ 是公司的初始准备金,$c \geqslant 0$ 是公司单位时间内的收入,$U(t)$ 是时间 t 时公司的余款.

定义 1.1.1 $U = \{U(t), t \geqslant 0\}$ 称为古典风险模型.

在时间区间 $(0, t]$ 中的平均余额为

$$E[U(t)] = u + ct - E[N(t)]E[Z_k] = u + ct - \lambda \mu t = u + (c - \lambda \mu)t.$$

记

$$\rho = \frac{c - \lambda \mu}{\lambda \mu} = \frac{c}{\lambda \mu} - 1. \tag{1.1.2}$$

定义 1.1.2 ρ 称为相对安全系数.

易见当 $\rho > 0$ 时,$P\left(\lim\limits_{t \to \infty} U(t) = \infty\right) = 1$,在以下的研究中可见 ρ 具有极其重要的意义. 在风险理论中,最为关注的事,自然是公司是否会破产,破产的可能

性有多大? 若破产发生, 何时发生? 破产发生时公司的赤字有多大? 下面我们将讨论这些问题. 记

$$\Psi(u) = P\left(\inf_{t>0}\{u+ct-S(t)\} < 0\right). \tag{1.1.3}$$

定义 1.1.3 称 $\Psi(u)$ 为具有初始值 u 的风险过程 U 的破产概率. 称 $\Phi(u) = 1 - \Psi(u)$ 为生存概率. 当 $u < 0$ 时, 显然有 $\Psi(u) = 1$.

1.1.1 破产概率

1. 破产概率的可微性及其所满足的积分-微分方程

Feller (1971, p.183) 证明了生存概率 $\Phi(u)$ 的可微性并导出了其所满足的积分-微分方程, 下面陈述该证明.

定理 1.1.1 生存概率 $\Phi(u)$ 是可微的, 并满足以下积分-微分方程

$$\Phi'(u) = \frac{\lambda}{c}\Phi(u) - \frac{\lambda}{c}\int_0^u \Phi(u-z)dP(z). \tag{1.1.4}$$

证明 以 W_1 表示首次索赔发生的时间, 由于破产不可能在 $[0, W_1)$ 时段内出现, 因此

$$\Phi(u) = P\left(\inf_{t>0}\left\{u+ct-\sum_{k=1}^{N(t)}Z_k\right\} \geqslant 0\right)$$
$$= P\left(\inf_{t>0}\{U(t)\} \geqslant 0\right) = P\left(\inf_{t>W_1}\{U(t)\} \geqslant 0\right).$$

因 $U = \{U(t), t \geqslant 0\}$ 是轨道右连续的平稳独立增量过程, 它具有强马氏性, 利用强马氏性, 可得

$$\Phi(u) = E[\Phi(U(W_1))] = E[\Phi(u+cW_1-z_1)]$$
$$= \int_0^\infty \lambda e^{-\lambda s}\int_0^{u+cs}\Phi(u+cs-z)dP(z)ds.$$

令 $x = u+cs$, 得

$$\Phi(u) = \frac{\lambda}{c}e^{\lambda\frac{u}{c}}\int_u^\infty e^{-\lambda\frac{x}{c}}\int_0^x \Phi(x-z)dP(z)dx. \tag{1.1.5}$$

上式表明 $\Phi(u)$ 关于 u 可微, 将上式两边关于 u 微分, 推出 (1.1.4) 式. □

1.1 古典风险模型

对 (1.1.4) 式两边关于 u 在区间 $(0,t)$ 中积分, 经整理后得到

$$\Phi(u) = \Phi(0) + \frac{\lambda}{c} \int_0^u \Phi(u-z)(1-P(z))dz, \qquad (1.1.6)$$

上式两边令 $u \to \infty$, 由单调收敛定理可得

$$\Phi(\infty) = \Phi(0) + \frac{\lambda\mu}{c}\Phi(\infty), \qquad (1.1.7)$$

因 $EU(t) = u + ct - \lambda\mu t$, 由强大数定理, $P\left(\lim_{t\to\infty}\frac{U(t)}{t} = c - \lambda\mu\right) = 1$, 从而当 $c - \lambda\mu > 0$ 即 $\rho > 0$ 时, 必有 $P\left(\lim_{t\to\infty} U(t) = \infty\right) = 1$.

因此必有随机变量 $T(\omega)$, 当 $t > T(\omega)$ 时, $U(t,\omega) > 0$, 由于在 $T(\omega)$ 之前泊松过程 $N = \{N(t,\omega), t \geqslant 0\}$ 只可能存在有限个跳点, 即 T 之前只可能出现有限次索赔, 从而 $P\left(\inf_{t>0}[U(t)] < \infty\right) = 1$, 由此得到 $\Phi(\infty) = 1$, 代入 (1.1.7) 式得

$$\Psi(0) = \frac{\lambda\mu}{c}, \quad \rho > 0. \qquad (1.1.8)$$

这体现出相对安全系数的重要性.

2. 例

例 1.1.1 索赔分布为指数情形: 此时 $P(x)$ 具有密度函数 $\mu e^{-\mu x}$, (1.1.4) 式成为如下形式

$$\Phi'(u) = \frac{\lambda}{c}\Phi(u) - \frac{\lambda}{c\mu}\int_0^u \Phi(z)e^{-\frac{u-z}{\mu}}dz.$$

上式两边关于 u 求导得

$$\Phi''(u) = \frac{\lambda}{c}\Phi'(u) - \frac{1}{\mu}\Phi'(u) = \frac{\rho}{\mu(1+\rho)}\Phi'(u).$$

从而

$$\Phi(u) = c_1 - c_2 e^{-\frac{\rho u}{\mu(1+\rho)}}.$$

当 $\rho > 0$ 时, $\Phi(\infty) = 1$, 由 (1.1.8) 式得, $\Phi(0) = 1 - \frac{1}{1+\rho}$, 由此得出

$$\Phi(u) = 1 - \frac{1}{1+\rho}e^{-\frac{\rho u}{\mu(1+\rho)}}$$

或
$$\Psi(u) = \frac{1}{1+\rho} e^{-\frac{\rho u}{\mu(1+\rho)}}. \tag{1.1.9}$$

3. 索赔分布 $P(x)$ 为一般分布时破产概率表示

(此段主要取自 (Rolski, et al., 1998, p.165—167))

由 (1.1.6) 和 (1.1.7) 得, 当 $\rho > 0$ 时,

$$\begin{aligned}1 - \Psi(u) &= 1 - \frac{\lambda\mu}{c} + \frac{\lambda}{c}\int_0^u 1 - \Psi(u-z)(1-P(z))dz \\ &= 1 - \frac{\lambda}{c}\left(\mu - \int_0^u (1-P(z))dz + \int_0^u \Psi(u-z)(1-P(z))dz\right),\end{aligned}$$

即
$$\Psi(u) = \frac{\lambda}{c}\int_u^\infty (1-P(z))dz + \frac{\lambda}{c}\int_0^u \Psi(u-z)(1-P(z))dz. \tag{1.1.10}$$

记 $\Psi(u)$ 和 $\Phi(u)$ 的拉普拉斯变换分别为 $\widehat{\Psi}(\alpha)$ 和 $\widehat{\Phi}(\alpha)$,

$$\widehat{\Psi}(\alpha) = \int_0^\infty e^{-\alpha u}\Psi(u)du, \quad \widehat{\Phi}(\alpha) = \int_0^\infty e^{-\alpha u}\Phi(u)du, \tag{1.1.11}$$

上述积分对一切 $\alpha > 0$ 有意义.

定理 1.1.2 当 $c > \lambda\mu$ 时, 有

$$\widehat{\Phi}(\alpha) = \frac{c - \lambda\mu}{c\alpha - \lambda(1-\widehat{P}(\alpha))}, \quad \alpha > 0, \tag{1.1.12}$$

$$\widehat{\Psi}(\alpha) = \frac{1}{\alpha} - \frac{c - \lambda\mu}{c\alpha - \lambda(1-\widehat{P}(\alpha))}, \tag{1.1.13}$$

其中, $\widehat{P}(\alpha) = \int_0^\infty e^{-\alpha u}dP(u)$.

证明 由 (1.1.5) 式知 $\Phi(u)$ 关于 u 是可微的, 因而, 对 $\alpha > 0$ 有

$$\int_0^\infty e^{-\alpha u}\Phi'(u)du = -\Phi(0) + \alpha\widehat{\Phi}(\alpha).$$

在 $c > \lambda\mu$ 条件下, 由 (1.1.8) 式, $\Phi(0) = \dfrac{c-\lambda\mu}{c}$, 又

1.1 古典风险模型

$$\int_0^\infty \int_0^u \Phi(u-z)dP(z)\mathrm{e}^{-\alpha u}du$$
$$= \int_0^\infty \int_z^\infty \Phi(u-z)\mathrm{e}^{-\alpha u}dudP(z)$$
$$= \int_0^\infty \int_0^\infty \Phi(u)\mathrm{e}^{-\alpha(u+z)}dudP(z)$$
$$= \widehat{\Phi}(\alpha)\widehat{P}(\alpha),$$

用 $\mathrm{e}^{-\alpha u}$ 乘 (1.1.4) 式两边, 关于 u 在 $(0,\infty)$ 区间内积分得

$$c(\alpha\widehat{\Phi}(\alpha) - \Phi(0)) = \lambda\widehat{\Phi}(\alpha)(1-\widehat{P}(\alpha)).$$

将 $\Phi(0) = \dfrac{c-\lambda\mu}{c}$ 代入上式即得 (1.1.12) 式. 再由 $\Psi(u) = 1 - \Phi(u)$ 立即推出 (1.1.13) 式. □

下面将导出破产概率的无穷级数表示. 记

$$\overline{P}(z) = 1 - P(z), \quad z \geqslant 0,$$
$$P^0(x) = \frac{1}{\mu}\int_0^x \overline{P}(z)dz.$$

定理 1.1.3 对 $\mu \geqslant 0$, 破产概率 $\Psi(u)$ 可表示为

$$\Psi(u) = \left(1 - \frac{\lambda\mu}{c}\right)\sum_{n=1}^\infty \left(\frac{\lambda\mu}{c}\right)^n \overline{(P^0)^{*n}}(u), \tag{1.1.14}$$

其中 $P^{*n}(u)$ 表示 $P(u)$ 的 n-重卷积.

证明 对 (1.1.10) 式两边关于变量 u 取拉普拉斯变换得

$$\widehat{\Psi}(\alpha) = \frac{\lambda\mu}{c}\widehat{\overline{P^0}}(\alpha) + \frac{\lambda\mu}{c}\widehat{\Psi}(\alpha)\widehat{\overline{P^0}}(\alpha). \tag{1.1.15}$$

这得到

$$\widehat{\Psi}(\alpha) = \lambda\mu c^{-1}\widehat{\overline{P^0}}(\alpha)\left(1 - \lambda\mu c^{-1}\widehat{\overline{P^0}}(\alpha)\right)^{-1}. \tag{1.1.16}$$

上式表明 $\widehat{\Psi}(\alpha)$ 是一个具有特征 $(\lambda\mu c^{-1}, P^0)$ 的几何组合分布的尾函数的拉普拉斯变换, 由函数与其拉普拉斯变换的一一对应关系得到 (1.1.14) 式. □

(1.1.15) 式称为 Pollaczek-Khinchin 公式.

关于破产概率 $\Psi(u)$ 的渐近公式,可参看 (Feller, 1971, p.376),这里仅阐述该结果. 设 $c > \lambda\mu$, 那么

$$\frac{\lambda\mu}{c} = \frac{\lambda}{c}\int_0^\infty (1-P(z))\,dz < 1.$$

若存在常数 $R > 0$ 使

$$\frac{\lambda}{c}\int_0^\infty e^{Rz}(1-P(z))dz = 1, \tag{1.1.17}$$

可得

$$-\frac{1}{R} + \frac{1}{R}\int_0^\infty e^{Rz}dP(z) = \frac{h(R)}{R},$$

R 是下述方程

$$h(R) = \frac{cR}{\lambda} \tag{1.1.18}$$

的正解. 由此可得出

$$\lim_{u\to\infty} e^{Ru}\Psi(u) = \frac{\rho\mu}{h'(R) - \dfrac{c}{\lambda}}, \tag{1.1.19}$$

上式称为 Cramer-Lundberg 近似.

若 F 为指数分布情形: 密度函数为 $\mu e^{-\mu u}$, 可求得

$$R = \frac{\rho}{\mu(1+\rho)}. \tag{1.1.20}$$

以下的讨论, 总假设分布函数 $P(x)$ 具有密度函数 $p(x)$.

1.1.2 重要精算量的分布与联合分布

定义

$$T = \begin{cases} \inf\{t > 0 : U(t) < 0\}, \\ \infty, \qquad \text{若上集空,} \end{cases} \tag{1.1.21}$$

称 T 为过程 U 的破产时, 显然 $\Psi(u) = P(T < \infty | U(0) = u)$. 当 $T < \infty$ 时, $U(T-)$ 称为破产瞬间前的余额, $|U(T)|$ 为破产时的亏损. 在风险理论中, 破产时及其亏损是最受关注的两个量. 分别研究这两个量的文献不少, 而 Gerber 和 Shiu (1997) 则首次研究了这两个量的联合分布. 从数学研究的角度, 他们引入了 $U(T-)$, 该量对研究 $(T, U(T))$ 的联合分布起着重要作用. 因而他们研究了三个量的联合分布.

1. 古典风险模型的 $T, U(T-), |U(T)|$ 三者的联合分布

记三者联合分布为

$$I = P(T \in [t, t+dt), U(T-) \in [x, x+dx), |U(T)| \in [y, y+dy)|U(0) = u), \quad (1.1.22)$$

以下简记 $T \in [t, t+dt)$ 为 $T \in dt$, 对 $[x, x+dx)$, $[y, y+dy)$ 也同样简化.

若 (1.1.22) 式存在密度函数, 则记

$$I = f(t, x, y|u) dt dx dy, \quad (1.1.23)$$

在 (Gerber and Shiu, 1997) 中给出了有关三者联合分布的解析表达式

$$f(t, x, y|u) dt dx dy = [\widetilde{\pi}(t, u, x) dt][\lambda c^{-1} dx][p(x+y)] dy, \quad (1.1.24)$$

其中 $\widetilde{\pi}(t, u, x) dt$ 表示时间 t 前破产未出现, 在时间区间 $[t, t+dt)$ 内, 余额过程 $\{U(t)\}$ 存在 1 次向上通过 x 水平时间的概率. 令

$$T_x = \begin{cases} \inf\{t > 0 : U(t) = x\}, \\ \infty, \qquad \text{若上集空}, \end{cases} \quad (1.1.25)$$

T_x 是余额过程 U 首次到达 x 的时间. $P(T_x \leqslant t | U(0) = u)$ 的密度函数记为 $\pi(t, u, x)$.

Gerber 和 Shiu (1997) 利用对偶原理, 得出该文中 (3.7) 式, 即对 $t > 0, x > 0$,

$$\pi(t, 0, x) = \widetilde{\pi}(t, 0, x), \quad (1.1.26)$$

由他们另一篇文章 (Gerber and Shiu, 1998) 中的 (5.14) 和 (5.19) 得

$$\widetilde{\pi}(t, 0, x) = \frac{x}{t} e^{-\lambda t} \sum_{n=0}^{\infty} \frac{(\lambda t)^n}{n!} P^{*n}(ct - x), \quad (1.1.27)$$

由此得到三者联合分布密度函数 $f(t, x, y|u)$ 当 $u = 0$ 时的解析表达式.

2. 三者联合分布密度函数 $f(t, x, y|u)$ 当 $u \geqslant 0$ 时的解析表示

因泊松过程 $N = \{N(t), t \geqslant 0\}$ 的轨道是右连续的, 所以此时过程 $U = \{U(t), t \geqslant 0\}$ 是强马尔可夫过程. 记 $\mathcal{G}_\infty = \sigma(U(s), s \geqslant 0)$ 是过程 U 在 Ω 空间上产生的 σ-代数. 记 R_1 为全体实数集合. $P^x, x \in R_1$ 为初值 x 的过程 U 在可测空间 $(\Omega, \mathcal{G}_\infty)$ 上产生的概率测度, 满足 $P^x(U(0) = x) = 1$. 对 $t \geqslant 0$, 以 θ_t 表示

从 Ω 到它本身的推移算子, 满足条件: $U_s(\theta_t\omega) = U_{s+t}(\omega)$. 若 Ω 中点是图形, 则有 $U_t(\omega) \circ \theta_s = U_{s+t}(\omega)$ (参见 (Blumenthal and Getoor, 1968, 第一章)).

记 $T_k^0, k \geqslant 1$ 为过程 U 第 k 次穿过零水平线时间. 记 $S_0^0 = 0$, $S_1^0 = T_1^0$, 对 $k \geqslant 0$,

$$S_k^0 = \begin{cases} T_k^0 - T_{k-1}^0, & T_{k-1}^0 < \infty, \\ \infty, & T_{k-1}^0 = \infty. \end{cases}$$

图 1.1.1 给出了停时 T_k^0 和盈余过程 $U(t)$ 的样本轨道的示意图. 易见 $\{S_k^0\}_{k\geqslant 1}$ 为独立序列, 当 $k \geqslant 2$ 时还是同分布的. 于是

$$G^u(t) = \sum_{k=1}^{\infty} P^u(T_k^0 \leqslant t) = \sum_{k=1}^{\infty} G_1^u * (G_1^0)^{*(k-1)}(t), \tag{1.1.28}$$

$G^u(\cdot)$ 的密度函数记为 $g^u(\cdot)$. $G_1^u(t) = P^u(T_1^0 \leqslant t)$.

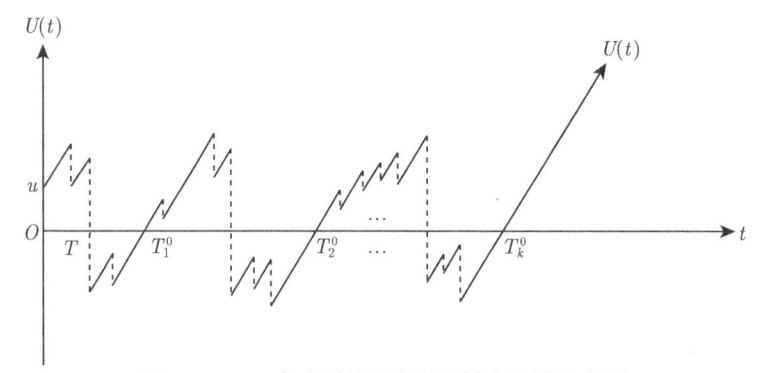

图 1.1.1 一个典型的盈余过程样本轨道示意图

记 $H_t(x) = P(S(t) \leqslant x)$, 它的分布密度函数为 $f_{S(t)}(x)$, 易得

$$f_{S(t)}(x) = e^{-\lambda t} \sum_{n=1}^{\infty} \frac{(\lambda t)^n}{n!} p^{*n}(x), \quad t \geqslant 0, \quad x \geqslant 0. \tag{1.1.29}$$

显然 $H_t(0) = e^{-\lambda t}, t \geqslant 0$.

引理 1.1.1 对 $s \geqslant 0$,

$$\begin{aligned} g^u(s) &= cf_{S(s)}(u+cs) = \left(\sum_{n=1}^{\infty} \frac{(\lambda s)^n}{n!} p^{*n}(u+cs)\right) ce^{-\lambda s}, \quad u+cs > 0, \\ g^u\left(-\frac{u}{c}\right) &= e^{\lambda \frac{u}{c}}, \quad u+cs = 0, \\ g^u(s) &= 0, \quad u+cs < 0. \end{aligned} \tag{1.1.30}$$

证明 设 $u+cs>0$,那么

$$g^u(s)ds = \sum_{k=1}^{\infty} P^u(T_k^0 \in (s,s+ds]) = \sum_{k=1}^{\infty} P^u(T_k^0 \in ds)$$

$$= \sum_{k=1}^{\infty} P^u(T_k^0 \in ds, N(s,s+ds]=0)$$

$$+ \sum_{k=1}^{\infty} P^u(T_k^0 \in ds, N(s,s+ds] \geqslant 1)$$

$$= I_1 + I_2,$$

$$I_1 = P^u\left(U(s)<0, U(s+ds) \geqslant 0, N(s,s+ds]=0\right)$$

$$= P^u(u+cs < S(s) \leqslant u+cs+cds)\mathrm{e}^{-\lambda ds}$$

$$= cf_{S(s)}(u+cs)ds + O(d^2s), \tag{1.1.31}$$

$$I_2 = \sum_{k=1}^{\infty} P^u\left(T_k^0 \in ds, N(s,s+ds] \geqslant 1\right) = O(d^2s). \tag{1.1.32}$$

由 (1.1.31), (1.1.32) 推得 (1.1.30) 第一个等式. 若 $u+cs<0$, 那么由 $P^u(T_1^0>s)=1$ 推出 $g^u(s)=0$. 若 $u+cs=0$, $s=-\dfrac{u}{c}$, 此时当且仅当 $N\left(0,-\dfrac{u}{c}\right]=0$ 时存在通过零水平的线, 即 $g^u\left(-\dfrac{u}{c}\right) = \mathrm{e}^{\lambda \frac{u}{c}}$. $\square$

下面这个定理为解决 $u \geqslant 0$ 时的 $f(t,x,y|u)$ 起到关键作用, 参见 (Wu, et al., 2003).

定理 1.1.4 设 $u,x,t \geqslant 0$, 那么

$$P^u(T>t, U(t) \in dx) = H(t,u,x)dx,$$

其中

$$H(t,u,x)$$

$$= \begin{cases} 0, & x > u+ct, \\ \mathrm{e}^{-\lambda(\frac{x-u}{c})}, & x = u+ct, \\ f_{S(s)}(u+ct-x) \\ \quad - \displaystyle\int_{[0,(t-(\frac{x}{c}))_+]} \dfrac{x}{c-(t-s)} f_{S(t)}\left(c(t-s)\right) g^u(s) ds, & x < u+ct. \end{cases}$$

$$\tag{1.1.33}$$

证明 显然有

$$P^u(T>t, U(t)\in dx) = P^u(U(t)\in dx) - P^u(T\leqslant t, U(t)\in dx). \qquad (1.1.34)$$

若 $u-x+ct>0$, 那么

$$\begin{aligned}P^u(U(t)\in dx) &= P^u(u+ct-x-dx\leqslant S(t)\leqslant u+ct-x)\\ &= f_{S(t)}(u+ct-x)dx.\end{aligned} \qquad (1.1.35)$$

以 τ_t^0 记 t 前最后一次通过零水平线的时间. 注意到 $x\geqslant 0$, 因而

$$\begin{aligned}&P^u(T\leqslant t, U(t)\in dx)\\ &= P^u(T\leqslant t, \tau_t^0\leqslant t, U(t)\in dx)\\ &= P^u(0<\tau_t^0\leqslant t, U(t)\in dx) + P^u(T\leqslant t, \tau_t^0=0, U(t)\in dx).\end{aligned}$$

因 $x\geqslant 0$, 故必有上面等式中第二项为 0, 从而

$$\begin{aligned}&P^u(T\leqslant t, U(t)\in dx)\\ &= P^u(0<\tau_t^0\leqslant t, U(t)\in dx)\\ &= \int_0^t\sum_{k=1}^\infty P^u\left(T_k^0\in ds, T_{k+1}^0>t, U(t)\in dx\right).\end{aligned}$$

由强马尔可夫性, 上式为

$$\int_0^t\sum_{k=1}^\infty P^u(T_k^0\in ds)P^0(T_1^0>t-s, U(t-s)\in dx). \qquad (1.1.36)$$

对 $x>c(t-s)$, 有

$$P^0(T_1^0>t-s, U(t-s)\in dx) = 0. \qquad (1.1.37)$$

对 $x<c(t-s)$, 有

$$P^0(T_1^0>t-s, U(t-s)\in dx) = P^0(T>t-s, U(t-s)\in dx).$$

由 (Gerber, 1979, 第八章 (2.1) 式), 得

$$P^0(T>t-s, U(t-s)\in dx) = \frac{x}{c(t-s)}f_{S(t)}(c(t-s)-x)dx. \qquad (1.1.38)$$

1.1 古典风险模型

由 (1.1.36)—(1.1.38) 及引理 1.1.1, 得

$$P^u(T < t, U(t) \in dx)$$
$$= \int_{[0,(t-(\frac{x}{c}))_+]} P^0(T_1^0 > t-s, U(t-s) \in dx)g^u(s)ds$$
$$= \left[\int_{[0,(t-(\frac{x}{c}))_+]} \frac{x}{c(t-s)} f_{S(t)}(c(t-s)-x)g^u(s)ds\right]dx. \quad (1.1.39)$$

当 $x > u + ct$ 时, 显然有

$$H(t, u, x) = 0. \quad (1.1.40)$$

当 $x = u + ct$ 时, 当且仅当 $N\left(0, \frac{x-u}{c}\right) = 0$ 时有

$$H(t, u, x) = P^u(U(t) = x) = e^{-\lambda \frac{x-u}{c}}. \quad (1.1.41)$$

$\square$

注 1.1.1 记 $V(t, u, x)dx = P^u(T > t, S(t) \in dx)$, 其中 $t > 0, x > 0, u \geqslant 0$. De Vylder 和 Goovaerts (1999) 导出了 $V(t, u, x)$ 所满足的积分方程, 因而当 $x < u + ct$ 时 $H(t, u, u + ct - x) = V(t, u, x)$ 满足该积分方程

$$H(t, u, u + ct - x)$$
$$= \lambda e^{-\lambda t} p(x) \left[t - \frac{(x-u)_+}{c}\right]$$
$$+ \lambda e^{-\lambda t} \int_{\left[\frac{(x-u)_+}{c}, t\right]} e^{\lambda \tau} d\tau \int_{[0,x]} H(\tau, u, ct - (x-y)) p(y) dy. \quad (1.1.42)$$

记

$$I = P^u(T \in (t, t+dt], U(T-) \in (x, x+dx], |U(T)| \in (y, y+dy])$$
$$= f(t, x, y|u)dtdxdy. \quad (1.1.43)$$

定理 1.1.5 设 $u, t \geqslant 0, x, y > 0$, 那么有

$$I = H(t, u, x)\lambda p(x+y)dxdydt. \quad (1.1.44)$$

证明 在前面提及的 Gerber 和 Shiu (1997) 的文章中将 $f(t, x, y|u)dtdxdy$ 表示为如下事件 A 的概率:

$A=\{$时刻 t 前破产尚未发生, 余额过程 U 在时间区间 $(t,t+dt]$ 内上升水平 x, 但不到达 $x+dx$, 即在到达 x 后出现 1 次索赔, 索赔大小在 $x+y$ 和 $x+y+dy$ 内$\}$.

当初值 $u=0$ 时他们利用保测性, 给出事件 A 的概率的解析表达. 这里将利用余额过程的强马氏性等, 对一般 $u \geqslant 0$ 给出解析表达.

对 $t \geqslant 0$, 由 (1.1.25) 式得

$$T_x \circ \theta_t = \begin{cases} \inf\{s>0 : U_{s+t}(\omega)=x\}, \\ \infty, \qquad \text{若上集空}. \end{cases}$$

令

$$T'_x = t + T_x \circ \theta_t, \tag{1.1.45}$$

事件 A 可表示为

$$A = \{T>t, T'_x \in (t,t+dt], N(T'_x, T'_x+\Delta']=1,$$
$$Z_{N(T'_x,T'_x+\Delta']} \in (x+y, x+y+dy]\}, \tag{1.1.46}$$

$$P^u(A) = P^u(T>t, T'_x \in (t,t+dt], N(T'_x, T'_x+\Delta']=1,$$
$$Z_{N(T'_x,T'_x+\Delta']} \in (x+y, x+y+dy])$$
$$= P^u(T>t, T'_x \in (t,t+dt])\lambda\Delta' e^{-\lambda\Delta'} p(x+y)dy, \tag{1.1.47}$$

其中 $\Delta' = \dfrac{dx}{c}$.

$$P^u(T>t, T'_x \in (t,t+dt])$$
$$= P^u(T>t, T'_x \in (t,t+dt], N(t,t+dt)=0)$$
$$\quad + P^u(T>t, T'_x \in (t,t+dt], N(t,t+dt) \geqslant 1)$$
$$= I_1 + I_2,$$
$$I_1 = P^u(T>t, U(t)<x<U(t+dt), N(t,t+dt)=0)$$
$$= P^u(T>t, x-cdt<U(t)<x)e^{-\lambda dt}$$
$$= H(t,u,x)cdt e^{-\lambda dt}$$

$$= cH(t,u,x)dt + O(d^2t), \tag{1.1.48}$$

$$I_2 = O(d^2t). \tag{1.1.49}$$

由 (1.1.47)—(1.1.49) 得

$$f(t,x,y|u) = H(t,u,x)\lambda p(x+y), \tag{1.1.50}$$

(1.1.44) 式得证. □

注 1.1.2 将 (1.1.44) 改写为

$$f(t,x,y|u) = cH(t,u,x)\frac{\lambda}{c}p(x+y), \tag{1.1.51}$$

该式与 (1.1.24) 比较可得 $cH(t,u,x) = \widetilde{\pi}(t,u,x)$.

对 $u=0, x<ct$, 由 (1.1.38) 得

$$cH(t,0,x) = \frac{x}{t}f_{S(t)}(ct-x), \tag{1.1.52}$$

由 (1.1.27) 和 (1.1.29) 得

$$\widetilde{\pi}(t,0,x) = \frac{x}{t}\mathrm{e}^{-\lambda t}\sum_{n=0}^{\infty}\frac{(\lambda t)^n}{n!}p^{*n}(ct-x) = \frac{x}{t}f_{S(t)}(ct-x).$$

从而得出对 $u=0, x<ct$,

$$\widetilde{\pi}(t,0,x) = cH(t,0,x). \tag{1.1.53}$$

当 $x>u+ct$ 时, 因 $H(t,u,x)=0$, 故 $f(t,x,y|u)=0$. 综上得

$$I = \begin{cases} 0, & x>u+ct, \\ \lambda\mathrm{e}^{-\lambda t}p(u+ct+y), & x=u+ct, \\ cH(t,u,x)\dfrac{\lambda}{c}p(x+y), & x<u+ct. \end{cases} \tag{1.1.54}$$

3. 其他重要精算量的分布

I. 余额过程首次穿越零水平线的时间分布

以 T_1^0 表示首次穿越零水平线的时间, T_k^0 表示第 k 次穿越的时间, 由 (1.1.28) 式知

$$G^u(t) = \sum_{k=1}^{\infty}P^u(T_k^0\leqslant t) = \sum_{k=1}^{\infty}G_1^u*(G_1^0)^{*(k-1)}(t),$$

其中 $G_1^u(t) = P^u(T_1^0 \leqslant t)$. 由引理 1.1.1 知 $u \geqslant 0, t \geqslant 0$ 时 G^u 的密度函数为

$$g^u(t) = cf_{S(t)}(u+ct) = ce^{-\lambda t}\sum_{n=1}^{\infty}\frac{(\lambda t)^n}{n!}p^{*n}(u+ct).$$

对 $\alpha > 0$, 记 $\widehat{G}_1^u(\alpha) = \int_0^{\infty} e^{-\alpha t}P^u(T_1^0 \in ds)$, $\widehat{G}^u(\alpha) = \int_0^{\infty} e^{-\alpha t}g^u(t)dt$.

定理 1.1.6 对 $u \geqslant 0, \alpha \geqslant 0$ 有

$$\begin{aligned}\widehat{G}_1^0(\alpha) &= \frac{\widehat{G}^0(\alpha)}{1+\widehat{G}^0(\alpha)}, \quad u = 0, \\ \widehat{G}_1^u(\alpha) &= \frac{\widehat{G}^u(\alpha)}{1+\widehat{G}^0(\alpha)}, \quad u > 0.\end{aligned} \tag{1.1.55}$$

当 $\widehat{G}_0(\alpha) < 1$ 时, 对一切 $\alpha \geqslant 0$ 有

$$P^u(T_1^0 \in dt)$$
$$= \begin{cases} \sum_{n=1}^{\infty}(-1)^{n-1}\left(g^0\right)^{*n}(t)dt = \sum_{n=1}^{\infty}(-1)^{n-1}c^n f_{S(t)}^{*n}(t)dt, & u = 0, \\ \sum_{n=0}^{\infty}(-1)^n g^u(t) * \left(g^0\right)^{*n}(t)dt \\ = \sum_{n=0}^{\infty}(-1)^n c^{n+1} f_{S(t)}(u+ct)f_{S(t)}^{*n}(ct)dt, & u > 0. \end{cases} \tag{1.1.56}$$

证明 当 $u = 0$ 时, 由 (1.1.28) 式得

$$G^0(t) = G_1^0(t) + G_1^0(t) * G^0(t).$$

在上式两边取 L-S 变换得

$$\widehat{G}_1^0(\alpha) = \frac{\widehat{G}^0(\alpha)}{1+\widehat{G}^0(\alpha)}.$$

若 $\widehat{G}_0(\alpha) < 1$, 对一切 $\alpha \geqslant 0$, 由引理 1.1.1, 得

$$P^0(T_1^0 \in dt) = \sum_{n=1}^{\infty}(-1)^{n-1}\left(g^0\right)^{*n}(t)dt = \sum_{n=1}^{\infty}(-1)^{n-1}c^n f_{S(t)}^{*n}(ct)dt.$$

1.1 古典风险模型

当 $u > 0$ 时, 同样推导可得

$$G^u(t) = G_1^u(t) + G_1^u(t) * G^0(t),$$

$$\widehat{G}_1^u(\alpha) = \frac{\widehat{G}^u(\alpha)}{1+\widehat{G}^0(\alpha)}.$$

当 $\widehat{G}^0(\alpha) < 1$ 时, 对一切 $\alpha > 0$, 则有

$$P^u\left(T_1^0 \in dt\right) = \sum_{n=0}^{\infty}(-1)^n \left(g^0\right)^{*n} * g^u(t)dt$$

$$= \sum_{n=0}^{\infty}(-1)^n c^{n+1} f_{s(t)}^{*n}(ct) f_{s(t)}(u+ct)dt.$$

综上得 (1.1.55) 和 (1.1.56). □

令

$$N_\infty^0 = \begin{cases} \sup\left\{k > 0 : T_k^0 < \infty\right\}, \\ 0, \qquad \text{若上集空}. \end{cases} \tag{1.1.57}$$

当 $c - \lambda\mu > 0$ 时, 对 $u \geqslant 0$, 必有 $P^u(N_\infty^0 < \infty) = 1$.

Pollaczek-Khinchin 公式 (1.1.15) 给出破产概率在 $c - \lambda\mu > 0$ 时的表达式, 下面将利用不同方法求出破产概率.

推论 1.1.1 当 $c - \lambda\mu > 0$ 时, 破产概率 $\Psi(u)$ 可表示为

$$\Psi(u) = \left(1 - \frac{\lambda\mu}{c}\right)G^u(\infty), \tag{1.1.58}$$

其中

$$G^u(\infty) = \int_{(0,\infty)} g^u(t)dt = c\int_{(0,\infty)} e^{-\lambda t}\sum_{n=1}^{\infty}\frac{(\lambda t)^n}{n!}p^{*n}(u+ct)dt.$$

证明 当 $c - \lambda\mu > 0$ 时, 有

$$\Psi(u) = P^u(T < \infty) = P^u\left(T_1^0 < \infty\right) = P^u\left(0 < T_{N_\infty^0}^0 < \infty\right)$$

$$= \sum_{k=1}^{\infty} P^u\left(T_k^0 < \infty, T_{k+1}^0 = \infty\right).$$

由强马氏性,

$$P^u\left(T_k^0 < \infty, T_{k+1}^0 = \infty\right) = P^u\left(T_k^0 < \infty\right) P^0(T_1^0 = \infty),$$

从而

$$\Psi(u) = \Phi(0) \sum_{k=1}^{\infty} p^u\left(T_k^0 < \infty\right) = \left(1 - \frac{\lambda\mu}{c}\right) G^u(\infty).$$

由引理 1.1.1, 得证 (1.1.58) 式. □

II. 最后离开零水平线时间及其有关的联合分布

记

$$L = \begin{cases} \sup\{t > 0 : U(t) < 0\}, \\ 0, \qquad \text{若上集空}. \end{cases} \tag{1.1.59}$$

L 称为末离 0 点的时间.

易见 $L = \sup\{t > 0 : U(t) = 0\}$ 且对一切 $u \in R_1$, $\Psi(u) = P^u(L > 0)$, L 也是一个重要精算量. L 后不会再发生破产.

引理 1.1.2 当 $c - \lambda\mu > 0$ 时, 对一切 $u \in R_1$, $t \geqslant 0$, 有

$$P^u(L > t) = \int_{x \leqslant u+ct} \Psi(x) f_{s(t)}(u + ct - x) dx, \tag{1.1.60}$$

其中 $\Psi(x)$ 由 (1.1.58) 表示, 即

$$\Psi(x) = \left(1 - \frac{\lambda\mu}{c}\right) \int_{(0,\infty)} c \cdot \left[e^{-\lambda t} \left(\sum_{n=1}^{\infty} \frac{(\lambda t)^n}{n!} p^{*n}(x + ct) \right) dt \right].$$

由 (1.1.30) 式, 对 $x \leqslant u + ct$,

$$f_{s(t)}(u + ct - x) = e^{-\lambda t} \sum_{n=1}^{\infty} \frac{(\lambda t)^n}{n!} p^{*n}(u + ct - x).$$

证明 当 $x \leqslant u + ct$ 时, 由马尔可夫性得

$$P^u(L > t) = P^u((L > 0) \circ \theta_t) = E^u\left[P^{U(t)}(L > 0)\right]$$

$$= \int \Psi(x) P^u(U(t) \in dx) = \int_{x \leqslant u+ct} \Psi(x) f_{S(t)}(u + ct - x) dx. \quad □$$

下面的讨论都在条件 $c - \lambda\mu > 0$ 下进行.

引理 1.1.3 对 $u \geqslant 0, x, y > 0$, 记 $f(u; x, y) = P^u(U(T-) \in dx, |U(T)| \in dy, T < \infty)$, 那么有

$$f(u; x, y) = \begin{cases} \dfrac{\lambda}{c} p(x+y) \dfrac{\Phi(u)}{\Phi(0)}, & x > u, \\ \dfrac{\lambda}{c} p(x+y) \dfrac{\Phi(u) - \Phi(u-x)}{\Phi(0)}, & x < u. \end{cases} \quad (1.1.61)$$

证明参看 (Dickson, 1992, 第 7 节).

引理 1.1.4 对 $a > u \geqslant 0, x, y > 0$, 记 $W(u, a, x, y) = P^u(U(T-) \in dx, |U(T)| \in dy, T > T_a, T < \infty)$, 则

$$W(u, a, x, y) = \frac{\Phi(u)}{\Phi(a)} f(a, x, y) dx dy. \quad (1.1.62)$$

证明 对过程 $U = \{U(t), t \geqslant 0\}$ 用强马尔可夫性.

$$P^u\left(U(T-) \in dx, |U(T)| \in dy, T > T_a, T < \infty\right)$$
$$= E^u\left[P^u\left((U(T_-) \in dx, |U(T)| \in dy, T < \infty) \circ \theta_{T_a}, T > T_a\right) | \mathcal{F}_{T_a}\right]$$
$$= P^u\left(T > T_a\right) P^a\left(U(T-) \in dx, |U(T)| \in dy, T < \infty\right)$$
$$= P^u\left(T_a < T\right) f(a, x, y) dx dy.$$

又

$$P^u\left(T_a < T\right) = P^u\left(T_a < T, T < \infty\right) + P^u\left(T_a < T, T = \infty\right)$$
$$= E^u\left[P^u\left(T_a < T, (T < \infty) \circ \theta_{T_a} | \mathcal{F}_{T_a}\right)\right] + P^u(T = \infty)$$
$$= P^u\left(T_a < T\right) P^a\left(T < \infty\right) + \Phi(u)$$
$$= P^u\left(T_a < T\right) \Psi(a) + \Phi(u).$$

这得出

$$P\left(T_a < T\right) = \frac{\Phi(u)}{\Phi(a)}. \quad (1.1.63)$$

(1.1.62) 式获证. $\square$

(1.1.25) 式定义了首中 x 的时间 T_x, 对 $x > u, P^u\left(T_x \in dt\right) = \pi(t, u, x) dt$. 让 $b > u$, 记

$$\Pi(s, u, b) = \int_{[s, \infty)} \pi(t, u, b) dt = P^u\left(T_b > s\right). \quad (1.1.64)$$

引理 1.1.5 对 $b > u$ 有

$$P^u\left(\sup_{0 \leqslant t < L} U(t) < b, L > s\right)$$

$$= \int_{x \leqslant u+cs} \Psi(x) f_{S(s)}(u+cs-x) dx - \Psi(b) \int_{[s,\infty)} \pi(t,u,b) dt$$

$$- \iint_{\substack{x \leqslant b+c(s-v) \\ v \leqslant s}} \Psi(x) f_{S(s-v)}(b+c(s-v)-x) \pi(v,u,b) dv dx. \qquad (1.1.65)$$

证明 显然, 我们有

$$P^u\left(\sup_{0 < t < L} U(t) < b, L > s\right)$$

$$= P^u(L < T_b, L > s)$$

$$= P^u(L > s) - P^u(L > T_b, T_b > s) - P^u(L > s, T_b \leqslant s)$$

$$= I_1 - I_2 - I_3.$$

由引理 1.1.2,

$$I_1 = \int_{x \leqslant u+cs} \Psi(x) f_{S(s)}(u+cs-x) dx,$$

$$I_2 = E^u\left[P^u((L > 0) \circ \theta_{T_b}, T_b > s | \mathcal{F}_{T_b})\right]$$

$$= \Psi(b) P^u(T_b > s) = \Psi(b) \int_{[s,\infty)} \pi(t,u,b) dt,$$

$$I_3 = E^u\left[P^u((L > 0) \circ \theta_s, T_b \leqslant s) | \mathcal{F}_s\right]$$

$$= \int_{(-\infty,\infty)} \Psi(x) P^u(U(s) \in dx, T_b \leqslant s)$$

$$= \int_{(-\infty,\infty)} \Psi(x) \int_0^s P^u(U(s) \in dx, T_b \in dv)$$

$$= \int_{(-\infty,\infty)} \Psi(x) \left[\int_0^s P^b(U(s-v) \in dx) P^u(T_b \in dv)\right]$$

$$= \iint_{\substack{x \leqslant b+c(s-v) \\ v \leqslant s}} \Psi(x) f_{S(s-v)}(b+c(s-v)-x) \pi(v, u \cdot b) dv dx.$$

所以引理 1.1.5 成立. $\square$

1.1 古典风险模型

定理 1.1.7 对 $u,x,y>0, a,b,s>0, b>u, a>u$,

$$P^u\left(U(T-)\in dx, |U(T)|\in dy, \sup_{0\leqslant t<T}U(t)>a,\right.$$
$$\left.\sup_{T\leqslant t<L}U(t)<b, L-T>s, T<\infty\right)$$

$$=\frac{\Phi(u)}{\Phi(a)}f(a,x,y)\left[\int_{x\leqslant u+ct}\Psi(x)f_{S(s)}(u+cs-x)dx-\Psi(b)\int_{[s,\infty)}\pi(t,u,b)dt\right.$$
$$\left.-\iint_{\substack{x\leqslant b+c(s-v)\\ v\leqslant s}}\Psi(x)f_{S(s-v)}(b+c(s-v)-x)\pi(v,-y,b)dvdx\right]dydx. \tag{1.1.66}$$

证明 以 I 记 (1.1.66) 的左边

$$I=E^u\left[P^u\left(U(T-)\in dx, |U(T)|\in dy, T_a<T,\right.\right.$$
$$\left.\left.\left(\sup_{0\leqslant t<L}U(t)<b\right)\circ\theta_T, (L>s)\circ\theta_T, T<\infty|\mathcal{F}_T\right)\right]$$

$$=P^u(U(T-)\in dx, |U(T)|\in dy, T_a<T, T<\infty)P^{-y}(L<T_b, L>s).$$

由引理 1.1.4 和引理 1.1.5 得证 (1.1.66) 式. □

以上结果可参见 (Wei and Wu, 2002).

下面将研究

$$I=P^u\left(T\in dt, \sup_{0\leqslant t<T}U(t)\geqslant a, U(T-)\in dx, |U(T)|\in dy, \sup_{T\leqslant t<L}U(t)<b\right). \quad (*)$$

注意到对 $a\leqslant u$, $P^u\left(\sup_{0\leqslant t<T}U(t)\geqslant a\right)=1$, 下面只考虑 $a>u$.

引理 1.1.6 设 $a,u,b,x,y,t\geqslant 0$, 对由 $(*)$ 式定义的 I,

(1) 当 $x>u+ct$ 或 $x=u+ct$ 且 $a\geqslant x$ 时, 有

$$I=0;$$

(2) 当 $x=u+ct, a<x$ 时, 有

$$I=\lambda\exp^{-\lambda t}p(u+ct+y)\Phi(b)dtdy;$$

(3) 当 $x<u+ct, u<a$ 时, 有

$$I=R^u(t,a,b,x,y)dtdxdy$$

$$= \lambda\Phi(b)p(x+y)\left[\mathrm{e}^{-\lambda(a-u)/c}H\left(t-\frac{a-u}{c},a,x\right)\right.$$
$$\left.+\int_{((a-u)/c,t]}cf_{u,a}(s)H(t-s,a,x)ds\right]dtdxdy,$$

其中 $f_{u,a}(s)ds = P^u(T_a < T, T_a \in ds)$. $f_{u,a}(s)$ 的 L-S 变换为

$$\widehat{f}_{u,a}(v) = \frac{c\left(\widehat{H}_{u,a}(v) - e^{-(\lambda+v)(a-u)/c}\widehat{H}_{a,a}(v)\right)}{1+c\widehat{H}_{a,a}(v)},$$

其中 $\widehat{H}_{u,a}(v) = \int_{(a-u)/c}^{\infty} \mathrm{e}^{-vs}H(s,u,a)ds$.

证明 (1) $I = 0$ 是明显的.

(2) 当 $x = u + ct$, 且 $a < x$ 时, 以 W_1 记首次索赔发生时间 (即泊松过程 N 的第一个跳跃时间). 由马尔可夫性,

$$I = P^u(W_1 \in (t, t+dt], Z_1 \in (u+ct+y, u+ct+y+dy))$$
$$\times P^{-y}\left(\sup_{0 \leqslant t < L}U(t) < b\right). \tag{1.1.67}$$

因 $-y < 0$, 又 $c - \lambda\mu > 0$, 必有 $P^{-y}(L > 0) = 1$, 也必有 $P^{-y}(T_b < \infty) = 1$. 由强马氏性,

$$P^{-y}\left(\sup_{0 \leqslant t < L}U(t) < b\right)$$
$$= P^{-y}\left(\sup_{0 \leqslant t < L}U(t) < b, L > 0\right) = P^{-y}(L < T_b, L > 0)$$
$$= P^{-y}(T \circ \theta_{T_b} = \infty, L > 0) = P^{-y}(T \circ \theta_{T_b} = \infty) \tag{1.1.68}$$
$$= P^b(T = \infty) = \Phi(b).$$

证明参见 (Wu, et al., 2002).

又
$$P^u(W_1 \in (t, t+dt], Z_1 \in (u+ct+y, u+ct+y+dy))$$
$$= \lambda \exp^{-\lambda t}p(u+ct+y)dtdy,$$

综上得出
$$I = \lambda\exp^{-\lambda t}p(u+ct+y)\Phi(b)dtdy.$$

1.1 古典风险模型

(3) 当 $x < u+ct, u < a$ 时，由强马氏性和 (1.1.68) 使得 $(*)$ 式为

$$I = R^u(t,a,b,x,y)dtdxdy$$
$$= P^u(T \in dt, T_a < T, U(T-) \in dx, |U(T)| \in dy)\Phi(b)$$
$$= (I_1 + I_2)\Phi(b), \tag{1.1.69}$$

$$I_1 = P^u\left(T_a = \frac{a-u}{c}, T_a < T, T \in dt, U(T-) \in dx, |U(T)| \in dy\right), \tag{1.1.70}$$

$$I_2 = \int_{(\frac{a-u}{c},t]} P^u(T_a \in (s, s+ds], T_a < T, T \in dt, U(T-) \in dx, |U(T)| \in dy). \tag{1.1.71}$$

由马氏性和 (1.1.44) 式，

$$I_1 = P^u\left(T_a = \frac{a-u}{c}, T_a < T\right) H\left(t - \frac{a-u}{c}, a, x\right)\lambda p(x+y)dxdydt. \tag{1.1.72}$$

显然,

$$P^u\left(T_a = \frac{a-u}{c}, T_a < T\right) = P^u\left(T_a = \frac{a-u}{c}\right) = e^{-\lambda\frac{a-u}{c}}. \tag{1.1.73}$$

由 (1.1.72) 和 (1.1.73) 推得

$$I_1 = \lambda p(x+y)e^{-\lambda\frac{a-u}{c}}H\left(t - \frac{a-u}{c}, a, x\right)dxdydt. \tag{1.1.74}$$

记

$$I_2' = P^u(T_a \in (s,s+ds], T_a < T) H\left(t - \frac{a-u}{c}, a, x\right)dxdydt. \tag{1.1.75}$$

考虑 $P^u(T_a \in (s, s+ds], T_a < T)$，因

$$\{T_a \in (s, s+ds]\} \subset \{U(s) \in (a-cds, a]\},$$

又

$$P^u(T_a \in (s, s+ds], T_a < T) = P^u(T > s, T_a \in (s, s+ds]),$$

综上可得

$$P^u(T>s, U(s) \in (a-cds, a])$$
$$= P^u\left(\frac{a-u}{c} < T_a < s, T > s, U(s) \in (a-cds, a]\right)$$
$$+ P^u\left(T_a = \frac{a-u}{c}, T > s, U(s) \in (a-cds, a]\right)$$
$$+ P^u(T > T_a, T_a \in (s, s+ds]). \tag{1.1.76}$$

对 $s > \dfrac{a-u}{c}$, 以下将说明 $P^u(T_a \in (s, s+ds], T_a < T)$ 具有密度函数, 记为 $f_{u,a}(s)$, 并求出它的 L-S 变换.

由强马氏性, (1.1.76) 式改写为

$$cH(s,u,a)ds$$
$$= P^u(T > T_a, T_a \in (s, s+ds]) + ce^{-\lambda\frac{a-u}{c}} H\left(s-\frac{a-u}{c}, a, a\right)ds$$
$$+ \left[\int_{(a-u)/c,s]} cP^u(T_a < T, T_a \in dv) H(s-v, a, a)\right]ds. \tag{1.1.77}$$

上式表明, 对 $s > \dfrac{a-u}{c}$, 存在密度函数 $f_{u,a}(s)$ 使得 $P^u(T_a < T, T_a \in (s, s+ds]) = f_{u,a}(s)ds$. 记它的 L-S 变换为 $\widehat{f}_{u,a}(v) = \int_{(a-u)/c}^{\infty} e^{-vs} f_{u,a}(s)ds$, 由定理 1.1.4, 当 $s < \dfrac{a-u}{c}$ 时, $H(u,s,a) = 0$. 因而对 (1.1.77) 式两边关于 s 在区间 $\left[\dfrac{a-u}{c}, \infty\right)$ 内乘以 e^{-vs} 积分得

$$c\widehat{H}_{u,a}(\nu) = \widehat{f}_{u,a}(v) + e^{-\lambda + v(a-u)/c}\widehat{H}_{a,a}(v) + c\widehat{f}_{u,a}\widehat{H}_{a,a}(v).$$

从而得

$$\widehat{f}_{u,a}(v) = c\frac{\widehat{H}_{u,a}(v) - e^{-(\lambda+v)(a-u)/c}\widehat{H}_{a,a}(v)}{1 + c\widehat{H}_{a,a}(v)}. \tag{1.1.78}$$

□

定理 1.1.8 假设 $0 \leqslant u \leqslant a, x, y, b, d > 0, t \geqslant 0$.

(1) 当 $x > u + ct$ 或 $x = u + ct$ 且 $a \geqslant x$ 时, 有

$$H = 0; \tag{1.1.79}$$

(2) 当 $x = u+ct$, $x > a$ 时，有

$$H = \lambda \mathrm{e}^{-\lambda t} p(u+ct+y) \frac{\Phi(0)\Phi(d-y)}{\Phi(d)(1-W(0,b,d))}; \tag{1.1.80}$$

(3) 若 $x < u+ct$ 且 $a > u$ 时，则有

$$H = \frac{R^u(t,a,b,x,y)}{\Phi(b)} \frac{\Phi(0)\Phi(d-y)}{\Phi(d)(1-W(0,b,d))} dtdxdy, \tag{1.1.81}$$

其中

$$W(0,b,d) = \int_0^d \frac{\Phi(d-y)}{\Phi(d)} \left[\frac{\lambda}{c}(1-P(y)) - \frac{\Phi(0)}{\Phi(b)} k(b,y) \right] dy,$$

$\Phi(0) = 1 - \lambda\mu/c$, $R^u(t,a,b,x,y)$ 在引理 1.1.6 (3) 中给出定义.

4. 例

个人索赔额的分布是均值为 μ 的指数分布，即 $P(x) = 1 - \mathrm{e}^{-\frac{x}{\mu}}, x \geqslant 0$. 那么有

$$p^{*n}(x) = ((1/\mu)^n/\Gamma(n)) x^{n-1} \mathrm{e}^{-x/\mu}$$

和

$$f_{S(s)}(x) = \mathrm{e}^{-\lambda s} \sum_{n=1}^{\infty} \frac{(\lambda s)^n}{n!} \frac{(1/\mu)^n}{\Gamma(n)} x^{n-1} \mathrm{e}^{-x/\mu}, \quad x > 0,$$

满足

$$g^u(s) = \frac{\lambda c s}{\mu} \mathrm{e}^{-(u+(c+\lambda\mu)s)/\mu} \sum_{n=1}^{\infty} \left(\frac{\lambda s(u+cs)}{\mu} \right)^{n-1} \frac{1}{n\Gamma^2(n)},$$

$$g^{*n}(s) = \frac{1}{s} \mathrm{e}^{-(c+\lambda\mu)s/\mu} \sum_{m_1=1}^{\infty} \cdots \sum_{m_n=1}^{\infty} \left(\frac{\lambda c s^2}{\mu} \right)^{\sum_{i=1}^{n} m_i}$$

$$\times \prod_{i=1}^{n} \left(\frac{\mathrm{B}\left(2\sum_{k=1}^{i-1} m_k, 2m_i\right)}{m_i \Gamma^2(m_i)} \right),$$

其中 $\mathrm{B}(p,q) = \int_0^1 x^{p-1}(1-x)^{q-1} dx, p,q > 0$, 是 Beta 函数. 下面规定

$$\mathrm{B}\left(2\sum_{k=1}^{0} m_k, 2m_i\right) = 1.$$

因此
$$\Psi_{(u)} = \frac{\lambda\mu}{c}\mathrm{e}^{-(c-\lambda\mu)u/c\mu},$$

$$g_1^u(s) = \frac{1}{s}\mathrm{e}^{-(u+(c+\lambda\mu)s)/\mu}\sum_{n=0}^{\infty}(-1)^n\sum_{m_1=1}^{\infty}\cdots\sum_{m_n=1}^{\infty}\sum_{m=1}^{\infty}\sum_{k=1}^{m-1}\left(\frac{\lambda c s^2}{\mu}\right)^{\sum_{i=1}^{n}m_i}$$
$$\times \prod_{i=1}^{n}\frac{\mathrm{B}\left(2\sum_{k=1}^{i-1}m_k, 2m_i\right)}{m_i\Gamma^2(m_i)}\left(\frac{\lambda s}{\mu}\right)^m$$
$$\times \frac{\mathrm{B}\left(2\sum_{i=1}^{n}m_i, m+k+1\right)}{m\Gamma^2(m)}\mathrm{C}_{m-1}^{k}u^{m-1-k}(cs)^{k+1},$$

其中 $\mathrm{C}_n^m = n!/m!(n-m)!$ 表示组合数.

$$G_L^u(t) = 1 - \frac{\lambda\mu}{c}\mathrm{e}^{-(c-\lambda\mu)u/c\mu} + \left(1-\frac{\lambda\mu}{c}\right)\mathrm{e}^{-u/\mu}$$
$$\times\left[\sum_{n=1}^{\infty}\left(\frac{\lambda}{c+\lambda\mu}\right)^n\frac{1}{n\Gamma^2(n)}\sum_{k=0}^{n-1}\mathrm{C}_{n-1}^{k}u^{n-1-k}\right.$$
$$\left.\times\left(\frac{c\mu}{c+\lambda\mu}\right)^{k+1}\Gamma\left(\frac{c+\lambda\mu}{\mu}t, m+k+1\right)\right],$$

其中 $\Gamma(x,\alpha) = \int_0^x y^{(\alpha-1)}\mathrm{e}^{-y}dy$.

$$H(t,u,x)$$
$$= t\mathrm{e}^{-((u-x)+(\lambda\mu+c)t)/\mu}\left[\frac{\lambda}{\mu}\sum_{n=1}^{\infty}\left(\frac{\lambda t(u-x+ct)}{\mu}\right)^{n-1}\frac{1}{n\Gamma^2(n)}\right.$$
$$-x\sum_{n=1}^{\infty}\sum_{m=1}^{\infty}\sum_{k=0}^{n-1}\sum_{l=0}^{n-1}\left(\frac{\lambda t}{\mu}\right)^{n+m}\frac{1}{n\Gamma^2(n)}\frac{1}{m\Gamma^2(m)}$$
$$\left.\times \mathrm{C}_{n-1}^{k}(-x)^{n-1-k}(ct)^k\mathrm{C}_{m-1}^{l}u^{m-1-l}(ct)^l\mathrm{B}(n+k+1, m+l+1)\right],$$

$$R^u(t,a,b,x,y)$$
$$= \lambda\Phi(b)p(x+y)$$
$$\times\left[\mathrm{e}^{-\lambda(a-u)/c}\left\{\left(t-\frac{a-u}{c}\right)\mathrm{e}^{-((u-x)+ct+\lambda\mu(t-(a-u)/c))/\mu}\right.\right.$$

$$\times \left[\frac{\lambda}{\mu}\sum_{n=1}^{\infty}\left(\frac{\lambda(t-(a-u)/c)(u-x+ct)}{\mu}\right)^{n-1}\frac{1}{n\Gamma^2(n)}\right.$$

$$-x\sum_{n=1}^{\infty}\sum_{m=1}^{\infty}\sum_{k=0}^{n-1}\sum_{l=0}^{n-1}\left(\frac{\lambda(t-(a-u)/c)}{\mu}\right)^{n+m}\frac{1}{n\Gamma^2(n)}\frac{1}{m\Gamma^2(m)}$$

$$\times \mathrm{C}_{n-1}^{k}(-x)^{n-1-k}\left(c\left(t-\frac{a-u}{c}\right)\right)^k$$

$$\left.\times \mathrm{C}_{m-1}^{l}a^{m-1-l}\left(c\left(t-\frac{a-u}{c}\right)\right)^l\mathrm{B}(n+k+1,m+l+1)\right]\bigg\}$$

$$+c\int_{((a-u)/c,t)}f_{u,a}(s)\bigg\{(t-s)\mathrm{e}^{-((a-x)+(\lambda\mu+c)(t-s))/\mu}$$

$$\times \left[\frac{\lambda}{\mu}\sum_{n=1}^{\infty}\left(\frac{\lambda(t-s)(a-x+c(t-s))}{\mu}\right)^{n-1}\frac{1}{n\Gamma^2(n)}\right.$$

$$-x\sum_{n=1}^{\infty}\sum_{m=1}^{\infty}\sum_{k=0}^{n-1}\sum_{l=0}^{m-1}\left(\frac{\lambda(t-s)}{\mu}\right)^{n+m}\frac{1}{n\Gamma^2(n)}$$

$$\times \frac{1}{m\Gamma^2(m)\times \mathrm{C}_{n-1}^{k}(-x)^{n-1-k}(c(t-s))^k}$$

$$\left.\left.\times \mathrm{C}_{m-1}^{l}a^{m-1-l}(c(t-s))^l\mathrm{B}(n+k+1,m+l+1)\right]\bigg\}ds\right].$$

注 1.1.3 本节内容主要取自 (Wu, et al., 2003; Wei and Wu, 2002).

1.2 带常利率的古典风险模型

设 $U(t) = u + ct - S(t)$ 是 (1.1.1) 式中定义的古典风险模型, 其中

$$S(t) = \sum_{k=1}^{N(t)} Z_k,$$

Z_k 为非负随机变量, 分布函数为 $P(x)$, 密度函数为 $p(x)$.

对 $r \geqslant 0$, 记

$$Y_r(t) = \int_0^t \mathrm{e}^{r(t-v)}dS(v), \tag{1.2.1}$$

令

$$U_r(t) = e^{rt}u + c\int_0^t e^{r(t-v)}dv - Y_r(t), \tag{1.2.2}$$

$$U_r(t) = e^{rt}\left(u + \int_0^t e^{-rv}(dcv - dS(v))\right). \tag{1.2.3}$$

定义 1.2.1 称 $U_r = \{U_r(t), t \geqslant 0\}$ 为带常利率 $r(\geqslant 0)$ 的古典风险模型.

显然, U_r 是一个轨道右连续的强马尔可夫过程.

与古典风险模型类似, 我们可以定义风险模型 U_r 的破产时、破产瞬间前的余额, 以及破产时的损失等. 令

$$T_r = \begin{cases} \inf\{t \geqslant 0 : U_r(t) < 0\}, \\ \infty, \quad \text{若上集空}. \end{cases} \tag{1.2.4}$$

T_r 为破产时, $U_r(T_r-)$, $-U_r(T_r)$ 分别为相应的量.

本节主要研究上述三个量的联合分布和 Gerber-Shiu 期望折扣罚金函数

$$\begin{aligned}\Phi_{\alpha,r}(u) &= E[e^{-\alpha T_r}W(U_r(T_r^-), |U_r(T_r)|)I_{\{T_r<\infty\}}|U_r(0) = u] \\ &= E^u[e^{-\alpha T_r}W(U_r(T_r^-), |U_r(T_r)|)I_{\{T_r<\infty\}}],\end{aligned} \tag{1.2.5}$$

其中, $W(x,y), 0 \leqslant x, y < \infty$ 是一个非负可测函数, α 是一个非负参数.

$e^{-\alpha T_r}$ 是折扣因子, 这个函数是在文献 (Gerber and Shiu, 1998, 2(1)) 中引入的. 从理论上讲, 若已知上述三个量的联合分布函数, 那么无论 W 取什么形式都可以得到 $\Phi_{\alpha,r}$, 但实际应用中往往不需要那么多信息, 如取 $W(x,y) = x^k, W(x,y) = 1$ 等, 这样使问题的研究更加灵活简便.

因风险过程 $U_r = \{U_r(t), t \geqslant 0\}$ 是一个轨道右连续的强马尔可夫过程, 与 1.1 节的情况一样, 我们在可测空间 $(\Omega, \mathscr{F}_\infty)$ ($\mathscr{F}_\infty = \sigma(U_r(s), s \geqslant 0)$) 上引入概率测度 P^u, $P^u(U_r(0) = u) = 1$, 以及推移算子族 $\theta_t, t > 0$, $U_{r,s}(\theta_t\omega) = U_{r,s+t}(\omega)$, $\omega \in \Omega$, $U_{r,s} \circ \theta_t = U_{r,s+t}$.

1.2.1 Gerber-Shiu 期望折扣罚金函数

记 $\{W_n\}_{n \geqslant 1}$ 是泊松过程 $N = \{N(t), t \geqslant 0\}$ 的跳时序列, $\mathbb{R}_+ = [0, \infty)$.

引理 1.2.1 对 $n \geqslant 1$, $x_1, \cdots, x_n, y_1, \cdots, y_{n-1} \in \mathbb{R}_+$, $x_k > y_k, k = 1, \cdots, n$, $x_1 > u \geqslant 0$, $\alpha \geqslant 0$, $y_n \leqslant 0$, 那么

1.2 带常利率的古典风险模型

$$E^u\left[e^{-\alpha W_n}I\{U_r(W_1^-)\in dx_1, U_r(W_1)\in dy_1,\cdots,\right.$$
$$\left.U_r(W_n^-)\in dx_n, U_r(W_n)\in dy_n\}\right]$$
$$= g_{r,n}(\alpha, u, x_1, y_1, \cdots, x_n, y_n)dx_1dy_1\cdots dx_ndy_n, \tag{1.2.6}$$

其中,

$$g_{r,n}(\alpha, u, x_1, y_1, \cdots, x_n, y_n) = \left(\frac{\lambda}{c}\right)^n \prod_{k=1}^n \frac{\left(y_{k-1}+\frac{c}{r}\right)^{\frac{\lambda+\alpha}{r}}}{\left(x_k+\frac{c}{r}\right)^{1+\frac{\lambda+\alpha}{r}}} p(x_k-y_k). \tag{1.2.7}$$

对 $r=0, y_0=u$,

$$g_{0,n}(\alpha, u, x_1, y_1, \cdots, x_n, y_n) = \left(\frac{\lambda}{c}\right)^n \prod_{k=1}^n e^{\frac{-(\lambda+\alpha)}{c}(x_k-y_{k-1})} p(x_k-y_k). \tag{1.2.8}$$

证明 首先考虑 $r>0$, 以 I 表示 (1.2.6) 式左方, 那么

$$I = E^u\left[E^u\left[e^{-\alpha W_n}I\{U_r(W_1^-)\in dx_1,\cdots, U_r(W_{n-1})\in dy_{n-1}, U_r(W_n^-)\in dx_n,\right.\right.$$
$$\left.\left. U_r(W_n)\in dy_n\}|W_1,\cdots,W_n,Z_1,\cdots,Z_{n-1}\right]\right].$$

因 $U_r(W_n) = U_r(W_n^-) - Z_n$, 从而推出

$$I = E^u\left[e^{-\alpha W_n}I\{U_r(W_1^-)\in dx_1,\cdots, U_r(W_{n-1})\in dy_{n-1},\right.$$
$$\left. U_r(W_n^-)\in dx_n\}\right] p(x_n-y_n)dy_n$$
$$= I_1 p(x_n-y_n)dy_n. \tag{1.2.9}$$

类似地, 可改写 I_1 为

$$I_1 = E^u\left[E^u\left[e^{-\alpha W_n}I\{U_r(W_1^-)\in dx_1,\cdots, U_r(W_{n-1})\in dy_{n-1},\right.\right.$$
$$\left.\left. U_r(W_n^-)\in dx_n\}|W_1,\cdots,W_{n-1},Z_1,\cdots,Z_{n-1}\right]\right].$$

因
$$U_r(W_n^-) = e^{r(W_n-W_{n-1})}U_r(W_{n-1}) + \frac{c}{r}\left(e^{r(W_n-W_{n-1})}-1\right),$$

又 $W_n - W_{n-1}$ 与 W_1 同分布, 由独立性得

$$I_1 = E^u\left[e^{-\alpha W_{n-1}}I\{U_r(W_1^-) \in dx_1, \cdots, U_r(W_{n-1}) \in dy_{n-1}\}\right]$$
$$\times E^u\left[e^{-\alpha W_1}I\left\{\left[e^{rW_1}y_{n-1} + \frac{c}{r}(e^{rW_1}-1)\right] \in dx_n\right\}\right]. \tag{1.2.10}$$

易见
$$E^u\left[e^{-\alpha W_1}I\left\{\left[e^{rW_1}y_{n-1} + \frac{c}{r}(e^{rW_1}-1)\right] \in dx_n\right\}\right]$$
$$= \frac{\lambda}{r}\left[\frac{\left(y_{n-1}+\frac{c}{r}\right)^{\frac{\lambda+\alpha}{r}}}{\left(x_n+\frac{c}{r}\right)^{1+\frac{\lambda+\alpha}{r}}}\right]dx_n. \tag{1.2.11}$$

由 (1.2.9)—(1.2.11), 得
$$I = E^u\left[e^{-\alpha W_{n-1}}I\{U_r(W_1^-) \in dx_1, \cdots, U_r(W_{n-1}) \in dy_{n-1}\}\right]$$
$$\times \frac{\lambda}{r}\left[\frac{\left(y_{n-1}+\frac{c}{r}\right)^{\frac{\lambda+\alpha}{r}}}{\left(x_n+\frac{c}{r}\right)^{1+\frac{\lambda+\alpha}{r}}}\right]p(x_n-y_n)dx_ndy_n.$$

由此归纳可得
$$I = \left(\frac{\lambda}{r}\right)^n \prod_{k=1}^{n}\left[\frac{\left(y_{k-1}+\frac{c}{r}\right)^{\frac{\lambda+\alpha}{r}}}{\left(x_k+\frac{c}{r}\right)^{1+\frac{\lambda+\alpha}{r}}}p(x_k-y_k)dx_kdy_k\right], \tag{1.2.12}$$

其中 $y_\sigma = u$.

当 $r=0$ 时, 只需注意 $U(W_n^-) = U(W_{n-1}) + c(W_n - W_{n-1})$, 沿用 $r>0$ 时的证明方式可得 (1.2.8), 引理证毕. $\square$

1. Gerber-Shiu 期望折扣罚金函数

$$\Phi_{\alpha,r}(u) = E^u\left[e^{-\alpha T_r}I\{U_r(T_r^-) \leqslant x\}I\{|U_r(T)| \leqslant y\}\right]$$

记
$$F_{r,n}(\alpha,u,x,y) = E^u\left[e^{-\alpha T_r}I\{U_r(T_r^-) \leqslant x\}I\{U_r(T_r) \leqslant y\}, T_r = W_n\right], \tag{1.2.13}$$

其中, $\alpha > 0, r \geqslant 0, n \geqslant 1, x \geqslant 0, y \leqslant 0$.

置 $F_r(\alpha,u,x,y) = E^u\left[e^{-\alpha T_r}I\{U_r(T_r^-) \leqslant x\}I\{U_r(T_r) \leqslant y\}; T < \infty\right]$. 显然,

1.2 带常利率的古典风险模型

$$F_r(\alpha, u, x, y) = \sum_{n=1}^{\infty} F_{r,n}(\alpha, u, x, y). \tag{1.2.14}$$

记 $\overline{P}(x) = 1 - P(x)$. 注意到

$$\begin{aligned}\{T_r = W_n\} = \ & \{U_r(W_k^-) > U_r(W_{k-1}) > 0, k = 1, \cdots, n; \\ & U_r(W_k^-) > U_r(W_k), k = 1, \cdots, n-1; U_r(W_n) < 0\}. \end{aligned} \tag{1.2.15}$$

由引理 1.2.1 及 (1.2.15), 对 $r > 0$,

$$F_{r,1}(\alpha, u, x, y) = \frac{\lambda}{r}\left(u + \frac{c}{r}\right)^{\frac{\lambda+\alpha}{r}} \int_u^{u \vee x} \left(x_1 + \frac{c}{r}\right)^{-(1+\frac{\lambda+\alpha}{r})} \overline{P}(x_1 - y) dx_1. \tag{1.2.16}$$

当 $n \geqslant 2$ 时,

$$\begin{aligned}&F_{r,n}(\alpha, u, x, y)\\ &= \int_u^{\infty} dx_1 \int_0^{x_1} dy_1 \cdots \int_{y_{n-1}}^x dx_n \int_{-\infty}^y g_{r,n}(\alpha, u, x_1, y_1, \cdots, x_n, y_n) dy_n.\end{aligned} \tag{1.2.17}$$

对 $r = 0$, 由引理 1.2.1 中 (1.2.8) 式及 (1.2.15) 式可得类似结果.

定理 1.2.1 对 $u, \alpha, x \geqslant 0, y \leqslant 0$, 当 $r > 0$ 时, 有

$$\begin{aligned}&F_r(\alpha, u, x, y)\\ &= \frac{\lambda}{r}\left(u + \frac{c}{r}\right)^{\frac{\lambda+\alpha}{r}} \int_u^{u \vee x} \left(x_1 + \frac{c}{r}\right)^{-(1+\frac{\lambda+\alpha}{r})} \overline{P}(x_1 - y) dx_1 \\ &\quad + \sum_{n=2}^{\infty} \int_u^{\infty} dx_1 \int_0^{x_1} dy_1 \cdots \int_{y_{n-1}}^x dx_n \int_{-\infty}^y g_{r,n}(\alpha, u, x_1, y_1, \cdots, x_n, y_n) dy_n. \end{aligned}$$
$$\tag{1.2.18}$$

当 $r = 0$ 时, 有

$$\begin{aligned}&F_0(\alpha, u, x, y)\\ &= \frac{\lambda}{c} e^{\frac{-(\lambda+\alpha)}{c} u} \int_u^{u \vee x} e^{\frac{-(\lambda+\alpha)}{c} x_1} \overline{P}(x_1 - y) dx_1 \\ &\quad + \sum_{n=2}^{\infty} \int_u^{\infty} dx_1 \int_0^{x_1} dy_1 \cdots \int_{y_{n-1}}^x dx_n \int_{-\infty}^y g_{0,n}(\alpha, u, x_1, y_1, \cdots, x_n, y_n) dy_n. \end{aligned}$$
$$\tag{1.2.19}$$

证明 由 (1.2.13)—(1.2.17) 式推出. 对 $r > 0$, 以 $f_{r,n}(\alpha, u, x, y)$ 记 $F_{r,n}(\alpha, u, x, y)$ 关于 x, y 的密度函数, 易得

$$f_{r,1}(\alpha, u, x, y) = \frac{\lambda}{r}\left(u + \frac{c}{r}\right)^{\frac{\lambda+\alpha}{r}} \left(x + \frac{c}{r}\right)^{-(1+\frac{\lambda+\alpha}{r})} p(x-y) I_{x \geq u}. \qquad (1.2.20)$$

对 $n \geq 2$,

$$\begin{aligned} &f_{r,n}(\alpha, u, x, y) \\ &= \int_u^\infty dx_1 \int_0^{x_1} dy_1 \cdots \int_{y_{n-2}}^\infty dx_{n-1} \int_0^{x_{n-1}} g_{r,n}(\alpha, u, \\ &\quad x_1, y_1, \cdots, x_{n-1}, y_{n-1}, x, y) dy_{n-1}. \end{aligned} \qquad (1.2.21)$$

记

$$f_r(\alpha, u, x, y) = \sum_{n=1}^\infty f_{r,n}(\alpha, u, x, y). \qquad (1.2.22)$$

不难证明

$$\frac{\partial F_r(\alpha, u, x, y)}{\partial x \partial y} \doteq f_r(\alpha, u, x, y). \qquad (1.2.23)$$

$\doteq$ 表示在勒贝格测度意义下几乎处处相等.

以 $f_r(\alpha, u, x)$ 记 $F_r(\alpha, u, x, 0)$ 的密度函数, 即

$$f_r(\alpha, u, x) dx = E^u\left[\mathrm{e}^{-\alpha T_r} I_{\{U_r(T_r^-) \in dx\}}, T_r < \infty\right]. \qquad (1.2.24)$$

记

$$f_{r,n}(\alpha, u, x) dx = E^u\left[\mathrm{e}^{-\alpha W_n} I_{\{U_r(W_n^-) \in dx\}}, T_r = W_n\right].$$

易见, 对 $r > 0$,

$$f_{r,1}(\alpha, u, x) = \frac{c}{r}\left(u + \frac{c}{r}\right)^{\frac{\lambda+\alpha}{r}} \left(x + \frac{c}{r}\right)^{-(1+\frac{\lambda+\alpha}{r})} \overline{P}(x) I\{x \geq u\}. \qquad (1.2.25)$$

$$\begin{aligned} f_{r,n}(\alpha, u, x) &= \int_u^\infty dx_1 \int_0^{x_1} dy_1 \cdots \int_{y_{n-2}}^\infty dx_{n-1} \int_0^{x_{n-1}} dy_{n-1} \\ &\quad \times \int_{-\infty}^0 g_{n,r}(\alpha, u, x_1, y_1, \cdots, x_{n-1}, x, y) dy. \end{aligned} \qquad (1.2.26)$$

1.2 带常利率的古典风险模型

记

$$f_r(\alpha, u, x) = \sum_{n=1}^{\infty} f_{r,n}(\alpha, u, x), \tag{1.2.27}$$

同样可得

$$\frac{\partial F_r(\alpha, u, x)}{\partial x} \doteq f_r(\alpha, u, x). \tag{1.2.28}$$

□

推论 1.2.1 对 $r > 0, n \geqslant 1$, 有

$$\begin{aligned}&F_{r,n+1}(\alpha, u, x, y)\\&= \frac{\lambda}{r}\left(u + \frac{c}{r}\right)^{\frac{\lambda+\alpha}{r}} \int_u^{\infty} \left(x_1 + \frac{c}{r}\right)^{-(1+\frac{\lambda+\alpha}{r})} dx_1 \\ &\quad \times \int_0^{x_1} p(x_1 - y_1) F_{r,n}(\alpha, y_1, x, y) dy_1.\end{aligned} \tag{1.2.29}$$

结论直接由 (1.2.7) 式和 (1.2.17) 式推出.

由 (1.2.29) 式得到 $F_{r,n}(\alpha, u, x, y)$ 的递推计算公式.

推论 1.2.2

$$\begin{aligned}&F_r(\alpha, u, x, y) \\&= \frac{\lambda}{r}\left(u + \frac{c}{r}\right)^{\frac{\lambda+\alpha}{r}} \int_u^{u \vee x} \left(x_1 + \frac{c}{r}\right)^{-(1+\frac{\lambda+\alpha}{r})} \overline{P}(x_1 - y) dx_1 \\ &\quad + \frac{\lambda}{r}\left(u + \frac{c}{r}\right)^{\frac{\lambda+\alpha}{r}} \int_u^{\infty} \left(x_1 + \frac{c}{r}\right)^{-(1+\frac{\lambda+\alpha}{r})} dx_1 \\ &\quad \times \int_0^{x_1} p(x_1 - y_1) F_r(\alpha, y_1, x, y) dy_1.\end{aligned} \tag{1.2.30}$$

证明 将 (1.2.29) 两边关于 n 从 $1 \to \infty$ 求和, 再将两边都加上 $F_{r,1}(\alpha, u, x, y)$, 由 (1.2.16) 式得出上式. □

(1.2.30) 式也可改写成

$$\begin{aligned}F_r(\alpha, u, x, y) &= I\{x \geqslant u\} \int_u^x dx_1 \int_{-\infty}^y g_{r,1}(\alpha, u, x_1, y_1) dy_1 \\ &\quad + \int_u^{\infty} dx_1 \int_0^{x_1} g_{r,1}(\alpha, u, x, y) F_r(\alpha, y_1, x, y) dy_1.\end{aligned} \tag{1.2.31}$$

记

$$h_r(\alpha,u,x,y)dxdy = E^u\left[e^{-\alpha T_r}I\{U_r(T_r^-)\in dx, |U_r(T_r)|\in dy, T_r<\infty\}\right]. \tag{1.2.32}$$

推论 1.2.3 对 $\alpha, r, u \geqslant 0$, $x, y > 0$, 有

$$h_r(\alpha,u,x,y) = f_r(\alpha,u,x)\frac{p(x+y)}{\overline{P}(x)}. \tag{1.2.33}$$

由 (1.2.20)—(1.2.22) 及 (1.2.25)—(1.2.27) 可得

$$f_r(\alpha,u,x,y) = f_r(\alpha,u,x)\frac{p(x-y)}{\overline{P}(x)}. \tag{1.2.34}$$

注意到, $h_r(\alpha,u,x,y) = f_r(\alpha,u,x,-y)$, 因而将 (1.2.34) 式中 $p(x-y)$ 以 $p(x+y)$ 替代即得 (1.2.33) 式. 当 $r=0$ 时, (1.2.33) 式即为 (Gerber and Shiu, 1997) 中 (2.5) 式.

当索赔分布是密度函数为 $\rho e^{-\rho x}$ 的指数分布时, 由 (1.2.34) 式可得

$$f_r(\alpha,u,x,y) = f_r(\alpha,u,x)\rho e^{-\rho x}.$$

此式表明, 关于概率 P^u 在 $T_r<\infty$ 时, $(T_r, U_r(T_r^-))$ 与 $U_r(T_r)$ 独立, 当 $r=0$ 时, 上述结果已在 (Gerber and Shiu, 1997) 中得出.

2. 一般 Gerber-Shiu 期望折扣罚金函数

利用前面求出的 $h_r(\alpha,u,x,y)$, 一般 Gerber-shiu 期望折扣罚金函数都可以按以下方式求得:

$$\Phi_{\alpha,r}(u) = E^u\left[e^{-\alpha T_r}W(U_r(T_r^-), |U_r(T_r)|), T_r<\infty\right]$$
$$= \iint W(x,|y|)h_r(\alpha,u,x,y)dxdy. \tag{1.2.35}$$

1.2.2 T_r, $U_r(T_r^-)$ 和 $|U_r(T_r)|$ 三个精算量的联合分布

记

$$I_0 = P^u(T_r\in(t,t+dt], U_r(T_r^-)\in(x,x+dx], |U_r(T_r)|\in(y,y+dy]).$$

因 $U_r = \{U_r(t), t\geqslant 0\}$ 是轨道右连续的强马尔可夫过程, 这里仍主要运用马尔可夫过程理论, 讨论 (1.2.36), 其证明方法类似定理 1.1.5.

1.2 带常利率的古典风险模型

首先需要证明当 $0 < y < ue^{rt} + c\int_0^t e^{rs}ds$ 时, 存在函数 $H_r(t,u,y)$ 使

$$P^u(T_r > t, U_r(t) \in (y, y+dy]) = H_r(t,u,y)dy. \quad (1.2.36)$$

先研究

$$Y_r(t) = \sum_{n=1}^{N(t)} e^{r(t-W_n)} Z_n.$$

引理 1.2.2 对 $t > 0, y \geqslant 0$, $P^u(Y_r(t) \leqslant y)$ 存在密度函数.

证明

$$P^u(Y_r(t) \leqslant y)$$
$$= \sum_{n=0}^{\infty} P^u\left(\sum_{k=1}^n e^{r(t-W_k)} Z_k \leqslant y \bigg| N(t) = n\right) P^u(N(t) = n)$$
$$= e^{-\lambda t} + \sum_{n=1}^{\infty} P^u\left(\sum_{k=1}^n e^{r(t-W_k)} Z_k \leqslant y \bigg| N(t) = n\right) \frac{(\lambda t)^n}{n!} e^{-\lambda t}.$$

在 $N(t) = n$ 的条件下, $(W_1, \cdots, W_n)$ 同分布于 n 个 $[0,t]$ 中的一致分布且相互独立的变量, 并与 $(Z_1, \cdots, Z_n)$ 独立, 以 $(V_1, \cdots, V_n)$ 表示它们, 那么有

$$P^u\left(\sum_{k=1}^n e^{r(t-W_k)} Z_k \leqslant y \bigg| N(t) = n\right) = P^u\left(\sum_{k=1}^n e^{r(t-V_k)} Z_k \leqslant y\right).$$

因此,

$$P^u(Y_r(t) \leqslant y) = e^{-\lambda t} + \sum_{n=1}^{\infty} P^u\left(\sum_{k=1}^n e^{r(t-V_k)} Z_k \leqslant y\right) \frac{(\lambda t)^n}{n!} e^{-\lambda t}. \quad (1.2.37)$$

又 $\{e^{r(t-V_k)} Z_k\}_{k \geqslant 1}$ 是独立同分布序列, 从而

$$P^u\left(\sum_{k=1}^n e^{r(t-V_k)} Z_k \leqslant y\right) = F_{u,t}^{*,n}(y), \quad (1.2.38)$$

其中,

$$F_{u,t}(y) = P^u\left(e^{r(t-V_1)} Z_1 \leqslant y\right) = \frac{1}{t}\int_0^t P(ye^{-r(t-v)})dv.$$

以 $f_{u,t}(y)$ 表示 $F_{u,t}(y)$ 的密度函数, 得

$$f_{u,t}(y) = \frac{1}{t}\int_0^t e^{-r(t-v)} p(ye^{-r(t-v)}) dv. \tag{1.2.39}$$

由 (1.2.37), (1.2.38) 得

$$P^u(Y_r(t) \leqslant y) = e^{-\lambda t} + \left(\sum_{n=1}^{\infty} \frac{(\lambda t)^n}{n!} F_{u,t}^{*,n}(y)\right) e^{-\lambda t}.$$

由此推出, 当 $t > 0, y \geqslant 0$ 时, $P^u(Y_r(t) \leqslant y)$ 具有密度函数

$$h(t,y) = e^{-\lambda t}\left(\sum_{n=1}^{\infty} \frac{(\lambda t)^n}{n!} f_{u,t}^{*,n}(y)\right). \tag{1.2.40}$$

$\square$

注 1.2.1 以上表达式中 $F_{u,t}(y)$ 和 $f_{u,t}(y)$ 与 u 无关.

对 $r \geqslant 0, u \geqslant 0, t > 0$, 考虑 $y \in \left(0, ue^{rt} + \int_0^t e^{rs} ds\right]$.

由引理 1.2.2 知, 在此区间内 $P^u(Y_r(t) \leqslant y)$ 具有密度函数, 从而推出 $P^u(U_r(t) \leqslant y)$ 也具有密度函数. 对该区间内任一 Borel 可测集 Γ, 有

$$P^u(T_r > t, U_r(t) \in \Gamma) \leqslant P^u(U_r(t) \in \Gamma).$$

因而作为区间 $\left(0, ue^{rt} + c\int_0^t e^{rs} ds\right]$ 中的两个测度, $P^u(T > t, U_r(t) \in \Gamma)$ 关于 $P^u(U_r(t) \in \Gamma)$ 是绝对连续的.

因此推出 $P^u(T_r > t, U_r \in \Gamma)$ 存在密度函数, 记为 $H_r(t,u,y)$. 于是, 对 $y \in \left(0, ue^{rt} + c\int_0^t e^{rs} ds\right]$,

$$P^u(T_r > t, U_r(t) \in (y, y+dy]) = H_r(t,u,y)dy. \tag{1.2.41}$$

定理 1.2.2 设 $u, x, y \geqslant 0, r > 0$,

$$I_0 = P^u(T_r \in (t, t+dt], U_r(T^-) \in (x, x+dx], |U_r(T)| \in (y, y+dy]). \tag{1.2.42}$$

那么

(1) 若 $x > ue^{rt} + c\int_0^t e^{rv} dv$, 则

$$I_0 = 0.$$

1.2 带常利率的古典风险模型

(2) 若 $x = ue^{rt} + c\int_0^t e^{rv}dv$, 则

$$I_0 = \lambda e^{-\lambda t} p\left(ue^{rt} + c\int_0^t e^{rv}dv + y\right)dtdy. \tag{1.2.43}$$

(3) 若 $x < ue^{rt} + c\int_0^t e^{rv}dv$, 则

$$I_0 = \lambda H_r(t,u,x)p(x+y)dtdxdy. \tag{1.2.44}$$

证明 (1) 因 $T_r \geqslant W_1$, 当 $x > ue^{rt} + c\int_0^t e^{rv}dv$ 时, 当且仅当 $P^u(U_r(T^-) \in (x, x+dx]) = 0$. 因此 $I_0 = 0$.

(2) 当 $x = ue^{rt} + c\int_0^t e^{rv}dv$ 时, 必有 $T = W_1$. 从而

$$I_0 = \lambda e^{-\lambda t} p\left(ue^{rt} + c\int_0^t e^{rv}dv + y\right)dtdy.$$

(3) 当 $x < ue^{rt} + c\int_0^t e^{rv}dv$ 时, 与定理 1.1.5 的证明思路和方法类似. 仍利用强马氏过程理论. 记

$$T_x = \begin{cases} \inf\{t > 0 : U_r(t) = x\}, \\ \infty, \quad \text{若上集空} \end{cases}$$

和

$$T'_x = t + T_x \circ \theta_t.$$

注意到 $U_r(T) = U_r(T^-) - Z_{N(T)}$, 因此

$$I_0 = P^u(T_r > t, T'_x \in (t, t+dt], N(T'_x, T'_x + \Delta'] = 1,$$
$$Z_{N(T'_x, T'_x + \Delta']} \in (x+y, x+y+dy]).$$

利用强马氏性和条件独立性得

$$I_0 = P^u\left(T_r > t, T'_x \in (t, t+dt]\right) \lambda \Delta' e^{-\lambda \Delta'} p(x+y)dy, \tag{1.2.45}$$

其中

$$\Delta' = \frac{1}{r}\frac{1}{x + c/r}dx + o\left(d^2x\right). \tag{1.2.46}$$

当 $N(t,t+dt]=0$ 时, 有

$$U_r(t+dt) = \mathrm{e}^{rdt}U_r(t) + cdt + O(d^2t)$$
$$= U_r(t) + (rU_r(t)+c)dt + O(d^2t),$$

且

$$\{T'_x \in (t,t+dt]\} \cap \{N(t,t+dt]=0\}$$
$$= \{U_r(t) < x < U_r(t+dt]\} \cap \{N(t,t+dt]=0\}$$
$$= \{U_r(t) < x < (1+rdt)U_r(t)+cdt+O(d^2t)\} \cap \{N(t,t+dt]=0\}.$$

这推出

$$P^u(T_r > t, T'_x \in (t,t+dt])$$
$$= P^u(T_r > t, T'_x \in (t,t+dt], N(t,t+dt]=0) + O(d^2t)$$
$$= P^u(T_r > t, U_r(t) \in (x-(rx+c)dt, x), N(t,t+dt]=0) + O(d^2t)$$
$$= H_r(t,u,x)(rx+c)dt + O(d^2t). \tag{1.2.47}$$

由 (1.2.45)—(1.2.47), 得

$$I_0 = \lambda H_r(t,u,x)p(x+y)dtdxdy. \tag{1.2.48}$$

□

注 1.2.2 可将 (1.2.48) 改写成

$$I_0 = [(rx+c)H_r(t,u,x)dt]\left[\frac{\lambda}{rx+c}dx\right]p(x+y)dy. \tag{1.2.49}$$

在本定理中令 $r=0$, 得到定理 1.1.5.

以下将求得 $H_r(t,u,x)$ 关于 t 的 L-S 变换. 记

$$\widehat{H}_r(\alpha,u,x) = \int_0^\infty \mathrm{e}^{-\alpha t}H_r(t,u,x)dt.$$

命题 1.2.1 对 $u \geqslant 0, 0 \leqslant x < u\mathrm{e}^{rt} + c\int_0^t \mathrm{e}^{rs}ds, t > r^{-1}\ln\dfrac{rx+c}{ru+c}$, 有

$$\widehat{H}_r(\alpha,u,x) = (\lambda\overline{p}(x))^{-1}f_r(\alpha,u,x), \tag{1.2.50}$$

其中 $f_r(\alpha,u,x)$ 由 (1.2.27) 式给出.

证明 $h_r(\alpha, u, x, y)dxdy$

$$= \int_0^\infty e^{-\alpha t} P^u\left(T_r \in dt, U_r\left(T_r^-\right) \in dx, |U_r(T_r)| \in dy\right)$$

$$= \int_0^\infty e^{-\alpha t} I\left\{t > r^{-1}\ln\frac{rx+c}{ru+c}\right\}$$

$$\times P^u\left(T_r \in dt, U_r\left(T_r^-\right) \in dx, |U_r(T_r)| \in dy\right)$$

$$+ \int_0^\infty e^{-\alpha t} I\left\{t \leqslant r^{-1}\ln\frac{rx+c}{rutc}\right\}$$

$$\times P^u\left(T_r \in dt, U_r\left(T_r^-\right) \in dx, |U_r(T_r)| \in dy\right),$$

由定理 1.2.2 中 (1) 和 (2) 可推出上式第二个等式中第二个积分为 0. 由该定理中 (3) 得

$$h_r(\alpha, u, x, y) = \lambda \widehat{H}_r(\alpha, u, x) p(x+y). \tag{1.2.51}$$

另一方面, 由 (1.2.33) 式,

$$h_r(\alpha, u, x, y) = f_r(\alpha, u, x) \frac{p(x+y)}{\overline{P}(x)},$$

与 (1.2.51) 比较, 得到当 $0 \leqslant x < ue^{rt} + c\int_0^t e^{rs}ds$ 时,

$$\widehat{H}_r(\alpha, u, x) = (\lambda \overline{P}(x))^{-1} f_r(\alpha, u, x). \qquad \square$$

注 1.2.3 1.2.1 小节和 1.2.2 两小节的内容主要选自 (Wu, et al., 2005).

1.2.3 余额过程首次穿越零水平线时间分布及总负持续时间分布

1. 首次穿越零水平线时间分布

定义余额过程 U_r 穿越零水平线时间序列

$$\gamma_0 = 0,$$

$$\gamma_1 = \begin{cases} \inf\{t > 0 : U_r(t) = 0\}, \\ \infty, \quad \text{若上集空}. \end{cases} \tag{1.2.52}$$

一般地, 对 $k = 2, 3, \cdots$,

$$\gamma_k = \begin{cases} \inf\{t > \gamma_{k-1} : U_r(t) = 0\}, \\ \infty, \quad \text{若上集空}. \end{cases} \tag{1.2.53}$$

以下图 1.2.1 给出了 γ_i, β_i 和盈余过程 $U_r(t)$ 的样本轨道的示意图.

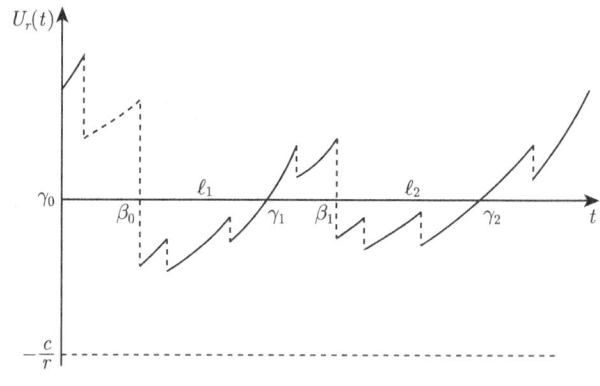

图 1.2.1 典型的盈余过程的样本轨道示意图

记

$$\Pi_1(u,t) = P^u(\gamma_1 \leqslant t), \tag{1.2.54}$$

$$\Pi(u,t) = \sum_{k=1}^{\infty} P^u(\gamma_k \leqslant t). \tag{1.2.55}$$

由强马尔可夫性易知, 对 $k \geqslant 2$,

$$P^u(\gamma_k \leqslant t) = \Pi_1(u,t) * \Pi_1^{*k}(0,t), \tag{1.2.56}$$

从而

$$\Pi(u,t) = \sum_{k=0}^{\infty} \Pi_1(u,t) * \Pi_1^{*k}(0,t). \tag{1.2.57}$$

下面先研究 $\Pi(u,t)$, 其证明思路与引理 1.1.1 相似. 注意到当 $u < -\dfrac{c}{r}$ 时, $U_r(t) < 0$, 对一切 $t \geqslant 0$, 故称为绝对破产值.

引理 1.2.3 当 $-\dfrac{c}{r} < u < 0, t \geqslant 0, \alpha = \dfrac{1}{r}\ln\dfrac{c}{c+ru}$ 时,

(1) 若 $t < \alpha$, 则

$$\Pi(u,t) = 0; \tag{1.2.58}$$

(2) 若 $t = \alpha$, 则

$$\Pi(u,t) = \left(\dfrac{c}{c+ru}\right)^{-\frac{\lambda}{r}}; \tag{1.2.59}$$

(3) 若 $t > \alpha$, 则 $\Pi(u,t)$ 具有密度函数 $\pi(u,t)$, 且

$$\pi(u,t) = ch\left(t, ue^{rt} + c\int_0^t e^{rv}dv\right), \tag{1.2.60}$$

其中

$$h(t,x) = e^{-\lambda t}\sum_{n=1}^{\infty}\frac{(\lambda t)^n}{n!}f_t^{*n}(x), \tag{1.2.61}$$

这里 $h(t,x)$ 由 (1.2.40) 给出.

证明 (1) 若 $t < \alpha$, 则 $U_r(t) \leqslant \left(u+\frac{c}{r}\right)e^{rt} - \frac{c}{r} < 0$, 故 $U_r(t)$ 在 $(0,t]$ 时段内不可能到达 0 点, 从而推出 $\Pi(u,t) = 0$.

(2) 若 $t = \alpha$, 此时当且仅当泊松过程 N 在 $[0,\alpha]$ 中无跳. 则过程 U_r 穿越零水平线且至多 1 次. 故

$$\Pi(u,t) = \left(\frac{c}{c+ru}\right)^{-\frac{\lambda}{r}}.$$

(3) 若 $t > \alpha$, 考虑 $\{U_r(t), t \geqslant 0\}$ 在时间区间 $(t, t+dt]$ 中的各种可能发生的情况

$$\Pi(u,(t,t+dt]) = \sum_{k=1}^{\infty}P^u\left(\gamma_k \in (t,t+dt]\right)$$

$$= \sum_{k=1}^{\infty}P^u\left(\gamma_k \in (t,t+dt], N(t,t+dt] = 0\right)$$

$$+ \sum_{k=1}^{\infty}P^u\left(\gamma_k \in (t,t+dt], N(t,t+dt] \geqslant 1\right)$$

$$= I_1 + I_2, \tag{1.2.62}$$

$$I_1 = \sum_{k=1}^{\infty}P^u\left(\gamma_k \in (t,t+dt], N(t,t+dt] = 0\right)$$

$$= P^u\left(U_r(t) < 0 \leqslant U_r(t+dt), N(t,t+dt] = 0\right). \tag{1.2.63}$$

当 $N(t,t+dt] = 0$ 时, $U_r(t+dt) = \left(U_r(t)+\frac{c}{r}\right)e^{rdt} - \frac{c}{r}$, 且 $U_r(t) = ue^{rt} + c\int_0^t e^{r(t-s)}ds - Y_r(t)$.

综上可得

$$I_1 = \mathrm{e}^{-\lambda dt} P\left(u\mathrm{e}^{rt} + c\int_0^t \mathrm{e}^{rs}ds < Y_r(t) \leqslant u\mathrm{e}^{rt} + c\int_0^t \mathrm{e}^{rs}ds + cdt\right)$$
$$+ o(dt), \tag{1.2.64}$$

这里 $\dfrac{o(dt)}{dt} \to 0 \; (dt \to 0)$. 类似可得

$$I_2 = \sum_{k=1}^\infty P^u\left(\gamma_k \in (t, t+dt], N(t, t+dt] \geqslant 1\right) = o(dt). \tag{1.2.65}$$

从而由引理 1.2.2 及 (1.2.40) 式可得 $\Pi(u,t)$ 存在密度函数 $\pi(u,t)$ 且

$$\pi(u,t) = ch\left(t, u\mathrm{e}^{rt} + c\int_0^t \mathrm{e}^{rs}ds\right). \tag{1.2.66}$$

$\square$

注 1.2.4 对 $u \geqslant 0, t \geqslant 0$, 易得 $\Pi(u,t)$ 具有密度函数 $\pi(u,t)$ 且

$$\pi(u,t) = ch\left(t, u\mathrm{e}^{rt} + c\int_0^t \mathrm{e}^{rs}ds\right). \tag{1.2.67}$$

定理 1.2.3 对 $-\dfrac{c}{r} < u < 0, t > 0, \alpha = \dfrac{1}{r}\ln\dfrac{c}{c+ru}$, 有

(1) 若 $t < \alpha$, 那么

$$\Pi_1(u,t) = 0; \tag{1.2.68}$$

(2) 若 $t = \alpha$, 那么

$$\Pi_1(u,t) = \left(\frac{c}{c+ru}\right)^{-\frac{\lambda}{r}}; \tag{1.2.69}$$

(3) 若 $t > \alpha$, 则 $\Pi_1(u,t)$ 的 L-S 变换 $\widehat{\Pi}_1(u,\beta)$ 可表示为

$$\widehat{\Pi}_1(u,\beta) = \frac{\widehat{\Pi}(u,\beta)}{1+\widehat{\Pi}(0,\beta)}. \tag{1.2.70}$$

对一切 $\beta \geqslant 0$, 当 $\widehat{\Pi}(0,\beta) < 1$ 时, 有

$$\widehat{\Pi}_1(u,\beta) = \sum_{k=0}^\infty (-1)^k \widehat{\Pi}(u,\beta)\left[\widehat{\Pi}(0,\beta)\right]^k. \tag{1.2.71}$$

1.2 带常利率的古典风险模型

证明 (1) 当 $t < \alpha$ 时, 结论是明显的.

(2) 当 $t = \alpha$ 时, 在引理 1.2.3 (2) 的证明中, 已表明

$$\Pi(u,t) = \Pi_1(u,t) = \left(\frac{c}{c+ru}\right)^{-\frac{\lambda}{r}}.$$

(3) 当 $t > \alpha$ 时, 由 (1.2.57) 式得

$$\widehat{\Pi}(u,\beta) = \widehat{\Pi}_1(u,\beta) + \widehat{\Pi}_1(u,\beta)\widehat{\Pi}(0,\beta),$$

从而得

$$\widehat{\Pi}_1(u,\beta) = \frac{\widehat{\Pi}(u,\beta)}{1+\widehat{\Pi}(0,\beta)}. \tag{1.2.72}$$

若对一切 $t \geqslant 0, \widehat{\Pi}(0,\beta) < 1$, 那么

$$\widehat{\Pi}_1(u,\beta) = \sum_{k=0}^{\infty}(-1)^k \widehat{\Pi}(u,\beta)\left[\widehat{\Pi}(0,\beta)\right]^k. \tag{1.2.73}$$

$\square$

注 1.2.5 对 $u \geqslant 0, \beta \geqslant 0$, 若 $0 < \widehat{\Pi}(0,\beta) < 1$, 则对一切 $\beta \geqslant 0$, $\Pi_1(u,t)$ 具有密度函数 $\pi_1(u,t)$ 且

$$\pi_1(u,t) = \sum_{k=0}^{\infty}(-1)^k \pi(u,t) * \pi^{*k}(0,t). \tag{1.2.74}$$

2. 余额过程 U_r 总负持续时间分布

对余额过程 $U_r = \{U_r(t), t \geqslant 0\}$, 假设初值 $u \geqslant 0$, 定义时间序列如下:

$$\beta_0 = \begin{cases} \inf\left\{t > 0: -\dfrac{c}{r} < U_r(t) < 0\right\}, \\ \infty, \quad \text{若上集空}. \end{cases}$$

一般地, 对 $k = 1, 2, \cdots$,

$$\beta_k = \begin{cases} \inf\left\{t > \gamma_k: -\dfrac{c}{r} < U_r(t) < 0\right\}, \\ \infty, \quad \text{若上集空}. \end{cases}$$

若 $\beta_{k-1} < \infty$, 定义
$$\ell_k = \gamma_k - \beta_{k-1}, \quad k = 1, 2, \cdots,$$

那么 ℓ_1 是负余额首次持续时间, 对 $k = 2, 3, 4, \cdots$, 类似定义 ℓ_k. 当 $\gamma_k < \infty$ 时, 有 $U_r(\gamma_1) = U_r(\gamma_2) = \cdots = U_r(\gamma_k) = 0$.

记 M 为负持续的总段数,
$$\widetilde{TT} = \sum_{k=1}^{M} \ell_k, \tag{1.2.75}$$

表示余额过程 U_r 在 $-\dfrac{c}{r}$ 与 0 之间总持续时间.

记
$$G_r(u, y) = P^u(|U_r(T_r)| \leqslant y, T_r < \infty), \tag{1.2.76}$$

$$G_{r,1}(u, x) = \int_0^{c/r} \Pi_1(-y, x) dG_r(u, y). \tag{1.2.77}$$

引理 1.2.4 对 $u \geqslant 0$, $x \geqslant 0$, $y \geqslant 0$,
$$P^u(\ell_1 \leqslant x) = \int_0^{c/r} \Pi_1(-y, x) dG_r(u, y). \tag{1.2.78}$$

证明
$$\{\ell_1 \leqslant x\} = \left\{\gamma_1 - \beta_0 \leqslant x, T_r = \beta_0 < \infty, -\frac{c}{r} < U(T_r) < 0\right\}.$$

由强马氏性,
$$P^u(\ell_1 \leqslant x) = P^u\left(\gamma_1 \circ \theta_{T_r} \leqslant x, T_r < \infty, -\frac{c}{r} < U(T_r) < 0\right)$$
$$= E^u\left[P^{U(T_r)}(\gamma_1 \leqslant x), T_r < \infty, -\frac{c}{r} < U(T_r) < 0\right]$$
$$= \int_0^{\frac{c}{r}} \Pi_1(-y, x) dG_r(u, y). \qquad \square$$

定理 1.2.4 对 $u \geqslant 0$, $x \geqslant 0$, 有
$$P^u\left(\widetilde{TT} \leqslant x\right)$$
$$= 1 - \Pi_1(u, \infty) + (1 - \Pi_1(0, \infty)) \left(\sum_{k=0}^{\infty} D_{r,1}(u, x) * D_{r,1}^{*k}(0, x)\right). \tag{1.2.79}$$

1.2 带常利率的古典风险模型

证明

$$P^u\left(\widetilde{TT}\leqslant x\right)=P^u\left(\sum_{i=1}^M l_i\leqslant x\right)$$

$$=P^u(M=0)+\sum_{k=1}^\infty P^u\left(\sum_{i=1}^k l_i\leqslant x,M=k\right),\quad(1.2.80)$$

其中

$$P^u(M=0)=P^u(\gamma_1=\infty)=1-\Pi_1(u,\infty).$$

$$\sum_{k=1}^\infty P^u\left(\sum_{i=1}^k l_i\leqslant x,M=k\right)=\sum_{k=1}^\infty P^u\left(\sum_{i=1}^k l_i\leqslant x,\gamma_1<\infty,\gamma_2-\gamma_1<\infty,\cdots,\right.$$

$$\left.\gamma_k-\gamma_{k-1}<\infty,\gamma_{k+1}-\gamma_k=\infty\right).$$

利用强马氏性和独立性, 易得

$$P^u\left(\sum_{i=1}^k l_i\leqslant x,\gamma_1<\infty,\gamma_2-\gamma_1<\infty,\cdots,\gamma_k-\gamma_{k-1}<\infty,\gamma_{k+1}-\gamma_k=\infty\right)$$

$$=P^0(\gamma_1=\infty)\left(D_{r,1}(u,x)*D_{r,1}^{*k}(0,x)\right).\quad(1.2.81)$$

由 (1.2.80) 和 (1.2.81) 推得

$$P^u\left(\widetilde{TT}\leqslant x\right)$$

$$=(1-\Pi_1(u,\infty))+(1-\Pi_1(0,\infty))\left(\sum_{k=0}^\infty D_{r,1}(u,x)*D_{r,1}^{*k}(0,x)\right).\quad\square$$

推论 1.2.4

$$P^u(M=k)=\begin{cases}1-\Pi_1(u,\infty),& k=0,\\ \Pi_1(u,\infty)\left[\Pi_1(0,\infty)\right]^{k-1}\left[1-\Pi_1(0,\infty)\right],& k\geqslant 1,\end{cases}$$

结论由定理 1.2.4 直接得出. 显然当 $u=0$ 时, 它是几何分布.

当 $u=0$ 时, 可改写 (1.2.79) 式为参数 $\Pi_1(0,\infty)$ 与分布函数

$$\frac{1}{\Pi_1(0,\infty)}\int_0^{\frac{c}{r}}\Pi_1(-y,x)dG_r(0,y)$$

的组合几何分布. 当 r 趋于极限 0 时, 若假设 $c > \lambda EZ_1$, 则对一切 $u \geqslant 0$, 由强大数定理得 $1 - \Pi_1(u, \infty) = 1 - \psi(u) = \Phi(u)$. 因而此时定理 1.2.4 的结果与 (Egídio dos Reis, 1993) 结果一致.

注 1.2.6 1.2.3 小节的内容选自 (Song and Wu, 2007).

1.3 常利率更新风险模型

1.3.1 引言

本节以普通更新随机过程, 代替前节中的泊松随机过程, 形成一种新的风险模型. 对该模型着重研究其 Gerber-Shiu 期望折扣罚金函数及破产概率等问题.

设 $T_1, T_2, \cdots$ 是非负独立同分布随机变量序列, 对 $n \geqslant 1$, 令 $S_n = \sum_{k=1}^n T_k$, 且 $S_0 = 0$, $\{S_n, n \geqslant 0\}$ 称为更新点过程, S_n 称为第 n 次更新时间. 并假设 $P(T_1 < \infty) = 1$. 记

$$N(t) = \sum_{n=1}^\infty I\{S_n \leqslant t\}, \tag{1.3.1}$$

$$S_n = \sum_{k=1}^n T_k. \tag{1.3.2}$$

称随机过程 $N = \{N(t), t \geqslant 0\}$ 为一个普通更新过程, 易见 $N(t) = n$, 当且仅当 $S_n \leqslant t < S_{n+1}$. 故 N 是一个轨道右连续的随机过程.

本节进一步假设 T_1 的分布函数 $K(t)$ 具有密度函数 $k(t)$ 且它的数学期望 $ET_1 < \infty$.

设 $Z = \{Z_k, k \geqslant 1\}$ 是非负随机变量序列, 独立同分布, 具有相同的分布函数 $P(x)$, 数学期望为 μ, 随机过程 $N = \{N(t), t \geqslant 0\}$ 与随机过程 $Z = \{Z_k, k \geqslant 1\}$ 独立.

对 $t \geqslant 0$, 记

$$Z(t) = \sum_{k=1}^{N(t)} Z_k. \tag{1.3.3}$$

对 $\delta \geqslant 0$, 记

$$Y_\delta(t) = \int_0^t e^{\delta(t-v)} dZ(v). \tag{1.3.4}$$

令

$$U_\delta(t) = ue^{\delta t} + c\int_0^t e^{\delta(t-v)} dv - Y_\delta(t), \tag{1.3.5}$$

其中 $u \geqslant 0, c \geqslant 0$.

定义 1.3.1 称 $U_\delta = \{U_\delta(t), t \geqslant 0\}$ 为带常利率 $\delta(\geqslant 0)$ 的普通更新风险模型. 同样地, 定义它的破产时、破产瞬间余额及破产时的损失等. 令

$$T_\delta = \begin{cases} \inf\{t > 0 : U_\delta(t) < 0\}, \\ \infty, \quad \text{若上集空}. \end{cases} \tag{1.3.6}$$

T_δ 称为 U_δ 的破产时, $U_\delta(T_\delta-)$ 和 $-U_\delta(T_\delta)$ 称为破产瞬间前的余额, 以及在破产时的损失.

由于 $\{T_k, k \geqslant 1\}$ 与 $\{Z_k, k \geqslant 1\}$ 均为独立同分布序列且它们二者也相互独立, 因此可借用类似研究常利率古典模型的 Gerber-Shiu 期望折扣罚金函数的方法研究下面的问题.

1.3.2 Gerber-Shiu 期望折扣罚金函数

记

$$F_\delta(\alpha, u, x, y)$$
$$= E\left[e^{-\alpha T_\delta} I\{U_\delta(T_\delta-) \leqslant x, U_\delta(T_\delta) \leqslant y\} I\{T_\delta < \infty\} | U_\delta(0) = u\right]. \tag{1.3.7}$$

若 F_δ 关于 x, y 存在导函数, 记

$$f_\delta(\alpha, u, x, y) = \frac{\partial^2 F_\delta(\alpha, u, x, y)}{\partial x \partial y}, \tag{1.3.8}$$

记

$$F_{\delta,n}(\alpha, u, x, y)$$
$$= E\left[e^{-\alpha T_\delta} I\{U_\delta(T_\delta-) \leqslant x, U_\delta(T_\delta) \leqslant y\}, T_\delta = S_n | U_\delta(0) = u\right]. \tag{1.3.9}$$

若 $F_{\delta,n}(\alpha, u, x, y)$ 关于 x, y 存在导函数, 记

$$f_{\delta,n}(\alpha, u, x, y) = \frac{\partial^2 F_{\delta,n}(\alpha, u, x, y)}{\partial x \partial y}, \tag{1.3.10}$$

其中 $x \geqslant 0, y < 0$.

1. Gerber-Shiu 期望折扣罚金函数的解析表示

引理 1.3.1 对 $n \geqslant 1$, $x_1, \cdots, x_n, y_1, \cdots, y_{n-1} \in \mathbb{R}^+$, 且 $x_k > y_k, k = 1, 2, \cdots, n$, $x_1 > u \geqslant 0$, $\alpha \geqslant 0, y_n \leqslant 0, \delta \geqslant 0$, 有

$$E[e^{-\alpha S_n} I\{U_\delta(S_1-) \in dx_1, U_\delta(S_1) \in dy_1, \cdots, U_\delta(S_n-) \in dx_n,$$

$$U_\delta(S_n) \in dy_n\}|U_\delta(0) = u]$$
$$= g_{\delta,n}(\alpha, u, x_1, y_1, \cdots, x_n, y_n) dx_1 dy_1 \cdots dx_n dy_n, \tag{1.3.11}$$

其中

$$g_{\delta,n}(\alpha, u, x_1, y_1, \cdots, x_n, y_n)$$
$$= \begin{cases} \prod_{i=1}^{n} \dfrac{(\delta y_{i-1}+c)^{\frac{\alpha}{\delta}}}{(\delta x_i+c)^{1+\frac{\alpha}{\delta}}} k\left(\dfrac{1}{\delta}\ln\dfrac{\delta x_i+c}{\delta y_{i-1}+c}\right) p(x_i - y_i), & \delta > 0, \\ \dfrac{1}{c^n}\prod_{i=1}^{n} e^{-\frac{\alpha}{c}(x_i - y_{i-1})} k\left(\dfrac{x_i - y_{i-1}}{c}\right) p(x_i - y_i), & \delta = 0. \end{cases} \tag{1.3.12}$$

该引理可以按照引理 1.2.1 的证明思路做. 即可得到本引理的结论.

引理 1.3.2 对 $\alpha, u, \delta \geqslant 0$, $x > 0$, $y < 0$, 有

当 $n > 1$ 时,

$$F_{\delta,n}(\alpha, u, x, y) = \int_u^\infty dx_1 \int_0^{x_1} dy_1 \cdots \int_{y_{n-2}}^\infty dx_{n-1} \int_0^{x_{n-1}} dy_{n-1}$$
$$\times \int_{y_{n-1}}^x dx_n \int_{-\infty}^y g_{\delta,n}(\alpha, u, x_1, y_1, \cdots, x_n, y_n) dy_n. \tag{1.3.13}$$

当 $n = 1$ 时,

$$F_{\delta,1}(\alpha, u, x, y) = I\{x \geqslant u\}\int_u^x dx_1 \int_{-\infty}^y g_{\delta,1}(\alpha, u, x_1, y_1) dy_1. \tag{1.3.14}$$

证明 当 $n = 1$ 时, 由 (1.3.5) 式易知

$$\{U_\delta(0) = u\} \cap \{T_\delta = T_1\} = \{U_\delta(T_1-) \geqslant u, U_\delta(T_1) < 0, U_\delta(0) = u\}.$$

由引理 1.3.1 易得

$$F_{\delta,1}(\alpha, u, x, y) = E[e^{-\alpha T_1} I\{u \leqslant U_\delta(T_1-) \leqslant x, U_\delta(T_1) \leqslant y\}|U_\delta(0) = u]$$
$$= I\{x \geqslant u\}\int_u^x dx_1 \int_{-\infty}^y g_{\delta,1}(\alpha, u, x_1, y_1) dy_1.$$

当 $n \geqslant 2$ 时,

$$\{U_\delta(0) = u\} \cap \{T_\delta = S_n\} = \{0 < U_\delta(S_1-), 0 < U_\delta(S_1), \cdots, 0 < U_\delta(S_{n-1}),$$
$$0 < U_\delta(S_n-), U_\delta(S_n) < 0\} \cap \{U_\delta(0) = u\}.$$

1.3 常利率更新风险模型

此外, 当 $T_\delta = S_n$ 时,

$$U_\delta(S_n-) > U_\delta(S_{n-1}), \quad U_\delta(S_k-) > U_\delta(S_k), \quad k=1,2,\cdots,n.$$

因此由引理 1.3.1, 易推出 (1.3.13) 式, 从而引理 1.3.2 证毕. □

引理 1.3.3 对 $n \geqslant 2$, 有

(1) 若 $\delta > 0$, 则

$$F_{\delta,n}(\alpha,u,x,y)$$
$$= \int_u^\infty dx_1 \int_0^{x_1} \left(\frac{\delta u+c}{\delta x_1+c}\right)^{\frac{\alpha}{\delta}} k\left(\frac{1}{\delta}\ln\frac{\delta x_1+c}{\delta u+c}\right) \frac{p(x_1-y_1)}{\delta x_1+c} F_{\delta,n-1}(\alpha,y_1,x,y)dy_1. \tag{1.3.15}$$

(2) 若 $\delta = 0$, 则

$$F_{0,n}(\alpha,u,x,y)$$
$$= \int_u^\infty dx_1 \int_0^{x_1} \frac{1}{c}e^{-\frac{\alpha}{c}(x_1-u)} k\left(\frac{x_1-u}{c}\right) p(x_1-y_1) F_{0,n-1}(\alpha,y_1,x,y)dy_1. \tag{1.3.16}$$

证明 由 $F_{\delta,n}(\alpha,u,x,y)$ 的定义 (1.3.9) 式及引理 1.3.1 和引理 1.3.2 即可推出引理 1.3.3. 事实上, 该引理是一个循环计算 $F_{\delta,n}$ 的公式.

由引理 1.3.2 易见, 对 $n \geqslant 1$, $F_{\delta,n}(\alpha,u,x,y)$ 关于 x,y 存在导数. 因此

(1) 若 $\delta > 0$, 那么对 $n \geqslant 2$,

$$f_{\delta,n}(\alpha,u,x,y) = \int_u^\infty dx_1 \int_0^{x_1} \left(\frac{\delta u+c}{\delta x_1+c}\right)^{\frac{\alpha}{\delta}}$$
$$\times k\left(\frac{1}{\delta}\ln\frac{\delta x_1+c}{\delta u+c}\right)\frac{p(x_1-y_1)}{\delta x_1+c} f_{\delta,n-1}(\alpha,y_1,x,y)dy_1. \tag{1.3.17}$$

(2) 若 $\delta = 0$, 那么

$$f_{0,n}(\alpha,u,x,y)$$
$$= \int_u^\infty dx_1 \int_0^{x_1} \frac{1}{c}e^{-\frac{\alpha}{c}(x_1-u)} k\left(\frac{x_1-u}{c}\right) p(x_1-y_1) f_{0,n-1}(\alpha,y_1,x,y)dy_1. \tag{1.3.18}$$

□

注 1.3.1 对 $\alpha,\delta,u \geqslant 0$, $x>0$, $y<0$, $f_{\delta,1}(\alpha,u,x,y) = g_{\delta,1}(\alpha,u,x,y)$.

定理 1.3.1 对 $\alpha, \delta, u \geqslant 0, x > 0, y < 0$, 有

$$F_\delta(\alpha, u, x, y)$$
$$= I\{x \geqslant u\} \int_u^x dx_1 \int_{-\infty}^y g_{\delta,1}(\alpha, u, x_1, y_1) dy_1$$
$$+ \sum_{n=2}^\infty \int_u^\infty dx_1 \int_0^{x_1} dy_1 \cdots \int_{y_{n-1}}^x dx_n \int_{-\infty}^y g_{\delta,n}(\alpha, u, x_1, y_1, \cdots, x_n, y_n) dy_n, \quad (1.3.19)$$

$\dfrac{\partial^2}{\partial x \partial y} F_\delta(\alpha, u, x, y)$ 存在, 且

$$f_\delta(\alpha, u, x, y)$$
$$= I\{x \geqslant u\} g_{\delta,1}(\alpha, u, x, y) + \sum_{n=2}^\infty \int_u^\infty dx_1 \int_0^{x_1} dy_1 \cdots \int_{y_{n-2}}^x dx_{n-1}$$
$$\times \int_0^{x_{n-1}} g_{\delta,n}(\alpha, u, x_1, y_1, \cdots, x_{n-1}, y_{n-1}, x, y) dy_n. \quad (1.3.20)$$

证明 注意到

$$F_\delta(\alpha, u, x, y) = \sum_{n=1}^\infty F_{\delta,n}(\alpha, u, x, y), \quad (1.3.21)$$

由引理 1.3.2 及 (1.3.21) 式, 可推出 (1.3.19) 式.

引理 1.3.2 已表明对每一个 $n \geqslant 1$, $\dfrac{\partial^2}{\partial x \partial y} F_{\delta,n}(\alpha, u, x, y)$ 存在, 记为 $f_{\delta,n}(\alpha, u, x, y)$, 从而

$$\sum_{k=1}^n F_{\delta,k}(\alpha, u, x, y) = \int_0^x \int_{-\infty}^y \left(\sum_{k=1}^n f_{\delta,k}(\alpha, u, x_1, y_1) \right) dx_1 dy_1.$$

上式令 $n \to \infty$, 即得

$$F_\delta(\alpha, u, x, y) = \int_0^x \int_{-\infty}^y \left(\sum_{k=1}^\infty f_{\delta,k}(\alpha, u, x_1, y_1) \right) dx_1 dy_1.$$

因而 $\dfrac{\partial^2}{\partial x \partial y} F_\delta(\alpha, u, x, y)$ 存在, 记为 $f_\delta(\alpha, u, x, y)$,

$$f_\delta(\alpha, u, x, y) = I\{x \geqslant u\} g_{\delta,1}(\alpha, u, x, y) + \sum_{n=2}^\infty f_{\delta,n}(\alpha, u, x, y), \quad (1.3.22)$$

1.3 常利率更新风险模型

由引理 1.3.2, 对 $n \geqslant 2$,

$$f_{\delta,n}(\alpha,u,x,y) = \int_u^\infty dx_1 \int_0^{x_1} dy_1 \cdots \int_{y_{n-2}}^x dx_{n-1}$$
$$\times \int_0^{x_{n-1}} g_{\delta,n}(\alpha,u,x_1,y_1,\cdots,x_{n-1},y_{n-1},x,y)dy_{n-1}. \quad (1.3.23)$$

综上 (1.3.20) 得证, 命题证毕. □

推论 1.3.1 对 $\alpha,\delta,u \geqslant 0$, $x > 0$, $y < 0$, $F_\delta(\alpha,u,x,y)$ 满足以下积分方程

$$F_\delta(\alpha,u,x,y) = I\{x \geqslant u\} \int_u^x dx_1 \int_{-\infty}^y g_{\delta,1}(\alpha,u,x_1,y_1)dy_1$$
$$+ \int_u^\infty dx_1 \int_0^{x_1} g_{\delta,1}(\alpha,u,x_1,y_1)F_\delta(\alpha,y_1,x,y)dy_1. \quad (1.3.24)$$

证明 将引理 1.3.2 应用于 (1.3.19) 式中即可得证上式.

对 $\alpha,\delta,u \geqslant 0$, $x > 0$, $y > 0$, 记

$$f_\delta(\alpha,u,x)$$
$$= \frac{\partial}{\partial x} E[e^{-\alpha T_\delta} I\{U_\delta(T_\delta-) \leqslant x, T_\delta < \infty\} | U_\delta(0) = u], \quad (1.3.25)$$

$$h_\delta(\alpha,u,x,y)dxdy$$
$$= E[e^{-\delta T_\delta} I\{U_\delta(T_\delta-) \in dx, |U_\delta(T_\delta)| \in dy, T_\delta < \infty\} | U_\delta(0) = u]. \quad (1.3.26)$$

□

推论 1.3.2 对 $\alpha,\delta,u \geqslant 0$, $x,y > 0$, 有

$$h_\delta(\alpha,u,x,y) = f_\delta(\alpha,u,x)\frac{p(x+y)}{1-P(x)}. \quad (1.3.27)$$

证明与前 (1.2.34) 一样, 是 (1.2.34) 的推广.

事实上, $h_\delta(\alpha,u,x,y) = f_\delta(\alpha,u,x,-y)$, 上面 (1.3.27) 式是 (Gerber and Shiu, 1997) 中 (2.5) 式的进一步推广.

记

$$\Phi_{\delta,\alpha,n}(u) = E[e^{-\alpha T_\delta} W(U(T_\delta-),|U_\delta(T_\delta)|)I\{T_\delta = S_n\}) | U_\delta(0) = u]. \quad (1.3.28)$$

非常明显,

$$\Phi_{\delta,\alpha,n}(u) = \int_0^\infty dx \int_{-\infty}^0 W(x,|y|)f_{\delta,n}(\alpha,u,x,y)dy, \quad n \geqslant 1, \quad (1.3.29)$$

$$\Phi_{\delta,\alpha,n}(u) = \int_u^\infty dx \int_0^x g_{\delta,1}(\alpha,u,x,y)\Phi_{\delta,\alpha,(n-1)}(y)dy, \quad n \geqslant 2, \quad (1.3.30)$$

$$\Phi_{\delta,\alpha}(u) = \sum_{n=1}^\infty \Phi_{\delta,\alpha,n}(u).$$

从而对 $\alpha, \delta, u \geqslant 0$, 有如下结论.

定理 1.3.2

$$\Phi_{\delta,\alpha,n}(u)$$
$$= \begin{cases} \int_u^\infty dx \int_0^x \left(\dfrac{\delta u+c}{\delta x+c}\right)^{\frac{\alpha}{\delta}} k\left(\dfrac{1}{\delta}\ln\dfrac{\delta x+c}{\delta u+c}\right) \dfrac{p(x-y)}{\delta x+c}\Phi_{\delta,\alpha,(n-1)}(y)dy, & \delta > 0, \\ \int_u^\infty dx \int_0^x \dfrac{1}{c}e^{(-\frac{\alpha}{c})(x-u)}k\left(\dfrac{x-u}{c}\right)p(x-y)\Phi_{\delta,\alpha,(n-1)}(y)dy, & \delta = 0. \end{cases}$$
$$(1.3.31)$$

$$\Phi_{\delta,\alpha}(u)$$
$$= \int_u^\infty dx \int_{-\infty}^0 W(x,|y|)g_{\delta,1}(\alpha,u,x,y)dy$$
$$+ \sum_{n=2}^\infty \int_u^\infty dx_1 \int_0^{x_1} dy_1 \cdots \int_{y_{n-2}}^\infty dx_{n-1} \int_0^{x_{n-1}} dy_{n-1} \int_{y_{n-1}}^\infty dx$$
$$\times \int_{-\infty}^0 W(x,|y|)g_{\delta,n}(\alpha,u,x_1,y_1,\cdots,x_{n-1},y_{n-1},x,y)dy. \quad (1.3.32)$$

当 Gerber-Shiu 期望折扣罚金函数中的 $W(x,y)$ 为一般情形时, (1.3.32) 式得到了它的表达式. 目前尚未见到解决这个问题的其他有效方法.

下面将以常利率的古典风险模型为例, 介绍研究 Gerber-Shiu 期望折扣罚金函数的另一途径. 此时 T_1 的分布函数 $K(t) = 1 - e^{-\lambda t}$.

推论 1.3.3 对 $\delta > 0$, $\alpha, u \geqslant 0$, $K(x) = 1 - e^{\lambda x}$, $x \geqslant 0$, $\lambda > 0$, 有

$$\Phi_{\delta,\alpha}(u) = \frac{c\Phi_{\delta,\alpha}(0)}{c+\delta u} - \frac{\lambda}{c+\delta u}\int_0^u A(t)dt + \int_0^u k_{\delta,\alpha}(u,t)\Phi_{\delta,\alpha}(t)dt, \quad (1.3.33)$$

其中 $A(y) = \int_y^\infty W(y,x-y)p(x)dx$, $k_{\delta,\alpha}(u,t) = \dfrac{\delta + \alpha + \lambda\overline{P}(u-t)}{c+\delta u}$.

1.3 常利率更新风险模型

证明 由定理 1.3.2 和 (1.3.32) 式,

$$\Phi_{\delta,\alpha}(u) = \int_u^\infty dx \int_{-\infty}^0 W(x,-y) g_{\delta,1}(\alpha,u,x,y) dy$$

$$+ \sum_{n=2}^\infty \int_0^\infty dx \int_{-\infty}^0 W(x,-y) f_{\delta,n}(\alpha,u,x,y) dy$$

$$= J_1 + J_2,$$

$$J_1 = \int_u^\infty dx \int_{-\infty}^0 W(x,-y) \lambda (\delta u + c)^{\frac{\lambda+\alpha}{\delta}} (\delta x + c)^{\frac{-(\lambda+\alpha)}{\delta}-1} p(x-y) dy$$

$$= \lambda \left(\delta u + c\right)^{\frac{\lambda+\alpha}{\delta}} \int_u^\infty (\delta x + c)^{\frac{-(\lambda+\alpha)}{\delta}-1} \left(\int_x^\infty W(x,z-x) p(z) dz\right) dx,$$

$$J_2 = \int_u^\infty dx_1 \int_0^{x_1} \left(\int_0^\infty dx \int_{-\infty}^0 W(x,-y) \sum_{n=1}^\infty f_{\delta,n}(\alpha,y_1,x,y) dy\right)$$

$$\times \lambda (\delta u + c)^{\frac{\lambda+\alpha}{\delta}} (\delta x_1 + c)^{-\frac{\lambda+\alpha}{\delta}-1} p(x_1 - y_1) dy_1$$

$$= \lambda (\delta u + c)^{\frac{\lambda+\alpha}{\delta}} \int_u^\infty dx \int_0^x (\delta x + c)^{-\frac{\lambda+\alpha}{\delta}-1} \Phi_{\delta,\alpha}(y) p(x-y) dy.$$

因此

$$\Phi_{\delta,\alpha}(u) = \lambda (\delta u + c)^{\frac{\lambda+\alpha}{\delta}} \int_u^\infty (\delta x + c)^{-\frac{\lambda+\alpha}{\delta}-1} \left(\int_0^x \Phi_{\delta,\alpha}(x-y) p(y) dy + A(x)\right) dx. \tag{1.3.34}$$

将 (1.3.34) 关于 u 微分, 并再积分得到

$$\Phi_{\delta,\alpha}(u) = \frac{c \Phi_{\delta,\alpha}(0)}{c + \delta u} - \frac{\lambda}{c + \delta u} \int_0^u A(t) dt + \int_0^u K_{\delta,\alpha}(u,t) \Phi_{\delta,\alpha}(t) dt. \tag{1.3.35}$$

□

注 1.3.2 (Cai and Dickson, 2002) 中已导出 (1.3.35) 式, 并利用 L-S 变换得到初值 $\Phi_{\delta,0}(0)$, 遗憾的是, 当 $\delta, \alpha > 0$ 时的初值 $\Phi_{\delta,\alpha}(0)$ 并未求出, 但借助 (1.3.32) 式, $\Phi_{\delta,\alpha}(0)$ 和 $\Phi_{\delta,\alpha}(u)$ 均可求出.

注 1.3.3 方程 (1.3.33) 是一类沃尔泰拉 (Volterra) 型积分方程

$$\varphi(x) = l(x) + \int_0^x k(x,s) \varphi(s) ds. \tag{1.3.36}$$

参见 (Mikhlin, 1957). 如果 $l(x)$ 绝对可积且核 $k(x,s)$ 是连续的, 那么对每一 $x > 0$, 唯一解 $\varphi(x)$ 有如下表达式:

$$\varphi(x) = l(x) + \int_0^x K(x,s)l(s)ds, \tag{1.3.37}$$

这里 $K(x,s) = \sum_{m=1}^{\infty} k_m(x,s)$, 其中 $k_1(x,s) = k(x,s)$, 以及 $k_m(x,s) = \int_s^x k(x,t)k_{m-1}(t,s)dt, m = 2,3,\cdots, x > s \geqslant 0$.

推论 1.3.4 对 $\delta, u \geqslant 0$, 以及 $K(x) = 1 - \mathrm{e}^{-\lambda x}, x \geqslant 0, \lambda > 0$,

$$\Psi_\delta(u) = \frac{c\Psi_\delta(0)}{c + \delta u} - \frac{\lambda}{c + \delta u}\int_0^u \overline{P}(t)dt + \int_0^u k_\delta(u,t)\Psi_\delta(t)dt, \tag{1.3.38}$$

其中

$$k_\delta(u,t) = \frac{\delta + \lambda\overline{P}(u-t)}{c + \delta u}.$$

证明 因此时 $\alpha = 0$ 和 $\omega(x,y) \equiv 1$, 由推论 1.3.3 可得推论 1.3.4. □

2. 例

我们考虑一个重要特例, 即对应于古典风险模型中 $K(t) = 1 - \mathrm{e}^{-\lambda t}, t \geqslant 0, \lambda > 0$ 及 Z_1 有指数分布 $P(z) = 1 - \mathrm{e}^{-\beta z}, z \geqslant 0, \beta > 0$ 的情形. 这时, 可得到关于破产概率 $\Psi(u)$ 和在破产时亏损的分布函数的解析表达式.

(1) 破产概率 $\Psi(u)$, 即 $\delta, \alpha = 0, W(x,|y|) \equiv 1$ 的情形. 我们有 $\Psi(u) = \Phi_{0,0}(u) = \sum_{n=1}^{\infty} \Psi_n(u)$, 这里 $\Psi_n(u) = \Phi_{0,0,n}(u)$.

由定理 1.3.2,

$$\Psi_1(u) = \int_u^\infty dx \int_{-\infty}^0 \frac{1}{c}\lambda \mathrm{e}^{-\lambda((x-u)/c)}\beta \mathrm{e}^{-\beta(x-y)}dy$$

$$= \frac{\lambda}{\lambda + \beta c}\mathrm{e}^{-\beta u},$$

$$\Psi_2(u) = \int_u^\infty dx \int_0^x \frac{1}{c}\lambda \mathrm{e}^{-\lambda((x-u)/c)}\beta \mathrm{e}^{-\beta(x-y)}\Psi_1(y)dy$$

$$= \left(\frac{\lambda}{\lambda + \beta c}\right)^2 \beta \left(u + \frac{c}{\lambda + \beta c}\right)\mathrm{e}^{-\beta u},$$

$$\Psi_3(u) = \int_u^\infty dx \int_0^x \frac{1}{c}\lambda \mathrm{e}^{-\lambda((x-u)/c)}\beta \mathrm{e}^{-\beta(x-y)}\Psi_2(y)dy$$

$$= \left(\frac{\lambda}{\lambda+\beta c}\right)^3 \beta^2 \left(\frac{1}{2}u^2 + 2\frac{c}{\lambda+\beta c}u + 2\left(\frac{c}{\lambda+\beta c}\right)^2\right) e^{-\beta u}.$$

我们假设
$$\Psi_n(u) = \left(\frac{\lambda}{\lambda+\beta c}\right)^n \beta^{n-1} P_{n-1}(u) e^{-\beta u}, \quad n \geqslant 1,$$

其中
$$P_{n-1}(u) = \sum_{k=1}^{n} a_{n-k}^{(n-1)} \left(\frac{c}{\lambda+\beta c}\right)^{k-1} u^{n-k}$$
$$= a_{n-1}^{(n-1)} u^{n-1} + a_{n-2}^{(n-1)} \frac{c}{\lambda+\beta c} u^{n-2} + a_{n-3}^{(n-1)} \left(\frac{c}{\lambda+\beta c}\right)^2 u^{n-3}$$
$$+ \cdots + a_1^{(n-1)} \left(\frac{c}{\lambda+\beta c}\right)^{n-2} u + a_0^{(n-1)} \left(\frac{c}{\lambda+\beta c}\right)^{n-1}, \quad n \geqslant 1.$$

那么
$$\Psi_{n+1}(u) = \int_u^\infty dx \int_0^x \frac{1}{c} \lambda e^{-\lambda((x-u)/c)} \beta e^{-\beta(x-y)} \Psi_n(y) dy$$
$$= \left(\frac{\lambda}{\lambda+\beta c}\right)^n \beta^{n-1} \frac{\lambda \beta}{c} e^{\lambda u/c} \left[\frac{a_{n-1}^{(n-1)}}{n} \int_u^\infty e^{-((\lambda/c)+\beta)x} x^n dx \right.$$
$$+ \frac{c}{\lambda+\beta c} \frac{a_{n-2}^{(n-1)}}{n-1} \int_u^\infty e^{-((\lambda/c)+\beta)x} x^{n-1} dx + \cdots$$
$$+ \left(\frac{c}{\lambda+\beta c}\right)^{n-2} \frac{a_1^{(n-1)}}{2} \int_u^\infty e^{-((\lambda/c)+\beta)x} x^2 dx$$
$$\left. + \left(\frac{c}{\lambda+\beta c}\right)^{n-1} \frac{a_0^{(n-1)}}{1} \int_u^\infty e^{-((\lambda/c)+\beta)x} x dx \right].$$

由公式
$$\int_u^\infty x^n e^{-\alpha x} dx$$
$$= \left[\frac{1}{a} u^n + \frac{n}{a^2} u^{n-1} + \frac{n(n-1)}{a^3} u^{n-2} + \cdots + \frac{n(n-1)\cdots 2}{a^n} u + \frac{n!}{a^{n+1}}\right] e^{-au},$$

我们得到

$$\int_u^\infty e^{-(\lambda/c+\beta)x} x^n dx$$
$$= \left[\frac{c}{\lambda+\beta c}u^n + \left(\frac{c}{\lambda+\beta c}\right)^2 nu^{n-1} + \cdots + \left(\frac{c}{\lambda+\beta c}\right)^{n+1} n!\right] e^{-(\lambda/c+\beta)u},$$
$$\int_u^\infty e^{-(\lambda/c+\beta)x} x^{n-1} dx$$
$$= \left[\frac{c}{\lambda+\beta c}u^{n-1} + \left(\frac{c}{\lambda+\beta c}\right)^2 (n-1)u^{n-2} \right.$$
$$\left. + \cdots + \left(\frac{c}{\lambda+\beta c}\right)^n (n-1)!\right] e^{-(\lambda/c+\beta)u},$$
$$\int_u^\infty e^{-(\lambda/c+\beta)x} x dx = \left[\frac{c}{\lambda+\beta c}u + \left(\frac{c}{\lambda+\beta c}\right)^2\right] e^{-(\lambda/c+\beta)u}.$$

因此,

$$\Psi_{n+1}(u)$$
$$= \left(\frac{\lambda}{\lambda+\beta c}\right)^{n+1} \beta^n \left[\frac{a_{n-1}^{(n-1)}}{n}u^n + \left(a_{n-1}^{(n-1)} + \frac{a_{n-2}^{(n-1)}}{n-1}\right)\frac{c}{\lambda+\beta c}u^{n-1}\right.$$
$$+ \left((n-1)a_{n-1}^{(n-1)} + a_{n-2}^{(n-1)} + \frac{a_{n-3}^{(n-1)}}{n-2}\right)\left(\frac{c}{\lambda+\beta c}\right)^2 u^{n-2}$$
$$+ \left((n-1)(n-2)a_{n-1}^{(n-1)} + (n-2)a_{n-2}^{(n-1)} + a_{n-3}^{(n-1)} + \frac{a_{n-4}^{(n-1)}}{n-3}\right)\left(\frac{c}{\lambda+\beta c}\right)^3 u^{n-3}$$
$$+ \cdots + \left((n-1)(n-2)\cdots 2 a_{n-1}^{(n-1)} + \cdots + a_1^{(n-1)} + a_0^{(n-1)}\right)\left(\frac{c}{\lambda+\beta c}\right)^{n-1} u$$
$$\left. + \left((n-1)!a_{n-1}^{(n-1)} + (n-2)!a_{n-2}^{(n-1)} + \cdots + a_1^{(n-1)} + a_0^{(n-1)}\right)\left(\frac{c}{\lambda+\beta c}\right)^n \right] e^{-\beta u}.$$

注意我们仍有

$$\psi_{n+1}(u) = \left(\frac{\lambda}{\lambda+\beta c}\right)^{n+1} \beta^n P_n(u) e^{-\beta u},$$

这里

$$P_n(u) = a_n^{(n)} u^n + a_{n-1}^{(n)} \frac{c}{\lambda+\beta c} u^{n-1} + a_{n-2}^{(n)} \left(\frac{c}{\lambda+\beta c}\right)^2 u^{n-2}$$
$$+ \cdots + a_1^{(n)} \left(\frac{c}{\lambda+\beta c}\right)^{n-1} u + a_0^{(n)} \left(\frac{c}{\lambda+\beta c}\right)^n.$$

从而我们可得下述递推公式

$$a_n^{(n)} = \frac{a_{n-1}^{(n-1)}}{n}, \quad a_{n-1}^{(n)} = a_{n-1}^{(n-1)} + \frac{a_{n-2}^{(n-1)}}{n-1},$$
$$a_{n-2}^{(n)} = (n-1) a_{n-1}^{(n-1)} + a_{n-2}^{(n-1)} + \frac{a_{n-3}^{(n-1)}}{n-2},$$
$$a_{n-3}^{(n)} = (n-1)(n-2) a_{n-1}^{(n-1)} + (n-2) a_{n-2}^{(n-1)} + a_{n-3}^{(n-1)} + \frac{a_{n-4}^{(n-1)}}{n-3},$$
$$a_1^{(n)} = (n-1)(n-2) \cdots 2 a_{n-1}^{(n-1)} + (n-2)(n-3) \cdots 2 a_{n-2}^{(n-1)}$$
$$+ \cdots + a_1^{(n-1)} + a_0^{(n-1)},$$
$$a_0^{(n)} = (n-1)! a_{n-1}^{(n-1)} + (n-2)! a_{n-2}^{(n-1)} + \cdots + a_1^{(n-1)} + a_0^{(n-1)}.$$

通过解这些递推公式, 我们得一般形式表达式

$$a_k^{(n)} = \frac{(k+1)(n+2)(n+3) \cdots (n+(n-k))}{(n-k)! k!}$$
$$= \frac{(k+1) \prod_{i=2}^{n-k}(n+i)}{(n-k)! k!}, \quad k = 0, 1, 2, \cdots, n-1,$$
$$\alpha_n^{(n)} = \frac{1}{n!}.$$

因此我们推出

$$\psi(u) = \sum_{n=0}^{\infty} \left(\frac{\lambda}{\lambda+\beta c}\right)^{n+1} \beta^n P_n(u) \mathrm{e}^{-\beta u},$$

这里

$$P_0(u) = 1, \quad P_1(u) = u + \frac{c}{\lambda+\beta c},$$
$$P_2(u) = \frac{1}{2} u^2 + 2 \frac{cu}{\lambda+\beta c} + 2 \left(\frac{c}{\lambda+\beta c}\right)^2,$$

以及对 $n \geqslant 3$,

$$P_n(u) = \frac{1}{n!}u^n + \frac{n}{(n-1)!}\frac{c}{\lambda+\beta c}u^{n-1} + \frac{(n-1)(n+2)}{2!(n-2)!}\left(\frac{c}{\lambda+\beta c}\right)^2 u^{n-2}$$
$$+ \cdots + \frac{2(n+2)(n+3)\cdots(2n-1)}{(n-1)!}\left(\frac{c}{\lambda+\beta c}\right)^{n-1}u$$
$$+ \frac{(n+2)(n+3)\cdots(2n)}{n!}\left(\frac{c}{\lambda+\beta c}\right)^n.$$

(2) 在破产时的亏损分布, 即考虑 $\delta, \alpha = 0$, $\omega(U_0(T_0^-), |U_0(T_0)|) = I\{|U_0(T_0)| \leqslant z\}$ 的情形, 则有 $F(z) = \sum_{n=0}^{\infty} F_{n+1}(z|u)$, 这里,

$$F_n(z|u) = \Phi_{0,0,n}(u) = E[I\{|U_0(T_0)| \leqslant z\}I\{T_0 = S_n\}|U_\delta(0) = u], \quad n \geqslant 1.$$

从定理 1.3.2 我们得到

$$F_1(z|u) = \int_u^\infty dx \int_{-\infty}^0 \frac{1}{c}\lambda e^{-\lambda(x-u)/c}\beta e^{-\beta(x-y)}I\{|y| \leqslant z\}dy$$
$$= \int_u^\infty dx \int_{-z}^0 \frac{1}{c}\lambda e^{-\lambda(x-u)/c}\beta e^{-\beta(x-y)}dy$$
$$= \left(1 - e^{-\beta z}\right)\frac{\lambda}{\lambda+\beta c}e^{-\beta u}.$$

沿用前段给出的方法和步骤我们可以得到

$$F_{n+1}(z|u) = \left(1 - e^{-\beta z}\right)\left(\frac{\lambda}{\lambda+\beta c}\right)^{n+1}\beta^n P_n(u)e^{-\beta u}.$$

注意 $F_n(z|u)/\phi_n(u) = 1 - e^{-\beta z} = P(z)$, $n = 1, 2, \cdots$. 因此我们有

$$F(z) = \sum_{n=0}^{\infty} \left(1 - e^{-\beta z}\right)\left(\frac{\lambda}{\lambda+\beta c}\right)^{n+1}\beta^n P_n(u)e^{-\beta u},$$

这里 $P_n(u), n \geqslant 0$ 与本例 (1) 中出现的相同.

注 1.3.4 在例 1.1.1 中, 当相对安全系数 $\rho > 0$ 时, 得到 (1) 中破产概率 $\Psi(u)$ 的表达式.

1.3.3 关于最终破产概率 $\Psi_\delta(u)$ 的上下界

关于 Gerber-Shiu 期望折扣罚金函数 $\Phi_{\delta,\alpha}(u)$, 我们尽管有无穷级数形式表达式, 但要计算该函数却是相当复杂的. 在这一小节我们将对最终破产概率 $\Psi_\delta(u)$

1.3 常利率更新风险模型

推导一上界. 本小节的这些想法和所用方法来自 (Cai and Dickson, 2002, 2003; Cai, 2004).

在本小节我们假设净盈利条件成立, 即 $cE[T_1] > \mu$. 对 $0 < t < \xi$, $E[e^{tZ_1}]$ 存在, 以及 $\lim\limits_{t \to \xi} E[e^{tZ_1}] = \infty$.

注意 $\Psi_\delta(u) = F_\delta(0, u, \infty, 0)$. 那么利用定理 1.3.2, 对 $\delta, u \geqslant 0$, 我们得到

$$\Psi_\delta(u) = \int_u^\infty dx \int_{-\infty}^0 g_{\delta,1}(0, u, x, y) dy$$
$$+ \sum_{n=2}^\infty \int_u^\infty dx_1 \int_0^{x_1} dy_1 \cdots \int_{y_{n-2}}^\infty dx_{n-1} \int_0^{x_{n-1}} dy_{n-1} \int_{y_{n-1}}^\infty dx$$
$$\times \int_{-\infty}^0 g_{\delta,n}(0, u, x_1, y_1, \cdots, x_{n-1}, y_{n-1}, x, y) dy, \qquad (1.3.39)$$

或者

$$\Psi_\delta(u) = \int_u^\infty dx_1 \int_{-\infty}^0 g_{\delta,1}(0, u, x_1, y_1) dy_1$$
$$+ \int_u^\infty dx_1 \int_0^{x_1} g_{\delta,1}(0, u, x_1, y_1) \Psi_\delta(y_1) dy_1. \qquad (1.3.40)$$

定理 1.3.3 对 $\delta, u \geqslant 0$,

$$\Psi_\delta(u) \geqslant \frac{\int_u^\infty dx_1 \int_{-\infty}^0 g_{\delta,1}(0, u, x_1, y_1) dy_1}{1 - \int_u^\infty dx_1 \int_0^u g_{\delta,1}(0, u, x_1, y_1) dy_1}. \qquad (1.3.41)$$

证明 因 $\Psi_\delta(u)$ 是减函数, 我们有

$$\int_u^\infty dx_1 \int_0^{x_1} g_{\delta,1}(0, u, x_1, y_1) \Psi_\delta(y_1) dy_1$$
$$\geqslant \int_u^\infty dx_1 \int_0^u g_{\delta,1}(0, u, x_1, y_1) \Psi_\delta(u) dy_1.$$

然后再由 (1.3.40), 我们得到

$$\Psi_\delta(u) \geqslant \int_u^\infty dx_1 \int_{-\infty}^0 g_{\delta,1}(0, u, x_1, y_1) dy_1$$

$$+ \Psi_\delta(u) \int_u^\infty dx_1 \int_0^u g_{\delta,1}(0, u, x_1, y_1) dy_1.$$

这蕴含着 (1.3.41) 成立. □

下面, 利用迭代方程 (1.3.40), 推出关于 $\Psi_\delta(u)$ 的上界.

引理 1.3.4 存在唯一正数 R, 使得

$$E\left[\exp\left\{-R\left(c\overline{s}_{\overline{T}_1}^{(\delta)} - Z_1\right)\right\}\right] = M, \tag{1.3.42}$$

其中

$$\overline{s}_{\overline{T}_1}^{(\delta)} = \int_0^{T_1} e^{\delta s} ds,$$

$$M = \min_{0 \leqslant r \leqslant \xi} E\left[\exp\left\{-r\left(c\overline{s}_{\overline{T}_1}^{(\delta)} - Z_1\right)\right\}\right] < 1.$$

证明 令

$$f(r, \delta) = E\left[\exp\left\{-r\left(c\overline{s}_{\overline{T}_1}^{(\delta)} - Z_1\right)\right\}\right], \quad \delta, r \geqslant 0.$$

那么 $f(0, \delta) \equiv 1$ 及 $\lim_{r \to \xi} f(r, \delta) = \infty$. 对每一 δ, 容易证明 $(\partial^2 f(r,\delta)/\partial r^2) > 0$, 因此, $f(r, \delta)$ 关于 r 是凸函数. 容易看出对每一固定 r, $f(r, \delta)$ 是关于 δ 的增函数. 根据正的净盈利条件, 函数 $f(r, 0)$ 在 $r = R(0)$ 必有唯一最小值, 所以对每一固定 $\delta, \delta > 0$, 函数 $f(r, \delta)$ 在 $r = R(\delta)$ 有唯一最小值 M, 且 $M \leqslant 1$. 为简单起见, 令 $R = R(\delta)$. 因此等式 (1.3.42) 成立. □

定理 1.3.4 对每一 $u \geqslant 0$, $\delta > 0$, 我们有

$$\Psi_\delta(u) \leqslant \frac{M\beta}{1-M} e^{-Ru}, \tag{1.3.43}$$

其中

$$\beta^{-1} = \inf_{x \geqslant 0} \frac{\int_x^\infty e^{Ry} p(y) dy}{e^{Rx} \overline{P}(x)}$$

及 M 和 R 的定义由引理 1.3.4 给出.

证明 由 β 的定义, 我们有

$$\overline{P}(z) \leqslant \beta e^{-Rz} \int_z^\infty e^{Ry} p(y) dy \leqslant \beta E\left[e^{RZ_1}\right] e^{-Rs}, \quad z \geqslant 0. \tag{1.3.44}$$

1.3 常利率更新风险模型

在 (1.3.32) 中取 $W(x,|y|) \equiv 1$ 及 $\alpha = 0$, 等式 (1.3.32) 变为

$$\Psi_\delta(u) = \Phi_{\delta,0}(u)$$

$$= \int_u^\infty dx \int_{-\infty}^0 g_{\delta,1}(0,u,x,y)dy$$

$$+ \sum_{n=2}^\infty \int_u^\infty dx_1 \int_0^{x_1} dy_1 \cdots \int_{y_{n-2}}^x dx_{n-1} \int_0^{x_{n-1}} dy_{n-1} \int_{y_{n-1}}^\infty dx$$

$$\times \int_{-\infty}^0 g_{\delta_n n}(0, u, x_1, y_1, \cdots, x_{n-1}, y_{n-1}, x, y)\,dy. \tag{1.3.45}$$

由引理 1.3.4 和 (1.3.44),

$$\int_u^\infty dx \int_{-\infty}^0 g_{\delta,1}(0,u,x,y)dy$$

$$= \int_u^\infty dx \int_{-\infty}^0 k\left(\frac{1}{\delta}\ln\frac{\delta x + c}{\delta u + c}\right)\frac{1}{\delta x + c}p(x-y)dy$$

$$= \int_u^\infty k\left(\frac{1}{\delta}\ln\frac{\delta x + c}{\delta u + c}\right)\frac{1}{\delta x + c}\overline{P}(x)dx$$

$$= \int_0^\infty k(z)\overline{P}\left(\frac{e^{\delta z}(\delta u + c) - c}{\delta}\right)dz$$

$$\leqslant \beta E\left[e^{RZ_1}\right]\int_0^\infty k(z)e^{-R(e^{\delta z}(\delta u+c)-c)/\delta}dz$$

$$\leqslant \beta E\left[e^{RZ_1}\right]e^{-Ru}E\left[e^{-Rc/\delta}\left(e^{\delta T_1}-1\right)\right]$$

$$= M\beta e^{-Ru}.$$

对某整数 $k = n \geqslant 1$, 我们现在假设

$$\int_0^\infty \int_{-\infty}^0 f_{\delta,k}(0,u,x,y)dxdy \leqslant M^k \beta e^{-Ru}. \tag{1.3.46}$$

下面我们将证明等式 (1.3.46) 对 $k = n+1$ 仍成立. 事实上, 由方程 (1.3.17) 和 (1.3.45), 我们有

$$\int_0^\infty \int_{-\infty}^0 f_{\delta,n+1}(0,u,x,y)dxdy$$

$$= \int_u^\infty dx_1 \int_0^{x_1} k\left(\frac{1}{\delta}\ln\frac{\delta x_1 + c}{\delta u + c}\right)\frac{p(x_1 - y_1)}{\delta x_1 + c}$$

$$\times \left[\int_0^\infty \int_{-\infty}^0 f_{\delta,n}(0, y_1, x, y) \, dx dy \right] dy_1$$

$$\leqslant M^n \beta \int_u^\infty dx_1 \int_0^{x_1} k\left(\frac{1}{\delta} \ln \frac{\delta x_1 + c}{\delta u + c}\right) \frac{p(x_1 - y_1)}{\delta x_1 + c} e^{-Ry_1} dy_1$$

$$= M^n \beta \int_0^\infty \left[k(z) e^{-(R/\delta)\left(e^{\delta z}(\delta u + c) - c\right)} \int_0^{\left(e^{\delta z}(u+(c/\delta))-(c/\delta)\right)} p(y) e^{Ry} dy \right] dz$$

$$\leqslant M^n \beta e^{-Ru} \int_0^\infty \left[k(z) e^{-R(c/\delta)\left(e^{\delta z}-1\right)} \int_0^{\left(e^{\delta z}(u+(c/\delta))-(c/\delta)\right)} p(y) e^{Ry} dy \right] dz$$

$$\leqslant M^{n+1} \beta e^{-Ru}.$$

因此, 不等式 (1.3.46) 对 $n \geqslant 1$ 成立. 由此得到不等式 (1.3.43). □

推论 1.3.5 如果 $M \geqslant 1/2$ (这里 M 的定义由引理 1.3.4 给出), 那么我们有

$$\Psi_\delta(u) \leqslant e^{-Ru}, \quad u \geqslant 0. \tag{1.3.47}$$

证明 由 β 的定义, 我们有 $\beta < 1$. 当 $M \geqslant 1/2$ 时, 我们得到 $M/(1-M) < 1$. 因此 $M\beta/(1-M) < 1$, 再由 (1.3.43) 我们可得不等式 (1.3.47). □

注 1.3.5 1.3.3 小节的内容选自 (Wu, et al., 2007).

注 1.3.6 (Albrecher and Teugels, 2006) 一文中将更新风险模型做了推广: 保留了 $(Z_k, T_k)_{k \geqslant 1}$ 为二维独立同分布序列的性质, 但 $Z_k, T_k, k \geqslant 1$ 彼此并不独立. 研究这类模型的文章还有很多, 如 (Boudreault, et al., 2006; Cossette, et al., 2008).

在 (Asimit and Badescu, 2010) 一文中对 (Z, T) 引入了一种一般的相依结构, 这里 (Z, T) 表示一般的 (Z_k, T_k):

$$P(Z > x | T = t) \sim P(Z > x) h(t), \quad t \geqslant 0, \tag{1.3.48}$$

其中 $h(t)$ 是 $[0, \infty) \to [0, \infty)$ 的可测函数. 符号 $\sim$ 表示上式两边以左边除右边, 或以右边除左边后, 当 $x \to \infty$ 时趋于 1.

Li 等 (2010) 对含常利率的推广型更新风险模型在满足 (1.3.48) 式的条件下进行了研究. 假设理赔量分布属于次指数族, 他们重点研究有关相依结构对折现累积理赔量的渐近尾概率的影响. 他们导出了一个严格局部一致渐近公式, 该公式在量上刻画了相依结构的影响. 当理赔量分布为广义规则变化尾分布时, 还证明了该渐近公式是整体一致的.

1.4 Cox 风险模型

1.4.1 引言

在 1.3 节中索赔发生的时间是由更新过程描述的, 本节将由 Cox 过程描述索赔发生的时间.

定义 1.4.1 若泊松过程 $\widetilde{N} = \left\{\widetilde{N}(t), t \geqslant 0\right\}$ 的参数为 $\lambda = 1$, 则称为标准泊松过程.

定义 1.4.2 随机过程 $\Lambda = \{\Lambda(t), t \geqslant 0\}$ 称为一个随机测度, 如果它满足以下条件:

(1) $\Lambda(0) = 0, P\text{-a.s.}$;

(2) $\Lambda(t) < \infty$ 对每一个 $t > 0$;

(3) Λ 的轨道是非降的, 即对 $\forall s < t$, 有 $\Lambda(s) \leqslant \Lambda(t)$.

定义 1.4.3 若随机测度 Λ 和标准泊松过程 $\widetilde{N}$ 相互独立, 则随机过程 $N = \widetilde{N} \circ \Lambda = \left\{\widetilde{N}(\Lambda(t)), t \geqslant 0\right\}$, 称为 Cox 过程, Λ 称为 N 的强度测度.

若随机测度 Λ, 可表示为

$$\Lambda(t) = \int_0^t \lambda_s ds, \quad \forall t > 0,$$

则称 $\lambda = \{\lambda(t), t \geqslant 0\}$ 为 Λ 的强度函数 ($\lambda(s)$ 与 λ_s 无区别).

以下考虑 Cox 风险模型. 这里 $U = \{U(t), t \geqslant 0\}$ 定义为

$$U(t) = u + \int_0^t c(\lambda_s) ds - \sum_{k=1}^{N(t)} Z_k, \quad t \geqslant 0, \tag{1.4.1}$$

其中 $u \geqslant 0$ 是保险人的初始准备金, N 是一个 Cox 过程, $N(0) = 0$, $N(t)$ 表示在时间区间 $(0, t]$ 内公司理赔的次数, $Z_1, Z_2, \cdots$ 表示相继理赔的量, $\{Z_k, k \geqslant 1\}$ 是一个独立同分布随机变量序列, 有共同分布函数 $F(x)$, 密度函数 $f(x)$, 满足 $F(0) = 0$, 其均值记为 μ.

我们将考虑 Cox 过程 N 具有强度函数 $\lambda = \{\lambda(t), t \geqslant 0\}$ 的情形. 即 $N(t) = \widetilde{N}\left(\int_0^t \lambda_s ds\right)$, 这里 $\widetilde{N}$ 是一标准泊松过程. 进一步, 我们假设 N, λ 二者都与 $\{Z_k, k \geqslant 1\}$ 独立, 以及对 $\ell > 0$, $c(\ell) > 0$ 是一个正的实值函数.

注 1.4.1 当 $c(\ell) \equiv c$ (常数) 时, (1.4.1) 变成 (Grandell, 1991) 第四章中讨论过的常值保费率 Cox 风险模型.

本小节主要研究由 (1.4.1) 式描述的 Cox 风险模型的破产概率和首中时与末离时.

1.4.2 破产概率

我们考虑破产概率的计算

$$\Psi(u) = P\left(\inf_{t \geqslant 0} U(t) < 0 \Big| U(0) = u\right), \quad u \geqslant 0.$$

生存概率 $\Phi(u) = 1 - \Psi(u)$. 为进一步讨论, 需要下面的一些辅助结果, 参见 (Grandell, 1991, p.80—81).

定义 1.4.4 一个马尔可夫过程 Y 称为 (马尔可夫) 跳过程, 如果其样本轨道是逐段常数的.

令 Y 是一个马尔可夫跳过程, 其状态空间为 $\mathscr{G} \subseteq R_1$. 令 $\mathcal{B}(\mathscr{G})$ 表示 Borel σ-代数. 给定 $Y(t) = y \in \mathscr{G}$, 相继跳之间的等待时间是指数分布, 均值记为 $1/\eta(y)$. 过程接下来跳到 $B \in \mathcal{B}(\mathscr{G})$ 中的概率记为 $p_L(y, B)$, $\eta(y)$ 称为强度函数, 而 $p_L(y, B)$ 称为跳测度.

定义 1.4.5 令 Y 是上述马尔可夫跳过程, 定义在 $(\mathscr{G}, \mathcal{B}(\mathscr{G}))$ 上的概率测度 q_L 若对 $\forall B \in \mathcal{B}(\mathscr{G})$ 满足

$$\int_B q_L(dy)\eta(y) = \int_{\mathscr{G}} q_L(dy)\eta(y)p_L(y, B), \quad (1.4.2)$$

则称其为 Y 的平稳初始分布 (stationary initial distribution).

在考虑的 Cox 风险模型中, 强度过程 λ 是 (马尔可夫) 跳过程, 其状态空间为 $S \subset \mathbb{R}_+$, 对 $\forall \ell \in S, B \in \mathcal{B}(S)$, 强度函数为 $\eta(\ell)$, 跳测度为 $p_L(\ell, B)$, 以及初始分布为 p_0. 我们假设存在一个均值为 α 的平稳初始分布 q_L.

令 $X(t) = U(t) - u$. 因为 $\lim_{t \to \infty} N(t)/t = \alpha, P$-a.s.. (参见 (Asmussen, 2000, p.148)) 及

$$\lim_{t \to \infty} \frac{1}{t} \sum_{k=1}^{N(t)} Z_k = \alpha\mu, \quad P\text{-a.s.}$$

(参见 (Csörgö and Révész, 1981, p.252, 定理 7.1.1)), 则

$$\lim_{t \to \infty} \frac{X(t)}{t} = \lim_{t \to \infty} \frac{1}{t}\int_0^t c(\lambda_s)\,ds - \alpha\mu = E^q\left[c(\lambda_0)\right] - \alpha\mu, \quad P\text{-a.s.}.$$

我们假设 $E^q\left[c(\lambda_0)\right] < \infty$ 及 $E^q\left[c(\lambda_0)\right] > \alpha\mu$, 这里 E^q 表示平稳初始分布 q_L 下的期望算子. 这是一种正安全负荷假设, 与古典模型情形类似, 因此容易看

1.4 Cox 风险模型

出我们相应地有 $P\left(\lim_{t\to\infty} U(t) = \infty\right) = 1$ 及 $\Psi_\ell(\infty) = 0$ (或等价地, $\Phi_\ell(\infty) = 1$) q_L-a.s.

注 1.4.2 关于马尔可夫过程和马尔可夫跳过程可参考 (Grandell, 1991, p.77—83).

1. 主要结果

令 $\Psi_\ell(u)$ 表示 $\lambda(0) = \ell$, 即 $p_0 = \delta_\ell$ 时的破产概率, 而令 $\Psi(u)$ 表示平稳情形, 即 $p_0 = q_L$ 时的破产概率. 显然, $\Psi(u) = \int_S \Psi_\ell(u) q_L(d\ell)$. 记 $\Phi_\ell(u) = 1 - \Psi_\ell(u)$ 及 $\Phi(u) = 1 - \Psi(u)$. 我们有下述定理. 其证明思路来自 (Grandell, 1991, p.84).

定理 1.4.1 对 $u \geqslant 0$, 如果 $P(\lambda(0) = \ell) = 1$, 那么在上述假设之下我们有

$$\Phi_\ell(u)c(\ell) = \Phi_\ell(0)c(\ell) + \ell \int_0^u \Phi_\ell(u-z)\overline{F}(z)dz$$
$$+ \eta(\ell) \int_0^u \left[\Phi_\ell(z) - \int_S \Phi_y(z)p_L(\ell, dy)\right]dz \quad (1.4.3)$$

且

$$\Phi_\ell(0)c(\ell) = c(\ell) - \mu\ell - \eta(\ell) \int_0^\infty \left[\Phi_\ell(z) - \int_S \Phi_y(z)p_L(\ell, dy)\right]dz.$$

证明 利用向后微分法 (backward differential argument), 在一个小时间区间 $(0, \Delta]$ 内考虑 U, 分成如下三种可能的情形:

(1) 在 $(0, \Delta]$ 内无理赔发生;

(2) 在 $(0, \Delta]$ 内仅有一次理赔发生;

(3) 在 $(0, \Delta]$ 内有两次或两次以上理赔发生.

令 $\mathcal{F}^\lambda$ 和 $\mathcal{F}^{\widetilde{N}}$ 分别表示过程 λ 和 $\widetilde{N}$ 的自然过滤, $\mathcal{F}_\infty^Z$ 表示由序列 $\{Z_1, Z_2, \cdots\}$ 生成的 σ-代数.

先考虑情形 (1), 定义

$$A = \left\{\inf_{t \geqslant 0} U(t) \geqslant 0\right\} \cap \{N(\Delta) = 0\}.$$

由 $N(t) = \widetilde{N}\left(\int_0^t \lambda_s ds\right)$ 及强度过程 λ 的马尔可夫性得

$$P(A) = E\left[E\left[P\left(A|\mathcal{F}_\infty^\lambda \vee \mathcal{F}_\infty^Z\right)|\mathcal{F}_\Delta^\lambda\right]\right]$$
$$= E\left[E\left[P\left(\inf_{t \geqslant 0}\left\{u + \int_0^\Delta c(\lambda_s)ds + \int_0^t c(\lambda_{s+\Delta})ds\right.\right.\right.$$

$$-\sum_{k=1}^{N(t+\Delta)-N(\Delta)} Z_k\Bigg\} \geqslant 0 \bigg| \mathscr{F}_\infty^\lambda \vee \mathscr{F}_\infty^Z \Bigg) P\left(N(\Delta)=0|\mathscr{F}_\infty^\lambda \vee \mathscr{F}_\infty^Z\right) \bigg| \mathscr{F}_\Delta^\lambda \Bigg]\Bigg]$$

$$= E\Bigg[\mathrm{e}^{-\int_0^\Delta \lambda_s ds} P\Bigg(\inf_{t\geqslant 0}\Bigg\{u+\int_0^\Delta c\left(\lambda_s\right)ds + \int_0^t c\left(\lambda_{s+\Delta}\right)ds$$

$$-\sum_{k=1}^{\widetilde{N}\left(\int_0^t \lambda_{s+\Delta}ds\right)} Z_k\Bigg\} \geqslant 0 \bigg| \mathscr{F}_\Delta^\lambda\Bigg)\Bigg]$$

$$= E\Bigg[\mathrm{e}^{-\int_0^\Delta \lambda_s ds} E\Bigg[P\Bigg(\inf_{t\geqslant 0}\Bigg\{u+\int_0^\Delta c\left(\lambda_s\right)ds + \int_0^t c\left(\lambda_{s+\Delta}\right)ds$$

$$-\sum_{k=1}^{\widetilde{N}\left(\int_0^t \lambda_{s+\Delta}ds\right)} Z_k\Bigg\} \geqslant 0 \bigg| \mathscr{F}_\Delta^\lambda \vee \mathscr{F}_\infty^{\widetilde{N}} \vee \mathscr{F}_\infty^Z\Bigg)\bigg| \mathscr{F}_\Delta^\lambda\Bigg]\Bigg]$$

$$= E\left[\mathrm{e}^{-\int_0^\Delta \lambda_s ds}\Phi_{\lambda(\Delta)}\left(u+\int_0^\Delta c\left(\lambda_s\right)ds\right)\right]. \tag{1.4.4}$$

根据过程 λ 的状态在小时间区间 $(0,\Delta]$ 内的变化, 利用全数学期望律于 (1.4.4), 我们得到

$$P(A) = \mathrm{e}^{-\ell\Delta}\Phi_\ell(u+c(\ell)\Delta)\mathrm{e}^{-\eta(\ell)\Delta} + \int_0^\Delta \eta(\ell)\mathrm{e}^{-(\eta(\ell)+\ell)v}$$

$$\times \int_S \mathrm{e}^{-(\Delta-v)y}\Phi_y(u+c(\ell)v+c(y)(\Delta-v))p_L(\ell,dy)dv$$

$$\approx (1-\ell\Delta-\eta(\ell)\Delta)\Phi_\ell(u+c(\ell)\Delta)$$

$$+ \eta(\ell)\Delta\int_S \Phi_y(u+c(\ell)\Delta)p_L(\ell,dy) + o(\Delta), \tag{1.4.5}$$

像通常一样 $o(\Delta)$ 指当 $\Delta \to 0$ 时 $o(\Delta)/\Delta \to 0$.

在情形 (2), 定义

$$B \stackrel{\mathrm{def}}{=} \left\{\inf_{t\geqslant 0} U(t) \geqslant 0\right\} \cap \{N(\Delta)=1\},$$

与情形 (1) 类似, 我们可推出

$$P(B) = \ell\Delta \int_0^{u+c(\ell)\Delta} \Phi_\ell(u+c(\ell)\Delta - z)dF(z) + o(\Delta). \tag{1.4.6}$$

1.4 Cox 风险模型

在情形 (3), 容易验证

$$0 \leqslant P\left(\left\{\inf_{t \geqslant 0} U(t) \geqslant 0\right\} \cap \{N(\Delta) \geqslant 2\}\right) \leqslant P(N(\Delta) \geqslant 2) = o(\Delta). \quad (1.4.7)$$

综合上述分析, 由 (1.4.5)—(1.4.7) 可得

$$\begin{aligned}\Phi_\ell(u) =& (1 - \ell\Delta - \eta(\ell)\Delta)\Phi_\ell(u + c(\ell)\Delta) \\ &+ \ell\Delta \int_0^{u+c(\ell)\Delta} \Phi_\ell(u + c(\ell)\Delta - z)dF(z) \\ &+ \eta(\ell)\Delta \int_S \Phi_y(u + c(\ell)\Delta)p_L(\ell, dy) + o(\Delta).\end{aligned} \quad (1.4.8)$$

除以 Δ, 取极限 $\Delta \to 0$, 由公式 (1.4.8) 得

$$c(\ell)\Phi'_\ell(u) = (\ell + \eta(\ell))\Phi_\ell(u) - \ell \int_0^u \Phi_\ell(u-z)dF(z) - \eta(\ell)\int_S \Phi_y(u)p_L(\ell, dy). \quad (1.4.9)$$

在 $(0, t)$ 上对 (1.4.9) 两端取积分得到

$$\begin{aligned}&c(\ell)[\Phi_\ell(t) - \Phi_\ell(0)] \\ &= \ell \int_0^t \Phi_\ell(t-z)\overline{F}(z)dz + \eta(\ell)\int_0^t \left[\Phi_\ell(u) - \int_S \Phi_y(u)p_L(\ell, dy)\right]du,\end{aligned} \quad (1.4.10)$$

再对 (1.4.10) 稍作变换即可得到公式 (1.4.3).

对于 $E_q[c(\lambda_0)] > \alpha\mu$ 的情形, 由单调收敛定理, 当 $t \to \infty$ 时从公式 (1.4.10) 得到

$$\Phi_\ell(0)c(\ell) = c(\ell) - \mu\ell - \eta(\ell)\int_0^\infty \left[\Phi_\ell(z) - \int_S \Phi_y(z)p_L(\ell, dy)\right]dz. \quad \square$$

注 1.4.3 (1) 事实上, 从数学的意义上讲 (1.4.9) 式应在 $\Phi_\ell(u)$ 关于 u 可导的条件下才能得到, 否则 (1.4.9) 式中 $\Phi'_\ell(u)$ 只能是右导数.

(2) 利用向量过程 $(X, \lambda) = \{(X(t), \lambda(t)), t \geqslant 0\}$ 的马尔可夫性我们也可以得到公式 (1.4.3). 由于证明方法类似, 更多具体细节不再赘述.

(3) 如果 $c(\ell) \equiv c$, 公式 (1.4.9) 可转化为 (Grandell, 1991, p.84) 中公式 (14).
以下考虑 $\Psi(u) = \int_S \Psi_\ell(u)q_L(d\ell)$, 或等价地, $\Phi(u) = \int_S \Phi_\ell(u)q_L(d\ell)$.

推论 1.4.1 在上述假设之下我们有

$$\Phi(u) = \Phi(0) + \int_0^u \left[\int_S \frac{\ell}{c(\ell)} \Phi_\ell(u-z) q_L(d\ell) \right] \overline{F}(z) dz$$
$$+ \int_S \int_S \int_0^u \Phi_y(z) dz \left[\frac{1}{c(y)} - \frac{1}{c(\ell)} \right] p_L(\ell, dy) \eta(\ell) q_L(d\ell), \quad (1.4.11)$$

注 1.4.4 如果 $c(\ell) \equiv c$, 则由公式 (1.4.11) 得出 (Grandell, 1991, p.84) 中的公式 (16), 又

$$\Phi(0) = 1 - \mu \int_S \frac{\ell}{c(\ell)} q_L(d\ell)$$
$$- \int_S \int_S \int_0^\infty \Phi_y(z) dz \left[\frac{1}{c(y)} - \frac{1}{c(\ell)} \right] p_L(\ell, dy) \eta(\ell) q_L(d\ell).$$

证明 因为 $q_L(dy)\eta(y) = \int_S q_L(d\ell)\eta(\ell)p_L(\ell, dy)$ (参见 (1.4.2)), 关于 q_L 积分, 公式 (1.4.3) 可转化为

$$\Phi(u) = \Phi(0) + \int_0^u \left[\int_S \frac{\ell}{c(\ell)} \Phi_\ell(u-z) q_L(d\ell) \right] \overline{F}(z) dz$$
$$+ \int_S \int_S \int_0^u \Phi_y(z) dz \left[\frac{1}{c(y)} - \frac{1}{c(\ell)} \right] p_L(\ell, dy) \eta(\ell) q_L(d\ell). \quad (1.4.12)$$

当 $u \to \infty$ 时, $\Phi_\ell(\infty) = 1$ 及 $\Phi(\infty) = 1$, 从 (1.4.12) 可得

$$\Phi(0) = 1 - \mu \int_S \frac{\ell}{c(\ell)} q_L(d\ell)$$
$$- \int_S \int_S \int_0^\infty \Phi_y(z) dz \left[\frac{1}{c(y)} - \frac{1}{c(\ell)} \right] p_L(\ell, dy) \eta(\ell) q_L(d\ell). \quad \square$$

2. λ 是 n-状态马尔可夫过程的情形

设 λ 是一个 n-状态马尔可夫过程, 状态空间为 $\{\lambda_1, \lambda_2, \cdots, \lambda_n\}$. 因此, 如果 $s \in (0, t]$ 时 $\lambda(s) = \lambda_i$, 则在 $(0, t]$ 中的理赔数具有均值为 $\lambda_i t$ 的泊松分布. 此时的函数、测度及算子转化成向量和矩阵的形式 (具体细节参看 (Grandell, 1991, p.82)). 记

$$\eta_i = \eta_{\lambda_i}, \quad p_{ij} = p_L(\lambda_i, \{\lambda_j\}) \quad \text{和} \quad c_i = c(\lambda_i), \quad i, j = 1, 2, \cdots, n.$$

1.4 Cox 风险模型

假设一切状态互通, 即对所有 i 和 j, 存在 $i_1, i_2, \cdots, i_m$ 使得

$$p_{ii_1} p_{i_1 i_2} \cdots p_{i_{m-1} i_m} p_{i_m j} > 0$$

及对一切 i 有 $p_{ii} = 0$. 所以从 λ_i 到 λ_j 的转移强度 η_{ij} 为

$$\eta_{ij} = \begin{cases} \eta_i p_{ij} & i \neq j, \\ -\eta_i & i = j. \end{cases} \tag{1.4.13}$$

向量 $\boldsymbol{v} = (v_1, v_2, \cdots, v_m)$ 称为分布, 如果 $v_i \geqslant 0$ 及 $\sum_{i=1}^m v_i = 1$. 令 $\boldsymbol{q} = (q_1, q_2, \cdots, q_n)$ 是一个平稳初始分布, 参见 (1.4.2), 那么

$$q_i \eta_i = \sum_{j=1}^n q_j \eta_j p_{ji}. \tag{1.4.14}$$

令

$$\Psi_i(u) = P\left(\inf_{t \geqslant 0}\{U(t)\} < 0 \Big| \lambda(0) = \lambda_i\right),$$

表示当 $\lambda(0) = \lambda_i$ 时的破产概率, 以及 $\Phi_i(u) = 1 - \Psi_i(u)$. 进一步记

$$\Psi(u) = \sum_{i=1}^n q_i \Psi_i(u)$$

代表平稳初始分布情形时的破产概率, 以及 $\alpha = \sum_{i=1}^n q_i \lambda_i$.

在上述假设之下我们有如下结论.

命题 1.4.1 对 $u \geqslant 0$ 及 $P(\lambda(0) = \lambda_i) = 1$,

$$\Phi_i(u) = \Phi_i(0) + \frac{\lambda_i}{c_i} \int_0^u \Phi_i(u-z)\overline{F}(z)dz - \sum_{j=1}^n \frac{\eta_{ij}}{c_i} \int_0^u \Phi_j(z)dz, \tag{1.4.15}$$

以及

$$\Phi_i(0) = 1 - \frac{\lambda_i \mu}{c_i} + \sum_{j=1}^n \frac{\eta_{ij}}{c_i} \int_0^\infty \Phi_j(z)dz.$$

证明 在定理 1.4.1 中令 $\ell = \lambda_i$, 注意当 λ 是一个 n-状态 (互通) 马尔可夫过程时,

$$\int_S p_L(\ell, dy) \Phi_y(z) = \sum_{j=1}^n p_{ij} \Phi_j(z),$$

再由 (1.4.13) 可得命题的证明. □

推论 1.4.2 对 $u \geqslant 0$, 我们有

$$\Phi(u) = \Phi(0) + \sum_{i=1}^{n} \frac{q_i \lambda_i}{c_i} \int_0^u \Phi_i(u-z) \overline{F}(z) dz$$
$$+ \sum_{i=1}^{n} q_i \eta_i \sum_{j=1}^{n} \int_0^u \Phi_j(z) dz \left(\frac{1}{c_j} - \frac{1}{c_i}\right) p_{ij}, \tag{1.4.16}$$

以及

$$\Phi(0) = 1 - \mu \sum_{i=1}^{n} \frac{q_i \lambda_i}{c_i} - \sum_{i=1}^{n} q_i \eta_i \sum_{j=1}^{n} \int_0^\infty \Phi_j(z) dz \left(\frac{1}{c_j} - \frac{1}{c_i}\right) p_{ij}. \tag{1.4.17}$$

证明 关于向量 $\boldsymbol{q} = (q_1, q_2, \cdots, q_n)$ 对 (1.4.15) 求和, 再由 (1.4.14) 可推出 (1.4.16) 成立. 当 $u \to 0$ 时 $\Phi_i(\infty) = 1$ 及 $\Phi(\infty) = 1$, 因此从 (1.4.16) 即可得到 (1.4.17). □

通常, 利用拉普拉斯变换来计算破产概率. 定义

$$\widehat{f}(v) \stackrel{\text{def}}{=} \int_0^\infty \mathrm{e}^{-vz} dF(z)$$

及

$$\widehat{\phi}_i(v) \stackrel{\text{def}}{=} \int_0^\infty \mathrm{e}^{-vz} d\Phi_i(z), \quad i = 1, 2, \cdots, n, \quad v > 0.$$

我们有如下结论.

命题 1.4.2 对 $v > 0$ 及 $P(\lambda(0) = \lambda_i) = 1, \forall i = 1, 2, \cdots, n,$

$$\widehat{\phi}_i = \frac{D_i(v)}{D(v)}, \tag{1.4.18}$$

其中

$$D(v) = \begin{vmatrix} a_1(v) & \eta_{12} & \cdots & \eta_{1n} \\ \eta_{21} & a_2(v) & \cdots & \eta_{2n} \\ \vdots & \vdots & \ddots & \vdots \\ \eta_{n1} & \eta_{n2} & \cdots & a_n(v) \end{vmatrix}$$

及

$$D_i(v) = \begin{vmatrix} a_1(v) & \eta_{12} & \cdots & \eta_{1,i-1} & b_1(v) & \eta_{1,i+1} & \cdots & \eta_{1n} \\ \eta_{21} & a_2(v) & \cdots & \eta_{2,i-1} & b_2(v) & \eta_{2,i+1} & \cdots & \eta_{2n} \\ \vdots & \vdots & & \vdots & \vdots & \vdots & & \vdots \\ \eta_{n-1,1} & \eta_{n-1,2} & \cdots & \eta_{n-1,i-1} & b_{n-1}(v) & \eta_{n-1,i+1} & \cdots & \eta_{n-1,n} \\ \eta_{n1} & \eta_{n2} & \cdots & \eta_{n,i-1} & b_n(v) & \eta_{n,i+1} & \cdots & a_n(v) \end{vmatrix},$$

$a_i(v) \stackrel{\text{def}}{=} c_i v - (\eta_i + \lambda_i) + \lambda_i \widehat{f}(v), b_i(v) \stackrel{\text{def}}{=} c_i \Phi_i(0) v.$

证明 若 $v > 0$, 对 (1.4.15) 取拉普拉斯变换我们得到

$$c_i(\widehat{\phi}_i(v) - \Phi_i(0)) = \lambda_i \frac{1 - \widehat{f}(v)}{v} \widehat{\phi}_i(v) + \frac{\eta_i}{v} \widehat{\phi}_i(v) - \sum_{\substack{j=1 \\ j \neq i}}^{n} \eta_{ij} \frac{\widehat{\phi}_j(v)}{v},$$

即

$$\left[c_i v - (\eta_i + \lambda_i) + \lambda_i \widehat{f}(v) \right] \widehat{\phi}_i(v) + \sum_{\substack{j=1 \\ j \neq i}}^{n} \eta_{ij} \widehat{\phi}_j(v) = c_i \Phi_i(0) v.$$

令

$$a_i(v) = c_i v - (\eta_i + \lambda_i) + \lambda_i \widehat{f}(v), \quad b_i(v) = c_i \Phi_i(0) v, \quad i = 1, 2, \cdots, n.$$

则我们得到一个关于 $\widehat{\phi}_1(v), \widehat{\phi}_2(v), \cdots, \widehat{\phi}_n(v)$ 的线性方程组如下:

$$\begin{cases} a_1(v)\widehat{\phi}_1(v) + \eta_{12}\widehat{\phi}_2(v) + \cdots + \eta_{1n}\widehat{\phi}_n(v) = b_1(v), \\ \eta_{21}\widehat{\phi}_1(v) + a_2(v)\widehat{\phi}_2(v) + \cdots + \eta_{2n}\widehat{\phi}_n(v) = b_2(v), \\ \quad \cdots \cdots \\ \eta_{n1}\widehat{\phi}_1(v) + \eta_{n2}\widehat{\phi}_2(v) + \cdots + a_n(v)\widehat{\phi}_n(v) = b_n(v). \end{cases} \tag{1.4.19}$$

如果系数是确定的, 则 (1.4.19) 的解是唯一的. 定义

$$D(v) = \begin{vmatrix} a_1(v) & \eta_{12} & \cdots & \eta_{1n} \\ \eta_{21} & a_2(v) & \cdots & \eta_{2n} \\ \vdots & \vdots & \ddots & \vdots \\ \eta_{n1} & \eta_{n2} & \cdots & a_n(v) \end{vmatrix} \neq 0,$$

则可得如下形式的解

$$\widehat{\phi}_i = \frac{D_i(v)}{D(v)},$$

这里

$$D_i(v) = \begin{vmatrix} a_1(v) & \eta_{12} & \cdots & \eta_{1,i-1} & b_1(v) & \eta_{1,i+1} & \cdots & \eta_{1n} \\ \eta_{21} & a_2(v) & \cdots & \eta_{2,i-1} & b_2(v) & \eta_{2,i+1} & \cdots & \eta_{2n} \\ \vdots & \vdots & & \vdots & \vdots & \vdots & & \vdots \\ \eta_{n-1,1} & \eta_{n-1,2} & \cdots & \eta_{n-1,i-1} & b_{n-1}(v) & \eta_{n-1,i+1} & \cdots & \eta_{n-1,n} \\ \eta_{n1} & \eta_{n2} & \cdots & \eta_{n,i-1} & b_n(v) & \eta_{n,i+1} & \cdots & a_n(v) \end{vmatrix},$$

$i = 1, 2, \cdots, n$. □

注 1.4.5 这将计算破产概率的问题转化为反演拉普拉斯变换的问题.

3. 例

现在我们考虑索赔是均值为 μ 的指数分布随机变量及 $\lambda(t)$ 为 $\{\lambda_1, \lambda_2\}$ 的两状态马尔可夫过程的情形. 进一步在 $c(\ell)$ 为常数假设下, Reinhard (1984) 给出了一个解析公式.

在上述假设下 $p_{12} = p_{21} = 1$, 因此 $\eta_{12} = \eta_1, \eta_{21} = \eta_2$. 从而 (1.4.19) 可以化为

$$\begin{cases} a_1(v)\widehat{\phi}_1(v) + \eta_1 \widehat{\phi}_2(v) = b_1(v), \\ \eta_2 \widehat{\phi}_1(v) + a_2(v)\widehat{\phi}_2(v) = b_2(v). \end{cases} \quad (1.4.20)$$

相应地,

$$D(v) = \begin{vmatrix} a_1(v) & \eta_1 \\ \eta_2 & a_2(v) \end{vmatrix} = a_1(v)a_2(v) - \eta_1\eta_2,$$

$$D_1(v) = \begin{vmatrix} b_1(v) & \eta_1 \\ b_2(v) & a_2(v) \end{vmatrix} = a_2(v)b_1(v) - \eta_1 b_2(v),$$

$$D_2(v) = \begin{vmatrix} a_1(v) & b_1(v) \\ \eta_2 & b_2(v) \end{vmatrix} = a_1(v)b_2(v) - \eta_2 b_1(v),$$

这里

$$a_i(v) = c_i v - (\eta_i + \lambda_i) + \frac{\lambda_i}{\mu v + 1}, \quad b_i(v) = c_i \Phi_i(0) v, \quad i = 1, 2.$$

于是经过计算可得

1.4 Cox 风险模型

$$D(v) = c_1c_2\mu^2 v^4 + \left[2c_1c_2\mu - c_2\mu^2(\eta_1+\lambda_1) - c_1\mu^2(\eta_2+\lambda_2)\right]v^3$$
$$+ \left[c_1c_2 + (\lambda_1\eta_2 + \lambda_2\eta_1 + \lambda_1\lambda_2)\mu^2 - c_2\mu(2\eta_1+\lambda_1)\right.$$
$$\left. - c_1\mu(2\eta_2+\lambda_2)\right]v^2 + \left[(\lambda_1\eta_2+\lambda_2\eta_1)\mu - (c_1\eta_2+c_2\eta_1)\right]v,$$

$$D_1(v) = c_1c_2\mu^2\Phi_1(0)v^4$$
$$+ \left[(2c_1c_2\mu - c_1\mu^2(\eta_2+\lambda_2))\Phi_1(0) - c_2\mu^2\eta_1\Phi_2(0)\right]v^3$$
$$+ \left[(c_1c_2 - c_1\mu(2\eta_2+\lambda_2))\Phi_1(0) - 2c_2\mu\eta_1\Phi_2(0)\right]v^2$$
$$- \left[c_1\eta_2\Phi_1(0) + c_2\eta_1\Phi_2(0)\right]v,$$

$$D_2(v) = c_1c_2\mu^2\Phi_2(0)v^4$$
$$+ \left[(2c_1c_2\mu - c_2\mu^2(\eta_1+\lambda_1))\Phi_2(0) - c_1\mu^2\eta_2\Phi_1(0)\right]v^3$$
$$+ \left[(c_1c_2 - c_2\mu(2\eta_1+\lambda_1))\Phi_2(0) - 2c_1\mu\eta_2\Phi_1(0)\right]v^2$$
$$- \left[c_1\eta_2\Phi_1(0) + c_2\eta_1\Phi_2(0)\right]v,$$

而且

$$\widehat{\phi}_1 = \frac{D_1(v)}{D(v)}, \quad \widehat{\phi}_2 = \frac{D_2(v)}{D(v)}.$$

这里 $\Phi_1(0)$ 和 $\Phi_2(0)$ 满足下述方程

$$\begin{cases} c_1\Phi_1'(0) = (\eta_1+\lambda_1)\Phi_1(0) - \eta_1\Phi_2(0), \\ c_2\Phi_2'(0) = (\eta_2+\lambda_2)\Phi_2(0) - \eta_2\Phi_1(0). \end{cases}$$

要寻求方程 (1.4.20) 的解是困难的. 即使在如此强的条件之下, 破产概率的拉普拉斯变换的反演也几乎是不可能求出的. 但是, 人们有希望利用这些方程给出相应量的数值解. 下述方程

$$c_i\Phi_i''(u) = \left(\lambda_i - \frac{c_i}{\mu}\right)\Phi_i'(u) - \sum_{j=1}^n \eta_{ij}\Phi_j'(u) - \sum_{j=1}^n \frac{\eta_{ij}}{\mu}\Phi_j(u),$$
$$i = 1, 2, \cdots, n$$

的数值解可以容易地通过数学软件包得到.

注 1.4.6 (1) 当 $c_1 = c_2 \equiv c$ 时, 所得结果与 (Grandell, 1991, p.85) 相同. 当理赔分布是不同的两种指数分布时结论均为 (Reinhard, 1984) 第六节中的特例.

(2) 在 $c_1 = c_2 \equiv c$ 条件下, 我们注意到, 若 $\lambda_1 = \lambda_2 \equiv \alpha$, 则 N 是一个齐次泊松过程, 若 $\lambda_1 = 0, \lambda_2 \equiv \alpha$, 则 N 是一个更新过程 (参见 (Grandell, 1991, p.86)). 我们知道这两种情形均有 $\Phi(u) = 1-(\alpha\mu/c)\mathrm{e}^{-R\mu}$. 在泊松情形 $R = (1/\mu)-(\alpha/c)$, 而在更新情形

$$R = -\frac{1}{2}\left(\frac{\lambda_2 + \eta_1 + \eta_2}{c} - \frac{1}{\mu}\right)$$

$$+ \sqrt{\frac{1}{4}\left(\frac{\lambda_2 + \eta_1 + \eta_2}{c} - \frac{1}{\mu}\right)^2 + \frac{\eta_1 + \eta_2}{c\mu} - \frac{\lambda_2 \eta_1}{c^2}}.$$

注 1.4.7 1.4.2 小节的内容主要选自 (Wu and Wei, 2004).

1.4.3 首中时与末离时分布

本段研究的 Cox 风险模型是 (1.4.1) 式的特殊形式:

$$U(t) = u + c\Lambda(t) - \sum_{k=1}^{N(t)} Z_k, \tag{1.4.21}$$

其中 $\Lambda(t) = \int_0^t \lambda(s)ds$ 且 $P\left(\lim\limits_{t\to\infty}\Lambda(t) = \infty\right) = 1$, 常数 $c > \mu, \mu = E[Z_1], N(t) = \widetilde{N}(\Lambda(t))$.

U 对应的古典风险模型为 $\widetilde{U}(t)$,

$$\widetilde{U}(t) = u + ct - \sum_{k=1}^{\widetilde{N}(t)} Z_k, \tag{1.4.22}$$

$\widetilde{U}$ 的相对安全系数 $\rho = \dfrac{c-\mu}{\mu}, \rho > 0$.

从而 $P\left(\lim\limits_{t\to\infty}\widetilde{U}(t) = \infty\right) = 1$, 这推出 $P\left(\lim\limits_{t\to\infty}U(t) = \infty\right) = 1$.

对任意水平 $b > u$, 定义点 b 的首中时,

$$T_b = \begin{cases} \inf\{t > 0 : U(t) = b\}, \\ \infty, \quad \text{若上集空}. \end{cases} \tag{1.4.23}$$

对 $\delta > 0$, 令 $\widehat{\Pi}(u,b) = E[\mathrm{e}^{-\delta T_b}|U(0) = u]$ 是 T_b 的拉普拉斯-斯蒂尔切斯 (Laplace-Stieltjes, L-S) 变换.

1.4 Cox 风险模型

定义零水平的末离时 (也称为迁出时) 为

$$\sigma_0 = \begin{cases} \sup\{t > 0 : U(t) = 0\}, \\ 0, \quad \text{若上集空}. \end{cases} \tag{1.4.24}$$

对 $\delta > 0$, 令 $\widehat{L}(u, 0) = E[e^{-\delta \sigma_0} | U(0) = u]$ 是 σ_0 的 L-S 变换.

从 (1.4.21) 和 (1.4.22) 两式看出

$$U(t) = \widetilde{U}(\Lambda(t)), \quad t \geqslant 0.$$

对古典风险过程 $\{\widetilde{U}(t), t \geqslant 0\}$, 记 $\widetilde{T}_b$ 为点 b 的首中时, 而 $\widetilde{\sigma}_0$ 为零水平的末离时. 那么我们有

$$A(T_b) = \widetilde{T}_b, \quad A(\sigma_0) = \widetilde{\sigma}_0. \tag{1.4.25}$$

定义 A 的反函数 A^{-1} 如下

$$A^{-1}(t) = \sup\{s : A(s) \leqslant t\}. \tag{1.4.26}$$

由 A^{-1} 定义的时间尺度一般称为可执行 (operational) 时间尺度. 我们有

$$T_b = A^{-1}(\widetilde{T}_b), \quad \sigma_0 = A^{-1}(\widetilde{\sigma}_0). \tag{1.4.27}$$

1. $\widehat{\prod}(u; b)$ 的解析表达式

现在引入一些关于 $\widetilde{T}_b$ 的基本结果. 定义 $\widetilde{T}_0^b = 0$, $\widetilde{T}_1^b = \inf\{t > 0, \widetilde{U}(t) = b\}$. 一般对 $k = 2, 3, \cdots$, 递推定义

$$\widetilde{T}_k^b = \begin{cases} \inf\{t > \widetilde{T}_{k-1}^b : \widetilde{U}(t) = b\}, \\ \infty, \quad \text{若上集空}. \end{cases}$$

对 $t > 0$, 令

$$\widetilde{N}_t^b = \sup\{k > 0 : \widetilde{T}_k^b \leqslant t\}.$$

$\widetilde{N}_t^b$ 是直到时间 t 为止古典风险过程 $\widetilde{U} = \{\widetilde{U}(t), t \geqslant 0\}$ 首中点 b 的次数.

定义 $\widetilde{S}_0^b = 0$. 对 $k \geqslant 1$,

$$\widetilde{S}_k^b = \begin{cases} \widetilde{T}_k^b - \widetilde{T}_{k-1}^b, & \text{若 } \widetilde{T}_{k-1}^b < \infty, \\ \infty, & \text{否则}. \end{cases}$$

因为过程 $\{\widetilde{U}(t), t \geqslant 0\}$ 是强马尔可夫过程, 可以验证 $\{\widetilde{S}_k^b, k \geqslant 1\}$ 为相互独立的随机序列, 且 $\{\widetilde{S}_k^b, k \geqslant 2\}$ 还是同分布随机变量序列. 所以, $\widetilde{N}^b = \{\widetilde{N}_t^b, t \geqslant 0\}$ 是一个不完全 (defective) 更新过程. 对 $k \geqslant 2$, 令 $\widetilde{G}_1(b, b, t) = P(\widetilde{S}_2^b \leqslant t | \widetilde{U}(0) = b)$ 及

$$\widetilde{G}_1(u, b, t) = P(\widetilde{S}_1^b \leqslant t | \widetilde{U}(0) = u) = P(\widetilde{T}_1^b \leqslant t | \widetilde{U}(0) = u).$$

我们记

$$\widetilde{G}(u, b, t) = \sum_{k=1}^{\infty} P\left(\widetilde{T}_k^b \leqslant t\right) = \sum_{k=1}^{\infty} \widetilde{G}_1(u, b, t) * \widetilde{G}_1^{*(k-1)}(b, b, t). \tag{1.4.28}$$

相应于 (1.4.28), 我们有

$$\widetilde{G}(u, b, I) = \sum_{k=1}^{\infty} \widetilde{G}_1(u, b, I) * \widetilde{G}_1^{*(k-1)}(b, b, I), \tag{1.4.29}$$

这里 I 表示一个区间, 且我们称 $\widetilde{G}(u, b, I)$ 为更新测度, $\widetilde{g}(u, b, t)$ 为测度 $\widetilde{G}(u, b, t)$ 的强度函数.

$\widetilde{S}(t) = \sum_{k=1}^{\widetilde{N}(t)} Z_k$ 代表古典风险模型 (1.4.22) 的累积理赔. 对 $x \geqslant 0$, 令 $\widetilde{F}_{\widetilde{S}(t)}(x) = P(\widetilde{S}(t) \leqslant x)$. 那么 $\widetilde{F}_{\widetilde{S}(t)}(x) = e^{-t} + e^{-t} \sum_{k=1}^{\infty} \frac{t^k}{k!} \widetilde{F}^{*k}(x)$, 其概率密度函数 $\widetilde{f}_{\widetilde{S}(t)}(x) = e^{-t} \sum_{k=1}^{\infty} \frac{t^k}{k!} \widetilde{f}^{*k}(x), x > 0$.

引理 1.4.1 对 $u \leqslant b$

(1) 如果 $u < b$, 那么

$$\widetilde{G}(u, b, s) = 0, \qquad 0 \leqslant s < \frac{b-u}{c},$$

$$\widetilde{G}(u, b, s) = e^{-\frac{b-u}{c}}, \qquad s = \frac{b-u}{c},$$

$$\widetilde{g}(u, b, s) = c\widetilde{f}_{\widetilde{S}(s)}(u - b + cs)$$

$$= ce^{-s} \sum_{k=1}^{\infty} \frac{s^k}{k!} \widetilde{f}^{*k}(u - b + cs), \quad s > \frac{b-u}{c}.$$

(2) 如果 $u = b$, 那么

$$\widetilde{g}(b, b, s) = c\widetilde{f}_{\widetilde{S}(s)}(cs) = ce^{-s} \sum_{k=1}^{\infty} \frac{s^k}{k!} \widetilde{f}^{*k}(cs), \quad s \geqslant 0.$$

1.4 Cox 风险模型

证明 证明参看引理 1.1.1. □

令 $\widehat{\widetilde{G}}(u,b,\delta) = \int_0^\infty e^{-\delta s} \widetilde{G}(u,b,ds)$ 表示更新测度的 L-S 变换. 类似地, 我们定义 $\widehat{\widetilde{G}}_1(u,b,\delta) = \int_0^\infty e^{-\delta s} \widetilde{G}_1(u,b,ds)$.

命题 1.4.3 对 $u \leqslant b$,

(1) 如果 $u < b$, 那么

$$\widetilde{G}_1(u,b,s) = 0, \quad 0 \leqslant s < \frac{b-u}{c},$$

$$\widetilde{G}_1(u,b,s) = e^{-\frac{b-u}{c}}, \quad s = \frac{b-u}{c}. \tag{1.4.30}$$

当 $s > \dfrac{b-u}{c}$ 时, $\widetilde{G}_1(u,b,s)$ 有密度函数 $\widetilde{g}_1(u,b,s)$ 且

$$P(\widetilde{T}_1^b \in ds | \widetilde{U}(0) = u) = \widetilde{g}_1(u,b,s) ds$$

$$= \sum_{n=0}^\infty (-1)^n \widetilde{g}(b,b,s)^{*n} \widetilde{g}(u,b,s) ds$$

$$= \sum_{n=0}^\infty (-1)^n c^{n+1} \widetilde{f}_{\widetilde{S}(s)}^{*n}(cs) * \widetilde{f}_{\widetilde{S}(s)}(u-b+cs) ds. \tag{1.4.31}$$

(2) 如果 $u = b$, 当 $s \geqslant 0$ 时, 则 $\widetilde{G}_1(u,b,s)$ 有密度函数 $\widetilde{g}_1(b,b,s)$ 及

$$P(\widetilde{T}_1^b \in ds | \widetilde{U}(0) = b) = \widetilde{g}_1(b,b,s) ds$$

$$= \sum_{n=0}^\infty (-1)^n \widetilde{g}(b,b,s)^{*(n+1)} ds$$

$$= \sum_{n=0}^\infty (-1)^n c^{n+1} \widetilde{f}_{\widetilde{S}(s)}^{*(n+1)}(cs) ds. \tag{1.4.32}$$

证明 我们先考虑 $u < b$ 的情形. 对 $0 \leqslant s \leqslant \dfrac{b-u}{c}$ 容易证明相应结果. 由 (1.4.28), 我们有下述不完全更新方程

$$\widetilde{G}(u,b,t) = \widetilde{G}_1(u,b,t) + \widetilde{G}_1(u,b,t) * \widetilde{G}(b,b,t). \tag{1.4.33}$$

在上式两端取 L-S 变换我们得到

$$\widehat{\widetilde{G}}_1(u,b,\delta) = \frac{\widehat{\widetilde{G}}(u,b,\delta)}{1 + \widehat{\widetilde{G}}(b,b,\delta)}.$$

对 $\delta \geqslant 0$, 当 $\widehat{\widetilde{G}}(b,b,\delta) < 1$ 时, 我们有

$$\widetilde{G}_1(u,b,s) = \sum_{n=0}^{\infty}(-1)^n\widetilde{G}(b,b,s)^{*n} * \widetilde{G}(u,b,s).$$

对 $s > \dfrac{b-u}{c}$, 由引理 1.4.1 可得

$$P(\widetilde{T}_1^b \in ds|\widetilde{U}(0)=u) = \sum_{n=0}^{\infty}(-1)^n\widetilde{g}(b,b,s)^{*n} * \widetilde{g}(u,b,s)ds$$
$$= \sum_{n=0}^{\infty}(-1)^n c^{n+1}\widetilde{f}_{\widetilde{S}(s)}^{*n}(cs) * \widetilde{f}_{\widetilde{S}(s)}(u-b+cs)ds.$$

对 $u=b$, 注意 $P(\widetilde{T}_1^b \in ds = 0|\widetilde{U}(0)=b) = 0$, 结论显然成立. □

2. 主要结果

下面将推导关于 $\widehat{\prod}(u,b)$ 的解析表达式. 下述引理对建立主要结果起着重要作用.

引理 1.4.2 对 $\theta > 0, \delta > 0$, 下述关系式成立

$$\int_0^{\infty} e^{-\theta t} E\left[e^{-\delta A^{-1}(t)}\right] dt = \frac{1}{\theta}\left[1 - \delta \int_0^{\infty} e^{-\delta s} E\left[e^{-\theta A(s)}\right] ds\right]. \tag{1.4.34}$$

证明 计算可得

$$E\left[e^{-\delta A^{-1}(t)}\right] = \int_0^{\infty} e^{-\delta s} dP(A(s) \geqslant t)$$
$$= \delta \int_0^{\infty} e^{-\delta s} P(A(s) \geqslant t) ds.$$

因此

$$\int_0^{\infty} e^{-\theta t} E\left[e^{-\delta A^{-1}(t)}\right] dt = \delta \int_0^{\infty} e^{-\delta s} ds \int_0^{\infty} e^{-\theta t} P(A(s) \geqslant t) dt. \tag{1.4.35}$$

将等式

$$\int_0^{\infty} e^{-\theta t} P(A(s) \geqslant t) dt = \frac{1 - E\left[e^{-\theta A(s)}\right]}{\theta}$$

代入 (1.4.35), 我们得到

$$\int_0^{\infty} e^{-\theta t} E\left[e^{-\delta A^{-1}(t)}\right] dt = \delta \int_0^{\infty} e^{-\delta s} \frac{1 - E\left[e^{-\theta A(s)}\right]}{\theta} ds$$

1.4 Cox 风险模型

$$= \frac{1}{\theta}\left[1 - \delta \int_0^\infty e^{-\delta s} E\left[e^{-\theta A(s)}\right] ds\right]. \qquad \Box$$

注 1.4.8 从 (1.4.34) 我们得

$$E\left[e^{-\delta A^{-1}(t)}\right] = \mathcal{L}_\theta^{-1}\left\{\frac{1}{\theta}\left[1 - \delta \int_0^\infty e^{-\delta s} E\left[e^{-\theta A(s)}\right] ds\right]\right\}(t), \qquad (1.4.36)$$

其中 $\mathcal{L}_\theta^{-1}$ 是关于 θ 的拉普拉斯变换反演算子. 一般情况下, 直接计算 $E[e^{-\delta A^{-1}(t)}]$ 是困难的. 公式 (1.4.36) 给出了一个比较容易的方式来计算它.

命题 1.4.4 对 $u \leqslant b$, T_b 的 L-S 变换为

$$\widehat{\Pi}(u,b) = \int_{[0,\infty)} \mathcal{L}_\theta^{-1}\left\{\frac{1}{\theta}\left[1 - \delta \int_0^\infty e^{-\delta s} E\left[e^{-\theta A(s)}\right] ds\right]\right\}(t) P(\widetilde{T}_b \in dt|\widetilde{U}(0) = u), \qquad (1.4.37)$$

这里 $P\left(\widetilde{T}_b \in dt | \widetilde{U}(0) = u\right)$ 可利用命题 1.4.3 来计算.

证明 考虑 $T_b = A^{-1}(\widetilde{T}_b)$, 可得

$$\widehat{\Pi}(u,b) = E[e^{-\delta T_b}|U(0) = u]$$
$$= E[e^{-\delta A^{-1}(\widetilde{T}_b)}|\widetilde{U}(0) = u]$$
$$= \int_{[0,\infty)} E e^{-\delta A^{-1}(t)} P(\widetilde{T}_b \in dt|\widetilde{U}(0) = u). \qquad (1.4.38)$$

把 (1.4.36) 式代入 (1.4.38) 式我们得到

$$\widehat{\Pi}(u,b) = \int_{[0,\infty)} \mathcal{L}_\theta^{-1}\left\{\frac{1}{\theta}\left[1 - \delta \int_0^\infty e^{-\delta s} E e^{-\theta A(s)} ds\right]\right\}(t) P(\widetilde{T}_b \in dt|\widetilde{U}(0) = u).$$
$$\Box$$

3. $\widehat{L}(u,0)$ 的解析表达式

在本节, 我们推导 $\widehat{L}(u,0)$ 的解析表达式. 首先, 给出古典风险模型 (1.4.22) 的一些结果. 令 $\widetilde{\sigma}_0$ 表示古典风险模型末离零水平的时间. 定义

$$\widetilde{\tau}_0 = \begin{cases} \inf\{t > 0 : \widetilde{U}(t) < 0\}, \\ \infty, \quad \text{若上集空}. \end{cases}$$

显然, $\widetilde{\tau}_0$ 是古典风险过程 $\{\widetilde{U}(t)\}$ 的破产时间. 定义

$$\widetilde{T}_s^0 = \begin{cases} \inf\{t > 0 : \widetilde{U}(s+t) = 0\}, \\ \infty, \quad \text{若上集空}. \end{cases}$$

则 $\widetilde{T}_s^0$ 是时间 s 之后零水平的首中时.

引理 1.4.3 对 $u \geqslant 0$, 我们有

$$P(\widetilde{\sigma}_0 > t | \widetilde{U}(0) = u)$$
$$= \widetilde{\psi}(u+ct)\mathrm{e}^{-t} + \int_{(-\infty,0)} \widetilde{f}_{\widetilde{S}(t)}(u+ct-x)dx$$
$$+ \int_{[0,u+ct)} \widetilde{\psi}(x)\widetilde{f}_{\widetilde{S}(t)}(u+ct-x)dx. \tag{1.4.39}$$

假设 $F(x)$ 的密度函数 $f(x)$ 是可微分的, 那么

$$P(\widetilde{\sigma}_0 \in dt | \widetilde{U}(0) = u)$$
$$= \Big\{ [\widetilde{\psi}(u+ct) - c\widetilde{\psi}'(u+ct)]\mathrm{e}^{-t} - \int_{(-\infty,0)} \widetilde{f}'_{\widetilde{S}(t)}(u+ct-x)dx$$
$$- \int_{[0,u+ct)} \widetilde{\psi}(x)\widetilde{f}'_{\widetilde{S}(t)}(u+ct-x)dx \Big\} dt, \tag{1.4.40}$$

其中 $\widetilde{f}'_{\widetilde{S}(t)}(u+ct-x)$ 是 $\widetilde{f}_{\widetilde{S}(t)}(u+ct-x)$ 关于 t 的导数, 而 $\widetilde{\psi}(x) = P(\widetilde{\tau}_0 < \infty | \widetilde{U}_0 = x)$ 是风险模型 (1.4.22) 的破产概率. 特别地, $\widetilde{\psi}(x)$ 可以表示为

$$\widetilde{\psi}(x) = \left(1 - \frac{\mu}{c}\right) \sum_{n=1}^{\infty} \left(\frac{\mu}{c}\right)^n (1 - (F^s)^{*n}(x)), \quad x \geqslant 0, \tag{1.4.41}$$

这里 $F^s(x) = \dfrac{1}{\mu} \displaystyle\int_0^x (1 - F(y))dy, x \geqslant 0$ (见公式 (1.1.14)).

证明 对 $u \geqslant 0$, 下述关系成立:

$$P(\widetilde{\sigma}_0 > t | \widetilde{U}(0) = u) = P(\widetilde{T}_t^0 < \infty | \widetilde{U}(0) = u).$$

由过程 $\{\widetilde{U}(t)\}$ 的强马尔可夫性, 我们有

$$P(\widetilde{T}_t^0 < \infty | \mathcal{F}_t^{\widetilde{U}}) = P(\widetilde{T}_0^0 < \infty | \widetilde{U}(t)), \quad P\text{-a.s.,}$$

1.4 Cox 风险模型

这里 $\mathcal{F}_t^{\widetilde{U}} = \sigma(\widetilde{U}(s), s \leqslant t)$. 所以

$$P(\widetilde{\sigma}_0 > t | \widetilde{U}(0) = u)$$
$$= \int_{-\infty}^{\infty} P(\widetilde{T}_0^0 < \infty | \widetilde{U}(0) = x) P(\widetilde{U}(t) \in dx | \widetilde{U}(0) = u). \qquad (1.4.42)$$

如果 $x < 0$, 那么 $P(\widetilde{T}_0^0 < \infty | \widetilde{U}(0) = x) = 1$. 如果 $x \geqslant 0$, 那么 $P(\widetilde{T}_0^0 < \infty | \widetilde{U}(0) = x) = P(\widetilde{\tau}_0 < \infty | \widetilde{U}(0) = x) = \widetilde{\psi}(x)$. 注意到当 $x \geqslant 0$ 时 $\widetilde{\psi}(x)$ 可以由 (1.4.41) 式表示, 参见 (1.1.14).

$P(\widetilde{U}(t) \in dx | \widetilde{U}(0) = u)$ 有如下表达式. 对 $x > u + ct$, 有 $P(\widetilde{U}(t) \in dx | \widetilde{U}(0) = u) = 0$. 对 $x = u + ct$, 有 $P(\widetilde{U}(t) = u + ct | \widetilde{U}(0) = u) = P(\widetilde{S}(t) = 0) = \mathrm{e}^{-t}$. 对 $x < u + ct$, 我们有 $P(\widetilde{U}(t) \in dx | \widetilde{U}(0) = u) = \widetilde{f}_{\widetilde{S}(t)}(u + ct - x) dx$.

把上述结果代入 (1.4.42) 式可得 (1.4.39) 式. 而 (1.4.39) 式关于 t 微分得到 (1.4.40) 式. $\square$

与定理 1.2.2 的讨论类似可得下述定理.

命题 1.4.5 σ_0 的 L-S 变换由下式给出

$$\widehat{L}(u, 0) = \int_0^{\infty} \mathcal{L}_\theta^{-1} \left\{ \frac{1}{\theta} \left[1 - \delta \int_0^{\infty} \mathrm{e}^{-\theta \Lambda(s)} ds \right] \right\} (t) P(\widetilde{\sigma}_0 \in dt | \widetilde{U}(0) = u). \qquad (1.4.43)$$

这里 $P(\widetilde{\sigma}_0 \in dt | \widetilde{U}(0) = u)$ 由引理 1.4.3 中的 (1.4.40) 式计算给出.

4. λ 为 n-状态马尔可夫过程时关于 $A(t)$ 的分析

本段考虑 λ 为 n-状态马尔可夫过程这一特殊情形.

令 λ 是一齐次马尔可夫过程, 其状态空间为 $\varsigma = \{\lambda_1, \lambda_2, \cdots, \lambda_n\}$. 假设所有状态互通. 令 $\eta_i = \eta(\lambda_i)$ 是过程离开状态 i 的速率, 而 p_{ij} 是过程 λ 从 λ_i 到 λ_j, $i, j = 1, 2, \cdots, n$ 的转移概率, 且对一切 i, $p_{ii} = 0$. 那么从 λ_i 到 λ_j 的跳强度 η_{ij} 由下式给出

$$\eta_{ij} = \begin{cases} \eta_i p_{ij}, & i \neq j, \\ -\eta_i, & i = j. \end{cases}$$

令 ζ_i 表示 $\lambda(0) = \lambda_i$ 时 $\Lambda(t)$ 的拉普拉斯变换, 即

$$\zeta_i(t, \theta) = E[\mathrm{e}^{-\theta \Lambda(t)} | \lambda(0) = \lambda_i].$$

当 λ 的初始分布为平稳分布 $(q_1, q_2, \cdots, q_n)$ 时, 对 $\zeta(t, \theta) = E[\mathrm{e}^{-\theta \Lambda(t)}]$, 我们有

$$\zeta(t, \theta) = \sum_{i=1}^{n} q_i \zeta_i(t, \theta).$$

为推出 $\zeta_i(t,\theta)$ 我们给出下述引理.

引理 1.4.4 如果 $P(\lambda(0)=\lambda_i)=1$, 那么 $\zeta_i(t,\theta)$ 满足下述方程

$$\zeta_i(t,\theta) = e^{-(\theta\lambda_i+\eta_i)t} + \sum_{j=1,j\neq i}^{n} \eta_{ij}\int_0^t e^{-(\theta\lambda_i+\eta_i)z}\zeta_j(t-z,\theta)dz. \quad (1.4.44)$$

证明 令 τ_1 是 λ 的首次跳, 那么 τ_1 是参数为 η_i 的指数分布随机变量. 我们得到

$$\zeta_i(t,\theta) = E\left[e^{-\theta\int_0^t \lambda(s)ds}I\{\tau_1\geqslant t\}\right] + E\left[e^{-\theta\int_0^t \lambda(s)ds}I\{\tau_1<t\}\right]$$

$$= I_1 + I_2, \quad (1.4.45)$$

其中 $I\{\cdot\}$ 是示性函数.

计算得

$$I_1 = E\left[e^{-\theta\int_0^t \lambda(s)ds}I\{\tau_1\geqslant t\}\right] = e^{-(\theta\lambda_i+\eta_i)t}. \quad (1.4.46)$$

令 $\mathcal{F}^\lambda$ 是 λ 所产生的 σ-代数. 由 λ 的强马尔可夫性我们得到

$$I_2 = E\left[E\left[e^{-\theta\int_0^{\tau_1}\lambda_i ds}e^{-\theta\int_{\tau_1}^t \lambda_i ds}I\{\tau_1<t\}|\mathcal{F}^\lambda_{\tau_1}\right]\right]$$

$$= E\left[e^{-\theta\int_0^{\tau_1}\lambda_i ds}I\{\tau_1<t\}E\left[e^{-\theta\int_{\tau_1}^t \lambda_i ds}|\lambda(\tau_1)\right]\right]$$

$$= \int_0^t \eta_i e^{-\eta_i z}\left\{e^{-\theta\lambda_i z}\sum_{j=1,j\neq i}^{n}p_{ij}E\left[e^{-\theta\int_0^{t-z}\lambda(s)ds}|\lambda(0)=\lambda_j\right]\right\}dz$$

$$= \sum_{j=1,j\neq i}^{n}\eta_{ij}\int_0^t e^{-(\theta\lambda_i+\eta_i)z}\zeta_j(t-z,\theta)dz. \quad (1.4.47)$$

把 (1.4.45)—(1.4.47) 式结合起来可得引理的结论. □

给定 λ 的初始平稳分布 $(q_1,q_2,\cdots,q_n)$, 容易计算出

$$\zeta(t,\theta) = \sum_{i=1}^{n}q_i\left[e^{-(\theta\lambda_i+\eta_i)t} + \sum_{j=1,j\neq i}^{n}\eta_{ij}\int_0^t e^{-(\theta\lambda_i+\eta_i)z}\zeta_j(t-z,\theta)dz\right].$$

为了得到 $\zeta(t,\theta)$, 我们首先确定其拉普拉斯变换. 定义

$$\xi_i(\delta,\theta) = \int_0^\infty e^{-\delta t}\zeta_i(t,\theta)dt.$$

令 $\xi(\delta,\theta) = \int_0^\infty e^{-\delta t}E[e^{-\theta A(t)}]dt$, 那么 $\xi(\delta,\theta) = \sum_{i=1}^{n}q_i\xi_i(\delta,\theta)$.

1.4 Cox 风险模型

定理 1.4.2 假设 $\delta, \theta > 0$ 及 $P(\lambda(0) = \lambda_i) = 1, 1 \leqslant i \leqslant n$. 那么

$$\xi_i(\delta, \theta) = \frac{H_i(\delta, \theta)}{H(\delta, \theta)}, \quad 若 \ H(\delta, \theta) \neq 0, \tag{1.4.48}$$

这里

$$H(\delta, \theta) = \begin{vmatrix} \delta + \theta\lambda_1 + \eta_1 & -\eta_{12} & \cdots & -\eta_{1n} \\ -\eta_{21} & \delta + \theta\lambda_2 + \eta_2 & \cdots & -\eta_{2n} \\ \vdots & \vdots & \ddots & \vdots \\ -\eta_{n1} & -\eta_{n2} & \cdots & \delta + \theta\lambda_n + \eta_n \end{vmatrix}$$

及

$H_i(\delta, \theta)$

$$= \begin{vmatrix} \delta + \theta\lambda_1 + \eta_1 & -\eta_{12} & \cdots & \eta_{1,i-1} & 1 & \eta_{1,i+1} & \cdots & -\eta_{1n} \\ -\eta_{21} & \delta + \theta\lambda_2 + \eta_2 & \cdots & \eta_{2,i-1} & 1 & \eta_{2,i+1} & \cdots & -\eta_{2n} \\ \vdots & \vdots & & \vdots & \vdots & \vdots & \ddots & \vdots \\ -\eta_{n1} & -\eta_{n2} & \cdots & \eta_{n,i-1} & 1 & \eta_{n,i+1} & \cdots & \delta + \theta\lambda_n + \eta_n \end{vmatrix}.$$

证明 由 (1.4.44) 式得到

$$\xi_i(\delta, \theta) = \int_0^\infty e^{-\delta t} e^{-(\theta\lambda_i + \eta_i)t} dt$$

$$+ \sum_{j=1, j \neq i}^n \eta_{ij} \int_0^\infty e^{-\delta t} dt \int_0^t e^{-(\theta\lambda_i + \eta_i)z} \zeta_j(t - z, \theta) dz$$

$$= \frac{1}{\delta + \theta\lambda_i + \eta_i} + \sum_{j=1, j \neq i}^n \eta_{ij} \int_0^\infty e^{-(\delta + \theta\lambda_i + \eta_i)t} dt \int_0^\infty e^{-\delta s} \zeta_j(s, \theta) ds$$

$$= \frac{1}{\delta + \theta\lambda_i + \eta_i} + \sum_{j=1, j \neq i}^n \frac{\eta_{ij} \xi_j(\delta, \theta)}{\delta + \theta\lambda_i + \eta_i}, \quad i = 1, 2, \cdots, n.$$

由此得到了一个关于 $\xi_1(\delta, \theta), \xi_2(\delta, \theta), \cdots, \xi_n(\delta, \theta)$ 的线性方程系统. 在假设 $H(\delta, \theta) \neq 0$ 之下, 该系统的解是唯一的. 因此, (1.4.48) 成立. □

给定 λ 的平稳初始分布 $q_1, q_2, \cdots, q_n$, 容易算出

$$\xi(\delta, \theta) = \sum_{i=1}^n q_i \xi_i(\delta, \theta) = \frac{\sum_{i=1}^n q_i H_i(\delta, \theta)}{H(\delta, \theta)}. \tag{1.4.49}$$

把 (1.4.49) 代入命题 1.4.4, 我们得到下面的结果.

命题 1.4.6 假设 λ 是本段所描述的齐次马尔可夫过程，对 $u \leqslant b$，T_b 的 L-S 变换由下式给出

$$\widehat{\Pi}(u,b) = \int_{[0,\infty)} \mathcal{L}_\theta^{-1}\left\{\frac{1}{\theta}\left[1 - \delta\frac{\sum_{i=1}^n q_i H_i(\delta,\theta)}{H(\delta,\theta)}\right]\right\}(t) P(\widetilde{T}_b \in dt | \widetilde{U}(0) = u), \tag{1.4.50}$$

这里 $P(\widetilde{T}_b \in dt | \widetilde{U}(0) = u)$ 可由命题 1.4.3 计算得到. 把 (1.4.49) 代入命题 1.4.5, 我们可得下述结果.

命题 1.4.7 假设 λ 是命题 1.4.6 中的齐次马尔可夫过程, 则 σ_0 的 L-S 变换由下式给出

$$\widehat{L}(u,0) = \int_0^\infty \mathcal{L}_\theta^{-1}\left\{\frac{1}{\theta}\left[1 - \delta\frac{\sum_{i=1}^n q_i H_i(\delta,\theta)}{H(\delta,\theta)}\right]\right\}(t) P(\widetilde{\sigma}_0 \in dt | \widetilde{U}(0) = u), \tag{1.4.51}$$

这里 $P(\widetilde{\sigma}_0 \in dt | \widetilde{U}(0) = u)$ 可由引理 1.4.3 中的 (1.4.40) 计算得到.

推论 1.4.3 假设 λ 为两状态马尔可夫过程，状态空间为 $\{\lambda_1, \lambda_2\}$, 那么

$$\widehat{\Pi}(u,b) = \int_{[0,\infty)} \left[e^{-\Delta_1 t}\text{ch}(\sqrt{\Delta_2}t) - \Delta_3 e^{-\Delta_1 t}\text{sh}(\sqrt{\Delta_2}t)\right] P(\widetilde{T}_b \in dt | \widetilde{U}(0) = u), \tag{1.4.52}$$

以及

$$\widehat{L}(u,0) = \int_0^\infty \left[e^{-\Delta_1 t}\text{ch}(\sqrt{\Delta_2}t) - \Delta_3 e^{-\Delta_1 t}\text{sh}(\sqrt{\Delta_2}t)\right] P(\widetilde{\sigma}_0 \in dt | \widetilde{U}(0) = u), \tag{1.4.53}$$

这里

$$\Delta_1 = \frac{\lambda_1(\eta_2 + \delta) + \lambda_2(\eta_1 + \delta)}{2\lambda_1\lambda_2}, \tag{1.4.54}$$

$$\Delta_2 = \frac{(\lambda_1 - \lambda_2)^2\left(\delta - \dfrac{\lambda_2\eta_1 - \lambda_1\eta_2}{\lambda_1 - \lambda_2}\right)^2 + 4\lambda_1\lambda_2\eta_1\eta_2}{4\lambda_1^2\lambda_2^2} > 0, \tag{1.4.55}$$

$$\Delta_3 = \lambda_1\eta_2 + \lambda_2\eta_1 + (\lambda_1 + \lambda_2)\delta - \frac{\lambda_1\eta_1 + \lambda_2\eta_2}{\eta_1 + \eta_2}. \tag{1.4.56}$$

1.4 Cox 风险模型

证明 此时, $p_{12} = p_{21} = 1, \eta_{12} = \eta_1, \eta_{21} = \eta_2$, 初始平稳分布为 $q_1 = \dfrac{\eta_2}{\eta_1 + \eta_2}$ 及 $q_2 = \dfrac{\eta_1}{\eta_1 + \eta_2}$.

仿定理 1.4.2 的证明思路, 我们得到

$$\begin{cases} \xi_1(\delta, \theta) = \dfrac{\delta + \lambda_2 \theta + \eta_1 + \eta_2}{\prod_{i=1}^{2}(\delta + \lambda_i \theta + \eta_i) - \eta_1 \eta_2}, \\ \xi_2(\delta, \theta) = \dfrac{\delta + \lambda_1 \theta + \eta_1 + \eta_2}{\prod_{i=1}^{2}(\delta + \lambda_i \theta + \eta_i) - \eta_1 \eta_2}. \end{cases}$$

所以

$$\xi(\delta, \theta) = \dfrac{\dfrac{\theta(\lambda_1 \eta_1 + \lambda_2 \eta_2)}{\eta_1 + \eta_2} + \eta_1 + \eta_2 + \delta}{\prod_{i=1}^{2}(\delta + \lambda_i \theta + \eta_i) - \eta_1 \eta_2}. \tag{1.4.57}$$

把 (1.4.57) 代入 (1.4.34), 我们得到

$$\int_0^\infty e^{-\theta t} E\left[e^{-\delta A^{-1}(t)}\right] dt = \frac{1}{\theta}[1 - \delta \xi(\delta, \theta)]$$

$$= \frac{\lambda_1 \lambda_2 \theta + \lambda_1 \eta_2 + \lambda_2 \eta_1 + \delta(\lambda_1 + \lambda_2) - \dfrac{\delta(\lambda_1 \eta_1 + \lambda_2 \eta_2)}{\eta_1 + \eta_2}}{\lambda_1 \lambda_2 \theta^2 + [\lambda_1 \eta_2 + \lambda_2 \eta_1 + \delta(\lambda_1 + \lambda_2)]\theta + \delta^2 + \delta(\lambda_1 + \lambda_2)}$$

$$= \frac{\theta}{(\theta + \Delta_1)^2 - \Delta_2} - \frac{\Delta_3}{(\theta + \Delta_1)^2 - \Delta_2}, \tag{1.4.58}$$

这里 Δ_1, Δ_2 和 Δ_3 由 (1.4.54)—(1.4.56) 给出.

反演拉普拉斯变换 (1.4.58) 我们得到

$$E[e^{-\delta A^{-1}(t)}] = e^{-\Delta_1 t} \text{ch}(\sqrt{\Delta_2} t) - \Delta_3 e^{-\Delta_1 t} \text{sh}(\sqrt{\Delta_2} t). \tag{1.4.59}$$

然后把 (1.4.59) 代入 (1.4.34) 和 (1.4.35) 可得所需结论. □

5. 例

假设理赔量是指数随机变量, 均值为 μ, 即 $F(x) = 1 - e^{-x/\mu}, x \geqslant 0$. 那么 (1.4.31), (1.4.32) 和 (1.4.24) 中所有量均有明确表达式. 例如, $\widetilde{\psi}(x) = \dfrac{\mu}{c} e^{-(1-\frac{\mu}{c})\frac{x}{\mu}}$ 及 $\widetilde{f}_{\widetilde{S}(t)}(x) = e^{-t} \sum_{n=1}^{\infty} \dfrac{t^n}{\Gamma(n)} \dfrac{1}{\mu^n (n-1)!} x^{n-1} e^{-x/\mu}$. 由此得

$$\widetilde{g}_1(u,b,t) = \frac{1}{t}e^{-(u-b+(c+\mu)t)/\mu} \sum_{n=0}^{\infty}(-1)^n \sum_{m_1=1}^{\infty}\cdots\sum_{m_n=1}^{\infty}\sum_{k=1}^{m-1}\left(\frac{ct^2}{\mu}\right)^{\sum_{i=1}^n m_i}$$
$$\times \prod_{i=1}^{n}\frac{B\left(2\sum_{k=1}^{i-1}m_k, 2m_i\right)}{m_i\Gamma^2(m_i)}\left(\frac{t}{\mu}\right)^m \frac{B\left(2\sum_{i=1}^{n}m_i, m+k+1\right)}{m\Gamma^2(m)}$$
$$\times C_{m-1}^k (u-b)^{m-1-k}(ct)^{k+1}, \tag{1.4.60}$$

这里 $B(p,q) = \int_0^1 x^{p-1}(1-x)^{q-1}dx, p,q>0$ 为 Beta-函数, 而 $C_n^m = \dfrac{n!}{m!(n-m)!}$ 表示二项数.

计算可得

$$P(\widetilde{\sigma}_0 \in dt|\widetilde{U}(0)=u)$$
$$= \left\{ e^{\frac{-(c-\mu)u-c^2t}{c\mu}} - \int_{(-\infty,0)} \widetilde{f}'_{\widetilde{S}(t)}(u+ct-x)dx \right.$$
$$\left. - \int_{[0,u+ct)} \frac{\mu}{c}e^{-(1-\frac{\mu}{c})\frac{x}{\mu}} \widetilde{f}'_{\widetilde{S}(t)}(u+ct-x)dx \right\}dt. \tag{1.4.61}$$

再由推论 (1.4.3), 我们有

$$\widehat{\Pi}(u,b) = e^{-\frac{(b-u)\Delta_1}{c}}\text{ch}\left(\frac{(b-u)\sqrt{\Delta_2}}{c}\right) - \Delta_3 e^{-\frac{(b-u)\Delta_1}{c}}\text{sh}\left(\frac{(b-u)\sqrt{\Delta_2}}{c}\right)$$
$$+ \int_{(\frac{b-u}{c},\infty)}\left[e^{-\Delta_1 t}\text{ch}(\sqrt{\Delta_2}t) - \Delta_3 e^{-\Delta_1 t}\text{sh}(\sqrt{\Delta_2}t)\right]g_1(u,b,t)dt,$$
$$\widehat{\Pi}(b,b) = \int_{[0,\infty)}\left[e^{-\Delta_1 t}\text{ch}(\sqrt{\Delta_2}t) - \Delta_3 e^{-\Delta_1 t}\text{sh}(\sqrt{\Delta_2}t)\right]g_1(b,b,t)dt,$$

以及

$$\widehat{L}(u,0) = \int_0^{\infty}\left[e^{-\Delta_1 t}\text{ch}(\sqrt{\Delta_2}t) - \Delta_3 e^{-\Delta_1 t}\text{sh}(\sqrt{\Delta_2}t)\right]P(\widetilde{\sigma}\in dt|\widetilde{U}(0)=u).$$

注 1.4.9 对一类 Cox 过程, 我们得到了其首中时和末离时的 L-S 变换的解析表达式. 当强度过程是 n-状态, 或特别是两状态马尔可夫过程时, 更多的结果也可以得到.

注 1.4.10 1.4.2 小节的内容主要选自 (Wu and Wang, 2012).

1.5 带有扩散扰动的古典风险模型

1.5.1 引言

我们考虑跳-扩散风险过程:

$$U(t) = u + ct - \sum_{k=1}^{N(t)} X_k + B(t), \quad t \geqslant 0, \tag{1.5.1}$$

其中常数 u 是保险公司的初始本金; 保费以常数速率 c 收取; $N = \{N(t), t \geqslant 0\}$ 是一参数为 λ 的泊松过程; $X = \{X_k\}_{k \geqslant 1}$ 是独立同分布随机变量序列, 共同分布函数为 $P(x) = P(X_1 \leqslant x)$, 其密度函数为 $p(x)$, 均值为 μ 以及 $P(0) = 0$; $B = \{B(t), t \geqslant 0\}$ 是一维纳 (Wiener) 过程, 表示保险人收入中不确定部分, $B(t)$ 的均值为 0, 方差为 $2Dt$, $D > 0$; $\{N(t)\}, \{B(t)\}$ 和 $\{X_k\}$ 相互独立. 因此, 过程 $U = \{U(t), t \geqslant 0\}$ 仍是强马氏过程.

这一节我们始终假设 $c - \lambda\mu > 0$. 由此易得

$$P\left(\lim_{t \to \infty} U(t) = \infty\right) = 1. \tag{1.5.2}$$

记

$$S(t) = ct - \sum_{k=1}^{N(t)} X_k + B(t), \quad t \geqslant 0.$$

令 $g_t(x)$ 表示 $S(t)$ 分布函数的密度函数. 计算可得

$$\begin{aligned}
g_t(x) &= \int_{-\infty}^{\infty} \frac{1}{2\sqrt{\pi Dt}} \mathrm{e}^{[-(y^2/4Dt)]} \mathrm{e}^{-\lambda t} \sum_{n=0}^{\infty} \frac{(\lambda t)^n}{n!} p^{*n}(y + ct - x) dy \\
&= \mathrm{e}^{-\lambda t} \sum_{n=1}^{\infty} \frac{(\lambda t)^n}{n!} \int_{-\infty}^{\infty} \frac{1}{2\sqrt{\pi Dt}} \mathrm{e}^{[-(z+x-ct)^2/4Dt]} p^{*n}(z) dz \\
&\quad + \frac{1}{2\sqrt{\pi Dt}} \mathrm{e}^{-[\lambda t + ((x-ct)^2)/4Dt]},
\end{aligned} \tag{1.5.3}$$

其中 $p^{*0}(x)$ 是 Dirac 函数. 令 T 表示破产时间.

我们引入概率

$$P^u(\cdot) = P(\cdot \mid U(0) = u).$$

注 1.5.1 概率 P^u 的定义与 2.1 节中相同.

1.5.2 T, $U(T-)$, $|U(T)|$ 三者的联合分布函数

定义有限时间破产概率 $\psi(u,t)$ 为

$$\psi(u,t) = P^u(T \leqslant t).$$

沿用 (Dufresne and Gerber, 1991) 中的方法, 按下述方式分解有限时间破产概率 $\psi(u,t)$:

$$\psi(u,t) = \psi_s(u,t) + \psi_d(u,t). \tag{1.5.4}$$

这里 $\psi_d(u,t)$ 是由维纳过程的波动导致的有限时破产概率, 而 $\psi_s(u,t)$ 是由理赔导致的有限时破产概率. 我们有

$$\psi_s(u,t) = P^u(T \leqslant t, |U(T)| > 0),$$
$$\psi_d(u,t) = P^u(T \leqslant t, |U(T)| = 0). \tag{1.5.5}$$

令 τ_x 表示盈余过程首次达到水平 x 的时刻, 如前定义

$$\tau_x = \inf\{t : U(t) = x\}.$$

对 $x \geqslant u$, 从 (1.5.2) 式得 $P^u(\tau_x < \infty) = 1$. 因而我们有

$$U(\tau_x) = x.$$

当 $u = 0$ 时 τ_x 的分布记为 $K(x,t)$, 即

$$K(x,t) = P^0(\tau_x \leqslant t). \tag{1.5.6}$$

令 T_0 表示恰在破产发生后的负盈余过程首次达到零水平的时间, 即

$$T_0 = \inf\{t : t > T, U(t) = 0\}, \quad T_0 = \infty, \quad \text{如果 } T = \infty. \tag{1.5.7}$$

对应于 $U(0) = u$, T_0 的分布函数记为 $M(u,t)$:

$$M(u,t) = P^u(T_0 \leqslant t). \tag{1.5.8}$$

1. 预备知识

我们先给出两个引理, 定义 $d_s K(x,s) = K(x, s+ds) - K(x,s)$.

引理 1.5.1 令 $\delta \geqslant 0$. 对 $x > 0$, 我们有

$$\int_0^\infty e^{-\delta s} d_s K(x,s) = \int_0^\infty e^{-\delta s} \frac{x}{s} g_s(x) ds, \tag{1.5.9}$$

$$\frac{\partial K(x,s)}{\partial s} = \frac{x}{s} g_s(x). \tag{1.5.10}$$

1.5 带有扩散扰动的古典风险模型

证明 由 (1.5.3) 式我们看到 $g_s(y)$ 关于变量 s 在 $(0,\infty)$ 连续以及对 $y \in (-\infty,\infty)$ 关于变量 s 在 $(0,\infty)$ 内一致可积. 这意味着对 $x > 0$, $\int_0^x yg_s(y)dy$ 关于变量 s 在 $(0,\infty)$ 中是连续的. 此时, 根据 (Gihman and Skorohod, 1974) 中第四章第 2 节的公式 (72) 得到

$$\frac{d}{ds}\int_0^x K(y,s)dy = \frac{1}{s}\int_0^x yg_s(y)dy, \quad x>0, \quad s>0.$$

由此我们可以验证 (1.5.9) 式成立. 而 (1.5.10) 式可从 (1.5.9) 式得到. □

考虑方程

$$\delta = c\xi + D\xi^2 + \lambda(\widehat{p}(\xi)-1), \tag{1.5.11}$$

其中

$$\widehat{p}(\xi) = \int_0^\infty e^{-\xi y}dP(y).$$

由 (Gerber and Lantry, 1998) 知, 方程 (1.5.11) 对 $\delta > 0$ 有唯一正根 $\rho = \rho(\delta)$ 且 $\rho(0) = 0$. 由等式 (1.5.11) 我们看出 $\rho(\delta)$ 可微分, 且

$$\rho'(0) = (c-\lambda\mu)^{-1}. \tag{1.5.12}$$

引理 1.5.2 假设 $\delta > 0$.
(1) 对 $x \geqslant 0$, 我们有

$$\int_0^\infty e^{-\delta s}g_s(x)ds = \rho'(\delta)e^{-\rho(\delta)x}. \tag{1.5.13}$$

(2) 对 $x < 0$, 我们有

$$\int_0^\infty e^{-\delta s}g_s(x)ds = \rho'(\delta)\int_0^\infty e^{-\delta s}d_sM(-x,s). \tag{1.5.14}$$

证明 (1) 与 (Gerber and Shiu, 1997) 中的 (3.5) 式类似, 可得

$$\int_0^\infty e^{-\delta s}d_sK(x,s) = e^{-\rho(\delta)x}, \quad x>0.$$

再由 (1.5.9) 我们得到

$$\int_0^\infty e^{-\delta s}\frac{x}{s}g_s(x)ds = e^{-\rho(\delta)x}, \quad x>0.$$

在上述最后等式的两端关于变量 δ 取微分, 我们推出公式 (1.5.13) 对 $x > 0$ 成立. 对 $x = 0$, 由控制收敛定理我们得到

$$\int_0^\infty \mathrm{e}^{-\delta s} g_s(0) ds = \int_0^\infty \mathrm{e}^{-\delta s} \left(\lim_{x \to 0^+} g_s(x) \right) ds$$
$$= \lim_{x \to 0^+} \int_0^\infty \mathrm{e}^{-\delta s} g_s(x) ds$$
$$= \lim_{x \to 0^+} \rho'(\delta) \mathrm{e}^{-\rho(\delta) x} = \rho'(\delta).$$

因此, (1.5.13) 式对 $x = 0$ 也成立.

(2) 假设 $x < 0, dx > 0$. 对 $s > 0$, 记 $A_s = \{w : U(s) \in [0, dx]\}$. 集 A_s 可分解为两个不相交集的并

$$A_s = A_s^1 \cup A_s^2,$$

其中

$$A_s^1 = \{w : T < s, U(s) \in [0, dx]\}, \quad A_s^2 = \{w : T \geqslant s, U(s) \in [0, dx]\}.$$

在 A_s^1 上, 当 $u = -x$ 时, 在时间 s 之前盈余过程将跌落到零水平线以下. 由此及 T_0 的定义我们得到

$$P^{-x}\left(A_s^1\right) = P^{-x}\left(T_0 < s, U(s) \in [0, dx]\right).$$

再由强马尔可夫性我们推出

$$P^{-x}\left(A_s^1\right) = \int_0^s P^{-x}\left(T_0 \in [\tau, \tau + d\tau]\right) P_0(U(s-\tau) \in [0, dx]). \qquad (1.5.15)$$

假设 $1 < \alpha < 2$. 定义 $\overline{ds} = (dx)^\alpha$.

在 A_s^2 上, 当 $u = -x$ 时, 在 $[s, s+\overline{ds}]$ 上我们考虑盈余过程. 以概率 $1 - \lambda \overline{ds} + o(\overline{ds})$ 在此区间上无理赔发生. 另一方面, 由关于布朗运动的重对数律和过程的最大值分布 (例如, 参见 (Revuz and Yor, 1991)), 我们推出:

(1) 与 $\min\limits_{0 \leqslant \tau \leqslant \overline{ds}} [B(s+\tau) - B(s)]$ 相比, 当 $\overline{ds}$ 足够小时 $\overline{ds}$ 可忽略不计.

(2) 存在一正函数 $\varepsilon(x)$, 当 $x \to 0$ 时 $\varepsilon(x) \to 0$, 使得以概率 $1 - \varepsilon(\overline{ds})$ 下述不等式成立:

$$\min_{0 \leqslant \tau \leqslant \overline{ds}} [B(s+\tau) - B(s)] < -dx.$$

1.5 带有扩散扰动的古典风险模型

由此, 以及在 A_s^2 上, 当 $u = -x$ 时, 我们得到在 $[s, s+\overline{ds}]$ 上盈余过程至少以概率 $(1 - \lambda\overline{ds} + o(\overline{ds}))(1 - \varepsilon(\overline{ds}))$ 穿越到零水平线以下. 这表明由波动导致的破产发生. 因此, 有

$$P^{-x}\left(A_s^2\right)\left(1 - \lambda\overline{ds} + o(\overline{ds})\right)\left(1 - \varepsilon(\overline{ds})\right) \leqslant \frac{\partial \psi_d(-x, s)}{\partial s}\overline{ds}.$$

从而由 $\overline{ds}$ 的定义得

$$P^{-x}\left(A_s^2\right) = o(dx). \tag{1.5.16}$$

由 $g_s(x)$ 的定义, 我们有

$$g_s(x)dx = P(S(s) \in [x, x+dx]) = P(-x+S(s) \in [0, dx])$$
$$= P^{-x}(U(s) \in [0, dx]). \tag{1.5.17}$$

再由 (1.5.13), (1.5.15) − (1.5.17), 我们得到

$$\int_0^\infty \mathrm{e}^{-\delta s}\left(g_s(x)dx\right)ds$$
$$= \int_0^\infty \mathrm{e}^{-\delta s}P^{-x}(U(s) \in [0, dx])ds$$
$$= \int_0^\infty \mathrm{e}^{-\delta s}\left[\int_0^s P^{-x}\left(T_0 \in [\tau, \tau+d\tau]\right)P^0(U(s-\tau) \in [0, dx]) + P\left(A_s^2\right)\right]ds$$
$$= \int_0^\infty \mathrm{e}^{-\delta s}P^{-x}\left(T_0 \in [s, s+ds]\right)\int_0^\infty \mathrm{e}^{-\delta s}P^0(U(s) \in [0, dx])ds + o(dx)$$
$$= \rho'(\delta)dx\int_0^\infty \mathrm{e}^{-\delta s}P^{-x}\left(T_0 \in [s, s+ds]\right) + o(dx).$$

这意味着 (1.5.14) 成立. $\square$

推论 1.5.1 令 $x \geqslant 0$, 那么

$$\int_0^\infty g_s(x)ds = \rho'(0) = \frac{1}{c - \lambda\mu}. \tag{1.5.18}$$

对 $x < 0$, 我们有

$$\int_0^\infty g_s(x)ds = M(-x, \infty)\rho'(0) = \psi(-x, \infty)\rho'(0), \tag{1.5.19}$$

其中

$$M(-x, \infty) = \lim_{s \to \infty} M(-x, s),$$

以及
$$\psi(-x,\infty) = \lim_{s\to\infty} \psi(-x,s).$$

证明 由 (1.5.13) 和 (1.5.14) 易见 (1.5.18) 和 (1.5.19) 分别成立. □

令
$$H(t;u,x)dx = P^u(t<T, U(t)\in[x,x+dx]), \tag{1.5.20}$$

以及
$$\overline{H}(t;u,x)dx = P^u\left(t<\tau_{x+u}, U(t)\in[x,x+dx]\right). \tag{1.5.21}$$

仿 (Gerber and Shiu, 1997, p.133) 中的对偶原理可验证下述关系式成立
$$H(t;u,x) = \overline{H}(t;u,x). \tag{1.5.22}$$

命题 1.5.1 令 $u>0, x>0$. 则我们有
$$\overline{H}(t;u,x) = g_t(x-u) - \int_0^t \frac{x}{s} g_s(x) g_{t-s}(-u) ds. \tag{1.5.23}$$

证明 显然, 我们有
$$P^u\left(t<\tau_{x+u}, U(t)\in[x,x+dx]\right)$$
$$= P^u(U(t)\in[x,x+dx]) - P^u\left(\tau_{x+u}\leqslant t, U(t)\in[x,x+dx]\right). \tag{1.5.24}$$

关于 $\{\tau_{x+u}\leqslant t, U(t)\in[x,x+dx]\}$ 和 $U_0=u$, 我们看到盈余过程首先在某时刻 s 达到水平 $x+u$, 然后在 $t>s$ 时落入区间 $[x,x,+dx]$. 因此, 由强马尔可夫性及过程的时空齐次性, 我们得到
$$P^u\left(\tau_{x+u}\leqslant t, U(t)\in[x,x+dx]\right)$$
$$= \int_0^t P^u\left(\tau_{x+u}\in[s,s+ds]\right) P^{x+u}(U(t-s)\in[x,x+dx])$$
$$= \int_0^t P^0\left(\tau_x\in[s,s+ds]\right) P^0(U(t-s)\in[-u,-u+dx]). \tag{1.5.25}$$

与 (1.5.16) 类似, 我们有
$$g_t(x-u)dx = P^u(U(t)\in[x,x+dx]), \tag{1.5.26}$$

以及
$$g_{t-s}(-u)dx = P^0(U(t-s)\in[-u,-u+dx]). \tag{1.5.27}$$

1.5 带有扩散扰动的古典风险模型

把 (1.5.27) 式代入 (1.5.25), 由 (1.5.10) 和 $K(x,s)$ 的定义, 我们得到

$$P^u\left(\tau_{x+u}\leqslant t, U(t)\in[x,x+dx]\right)$$
$$=\left(\int_0^t \frac{\partial K(x,s)}{\partial s}g_{t-s}(-u)ds\right)dx$$
$$=\left(\int_0^t \frac{x}{s}g_s(x)g_{t-s}(-u)ds\right)dx. \tag{1.5.28}$$

把 (1.5.26) 和 (1.5.28) 代入 (1.5.24), 我们推出 (1.5.23) 成立. □

2. 主要结果

令 $f(x,y,t\mid u)$ 表示破产时间、恰在破产时刻前的盈余和在破产时刻的亏损的联合分布密度函数

$$f(x,y,t\mid u)dxdydt$$
$$=P^u\left(T\in[t,t+dt], U(T^-)\in[x,x+dx], |U(T)|\in[y,y+dy]\right).$$

令 $f_s(x,y,t\mid u)$ 和 $f_d(x,y,t\mid u)$ 分别表示由理赔和由波动对密度 $f(x,y,t\mid u)$ 的贡献, 因而有

$$f(x,y,t\mid u)=f_s(x,y,t\mid u)+f_d(x,y,t\mid u).$$

定理 1.5.1 令 $u\geqslant 0$. 那么我们有

$$f(x,y,t\mid u)=\begin{cases}\lambda p(x+y)H(t;u,x), & x>0,\\ 0, & x=0, y\neq 0,\end{cases} \tag{1.5.29}$$

以及

$$f(0,0,t\mid u)dxdy=\frac{\partial \psi_d(u,t)}{\partial t}. \tag{1.5.30}$$

证明 类似于 (Gerber and Shiu, 1997) 中 (3.9) 式讨论, 我们可以把 $f_s(x,y,t\mid u)dxdydt$ 看成如下事件的概率:

{在时刻 t 之前破产没有发生, 在时刻 t 盈余过程落入 $[x,x+dx]$, 在 t 和 $t+dt$ 之间有一理赔发生, 但从时刻 t 至理赔发生这期间盈余仍在 $[x,x+dx]$ 内, 理赔量大小在 $x+y$ 和 $x+y+dy$ 之间}.

因此, 对 $x>0$,

$$f_s(x,y,t \mid u)dxdydt = (H(t;u,x)dx)(\lambda dt)(p(x+y)dy)$$
$$= [\lambda p(x+y)H(t;u,x)]dxdydt.$$

由定义, 我们看到
$$f(x,y,t \mid u) = f_s(x,y,t \mid u), \quad x > 0.$$

由此得
$$f(x,y,t \mid u) = \lambda p(x+y)H(t;u,x), \quad x > 0.$$

显然有
$$f(x,y,t \mid u) = 0, \quad x = 0, \quad y \neq 0,$$

以及
$$f(0,0,t \mid u)dxdy = \frac{\partial \psi_d(u,t)}{\partial t}, \quad x = y = 0.$$

至此定理证毕. □

注 1.5.2 当 $u = 0$ 时, 由 (1.5.22) 式, 得 $H(t;0,x) = \overline{H}(t;0,x)$, 再由命题 1.5.1, 得到 (1.5.29) 式的精确表示.

注 1.5.3 1.5.2 小节的内容主要选自 (Zhang and Wang, 2003).

1.5.3 负盈余的总持续时间

1. 问题简介

以下将 (1.5.1) 式中的风险模型:

$$U(t) = u + ct - \sum_{k=1}^{N(t)} X_k + B(t), \quad t \geqslant 0 \qquad (1.5.31)$$

简记为 CPD$\{U(t)\}$ 或 $\{U(t)\}$ 或 CPD.

记 X_1 的分布函数 $P(x)$ 的 k 阶矩为 p_k, 并假设当 $k \leqslant 3$ 时, 它们是有限的, 且 $c > \lambda p_1$. 过程 CPD 的破产概率记为 $\psi(u)$, 即 $\psi(u) = P\left(\inf_{s \geqslant 0} U(s) < 0 \mid U(0) = u\right)$. 令 $R(u) = 1 - \psi(u)$. 我们可以分解 $\psi(u)$ 为如下形式 (参见 (Dufresne and Gerber, 1991)):

$$\psi(u) = \psi_d(u) + \psi_s(u), \qquad (1.5.32)$$

其中 $\psi_d(u)$ 表示由波动导致的破产概率, 此时在破产时刻盈余取值为 0, 而 $\psi_s(u)$ 表示由理赔导致的破产概率, 此时在破产时刻盈余的取值为负. 注意到

$$R(0) = \psi_s(0) = 0 \quad \text{及} \quad \psi(0) = \psi_d(0) = 1. \qquad (1.5.33)$$

1.5 带有扩散扰动的古典风险模型

进一步有 (参见 (Dufresne and Gerber, 1991) 中第三节图 5.1)

$$R'(u) = q\xi\psi_d(u), \tag{1.5.34}$$

其中 $q = (c - \lambda p_1)/c$ 及 $\xi = c/D$. 我们同样用 T 表示过程 CPD 的破产时间, 令 $G(u,y)$ 代表初始盈余为 u 及在破产时刻亏损小于 y 的概率分布, 即

$$G(u,y) = P^u(T < \infty, U(T) > -y).$$

设变量 Z 的概率分布函数为 $G(u,y)/\psi(u)$.

对任意指标 α, 令 τ_α 表示过程 CDP 向下穿越直线 $x=0$ 的时刻, σ_α 表示在时刻 τ_α 之后过程 CPD 向上首次穿越直线 $x=0$ 的时刻, 而 I 表示所有指标 α 的集合. 对 $\alpha \in I$, 我们令

$$e_\alpha = \{U(t), t \in [\tau_\alpha, \sigma_\alpha]\}, \quad m_\alpha = L\{[\tau_\alpha, \sigma_\alpha]\}, \tag{1.5.35}$$

这里 L 代表 Lebesgue 测度. 称集合 e_α 为过程 CPD $\{U(t)\}$ 的负盈余值域 (NSE), 而 m_α 称为 NSE e_α 的滞留时间. 由时间 τ_α 和 σ_α 的定义, 易见 e_α 是 CPD $\{U(t)\}$ 在直线 $x=0$ 下方的一段样本轨道. 图 1.5.1 展示了 CPD 的样本轨道, 其中 NSEs 的主要部分被标记为 $e_\alpha, e_\beta, e_\gamma$.

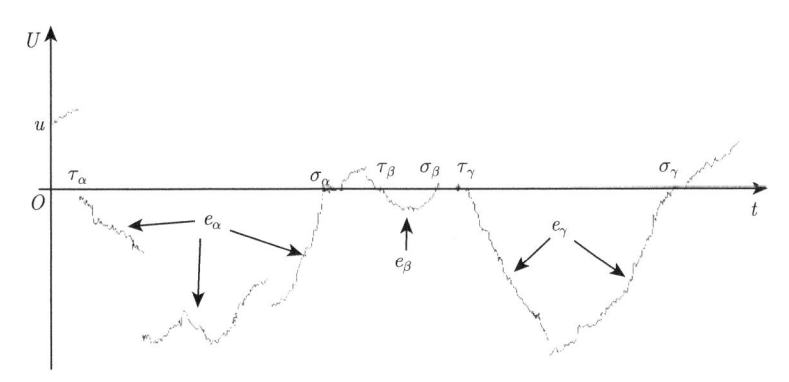

图 1.5.1 具有 NSEs 的 CPD 的样本轨道

本段研究当破产发生后 CPD$\{U(t)\}$ 在零之下将停留多长时间, 即 NSEs 的总的滞留时间是多少. 对此问题 Egídio dos Reis (1993) 在古典复合泊松过程 (古典风险模型) 情形下进行了多方面富有成果的探讨. 众所周知, 若 $c > \lambda p_1$, 那么古典复合泊松过程的 NSE 的个数是有限的, 因此每一 NSE 的滞留时间可以通过计算得出, 从而仿 Egídio dos Reis (1993) 的方法, NSEs 的总滞留时间可通过求和得到. 但是, 由于有 $\{B(t)\}$ 项, $\{U(t)\}$ 的无穷多次振荡产生无穷多 NSEs 和

任意小的滞留区间, 这意味着此时再沿用 Egídio dos Reis (1993) 的方法来计算 CPD$\{U(t)\}$ 的 NSEs 的总滞留时间将是不可行的. 这需要新的方法.

对任意给定的 $a, a > 0$, 我们用 $T_\alpha(a)$ 表示 e_α 首次向下穿越直线 $x = -a$ 的时间, $T_\alpha(a) = \infty$ 是指 e_α 永不向下穿越直线 $x = -a$. 由 CPD$\{U(t)\}$ 样本轨道的右连续性我们得到

$$\lim_{a \to 0^+} T_\alpha(a) = \tau_\alpha. \tag{1.5.36}$$

这蕴含着如果 a 足够小则有 $T_\alpha(a) < \infty$. 当 $T_\alpha(a) < \infty$ 时我们令 $\widetilde{T}_\alpha(a) = L\{[T_\alpha(a), \sigma_\alpha]\}$, 而对给定的 a, 当 $T_\alpha(a) = \infty$ 时, 我们自然定义 $[T_\alpha(a), \sigma_\alpha] = \varnothing$. 从 (1.5.35) 和 (1.5.36) 式及单调收敛定理得

$$\lim_{a \to 0^+} \widetilde{T}_\alpha(a) = m_\alpha.$$

进一步, 由指标集 I 的可数性和单调收敛定理我们得到

$$\lim_{a \to 0^+} \sum_{\alpha \in I} \widetilde{T}_\alpha(a) = \sum_{\alpha \in I} m_\alpha. \tag{1.5.37}$$

另一方面, 给定 $a, a > 0$, 由维纳过程的一些著名结果 (例如, 参见 (Ikeda and Watanabe, 1981)) 我们可以推出以概率 1 只有有限个 NSEs 穿越直线 $x = -a$. 这蕴含着对给定 $a, a > 0$ 以概率 1 只有有限个指标 α 使得 $T_\alpha(a) < \infty$. 令 I_a 表示满足此不等式的所有下标的集合. 则等式 (1.5.37) 可改写为

$$\lim_{a \to 0^+} \sum_{\alpha \in I_n} \widetilde{T}_\alpha(a) = \sum_{\alpha \in I} m_\alpha. \tag{1.5.38}$$

注意 (1.5.38) 式左端的和式中只含有有限项, 而其右端和式明确给出了 NSEs 总逗留时间, 这说明我们应该应用与 (Egídio dos Reis, 1993) 相类似的方法, 然后借助极限过程来计算 (1.5.38) 式. 因为对给定的 $a, a > 0$, I_a 中的指标数是有限的, 在本节以下部分中我们把 I_α 中的指标 α 替换为 i, 而且为方便起见, 我们将忽略所有随机变量中所依赖的参数 a, 例如, T_α 和 $\widetilde{T}_\alpha(a)$ 将分别被替换为 T_i 和 $\widetilde{T}_i$.

给定 $a, a > 0$, 我们把那些依次向下穿越水平线 $x = -a$ 的有限 NSEs 表示为 $e_i, 1 \leqslant i \leqslant N$, 这里 N 依赖于 a. 显然, $I_a = \{i, 1 \leqslant i \leqslant N\}$. 令 τ_i 和 σ_i 表示对应于集 e_i 中的关键时刻 (critical times), T_i 表示 e_i 首次向下穿越水平线 $x = -a$ 的时刻, $m_i = L\{[\tau_i, \sigma_i]\}$ 及 $\widetilde{T}_i = L\{[T_i, \sigma_i]\}, i \in I_a$. 图 1.5.2 给出了一个典型的展示 NSEs 向下穿越直线 $x = -a$ 的 CPD 的样本轨道. 由 (1.5.38) 得

$$\lim_{a \to 0^+} \sum_{i \in I_a} \widetilde{T}_i = \sum_{\alpha \in I} m_\alpha. \tag{1.5.39}$$

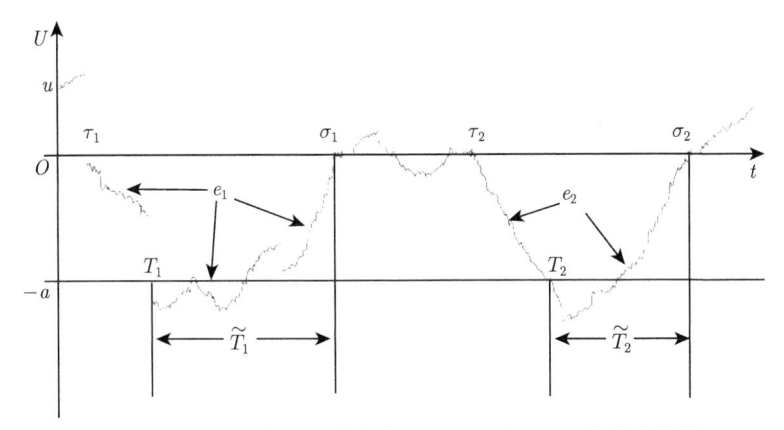

图 1.5.2 NSEs 向下穿越直线 $x = -a$ 的 CPD 的样本轨道

2. Schäl 结果

在这一小节中我们给出 Schäl (1993) 得到的某些结果, 这些结果对我们之后的讨论是有用的. Schäl (1993) 考虑一个一般的跳-扩散过程 $X = R + S$, 这里 R 是一个伊藤 (Itô) 过程, 而 S 是一个具有正跳的跳过程, 即 $S(t) - S(t^-) \geq 0$. 他得到了过程 X 首中时的一般拉普拉斯变换 (generalized Laplace transform)、数学期望和方差的表达式. 作为一个特殊的跳-扩散过程, CPD$\{U(t)\}$ 满足 (Schäl, 1993) 中的定理 4.1、推论 4.2 和推论 4.4 中的所有条件, 因此我们可以直接得到下述公式. 令 $\tau = \inf\{t : U(t) = x\}, x > u$, 那么

$$E^u[\tau] = \frac{x - u}{cq},$$
$$E^u[\exp\{-s\tau\}] = \exp\{-f(s)(x - u)\}, \quad s \geq 0, \tag{1.5.40}$$

$f(s)$ 是变量 s 的某一函数, 使得

$$s = \lambda[\phi(f(s)) - 1] + cf(s) + Df^2(s), \tag{1.5.41}$$

这里 ϕ 是理赔量的拉普拉斯变换. 我们还可得到

$$\mathrm{var}^u(\tau) = (\lambda p_2 + 2D)\frac{x - u}{(cq)^3},$$

其中 var^u 表示给定 $U(0) = u$ 时的条件方差.

3. 给定正常数 a 时的一些结果

对给定的 $a, a > 0$ 及 $T_1 < \infty$, 令 $Y = -U(T_1)$. 显然, T_1 是初始值为 $u + a$ 时 $\{U(t)\}$ 的破产时刻, 而 $Y - a$ 是其相应的破产损失程度 (severity of ruin). 作

为莱维过程, $\{U(t)\}$ 是强马尔可夫过程. 我们可以考虑过程 $\{U(t)\}$ 将从时刻 T_1 重新开始, 此时的盈余为 $U(T_1) = -Y$, 而最终向上穿越零水平线. 等价地, 过程将从 0 开始, 且在某时刻 $t > T_1$ 达到水平 Y. 显然我们可以在本小节后的讨论中利用 1.5.2 小节所给出的结果. 如无特别说明, 在本小节之后当提到 Y 和 $\widetilde{T}_i$ 时, 我们是分别对 $T_1 < \infty$ 和 $T_i < \infty, i \in I_a$ 取条件. 例如, 把 $P^u(Y < y \mid T_1 < \infty)$ 写为 $P^u(Y < y)$, 使得我们有

$$P^u(Y < y) = \frac{P^u(T_1 < \infty, U(T_1) > -y)}{P^u(T_1 < \infty)} = \frac{G(u+a, y-a)}{\psi(u+a)}, \quad y \geqslant a. \quad (1.5.42)$$

沿用 (Egídio dos Reis, 1993) 中的方法和 1.5.2 小节中的结果, 我们可以得到下述与 (Egídio dos Reis, 1993) 相类似的结论:

$$E^u\left[\widetilde{T}_1\right] = \frac{E^u[Y]}{cq}, \quad (1.5.43)$$

$$\mathrm{var}^u\left(\widetilde{T}_1\right) = E^u[Y]\frac{\lambda p_2 + 2D}{(cq)^3} + \mathrm{var}^u(Y)\frac{1}{(cq)^2}, \quad (1.5.44)$$

$$E^u\left[\exp\left\{-s\widetilde{T}_1\right\}\right] = E^u\left[\exp\{-f(s)Y\}\right], \quad s \geqslant 0,$$

且对 $i = 2, 3, \cdots,$

$$E^u\left[\widetilde{T}_i\right] = E^0\left[\widetilde{T}_1\right],$$

$$\mathrm{var}^u\left(\widetilde{T}_i\right) = \mathrm{var}^0\left(\widetilde{T}_1\right),$$

$$E^u\left[\exp\left\{-s\widetilde{T}_i\right\}\right] = E^0\left[\exp\{-f(s)Y\}\right], \quad s \geqslant 0.$$

对 e_i 中的数 N 或 $\widetilde{T}_i$, 同样可以得到下述公式:

$$P^u(N = n) = \begin{cases} \psi(u+a)R(a)(\psi(a))^{n-1}, & n = 1, 2, \cdots, \\ R(u+a), & n = 0, \end{cases}$$

$$E^u[N] = \frac{\psi(u+a)}{R(a)},$$

$$\mathrm{var}^u(N) = \frac{\psi(u+a)(R(u+a) + \psi(a))}{R^2(a)},$$

$$E^u[\exp\{-sN\}] = R(u+a) + \frac{\psi(u+a)R(a)\exp\{-s\}}{1 - \psi(a)\exp\{-s\}}, \quad s \geqslant 0,$$

1.5 带有扩散扰动的古典风险模型

由过程 $\{U(t)\}$ 的强马尔可夫性质, 我们可以得到与 (Egídio dos Reis, 1993) 中 5.1.2 小节相同的结果.

命题 1.5.2 给定 $N=n$, 各时间区间 (periods) $\widetilde{T}_i, i=1,2,\cdots,n$, 是相互独立的, 且 $\widetilde{T}_i, i=2,3,\cdots,n$, 同分布.

记

$$\widehat{T} = \sum_{i=1}^{N} \widetilde{T}_i. \tag{1.5.45}$$

由命题 1.5.2 及 (Egídio dos Reis, 1993) 中的方法, 我们可以得到如下一些公式:

$$E^0\left[\exp\{-s\widehat{T}\}\right] = \frac{R(a)}{1-\psi(a)E^0\left[\exp\{-f(s)Y\}\right]}, \tag{1.5.46}$$

$$E^u\left[\exp\{-s\widehat{T}\}\right]$$
$$= R(u+a) + \psi(u+a)E^u\left[\exp\{-f(s)Y\}\right] E^0\left[\exp\{-s\widehat{T}\}\right], \quad s \geqslant 0,$$

$$E^0[\widehat{T}] = \frac{\psi(a)E^0[Y]}{cqR(a)} = \frac{\psi(a)}{R(a)} E^0\left[\widetilde{T}_1\right]. \tag{1.5.47}$$

对 $E^u\left[\exp\{-s\widehat{T}\}\right]$ 关于变量 s 求一阶和二阶导数, 并令 $s=0$, 再由 (1.5.41) 式推出 $f(0)=0$, $f'(0)=1/cq$, 以及

$$E^u[\widehat{T}] = \psi(a+u)\left(\frac{E^u[Y]}{cq} + E^0[\widehat{T}]\right), \tag{1.5.48}$$

$$E^u\left[\widehat{T}^2\right] = \psi(u+a)\left[\operatorname{var}^u\left(\widetilde{T}_1\right) + \left(E^0\left[\widetilde{T}_1\right]\right)^2 + 2E^u\left[\widetilde{T}_1\right] E^0\left[\widehat{T}\right]\right]. \tag{1.5.49}$$

特别地, 有

$$E^0\left[\widehat{T}^2\right] = \frac{\psi(a)}{R(a)}\left[\operatorname{var}^0\left(\widetilde{T}_1\right) + \left(E^0\left[\widetilde{T}_1\right]\right)^2 + 2E^0\left[\widetilde{T}_1\right] E^0\left[\widehat{T}\right]\right]. \tag{1.5.50}$$

4. NSEs 的总逗留时间

从 (1.5.39) 式和 (1.5.45) 式直接可得

$$\lim_{a\to 0^+} \widehat{T} = \sum_{\alpha\in I} m_\alpha. \tag{1.5.51}$$

为方便起见, 设
$$M = \sum_{\alpha \in I} m_\alpha. \tag{1.5.52}$$

因此, M 表示 NSEs 的总逗留时间 (total duration). 从 (1.5.43), (1.5.47) 和之后的引理 A.2, 我们得到

$$E^0[M] = \lim_{a \to 0^+} E^0[\widehat{T}] = \lim_{a \to 0^+} \frac{\psi(a) E^0[Y]}{cq R(a)} = \frac{\lambda p_1 + 2D}{2(cq)^2}. \tag{1.5.53}$$

从 (1.5.48), (1.5.51)—(1.5.53) 得

$$\begin{aligned} E^u[M] &= \lim_{a \to 0^+} \psi(u+a) \left(\frac{E^u[Y]}{cq} + E^0[\widehat{T}] \right) \\ &= \psi(u) \left(\frac{E^u[Z]}{cq} + \frac{\lambda p_2 + 2D}{2(cq)^2} \right), \end{aligned} \tag{1.5.54}$$

从 (1.5.43), (1.5.44), (1.5.50) 和之后的引理 A.2 和引理 A.3 可得

$$\begin{aligned} E^0\left[M^2\right] &= \lim_{a \to 0^+} E^0\left[\widehat{T}^2\right] \\ &= \lim_{a \to 0^+} \left(\frac{2E^0[Y]}{R(a)} \frac{\lambda p_2 + 2D}{(cq)^3} + \frac{E^0[Y^2]}{R(a)(cq)^2} \right) \\ &= \frac{(\lambda p_2 + 2D)^2}{(cq)^4} + \frac{\lambda p_3}{3(cq)^3}, \end{aligned} \tag{1.5.55}$$

以及由 (1.5.43), (1.5.44), (1.5.49), (1.5.33) 和 (1.5.55) 得到

$$\begin{aligned} E^u\left[M^2\right] &= \lim_{a \to 0^+} E^0\left[\widehat{T}^2\right] \\ &= \lim_{a \to 0^+} \psi(u+a) \left[\mathrm{var}^u\left(\widetilde{T}_1\right) + \left(E^u\left[\widetilde{T}_1\right]\right)^2 + 2E^u\left[\widetilde{T}_1\right] E^0\left[\widehat{T}\right] + E^0\left[\widehat{T}^2\right] \right] \\ &= \psi(u) \left(\frac{(\lambda p_2 + 2D)^2}{(cq)^4} + \frac{\lambda p_3}{3(cq)^3} + 2 E^u[Z] \frac{\lambda p_2 + 2D}{(cq)^3} + E^u\left[Z^2\right] \frac{1}{(cq)^2} \right). \end{aligned}$$
$$\tag{1.5.56}$$

利用 (1.5.54) 和 (1.5.56) 我们推出

$$\begin{aligned} &\mathrm{var}^u(M) \\ &= E^u\left[M^2\right] - (E^u[M])^2 \end{aligned}$$

1.5 带有扩散扰动的古典风险模型

$$= \psi(u)\left(\frac{(\lambda p_2 + 2D)^2}{(cq)^4} + \frac{\lambda p_3}{3(cq)^3} + 2E^u[Z]\frac{\lambda p_2 + 2D}{(cq)^3} + E^u[Z^2]\frac{1}{(cq)^2}\right)$$

$$- \psi^2(u)\left(\frac{\lambda p_2 + 2D}{2(cq)^2} + \frac{E^u[Z]}{cq}\right)^2.$$

再由 (1.5.46) 和有界收敛定理, 我们得到

$$E^0[\exp\{-sM\}] = \lim_{a\to 0^+} E^0\left[\exp\{-s\widehat{T}\}\right]$$

$$= \lim_{a\to 0^+} \frac{R(a)}{1 - \psi(a)E^0\left[\exp\{-f(s)Y\}\right]}, \quad s \geqslant 0. \quad (1.5.57)$$

利用后面的引理 A.4 和引理 A.5 可得到

$$\lim_{a\to 0^+} \frac{R(a)}{1 - \psi(a)E^0\left[\exp\{-f(s)Y\}\right]}$$

$$= \lim_{a\to 0^+} \frac{R(a)}{(1 - \psi_d(a)) - \psi(a)\left[E^0\left[\exp\{-f(s)Y\}\right] - \psi_d(a)/\psi(a)\right]}$$

$$= \frac{1}{1/q - (cf(s) - s)/cqf(s)} = \frac{cqf(s)}{s}. \quad (1.5.58)$$

因此, 从 (1.5.57) 和 (1.5.58), 我们得到

$$E^0\left[\exp\{-sM\}\right] = \frac{cqf(s)}{s}. \quad (1.5.59)$$

同样有

$$E^u\left[\exp\{-sM\}\right]$$

$$= \lim_{a\to 0^+}\left[R(u+a) + \psi(u+a)E^u\left[\exp\{-f(s)Y\}\right]E^0\left[\exp\{-s\widehat{T}\}\right]\right]$$

$$= R(u) + \psi(u)E^u\left[\exp\{-f(s)Z\}\right]E^0\left[\exp\{-sM\}\right]$$

$$= R(u) + \psi(u)E^u\left[\exp\{-f(s)Z\}\right]\frac{cqf(s)}{s}. \quad (1.5.60)$$

5. 例

例 1.5.1 令 $P(x) = 1 - \exp\{-\beta x\}$, 因此 $\beta = p_1^{-1}$. 从 (1.5.32), (1.5.34) 和引理 A.1 及引理 A.5, 我们可以推出

$$G(u, y) = \psi_s(u)P(Y) + \psi_d(u), \quad (1.5.61)$$

由 (1.5.53) 可得
$$E^0[M] = \left(\lambda + \beta^2 D\right)(cq\beta)^{-2}, \tag{1.5.62}$$

从 (1.5.54) 和 (1.5.61) 得
$$E^u[M] = \psi(u)\left(\lambda + \beta^2 D\right)(cq\beta)^{-2} + \psi_s(u)(cq\beta)^{-1}. \tag{1.5.63}$$

由 (Dufresne and Gerber, 1991) 中的第 6 节, 我们有
$$\psi(u) = c_1 \exp\{-r_1 u\} + c_2 \exp\{r_2 u\}, \tag{1.5.64}$$
$$\psi_s(u) = c_1 \left(1 - \frac{r-1}{q\xi}\right) \exp\{-r_1 u\} + c_2 \left(1 - \frac{r_2}{q\xi}\right) \exp\{-r_2 u\}, \tag{1.5.65}$$

这里
$$r_1 = \frac{1}{2}\left\{(\beta + \xi) + \left[(\beta - \xi)^2 + \frac{4\lambda}{D}\right]^2\right\},$$
$$r_2 = \frac{1}{2}\left\{(\beta + \xi) - \left[(\beta - \xi)^2 + \frac{4\lambda}{D}\right]^2\right\},$$
$$c_1 = \frac{(\beta - r_1)\, r_2}{\beta\,(r_2 - r_1)},$$
$$c_2 = \frac{(\beta - r_2)\, r_1}{\beta\,(r_1 - r_2)}.$$

类似地, 从 (1.5.56), (1.5.61) 和 (1.5.63) 得到
$$E^u\left[M^2\right] = \psi(u)\left[4\left(\lambda + \beta^2 D\right)^2 (cq\beta)^{-4} + 2\lambda(cq\beta)^{-3}\right]$$
$$+ \psi_s(u)\left[4\left(\lambda + \beta^2 D\right)(cq\beta)^{-3} + 2(cq\beta)^{-2}\right] \tag{1.5.66}$$

及
$$\mathrm{var}^u(M) = E^u[m] - (E^u[M])^2$$
$$= \psi(u)\left[4\left(\lambda + \beta^2 D\right)^2 (cq\beta)^{-4} + 2\lambda(cq\beta)^{-3}\right]$$
$$+ \psi_s(u)\left[4\left(\lambda + \beta^2 D\right)(cq\beta)^{-3} + 2(cq\beta)^{-2}\right]$$
$$- \left[\psi(u)\left(\lambda + \beta^2 D\right)(cq\beta)^{-2} + \psi_s(u)(cq\beta)^{-1}\right]^2,$$

1.5 带有扩散扰动的古典风险模型

这里 $\psi(u)$ 和 $\psi_s(u)$ 在 (1.5.64) 和 (1.5.65) 中给出. 从 (1.5.40), (1.5.41) 和 (1.5.59), 我们推出

$$E^0\left[\exp\{-sM\}\right] = \frac{cqf(s)}{s}. \tag{1.5.67}$$

同样地, 由 (1.5.60), (1.5.61) 和 (1.5.67) 可得

$$E^u\left[\exp\{-sM\}\right] = R(u) + \left(\psi_d(u) + \psi_s(u)\frac{\beta}{f(s)+\beta}\right)\frac{cqf(s)}{s},$$

其中 $f(s)$ 满足

$$s = Df^2(s) + cf(s) - \frac{\lambda f(s)}{f(s)+\beta}.$$

我们考虑特殊情形 $D = 0.1$ 和 $c = (1+\theta)\lambda p_1$, 这里 $\theta = 0.1, \lambda = 1$ 及 $\beta = 1$ (假设期望分红量和方差都等于 1), 我们得到 $p_2 = 2, p_3 = 6, r_1 = 11.9161, r_2 = 0.0839202, c_1 = 0.0774299, c_2 = 0.922577$. 因此我们有

$$\psi(u) = 0.0774229\mathrm{e}^{-11.9161u} + 0.922577\mathrm{e}^{-0.0839202u},$$

$$\psi_d(u) = 0.922577\mathrm{e}^{-11.9161u} + 0.0774229\mathrm{e}^{-0.0839202u},$$

$$\psi_s(u) = -0.845154\mathrm{e}^{-11.9161u} + 0.845154\mathrm{e}^{-0.0839202u},$$

$$G(u,y) = \psi(u) - \psi_s(u)\mathrm{e}^{-y}.$$

在公式 (1.5.62), (1.5.63) 和 (1.5.66) 中代入上述参数值得到

$$E^0[M] = 110,$$

$$E^0\left[M^2\right] = 50400,$$

$$E^u[M] = 0.0649734\mathrm{e}^{-11.9161u} + 109.935\mathrm{e}^{-0.0839202u},$$

$$E^u\left[M^2\right] = 14.4058\mathrm{e}^{-11.9161u} + 50385.6\mathrm{e}^{-0.0839202u}.$$

在表 1.5.1 中, 对不同的 u 值给出了这些表达式的数值结果. 我们考虑半变差 (half variances) $D = 0.1$ 和 $D = 0.05$, 可以发现各阶矩受到随机误差的方差的影响, 我们看到 D 的值越大, 各阶矩的值也越大. 根据 (1.5.53) 式, 对一阶矩这一结论当 $u = 0$ 时成立; 而当 $u \neq 0$ 时, 可以证明这一结论只对 (理赔量为) 指数分布情形成立, 证明步骤如下. 记 $E^u[M]$ 为 $E^u[M, D]$. 由 (1.5.32), (1.5.34) 和 (1.5.63), 我们有

$$E^u[M, D] = (cq\beta)^{-1}\left[(cq\beta)^{-1}\left(\lambda + D\beta^2\right)\psi(u) + (\psi(u) - \psi_d(u))\right]$$

$$= (cq)^{-2}\beta^{-1}\left[(c+D\beta)\psi(u) + D\psi'(u)\right]. \tag{1.5.68}$$

表 1.5.1　指数分布情形：M 的各阶矩

u	$D=0.01$		$D=0.05$	
	E[$M\mid u$]	var[$M\mid u$]	E[$M\mid u$]	var[$M\mid u$]
0	110	38300.0	105.000	35075.0
1	101.086	36111.5	96.190	32987.2
2	92.949	33961.0	88.149	30938.6
3	85.467	31866.7	80.781	28947.8
4	78.587	29842.3	74.029	27028.0
5	72.261	27897.2	67.841	25188.6
6	66.445	26038.1	62.171	23435.7
7	61.096	24268.9	56.974	21772.9
8	56.178	22591.7	52.212	20201.6
9	51.656	21006.7	47.847	18721.8
10	47.498	19513.3	43.848	17332.3
15	31.221	13334.5	28.341	11641.9
20	20.522	8984.4	18.317	7708.2
25	13.489	6000.4	11.839	5058.8
30	8.867	3985.1	7.652	3301.7
40	3.831	1741.1	3.197	1393.5
50	1.655	755.8	1.335	584.6

应用 (Dufresne and Gerber, 1991) 中的公式 (3.3) 可得

$$\int_0^\infty e^{-su}\psi(u)du = \frac{1}{s} - \frac{cq}{cs + Ds^2 - \lambda(1-\widehat{p}(s))} \tag{1.5.69}$$

和

$$\int_0^\infty e^{-su}\psi'(u)du = \frac{cqs}{cs + Ds^2 - \lambda(1-\widehat{p}(s))}, \tag{1.5.70}$$

其中 $\widehat{p}(s)$ 表示 $P(x)$ 的拉普拉斯变换. 把 (1.5.69) 和 (1.5.70) 代入 (1.5.68) 中的拉普拉斯变换, 且令 $L(s,D) = (cs + Ds^2 - \lambda(1-\widehat{p}(s)))^{-1}$, 我们得到

$$\int_0^\infty e^{-su} E[M,D]du$$
$$= (cq)^{-2}\beta^{-1}\left[(c+D\beta)\left(\frac{1}{s} - cqL(s,D)\right) + cqDsL(s,D)\right].$$

令 $D_1 < D_2$, 且已知 $1-\widehat{p}(s) = s/(\beta+s)$, 因此有

$$\int_0^\infty e^{-su}\left(E^u[M,D_2] - E^u[M,D_1]\right)du$$

$$= (D_2 - D_1)(cq)^{-2} \left[\frac{1}{s} - (cq)^2 sL(s, D_1) L(s, D_2) \right]$$

$$= \frac{1}{2}(D_2 - D_1)(cq)^{-2} \left\{ \left(\frac{1}{s} - cqsL(s, D_1) \right) (1 + cqsL(s, D_2)) \right.$$

$$\left. + \left(\frac{1}{s} - cqsL(s, D_2) \right) (1 + cqsL(s, D_1)) \right\}. \tag{1.5.71}$$

再由 (1.5.69) 和 (1.5.70), 我们可以验证 (1.5.71) 的右端项是完全单调的, 这意味着

$$E^u[M, D_2] - E^u[M, D_1] \geqslant 0, \quad u \geqslant 0.$$

例 1.5.2 考虑混合指数分布情形. 令 $P(x) = 1 - (A_1 e^{-\beta_1 x} + A_2 e^{-\beta_2 x})$, 其中

$$p_1 = \frac{A_1}{\beta_1} + \frac{A_2}{\beta_2}, \quad p_2 = \frac{2A_1}{\beta_1^2} + \frac{2A_2}{\beta_2^2}, \quad p_3 = \frac{6A_1}{\beta_1^3} + \frac{6A_2}{\beta_2^3}.$$

利用 (Dufresne and Gerber, 1991) 中第 6 节结果可知

$$\psi(u) = c_1 e^{-r_1 u} + c_2 e^{-r_2 u} + c_3 e^{-r_3 u}, \tag{1.5.72}$$

$$\psi_d(u) = c_1^d e^{-r_1 u} + c_2^d e^{-r_2 u} + c_3^d e^{-r_3 u}, \tag{1.5.73}$$

这里 $r_k, k = 1, 2, 3$ 是下述方程的解

$$\lambda \left(\frac{A_1}{\beta_1 - r} + \frac{A_2}{\beta_2 - r} \right) + Dr = c,$$

以及

$$c_k = \prod_{i=1}^{2} \frac{r_k - \beta_i}{\beta_i} \prod_{j=1, j \neq k}^{3} \frac{r_k}{r_k - r_j}, \quad k = 1, 2, 3,$$

$$c_k^d = r_k c_k (q\xi)^{-1}, \quad k = 1, 2, 3.$$

从下述积分-微分方程 (A.2) 和边界条件 $G(+\infty) = 0$ 及 $G(0) = 1$, 我们可以推出

$$G(u) = \sum_{k=1}^{3} C_k e^{-r_k u}, \tag{1.5.74}$$

其中

$$C_1 = (r_2 - r_3) \left[\frac{\beta_1 (1 - e^{-\beta_2 y})}{(r_2 + \beta_1)(r_3 + \beta_1)} - \frac{\beta_2 (1 - e^{-\beta_1 y})}{(r_2 + \beta_2)(r_3 + \beta_2)} \right]$$

$$+\frac{\beta_1\beta_2(\beta_1-\beta_2)}{(r_2+\beta_1)(r_3+\beta_1)(r_2+\beta_2)(r_3+\beta_2)}\Bigg]B^{-1},$$

$$C_2=(r_3-r_1)\Bigg[\frac{\beta_1\left(1-\mathrm{e}^{-\beta_2 y}\right)}{(r_1+\beta_1)(r_3+\beta_1)}-\frac{\beta_2\left(1-\mathrm{e}^{-\beta_1 y}\right)}{(r_1+\beta_2)(r_3+\beta_2)}$$

$$+\frac{\beta_1\beta_2(\beta_1-\beta_2)}{(r_1+\beta_1)(r_3+\beta_1)(r_1+\beta_2)(r_3+\beta_2)}\Bigg]B^{-1},$$

$$C_3=(r_1-r_2)\Bigg[\frac{\beta_1\left(1-\mathrm{e}^{-\beta_2 y}\right)}{(r_1+\beta_1)(r_2+\beta_1)}-\frac{\beta_2\left(1-\mathrm{e}^{-\beta_1 y}\right)}{(r_1+\beta_2)(r_2+\beta_2)}$$

$$+\frac{\beta_1\beta_2(\beta_1-\beta_2)}{(r_1+\beta_1)(r_2+\beta_1)(r_1+\beta_2)(r_2+\beta_2)}\Bigg]B^{-1},$$

及

$$B=\beta_1\beta_2\Bigg[\frac{r_3-r_2}{(r_1+\beta_1)(r_2+\beta_2)(r_3+\beta_2)}$$

$$+\frac{r_1-r_3}{(r_2+\beta_1)(r_1+\beta_2)(r_3+\beta_2)}+\frac{r_2-r_1}{(r_3+\beta_1)(r_1+\beta_2)(r_2+\beta_2)}\Bigg].$$

如果我们考虑特殊情形 $A_1=\dfrac{1}{3},A_2=\dfrac{2}{3},\beta_1=\dfrac{1}{2},\beta_2=2,D=0.1,\lambda=1,$ $\theta=0.1$, 并代入 (1.5.72), (1.5.73) 及 (1.5.74) 可得

$$\psi(u)=0.90057\mathrm{e}^{-0.0563625u}+0.0229046\mathrm{e}^{-1.48344u}+0.0765256\mathrm{e}^{-11.9602u},$$

$$\psi_d(u)=0.0507584\mathrm{e}^{-0.0563625u}+0.0339776\mathrm{e}^{-1.48344u}+0.915261\mathrm{e}^{-11.9602u},$$

$$G(u)=\left(0.90057-0.0870516\mathrm{e}^{-2y}-0.762761\mathrm{e}^{-y/2}\right)\mathrm{e}^{-0.0563625u}$$

$$+\left(0.0229045-0.219259\mathrm{e}^{-2y}+0.230332\mathrm{e}^{-y/2}\right)\mathrm{e}^{-1.48344u}$$

$$+\left(0.0765255+0.306311\mathrm{e}^{-2y}+0.532429\mathrm{e}^{-y/2}\right)\mathrm{e}^{-11.9602u}.$$

把上述结论及随机变量 Z 的定义与公式 (1.5.53) 和 (1.5.56) 结合起来, 我们得到

$$E^u[Z]=\frac{0.56905\mathrm{e}^{-r_1u}-0.351035\mathrm{e}^{-r_2u}-1.21801\mathrm{e}^{-r_3u}}{\psi(u)},$$

$$E^u\left[M^2\right]=103422\mathrm{e}^{-r_1u}+1001.49\mathrm{e}^{-r_2u}+3476.95\mathrm{e}^{-r_3u}.$$

通过观察表 1.5.2, 我们可以确定在混合指数分布情形时随机误差的方差对各阶矩的影响与指数分布情形时的结果类似.

1.5 带有扩散扰动的古典风险模型

表 1.5.2　混合指数分布情形: M 的各阶矩

u	$D = 0.01$ E$[M \mid u]$	var$[M \mid u]$	$D = 0.05$ E$[M \mid u]$	var$[M \mid u]$
0	160	82300.0	155.000	77575.0
1	151.06	75162.1	146.155	70563.3
2	142.757	72068.9	137.921	67600.0
3	134.927	69139.5	130.167	64781.4
4	127.532	66285.4	122.852	62033.6
5	120.542	63493.3	115.949	59347.1
6	113.936	60765.9	109.435	56725.3
7	107.692	58108.1	103.286	54173.1
8	101.79	55524.3	97.483	51695.1
9	96.211	53018.1	92.006	49294.5
10	90.939	50592.0	86.836	46973.7
15	68.606	39699.5	65.033	36597.3
20	51.757	30822.0	48.704	28203.6
25	39.046	23748.9	36.475	21568.1
30	29.457	18199.0	27.317	16402.9
40	16.765	10570.6	15.321	9383.8
50	9.542	6085.1	8.593	5320.9

附录 A

引理 A.1　对 $y > 0$, 我们有

$$G(u,y) = \psi_d(u) + p \int_0^u h_1(z)dz \int_{u-z}^{u+y-z} h_2(s)ds$$
$$+ \sum_{n=1}^{\infty} p^{n+1} h_1^{*n} * h_2^{*n} * \int_0^u h_1(z)dz \int_{u-z}^{u+y-z} h_2(s)ds. \quad (A.1)$$

证明　首先我们注意到当 $u = 0$ 时, 由于 CPD 的振荡, 其在第一次理赔发生前将落到直线 $x = 0$ 之下, 这意味着 $G(0, y) = 1, y > 0$. 由此结论及仿 (Dufresne and Gerber, 1991) 第 2 节中的公式 (2.1) 的推导步骤, 我们可以推出下述关于 u 的积分-微分方程:

$$DG''(u,y) + dG'(u,y)$$
$$= \lambda G(u,y) - \lambda \int_0^u G(u-z,y)dP(z) - \lambda \int_u^{u+y} dP(z). \quad (A.2)$$

在 (A.2) 两端连续积分两次可得

$$G(u,y) = \exp\{-\xi u\} + p \int_0^u G(z,y) h_1 * h_2(u-z)dz$$

$$+ p\int_0^u h_1(u-z)dz \int_z^{u+y} h_2(s)ds,$$

其中 $p = 1-q, \xi = c/D, h_1(x) = \xi\exp\{-\xi x\}, x \geqslant 0$ 及 $h_2(x) = (1/p_1)(1-P(x))$, $x \geqslant 0$. 这是一个关于函数 $G(u)$ 的不完全更新方程. 因此, 利用更新理论中的标准技巧可得

$$G(a,y) = \left(\xi^{-1}h_1(a) + p\int_0^u h_1(z)\int_{a-z}^{y+a-z} h_2(s)dsdz\right)$$
$$+ \sum_{n=1}^{\infty} p^n h_1^{*n} * h_2^{*n} * \left(\xi^{-1}h_1(a) + p\int_0^a h_1(z)\int_{a-z}^{y+a-z} h_2(s)dsdz\right). \tag{A.3}$$

特别地, 有

$$G(u, 0^+) = \lim_{a \to 0^+} G(u,a)$$
$$= \xi^{-1}\left[h_1(u) + \sum_{n=1}^{\infty} p^n h_1^{*n} * h_2^{*n} * h_1(u)\right]. \tag{A.4}$$

注意 (Dufresne and Gerber, 1991) 中的公式 (3.4) 可以重新写成如下形式:

$$R(u) = q\int_0^u h_1(z)dz + q\sum_{n=1}^{\infty} p^n h_1^{*n} * h_2^{*n} * \int_0^u h_1(z)dz, \tag{A.5}$$

或简写为

$$R(u) = q\int_0^u h_1(z)dz + o(u). \tag{A.6}$$

在 (A.5) 的两端取导数, 并利用公式 (1.5.34) 可得

$$G(u, 0^+) = \psi_d(u). \tag{A.7}$$

之后, 从 (A.3), (A.4) 和 (A.7) 我们得到

$$G(u,y) = \psi_d(u) + p\int_0^u h_1(z)dz\int_{u-z}^{u+y-z} h_2(s)ds$$
$$+ \sum_{n=1}^{\infty} p^{n+1} h_1^{*n} * h_2^{*n} * \int_0^u h_1(z)dz\int_{u-z}^{u+y-z} h_2(s)ds. \qquad \square$$

1.5 带有扩散扰动的古典风险模型

引理 A.2 当 $u=0$ 时, 我们有

$$\lim_{a\to 0^+}\frac{E^0[Y]}{R(a)}=\frac{\lambda p_2+2D}{2cq}.$$

证明 因 $h_2(x)$ 可为不连续函数, 在 (A.1) 两端关于 $y>0$ 取导数得到

$$\frac{\partial G(a,y)}{\partial y}$$
$$=p\left(\int_0^a h_1(z)h_2(y+a-z)dz+\sum_{n=1}^\infty p^n h_1^{*n}*h_2^{*n}*\int_0^a h_1(z)h_2(y+a-z)dz\right),$$
$$\text{(L-a.e.)}$$

注意 $y=0$ 是 $G(a,y)$ 的一个具有跨距 $\psi_d(a)$ 的不连续点, 由此可得

$$\int_0^\infty y dG(a,y)$$
$$=p\int_0^a h_1(z)\int_0^\infty yh_2(y+a-z)dydz$$
$$+p\sum_{n=1}^\infty p^n h_1^{*n}*h_2^{*n}*\int_0^a h_1(z)\int_0^\infty yh_2(y+a-z)dydz. \quad\text{(A.8)}$$

如果我们用 x 替换 $y+a-z$, 则右端第一项转化为

$$p\int_0^a h_1(z)\int_0^\infty xh_2(x)dydz$$
$$-p\left(\int_0^a h_1(z)\int_0^{a-z}xh_2(x)dxdz+\int_0^a h_1(z)\int_{a-z}^\infty (a-z)h_2(x)dxdz\right). \quad\text{(A.9)}$$

注意

$$\int_0^\infty xh_2(x)dx=\int_0^\infty x\int_x^\infty dP(t)dx=\frac{1}{p_1}\int_0^\infty dP(t)\int_0^t xdx=\frac{p_2}{2p_1}. \quad\text{(A.10)}$$

把 (A.8), (A.9) 和 (A.10) 与 (A.6) 结合起来可得出

$$\int_0^\infty y dG(a,y)$$
$$=\sum_{n=1}^\infty p^n h_1^{*n}*h_2^{*n}*\left(\frac{p}{q}\frac{p_2}{2p_1}R(a)-\left[\int_0^a h_1(z)\int_0^{a-z}xh_2(x)dxdz\right.\right.$$

$$+ \int_0^a h_1(z) \int_{a-z}^\infty (a-z) h_2(x) dx dz \Bigg] \Bigg) + o(a). \tag{A.11}$$

注意 (A.11) 右端方括号中的项和 (A.6) 中给出的 $R(a)$ 当 $a \to 0^+$ 时分别是 a 的高阶和一阶无穷小, 并且也容易看出如果 $k(a)$ 是一阶无穷小, 当 $n \geq 1$ 时, $h_1^{*n} * h_2^{*n} * k(a)$ 是 a 的高阶无穷小. 另一方面, 从 (1.5.42) 式可以推出

$$E^0[Y] = \frac{\int_0^\infty y dG(a, y-a)}{\psi(a)} = \frac{a + \int_0^\infty z dG(a,z)}{\psi(a)}. \tag{A.12}$$

由上述结论及公式 (A.6), (A.11) 和 (A.12) 可得 $\lambda p_1 = cp$. □

引理 A.3 当 $u = 0$ 时, 我们有

$$\lim_{a \to 0^+} \frac{E^0[Y^2]}{R(a)} = \frac{p p_3}{3 q p_1}.$$

引理 A.3 的证明与引理 A.2 的证明类似.

引理 A.4 当 $u = 0$ 时, 我们有

$$\lim_{a \to 0^+} \frac{E^0[\exp\{-f(s)Y\}] - \psi_d(a)/\psi(a)}{R(a)} = \frac{cf(s)-s}{cqf(s)}.$$

证明 在 (A.8) 中把 y 替换为 $\exp\{-f(s)y\}$, 并利用引理 A.1, 我们得到

$$\int_0^\infty \exp\{-f(s)y\} dG(a, y)$$
$$= \psi_d(a) + p\int_0^a h_1(z) \int_0^\infty \exp\{-f(s)y\} h_2(y+a-z) dy dz + o(a).$$

令 $x = y + a - z$, 我们得到

$$\int_0^\infty \exp\{-f(s)y\} dG(a,y)$$
$$= \psi_d(a) + p \int_0^a h_1(z) \int_0^\infty \exp\{-f(s)y\} h_2(x) dx dz + o(a). \tag{A.13}$$

因为

$$\int_0^\infty \exp\{-f(s)y\} h_2(x) dx$$

1.5 带有扩散扰动的古典风险模型

$$= \frac{1}{p_1} \int_0^\infty \exp\{-f(s)x\} \int_0^\infty dP(t)dx$$

$$= \frac{1}{p_1} \int_0^\infty dP(t) \int_0^t \exp\{-f(s)x\}dx$$

$$= \frac{1-\phi(f(s))}{p_1 f(s)}, \tag{A.14}$$

令 $z = y - a$, 从 (1.5.42), (A.6), (A.13) 及 (A.14) 得出

$$\lim_{a\to 0^+} \frac{E^0[\exp\{-f(s)Y\}] - \psi_d(a)/\psi(a)}{R(a)}$$

$$= \lim_{a\to 0^+} \frac{\int_0^\infty \exp\{-f(s)y\}dG(a, y-a) - \psi_d(a)}{R(a)\psi(a)}$$

$$= \lim_{a\to 0^+} \frac{\int_0^\infty \exp\{-f(s)(z+a)\}dG(a,z) - \psi_d(a)}{R(a)\psi(a)}$$

$$= \lim_{a\to 0^+} \frac{\exp\{-af(s)\}\int_0^\infty \exp\{-f(s)z\}dG(a,z) - \psi_d(a)}{R(a)\psi(a)}$$

$$= \lim_{a\to 0^+} \left(\frac{\int_0^\infty \exp\{-f(s)z\}dG(a,z) - \psi_d(a)}{R(a)\psi(a)} \right.$$

$$\left. - \frac{(\exp\{-af(s)\}-1)\int_0^\infty \exp\{-f(s)z\}dG(a,z) - \psi_d(a)}{R(a)\psi(a)} \right)$$

$$= \lim_{a\to 0^+} \frac{p\int_0^a h_1(a)dz}{R(a)\psi(a)} \frac{1-\phi(f(s))}{p_1 f(s)} - \frac{af(s) + o(a)}{R(a)\psi(a)}$$

$$= \lim_{a\to 0^+} \frac{p(R(a) + o(a))}{qR(a)} \frac{1-\phi(f(s))}{p_1 f(s)} - \frac{af(s) + o(a)}{R(a)\psi(a)}$$

$$= \frac{p[1-\phi(f(s))]}{qf(s)p_1} - \frac{Df(s)}{cq}. \tag{A.15}$$

进一步, 把 (1.5.41) 用到 (A.15) 得 $cp = \lambda p_1$, 从而我们有

$$\frac{p[1-\phi(f(s))]}{qf(s)p_1} - \frac{Df(s)}{cq} = \frac{(cf(s)+Df^2(s)-s)-Df^2(s)}{cqf(s)}$$
$$= \frac{cf(s)-s}{cqf(s)}. \tag{A.16}$$

再由 (A.15) 和 (A.16) 可得引理的结论. □

引理 A.5 我们有
$$\lim_{a\to 0^+}\frac{1-\psi_d(a)}{R(a)}=\frac{1}{q}.$$

证明 在 (A.5) 两边取导数, 我们得到
$$R'(a)=\xi q(\exp\{-\xi a\}+o(a)). \tag{A.17}$$

再从 (1.5.34), (A.6) 和 (A.17) 得
$$\lim_{a\to 0^+}\frac{1-\psi_d(a)}{R(a)}=\lim_{a\to 0^+}\frac{(1-\exp\{-\xi a\})+o(a)}{q\int_0^a h_1(z)dz+o(a)}=\frac{1}{q}. \quad \square$$

注 1.5.4 1.5.3 小节的内容主要选自 (Zhang and Wu, 2002).

1.5.4 两个重要精算量的分布

将 (1.5.1) 式改写为
$$U_t = u + ct - \sum_{k=1}^{N_t} Z_k + \sigma W_t, \tag{1.5.75}$$

其中, $W=\{W_t, t\geqslant 0\}$ 为标准布朗运动 (维纳过程), 即
$$P(W_t \in dx) = \frac{1}{\sqrt{2\pi t}}e^{-\frac{x^2}{2t}}dx.$$

令 $T_1, T_2, \cdots$ 是索赔出现时间, 且 $T_0 = 0$.

对相应于初值为 $U_0 = u$ 的破产时间记为 T_u, 破产概率为 $\Psi(u)$, 生存概率为 $\Phi(u) = 1 - \Psi(u)$.

1. 破产前盈余最大值分布

对 $x > u > 0$, 定义
$$G(u,x) = P\left(\sup_{0\leqslant t\leqslant T_u} U_t \geqslant x, T_u < +\infty\right), \tag{1.5.76}$$

1.5 带有扩散扰动的古典风险模型

这里 $G(u,x)$ 表示在破产发生之前风险过程的上确界值达到或超过水平 x 的概率. 显然有

$$G(u,x) = \begin{cases} 0, & u \leqslant 0, x > 0, \\ \Psi(u), & u \geqslant x > 0. \end{cases} \tag{1.5.77}$$

定义 $\tau_a = \inf\{s : |W_s| = a\}$. 令

$$H(a,t,x) = \frac{1}{\sqrt{2\pi t}} \sum_{k=-\infty}^{+\infty} \left[\exp\left\{-\frac{1}{2t}(x+4ka)^2\right\} \right.$$
$$\left. - \exp\left\{-\frac{1}{2t}(x-2a+4ka)^2\right\} \right] \tag{1.5.78}$$

和

$$h(a,t) = \frac{1}{2\sqrt{2\pi}} a t^{-3/2} \sum_{k=-\infty}^{+\infty} \left[(4k+1) \exp\left\{-\frac{a^2}{2t}(4k+1)^2\right\} \right.$$
$$+ (4k-3) \exp\left\{-\frac{a^2}{2t}(4k-3)^2\right\}$$
$$\left. - 2(4k-1) \exp\left\{-\frac{a^2}{2t}(4k-1)^2\right\} \right]. \tag{1.5.79}$$

由 (Revuz and Yor, 1991, p.105—106) 可得 $P(W_s \in dx, \tau_a > s) = H(a,s,x)dx$ 及 $P(\tau_a \in ds) = h(a,s)ds$.

定理 1.5.2 令 $x > u > 0$, 则 $G(u,x)$ 满足下述积分方程:

$$G(u,x) = \exp\{-\lambda t_0\} \int_{-a}^{a} G(u+ct_0+\sigma y, x) H(a,t_0,y) dy$$
$$+ \int_0^{t_0} \lambda \exp\{-\lambda s\} ds \int_{-a}^{a} H(a,s,y) dy$$
$$\times \int_0^{u+cs+\sigma y} G(u+cs+\sigma y-z, x) dF(z)$$
$$+ \frac{1}{2} \int_0^{t_0} (G(u+ct+\sigma a, x) + G(u+ct-\sigma a, x))$$
$$\times \exp\{-\lambda t\} h(a,t) dt, \tag{1.5.80}$$

其中 $t_0 \leqslant \dfrac{1}{2c}(x-u), 0 < a \leqslant \dfrac{1}{2\sigma}((x-u) \wedge u)$.

证明 令 $\tau_a = \inf\{t : |W_t| = a\}$，设 $T = t_0 \wedge \tau_a \wedge T_1$. 对 $t \in (0,T)$，我们有 $0 < U_t < x$. 因此 $P(T \leqslant T_u) = 1$. 因为 $T \leqslant t_0$ 及在 $\{T_u < +\infty\}$ 上我们有 $T_u = T + T_u \circ \theta_T$, 由 U_t 的强马尔可夫性质可得

$$\begin{aligned}
G(u,x) &= E\left[I\left\{\sup_{0 \leqslant t \leqslant T_u} U_t \geqslant x, T_u < +\infty\right\}\right] \\
&= E\left[I\left\{\sup_{T \leqslant t \leqslant T_u} U_t \geqslant x, T \leqslant T_u < +\infty\right\}\right] \\
&= E\left[I\left\{\sup_{0 \leqslant t \leqslant T_u \circ \theta_T} U_t \circ \theta_T \geqslant x, 0 \leqslant T_u \circ \theta_T < +\infty\right\}\right] \\
&= E\left[I\left\{\sup_{0 \leqslant t \leqslant T_u} U_t \geqslant x, T_u < +\infty\right\} \circ \theta_T\right] = E[G(U_T,x)]. \quad (1.5.81)
\end{aligned}$$

我们先计算等式 (1.5.81) 右端的数学期望

$$\begin{aligned}
E[G(U_T,x)] &= E[G(U_{t_0},x); t_0 < \tau_a \wedge T_1] + E[G(U_{\tau_a},x); \tau_a \leqslant T_1, \tau_a \leqslant t_0] \\
&\quad + E[G(U_{T_1},x); T_1 \leqslant \tau_a, T_1 \leqslant t_0] \\
&= I_1 + I_2 + I_3. \quad (1.5.82)
\end{aligned}$$

由独立性假设, 我们有

$$\begin{aligned}
I_1 &= E[G(u + ct_0 + \sigma W_{t_0}) I\{t_0 < \tau_a\} I\{t_0 < T_1\}] \\
&= E[I\{T_1 > t_0\}] E[G(u + ct_0 + \sigma W_{t_0}) I\{\tau_a > t_0\}] \\
&= \exp\{-\lambda t_0\} \int_{-a}^{a} G(u + ct_0 + \sigma y, x) H(a, t_0, y) dy. \quad (1.5.83)
\end{aligned}$$

根据 (Port and Stone, 1978) 中的命题 2.8.3, 我们得到

$$P(W_{\tau_a} = a, \tau_a \in dt) = P(W_{\tau_a} = -a, \tau_a \in dt) = \frac{1}{2} h(a,t) dt. \quad (1.5.84)$$

由等式 (1.5.84) 得

$$\begin{aligned}
I_2 &= E[G(u + c\tau_a + \sigma W_{\tau_a}, x) I\{\tau_a \leqslant T_1\} I\{\tau_a \leqslant t_0\}] \\
&= E[G(u + c\tau_a + \sigma a, x) I\{\tau_a \leqslant T_1\} I\{\tau_a \leqslant t_0\} I\{W_{\tau_a} = a\}] \\
&\quad + E[G(u + c\tau_a - \sigma a, x) I\{\tau_a \leqslant T_1\} I\{\tau_a \leqslant t_0\} I\{W_{\tau_a} = -a\}]
\end{aligned}$$

1.5 带有扩散扰动的古典风险模型

$$= \int_0^{t_0} G(u+ct+\sigma a,x)\exp\{-\lambda t\}P(W_{\tau_a}=a,\tau_a\in dt)$$

$$+ \int_0^{t_0} G(u+ct-\sigma a,x)\exp\{-\lambda t\}P(W_{\tau_a}=-a,\tau_a\in dt)$$

$$= \frac{1}{2}\int_0^{t_0}(G(u+ct+\sigma a,x)+G(u+ct-\sigma a,x))\exp\{-\lambda t\}h(a,t)dt. \quad (1.5.85)$$

因而, 我们有

$$I_3 = E[G(u+cT_1+\sigma W_{T_1}-Z_1,x)I\{T_1\leqslant\tau_a\}I\{T_1\leqslant t_0\}]$$

$$= \int_0^{t_0}\lambda\exp\{-\lambda s\}ds\int_0^{+\infty}dF(z)E[G(u+cs+\sigma W_s-z,x)I\{\tau_a\geqslant s\}]$$

$$= \int_0^{t_0}\lambda\exp\{-\lambda s\}ds\int_0^{+\infty}dF(z)\int_{-a}^{a}G(u+cs+\sigma y-z,x)H(a,s,y)dy$$

$$= \int_0^{t_0}\lambda\exp\{-\lambda s\}ds\int_{-a}^{a}H(a,s,y)dy$$

$$\times \int_0^{u+cs+\sigma y}G(u+cs+\sigma y-z,x)dF(z). \quad (1.5.86)$$

由等式 (1.5.81)—(1.5.83), (1.5.85) 及 (1.5.86) 可得公式 (1.5.80). □

命题 1.5.3 设 $F(z)$ 在 $[0,\infty)$ 中有连续密度函数, 那么 $G(u,x)$ 关于 u 在区间 $(0,x)$ 内二次连续可微分.

证明 对任意 $\varepsilon_0 > 0$, 只需证明 $G(u,x)$ 关于 u 在区间 $(\varepsilon_0, x-\varepsilon_0)$ 内二次连续可微分. 如果设 $t_0 < \varepsilon_0/2c$ 及 $a < \varepsilon_0/2\sigma$ (注意 t_0 和 a 均不依赖于 u), 我们仍有公式 (1.5.80). 通过积分变量变换, 我们可以把等式 (1.5.80) 右端 G 中的变量 u 移到 H 或 h 中. 再利用 H 及 h 所具有的解析性质, 我们可以验证定理的结论成立. □

定理 1.5.3 假设 $F(z)$ 在 $[0,+\infty)$ 上有连续密度函数, 令 $x > u > 0$, 那么 $G(u,x)$ 满足下述积分-微分方程:

$$\frac{1}{2}\sigma^2 G''_u(u,x) + cG'_u(u,x) = \lambda G(u,x) - \lambda\int_0^u G(u-z,x)dF(z). \quad (1.5.87)$$

证明 令 $\varepsilon, t > 0$ 使得 $\varepsilon < u < x-\varepsilon$ 及 $T_t^\varepsilon = \inf\{s>0: u+cs+\sigma W_s \notin (\varepsilon, x-\varepsilon)\}\wedge t$. 注意 $G'_u(u,x)$ 和 $G''_u(u,x)$ 在 $[\varepsilon, x-\varepsilon]$ 上有界, 因而 $\int_0^{S\wedge T_t^\varepsilon}\sigma G'_u(u+cv+\sigma W_v,x)dW_v$ 是一个鞅. 记 $T = T_t^\varepsilon \wedge T_1$, 与等式 (1.5.81) 类

似, 我们有

$$G(u,x) = E[G\left(U_{T_t^\varepsilon \wedge T_1}, x\right)]. \tag{1.5.88}$$

因此由伊藤公式, 我们得到

$$\begin{aligned}G(u,x) &= \exp\{-\lambda t\} E\left[G(u + cT_t^\varepsilon + \sigma W_{T_t^\varepsilon}, x)\right] \\ &\quad + \int_0^t \lambda \exp\{-\lambda s\} \bigg\{ E\left[G(u + cT_s^\varepsilon + \sigma W_{T_s^\varepsilon}, x); T_s^\varepsilon < s\right] \\ &\quad + \int_0^{+\infty} E\left[G(u + cs + \sigma W_s - z, x); T_s^\varepsilon = s\right] dF(z) \bigg\} ds \\ &= \exp\{-\lambda t\} \bigg\{ G(u,x) + E\bigg[\int_0^{T_t^\varepsilon} \bigg(cG_u'(u + cs + \sigma W_s, x) \\ &\quad + \frac{\sigma^2}{2} G_u''(u + cs + \sigma W_s, x)\bigg) ds\bigg]\bigg\} \\ &\quad + \int_0^t \lambda \exp\{-\lambda s\} \bigg\{ E\left[G(u + cT_s^\varepsilon + \sigma W_{T_s^\varepsilon}, x); T_s^\varepsilon < s\right] \\ &\quad + \int_0^{+\infty} E\left[G(u + cs + \sigma W_s - z, x); T_s^\varepsilon = s\right] dF(z) \bigg\} ds. \end{aligned} \tag{1.5.89}$$

由上式可得

$$\begin{aligned}&\frac{1 - \exp\{-\lambda t\}}{t} G(u,x) \\ &= \exp\{-\lambda t\} \bigg\{ E\bigg[\frac{1}{t}\int_0^{T_t^\varepsilon} \bigg(cG_u'(u + cs + \sigma W_s, x) \\ &\quad + \frac{\sigma^2}{2} G_u''(u + cs + \sigma W_s, x)\bigg) ds\bigg]\bigg\} \\ &\quad + \frac{1}{t}\int_0^t \lambda \exp\{-\lambda s\} \bigg\{ E[G(u + cT_s^\varepsilon + \sigma W_{T_s^\varepsilon}, x); T_s^\varepsilon < s] \\ &\quad + \int_0^{+\infty} E[G(u + cs + \sigma W_s - z, x); T_s^\varepsilon = s] dF(z) \bigg\} ds. \end{aligned} \tag{1.5.90}$$

再令 $t \to 0$ 可得公式 (1.5.87). □

现在考虑分布 $\Gamma(u,x)$: $\Gamma(u,x) = P\left(\sup\limits_{0\leqslant t<T_u} U_t \geqslant x\right)$. 我们可以把 $\Gamma(u,x)$ 分解为如下形式:

$$\Gamma(u,x) = P\left(\sup_{0\leqslant t<T_u} U_t \geqslant x, T_u < +\infty\right) + P\left(\sup_{0\leqslant t<T_u} U_t \geqslant x, T_u = +\infty\right)$$

$$= G(u,x) + \Phi(u). \tag{1.5.91}$$

事实上, 因 $\{U_t\}$ 是平稳独立增量过程及 $E[U_t] = (c - \lambda\mu)t > 0$, 所以以概率 1, $\lim\limits_{t\uparrow+\infty} U_t = +\infty$. 从而,

$$P\left(\sup_{0\leqslant t<T_u} U_t \geqslant x, T_u = +\infty\right) = P(T_u = +\infty) = \Phi(u). \tag{1.5.92}$$

分布 $\Gamma(u,x)$ 是风险过程在破产前的上确界值达到或超过水平 x 的概率. 我们称其为风险过程在破产前的上确界值分布.

2. 在破产时的盈余分布

我们考虑在破产时刻盈余分布 $D(u,y)$, 即

$$D(u,y) = P(T_u < +\infty, U_{T_u} \geqslant -y), \quad y > 0. \tag{1.5.93}$$

从定义看出 $D(u,y)$ 表示保险公司在破产时刻的盈余 (实际是亏损) 在区间 $[-y, 0)$ 的概率. 显然, 我们有

$$D(u,y) = I_{[0,y]}(-u), \quad u \leqslant 0,$$

$$D(+\infty, y) = 0. \tag{1.5.94}$$

在 1.5.3 小节的附录 A 中, 利用 Dufresne 和 Gerber (1991) 的证明, 导出了 $D(u,y)$ 关于 u 的积分-微分方程 (A.2) 式. 这里我们仍先证明它的二次连续可微性, 再导出它满足的积分-微分方程, 其证明思路和方法均有别于前面.

定理 1.5.4 令 $u > 0$, 那么 $D(u,y)$ 满足下述积分方程

$$D(u,y)$$

$$= \frac{1}{2}\int_0^{+\infty} (D(ct,y) + D(2u + ct, y)) \exp\{-\lambda t\} h\left(\frac{u}{\sigma}, t\right) dt$$

$$+ \int_0^{+\infty} \lambda \exp\{-\lambda s\} ds \int_{-u/\sigma}^{u/\sigma} H\left(\frac{u}{\sigma}, s, x\right) dx$$

$$\times \left[\int_0^{u+cs+\sigma x} D(u+cs+\sigma x - z, y) dF(z) + \int_{u+cs+\sigma x}^{u+cs+\sigma x+y} dF(z)\right]. \tag{1.5.95}$$

证明 令 $T = \tau_{u/\sigma} \wedge T_1$. 对 $t \in (0, T)$, 我们有 $U_t > 0$, 所以 $P(T \leqslant T_u) = 1$. 因此, 当 $\{T_u < +\infty\}$ 时, 我们有 $T_u = T + T_u \circ \theta_T$. 由过程 $\{U_t\}$ 的齐次强马尔可夫性得

$$\begin{aligned} D(u, y) &= P(T_u < +\infty, U_{T_u} \geqslant -y) \\ &= E[I\{T_u < +\infty, U_{T_u} \geqslant -y\}] \\ &= E[I\{T \leqslant T_u < +\infty, U_{T_u} \geqslant -y\}] \\ &= E[I\{T_u \circ \theta_T < +\infty, U_{T_u} \circ \theta_T \geqslant -y\}] \\ &\quad + E[I\{T_u < +\infty, U_{T_u} \geqslant -y\} \circ \theta_T] \\ &= E[D(U_T, y)]. \end{aligned} \qquad (1.5.96)$$

由等式 (1.5.96), 我们有

$$\begin{aligned} D(u, y) &= E[D(U_{\tau_{u/\sigma} \wedge T_1}, y)] \\ &= E[D(u + c\tau_{u/\sigma} + \sigma W_{\tau_{u/\sigma}}, y) I\{\tau_{u/\sigma} < T_1\}] \\ &\quad + E[D(u + cT_1 + \sigma W_{T_1} - Z_1, y) I\{\tau_{u/\sigma} \geqslant T_1\}] \\ &= I_1^0 + I_2^0. \end{aligned} \qquad (1.5.97)$$

由等式 (1.5.84), 我们得到

$$\begin{aligned} I_1^0 &= E\left[D(u + c\tau_{u/\sigma} + \sigma W_{\tau_{u/\sigma}}, y) I\{\tau_{u/\sigma} < T_1\}\right] \\ &= \frac{1}{2} E\left[D(2u + c\tau_{u/\sigma}, y) + D(c\tau_{u/\sigma}, y) I\{\tau_{u/\sigma} < T_1\}\right] \\ &= \frac{1}{2} \int_0^{+\infty} (D(2u + ct, y) + D(ct, y)) \exp\{-\lambda t\} h\left(\frac{u}{\sigma}, t\right) dt. \end{aligned} \qquad (1.5.98)$$

与等式 (1.5.86) 类似, 我们有

$$\begin{aligned} I_2^0 &= E\left[D(u + cT_1 + \sigma W_{T_1} - Z_1, y) I\{\tau_{u/\sigma} \geqslant T\}\right] \\ &= \int_0^{+\infty} \lambda \exp\{-\lambda s\} ds \int_0^{+\infty} dF(z) \\ &\quad \times \int_{-u/\sigma}^{+u/\sigma} D(u + cs + \sigma x - z, y) H\left(\frac{u}{\sigma}, s, x\right) dx \\ &= \int_0^{+\infty} \lambda \exp\{-\lambda s\} ds \int_{-u/\sigma}^{+u/\sigma} H\left(\frac{u}{\sigma}, s, x\right) dx \end{aligned}$$

1.5 带有扩散扰动的古典风险模型

$$\times \left[\int_0^{u+cs+\sigma x} D(u+cs+\sigma x-z,y)dF(z) + \int_{u+cs+\sigma x}^{u+cs+\sigma x+y} dF(z)\right]. \quad (1.5.99)$$

至此公式 (1.5.95) 即可由等式 (1.5.96)—(1.5.99) 得到. □

对应于命题 1.5.3., 我们有下述命题 1.5.4.

命题 1.5.4 设 $F(z)$ 在 $[0,+\infty)$ 上有连续密度函数, 那么 $D(u,x)$ 在 $(0,+\infty)$ 关于变量 u 二次连续可微分.

定理 1.5.5 若 $u > 0$, 设 $F(z)$ 在 $[0,+\infty)$ 上有连续密度函数, 那么 $D(u,x)$ 满足下述积分-微分方程

$$\frac{1}{2}\sigma^2 D''_u(u,y) + cD'_u(u,y)$$
$$= \lambda D(u,y) - \lambda \int_0^u D(u-z,y)dF(z) - \lambda \int_u^{u+y} dF(z). \quad (1.5.100)$$

证明 令 $\varepsilon, t, M > 0$ 使得 $\varepsilon < u < M$ 和 $T_t^{\varepsilon,M} = \inf\{s > 0 : u+cs+\sigma W_s \notin (\varepsilon, M)\} \wedge t$. 注意 $D'_u(u,y)$ 和 $D''_u(u,y)$ 在 $[\varepsilon, M]$ 上有界, 因此 $\int_0^{s \wedge T_t^{\varepsilon,M}} \sigma D'_u(u+cv+\sigma W_v, y)dW_v$ 是鞅. 定义 $T = T_t^{\varepsilon,M} \wedge T_1$, 与等式 (1.5.88) 类似, 我们有

$$D(u,y) = E[D(U_{T_t^{\varepsilon,M} \wedge T_1}, y)]. \quad (1.5.101)$$

与等式 (1.5.90) 类似, 有

$$\frac{1-\exp\{-\lambda t\}}{t}D(u,y)$$
$$= \exp\{-\lambda t\}\bigg\{E\bigg[\frac{1}{t}\int_0^{T_t^{\varepsilon,M}} \bigg(cD'_u(u+cs+\sigma W_s, y)$$
$$+ \frac{\sigma^2}{2}D''_u(u+cs+\sigma W_s, y)\bigg)ds\bigg]\bigg\}$$
$$+ \frac{1}{t}\int_0^t \lambda \exp\{-\lambda s\}\bigg\{E\bigg[D\left(u+cT_s^{\varepsilon,M}+\sigma W_{T_s^{\varepsilon,M}}, y\right); T_s^{\varepsilon,M} < s\bigg]$$
$$+ \int_0^{+\infty} E\left[D(u+cs+\sigma W_s - z, y); T_s^{\varepsilon,M} = s\right]dF(z)\bigg\}ds. \quad (1.5.102)$$

再令 $t \to 0$ 可得 (1.5.100). □

3. 例

在这一段中我们给出理赔量服从指数分布时破产概率及风险过程在破产前最大值分布和在破产时盈余分布的解析表达式. 下述引理 1.5.3、命题 1.5.5 和命题 1.5.6 的证明类似, 我们只给出命题 1.5.6 的证明.

引理 1.5.3 设 $F(z)$ 在 $[0, +\infty)$ 上有连续密度函数, 则 $P(T_{0^+} = T_0 = 0) = 1$.

命题 1.5.5 设 $F(z)$ 在 $[0, +\infty)$ 上有连续密度函数, 则 $\Phi(u)$ 在 $[0, +\infty)$ 上连续, 且 $G(u, x)$ 在 $[0, x]$ 上连续.

命题 1.5.6 令 $y > 0$. 设 $F(z)$ 在 $[0, +\infty)$ 上有连续密度函数, 则 $D(u, y)$ 在 $[0, +\infty)$ 上关于 u 连续.

证明 由命题 1.5.4, 只需证明 $D(0^+, y) = D(0, y)$. 再由引理 1.5.3, 我们有 $\lim_{n \to +\infty} I\{T_{1/n} < \infty\} = 1$, P-a.e. 由引理 1.5.2 和关于布朗运动的重对数率可得 $\lim_{n \to +\infty} I\{R_{T_{1/n}} \geqslant -y\} = 1$, P-a.e. 因此由法图 (Fatou) 引理得

$$1 \geqslant \lim_{n \to +\infty} D\left(\frac{1}{n}, y\right) \geqslant E\left[\lim_{n \to +\infty} I\{R_{T_{1/n}} \geqslant -y\} I\{T_{1/n} < +\infty\}\right] = 1.$$

因而, $D(0^+, y) = \lim_{n \to +\infty} D(1/n, y) = 1 = D(0, y)$. □

现在设 $F(z)$ 在 $[0, +\infty)$ 上有连续密度函数. 沿用证明命题 1.5.3 或命题 1.5.4 的思路, 我们可以证明 $\Phi(u)$ 在 $(0, +\infty)$ 上二次连续可微分.

仿公式 (1.5.87) 的证明我们可以验证 (Dufresne and Gerber, 1991) 中的公式 (2.1) 成立. 因此, 从命题 1.5.4 可得 $\Phi(u)$ 是下述边界值问题的有界连续解

$$\frac{1}{2}\sigma^2 \Phi''_u(u) + c\Phi'_u(u) = \lambda \Phi(u) - \lambda \int_0^u \Phi(u-z) dF(z), \quad u > 0.$$

$$\Phi(0) = 0, \quad \Phi(+\infty) = \lim_{u \uparrow +\infty} \Phi(u) = 1. \tag{1}$$

从定理 1.5.3、边界条件 (1.5.77) 和命题 1.5.5 可知, $G(u, x)$ 是下述边界值问题的有界连续解

$$\frac{1}{2}\sigma^2 G''_u(u, x) + cG'_u(u, x)$$
$$= \lambda G(u, x) - \lambda \int_0^u G(u-z, x) dF(z), \quad 0 < u < x.$$

$$G(0, x) = 0, x > 0, \quad G(x, x) = \Psi(x). \tag{2}$$

1.5 带有扩散扰动的古典风险模型

从定理 1.5.4、边界条件 (1.5.94) 和命题 1.5.6 可知, $D(u,y)$ 是下述边界值问题的有界连续解

$$\frac{1}{2}\sigma^2 D_u''(u,y) + cD_u'(u,y)$$
$$= \lambda D(u,y) - \lambda \int_0^u D(u-z,y)dF(z) - \lambda \int_u^{u+y} dF(z), \quad u > 0.$$
$$D(0,y) = 1, \qquad D(+\infty, y) = \lim_{u \uparrow +\infty} D(u,y) = 0. \tag{3}$$

注 1.5.5 如果 (2) 的有界连续解唯一, 那么通过比较边界值问题 (1) 和 (2) 我们得到

$$G(u,x) = \frac{\Phi(u)}{\Phi(x)} \Psi(x). \tag{1.5.103}$$

事实上, 我们有下述命题.

命题 1.5.7 如果 $F(z)$ 在 $[0, +\infty)$ 上有连续密度函数, 那么 (1.5.103) 式成立.

证明 注意 $\Phi(u)$ 和 $G(u,x)$ 分别是 (1) 和 (2) 的解. 令 $T_u^{x,\varepsilon} = \inf\{t : U_t \notin (\varepsilon, x-\varepsilon)\}$. 假设 $f(u)$ 是 (1) 的解, 那么 $f(U_{T_u^{x,\varepsilon} \wedge t})$ 是一个鞅. 这蕴含着 $f(u) = E[f(U_{T_u^{x,\varepsilon} \wedge t})]$. 令 $t \to \infty$ 得到 $f(u) = E[f(U_{T_u^{x,\varepsilon}})]$. 令 $\varepsilon \to 0$ 给出 $f(u) = E[f(U_{T_u^{x,0} \wedge t})] = f(x) P(U_{T_u^{x,0}} = x)$. 由此得 $P(U_{T_u^{x,0}} = x) = \Gamma(u,x) = f(u)/f(x)$. 令 $x \to \infty$ 给出 $f(u) = \Phi(u)$. 设 $f(u,x)$ 是 (2) 的解, 那么 $f(U_{T_u^{x,\varepsilon} \wedge t}, x)$ 是一个鞅. 我们有 $f(u,x) = E[f(U_{T_u^{x,\varepsilon} \wedge t}, x)]$. 令 $t \to \infty$ 得到 $f(u,x) = E[f(U_{T_u^{x,\varepsilon}}, x)]$. 再令 $\varepsilon \to 0$, 给出

$$f(u,x) = E[f(U_{T_u^{x,0}}, x)] = \Psi(x) P(U_{T_u^{x,0}} = x) = \frac{\Phi(u)}{\Phi(x)} \Psi(x). \qquad \square$$

注 1.5.6 在命题 1.5.7 的证明中我们得到公式 $\Gamma(u,x) = \Phi(u)/\Phi(x)$. 这个公式还可以用不同形式的 "鞅方法" 得到 (参见 (Zhang, 1997)).

当 $F(z) = 1 - \exp\{-\alpha t\}, \alpha > 0$ 时, 边界值问题 (1), (2) 和 (3) 可以分别转化为下述边界值问题 (1a), (2a), (3a) 的解:

$$\begin{cases} \dfrac{1}{2}\sigma^2 \Phi'''(u) + \left(\dfrac{1}{2}\alpha\sigma^2 + c\right)\Phi''(u) + (\alpha c - \lambda)\Phi'(u) = 0, \quad u > 0, \\ \Phi(0) = 0, \quad \Phi(+\infty) = \lim_{u \uparrow +\infty} \Phi(u) = 1, \quad \dfrac{1}{2}\sigma^2 \Phi''(0^+) + c\Phi'(0^+) = 0, \end{cases} \tag{1a}$$

$$\begin{cases} \dfrac{1}{2}\sigma^2 G_u'''(u,x) + \left(\dfrac{1}{2}\alpha\sigma^2 + c\right) G_u''(u,x) \\ \qquad + (\alpha c - \lambda) G_u'(u,x) = 0, \quad 0 < u < x, \\ G(0) = 0, \quad G(x,x) = \Psi(x), \quad \dfrac{1}{2}\sigma^2 G_u''(0^+,x) + c G_u'(0^+,x) = 0, \end{cases} \tag{2a}$$

以及

$$\begin{cases} \dfrac{1}{2}\sigma^2 D_u'''(u,y) + \left(\dfrac{1}{2}\alpha\sigma^2 + c\right) D_u''(u,y) \\ \qquad + (\alpha c - \lambda) D_u'(u,y) = 0, \quad u > 0, \\ D(0,y) = 1, \quad D(+\infty, y) = \lim\limits_{u\uparrow+\infty} D(u,y) = 0, \\ \dfrac{1}{2}\sigma^2 D_u''(0^+,y) + c D_u'(0^+,y) = \lambda\exp\{-\alpha y\}. \end{cases} \tag{3a}$$

且 (1a), (2a) 和 (3a) 的解都是唯一的. 注意

$$\begin{aligned} \left(\dfrac{1}{2}\alpha\sigma^2 + c\right)^2 &> \left(\dfrac{1}{2}\alpha\sigma^2 + c\right)^2 - 2\sigma^2(\alpha c - \lambda) \\ &= \left(\dfrac{1}{2}\alpha\sigma^2 - c\right)^2 + 2\lambda\sigma^2 > 0. \end{aligned} \tag{1.5.104}$$

边界值问题 (1a) 解为

$$\Phi(u) = 1 - c_1 \exp\{-\lambda_1 u\} - c_2 \exp\{-\lambda_2 u\}, \tag{1.5.105}$$

这里 $\lambda_1, \lambda_2 > 0$,

$$\lambda_1 = \dfrac{1}{\sigma^2}\left[\dfrac{1}{2}\alpha\sigma^2 + c - \sqrt{\left(\dfrac{1}{2}\alpha\sigma^2 - c\right)^2 + 2\lambda\alpha^2}\right], \tag{1.5.106}$$

$$\lambda_2 = \dfrac{1}{\sigma^2}\left[\dfrac{1}{2}\alpha\sigma^2 + c + \sqrt{\left(\dfrac{1}{2}\alpha\sigma^2 - c\right)^2 + 2\lambda\alpha^2}\right], \tag{1.5.107}$$

$$c_1 = \dfrac{\sigma^2 \lambda_2^2 - 2\lambda_2 c}{\sigma^2(\lambda_2^2 - \lambda_1^2) - 2c(\lambda_2 - \lambda_1)}, \tag{1.5.108}$$

以及

$$c_2 = -\dfrac{\sigma^2 \lambda_1^2 - 2\lambda_1 c}{\sigma^2(\lambda_2^2 - \lambda_1^2) - 2c(\lambda_2 - \lambda_1)}. \tag{1.5.109}$$

边界值问题 (3a) 的解为

$$D(u,y) = c_3 \exp\{-\lambda_1 u\} + c_4 \exp\{-\lambda_2 u\}, \quad u \geqslant 0, \tag{1.5.110}$$

其中

$$c_3 = \frac{2c\lambda_2 - \sigma^2\lambda_2^2 - 2\lambda\exp\{-\alpha y\}}{\sigma^2(\lambda_2^2 - \lambda_1^2) - 2c(\lambda_2 - \lambda_1)}, \tag{1.5.111}$$

以及

$$c_4 = \frac{2\lambda\exp\{-\sigma y\} + \sigma^2\lambda_1^2 - 2c\lambda_1}{\sigma^2(\lambda_2^2 - \lambda_1^2) - 2c(\lambda_2 - \lambda_1)}. \tag{1.5.112}$$

从等式 (1.5.103) 可得, (2a) 的解为

$$\begin{aligned}G(u,x) &= \frac{\Phi(u)}{\Phi(x)}\Psi(x) \\ &= \frac{1 - c_1\exp\{-\lambda_1 u\} - c_2\exp\{-\lambda_2 u\}}{1 - c_1\exp\{-\lambda_1 x\} - c_2\exp\{-\lambda_2 x\}}(c_1\exp\{-\lambda_1 x\} + c_2\exp\{-\lambda_2 x\}).\end{aligned} \tag{1.5.113}$$

从注 1.5.6 和公式 (1.5.105), 我们得到

$$\Gamma(u,x) = \frac{1 - c_1\exp\{-\lambda_1 u\} - c_2\exp\{-\lambda_2 u\}}{1 - c_1\exp\{-\lambda_1 x\} - c_2\exp\{-\lambda_2 x\}}. \tag{1.5.114}$$

风险模型 (1.5.1) 最早由 Gerber (1970) 引入, 之后有许多作者对其做了进一步研究, 参见 (Dufresne and Gerber, 1991; Veraverbeke, 1993; Furrer and Schmidli, 1994; Schmidli, 1995; Zhang, 1997) 等. 这些文献给出了许多关于破产概率和其他有关破产问题的结果.

注 1.5.7 1.5.4 小节的内容主要选自 (Wang and Wu, 2000).

1.6 具有相位型分布的风险模型

在 Rolski 等 (1998) 所著的 *Stochastic Processes for Insurance and Finance* 一书 (8.2 节和 8.3 节) 中, 讲述了相位型分布的定义以及与马尔可夫链的关系等内容, 并对索赔量为相位型分布的古典风险模型讨论了破产概率等问题. 本节将对一些具有相位型分布的更新风险模型着重研究 Gerber-Shiu 期望折扣罚金函数等.

1.6.1 间隔时间为相位型分布的 Sparre Anderson 更新风险过程的 Gerber-Shiu 期望折扣罚金函数

考虑连续时间 Sparre Anderson (一般更新) 风险过程

$$U(t) = u + ct - \sum_{i=1}^{N(t)} Z_i, \quad t \geqslant 0, \tag{1.6.1}$$

其中 $u \geqslant 0$ 是初始资本, $c > 0$ 是常值保费率. $N = \{N(t), t \geqslant 0\}$ 是一个普通更新过程 (其定义已在公式 (1.3.1) 中给出), $N(t)$ 记录到时刻 t 理赔发生的次数, $\{Z_i, i \geqslant 1\}$ 是非负独立理赔随机变量, 其共同分布为 P, 密度为 p. 令 $V_i, i = 1, 2, \cdots$ 代表间隔时间随机变量, 它们是独立的, 且它们的共同分布函数为 K, 密度函数为 k, 拉普拉斯变换为 $\widehat{k}(s) = \int_0^\infty e^{-sx} k(x) dx$. 我们进一步假设 $cE(V_i) > E(Z_i)$, 即给定一个正的安全负荷因子.

令 $T = \inf\{t : U(t) \leqslant 0\}$ (其中 $\inf\{\varnothing\} = \infty$) 表示破产时间. 对 $\delta \geqslant 0$, Gerber-Shiu 期望折扣罚金函数为

$$\phi(u) = E[e^{-\delta T} I\{T < \infty\} w(U(T-), |U(T)|) | U(0) = u], \tag{1.6.2}$$

这里 $w(s,t)$ 是一非负函数. 1.2 节中已定义过.

相位型分布 (phase-type distribution) 是排队论和风险理论中常用分布. 间隔时间为相位型分布时的 Sparre Andersen 更新风险模型受到很多学者的关注. 例如, 对该类模型, Albrecher 和 Boxma (2005) 利用拉普拉斯-斯蒂尔切斯变换研究 Gerber-Shiu 期望折扣罚金函数, Dickson 和 Drekic (2004) 及 Pitts 和 Politis (2007) 考虑恰在破产前和在破产时的盈余的联合密度函数, Li (2008) 考虑破产最严重程度及盈余恢复时间. 本节讨论间隔时间为相位型分布时的 Sparre Andersen 更新风险模型, 主要研究 Gerber-Shiu 期望折扣罚金函数.

1. 积分-微分方程系统

我们假设间隔时间随机变量 K 的分布是相位型分布 $(\boldsymbol{\alpha}, \boldsymbol{B}, \boldsymbol{b})$, 这里 $\boldsymbol{\alpha}$ 和 $\boldsymbol{b}$ 是 n 维行向量, $\boldsymbol{B}$ 是 $n \times n$ 矩阵. 特别地, $\boldsymbol{b}^{\mathrm{T}} = -\boldsymbol{B} \boldsymbol{e}^{\mathrm{T}}$, 其中 $\boldsymbol{e}$ 代表元素均为 1 的 n 维行向量. 由相位型分布的定义, 相继间隔时间序列 $V_k, k = 1, 2, \cdots$ 的每一项对应于一个具有 n 个非常返状态 $\{\mathscr{E}_1, \mathscr{E}_2, \cdots, \mathscr{E}_n\}$ 和一个吸收状态 $\mathscr{E}_0$ 的终止连续时间马尔可夫链的吸收时间. 由 (Asmussen, 2000; Rolski, et al., 1998),

$$K(t) = 1 - \boldsymbol{\alpha} e^{t\boldsymbol{B}} \boldsymbol{e}^{\mathrm{T}}, \quad t \geqslant 0,$$
$$k(t) = \boldsymbol{\alpha} e^{t\boldsymbol{B}} \boldsymbol{b}^{\mathrm{T}}, \quad t \geqslant 0$$

1.6 具有相位型分布的风险模型

及

$$\widehat{k}(s) = \int_0^\infty e^{-st} k(t) dt = \boldsymbol{\alpha}(s\boldsymbol{I}-\boldsymbol{B})^{-1}\boldsymbol{b}^{\mathrm{T}}, \tag{1.6.3}$$

对 $i=1,2,\cdots,n$, 令 $\phi(u;i)$ 表示在已知 $U(0)=u$ 和 $J_0^{(1)}=\mathscr{E}_i$ 条件下的 Gerber-Shiu 期望折扣罚金函数, 即

$$\phi(u;i) = E[e^{-\delta T} I\{T<\infty\} w(U(T-),|U(T)|)|U(0)=u, J_0^{(1)}=\varepsilon_i],$$

$$i = 1,2,\cdots,n.$$

那么, Gerber-Shiu 期望折扣罚金函数可按下述公式计算

$$\phi(u) = \boldsymbol{\alpha}\boldsymbol{\phi}(u),$$

这里 $\boldsymbol{\phi}(u) = (\phi(u;1),\cdots,\phi(u;n))^{\mathrm{T}}$ 是分量为函数的列向量.

下面先给出关于 Gerber-Shiu 期望折扣罚金函数所满足的积分-微分方程. Gerber 和 Shiu (2005) 利用指数分布的无记忆性证明了广义 Erlang (n) 风险模型下的 Gerber-Shiu 期望折扣罚金函数所满足的积分-微分方程. Schmidli (2005) 把 (Gerber and Shiu, 2005) 中的结果推广到间隔时间分布为相位型分布的情形, 并给出了下述方程 (1.6.4) 式, Ko (2007) 给出了方程 (1.6.4) 式的一个证明. 受这些文献启发, 下述定理从马尔可夫过程理论出发给出了另一种证明 Gerber-Shiu 期望折扣罚金函数所满足的方程的方法.

定理 1.6.1 令 $u \geqslant 0$, 则向量函数 $\boldsymbol{\phi}(u)$ 满足

$$c\boldsymbol{\phi}'(u) + (\boldsymbol{B}-\delta\boldsymbol{I})\boldsymbol{\phi}(u) + \left[\int_0^u \boldsymbol{\alpha}\boldsymbol{\phi}(u-x)p(x)dx + \omega(u)\boldsymbol{I}\right]\boldsymbol{b}^{\mathrm{T}} = \boldsymbol{0}, \tag{1.6.4}$$

这里 $\omega(u) = \int_u^\infty w(u,x-u)p(x)dx$, $\boldsymbol{I}=\mathrm{diag}(1,1,\cdots,1)$, $\boldsymbol{0}$ 代表所有元素为 0 而长度为 n 的行向量.

证明 为构造所需要的马尔可夫过程, 依次把分段定义的过程 $\{J_t^{(k)}\}$ 连接到一起得到过程 $\{J(t), t \geqslant 0\}$,

$$J(t) = \{J_t^{(1)}\},\ 0 \leqslant t < V_1, \quad J(t) = \{J_{t-V_1}^{(2)}\},\ V_1 \leqslant t < V_1+V_2, \cdots,$$

那么由 (Jacobson, 2005) 知, 二元向量过程 $\{U(t), J(t), t \geqslant 0\}$ 是一个马尔可夫可加过程. 为得到 (1.6.4), 考虑小区间 $[0,h]$, 在该小区间内有三种可能的事件发生:

(1) 在 $[0,h]$ 内没有状态转移发生;

(2) 在 $[0,h]$ 内状态转移发生一次, 但没有理赔发生;

(3) 在 $[0,h]$ 内至少有一次理赔发生.

对情形 (1), 令 $E(u,i)$ 表示在给定初始值 $(U(0),J(0))=(u,\mathcal{E}_i)$ 条件下的条件期望. 令 $\mathscr{F}^J$ 和 $\mathscr{F}^{(U,J)}$ 分别表示 $\{J(t)\}$ 和 $\{(U(t),J(t))\}$ 的自然过滤. 对 $t\geqslant 0$, 记 θ_t 为推移算子.

由过程 $\{J(t)\}$ 和向量过程 $\{(U(t),J(t))\}$ 的马尔可夫性得

$$E^{(u,i)}\left[\mathrm{e}^{-\delta T}I\{T<\infty\}w(U(T-),|U(T)|)I\{J[0,h]\equiv\mathcal{E}_i\}\right]$$
$$=E\Big[E\Big[E^{(u,i)}\Big[w(U(T-),|U(T)|)\mathrm{e}^{-\delta T}I\{T<\infty\}$$
$$\times I\{J[0,h]\equiv\mathcal{E}_i\}\big|\mathscr{F}_h^{(U,J)}\Big]\big|\mathscr{F}_\infty^J\Big]\Big]$$
$$=E\Big[E\Big[\mathrm{e}^{-\delta h}I\{J[0,h]\equiv\mathcal{E}_i\}$$
$$\times E^{(u,i)}\Big[(w(U(T-),|U(T)|)\mathrm{e}^{-\delta T}I\{T<\infty\})\circ\theta_h\big|\mathscr{F}_h^{(U,J)}\Big]\Big|\mathscr{F}_\infty^J\Big]\Big]$$
$$=\mathrm{e}^{-\delta h}E\Big[E\Big[I\{J[0,h]\equiv\mathcal{E}_i\}$$
$$\times E^{(U(h),J(h))}\Big[w(U(T-),|U(T)|)\mathrm{e}^{-\delta T}I\{T<\infty\}\Big]\Big|\mathscr{F}_\infty^J\Big]\Big]$$
$$=\mathrm{e}^{-\delta h}\mathrm{e}^{b_{ii}h}E[\phi(u+ch;i)], \qquad(1.6.5)$$

这里 b_{ij} 是矩阵 $\boldsymbol{B}$ 的 (i,j) 位置上的元.

把类似讨论应用到情形 (2) 和 (3), 我们得到

$$E^{(u,i)}\left[\mathrm{e}^{-\delta T}I\{T<\infty\}w(U(T-),|U(T)|)I\{J[0,h]\not\equiv\mathcal{E}_i,N(h)=0\}\right]$$
$$=\mathrm{e}^{-\delta h}(1-\mathrm{e}^{b_{ii}h})\sum_{j=1,j\neq i}^n\left(\frac{b_{ij}}{-b_{ii}}\right)E[\phi(u+ch;j)]+o(h), \qquad(1.6.6)$$

其中当 $h\to 0$ 时, $o(h)/h\to 0$ 及

$$E^{(u,i)}\left[\mathrm{e}^{-\delta T}I\{T<\infty\}w(U(T-),|U(T)|)I\{N(h)\geqslant 1\}\right]$$
$$=\mathrm{e}^{-\delta h}(1-\mathrm{e}^{b_{ii}h})\left(\frac{b_i}{-b_{ii}}\right)\sum_{j=1}^n\alpha_j E\Bigg[\int_0^{u+ch}\phi(u+ch-x;j)p(x)dx$$
$$+\int_{u+ch}^\infty w(u+ch,x-(u+ch))p(x)dx\Bigg]+o(h). \qquad(1.6.7)$$

这里 b_i 是向量 $\boldsymbol{b}$ 的第 i 个分量.

1.6 具有相位型分布的风险模型

综合上述分析, 从 (1.6.5)—(1.6.7) 得到

$$\phi(u;i) = (1 - \delta h + b_{ii}h)E[\phi(u+ch;i)] + h \sum_{j=1, j \neq i}^{n} b_{ij}E[\phi(u+ch;j)]$$

$$+ hb_i \sum_{j=1}^{n} \alpha_j E\left[\int_0^{u+ch} \phi(u+ch-x;j)p(x)dx\right.$$

$$\left. + \int_{u+ch}^{\infty} w(u+ch, x-(u+ch))p(x)dx\right] + o(h). \quad (1.6.8)$$

把 $\phi(u+ch;k), k=1,2,\cdots,n$ 用其关于变量 u 的泰勒级数表示得到

$$\phi(u+ch;k) = \phi(u;k) + c\phi'(u;k)h + o(h).$$

把上式代入 (1.6.8), 等式两端约去项 $\phi(u;i)$, 并除以 h 及再令 $h \to 0$ 可得到在给定初始盈余 u 和初始相位分布 $\mathscr{E}_i$ 的状态下 $\phi(u;i)$ 所满足的积分-微分方程:

$$c\phi'(u;i) - \delta\phi(u;i) + \sum_{j=1}^{n} b_{ij}\phi(u;j)$$

$$+ b_i \sum_{j=1}^{n} \alpha_j \left(\int_0^u \phi(u-x;j)p(x)dx + \omega(u)\right) = 0.$$

把上述方程用矩阵形式表示即得 (1.6.4). $\square$

注 1.6.1 当间隔时间分布是广义 Erlang (n) 分布时,

$$\boldsymbol{\alpha} = (1, 0, \cdots, 0),$$

$$\boldsymbol{B} = \begin{pmatrix} -\lambda_1 & \lambda_1 & 0 & \cdots & 0 \\ 0 & -\lambda_2 & \lambda_2 & \cdots & 0 \\ \vdots & \vdots & \vdots & & \vdots \\ 0 & 0 & 0 & \cdots & -\lambda_n \end{pmatrix}, \quad (1.6.9)$$

$$\boldsymbol{b}^{\mathrm{T}} = \begin{pmatrix} 0 \\ 0 \\ \vdots \\ \lambda_n \end{pmatrix},$$

对 $i = 1, 2, \cdots, n-1$, 从 (1.6.4) 得

$$\lambda_i \phi(u; i+1) = (\lambda_i + \delta)\phi(u, i) - c\phi'(u; i)$$

和
$$(\lambda_n + \delta)\phi(u;n) - c\phi'(u;n) = \lambda_n\left[\int_0^u \phi(u-x;1)p(x)dx + \omega(u)\right],$$

它们分别是 (Gerber and Shiu, 2005) 中的公式 (5.5) 和 (5.6).

在 (1.6.4) 两端取拉普拉斯变换, 调整相应项, 我们得到
$$\boldsymbol{L}(s)\widehat{\boldsymbol{\phi}}(s) = c\boldsymbol{\phi}(0) - \widehat{\omega}(s)\boldsymbol{b}^{\mathrm{T}}, \quad s \in \mathbb{C},$$

这里
$$\boldsymbol{L}(s) = (cs - \delta)\boldsymbol{I} + \boldsymbol{B} + \boldsymbol{b}^{\mathrm{T}}\boldsymbol{\alpha}\widehat{p}(s),$$

以及 $\widehat{\omega}(s) = \int_0^\infty e^{-su}\omega(u)du$. 定义 $\boldsymbol{Q}(s) \triangleq c\boldsymbol{\phi}(0) - \widehat{\omega}(s)\boldsymbol{b}^{\mathrm{T}}$. 那么向量拉普拉斯变换 $\widehat{\boldsymbol{\phi}}(s)$ 可以表示为
$$\widehat{\boldsymbol{\phi}}(s) = [\boldsymbol{L}(s)]^{-1}\boldsymbol{Q}(s).$$

因此
$$\widehat{\boldsymbol{\phi}}(s) = \frac{1}{\det[\boldsymbol{L}(s)]}\boldsymbol{L}^\star(s)\boldsymbol{Q}(s), \quad s \in \mathbb{C}, \tag{1.6.10}$$

其中 $\boldsymbol{L}^\star(s)$ 是矩阵 $\boldsymbol{L}(s)$ 的伴随矩阵.

从 (1.6.10) 注意到关于 Gerber-Shiu 期望折扣罚金函数的解析表达式与方程 $\det[\boldsymbol{L}(s)] = 0$ 的根密切相关. Ren (2007) 在其 (2.7) 指出了特征方程 $\det[\boldsymbol{L}(s)] = 0$ 的解和由 (Gerber and Shiu, 2005) 中定义的下述 Lundberg 基本方程的解相同:
$$\widehat{k}(\delta - cs)\widehat{p}(s) = 1, \quad s \in \mathbb{C}. \tag{1.6.11}$$

Ren (2007) 进一步指出 (1.6.11) 在复平面右半侧有 n 个不同根, 不妨记为 $\rho_1, \rho_2, \cdots, \rho_n$.

2. 关于 $\widehat{\boldsymbol{\phi}}$ 的明确表达式

这一节对所考虑的风险模型的 Gerber-Shiu 期望折扣罚金函数给出了其明确表达式. 我们所使用的关键工具是矩阵函数的差商. 关于尺度函数的差商在 (Gerber and Shiu, 2005; Li and Garrido, 2004, 2005) 中曾用到. 关于矩阵函数的差商在 (Lu and Tsai, 2007) 中曾用到. 本节也指出用矩阵表示我们感兴趣的量, 矩阵函数的差商在分析 Gerber-Shiu 期望折扣罚金函数时是很有效的.

首先, 我们回忆差商的概念 (参见 (Gerber and Shiu, 2005)). 对函数 $L(s)$, 其关于不同的数 $\varrho_1, \varrho_2, \cdots$ 的差商可以递推定义为: $L(s) = L(\varrho_1) + (s - \varrho_1)L[\varrho_1, s]$,

1.6 具有相位型分布的风险模型

$L[\varrho_1, s] = L[\varrho_1, \varrho_2] + (s - \varrho_2) L[\varrho_1, \varrho_2, s], \cdots$. 差商的定义显然可以推广到仅仅为单一变量的向量或矩阵函数. 例如, 对矩阵 $\boldsymbol{L}(s)$,

$$\boldsymbol{L}[\varrho_1, s] = \frac{\boldsymbol{L}(s) - \boldsymbol{L}(\varrho_1)}{s - \varrho_1},$$

$$\boldsymbol{L}[\varrho_1, \varrho_2, s] = \frac{\boldsymbol{L}[\varrho_1, s] - \boldsymbol{L}[\varrho_1, \varrho_2]}{s - \varrho_2},$$

等等.

之后我们假设根 $\rho_1, \rho_2, \cdots, \rho_n$ 是不同的. 对 $\Re(s) \geqslant 0$, 因为 $\widehat{\phi}(s)$ 是有限的. 由 (1.6.10) 必有

$$c\boldsymbol{L}^\star(\rho_i)\boldsymbol{\phi}(\boldsymbol{0}) = \boldsymbol{L}^\star(\rho_i)\widehat{\omega}(\rho_i)\boldsymbol{b}^{\mathrm{T}}, \quad i = 1, 2, \cdots, n.$$

因此

$$c\boldsymbol{L}^\star[\rho_1, \rho_2]\boldsymbol{\phi}(\boldsymbol{0}) = [\boldsymbol{L}^\star(\rho_1)\widehat{\omega}[\rho_1, \rho_2] + \boldsymbol{L}^\star[\rho_1, \rho_2]\widehat{\omega}(\rho_2)]\boldsymbol{b}^{\mathrm{T}}.$$

且依次有下述递推公式

$$c\boldsymbol{L}^\star[\rho_1, \rho_2, \cdots, \rho_n]\boldsymbol{\phi}(\boldsymbol{0}) = \left[\sum_{i=1}^n \boldsymbol{L}^\star[\rho_1, \rho_2, \cdots, \rho_i]\widehat{\omega}[\rho_i, \cdots, \rho_n]\right]\boldsymbol{b}^{\mathrm{T}}.$$

按以上方式, 我们得到关于 $\phi(0)$ 的如下结果:

定理 1.6.2 在 $u = 0$ 时, Gerber-Shiu 期望折扣罚金函数由下式给出

$$\boldsymbol{\phi}(\boldsymbol{0}) = \frac{1}{c}\{\boldsymbol{L}^\star[\rho_1, \rho_2, \cdots, \rho_n]\}^{-1}\left[\sum_{i=1}^n \boldsymbol{L}^\star[\rho_1, \rho_2, \cdots, \rho_i]\widehat{\omega}[\rho_i, \cdots, \rho_n]\right]\boldsymbol{b}^{\mathrm{T}}. \tag{1.6.12}$$

重复应用差商于 (1.6.10) 右端的分子, 我们得到下述 Gerber-Shiu 期望折扣罚金函数的拉普拉斯变换的明确表达式:

定理 1.6.3 Gerber-Shiu 期望折扣罚金函数的拉普拉斯变换可表示为

$$\widehat{\boldsymbol{\phi}}(s) = \frac{\prod_{i=1}^n (s - \rho_i)}{\det[\boldsymbol{L}(s)]}\Bigg\{\boldsymbol{L}^\star[\rho_1, \rho_2, \cdots, \rho_n, s]\left(c\boldsymbol{\phi}(\boldsymbol{0}) - \widehat{\omega}(s)\boldsymbol{b}^{\mathrm{T}}\right) \\ - \sum_{i=1}^n \boldsymbol{L}^\star[\rho_1, \rho_2, \cdots, \rho_i]\boldsymbol{b}^{\mathrm{T}}\widehat{\omega}[\rho_i, \cdots, \rho_n, s]\Bigg\}. \tag{1.6.13}$$

证明 因为 $s = \rho_1$ 是 (1.6.10) 右端分式分子的根, 我们得到

$$\begin{aligned}
\boldsymbol{L}^\star(s)\boldsymbol{Q}(s) &= \boldsymbol{L}^\star(s)\boldsymbol{Q}(s) - \boldsymbol{L}^\star(\rho_1)\boldsymbol{Q}(\rho_1) \\
&= [\boldsymbol{L}^\star(s) - \boldsymbol{L}^\star(\rho_1)]\boldsymbol{Q}(s) + \boldsymbol{L}^\star(\rho_1)[\boldsymbol{Q}(s) - \boldsymbol{Q}(\rho_1)] \\
&= (s-\rho_1)\left\{\boldsymbol{L}^\star[\rho_1,s]\boldsymbol{Q}(s) + \boldsymbol{L}^\star(\rho_1)\boldsymbol{Q}[\rho_1,s]\right\} \\
&= (s-\rho_1)\left\{\boldsymbol{L}^\star[\rho_1,s]\boldsymbol{Q}(s) - \boldsymbol{L}^\star(\rho_1)\boldsymbol{b}^{\mathrm{T}}\widehat{\omega}[\rho_1,s]\right\}. \quad (1.6.14)
\end{aligned}$$

进一步, 注意到 $s=\rho_2$ 也是 (1.6.10) 右端分式分子的根, 这表明 $s=\rho_2$ 是 (1.6.14) 式括号中的表达式值为零的点. 因而

$$\begin{aligned}
\boldsymbol{L}^\star(s)\boldsymbol{Q}(s) &= (s-\rho_1)\Big\{\left[\boldsymbol{L}^\star[\rho_1,s]\boldsymbol{Q}(s) - \boldsymbol{L}^\star(\rho_1)\boldsymbol{b}^{\mathrm{T}}\widehat{\omega}[\rho_1,s]\right] \\
&\quad - \left[\boldsymbol{L}^\star[\rho_1,\rho_2]\boldsymbol{Q}(\rho_2) - \boldsymbol{L}^\star(\rho_1)\boldsymbol{b}^{\mathrm{T}}\widehat{\omega}[\rho_1,\rho_2]\right]\Big\} \\
&= (s-\rho_1)(s-\rho_2)\bigg\{\boldsymbol{L}^\star[\rho_1,\rho_2,s]\boldsymbol{Q}(s) \\
&\quad - \sum_{i=1}^{2}\boldsymbol{L}^\star[\rho_1,\rho_i]\boldsymbol{b}^{\mathrm{T}}\widehat{\omega}[\rho_i,\cdots,\rho_2,s]\bigg\},
\end{aligned}$$

依次利用 $s=\rho_3,\cdots,s=\rho_n$ 为 (1.6.10) 右端分式分子的根这一事实, 仿上述讨论可得公式 (1.6.13). $\square$

在某些情形, 函数 $\phi(u)$ 可以通过反演 (1.6.13) 确定. 考虑理赔量分布为有理族 P, 即其密度函数的拉普拉斯变换满足

$$\widehat{p}(s) = \frac{r_{m-1}(s)}{r_m(s)}, \quad m \in \mathbb{N}^+,$$

这里 $r_{m-1}(s)$ 为 $m-1$ 阶或更低阶多项式, 而 $r_m(s)$ 是一个只有负根的 m 阶多项式, 所有多项式中最高阶的系数均为 1, 且有 $r_{m-1}(0) = r_m(0)$. 这一很广泛的分布族包含埃尔朗, Cox 和相位分布, 以及这些分布的混合分布 (参见 (Cohen, 1982)).

(1.6.13) 式的分子分母同乘以 $r_m(s)$, 可得

$$\begin{aligned}
\widehat{\phi}(s) &= \frac{\prod_{i=1}^{n}(s-\rho_i)}{r_m(s)\det[\boldsymbol{L}(s)]}\bigg\{r_m(s)\boldsymbol{L}^\star[\rho_1,\rho_2,\cdots,\rho_n,s]\left(c\phi(0) - \widehat{\omega}(s)\boldsymbol{b}^{\mathrm{T}}\right) \\
&\quad - r_m(s)\sum_{i=1}^{n}\boldsymbol{L}^\star[\rho_1,\rho_2,\cdots,\rho_i]\boldsymbol{b}^{\mathrm{T}}\widehat{\omega}[\rho_i,\cdots,\rho_n,s]\bigg\}. \quad (1.6.15)
\end{aligned}$$

显然 $r_m(s)\det[\boldsymbol{L}(s)]$ 是 $m+n$ 阶多项式, 其最高阶项系数为 c^n. 因此方程 $r_m(s)\det[\boldsymbol{L}(s)] = 0$ 在复平面上有 $m+n$ 个根. 由有理分布族定义, $r_m(s)\det[\boldsymbol{L}(s)]$

1.6 具有相位型分布的风险模型

$=0$ 有 m 个负实部根和 n 个正实部根 $\rho_1, \rho_2, \cdots, \rho_n$. 因此我们可以通过所有根把 $r_m(s)\det[\boldsymbol{L}(s)]$ 表示为

$$r_m(s)\det[\boldsymbol{L}(s)] = c^n \prod_{i=1}^{n}(s-\rho_i)\prod_{i=1}^{m}(s+R_i).$$

这里所有 R_i 有正的实部. 为简单起见, 我们假设这些 R_i 互不相同. 从 (1.6.15) 式的分子分母中约去项 $\prod_{i=1}^{n}(s-\rho_i)$, 从而可以把 (1.6.15) 式重新写为

$$\widehat{\phi}(s) = \frac{1}{c^n \prod_{i=1}^{m}(s+R_i)} \left\{ r_m(s)\boldsymbol{L}^\star[\rho_1,\rho_2,\cdots,\rho_n,s]\left(c\boldsymbol{\phi}(0)-\widehat{\omega}(s)\boldsymbol{b}^{\mathrm{T}}\right) \right.$$
$$\left. - r_m(s)\sum_{i=1}^{n}\boldsymbol{L}^\star[\rho_1,\rho_2,\cdots,\rho_i]\,\boldsymbol{b}^{\mathrm{T}}\widehat{\omega}[\rho_i,\cdots,\rho_n,s] \right\}. \tag{1.6.16}$$

不难看出矩阵 $r_m(s)\boldsymbol{L}^\star[\rho_1,\rho_2,\cdots,\rho_n,s]$ 中的元素是低于 m 阶的多项式, 且对 $i=1,2,\cdots,n$, 所有 $\boldsymbol{L}^\star[\rho_1,\rho_2,\cdots,\rho_i]$ 是常数. 然后再在 (1.6.16) 式中分解有理表达式为部分分式和, 我们得到

$$\frac{r_m(s)\boldsymbol{L}^\star[\rho_1,\rho_2,\cdots,\rho_n,s]}{\prod_{i=1}^{m}(s+R_i)} = \sum_{i=1}^{m}\frac{\boldsymbol{M}_i}{s+R_i},$$

这里 $\boldsymbol{M}_i$, $i=1,2,\cdots,m$ 是系数矩阵, 且

$$\boldsymbol{M}_i = \frac{r_m(-R_i)\,\boldsymbol{L}^\star[\rho_1,\rho_2,\cdots,\rho_n,-R_i]}{\prod_{\ell=1,\ell\neq i}^{m}(R_\ell-R_i)}. \tag{1.6.17}$$

令 $r_m(s) = \prod_{i=1}^{m}(s+R_i) + [r_m(s) - \prod_{i=1}^{m}(s+R_i)]$, 则 $r_m(s) - \prod_{i=1}^{m}(s+R_i)$ 的阶数小于 m. 利用部分分式法, 我们进一步有

$$\frac{r_m(s)}{\prod_{i=1}^{m}(s+R_i)} = 1 + \sum_{i=1}^{m}\frac{G_i}{s+R_i},$$

这里 G_i, $i=1,2,\cdots,m$ 是系数, 由下式给出

$$G_i = \frac{r_m(-R_i)}{\prod_{l=1,\ell\neq i}^{m}(R_\ell-R_i)}. \tag{1.6.18}$$

这样, 方程 (1.6.16) 可以表示为

$$\widehat{\phi}(s) = \frac{1}{c^n}\sum_{i=1}^{m}\frac{1}{s+R_i}\left\{\boldsymbol{M}_i\left(c\boldsymbol{\phi}(0)-\widehat{\omega}(s)\boldsymbol{b}^{\mathrm{T}}\right)\right.$$

$$-G_i \sum_{\ell=1}^{n} \boldsymbol{L}^{\star}[\rho_1, \rho_2, \cdots, \rho_\ell] \boldsymbol{b}^{\mathrm{T}} \widehat{\omega}[\rho_\ell, \cdots, \rho_n, s] \bigg\}$$

$$-\frac{1}{c^n} \sum_{i=1}^{n} \boldsymbol{L}^{\star}[\rho_1, \rho_2, \cdots, \rho_i] \boldsymbol{b}^{\mathrm{T}} \widehat{\omega}[\rho_i, \cdots, \rho_n, s]. \tag{1.6.19}$$

为了确定 $\widehat{\phi}(s)$ 的拉普拉斯反演表示式, 我们应用 Dickson 和 Hipp (2001) 引入的 Dickson-Hipp 算子 $T_{\mathtt{r}}$, 即, 对定义在 $\mathtt{r}(\mathfrak{R}(\mathtt{r}) \geqslant 0)$ 上的可积实值函数 f, 有

$$T_{\mathtt{r}} f(x) = \int_x^{\infty} \mathrm{e}^{-\mathtt{r}(y-x)} f(y) dy, \quad x \geqslant 0.$$

显然 f 的拉普拉斯变换 $\widehat{f}(s)$ 可以表示为 $T_s f(0)$, 且对不同的 $\mathtt{r}_1, \mathtt{r}_2 \in \mathbb{C}$,

$$T_{\mathtt{r}_1} T_{\mathtt{r}_2} f(x) = T_{\mathtt{r}_2} T_{\mathtt{r}_1} f(x) = \frac{T_{\mathtt{r}_1} f(x) - T_{\mathtt{r}_2} f(x)}{\mathtt{r}_2 - \mathtt{r}_1}, \quad x \geqslant 0.$$

这一算子的一些性质 Li 和 Garrido (2004) 已给出. 关于算子 $T_{\mathtt{r}}$ 和其相应的差商之间的联系, Gerber 和 Shiu (2005) 给出了下述有用的结论:

$$\left[\left(\prod_{i=1}^{n} T_{\mathtt{r}}\right) f\right](0) = (-1)^{n+1} \widehat{f}[\mathtt{r}_1, \mathtt{r}_2, \cdots, \mathtt{r}_n]. \tag{1.6.20}$$

由 (1.6.20) 和 $T_s f(0) = \widehat{f}(s)$, 以及反演 (1.6.19) 中的拉普拉斯变换我们得到下述定理.

定理 1.6.4 如果理赔量分布属于有理分布族, 那么 Gerber-Shiu 期望折扣罚金函数可以表示为

$$\phi(u) = \frac{1}{c^n} \sum_{i=1}^{m} \bigg\{ c\boldsymbol{M}_i \phi(0) \mathrm{e}^{-R_i u} - \mathrm{e}^{-R_i u} * \bigg[\boldsymbol{M}_i \boldsymbol{b}^{\mathrm{T}} \omega(u)$$

$$- G_i \sum_{\ell=1}^{n} (-1)^{n-\ell} \boldsymbol{L}^{\star}[\rho_1, \rho_2, \cdots, \rho_\ell] \boldsymbol{b}^{\mathrm{T}} \left(\prod_{j=\ell}^{n} T_{\rho_j}\right) \omega(u) \bigg] \bigg\}$$

$$+ \frac{1}{c^n} \sum_{i=1}^{n} (-1)^{n-i} \boldsymbol{L}^{\star}[\rho_1, \rho_2, \cdots, \rho_i] \boldsymbol{b}^{\mathrm{T}} \left(\prod_{j=i}^{n} T_{\rho_j}\right) \omega(u), \tag{1.6.21}$$

这里 $*$ 是卷积算子, $\boldsymbol{M}_i, G_i$ 和 $\phi(0)$ 分别由 (1.6.17), (1.6.18) 和 (1.6.12) 给出.

3. 数值例子

在这一小节, 我们将通过数值结果来说明前述结果的一些应用. 在所有计算中对 $x \geqslant 0$ 取 $c = 1, p(x) = e^{-x}$ 固定不变. 令间隔时间分布为相位型分布, 其表达式为

$$\alpha = (1,0), \quad \boldsymbol{B} = \begin{pmatrix} -1 & \frac{1}{2} \\ 0 & -4 \end{pmatrix}, \quad \boldsymbol{b}^{\mathrm{T}} = \begin{pmatrix} \frac{1}{2} \\ 4 \end{pmatrix}.$$

故其均值为 $E[V_1] = 9/8$, 从而相对安全负荷系数是 $1/8$. 注意此分布是埃尔朗分布的混合分布, 且 (Li and Garrido, 2004, 2005) 中的结果在这里不适用.

例 1.6.1 破产概率. 对 $x \geqslant 0, y \geqslant 0$, 令 $\delta = 0, w(x,y) = 1$. 此时, 我们有

$$\boldsymbol{L}(s) = \begin{pmatrix} s - 1 + \dfrac{1}{2(s+1)} & \dfrac{1}{2} \\ \dfrac{4}{s+1} & s - 4 \end{pmatrix},$$

特征方程 $\det[\boldsymbol{L}(s)] = 0$ 的根为

$$\rho_1 = 0, \quad \rho_2 = 0.5(4 + 3\sqrt{2})$$

和

$$R_1 = 0.5(3\sqrt{2} - 4).$$

再由 (1.6.21) 可得破产概率为 $\psi(u) = 0.88889 e^{-R_1 u}$.

例 1.6.2 破产前盈余和破产时刻亏损的联合密度函数为 $f(x,y|u)$. 设 $\delta = 0$, $w(s,t)$ 是关于 $s = x, t = y$ 的 Dirac 函数 (即 $\widehat{\omega}(s) = e^{-sx} e^{-(x+y)}$). 因此, 对 $x \geqslant 0, y \geqslant 0$, 我们得到

$$\begin{aligned} f(x,y|u) =& \frac{4 e^{-\rho_2 x} e^{-(x+y)}}{\rho_2} \left(e^{\rho_2 x} - e^{\rho_2 u} \right) I\{x \geqslant u\} + 0.5 e^{-\rho_2(x-u)} e^{-(x+y)} I\{x \geqslant u\} \\ &+ (1 - R_1) \left[\frac{4 e^{-\rho_2 x} e^{-(x+y)} e^{-R_1 u}}{\rho_2} \left(\frac{e^{\rho_2 x}}{R_1} \left(e^{R_1 u} I\{x \geqslant u\} \right. \right. \right. \\ &\left. + e^{R_1 x} I\{x < u\} - 1 \right) - \frac{1}{R_1 + \rho_2} \left(e^{(R_1 + \rho_2) u} I\{x \geqslant u\} \right. \\ &\left. \left. + e^{(R_1 + \rho_2) x} I\{x < u\} - 1 \right) \right) + \frac{e^{-\rho_2 x} e^{-(x+y)} e^{-R_1 u}}{2(R_1 + \rho_2)} \left(e^{(R_1 + \rho_2) x} I\{x < u\} \right. \\ &\left. \left. + e^{(R_1 + \rho_2) u} I\{x \geqslant u\} - 1 \right) \right]. \end{aligned}$$

进一步,对 $f(x,y|u)$ 关于 y 从 0 到 ∞ 积分,我们得到恰在破产前的盈余密度函数 $f(x|u) = \mathrm{e}^{-x}$, 它与 $f(x,y|u) = \mathrm{e}^{-(x+y)}$ 有相同形式. 图 1.6.1 和图 1.6.2 分别是 $f(x,y|u)$ 和 $f(x|u)$ 当 $u=4$ 时的图像. 注意在图 1.6.2 中当 $x=4$ 时由于联合密度函数结构的改变有一个隆起. 如果我们把 $f(x|4)$ 关于 x 从 0 到 ∞ 积分, 有 $\int_0^\infty f(x|4)dx = 0.540848$, 这与例 1.6.1 中得到的结果 $\psi(4)$ 一致.

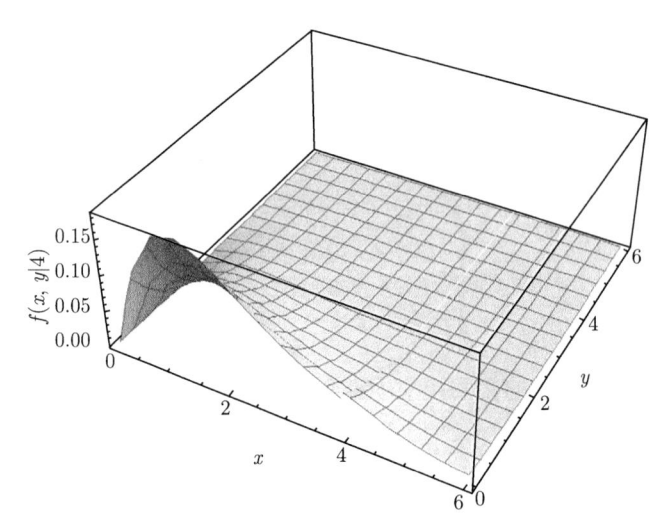

图 1.6.1 $U(T-)$ 和 $|U(T)|$ 的联合密度函数

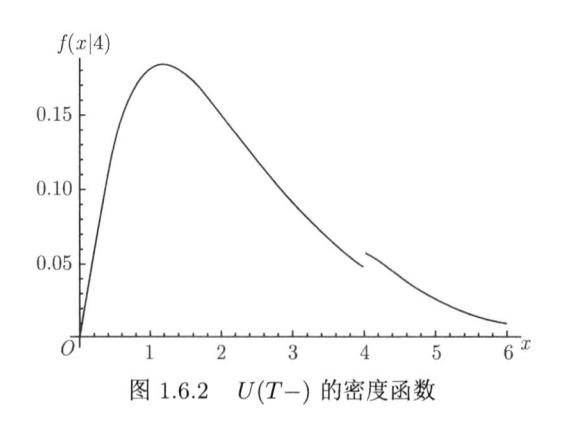

图 1.6.2 $U(T-)$ 的密度函数

例 1.6.3 破产时间的拉普拉斯变换. 当 $w=1$ 时, 我们在图 1.6.3 中分别给出了 $E[\mathrm{e}^{-\delta T}I\{T<\infty\}|U(0)=u]$ 对应于 $\delta = 0.1$ 和 $\delta = 0.2$ 的图像. 与预期的一样, 破产时间的拉普拉斯变换的图像对越小的 δ 值, 其位置越高.

1.6 具有相位型分布的风险模型 · 133 ·

图 1.6.3 T 的拉普拉斯变换

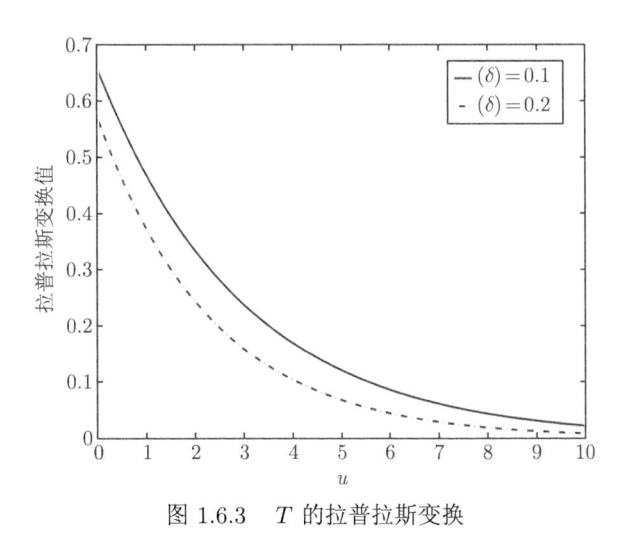

注 1.6.2 1.6.1 小节的内容主要选自 (Song, et al., 2010).

1.6.2 含两类更新过程的 Gerber-Shiu 期望折扣罚金函数

考虑如下定义的连续时间风险过程

$$U(t) = u + ct - S(t), \quad t \geqslant 0, \tag{1.6.22}$$

其中 $u \geqslant 0$ 是保险公司的初始本金, $c > 0$ 是常值保费率. 在本小节, 累积理赔量过程 $\{S(t)\}$ 定义为

$$S(t) = \sum_{i=1}^{N_1(t)} X_i + \sum_{i=1}^{N_2(t)} Y_i, \quad t \geqslant 0,$$

这里 X_i 是来自第一个保险类的理赔量, 假设它们是正的独立同分布随机变量, 共同分布函数为 $P(x) = P(X \leqslant x)$, 满足 $P(0) = 0$, 而 Y_i 是来自第二个保险类的理赔量, 假设它们也是正的独立同分布随机变量, 共同分布函数为 $Q(y) = P(Y \leqslant y)$, 满足 $Q(0) = 0$. 记 P 和 Q 的拉普拉斯变换 (L-S) 分别为 $\widehat{P}(s) = \int_0^\infty e^{-sx} P(dx)$ 和 $\widehat{Q}(s) = \int_0^\infty e^{-sx} Q(dx)$. 更新过程 $\{N_1(t) \geqslant 0, t \geqslant 0\}$ 和 $\{N_2(t) \geqslant 0, t \geqslant 0\}$ 分别表示直到时间 t 来自第一类和第二类保险业务的理赔次数, 它们定义如下. $\{N_1(t), t \geqslant 0\}$ 是一个更新过程, 其间隔时间序列为 $V_i, i \geqslant 1$, 并假设 $V_1, V_2, \cdots$ 独立, 共同分布函数为 $F(x) = P(V \leqslant x)$, 其密度函数为 $f(x)$. 类似地, $\{N_2(t), t \geqslant 0\}$ 是一个更新过程, 其间隔时间序列为 $\{L_i, i \geqslant 1\}$, 并假设 $L_1, L_2, \cdots$ 独立, 共同分布函数为 $G(x) = P(L \leqslant x)$, 其密度函数为 $g(x)$.

这里 $\{X_i, i \geq 1\}$, $\{Y_i, i \geq 1\}$, $\{N_1(t), t \geq 0\}$, $\{N_2(t), t \geq 0\}$ 相互独立, 以及 $c > (E(X)/E(V) + E(Y)/E(L))$, 即假定正的安全负荷因子成立.

假设间隔索赔时间分布 F 是相位型分布, 有表示式 $(\boldsymbol{\alpha}, \boldsymbol{A}, \boldsymbol{a}^{\mathrm{T}})$, 这里 $\boldsymbol{A} = (a_{ij})_{i,j=1}^n$ 为一个 $n \times n$ 矩阵, 且 $a_{ii} < 0$, 对 $i \neq j, a_{ij} \geq 0$, 又对任意 $i = 1, 2, \cdots, n$, $\sum_{j=1}^n a_{ij} \leq 0$, $\boldsymbol{\alpha} = (\alpha_1, \alpha_2, \cdots, \alpha_n)$, $\alpha_i \geq 0$, $\sum_{i=1}^n \alpha_i = 1$, $\boldsymbol{a} = (a_1, a_2, \cdots, a_n)$ 且 $\boldsymbol{a}^{\mathrm{T}} = -\boldsymbol{A}\boldsymbol{e}_n^{\mathrm{T}}$, 其中 $\boldsymbol{x}^{\mathrm{T}}$ 表示行向量 $\boldsymbol{x}$ 的转置, $\boldsymbol{e}_n$ 表示长度为 n 且其所有分量均为 1 的行向量. 我们有

$$F(t) = 1 - \boldsymbol{\alpha} \mathrm{e}^{\boldsymbol{A}t} \boldsymbol{e}_n^{\mathrm{T}}, \quad t \geq 0,$$

$$f(t) = \boldsymbol{\alpha} \mathrm{e}^{\boldsymbol{A}t} \boldsymbol{a}^{\mathrm{T}}, \quad t \geq 0,$$

$$\widehat{F}(s) = \int_0^\infty \mathrm{e}^{-st} F(dt) = \boldsymbol{\alpha}(s\boldsymbol{I} - \boldsymbol{A})^{-1} \boldsymbol{a}^{\mathrm{T}}, \quad s \in \mathbb{C}. \tag{1.6.23}$$

由此知对任一 $k = 1, 2, \cdots$, 每一 V_k 对应于一个可终止连续时间马尔可夫链 $\{I_t^{(k)}, t \geq 0\}$ 到达吸收态时所等待的时间, 这里 $\{I_t^{(k)}, t \geq 0\}$ 具有共同的 n 个可转移状态 $\{E_1, E_2, \cdots, E_n\}$ 及一个吸收态 $\{E_0\}$.

类似地, 我们假设间隔索赔时间分布 G 是相位型分布, 则有表示式 $(\boldsymbol{\beta}, \boldsymbol{B}, \boldsymbol{b}^{\mathrm{T}})$, 这里 $\boldsymbol{B} = (b_{ij})_{i,j=1}^m$ 是一个 $m \times m$ 矩阵, 且 $\boldsymbol{\beta} = (\beta_1, \beta_2, \cdots, \beta_m)$, $\sum_{i=1}^m \beta_i = 1$, $\boldsymbol{b} = (b_1, b_2, \cdots, b_m)$ 且 $\boldsymbol{b}^{\mathrm{T}} = -\boldsymbol{B}\boldsymbol{e}_m^{\mathrm{T}}$. 那么, 我们有

$$G(t) = 1 - \boldsymbol{\beta} \mathrm{e}^{\boldsymbol{B}t} \boldsymbol{e}_m^{\mathrm{T}}, \quad t \geq 0,$$

$$g(t) = \boldsymbol{\beta} \mathrm{e}^{\boldsymbol{B}t} \boldsymbol{b}^{\mathrm{T}}, \quad t \geq 0,$$

$$\widehat{G}(s) = \int_0^\infty \mathrm{e}^{-st} G(dt) = \boldsymbol{\beta}(s\boldsymbol{I} - \boldsymbol{B})^{-1} \boldsymbol{b}^{\mathrm{T}}, \quad s \in \mathbb{C}.$$

对 $k = 1, 2, \cdots$, 我们令 $\{J_t^{(k)}, t \geq 0\}$ 表示相应的具有共同 m 个可相互到达状态 $\{F_1, F_2, \cdots, F_m\}$ 和一个吸收态 $\{F_0\}$ 的可终止连续时间马尔可夫链.

以下, 我们用 $\otimes$ 表示两个矩阵的克罗内克 (Kronecker) 乘积, 即, 对任意 $m, n, k, l \in \mathbb{N}$, 一个 $m \times n$ 矩阵 $\boldsymbol{A}^{(1)} = \left(a_{ij}^{(1)}\right)_{i=1,\cdots,m, j=1,\cdots,n}$ 和一个 $k \times l$ 矩阵 $\boldsymbol{A}^{(2)}$ 的克罗内克乘积定义为

$$\boldsymbol{A}^{(1)} \otimes \boldsymbol{A}^{(2)} = \begin{pmatrix} a_{11}^{(1)} \boldsymbol{A}^{(2)} & a_{12}^{(1)} \boldsymbol{A}^{(2)} & \cdots & a_{1n}^{(1)} \boldsymbol{A}^{(2)} \\ \vdots & \vdots & & \vdots \\ a_{m1}^{(1)} \boldsymbol{A}^{(2)} & a_{m2}^{(1)} \boldsymbol{A}^{(2)} & \cdots & a_{mn}^{(1)} \boldsymbol{A}^{(2)} \end{pmatrix}.$$

1.6 具有相位型分布的风险模型

记 $\{(I(t), J(t)), t \geqslant 0\}$ 为标的 (underlying) 状态过程,其定义为

$$I(t) = I_t^{(1)}, \quad 0 \leqslant t < V_1, \quad I(t) = I_{t-V_1}^{(2)}, \quad V_1 \leqslant t < V_1 + V_2, \cdots,$$
$$J(t) = J_t^{(1)}, \quad 0 \leqslant t < L_1, \quad J(t) = J_{t-L_1}^{(2)}, \quad L_1 \leqslant t < L_1 + L_2, \cdots,$$

容易看出 $\{(I(t), J(t)), t \geqslant 0\}$ 是二维马尔可夫链, 其状态空间为 $\{(E_1, F_1), (E_2, F_1), \cdots, (E_n, F_1), (E_1, F_2), (E_2, F_2), \cdots, (E_n, F_2), \cdots, (E_1, F_m), (E_2, F_m), \cdots, (E_n, F_m)\}$, 初始分布为 $\boldsymbol{\gamma} = \boldsymbol{\beta} \otimes \boldsymbol{\alpha}$ 及强度矩阵 $\boldsymbol{L}$ 可如下给出.

注意 $\{I(t), t \geqslant 0\}$ 的状态和 $\{J(t), t \geqslant 0\}$ 的状态同时变化的概率为零, 我们仅需考虑下述两种情形, 在某时间区间 $[s, s + \Delta], s \geqslant 0$,

(1) $\{I(t), t \geqslant 0\}$ 的状态在 $[s, s + \Delta]$ 上不变化, 而 $\{J(t), t \geqslant 0\}$ 的状态改变,

(2) $\{J(t), t \geqslant 0\}$ 的状态在 $[s, s + \Delta]$ 上不变化, 而 $\{I(t), t \geqslant 0\}$ 的状态改变.

在情形 (1) 下, 对 $i = 1, \cdots, n, j, k = 1, \cdots, m$ 及 $j \neq k$, 从 (E_i, F_j) 到 (E_i, F_k) 且期间某一 $\{J_t^{(q)}, t \geqslant 0\}$ 一直在状态 F_j 的一次转移以速率 b_{jk} 发生, 从 (E_i, F_j) 到 (E_i, F_k) 且期间某一 $\{J_t^{(q)}, t \geqslant 0\}$ 在状态 F_j 有间断并随后从 $\{J_t^{(q+1)}, t \geqslant 0\}$ 的状态 F_k 出发的一次转移以速率 $b_j \beta_k$ 发生, 这里 $q \in \mathbb{N}^+$ 是一适当的数, 它使得 $J_{(s-L_1-L_2-\cdots-L_{q-1})}^{(q)} = J(s)$, 因此, 从 (E_i, F_j) 到 (E_i, F_k) 的总速率是 $b_{jk} + b_j \beta_k$. 把情形 (1) 时的密度矩阵重新写为矩阵形式 $\boldsymbol{B} \otimes \boldsymbol{I}_{n \times n} + (\boldsymbol{b}^{\mathrm{T}} \boldsymbol{\beta}) \otimes \boldsymbol{I}_{n \times n}$, 这里 $\boldsymbol{I}_{n \times n}$ 表示 $n \times n$ 单位矩阵. 类似地, 情形 (2) 时的密度矩阵可以写为 $\boldsymbol{I}_{m \times m} \otimes \boldsymbol{A} + \boldsymbol{I}_{m \times m} \otimes (\boldsymbol{a}^{\mathrm{T}} \boldsymbol{\alpha})$. 因此, 我们有 $\boldsymbol{L} = \boldsymbol{I}_{m \times m} \otimes \boldsymbol{A} + \boldsymbol{B} \otimes \boldsymbol{I}_{n \times n} + \boldsymbol{I}_{m \times m} \otimes (\boldsymbol{a}^{\mathrm{T}} \boldsymbol{\alpha}) + (\boldsymbol{b}^{\mathrm{T}} \boldsymbol{\beta}) \otimes \boldsymbol{I}_{n \times n}$. 这是一个保守 Q-矩阵.

记 $T = \inf\{t \geqslant 0 : U(t) < 0\}$ ($T = \infty$ 如果破产没有发生) 为风险过程 (1.6.22) 的破产时间.

定义
$$\phi(u) = \phi^{(1)}(u) + \phi^{(2)}(u), \quad u \geqslant 0$$

是在破产时刻的 Gerber-Shiu 期望折扣罚金函数, 这里对 $\delta \geqslant 0$,

$$\phi^{(k)}(u) = E\left[\mathrm{e}^{-\delta T} \omega_k(U(T-), |U(T)|) I\{T < \infty, J = k\} \mid U(0) = u\right],$$
$$u \geqslant 0, \quad k = 1, 2,$$

其中 J 表示含有导致破产来源信息的随机变量, 且若破产由类 1 (或 2) 的一次理赔引起, 则 $J = 1$ (或 2), 而对 $x, y \geqslant 0, k = 1, 2, \omega_k(x, y)$ 是取两个可能不同的非负值的罚金函数, $U(T-)$ 和 $|U(T)|$ 分别表示恰在破产前的盈余和在破产时刻的亏损随机变量. 进一步, 对 $k = 1, 2, 1 \leqslant i \leqslant n, 1 \leqslant j \leqslant m, u \geqslant 0$, 我们定义

$$\phi_{ij}^{(k)}(u) = E\left[\mathrm{e}^{-\delta T} \omega_k(U(T-), |U(T)|) I\{T < \infty, J = k\} \mid \right.$$

$$U(0) = u, (I(0), J(0)) = (E_i, F_j)\big]$$

是初始盈余为 u, 初始状态为 (E_i, F_j) 及破产是由类 k 中的一次理赔引起条件下的 Gerber-Shiu 期望折扣罚金函数. 因此, 我们有

$$\phi^{(k)}(u) = \boldsymbol{\gamma}\boldsymbol{\Phi}^{(k)}(u), \quad k=1,2,$$

这里 $\boldsymbol{\Phi}^{(k)}(u) = \Big(\phi_{11}^{(k)}(u), \phi_{21}^{(k)}(u), \cdots, \phi_{n1}^{(k)}(u), \phi_{12}^{(k)}(u), \phi_{22}^{(k)}(u), \cdots, \phi_{n2}^{(k)}(u), \cdots,$
$\phi_{1m}^{(k)}(u), \phi_{2m}^{(k)}(u), \cdots, \phi_{nm}^{(k)}(u)\Big)^{\mathrm{T}}.$

1. 积分-微分方程

利用与 1.6.1 小节中相同的讨论方法, 在小区间 $[0,t]$ 上考虑与盈余过程有关的状态是否变化, 我们可以得到下述关于 $\phi_{ij}^1(u)$ 的方程

$$\begin{aligned}
\mathrm{e}^{\delta t}\phi_{ij}^{(1)}(u) = {}& (1+a_{ii}t)(1+b_{jj}t)\phi_{ij}^{(1)}(u+ct) \\
& + (1+b_{jj}t)\sum_{k=1,k\neq i}^{n}(a_{ik}t)\phi_{kj}^{(1)}(u+ct) \\
& + (1+a_{ii}t)\sum_{l=1,l\neq j}^{m}(b_{jl}t)\phi_{il}^{(1)}(u+ct) \\
& + (1+b_{jj}t)(a_i t)\Bigg[\sum_{f=1}^{n}\alpha_f \int_0^{u+ct}\phi_{fj}^{(1)}(u+ct-x)P(dx) \\
& \qquad + \int_{u+ct}^{+\infty}\omega_1(u+ct, x-u-ct)P(dx)\Bigg] \\
& + (1+a_{ii}t)(b_j t)\Bigg[\sum_{g=1}^{m}\beta_g \int_0^{u+ct}\phi_{ig}^{(1)}(u+ct-x)Q(dx)\Bigg] \\
& + o(t), \quad u \geqslant 0. \hspace{6em} (1.6.24)
\end{aligned}$$

借助等式 $\phi_{ij}^{(1)}(u+ct) = \phi_{ij}^{(1)}(u) + \phi_{ij}^{(1)'}(u)(ct) + o(t)$ 及相同的计算, 从 (1.6.24) 我们得到

$$\begin{aligned}
\delta\phi_{ij}^{(1)}(u) = {}& c\phi_{ij}^{(1)'}(u) + \sum_{k=1}^{n}a_{ik}\phi_{kj}^{(1)}(u) + \sum_{l=1}^{m}b_{jl}\phi_{il}^{(1)}(u) \\
& + a_i\Bigg[\sum_{f=1}^{n}\alpha_f \int_0^{u}\phi_{fj}^{(1)}(u-x)P(dx)
\end{aligned}$$

1.6 具有相位型分布的风险模型

$$+ b_j \left[\sum_{g=1}^{m} \beta_g \int_0^u \phi_{ig}^{(1)}(u-x) Q(dx) \right] + a_i w_1(u), \quad u \geqslant 0, \quad (1.6.25)$$

这里 $\omega_1(u) = \int_u^\infty \omega_1(u, x-u) P(dx)$. 用矩阵形式表示 (1.6.25), 我们有

$$\delta \boldsymbol{\Phi}^{(1)}(u) = c \boldsymbol{\Phi}^{(1)'}(u) + \boldsymbol{I}_{m \times m} \otimes \boldsymbol{A} \boldsymbol{\Phi}^{(1)}(u) + \boldsymbol{B} \otimes \boldsymbol{I}_{n \times n} \boldsymbol{\Phi}^{(1)}(u)$$

$$+ \boldsymbol{I}_{m \times m} \otimes \left(\boldsymbol{a}^{\mathrm{T}} \boldsymbol{\alpha}\right) \int_0^u \boldsymbol{\Phi}^{(1)}(u-x) P(dx)$$

$$+ \left(\boldsymbol{b}^{\mathrm{T}} \boldsymbol{\beta}\right) \otimes \boldsymbol{I}_{n \times n} \int_0^u \boldsymbol{\Phi}^{(1)}(u-x) Q(dx)$$

$$+ \left(\boldsymbol{e}_m^{\mathrm{T}} \otimes \boldsymbol{a}^{\mathrm{T}}\right) w_1(u), \quad u \geqslant 0,$$

移项, 除以常数 c, 由上式可得

$$\boldsymbol{\Phi}^{(1)'}(u) = \frac{\delta}{c} \boldsymbol{\Phi}^{(1)}(u) - \frac{1}{c} \boldsymbol{I}_{m \times m} \otimes \boldsymbol{A} \boldsymbol{\Phi}^{(1)}(u) - \frac{1}{c} \boldsymbol{B} \otimes \boldsymbol{I}_{n \times n} \boldsymbol{\Phi}^{(1)}(u)$$

$$- \frac{1}{c} \boldsymbol{I}_{m \times m} \otimes \left(\boldsymbol{a}^{\mathrm{T}} \boldsymbol{\alpha}\right) \int_0^u \boldsymbol{\Phi}^{(1)}(u-x) P(dx)$$

$$- \frac{1}{c} \left(\boldsymbol{b}^{\mathrm{T}} \boldsymbol{\beta}\right) \otimes \boldsymbol{I}_{n \times n} \int_0^u \boldsymbol{\Phi}^{(1)}(u-x) Q(dx)$$

$$- \frac{1}{c} \left(\boldsymbol{e}_m^{\mathrm{T}} \otimes \boldsymbol{a}^{\mathrm{T}}\right) w_1(u), \quad u \geqslant 0, \quad (1.6.26)$$

由类似讨论我们得

$$\boldsymbol{\Phi}^{(2)'}(u) = \frac{\delta}{c} \boldsymbol{\Phi}^{(2)}(u) - \frac{1}{c} \boldsymbol{I}_{m \times m} \otimes \boldsymbol{A} \boldsymbol{\Phi}^{(2)}(u) - \frac{1}{c} \boldsymbol{B} \otimes \boldsymbol{I}_{n \times n} \boldsymbol{\Phi}^{(2)}(u)$$

$$- \frac{1}{c} \boldsymbol{I}_{m \times m} \otimes \left(\boldsymbol{a}^{\mathrm{T}} \boldsymbol{\alpha}\right) \int_0^u \boldsymbol{\Phi}^{(2)}(u-x) P(dx)$$

$$- \frac{1}{c} \left(\boldsymbol{b}^{\mathrm{T}} \boldsymbol{\beta}\right) \otimes \boldsymbol{I}_{n \times n} \int_0^u \boldsymbol{\Phi}^{(2)}(u-x) Q(dx)$$

$$- \frac{1}{c} \left(\boldsymbol{b}^{\mathrm{T}} \otimes \boldsymbol{e}_n^{\mathrm{T}}\right) w_2(u), \quad u \geqslant 0, \quad (1.6.27)$$

其中 $\omega_2(u) = \int_u^\infty \omega_2(u, x-u) Q(dx)$.

注 1.6.3 如果我们考虑两个理赔计数过程是独立的泊松过程和 Erlang(2) 过程, 即 $\boldsymbol{\alpha} = (1)$, $\boldsymbol{\beta} = (1, 0)$, $\boldsymbol{A} = (-\lambda)$ 和 $\boldsymbol{B} = \begin{pmatrix} -\lambda_1 & \lambda_1 \\ 0 & -\lambda_2 \end{pmatrix}$. 对 $u \geqslant 0$, 我们

可以从 (1.6.26) 推出 $\boldsymbol{\Phi}^{(1)}(u) = (\Phi_{11}^{(1)}(u), \Phi_{12}^{(1)}(u))^{\mathrm{T}}$ 满足下述方程,

$$\boldsymbol{\Phi}^{(1)\prime}(u) = \frac{\delta}{c}\boldsymbol{\Phi}^{(1)}(u) + \frac{1}{c}\begin{pmatrix} \lambda & 0 \\ 0 & \lambda \end{pmatrix}\boldsymbol{\Phi}^{(1)}(u) - \frac{1}{c}\begin{pmatrix} -\lambda_1 & \lambda_1 \\ 0 & -\lambda_2 \end{pmatrix}\boldsymbol{\Phi}^{(1)}(u)$$

$$- \frac{1}{c}\begin{pmatrix} \lambda & 0 \\ 0 & \lambda \end{pmatrix}\int_0^u \boldsymbol{\Phi}^{(1)}(u-x)P(dx)$$

$$- \frac{1}{c}\begin{pmatrix} 0 & 0 \\ \lambda_2 & 0 \end{pmatrix}\int_0^u \boldsymbol{\Phi}^{(1)}(u-x)Q(dx) - \frac{1}{c}\begin{pmatrix} \lambda \\ \lambda \end{pmatrix}w_1(u).$$

2. 一般 Lundberg 基本方程的根

假设对 $i = 1, 2, \cdots, n$, $j = 1, 2, \cdots, m$ 和任意满足 $\Re(s) \geqslant 0$ 的 $s \in \mathbb{C}$, $\lim\limits_{u \to \infty} \mathrm{e}^{-su}\phi_{ij}^{(1)}(u) = 0$ 成立. 对 $s \in \mathbb{C}$, 在 (1.6.26) 两端取拉普拉斯变换, 我们得到

$$s\widehat{\boldsymbol{\Phi}}^{(1)}(s) - \boldsymbol{\Phi}^{(1)}(0)$$
$$= \frac{\delta}{c}\widehat{\boldsymbol{\Phi}}^{(1)}(s) - \frac{1}{c}\boldsymbol{I}_{m \times m} \otimes \boldsymbol{A}\widehat{\boldsymbol{\Phi}}^{(1)}(s) - \frac{1}{c}\boldsymbol{B} \otimes \boldsymbol{I}_{n \times n}\widehat{\boldsymbol{\Phi}}^{(1)}(s)$$
$$- \frac{1}{c}\boldsymbol{I}_{m \times m} \otimes \left(\boldsymbol{a}^{\mathrm{T}}\boldsymbol{\alpha}\right)\widehat{\boldsymbol{\Phi}}^{(1)}(s)\widehat{P}(s)$$
$$- \frac{1}{c}\left(\boldsymbol{b}^{\mathrm{T}}\boldsymbol{\beta}\right) \otimes \boldsymbol{I}_{n \times n}\widehat{\boldsymbol{\Phi}}^{(1)}(s)\widehat{Q}(s) - \frac{1}{c}\left(\boldsymbol{e}_m^{\mathrm{T}} \otimes \boldsymbol{a}^{\mathrm{T}}\right)\widehat{w}_1(s),$$

即

$$\frac{1}{c}\boldsymbol{L}_\delta(s)\widehat{\boldsymbol{\Phi}}^{(1)}(s) = \boldsymbol{\Phi}^{(1)}(0) - \frac{1}{c}\left(\boldsymbol{e}_m^{\mathrm{T}} \otimes \boldsymbol{a}^{\mathrm{T}}\right)\widehat{w}_1(s), \quad s \in \mathbb{C}, \qquad (1.6.28)$$

这里 $\widehat{w}_1(s) = \int_0^\infty \mathrm{e}^{-su}w_1(u)du$ 和

$$\boldsymbol{L}_\delta(s) = (cs - \delta)\boldsymbol{I}_{mn \times mn} + \boldsymbol{I}_{m \times m} \otimes \boldsymbol{A} + \boldsymbol{B} \otimes \boldsymbol{I}_{n \times n}$$
$$+ \boldsymbol{I}_{m \times m} \otimes \left(\boldsymbol{a}^{\mathrm{T}}\boldsymbol{\alpha}\right)\widehat{P}(s) + \left(\boldsymbol{b}^{\mathrm{T}}\boldsymbol{\beta}\right) \otimes \boldsymbol{I}_{n \times n}\widehat{Q}(s). \qquad (1.6.29)$$

类似地, 对 $i = 1, 2, \cdots, n$, $j = 1, 2, \cdots, m$ 和任意满足 $\Re(s) \geqslant 0$ 的 $s \in \mathbb{C}$, 假设 $\lim\limits_{u \to \infty} \mathrm{e}^{-su}\phi_{ij}^{(2)}(u) = 0$ 成立. 由 (1.6.27), 我们有

$$\frac{1}{c}\boldsymbol{L}_\delta(s)\widehat{\boldsymbol{\Phi}}^{(2)}(s) = \boldsymbol{\Phi}^{(2)}(0) - \frac{1}{c}\left(\boldsymbol{b}^{\mathrm{T}} \otimes \boldsymbol{e}_n^{\mathrm{T}}\right)\widehat{w}_2(s), \quad s \in \mathbb{C}, \qquad (1.6.30)$$

这里 $\widehat{w}_2(s) = \int_0^\infty \mathrm{e}^{-su}w_2(u)du$.

1.6 具有相位型分布的风险模型

我们有如下关于广义 Lundberg 基本方程的结论.

定理 1.6.5 对 $\delta > 0$, 广义 Lundberg 基本方程 $\det[\boldsymbol{L}_\delta(s)] = 0$ 有 mn 个根, 记为 $\rho_1(\delta), \rho_2(\delta), \cdots, \rho_{mn}(\delta)$, 且 $\Re(\rho_i(\delta)) > 0$.

证明 我们利用 (Albrecher and Boxma, 2005) 中的方法. 令 $\boldsymbol{\Lambda} = \mathrm{diag}(a_{11}, a_{22}, \cdots, a_{nn})$, $\boldsymbol{\Gamma} = \mathrm{diag}(b_{11}, b_{22}, \cdots, b_{mm})$. 从 (1.6.29) 我们得

$$\boldsymbol{L}_\delta(s) = (cs - \delta)\boldsymbol{I}_{mn \times mn} + [\boldsymbol{I}_{m \times m} \otimes \boldsymbol{\Lambda} + \boldsymbol{\Gamma} \otimes \boldsymbol{I}_{n \times n}] + \boldsymbol{I}_{m \times m} \otimes (\boldsymbol{A} - \boldsymbol{\Lambda})$$
$$+ (\boldsymbol{B} - \boldsymbol{\Gamma}) \otimes \boldsymbol{I}_{n \times n} + \boldsymbol{I}_{m \times m} \otimes (\boldsymbol{a}^{\mathrm{T}} \boldsymbol{\alpha}) \widehat{P}(s)$$
$$+ (\boldsymbol{b}^{\mathrm{T}} \boldsymbol{\beta}) \otimes \boldsymbol{I}_{n \times n} \widehat{Q}(s), \quad s \in \mathbb{C}.$$

令 C_δ 表示中心在

$$\frac{\delta + \max\limits_{1 \leqslant i \leqslant n, 1 \leqslant j \leqslant m}(|a_{ii}| + |b_{jj}|)}{c}$$

且半径为

$$\frac{\delta + \max\limits_{1 \leqslant i \leqslant n, 1 \leqslant j \leqslant m}(|a_{ii}| + |b_{jj}|)}{c}$$

的圆. 记 C_δ 的内部为 C_δ^+, 复平面的闭右半平面为 $\mathbb{C}^+$, 以及 $\mathbb{C}^+ - C_\delta - C_\delta^+$ 为 C_δ^-. 对 $0 \leqslant u \leqslant 1, s \in \mathbb{C}$, 定义

$$\boldsymbol{L}_\delta(u, s) = (cs - \delta)\boldsymbol{I}_{mn \times mn} + [\boldsymbol{I}_{m \times m} \otimes \boldsymbol{\Lambda} + \boldsymbol{\Gamma} \otimes \boldsymbol{I}_{n \times n}]$$
$$+ u\Big[\boldsymbol{I}_{m \times m} \otimes (\boldsymbol{A} - \boldsymbol{\Lambda}) + (\boldsymbol{B} - \boldsymbol{\Gamma}) \otimes \boldsymbol{I}_{n \times n}$$
$$+ \boldsymbol{I}_{m \times m} \otimes (\boldsymbol{a}^{\mathrm{T}} \boldsymbol{\alpha}) \widehat{P}(s) + (\boldsymbol{b}^{\mathrm{T}} \boldsymbol{\beta}) \otimes \boldsymbol{I}_{n \times n} \widehat{Q}(s)\Big].$$

我们先用对角控制方法 (参见 (Marcus and Minc, 1965)) 来证明

$$\det[\boldsymbol{L}_\delta(u, s)] \neq 0, \quad \text{对 } 0 \leqslant u \leqslant 1, s \in C_\delta. \tag{1.6.31}$$

考虑 $mn \times mn$ 矩阵 $\boldsymbol{L}_\delta(u, s) (1 \leqslant k \leqslant m, 1 \leqslant l \leqslant n)$ 的第 $((k-1)n + l)$ 行, 对 $0 \leqslant u \leqslant 1$ 及 $s \in C_\delta$, 我们得到

$$\left|(cs - \delta) + a_{ll} + b_{kk} + ua_l\alpha_l\widehat{P}(s) + ub_k\beta_k\widehat{Q}(s)\right|$$
$$\geqslant |\delta + |a_{ll}| + |b_{kk}| - cs - ua_l\alpha_l\widehat{P}(0) - ub_k\beta_k\widehat{Q}(0)|$$
$$\geqslant \delta + |a_{ll}| + |b_{kk}| - ua_l\alpha_l\widehat{P}(0) - ub_k\beta_k\widehat{Q}(0)$$
$$> (|a_{ll}| + |b_{kk}|)u - ua_l\alpha_l\widehat{P}(0) - ub_k\beta_k\widehat{Q}(0)$$

$$= \left(\sum_{i=1,i\neq l}^{n} a_{li} + a_l \right) u + \left(\sum_{j=1,j\neq k}^{m} b_{kj} + b_k \right) u - ua_l\alpha_l\widehat{P}(0) - ub_k\beta_k\widehat{Q}(0)$$

$$= u\sum_{i=1,i\neq l}^{n} a_{li} + u\sum_{j=1,j\neq k}^{m} b_{kj} + ua_l \sum_{i=1,i\neq l}^{n} \alpha_i\widehat{P}(0) + ub_k \sum_{j=1,j\neq k}^{m} \beta_j\widehat{Q}(0)$$

$$= u\sum_{i=1,i\neq l}^{n} \left(a_{li} + a_l\alpha_i\widehat{P}(0) \right) + u\sum_{j=1,j\neq k}^{m} \left(b_{kj} + b_k\beta_j\widehat{Q}(0) \right)$$

$$\geqslant u\sum_{i=1,i\neq l}^{n} \left| a_{li} + a_l\alpha_i\widehat{P}(s) \right| + u\sum_{j=1,j\neq k}^{m} \left| b_{kj} + b_k\beta_j\widehat{Q}(s) \right|, \tag{1.6.32}$$

由此我们推出 (1.6.31) 成立. 利用与 (1.6.32) 相同的推导, 容易看出等式 (1.6.31) 对 $0 \leqslant u \leqslant 1, s \in C_\delta^-$ 仍成立.

现在令 $f(u)$ 表示 $\det[\boldsymbol{L}_\delta(u,s)]$ 在 C_δ^+ 的零点个数. 作为儒歇 (Rouché) 定理的推论, 我们有

$$f(u) = \frac{1}{2\pi i} \int_{C_\delta} \frac{\frac{\partial}{\partial s}\det[\boldsymbol{L}_\delta(u,s)]}{\det[\boldsymbol{L}_\delta(u,s)]} ds.$$

这表示 $f(u)$ 在 $[0,1]$ 上是连续的、整值的, 因此是常数. 容易看出 $f(0) = mn$, 这意味着 $f(1) = mn$. □

注 1.6.4 对 $1 \leqslant i \leqslant mn$, 若 $\delta \to 0^+$, 那么 $\rho_i(\delta) \to \rho_i(0)$. 令 $\boldsymbol{L}$ 是保守 Q-矩阵, 从 (1.6.29) 及 $\boldsymbol{L}_0 = \boldsymbol{L}$ 这一事实我们知道 $s = 0$ 是其中的一个根.

在后面, 对 $i = 1, 2, \cdots, mn$ 和 $\delta \geqslant 0$, 我们简单用 ρ_i 表示 $\rho_i(\delta)$, 我们假设 $\rho_1, \rho_2, \cdots, \rho_{mn}$ 是不相同的.

3. 有关 Gerber-Shiu 期望折扣罚金函数的主要结果

I. 关于 $\Phi^{(k)}(0)$ 的明确表达式

我们现在回忆矩阵 $\boldsymbol{L}(s)$ 关于不同数 $r_1, r_2, \cdots$ 的差商的定义, 其递推定义如下 (参见 (Li and Lu, 2008)):

$$\boldsymbol{L}[r_1, s] = \frac{\boldsymbol{L}(s) - \boldsymbol{L}(r_1)}{s - r_1}, \tag{1.6.33}$$

$$\boldsymbol{L}[r_1, r_2, s] = \frac{\boldsymbol{L}[r_1, s] - \boldsymbol{L}[r_1, r_2]}{s - r_2}, \tag{1.6.34}$$

$$\boldsymbol{L}[r_1, r_2, r_3, s] = \frac{\boldsymbol{L}[r_1, r_2, s] - \boldsymbol{L}[r_1, r_2, r_3]}{s - r_3},$$

等等.

1.6 具有相位型分布的风险模型

定理 1.6.6 当初始盈余值为 0 时 Gerber-Shiu 期望折扣罚金函数由下式给出

$$\boldsymbol{\Phi}^{(1)}(0) = \frac{1}{c}\boldsymbol{L}_\delta^*[\rho_1,\rho_2,\cdots,\rho_{mn}]^{-1}\left(\boldsymbol{L}_\delta^*\widehat{w}_1\right)[\rho_1,\rho_2,\cdots,\rho_{mn}]\left(\boldsymbol{e}_m^{\mathrm{T}}\otimes\boldsymbol{a}^{\mathrm{T}}\right), \quad (1.6.35)$$

$$\boldsymbol{\Phi}^{(2)}(0) = \frac{1}{c}\boldsymbol{L}_\delta^*[\rho_1,\rho_2,\cdots,\rho_{mn}]^{-1}\left(\boldsymbol{L}_\delta^*\widehat{w}_2\right)[\rho_1,\rho_2,\cdots,\rho_{mn}]\left(\boldsymbol{b}^{\mathrm{T}}\otimes\boldsymbol{e}_n^{\mathrm{T}}\right), \quad (1.6.36)$$

这里 $\boldsymbol{L}_\delta^*[\rho_1,\rho_2,\cdots,\rho_{mn}]$ 是 $\boldsymbol{L}_\delta[\rho_1,\rho_2,\cdots,\rho_{mn}]$ 的共轭矩阵, 对 $k=1,2$, $(\boldsymbol{L}_\delta^*\widehat{\omega}_k)[\rho_1,\rho_2,\cdots,\rho_{mn}] = \sum_{i=1}^{mn}\boldsymbol{L}_\delta^*[\rho_1,\cdots,\rho_i]\widehat{\omega}_k[\boldsymbol{L}_\delta^*[\rho_i,\cdots,\rho_{mn}]]$ 递推定义如下:

$$\left(\boldsymbol{L}_\delta^*\widehat{w}_k\right)[\rho_1,\rho_2] = \boldsymbol{L}_\delta^*(\rho_1)\widehat{w}_k[\rho_1,\rho_2] + \boldsymbol{L}_\delta^*[\rho_1,\rho_2]\widehat{w}_k(\rho_2), \quad (1.6.37)$$

$$\left(\boldsymbol{L}_\delta^*\widehat{w}_k\right)[\rho_1,\rho_2,\rho_3] = \boldsymbol{L}_\delta^*(\rho_1)\widehat{w}_k[\rho_1,\rho_2,\rho_3] + \boldsymbol{L}_\delta^*[\rho_1,\rho_2]\widehat{w}_k[\rho_2,\rho_3]$$
$$+ \boldsymbol{L}_\delta^*[\rho_1,\rho_2,\rho_3]\widehat{w}_k(\rho_3),$$

等等.

证明 注意到对 $i=1,2,\cdots,n, j=1,\cdots,m$ 及任意满足 $\Re(s)\geqslant 0$ 的 $s\in\mathbb{C}$, $\widehat{\phi}_{ij}^{(1)}(s)$ 是有限的, 对不同的数 $\rho_1,\rho_2,\cdots,\rho_{mn}$, 从 (1.6.28) 我们得到

$$\boldsymbol{L}_\delta^*(\rho_i)(c\boldsymbol{\Phi}^{(1)}(0)) = \boldsymbol{L}_\delta^*(\rho_i)\widehat{\omega}_1(\rho_i)(\boldsymbol{e}_m^{\mathrm{T}}\otimes\boldsymbol{a}^{\mathrm{T}}).$$

再由 (1.6.33) 和 (1.6.34), 我们推出

$$\boldsymbol{L}_\delta^*[\rho_1,\rho_2]\left(c\boldsymbol{\Phi}^{(1)}(0)\right)$$
$$= \frac{\boldsymbol{L}_\delta^*(\rho_2) - \boldsymbol{L}_\delta^*(\rho_1)}{\rho_2 - \rho_1}\left(c\boldsymbol{\Phi}^{(1)}(0)\right)$$
$$= \frac{\boldsymbol{L}_\delta^*(\rho_2)\widehat{w}_1(\rho_2) - \boldsymbol{L}_\delta^*(\rho_1)\widehat{w}_1(\rho_1)}{\rho_2 - \rho_1}\left(\boldsymbol{e}_m^{\mathrm{T}}\otimes\boldsymbol{a}^{\mathrm{T}}\right)$$
$$= \frac{(\boldsymbol{L}_\delta^*(\rho_2) - \boldsymbol{L}_\delta^*(\rho_1))\widehat{w}_1(\rho_2) + \boldsymbol{L}_\delta^*(\rho_1)(\widehat{w}_1(\rho_2) - \widehat{w}_1(\rho_1))}{\rho_2 - \rho_1}\left(\boldsymbol{e}_m^{\mathrm{T}}\otimes\boldsymbol{a}^{\mathrm{T}}\right)$$
$$= [\boldsymbol{L}_\delta^*(\rho_1)\widehat{w}_1[\rho_1,\rho_2] + \boldsymbol{L}_\delta^*[\rho_1,\rho_2]\widehat{w}_1(\rho_2)]\left(\boldsymbol{e}_m^{\mathrm{T}}\otimes\boldsymbol{a}^{\mathrm{T}}\right)$$
$$= (\boldsymbol{L}_\delta^*\widehat{w}_1)[\rho_1,\rho_2]\left(\boldsymbol{e}_m^{\mathrm{T}}\otimes\boldsymbol{a}^{\mathrm{T}}\right).$$

重复上述做法, 我们最终得到

$$\boldsymbol{L}_\delta^*[\rho_1,\rho_2,\cdots,\rho_{mn}]\left(c\boldsymbol{\Phi}^{(1)}(0)\right) = (\boldsymbol{L}_\delta^*\widehat{\omega}_1)[\rho_1,\cdots,\rho_{mn}](\boldsymbol{e}_m^{\mathrm{T}}\otimes\boldsymbol{a}^{\mathrm{T}}),$$

由此推出 (1.6.35) 成立.

类似地, 从 (1.6.30) 我们得到 (1.6.36). □

Gerber-Shiu 期望折扣罚金函数的拉普拉斯变换的闭形式表达式 (1.6.28) 和 (1.6.30) 可以重新写为

$$\widehat{\boldsymbol{\Phi}}^{(1)}(s) = \frac{1}{\det\left[\boldsymbol{L}_\delta(s)\right]} \left[\boldsymbol{L}_\delta^*(s)\left(c\boldsymbol{\Phi}^{(1)}(0)\right) - \boldsymbol{L}_\delta^*(s)\widehat{w}_1(s)\left(\boldsymbol{e}_m^{\mathrm{T}} \otimes \boldsymbol{a}^{\mathrm{T}}\right)\right], \quad (1.6.38)$$

$$\widehat{\boldsymbol{\Phi}}^{(2)}(s) = \frac{1}{\det\left[\boldsymbol{L}_\delta(s)\right]} \left[\boldsymbol{L}_\delta^*(s)\left(c\boldsymbol{\Phi}^{(2)}(0)\right) - \boldsymbol{L}_\delta^*(s)\widehat{w}_2(s)\left(\boldsymbol{b}^{\mathrm{T}} \otimes \boldsymbol{e}_n^{\mathrm{T}}\right)\right]. \quad (1.6.39)$$

分别通过重复应用矩阵差商方法到上面最后两个方程的分子, 我们可得到如下结果.

定理 1.6.7 Gerber-Shiu 期望折扣罚金函数的拉普拉斯变换的明确表达式为

$$\widehat{\boldsymbol{\Phi}}^{(1)}(s) = \frac{\prod_{i=1}^{mn}(s-\rho_i)}{\det\left[\boldsymbol{L}_\delta(s)\right]} \Bigg\{ \boldsymbol{L}_\delta^*\left[\rho_1,\cdots,\rho_{mn},s\right]\left[c\boldsymbol{\Phi}^{(1)}(0) - \widehat{w}_1(s)\left(\boldsymbol{e}_m^{\mathrm{T}} \otimes \boldsymbol{a}^{\mathrm{T}}\right)\right] $$
$$- \sum_{i=1}^{mn} \boldsymbol{L}_\delta^*\left[\rho_1,\cdots,\rho_i\right]\widehat{w}_1\left[\rho_i,\cdots,\rho_{mn},s\right]\left(\boldsymbol{e}_m^{\mathrm{T}} \otimes \boldsymbol{a}^{\mathrm{T}}\right) \Bigg\}, \quad s \in \mathbb{C},$$
(1.6.40)

$$\widehat{\boldsymbol{\Phi}}^{(2)}(s) = \frac{\prod_{i=1}^{mn}(s-\rho_i)}{\det\left[\boldsymbol{L}_\delta(s)\right]} \Bigg\{ \boldsymbol{L}_\delta^*\left[\rho_1,\cdots,\rho_{mn},s\right]\left[c\boldsymbol{\Phi}^{(2)}(0) - \widehat{w}_2(s)\left(\boldsymbol{b}^{\mathrm{T}} \otimes \boldsymbol{e}_n^{\mathrm{T}}\right)\right] $$
$$- \sum_{i=1}^{mn} \boldsymbol{L}_\delta^*\left[\rho_1,\cdots,\rho_i\right]\widehat{w}_2\left[\rho_i,\cdots,\rho_{mn},s\right]\left(\boldsymbol{b}^{\mathrm{T}} \otimes \boldsymbol{e}_n^{\mathrm{T}}\right) \Bigg\}, \quad s \in \mathbb{C}.$$
(1.6.41)

证明 注意到 $s = (\rho_1, \rho_2, \cdots, \rho_{mn})$ 是 (1.6.38) 式右端的零点, 我们得到

$$\boldsymbol{L}_\delta^*(s)\left(c\boldsymbol{\Phi}^{(1)}(0)\right) - \boldsymbol{L}_\delta^*(s)\widehat{w}_1(s)\left(\boldsymbol{e}_m^{\mathrm{T}} \otimes \boldsymbol{a}^{\mathrm{T}}\right)$$
$$= \boldsymbol{L}_\delta^*(s)\left(c\boldsymbol{\Phi}^{(1)}(0)\right) - \boldsymbol{L}_\delta^*(s)\widehat{w}_1(s)\left(\boldsymbol{e}_m^{\mathrm{T}} \otimes \boldsymbol{a}^{\mathrm{T}}\right)$$
$$\quad - \left[\boldsymbol{L}_\delta^*(\rho_1)\left(c\boldsymbol{\Phi}^{(1)}(0)\right) - \boldsymbol{L}_\delta^*(\rho_1)\widehat{w}_1(\rho_1)\left(\boldsymbol{e}_m^{\mathrm{T}} \otimes \boldsymbol{a}^{\mathrm{T}}\right)\right]$$
$$= (s-\rho_1)\left[\boldsymbol{L}_\delta^*[\rho_1,s]\left(c\boldsymbol{\Phi}^{(1)}(0)\right) - (\boldsymbol{L}_\delta^*\widehat{w}_1)[\rho_1,s]\left(\boldsymbol{e}_m^{\mathrm{T}} \otimes \boldsymbol{a}^{\mathrm{T}}\right)\right]$$
$$= (s-\rho_1)\left\{\left[\boldsymbol{L}_\delta^*[\rho_1,s] - \boldsymbol{L}_\delta^*[\rho_1,\rho_2]\right]\left(c\boldsymbol{\Phi}^{(1)}(0)\right)\right.$$
$$\left.\quad - \left[(\boldsymbol{L}_\delta^*\widehat{w}_1)[\rho_1,s] - (\boldsymbol{L}_\delta^*\widehat{w}_1)[\rho_1,\rho_2]\right]\left(\boldsymbol{e}_m^{\mathrm{T}} \otimes \boldsymbol{a}^{\mathrm{T}}\right)\right\}$$
$$= (s-\rho_1)(s-\rho_2)\left\{\boldsymbol{L}_\delta^*[\rho_1,\rho_2,s]\left(c\boldsymbol{\Phi}^{(1)}(0)\right)\right.$$

$$-\left(\boldsymbol{L}_\delta^*\widehat{w}_1\right)[\rho_1,\rho_2,s]\left(\boldsymbol{e}_m^\mathrm{T}\otimes\boldsymbol{a}^\mathrm{T}\right)\bigg\}$$

$$=\cdots$$

$$=\prod_{i=1}^m(s-\rho_i)\left\{\boldsymbol{L}_\delta^*[\rho_1,\cdots,\rho_{mn},s]\left(c\boldsymbol{\Phi}^{(1)}(0)\right)\right.$$

$$\left.-\left(\boldsymbol{L}_\delta^*\widehat{w}_1\right)[\rho_1,\cdots,\rho_{mn},s]\left(\boldsymbol{e}_m^\mathrm{T}\otimes\boldsymbol{a}^\mathrm{T}\right)\right\}$$

$$=\prod_{i=1}^{mn}(s-\rho_i)\left\{\boldsymbol{L}_\delta^*[\rho_1,\cdots,\rho_{mn},s]\left[c\boldsymbol{\Phi}^{(1)}(0)-\widehat{w}_1(s)\left(\boldsymbol{b}^\mathrm{T}\otimes\boldsymbol{e}_n^\mathrm{T}\right)\right]\right.$$

$$\left.-\sum_{i=1}^{mn}\boldsymbol{L}_\delta^*[\rho_1,\cdots,\rho_i]\,\widehat{w}_1[\rho_i,\cdots,\rho_{mn},s]\left(\boldsymbol{e}_m^\mathrm{T}\otimes\boldsymbol{a}^\mathrm{T}\right)\right\},$$

这里在最后的等式中我们用到了如下事实:

$$(\boldsymbol{L}_\delta^*\widehat{\omega}_1)[\rho_1,\cdots,\rho_{mn},s]$$
$$=\boldsymbol{L}_\delta^*[\rho_1,\cdots,\rho_{mn},s]\widehat{\omega}_1(s)+\sum_{i=1}^{mn}\boldsymbol{L}_\delta^*[\rho_1,\cdots,\rho_i]\widehat{\omega}_1[\rho_1,\rho_2,\cdots,\rho_{mn},s],$$

这里的等式可以从 (1.6.37) 递推得到. 借助上述等式和 (1.6.38), 我们得到 (1.6.40).

通过类似讨论, 从 (1.6.39) 我们可以得到 (1.6.41). □

II. 关于有理理赔量分布族的明确结果

对一些特殊的理赔量分布函数, 容易从上述最后定理中推导出的拉普拉斯变换得到其逆变换. 在下面, 我们考虑理赔量分布 P 和 Q 均为有理族的情形, 即, 它们的拉普拉斯变换具有如下形式:

$$\widehat{P}(s)=\frac{p^{(2)}_{k_1-1}(s)}{p^{(1)}_{k_1}(s)},\quad \widehat{Q}(s)=\frac{q^{(2)}_{k_2-1}(s)}{q^{(1)}_{k_2}(s)},\quad k_1,k_2\in\mathbb{N},$$

这里 $p^{(1)}_{k_1}(s)$ (或 $q^{(1)}_{k_2}(s)$) 是 k_1 (或 k_2) 阶多项式, 而 $p^{(2)}_{k_1-1}(s)$ (或 $q^{(2)}_{k_2-1}(s)$) 是 k_1-1 (或 k_2-1) 或更低阶多项式. 进一步, 我们假设方程 $p^{(1)}_{k_1}(s)=0$ 和 $q^{(1)}_{k_2}(s)=0$ 仅有负实部的根. 不失一般性, 我们也可以假设 $p^{(1)}_{k_1}(s)$ 和 $q^{(1)}_{k_2}(s)$ 二者的首项系数均为 1. 从 (1.6.23) 和 (Rolski, et al., 1998) 中的推论 8.2.1, 我们看到这一宽泛的分布类包含了相位型分布, 所以它包含了埃尔朗、Cox、指数及它们的混合分布.

令 $r(s)=[p^{(1)}_{k_1}(s)q^{(1)}_{k_2}(s)]^{mn}$. 用 $r(s)$ 同乘以 (1.6.40) 的分子和分母, 我们得到

$$\widehat{\boldsymbol{\Phi}}^{(1)}(s)$$
$$= \frac{\prod_{i=1}^{mn}(s-\rho_i)}{\det[\boldsymbol{L}_\delta(s)]\, r(s)} \Bigg\{ \boldsymbol{L}_\delta^*[\rho_1,\cdots,\rho_{mn},s]\, r(s) \left[c\boldsymbol{\Phi}^{(1)}(0) - \widehat{w}_1(s)\left(\boldsymbol{e}_m^{\mathrm{T}} \otimes \boldsymbol{a}^{\mathrm{T}}\right) \right]$$
$$- r(s) \sum_{i=1}^{mn} \boldsymbol{L}_\delta^*[\rho_1,\cdots,\rho_i]\, \widehat{w}_1[\rho_i,\cdots,\rho_{mn},s]\left(\boldsymbol{e}_m^{\mathrm{T}} \otimes \boldsymbol{a}^{\mathrm{T}}\right) \Bigg\}, \quad s \in \mathbb{C}. \quad (1.6.42)$$

容易看出 $\det[\boldsymbol{L}_\delta(s)]r(s)$ 的分母是一个 $(k_1+k_2+1)mn$ 阶的多项式,首项系数为 c^{mn},因而我们有

$$\det[\boldsymbol{L}_\delta(s)]\, r(s) = c^{mn} \prod_{i=1}^{mn}(s-\rho_i) \prod_{i=1}^{(k_1+k_2)mn}(s+R_i), \quad s \in \mathbb{C},$$

这里由有理分布定义和广义 Lundberg 方程在复平面右半部分仅有 mn 个根推出所有 R_i 有正的实部. 从 (1.6.42) 的分子和分母中消去相同项 $\prod_{i=1}^{mn}(s-\rho_i)$,我们得到

$$\widehat{\boldsymbol{\Phi}}^{(1)}(s) = \frac{1}{c^{mn} \prod_{i=1}^{(k_1+k_2)mn}(s+R_i)}$$
$$\times \Bigg\{ \boldsymbol{L}_\delta^*[\rho_1,\cdots,\rho_{mn},s]\, r(s) \left[c\boldsymbol{\Phi}^{(1)}(0) - \widehat{w}_1(s)\left(\boldsymbol{e}_m^{\mathrm{T}} \otimes \boldsymbol{a}^{\mathrm{T}}\right) \right]$$
$$- r(s) \sum_{i=1}^{mn} \boldsymbol{L}_\delta^*[\rho_1,\cdots,\rho_i]\, \widehat{w}_1[\rho_i,\cdots,\rho_{mn},s]\left(\boldsymbol{e}_m^{\mathrm{T}} \otimes \boldsymbol{a}^{\mathrm{T}}\right) \Bigg\}, \quad s \in \mathbb{C}.$$
(1.6.43)

为了证明在矩阵 $\boldsymbol{L}_\delta^*[\rho_1,\cdots,\rho_{mn}]r(s)$ 中的各元素是阶数不超过 $(k_1+k_2)mn$ 的多项式,我们先证明下述引理.

引理 1.6.1 对于两函数 $f(s) = \dfrac{h_{m-1}(s)}{a_m(s)}$ 和 $g(s) = \dfrac{h_{m+n}(s)}{a_m(s)}$, $s \in \mathbb{C}$, 这里 $a_m(s)$ 是一个阶数为 m 的多项式, $h_{m+n}(s)$ 是一个阶数为 $m+n$ 的多项式, $h_{m-1}(s)$ 是一个阶数为 $m-1$ 或更低的多项式,通常我们有

(1) $g[r_1,\cdots,r_k,s] = \begin{cases} \dfrac{d_{m+n-k}^{(k)}(s)}{a_m(s)}, & 1 \leqslant k \leqslant n, \\ \dfrac{v_{m-1}^{(n+1)}(s)}{a_m(s)}, & k = n+1; \end{cases}$

1.6 具有相位型分布的风险模型

(2) $f[r_1,\cdots,r_k,s] = \dfrac{c_{m-1}^{(k)}(s)}{a_m(s)}, \quad k=1,2,\cdots,$

这里 $r_i \in \mathbb{C}$, $i=1,2,\cdots$ 是不同的数 (也不同于 s), 在这些点上 $f(r_i)$ 和 $g(r_i)$ 具有好的性质, $v_{m-1}^{n+1}(s)$ 和 $c_{m-1}^{(k)}(s)$, $k=1,2,\cdots$ 代表阶数为 $m-1$ 或更低的多项式, 而 $d_{m+n-k}^{(k)}(s)$ 代表阶数为 $m+n-k$ 的多项式, 其中 $1 \leqslant k \leqslant n$.

证明 (1) 我们可以推出

$$g[r_1,s] = \frac{g(s)-g(r_1)}{s-r_1}$$

$$= \frac{1}{(s-r_1)a_m(s)a_m(r_1)}[h_{m+n}(s)a_m(r_1) - h_{m+n}(r_1)a_m(s)]$$

$$= \frac{1}{(s-r_1)a_m(s)a_m(r_1)}\{[h_{m+n}(s)-h_{m+n}(r_1)]a_m(r_1)$$

$$+ [a_m(r_1)-a_m(s)]h_{m+n}(r_1)\}$$

$$= \frac{1}{a_m(s)}\frac{1}{a_m(r_1)(s-r_1)}\{[h_{m+n}(s)-h_{m+n}(r_1)]a_m(r_1)$$

$$+ [a_m(r_1)-a_m(s)]h_{m+n}(r_1)\}$$

$$= \frac{d_{m+n-1}^{(1)}(s)}{a_m(s)},$$

这里 $d_{m+n-1}^{(1)}(s) = \dfrac{1}{a_m r_1(s-r_1)}\{[h_{m+n}(s)-h_{m+n}(r_1)]a_m(r_1) + [a_m(r_1)-a_m(s)]h_{m+n}(r_1)\}$ 是一个 $m+n-1$ 阶多项式.

对 $k=n-1$, 若 $g[r_1,\cdots,r_{n-1},s] = \dfrac{d_{m+1}^{n-1}(s)}{a_m(s)}$ 对某一 $m+1$ 阶多项式 $d_{m+1}^{(n-1)}(s)$ 成立, 那么

$$g[r_1,\cdots,r_{n-1},r_n,s]$$

$$= \frac{g[r_1,\cdots,r_{n-1},s] - g[r_1,\cdots,r_{n-1},r_n]}{s-r_n}$$

$$= \frac{1}{(s-r_n)a_m(s)a_m(r_n)}\left[d_{m+1}^{(n-1)}(s)a_m(r_n) - d_{m+1}^{(n-1)}(r_n)a_m(s)\right]$$

$$= \frac{d_m^{(n)}(s)}{a_m(s)},$$

这里 $d_m^{(n)}(s) = \dfrac{1}{(s-r_n)a_m(r_n)}\{[d_{m+1}^{(n-1)}(s)-d_{m+1}^{(n-1)}(r_n)]a_m(r_n) + [a_m(r_n)-a_m(s)]$

$d_{m+1}^{(n-1)}(r_n)\}$ 是 m 阶多项式, 且进一步有

$$g[r_1,\cdots,r_n,r_{n+1},s] = \frac{v_{m-1}^{(n+1)}(s)}{a_m(s)},$$

其中 $v_{m-1}^{(n+1)}(s) = \dfrac{1}{(s-r_{n+1})a_m(r_{n+1})}\{[d_m^{(n)}(s)-d_m^{(n)}(r_{n+1})]a_m(r_{n+1})+[a_m(r_{n+1})-a_m(s)]d_m^{(n)}(r_{n+1})\}$ 是一个阶数小于或等于 $m-1$ 的多项式.

(2) 利用相同讨论, 我们推出

$$\begin{aligned}f[r_1,s] &= \frac{f(s)-f(r_1)}{s-r_1} \\ &= \frac{1}{(s-r_1)a_m(s)a_m(r_1)}[h_{m-1}(s)a_m(r_1)-h_{m-1}(r_1)a_m(s)] \\ &= \frac{1}{a_m(s)}\frac{1}{a_m(r_1)(s-r_1)}\{[h_{m-1}(s)-h_{m-1}(r_1)]a_m(r_1) \\ &\quad +[a_m(r_1)-a_m(s)]h_{m-1}(r_1)\} \\ &= \frac{c_{m-1}^{(1)}(s)}{a_m(s)},\end{aligned}$$

其中 $c_{m-1}^{(1)}(s) = \dfrac{1}{a_m(r_1)(s-r_1)}\{[h_{m-1}(s)-h_{m-1}(r_1)]a_m(r_1)+[a_m(r_1)-a_m(s)]h_{m-1}(r_1)\}$ 是一个阶数小于或等于 $m-1$ 的多项式, 以及对任意 $k \in \mathbb{N}^+$, 我们递推可得

$$f[r_1,\cdots,r_k,s] = \frac{c_{m-1}^{(k)}(s)}{a_m(s)},$$

这里 $c_{m-1}^{(k)}(s)$ 是一个阶数小于或等于 $m-1$ 的多项式. □

引理 1.6.2 矩阵 $\boldsymbol{L}_\delta^*[\rho_1,\cdots,\rho_{mn},s]r(s)$ 中的元素是阶数等于或小于 $(k_1+k_2)mn-1$ 的多项式.

证明 容易看出 $\boldsymbol{L}_\delta^*(s)$ 中的第 (i,j) 元素有表达式

$$(\boldsymbol{L}_\delta^*(s))_{ij} = \frac{D_{ij}(s)}{\left[p_{k_1}^{(1)}(s)q_{k_2}^{(1)}(s)\right]^{mn-1}}, \quad 1 \leqslant i,j \leqslant mn,$$

这里 $D_{ij}(s)$ 是阶数小于或等于 $(k_1+k_2+1)(mn-1)$ 的多项式. 利用引理 1.6.1,

1.6 具有相位型分布的风险模型

我们有

$$(\boldsymbol{L}_\delta^*[\rho_1,\cdots,\rho_{mn},s])_{ij} = \frac{d_{ij}(s)}{\left[p_{k_1}^{(1)}(s)q_{k_2}^{(1)}(s)\right]^{mn-1}}, \quad 1 \leqslant i,j \leqslant mn,$$

其中 $d_{ij}(s)$ 是阶数小于或等于 $(k_1+k_2)(mn-1)-1$ 的多项式. 因此, $(\boldsymbol{L}_\delta^*[\rho_1,\cdots,\rho_{mn},s])_{ij}r(s)$ 是阶数小于或等于 $(k_1+k_2)mn-1$ 的多项式. □

如果对 $1 \leqslant i \leqslant (k_1+k_2)mn$, 分式

$$\frac{\boldsymbol{L}_\delta^*[\rho_1,\cdots,\rho_{mn},s]\,r(s)}{\prod_{i=1}^{(k_1+k_2)mn}(s+R_i)} \quad \left(\text{或 } \frac{r(s)}{\prod_{i=1}^{(k_1+k_2)mn}(s+R_i)}\right)$$

的分子分母有相同因子 $s+R_i$, 则必须从位于 (1.6.43) 中的这些分式

$$\frac{\boldsymbol{L}_\delta^*[\rho_1,\cdots,\rho_{mn},s]\,r(s)}{\prod_{i=1}^{(k_1+k_2)mn}(s+R_i)} \quad \left(\text{或 } \frac{r(s)}{\prod_{i=1}^{(k_1+k_2)mn}(s+R_i)}\right)$$

的分子分母中删去这些相同因子. 在下面, 我们假设 $R_i'(s)$ 是不相同的且不删去这些因子, 那么我们有如下部分分式表达式:

$$\frac{\boldsymbol{L}_\delta^*[\rho_1,\cdots,\rho_{mn},s]\,r(s)}{\prod_{i=1}^{(k_1+k_2)mn}(s+R_i)} = \sum_{k=1}^{(k_1+k_2)mn} \frac{\boldsymbol{M}^{(k)}}{s+R_k},$$

$$\frac{r(s)}{\prod_{i=1}^{(k_1+k_2)mn}(s+R_i)} = 1 + \sum_{k=1}^{(k_1+k_2)mn} \frac{G^{(k)}}{s+R_i},$$

其中 $\boldsymbol{M}^{(k)} = (m_{ij}^k)_{i,j=1}^{mn}$, $k=1,2,\cdots,(k_1+k_2)mn$ 是系数矩阵且

$$\boldsymbol{M}^{(k)} = \frac{\boldsymbol{L}_\delta^*[\rho_1,\cdots,\rho_{mn},-R_k]\,r(-R_k)}{\prod_{l=1,l\neq k}^{(k_1+k_2)mn}(R_l-R_k)}. \tag{1.6.44}$$

而对 $k=1,2,\cdots,(k_1+k_2)mn$, $G^{(k)}$ 由下式给出

$$G^{(k)} = \frac{r(-R_k)}{\prod_{l=1,l\neq k}^{(k_1+k_2)mn}(R_l-R_k)}. \tag{1.6.45}$$

所以, (1.6.43) 可以重新写为

$$\widehat{\boldsymbol{\Phi}}^{(1)}(s)$$
$$= \frac{1}{c^{mn}} \sum_{k=1}^{(k_1+k_2)mn} \frac{1}{s+R_k} \bigg\{ \boldsymbol{M}^{(k)} \left[c\boldsymbol{\Phi}^{(1)}(0) - \widehat{w}_1(s) \left(\boldsymbol{e}_m^{\mathrm{T}} \otimes \boldsymbol{a}^{\mathrm{T}} \right) \right]$$
$$- G^{(k)} \sum_{i=1}^{mn} \boldsymbol{L}_\delta^* [\rho_1, \cdots, \rho_i] \, \widehat{w}_1 [\rho_i, \cdots, \rho_{mn}, s] \times \left(\boldsymbol{e}_m^{\mathrm{T}} \otimes \boldsymbol{a}^{\mathrm{T}} \right) \bigg\}$$
$$- \frac{1}{c^{mn}} \sum_{i=1}^{mn} \boldsymbol{L}_\delta^* [\rho_1, \cdots, \rho_i] \, \widehat{w}_1 [\rho_i, \cdots, \rho_{mn}, s] \left(\boldsymbol{e}_m^{\mathrm{T}} \otimes \boldsymbol{a}^{\mathrm{T}} \right), \quad s \in \mathbb{C}. \quad (1.6.46)$$

通过类似讨论, 我们有

$$\widehat{\boldsymbol{\Phi}}^{(2)}(s)$$
$$= \frac{1}{c^{mn}} \sum_{k=1}^{(k_1+k_2)mn} \frac{1}{s+R_k} \bigg\{ \boldsymbol{M}^{(k)} \left[c\boldsymbol{\Phi}^{(2)}(0) - \widehat{w}_2(s) \left(\boldsymbol{b}^{\mathrm{T}} \otimes \boldsymbol{e}_n^{\mathrm{T}} \right) \right]$$
$$- G^{(k)} \sum_{i=1}^{mn} \boldsymbol{L}_\delta^* [\rho_1, \cdots, \rho_i] \, \widehat{w}_2 [\rho_i, \cdots, \rho_{mn}, s] \times \left(\boldsymbol{b}^{\mathrm{T}} \otimes \boldsymbol{e}_n^{\mathrm{T}} \right) \bigg\}$$
$$- \frac{1}{c^{mn}} \sum_{i=1}^{mn} \boldsymbol{L}_\delta^* [\rho_1, \cdots, \rho_i] \, \widehat{w}_2 [\rho_i, \cdots, \rho_{mn}, s] \left(\boldsymbol{b}^{\mathrm{T}} \otimes \boldsymbol{e}_n^{\mathrm{T}} \right), \quad s \in \mathbb{C}. \quad (1.6.47)$$

为了得到 (1.6.46) 和 (1.6.47) 的拉普拉斯变换的明确形式的逆变换, 对实值可积函数 $f(y)$, 我们回忆如下定义的算子 T_{r}:

$$T_{\mathrm{r}} f(y) = \int_y^\infty \mathrm{e}^{-\mathrm{r}(x-y)} f(x) dx, \quad r \in \mathbb{C}, \quad y \geqslant 0,$$

容易看出对不同的 $\mathrm{r}_1, \mathrm{r}_2 \in \mathbb{C}$ 及 $y \geqslant 0$,

$$T_{\mathrm{r}_1} T_{\mathrm{r}_2} f(y) = T_{\mathrm{r}_2} T_{\mathrm{r}_1} f(y) = \frac{T_{\mathrm{r}_1} f(y) - T_{\mathrm{r}_2} f(y)}{\mathrm{r}_2 - \mathrm{r}_1}.$$

算子 T_{r} 是由 Dickson 和 Hipp (2001) 引入的. Gerber 和 Shiu (2005) 进一步考虑了这一算子的一些性质. Gerber 和 Shiu (2005) 在算子 T_{r} 和相应的矩阵商关系方面引入了如下结论:

$$\left(\prod_{i=1}^m T_{\mathrm{r}_i} \right) f(0) = (-1)^{m-1} \widehat{f} [\mathrm{r}_1, \mathrm{r}_2, \cdots, \mathrm{r}_m]. \quad (1.6.48)$$

1.6 具有相位型分布的风险模型

进一步由 $T_{\mathtt{r}}$ 的定义, 我们有

$$T_s\left(\prod_{i=1}^m T_{\mathtt{r}_i}\right)f(0) = \int_0^\infty \mathrm{e}^{-sx}\left(\prod_{i=1}^m T_{\mathtt{r}_i}\right)f(x)dx. \tag{1.6.49}$$

因此我们得到了关于 $\widehat{f}[\mathtt{r}_1,\mathtt{r}_2,\cdots,\mathtt{r}_m,s]$ 的拉普拉斯逆变换的结果:

$$\mathcal{L}^{-1}\left(\widehat{f}[\mathtt{r}_1,\mathtt{r}_2,\cdots,\mathtt{r}_m,s]\right) = (-1)^m \left(\prod_{i=1}^m T_{\mathtt{r}_i}\right)f(x). \tag{1.6.50}$$

所以, 我们反演 (1.6.46) 和 (1.6.47) 可得如下结果.

定理 1.6.8 如果 P 和 Q 均属于有理分布族, Gerber-Shiu 期望折扣罚金函数的明确表达式由下式给出:

$$\begin{aligned}
&\boldsymbol{\Phi}^{(1)}(u) \\
&= \frac{1}{c^{mn}}\sum_{k=1}^{(k_1+k_2)mn}\left\{c\mathrm{e}^{-R_ku}\boldsymbol{M}^{(k)}\boldsymbol{\Phi}^{(1)}(0) - \mathrm{e}^{-R_ku}\star\left[\boldsymbol{M}^{(k)}w_1(u)\left(\boldsymbol{e}_m^\mathrm{T}\otimes\boldsymbol{a}^\mathrm{T}\right)\right.\right. \\
&\left.\left. - G^{(k)}\sum_{i=1}^{mn}(-1)^{mn-i}\boldsymbol{L}_\delta^*[\rho_1,\cdots,\rho_i]\left(\prod_{l=i}^{mn}T_{\rho_l}\right)w_1(u)\left(\boldsymbol{e}_m^\mathrm{T}\otimes\boldsymbol{a}^\mathrm{T}\right)\right]\right\} \\
&\quad + \frac{1}{c^{mn}}\sum_{i=1}^{mn}(-1)^{mn-i}\boldsymbol{L}_\delta^*[\rho_1,\cdots,\rho_i]\left(\prod_{l=i}^{mn}T_{\rho_l}\right)w_1(u)\left(\boldsymbol{e}_m^\mathrm{T}\otimes\boldsymbol{a}^\mathrm{T}\right), \quad u\geqslant 0,
\end{aligned} \tag{1.6.51}$$

$$\begin{aligned}
&\boldsymbol{\Phi}^{(2)}(u) \\
&= \frac{1}{c^{mn}}\sum_{k=1}^{(k_1+k_2)mn}\left\{c\mathrm{e}^{-R_ku}\boldsymbol{M}^{(k)}\boldsymbol{\Phi}^{(2)}(0) - \mathrm{e}^{-R_ku}\star\left[\boldsymbol{M}^{(k)}w_2(u)\left(\boldsymbol{b}^\mathrm{T}\otimes\boldsymbol{e}_n^\mathrm{T}\right)\right.\right. \\
&\left.\left. - G^{(k)}\sum_{i=1}^{mn}(-1)^{mn-i}\boldsymbol{L}_\delta^*[\rho_1,\cdots,\rho_i]\left(\prod_{l=i}^{mn}T_{\rho_l}\right)w_2(u)\left(\boldsymbol{b}^\mathrm{T}\otimes\boldsymbol{e}_n^\mathrm{T}\right)\right]\right\} \\
&\quad + \frac{1}{c^{mn}}\sum_{i=1}^{mn}(-1)^{mn-i}\boldsymbol{L}_\delta^*[\rho_1,\cdots,\rho_i]\left(\prod_{l=i}^{mn}T_{\rho_l}\right)w_2(u)\left(\boldsymbol{b}^\mathrm{T}\otimes\boldsymbol{e}_n^\mathrm{T}\right), \quad u\geqslant 0,
\end{aligned} \tag{1.6.52}$$

其中 $\star$ 表示卷积算子.

注 1.6.5 如果 $m = 1$ 和 $Q(0) = 1$, 那么我们有 $\widehat{Q}(S) = 1$ 及 $k_2 = 0$. 因为 $\boldsymbol{\Phi}^{(2)}(u)$ 不需要在这里考虑, 所以 $\phi(u) = \boldsymbol{\alpha}\boldsymbol{\Phi}^{(1)}(u)$ 是间隔时间为相位型分布的 Sparre Andersen 更新风险模型的 Gerber-Shiu 期望折扣罚金函数.

4. 例

假设保险公司的初始盈余过程为 $U_0(t) = u + c_1 t - \sum_{i=1}^{N_1(t)} X_i$. 不失一般性, 我们也假设当前时间是初始时刻, 同时公司有机会接受一个再保险合同, 其收益过程为 $c_2 t - \sum_{i=1}^{N_2(t)} Y_i$. 现在的问题是公司是否接受该合同. 一个解决此问题的有效途径是比较接受此合同前后的破产概率大小.

考虑初始盈余过程为 $U_0(t) = u + c_1 t - \sum_{i=1}^{N_1(t)} X_i$, 这里 $\boldsymbol{\alpha} = (\alpha_1, \alpha_2)$, $\boldsymbol{A} = \begin{pmatrix} a_{11} & a_{12} \\ a_{21} & a_{22} \end{pmatrix}$, $\boldsymbol{a} = (a_1, a_2)$, 以及理赔量分布 P 是 $LS\widehat{P}(s) = \dfrac{\lambda}{s+\lambda}$ 的指数分布, 收益过程为 $c_2 t - \sum_{i=1}^{N_2(t)} Y_i$, 这里 $\boldsymbol{\beta} = (1)$, $\boldsymbol{B} = (b_{11})$, $\boldsymbol{b} = (b_1)$, 以及理赔量分布 Q 是 $LS\widehat{Q}(s) = \dfrac{\xi}{s+\xi}$ 的指数分布. 而采用这一再保险合同后的盈余过程为 $U_1(t) = u + (c_1 + c_2)t - \sum_{i=1}^{N_1(t)} X_i - \sum_{i=1}^{N_2(t)} Y_i$.

为得到破产概率, 我们假设 $\delta = 0$ 及 $\omega_1(x,y) = \omega_2(x,y) = 1$. 相应地, 得到 $w_1(x) = e^{-\lambda x}, w_2(x) = e^{-\xi x}$ 以及 $\widehat{w}_1(s) = \dfrac{1}{s+\lambda}, \widehat{w}_2(s) = \dfrac{1}{s+\xi}$. 两个过程 $U_0(t)$ 和 $U_1(t)$ 的破产概率分别记为 $\psi_0(u)$ 和 $\psi_1(u)$, 其表达式在本小节附录中给出.

以下令 $c_1 = 1$, $c_2 = 2$, $\boldsymbol{\alpha} = (0.5, 0.5)$, $\boldsymbol{\beta} = (1)$, $\boldsymbol{A} = \begin{pmatrix} -1 & 0.5 \\ 1 & -2 \end{pmatrix}$, $\boldsymbol{B} = (-2), \lambda = 1$, 以及 $\xi = 2$. 因为 $c_1 = 1 > E(X)/E(V) = 0.6667$ 及 $c_2 = 2 > E(Y)/E(L) = 1$, 容易看出正的安全负荷条件成立. 借助于 Matlab, 可以得到 $\rho_1^0 = 0, \rho_2^0 = 2.3229, R_1^0 = 1, R_2^0 = 0.3229, \rho_1^1 = 0, \rho_2^1 = 0.9863, R_1^1 = 1$ $R_2^1 = 1.584, R_3^1 = 1.5, R_4^1 = 0.569$, 且由 (A.2), (A.6) 和 (A.7), 我们分别有 $\boldsymbol{\Phi}_0^{(1)}(0) = \begin{pmatrix} 0.6457 \\ 0.7085 \end{pmatrix}$, $\boldsymbol{\Phi}_1^{(1)}(0) = \begin{pmatrix} 0.2019 \\ 0.2685 \end{pmatrix}$ 和 $\boldsymbol{\Phi}_1^{(2)}(0) = \begin{pmatrix} 0.3441 \\ 0.3234 \end{pmatrix}$.

作为结果, 对 $u \geqslant 0$, 从 (A.3), (A.8) 和 (A.9), 我们得到 $\boldsymbol{\Phi}_0^{(1)}(u)$, $\boldsymbol{\Phi}_1^{(1)}(u)$, $\boldsymbol{\Phi}_1^{(2)}(u)$ 的表达式

$$\boldsymbol{\Phi}_0^{(1)}(u) = \begin{pmatrix} 0.6457 \\ 0.7085 \end{pmatrix} e^{-0.3229u},$$

$$\boldsymbol{\Phi}_1^{(1)}(u) = \begin{pmatrix} -0.0556 \\ 0 \end{pmatrix} e^{-u} + \begin{pmatrix} -0.0160 \\ -0.1105 \end{pmatrix} e^{-1.584u}$$

1.6 具有相位型分布的风险模型

$$+\begin{pmatrix} -0.0746 \\ 0.0006 \end{pmatrix} \mathrm{e}^{-1.5u} + \begin{pmatrix} 0.3480 \\ 0.3785 \end{pmatrix} \mathrm{e}^{-0.569u},$$

$$\boldsymbol{\Phi}_1^{(2)}(u) = \begin{pmatrix} 0.0431 \\ 0.1598 \end{pmatrix} \mathrm{e}^{-1.5840u} + \begin{pmatrix} 0.1429 \\ 0.0012 \end{pmatrix} \mathrm{e}^{-1.5u}$$

$$+\begin{pmatrix} 0.1580 \\ 0.1624 \end{pmatrix} \mathrm{e}^{-0.5690u}.$$

因此, 从 (A.4) 和 (A.10) 推出

$$\psi_0(u) = \boldsymbol{\alpha} \boldsymbol{\Phi}_0^{(1)}(u) = 0.6771\mathrm{e}^{-0.3229u}, \quad u \geqslant 0,$$

$$\psi_1(u) = \boldsymbol{\alpha} \left(\boldsymbol{\Phi}_1^{(1)}(u) + \boldsymbol{\Phi}_1^{(2)}(u) \right)$$

$$= -0.0278\mathrm{e}^{-u} + 0.0382\mathrm{e}^{-1.584u} + 0.0351\mathrm{e}^{-1.5u}$$

$$+ 0.5234\mathrm{e}^{-0.569u}, \quad u \geqslant 0.$$

对不同的 $u \in [0, 20]$, 图 1.6.4 展示了破产概率 $\psi_0(u)$ 和 $\psi_1(u)$ 的曲线图. 由此图和关系式 $\dfrac{\psi_1(u)}{\psi_0(u)} = o(u)$, 我们可以发现因为对任何 $u \geqslant 0$, $\psi_1(u)$ 总是比 $\psi_0(u)$ 小, 所以无论初始时刻有多少初始准备金, 公司都应接受再保险合约. 直观上, 再保险期望收益率 $c_2 - E(Y)/E(L) = 1$ 大于初始保险公司的收益率 $c_1 - E(X)/E(V) = 0.3333$, 接受再保险合同是合理的.

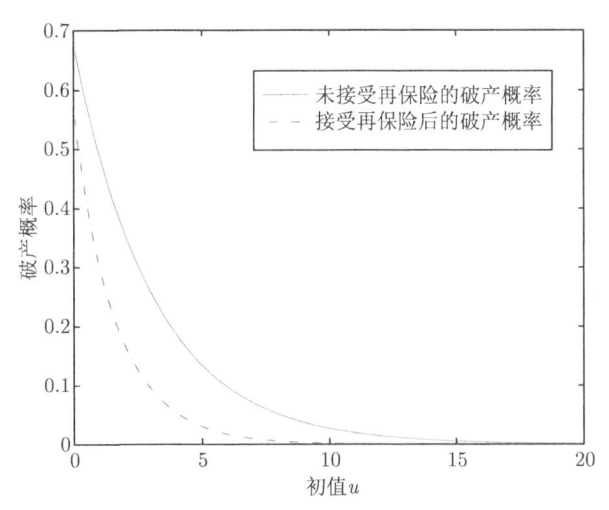

图 1.6.4 未接受和接受再保险后的两个破产概率

附录 A　关于 $\psi_0(u)$ 和 $\psi_1(u)$ 表达式

我们现在利用定理 1.6.8 来给出破产概率 $\psi_0(u)$ 和 $\psi_1(u)$ 的表达式.

首先利用我们的主要结果和方程 (1.6.52) 式后面的注 (注 1.6.5) 推导 $\psi_0(u)$.

从 (1.6.29) 我们有

$$\boldsymbol{L}_0(s) = \begin{pmatrix} c_1 s + a_{11} + \dfrac{a_1 \alpha_1 \lambda}{s+\lambda} & a_{12} + \dfrac{a_1 \alpha_2 \lambda}{s+\lambda} \\ a_{21} + \dfrac{a_2 \alpha_1 \lambda}{s+\lambda} & c_1 s + a_{22} + \dfrac{a_2 \alpha_2 \lambda}{s+\lambda} \end{pmatrix}. \tag{A.1}$$

现在有 $r_0(s) = (s+\lambda)^2$. 记方程 $r_0(s)\det[\boldsymbol{L}_0(s)] = 0$ 的根为 $\rho_1^0 = 0$, ρ_2^0, $-R_1^0$, $-R_2^0$, 且容易看出 $-R_1^0 = -\lambda$ 是其中的一个根.

从 (A.1) 我们得到

$$\boldsymbol{L}_0^*(s) = \begin{pmatrix} c_1 s + a_{22} + \dfrac{a_2 \alpha_2 \lambda}{s+\lambda} & -a_{12} - \dfrac{a_1 \alpha_2 \lambda}{s+\lambda} \\ -a_{21} - \dfrac{a_2 \alpha_1 \lambda}{s+\lambda} & c_1 s + a_{11} + \dfrac{a_1 \alpha_1 \lambda}{s+\lambda} \end{pmatrix},$$

然后再由 (1.6.33), (1.6.35), (1.6.37) 和 $\widehat{\omega}_1(s) = \dfrac{1}{s+\lambda}$, 我们有

$$\boldsymbol{\Phi}_0^{(1)}(0) = -\frac{1}{c_1(\rho_1^0+\lambda)(\rho_2^0+\lambda)} \boldsymbol{L}_0^*[\rho_1^0,\rho_2^0]^{-1} \boldsymbol{L}_0^*(\rho_1^0) \boldsymbol{a}^{\mathrm{T}} + \frac{1}{c_1(\rho_2^0+\lambda)} \boldsymbol{a}^{\mathrm{T}}. \tag{A.2}$$

从引理 1.6.1 和 $R_1^0 = \lambda$ 看出 $\boldsymbol{L}_0^*[\rho_1^0,\rho_2^0,s]r_0(s)$ 和 $(s+R_1^0)(s+R_2^0)$ 有公因子 $s+R_1^0$, 以及 $r_0(s)$ 和 $(s+R_1^0)(s+R_2^0)$ 也有公因子 $s+R_1^0$. 因此, 可以把 (1.6.43) 重新写为

$$\widehat{\boldsymbol{\Phi}}_0^{(1)}(s) = \frac{1}{c_1^2(s+R_2^0)} \bigg\{ \boldsymbol{L}_0^*[\rho_1^0,\rho_2^0,s](s+R_1^0)\left[c_1 \boldsymbol{\Phi}_0^{(1)}(0) - \widehat{\omega}_1(s)\boldsymbol{a}^{\mathrm{T}}\right] \\ - (s+R_1^0) \sum_{i=1}^{2} \boldsymbol{L}_0^*[\rho_1^0,\rho_i^0] \widehat{w}_1[\rho_i^0,\rho_2^0,s] \boldsymbol{a}^{\mathrm{T}} \bigg\}, \quad s \in \mathbb{C}.$$

再由 (1.6.44) 和 (1.6.45) 我们得到

$$\boldsymbol{M}_0^{(1)} = 0, \quad \boldsymbol{M}_0^{(2)} = \boldsymbol{L}_0^*[\rho_1^0,\rho_2^0,-R_2^0](R_1^0-R_2^0),$$
$$G_0^{(1)} = 0, \quad G_0^{(2)} = R_1^0 - R_2^0.$$

1.6 具有相位型分布的风险模型

因此，从 (1.6.51) 我们推导出

$$\begin{aligned}
&\boldsymbol{\Phi}_0^{(1)}(u)\\
&= \frac{1}{c_1^2} c_1 \mathrm{e}^{-R_2^0 u} \boldsymbol{M}_0^{(2)} \boldsymbol{\Phi}_0^{(1)}(0) - \frac{1}{c_1^2} \mathrm{e}^{-R_2^0 u} \star w_1(u) \boldsymbol{M}_0^{(2)} \boldsymbol{a}^{\mathrm{T}}\\
&\quad + \frac{1}{c_1^2} G_0^{(2)} \left[\sum_{i=1}^{2} (-1)^{2-i} \boldsymbol{L}_0^* \left[\rho_1^0, \rho_i^0\right] \mathrm{e}^{-R_2^0 u} \star \left(\prod_{l=i}^{2} T_{\rho_l^0}\right) w_1(u) \right] \boldsymbol{a}^{\mathrm{T}}\\
&\quad + \frac{1}{c_1^2} \sum_{i=1}^{2} (-1)^{2-i} \boldsymbol{L}_0^* \left[\rho_1^0, \rho_i^0\right] \left(\prod_{l=i}^{2} T_{\rho_l^0}\right) w_1(u) \boldsymbol{a}^{\mathrm{T}}\\
&= \frac{1}{c_1} \boldsymbol{M}_0^{(2)} \boldsymbol{\Phi}_0^{(1)}(0) \mathrm{e}^{-R_2^0 u} - \frac{1}{c_1^2} G_0^{(2)} \boldsymbol{L}_0^*\left(\rho_1^0\right) \boldsymbol{a}^{\mathrm{T}} \mathrm{e}^{-R_2^0 u} \star \left(T_{\rho_1^0} T_{\rho_2^0}\right) w_1(u)\\
&\quad - \frac{1}{c_1^2} \boldsymbol{M}_0^{(2)} \boldsymbol{a}^{\mathrm{T}} \mathrm{e}^{-R_2^0 u} \star w_1(u) + \frac{1}{c_1^2} G_0^{(2)} \boldsymbol{L}_0^* \left[\rho_1^0, \rho_2^0\right] \boldsymbol{a}^{\mathrm{T}} \mathrm{e}^{-R_2^0 u} \star T_{\rho_2^0} w_1(u)\\
&\quad - \frac{1}{c_1^2} \boldsymbol{L}_0^*\left(\rho_1^0\right) \boldsymbol{a}^{\mathrm{T}} \left(T_{\rho_1^0} T_{\rho_2^0}\right) w_1(u) + \frac{1}{c_1^2} \boldsymbol{L}_0^* \left[\rho_1^0, \rho_2^0\right] \boldsymbol{a}^{\mathrm{T}} T_{\rho_2^0} w_1(u)\\
&= \frac{1}{c_1} \boldsymbol{M}_0^{(2)} \boldsymbol{\Phi}_0^{(1)}(0) \mathrm{e}^{-R_2^0 u} - \frac{1}{c_1^2} G_0^{(2)} \boldsymbol{L}_0^*\left(\rho_1^0\right) \boldsymbol{a}^{\mathrm{T}} \frac{\mathrm{e}^{-\lambda u} - \mathrm{e}^{-R_2^0 u}}{\left(\rho_1^0+\lambda\right)\left(\rho_2^0+\lambda\right)\left(R_2^0-\lambda\right)}\\
&\quad - \frac{1}{c_1^2} \boldsymbol{M}_0^{(2)} \boldsymbol{a}^{\mathrm{T}} \frac{\mathrm{e}^{-\lambda u} - \mathrm{e}^{-R_2^0 u}}{R_2^0-\lambda} + \frac{1}{c_1^2} G_0^{(2)} \boldsymbol{L}_0^* \left[\rho_1^0, \rho_2^0\right] \boldsymbol{a}^{\mathrm{T}} \frac{\mathrm{e}^{-\lambda u} - \mathrm{e}^{-R_2^0 u}}{\left(\rho_2^0+\lambda\right)\left(R_2^0-\lambda\right)}\\
&\quad - \frac{1}{c_1^2} \boldsymbol{L}_0^*\left(\rho_1^0\right) \boldsymbol{a}^{\mathrm{T}} \frac{\mathrm{e}^{-\lambda u}}{\left(\rho_2^0+\lambda\right)\left(\rho_1^0+\lambda\right)} + \frac{1}{c_1^2} \boldsymbol{L}_0^* \left[\rho_1^0, \rho_2^0\right] \boldsymbol{a}^{\mathrm{T}} \frac{\mathrm{e}^{-\lambda u}}{\rho_2^0+\lambda}\\
&= \left[\frac{G_0^{(2)} \boldsymbol{L}_0^*\left(\rho_1^0\right) \boldsymbol{a}^{\mathrm{T}}}{c_1^2 \left(\rho_1^0+\lambda\right)\left(\rho_2^0+\lambda\right)\left(\lambda-R_2^0\right)} + \frac{G_0^{(2)} \boldsymbol{L}_0^* \left[\rho_1^0, \rho_2^0\right] \boldsymbol{a}^{\mathrm{T}}}{c_1^2 \left(\rho_2^0+\lambda\right)\left(R_2^0-\lambda\right)} \right.\\
&\quad \left. + \frac{\boldsymbol{M}_0^{(2)} \boldsymbol{a}^{\mathrm{T}}}{c_1^2 \left(\lambda-R_2^0\right)} - \frac{\boldsymbol{L}_0^*\left(\rho_1^0\right) \boldsymbol{a}^{\mathrm{T}}}{c_1^2 \left(\rho_1^0+\lambda\right)\left(\rho_2^0+\lambda\right)} + \frac{\boldsymbol{L}_0^* \left[\rho_1^0, \rho_2^0\right] \boldsymbol{a}^{\mathrm{T}}}{c_1^2 \left(\rho_2^0+\lambda\right)} \right] \mathrm{e}^{-\lambda u}\\
&\quad + \left[\frac{1}{c_1} \boldsymbol{M}_0^{(2)} \boldsymbol{\Phi}_0^{(1)}(0) + \frac{\boldsymbol{M}_0^{(2)} \boldsymbol{a}^{\mathrm{T}}}{c_1^2 \left(R_2^0-\lambda\right)} + \frac{G_0^{(2)} \boldsymbol{L}_0^*\left(\rho_1^0\right) \boldsymbol{a}^{\mathrm{T}}}{c_1^2 \left(\rho_1^0+\lambda\right)\left(\rho_2^0+\lambda\right)\left(R_2^0-\lambda\right)} \right.\\
&\quad \left. - \frac{G_0^{(2)} \boldsymbol{L}_0^* \left[\rho_1^0, \rho_2^0\right] \boldsymbol{a}^{\mathrm{T}}}{c_1^2 \left(\rho_2^0+\lambda\right)\left(R_2^0-\lambda\right)} \right] \mathrm{e}^{-R_2^0 u}. \tag{A.3}
\end{aligned}$$

因此，我们得到 $\psi_0(u)$ 的表达式为

$$\psi_0(u) = \boldsymbol{\alpha} \boldsymbol{\Phi}_0^{(1)}(u), \tag{A.4}$$

这里 $\boldsymbol{\Phi}_0^{(1)}(u)$ 由 (A.3) 给出.

应用相同讨论, 我们可得到关于 $\psi_1(u)$ 的如下表示式.

从 (1.6.29) 我们得到

$$\boldsymbol{L}_1(s) = \begin{pmatrix} cs + a_{11} + b_{11} + \dfrac{a_1\alpha_1\lambda}{s+\lambda} + \dfrac{b_1\xi}{s+\xi} & a_{12} + \dfrac{a_1\alpha_2\lambda}{s+\lambda} \\ a_{21} + \dfrac{a_2\alpha_1\lambda}{s+\lambda} & cs + a_{22} + b_{11} + \dfrac{a_2\alpha_2\lambda}{s+\lambda} + \dfrac{b_1\xi}{s+\xi} \end{pmatrix},$$
(A.5)

其中 $c = c_1 + c_2$. 我们现在有 $r_1(s) = (s+\lambda)^2(s+\xi)^2$, $r_1(s)\det[\boldsymbol{L}_1(s)] = 0$ 的根为 $\rho_1^1 = 0, \rho_2^1, -R_1^1 = -\lambda, -R_2^1, -R_3^1$ 和 $-R_4^1$. 从 (A.5) 我们可得

$$\boldsymbol{L}_1^*(s) = \begin{pmatrix} cs + a_{22} + b_{11} + \dfrac{a_2\alpha_2\lambda}{s+\lambda} + \dfrac{b_1\xi}{s+\xi} & -a_{12} - \dfrac{a_1\alpha_2\lambda}{s+\lambda} \\ -a_{21} - \dfrac{a_2\alpha_1\lambda}{s+\lambda} & cs + a_{11} + b_{11} + \dfrac{a_1\alpha_1\lambda}{s+\lambda} + \dfrac{b_1\xi}{s+\xi} \end{pmatrix},$$

然后再由 (1.6.33), (1.6.35)—(1.6.37), $\widehat{w}_1(s) = \dfrac{1}{s+\lambda}$ 以及 $\widehat{w}_2(s) = \dfrac{1}{s+\xi}$ 得到

$$\boldsymbol{\Phi}_1^{(1)}(0) = -\dfrac{1}{c(\rho_1^1+\lambda)(\rho_2^1+\lambda)}\boldsymbol{L}_1^*[\rho_1^1,\rho_2^1]^{-1}\boldsymbol{L}_1^*(\rho_1^1)\boldsymbol{a}^{\mathrm{T}} + \dfrac{1}{c(\rho_2^1+\lambda)}\boldsymbol{a}^{\mathrm{T}}, \quad \text{(A.6)}$$

$$\boldsymbol{\Phi}_1^{(2)}(0) = -\dfrac{1}{c(\rho_1^1+\xi)(\rho_2^1+\xi)}\boldsymbol{L}_1^*[\rho_1^1,\rho_2^1]^{-1}\boldsymbol{L}_1^*(\rho_1^1)\begin{pmatrix} b_1 \\ b_1 \end{pmatrix} + \dfrac{1}{c(\rho_2^1+\xi)}\begin{pmatrix} b_1 \\ b_1 \end{pmatrix}.$$
(A.7)

利用 $R_1^1 = \lambda$ 和引理 1.6.1, 可以看出 $\boldsymbol{L}_1^*[\rho_1^1,\rho_2^1,s]r_1(s)$ 和 $\prod_{i=1}^4(s+R_i^1)$ 有相同因子 $s+R_1^1$ 以及 $r_1(s)$ 和 $\prod_{i=1}^4(s+R_i^1)$ 也有相同因子 $s+R_1^1$. 现在可以把 (1.6.43) 重新写为

$$\widehat{\boldsymbol{\Phi}}_1^{(1)}(s)$$
$$= \dfrac{1}{c^2\prod_{i=2}^4(s+R_i^1)}\left\{\boldsymbol{L}_1^*[\rho_1^1,\rho_2^1,s](s+R_1^1)(s+\xi)^2\left[c\boldsymbol{\Phi}_1^{(1)}(0) - \widehat{w}_1(s)\boldsymbol{a}^{\mathrm{T}}\right]\right.$$
$$\left. - (s+R_1^1)(s+\xi)^2\sum_{i=1}^2\boldsymbol{L}_1^*[\rho_1^1,\rho_i^1]\widehat{w}_1[\rho_i^1,\rho_2^1,s]\boldsymbol{a}^{\mathrm{T}}\right\}, \quad s \in \mathbb{C}.$$

然后再从 (1.6.44) 和 (1.6.45) 得到

$$G_1^{(1)} = 0, \quad G_1^{(2)} = \dfrac{(R_1^1-R_2^1)(\xi-R_2^1)^2}{(R_3^1-R_2^1)(R_4^1-R_2^1)},$$

1.6 具有相位型分布的风险模型

$$G_1^{(3)} = \frac{(R_1^1 - R_3^1)(\xi - R_3^1)^2}{(R_2^1 - R_3^1)(R_4^1 - R_3^1)}, \quad G_1^{(4)} = \frac{(R_1^1 - R_4^1)(\xi - R_4^1)^2}{(R_2^1 - R_4^1)(R_3^1 - R_4^1)},$$

$$\boldsymbol{M}_1^{(1)} = 0, \quad \boldsymbol{M}_1^{(2)} = \frac{\boldsymbol{L}_1^*\left[\rho_1^1, \rho_2^1, -R_2^1\right](R_1^1 - R_2^1)(\xi - R_2^1)^2}{(R_3^1 - R_2^1)(R_4^1 - R_2^1)},$$

$$\boldsymbol{M}_1^{(3)} = \frac{\boldsymbol{L}_1^*\left[\rho_1^1, \rho_2^1, -R_3^1\right](R_1^1 - R_3^1)(\xi - R_3^1)^2}{(R_2^1 - R_3^1)(R_4^1 - R_3^1)},$$

$$\boldsymbol{M}_1^{(4)} = \frac{\boldsymbol{L}_1^*\left[\rho_1^1, \rho_2^1, -R_4^1\right](R_1^1 - R_4^1)(\xi - R_4^1)^2}{(R_2^1 - R_4^1)(R_3^1 - R_4^1)}.$$

因此, 从定理 1.6.8 我们可以推出

$$\boldsymbol{\Phi}_1^{(1)}(u)$$
$$= \frac{1}{c^2}\sum_{k=2}^{4} ce^{-R_k^1 u}\boldsymbol{M}_1^{(k)}\boldsymbol{\Phi}_1^{(1)}(0) - \frac{1}{c^2}\sum_{k=2}^{4} e^{-R_k^1 u} \star w_1(u)\boldsymbol{M}_1^{(k)}\boldsymbol{a}^{\mathrm{T}}$$
$$+ \frac{1}{c^2}\sum_{k=2}^{4} G_1^{(k)}\left[\sum_{i=1}^{2}(-1)^{2-i}\boldsymbol{L}_1^*\left[\rho_1^1, \rho_i^1\right]\mathrm{e}^{-R_k^1 u} \star \left(\prod_{l=i}^{2} T_{\rho_l^1}\right)w_1(u)\right]\boldsymbol{a}^{\mathrm{T}}$$
$$+ \frac{1}{c^2}\sum_{i=1}^{2}(-1)^{2-i}\boldsymbol{L}_1^*\left[\rho_1^1, \rho_i^1\right]\left(\prod_{l=i}^{2} T_{\rho_l^1}\right)w_1(u)\boldsymbol{a}^{\mathrm{T}}$$
$$= \frac{1}{c}\sum_{k=2}^{4}\boldsymbol{M}_1^{(k)}\boldsymbol{\Phi}_1^{(1)}(0)\mathrm{e}^{-R_k^1 u} - \frac{1}{c^2}\sum_{k=2}^{4} G_1^{(k)}\boldsymbol{L}_1^*\left(\rho_1^1\right)\boldsymbol{a}^{\mathrm{T}}\mathrm{e}^{-R_k^1 u} \star \left(T_{\rho_1^1}T_{\rho_2^1}\right)w_1(u)$$
$$- \frac{1}{c^2}\sum_{k=2}^{4}\boldsymbol{M}_1^{(k)}\boldsymbol{a}^{\mathrm{T}}\mathrm{e}^{-R_k^1 u} \star w_1(u) + \frac{1}{c^2}\sum_{k=2}^{4} G_1^{(k)}\boldsymbol{L}_1^*\left[\rho_1^1, \rho_2^1\right]\boldsymbol{a}^{\mathrm{T}}\mathrm{e}^{-R_k^1 u} \star T_{\rho_2^1}w_1(u)$$
$$- \frac{1}{c^2}\boldsymbol{L}_1^*\left(\rho_1^1\right)\boldsymbol{a}^{\mathrm{T}}\left(T_{\rho_1^1}T_{\rho_2^1}\right)w_1(u) + \frac{1}{c^2}\boldsymbol{L}_1^*\left[\rho_1^1, \rho_2^1\right]\boldsymbol{a}^{\mathrm{T}}T_{\rho_2^1}w_1(u)$$
$$= \frac{1}{c}\sum_{k=2}^{4}\boldsymbol{M}_1^{(k)}\boldsymbol{\Phi}_1^{(1)}(0)\mathrm{e}^{-R_k^1 u} - \frac{1}{c^2}\sum_{k=2}^{4}\boldsymbol{M}_1^{(k)}\boldsymbol{a}^{\mathrm{T}}\frac{\mathrm{e}^{-\lambda u} - \mathrm{e}^{-R_k^1 u}}{R_k^1 - \lambda}$$
$$- \frac{1}{c^2}\sum_{k=2}^{4} G_1^{(k)}\boldsymbol{L}_1^*\left(\rho_1^1\right)\boldsymbol{a}^{\mathrm{T}}\frac{\mathrm{e}^{-\lambda u} - \mathrm{e}^{-R_k^1 u}}{(\rho_1^1 + \lambda)(\rho_2^1 + \lambda)(R_k^1 - \lambda)}$$
$$+ \frac{1}{c^2}\sum_{k=2}^{4} G_1^{(k)}\boldsymbol{L}_1^*\left[\rho_1^1, \rho_2^1\right]\boldsymbol{a}^{\mathrm{T}}\frac{\mathrm{e}^{-\lambda u} - \mathrm{e}^{-R_k^1 u}}{(\rho_2^1 + \lambda)(R_k^1 - \lambda)}$$

$$
\begin{aligned}
&-\frac{1}{c^2}\boldsymbol{L}_1^*\left(\rho_1^1\right)\boldsymbol{a}^{\mathrm{T}}\frac{\mathrm{e}^{-\lambda u}}{(\rho_1^1+\lambda)(\rho_2^1+\lambda)}+\frac{1}{c^2}\boldsymbol{L}_1^*\left[\rho_1^1,\rho_2^1\right]\boldsymbol{a}^{\mathrm{T}}\frac{\mathrm{e}^{-\lambda u}}{\rho_2^1+\lambda}\\
=&\left[\frac{1}{c^2}\sum_{k=2}^{4}\frac{\boldsymbol{M}_1^{(k)}\boldsymbol{a}^{\mathrm{T}}}{\lambda-R_k^1}+\frac{1}{c^2\left(\rho_1^1+\lambda\right)\left(\rho_2^1+\lambda\right)}\sum_{k=2}^{4}\frac{G_1^{(k)}\boldsymbol{L}_1^*\left(\rho_1^1\right)\boldsymbol{a}^{\mathrm{T}}}{\lambda-R_k^1}+\frac{\boldsymbol{L}_1^*\left[\rho_1^1,\rho_2^1\right]\boldsymbol{a}^{\mathrm{T}}}{c^2\left(\rho_2^1+\lambda\right)}\right.\\
&\left.+\frac{1}{c^2\left(\rho_2^1+\lambda\right)}\sum_{k=2}^{4}\frac{G_1^{(k)}\boldsymbol{L}_1^*\left[\rho_1^1,\rho_2^1\right]\boldsymbol{a}^{\mathrm{T}}}{(R_k^1-\lambda)}-\frac{\boldsymbol{L}_1^*\left(\rho_1^1\right)\boldsymbol{a}^{\mathrm{T}}}{c^2\left(\rho_1^1+\lambda\right)\left(\rho_2^1+\lambda\right)}\right]\mathrm{e}^{-\lambda u}\\
&+\sum_{k=2}^{4}\left[\frac{1}{c}\boldsymbol{M}_1^{(k)}\boldsymbol{\Phi}_1^{(1)}(0)+\frac{\boldsymbol{M}_1^{(k)}\boldsymbol{a}^{\mathrm{T}}}{c^2\left(R_k^1-\lambda\right)}+\frac{G_1^{(k)}\boldsymbol{L}_1^*\left(\rho_1^1\right)\boldsymbol{a}^{\mathrm{T}}}{c^2\left(\rho_1^1+\lambda\right)\left(\rho_2^1+\lambda\right)\left(R_k^1-\lambda\right)}\right.\\
&\left.-\frac{G_1^{(k)}L_1^*\left[\rho_1^1,\rho_2^1\right]\boldsymbol{a}^{\mathrm{T}}}{c^2\left(\rho_2^1+\lambda\right)\left(R_k^1-\lambda\right)}\right]\mathrm{e}^{-R_k^1 u},
\end{aligned}\tag{A.8}
$$

类似地,

$$
\begin{aligned}
&\boldsymbol{\Phi}_1^{(2)}(u)\\
=&\left[\frac{1}{c^2}\sum_{k=2}^{4}\frac{\boldsymbol{M}_1^{(k)}}{\xi-R_k^1}\begin{pmatrix}b_1\\b_1\end{pmatrix}+\frac{1}{c^2\left(\rho_1^1+\xi\right)\left(\rho_2^1+\xi\right)}\sum_{k=2}^{4}\frac{G_1^{(k)}\boldsymbol{L}_1^*\left(\rho_1^1\right)}{\xi-R_k^1}\begin{pmatrix}b_1\\b_1\end{pmatrix}\right.\\
&+\frac{1}{c^2\left(\rho_2^1+\xi\right)}\sum_{k=2}^{4}\frac{G_1^{(k)}\boldsymbol{L}_1^*\left[\rho_1^1,\rho_2^1\right]}{(R_k^1-\xi)}\begin{pmatrix}b_1\\b_1\end{pmatrix}-\frac{\boldsymbol{L}_1^*\left(\rho_1^1\right)}{c^2\left(\rho_1^1+\xi\right)\left(\rho_2^1+\xi\right)}\begin{pmatrix}b_1\\b_1\end{pmatrix}\\
&\left.+\frac{\boldsymbol{L}_1^*\left[\rho_1^1,\rho_2^1\right]}{c^2\left(\rho_2^1+\xi\right)}\begin{pmatrix}b_1\\b_1\end{pmatrix}\right]\mathrm{e}^{-\lambda u}+\sum_{k=2}^{4}\left[\frac{1}{c}\boldsymbol{M}_1^{(k)}\boldsymbol{\Phi}_1^{(2)}(0)+\frac{\boldsymbol{M}_1^{(k)}}{c^2\left(R_k^1-\xi\right)}\begin{pmatrix}b_1\\b_1\end{pmatrix}\right.\\
&\left.+\frac{G_1^{(k)}\boldsymbol{L}_1^*\left(\rho_1^1\right)}{c^2\left(\rho_1^1+\xi\right)\left(\rho_2^1+\xi\right)\left(R_k^1-\xi\right)}\begin{pmatrix}b_1\\b_1\end{pmatrix}-\frac{G_1^{(k)}\boldsymbol{L}_1^*\left[\rho_1^1,\rho_2^1\right]}{c^2\left(\rho_2^1+\xi\right)\left(R_k^1-\xi\right)}\begin{pmatrix}b_1\\b_1\end{pmatrix}\right]\mathrm{e}^{-R_k^1 u}.
\end{aligned}\tag{A.9}
$$

所以, 函数 $\psi_1(u)$ 可以由下式得到

$$\psi_1(u)=\boldsymbol{\alpha}\left(\boldsymbol{\Phi}_1^{(1)}(u)+\boldsymbol{\Phi}_1^{(2)}(u)\right),\tag{A.10}$$

其中 $\boldsymbol{\Phi}_1^{(1)}(u)$ 和 $\boldsymbol{\Phi}_1^{(2)}(u)$ 分别由 (A.8) 和 (A.9) 给出.

在 (1.6.22) 中令 $m=1$ 及 $Q(0)=1$, 我们可得间隔时间为相位型分布的著名 Sparre Andersen 模型, 该模型被许多作者所研究. 例如, 参见 (Ren, 2007). 对任意非负初始盈余情形, Ren (2007) 依据某些特定形式的折扣罚金函数推导出一个关于破产前盈余和在破产时刻亏损的联合贴现密度的简单矩阵形式表达式. Ko

(2007) 通过在时间 t 和 $t+dt$ 之间关于是否有一次转移或有理赔发生取条件, 给出了 (Ren, 2007) 中的积分-微分方程的详细推导. 给定大于初始值的目标水平, Li (2008) 得到了一使得盈余过程首次达到给定目标时刻的拉普拉斯变换的矩阵表达式. 基于此结果, Li (2008) 研究破产后恢复时间的拉普拉斯变换, 破产前盈余达到某一水平的概率和破产时最大亏损分布. (Albrecher and Boxma, 2005) 中研究了一类半马尔可夫风险模型的 Gerber-Shiu 期望折扣罚金函数. 该类模型包含了具有间隔时间为相位型分布的 Sparre Andersen 模型.

注 1.6.6 1.6.2 小节的内容主要选自 (Ji and Zhang, 2010).

1.6.3 带阈值分红策略的更新跳-扩散过程

我们考虑下述跳-扩散过程

$$U(t) = u + ct + \sigma B(t) - \sum_{i=1}^{N(t)} X_i, \quad t \geqslant 0, \tag{1.6.53}$$

这里 $\{ct + \sigma B(t), t \geqslant 0\}$ 是漂移系数为 c、扩散系数为 $\sigma > 0$ 的布朗运动, 刻画盈余过程以非线性的方式累积保费, 累积理赔过程 $S(t) = \sum_{i=1}^{N(t)} X_i$ 是一个复合更新过程. 我们假设其到达间隔时间分布是 m 阶相位型分布 $PH(\boldsymbol{\alpha}, \boldsymbol{A})$, 而理赔量分布是 n 阶相位型分布 $PH(\boldsymbol{\beta}, \boldsymbol{B})$. 并且总体上, 我们假设 $\{B(t)\}$, $\{N(t)\}$ 和 $\{X_i\}$ 独立.

保险风险模型的分红策略首先由 De Finetti (1957) 引入, 该模型可以更真实反映保险组合中盈余过程的现金流. 在分红问题上, 阈值策略是特别重要的分红策略之一, 根据定义, 在此策略下当盈余低于常值边界时则不支付任何红利, 而当盈余超出常数阈值边界时, 公司将以约定的低于纯保费收益率的速率连续进行支付红利.

我们在 Badescu 等 (2007) 的线性模型基础上引入布朗运动, 以概率方法研究带阈值分红策略的模型 (1.6.53). 相关文献中, Gao 和 Yin (2008) 用积分-微分方程的方法研究了带干扰埃尔朗风险模型的分红函数和其它主要精算量. 我们将模型推广到索赔间隔时间为相位型分布, 并运用所构造随机流的马尔可夫性来分析问题. 在分红水平为 b 及分红率为 d 的阈值分红策略下, 分红修正后的盈余过程 $\{U_b(t), t \geqslant 0\}$ 可以表示为

$$dU_b(t) = \begin{cases} c_1 dt + \sigma B(dt) - dS(t), & U_b(t) > b, \\ c_2 dt + \sigma B(dt) - dS(t), & U_b(t) \leqslant b, \end{cases} \tag{1.6.54}$$

这里 $c_1 = c - d$ 及 $c_2 = c$. $\tau_0 = \inf\{t > 0 : U_b(t) \leqslant 0\}$ (若集合为空集, 则 $\tau_0 = \infty$)

为破产时间. 令 $D(t)$ 表示直到时刻 t 所支付的累积分红量, 则我们有

$$D(t) = d\int_0^t I\{U_b(s) > b\}ds, \qquad (1.6.55)$$

其中 $I\{A\}$ 是集合 A 的示性函数, 而期望贴现分红函数为

$$V(u,b) = E\left[\int_0^{\tau_0} e^{-\delta s}D(ds)\Big|U_b(0) = u\right], \quad \text{其中 } \delta > 0, u \in [0,\infty). \qquad (1.6.56)$$

本段主要是求解 $V(u,b)$ 以及破产时间的拉普拉斯变换.

1. 风险过程动态分析

我们仍以 $PH(\boldsymbol{\pi},\boldsymbol{T})$ (或 $PH(\boldsymbol{\pi},\boldsymbol{T},\Xi)$) 表示相位型分布. 这里, 记该马氏链的状态空间为 $\Xi \cup \{\Delta\}$, Δ 为吸收态. 初始分布为 $(\boldsymbol{\pi},0)$, 而相应的强度矩阵为 $\begin{pmatrix} \boldsymbol{T} & \boldsymbol{t} \\ \boldsymbol{0} & 0 \end{pmatrix}$, 其中 $\boldsymbol{t} = -\boldsymbol{T}\boldsymbol{e}$, $\boldsymbol{e}$ 是各分量均为 1 的列向量.

仍利用处理相位型分布问题的一般想法将其与随机流模型建立联系, 即构造一个马氏过程来刻画目标过程的关键性变化. 对于我们所关注的盈余过程 (1.6.53), 定义如下的二元过程 $(J(t), R(t))$.

在模型定义中索赔间隔时间和索赔量均为相位型随机变量, 参数分别为 $PH(\boldsymbol{\alpha},\boldsymbol{A})$ 和 $PH(\boldsymbol{\beta},\boldsymbol{B})$, 不妨记 Ξ_1, Ξ_2 为相应马氏链的非吸收状态集, 状态空间的维数分别为 m 和 n. 接下来, 定义随机流过程如下. 首先, 我们定义 $\{J(t)\}$ 为在 $\Xi = \Xi_1 \cup \Xi_2$ 上取值的马氏链, 对应的初值分布为 $(\boldsymbol{\alpha},\boldsymbol{0})$, 强度矩阵为 $\begin{pmatrix} \boldsymbol{A} & \boldsymbol{a}\boldsymbol{\beta} \\ \boldsymbol{b}\boldsymbol{\alpha} & \boldsymbol{B} \end{pmatrix}$, 其中 $\boldsymbol{a} = -\boldsymbol{A}\boldsymbol{e}$, $\boldsymbol{b} = -\boldsymbol{B}\boldsymbol{e}$. 然后定义过程 $R(t)$ 满足, $R(0) = U(0)$, 当 $J(t) = i \in \Xi_1$ 时, $dR(t) = cdt + \sigma B(dt)$, 当 $J(t) = i \in \Xi_2$ 时, $R(t)$ 以速率 -1 线性减少. R 过程在参考文献中亦被称为马尔可夫调节过程. 我们可以从图 1.6.5 对比出 $U(t)$ 和 $R(t)$ 的轨道变化规律.

我们定义阈值分红策略下的 $R_b(t)$ 过程, 为满足如下方程的随机过程

$$dR_b(t) = \begin{cases} c_1 dt + \sigma B(dt), & R_b(t) > b \text{ 且 } J(t) \in \Xi_1, \\ c_2 dt + \sigma B(dt), & R_b(t) \leqslant b \text{ 且 } J(t) \in \Xi_1, \\ -dt, & J(t) \in \Xi_2. \end{cases} \qquad (1.6.57)$$

显然 $\{R(t), R_b(t)\}$ 与 $\{U(t), U_b(t)\}$ 的轨道极为相似, 只是它们的时间轴不同, 因此如下等式成立:

$$\left\{\inf_{t>0} U_b(t) < 0\right\} = \left\{\inf_{t>0} R_b(t) < 0\right\},$$

1.6 具有相位型分布的风险模型

一个直接的结论是它们关于破产事件的刻画是一致的. 而且由于 $\{R(t), R_b(t)\}$ 具有连续的轨道, 因而相比于 $\{U(t), U_b(t)\}$ 更方便讨论. 下面我们将主要研究 $\{J(t), R_b(t)\}$.

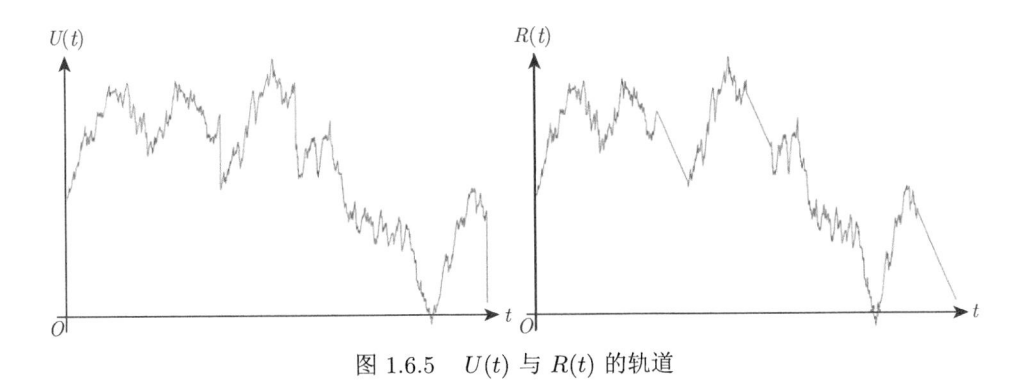

图 1.6.5　$U(t)$ 与 $R(t)$ 的轨道

值得一提的是, 不难发现我们的模型可以进行以下推广:

- 不失一般性, $\{J(t)\}$ 是有限状态的不可约马氏链即可, 即强度矩阵可以一般化;
- 盈余过程的漂移系数和扩散系数可依赖于马氏链, 即当 $J(t) = i \in \Xi_1$ 时, 原过程的 (c, σ) 可取值为 (c_i, σ_i).

由于过程轨道连续, 我们可定义 $\{J(t), R_b(t)\}$ 的首中时以及占位时为

$$T_x = \inf\{t > 0 : R_b(t) = x\}, \quad e(t) = \int_0^t I\{J(s) \in \Xi_1\}ds, \tag{1.6.58}$$

则 $e(t)$ 等于原始盈余过程 U_b 在相应位置经历的实际时间, 而且

$$\left\{\inf_{0 < s \leqslant t} R_b(s) < 0\right\} = \left\{\inf_{0 < s \leqslant e(t)} U_b(s) < 0\right\},$$

因此我们有 $e(T_0) = \tau_0$.

符号注记

- $\boldsymbol{I}_n$ 表示 $n \times n$ 单位矩阵, 简记为 $\boldsymbol{I}$. $\boldsymbol{e}$ 表示各分量均为 1 的列向量, $\boldsymbol{e}_i = \text{col}_i \boldsymbol{I}$. 矩阵 $\boldsymbol{M}$ 的第 (i,j) 元素记为 m_{ij} 或者 $\text{ent}_{ij}\boldsymbol{M}$, 因此也记 $\boldsymbol{M} = (m_{ij})$. 矩阵的转置记为 $\boldsymbol{M}'$. 给定向量 $\boldsymbol{s} = (s_i)$, 我们记 $\boldsymbol{\Delta}_{\boldsymbol{s}}$ 为以 s_i 为对角线元素的对角矩阵, 所以

$$\boldsymbol{\Delta}_{\boldsymbol{\sigma}^2/2} = (\sigma_i^2/2)_{\text{diag}}, \quad \boldsymbol{\Delta}_{\boldsymbol{c}} = (c_i)_{\text{diag}}, \quad \boldsymbol{\Delta}_{\boldsymbol{A}} = (-a_{ii})_{\text{diag}}, \quad \boldsymbol{\Delta}_{\boldsymbol{B}} = (-b_{ii})_{\text{diag}} \text{ 等}.$$

依据马氏链强度矩阵的概率意义, $\boldsymbol{\Delta}_A, \boldsymbol{\Delta}_B$ 分别表示马氏链 J 在 Ξ_1 和 Ξ_2 中某一状态持续停留等待时间的强度矩阵, 而

$$\widetilde{\boldsymbol{A}} = \boldsymbol{\Delta}_A^{-1}\boldsymbol{A} + \boldsymbol{I}, \quad \widetilde{\boldsymbol{B}} = \boldsymbol{\Delta}_B^{-1}\boldsymbol{B} + \boldsymbol{I}, \quad \widetilde{\boldsymbol{a}} = \boldsymbol{\Delta}_A^{-1}\boldsymbol{a}, \quad \widetilde{\boldsymbol{b}} = \boldsymbol{\Delta}_B^{-1}\boldsymbol{b},$$

则表示当状态发生改变时相应的转移概率矩阵.

- 给定 $\{J(t), R_b(t)\}$ 生成的 σ-代数 $\{\mathfrak{F}_t\}$, 以及关于 $\{\mathcal{F}_t\}$ 停时 S, 让 $\xi \in \mathcal{F}$ 在集合 $\{S < \infty\}$ 上, 我们定义 $\boldsymbol{E}^x[\xi]$ 为 $|\Xi| \times |\Xi|$ 维矩阵, 其矩阵元素位置与 $(J(0), J(S))$ 的值一一对应; 在集合 $\{S = \infty\}$ 上, 我们定义它为 $|\Xi|$ 维列向量, 其元素位置与 $J(0)$ 的值一一对应. 例如 (1.6.58) 中定义的首中时 T_x, 有如下具体的形式, 约定 $\mathrm{e}^{-\infty} = 0$.

- $\boldsymbol{E}^x\big[e^{-\delta e(T_y)}; \boldsymbol{T}_y < \boldsymbol{T}_z\big] = \big(E_{ij}^x\big[e^{-\delta e(T_y)}; \boldsymbol{T}_y < \boldsymbol{T}_z\big]\big)$ 是一个矩阵函数, 其 (i,j) 位置的元素为

$$E_i^x\big[\mathrm{e}^{-\delta e(T_y)}; T_y < T_z, J(T_y) = j\big]$$
$$= E\big[\mathrm{e}^{-\delta e(T_y)}; T_y < T_z, J(T_y) = j \big| R_b(0) = x, J(0) = i\big].$$

类似地, 可以定义如下函数

$$\boldsymbol{P}^x\big(\boldsymbol{T_0} < \infty\big), \quad \boldsymbol{E}^x\big[e^{-\delta e(T_y)}; \boldsymbol{T}_z < \boldsymbol{T}_y\big], \quad \boldsymbol{E}^x\big[e^{-\delta e(T_y)}\big], \quad \text{等等.}$$

$\boldsymbol{P}^x(\boldsymbol{T_0} = \infty) = \big(P_i^x(\boldsymbol{T_0} = \infty)\big)$ 则是一个向量函数, 其 i 行的元素为

$$\mathbb{P}\big(T_0 = \infty \big| R_b(0) = x, J(0) = i\big).$$

显然有

$$\boldsymbol{E}^x\big[e^{-\delta e(T_y)}; \boldsymbol{T}_z < \boldsymbol{T}_y\big] + \boldsymbol{E}^x\big[e^{-\delta e(T_y)}; \boldsymbol{T}_y < \boldsymbol{T}_z\big] = \boldsymbol{E}^x\big[e^{-\delta e(T_y)}\big],$$

以及

$$\boldsymbol{P}^x\big(\boldsymbol{T}_y = \infty\big) + \boldsymbol{P}^x\big(\boldsymbol{T}_y < \infty\big)\boldsymbol{e} = \boldsymbol{e}.$$

最后为求解 (1.6.56) 中的 $V(u,b)$, 我们引入函数列 $\{V_i(u,b), i \in \Xi\}, \forall u > 0, \delta > 0$,

$$V_i(u,b) \stackrel{\text{def}}{=} E\left[\int_0^{T_0} \mathrm{e}^{-\delta e(s)} I\{U_b(s) > b\} de(s) \bigg| U_b(0) = u, J(0) = i\right]. \quad (1.6.59)$$

注 1.6.7 给定以上的符号, $\boldsymbol{V}(\boldsymbol{u},\boldsymbol{b}) = \big(V_1(u,b), V_2(u,b), \cdots, V_{m+n}(u,b)\big)^{\mathrm{T}}$, 不难发现

$$V(u,b) = d(\boldsymbol{\alpha}, \boldsymbol{0})\boldsymbol{V}(\boldsymbol{u},\boldsymbol{b}). \quad (1.6.60)$$

因此, 主要集中于研究如何计算函数 $V_i(u,b)$, 即 $\boldsymbol{V}(\boldsymbol{u},\boldsymbol{b})$.

1.6 具有相位型分布的风险模型

2. 初步结论

在本段中, 将重点分析辅助过程 $\{J(t), R(t)\}$ 和 $\{J(t), R_b(t)\}$, 并给出一些分析结论, 类似的结论也可以参考 (Asmussen, 1995) 中的定理 6.1 和定理 6.2.

I. $\{J(t), R(t)\}$ 的基本量

首先, 讨论随机流首中时. 我们定义 $\overline{T}_x = \inf\{t > 0 : R(t) = x\}$, $Z = \max_{t \in (0,\infty)}\{R(t)\}$, 并在集合 $\{R(0) < x < Z\}$ 上定义 $\xi_x = J(\overline{T}_x)$. 从 (Asmussen, 1995) 的第二章可知, 在集合 $\{Z < \infty\}$ 上, Z 具有相位型分布; 在集合 $\{Z = \infty\}$ 上, ξ_x 将会是取值于 Ξ_1 的常返马氏链. 对于 $y < R(0)$, 类似地定义 $\zeta_y = J(T_y)$, 上述结论对于 ζ 同样适用, 只是状态空间为 $\Xi_1 \cup \Xi_2$. 因此, 存在 $(m+n) \times (m+n)$ 的方阵 $\boldsymbol{D}$ 和 $m \times m$ 的方阵 $\boldsymbol{U}$ 分别可以作为上述马氏链的强度矩阵, 以及一个 $n \times m$ 阶矩阵 $\mathbf{Tr}$ 作为 Ξ_2 到 Ξ_1 的转移矩阵, 使得

$$\mathrm{ent}_{ij}\mathbf{Tr} = \lim_{x \downarrow 0} E_i^0\left[e^{-\delta e(\overline{T}_x)}; J(\overline{T}_x) = j, \overline{T}_x < \infty\right], \quad i \in \Xi_2, \quad j \in \Xi_1, \quad (1.6.61)$$

并且下述结论成立, 对 $x > 0$,

$$\boldsymbol{E}^x[e^{-\delta e(\overline{T}_0)}; \overline{T}_0 < \infty] = \exp(\boldsymbol{D}x), \tag{1.6.62}$$

$$\boldsymbol{E}^0\left[e^{-\delta e(\overline{T}_x)}\right] = \boldsymbol{E}^0\left[e^{-\delta e(\overline{T}_x)}; \overline{T}_x < \infty\right] = \begin{pmatrix} \exp(\boldsymbol{U}x) & 0 \\ \mathbf{Tr}\exp(\boldsymbol{U}x) & 0 \end{pmatrix}. \tag{1.6.63}$$

需要指出的是, 上述结论中 $\boldsymbol{E}^0\left[e^{-\delta e(\overline{T}_x)}\right]\big|_{x=0} = \begin{pmatrix} \boldsymbol{I}_m & 0 \\ \mathbf{Tr} & 0 \end{pmatrix} \neq \boldsymbol{I}_{m+n}$.

定理 1.6.9 $\boldsymbol{D}$ 满足以下矩阵方程

$$\begin{pmatrix} \boldsymbol{\Delta}_{\sigma^2/2} & 0 \\ 0 & 0 \end{pmatrix} \boldsymbol{D}^2 + \begin{pmatrix} \boldsymbol{\Delta}_c & 0 \\ 0 & -\boldsymbol{I} \end{pmatrix} \boldsymbol{D} + \begin{pmatrix} \boldsymbol{A} - \delta\boldsymbol{I} & \boldsymbol{a}\boldsymbol{\beta} \\ \boldsymbol{b}\boldsymbol{\alpha} & \boldsymbol{B} \end{pmatrix} = \boldsymbol{0}. \tag{1.6.64}$$

证明 记 $\boldsymbol{F}_{ij}(x) = \boldsymbol{E}_{ij}^x[e^{-\delta e(\overline{T}_0)}] = \mathrm{ent}_{ij}\exp(\boldsymbol{D}x), \forall x > 0$, 则我们有, $\forall i \in \Xi_1, j \in \Xi$,

$$\boldsymbol{F}_{ij}(\boldsymbol{x}) = (1 + a_{ii}t)\mathrm{e}^{-\delta t}\boldsymbol{F}_{ij}(\boldsymbol{x} + \boldsymbol{c}t + \sigma\boldsymbol{B}_t) - ta_{ii}\mathrm{row}_i(\widetilde{\boldsymbol{A}}, \widetilde{\boldsymbol{a}}\boldsymbol{\beta})\boldsymbol{F}_{\cdot j}(\boldsymbol{x}) + o(t),$$

$$\frac{\sigma^2}{2}\boldsymbol{F}''_{ij}(\boldsymbol{x}) + c\boldsymbol{F}'_{ij}(\boldsymbol{x}) + \mathrm{row}_i(\boldsymbol{A} - \delta\boldsymbol{I}, \boldsymbol{a}\boldsymbol{\beta})\boldsymbol{F}_{\cdot j}(\boldsymbol{x}) = 0,$$

$$\mathrm{row}_i\boldsymbol{D}^2 + c\,\mathrm{row}_i\boldsymbol{D} + \mathrm{row}_i(\boldsymbol{A} - \delta\boldsymbol{I}, \boldsymbol{a}\boldsymbol{\beta}) = \boldsymbol{0},$$

另外, 对于 $i \in \Xi_2, j \in \Xi$,

$$\boldsymbol{F}_{ij}(\boldsymbol{x}) = (1 + b_{ii}t)\boldsymbol{F}_{ij}(\boldsymbol{x} - \boldsymbol{t}) - tb_{ii}\mathrm{row}_i(\widetilde{\boldsymbol{b}}\boldsymbol{\alpha}, \widetilde{\boldsymbol{B}})\boldsymbol{F}_{\cdot j}(\boldsymbol{x}) + o(t),$$

$$-F'_{ij}(x) + \text{row}_i(b\alpha, B)F_{\cdot j}(x) = 0,$$

$$-\text{row}_i D + \text{row}_i(b\alpha, B) = \mathbf{0},$$

由此, (1.6.64) 结论得证. □

记 Q 为有分块形式 $\begin{pmatrix} U & 0 \\ \text{Tr} & 0 \end{pmatrix}$ 的方阵, 则有

定理 1.6.10 Q 满足以下矩阵方程

$$\begin{pmatrix} \Delta_{\sigma^2/2} & 0 \\ 0 & I \end{pmatrix} Q^2 + \begin{pmatrix} \Delta_{-c} & a\beta \\ 0 & B \end{pmatrix} Q + \begin{pmatrix} A - \delta I & 0 \\ b\alpha & 0 \end{pmatrix} = \mathbf{0}. \qquad (1.6.65)$$

证明 记 $G_{ij}(x) = E^0_{ij}\left[e^{-\delta e(\overline{T}_x)}\right], \forall x > 0, i, j \in \Xi$. 由于当 $J(t) = j \in \Xi_2$ 时, R 以速率 1 下降, 我们有 $G_{ij}(x) = 0$. 但是仍有

$$\begin{cases} G_{ij}(x) = \text{ent}_{ij} \exp(Ux), & \forall i, j \in \Xi_1, \\ G_{ij}(x) = \text{row}_i \text{Tr} \cdot \text{col}_j \exp(Ux), & \forall i \in \Xi_2, j \in \Xi_1. \end{cases} \qquad (1.6.66)$$

同时考虑 $[0, t]$ 的微小时间段, 当 $i \in \Xi_1, j \in \Xi$ 时, 我们有

$$G_{ij}(x) = (1 + a_{ii}t)e^{-\delta t}G_{ij}(x - ct - \sigma B_t) - ta_{ii}\text{row}_i(\widetilde{A}, \widetilde{a}\beta)G_{\cdot j}(x) + o(t),$$

而当 $i \in \Xi_2, j \in \Xi_1$ 时,

$$G_{ij}(x) = (1 + b_{ii}t)G_{ij}(x + t) - tb_{ii}\text{row}_i(\widetilde{b\alpha}, \widetilde{B})G_{\cdot j}(x) + o(t),$$

由此可得

$$\begin{cases} \Delta_{\sigma^2/2}U^2 - \Delta_c U + A - \delta I + a\beta \text{Tr} = 0, \\ \text{Tr}U + b\alpha + B\text{Tr} = 0. \end{cases} \qquad (1.6.67)$$

由此, (1.6.65) 结论得证. □

假设 1.6.1 对任意的 $\delta > 0$, 方程 (1.6.64) 和 (1.6.65) 在复平面的左半平面内, 即实部小于 0 的复半平面, 根的代数重数和几何重数是一致的.

在上述假设下, 如果 λ_0 是 $\Re(\lambda_0) < 0$ 的复数, 且是下述方程的 r 重根

$$\text{Det}\left(\begin{pmatrix} \Delta_{\sigma^2/2} & 0 \\ 0 & 0 \end{pmatrix} \lambda_0^2 + \begin{pmatrix} \Delta_c & 0 \\ 0 & -I \end{pmatrix} \lambda_0 + \begin{pmatrix} A - \delta I & a\beta \\ b\alpha & B \end{pmatrix}\right) = 0,$$

1.6 具有相位型分布的风险模型

则存在 r 个线性无关的特征向量 $\{\boldsymbol{I}_j\}$ 使得

$$\left(\begin{pmatrix}\boldsymbol{\Delta}_{\sigma^2/2} & \boldsymbol{0}\\ \boldsymbol{0} & \boldsymbol{0}\end{pmatrix}\lambda_0^2+\begin{pmatrix}\boldsymbol{\Delta}_c & \boldsymbol{0}\\ \boldsymbol{0} & -\boldsymbol{I}\end{pmatrix}\lambda_0+\begin{pmatrix}\boldsymbol{A}-\delta\boldsymbol{I} & \boldsymbol{a\beta}\\ \boldsymbol{b\alpha} & \boldsymbol{B}\end{pmatrix}\right)\boldsymbol{I}_j=\boldsymbol{0}.$$

定理 1.6.11 对任意的 $\delta>0$, $\boldsymbol{D}$ 和 $\boldsymbol{Q}$ 是方程 (1.6.64) 和 (1.6.65) 的所有特征根的实部为负数的矩阵的唯一解. 在假设 1.6.1 的条件下, 两个矩阵可以通过约当分解唯一求解.

我们将在本小节后面的附录 A 中给出上述矩阵方程解的唯一性证明, 而且通过数值例子以及证明, 可以知道假设 1.6.1 是适当的. 在假设 1.6.1 下, 以 $\boldsymbol{D}$ 的计算为例, 我们首先解出矩阵方程 (1.6.64) 的特征值、特征向量, $\{(s_i,\operatorname{col}_i\boldsymbol{J}),i=1,2,\cdots,m+n\}$, 于是

$$\boldsymbol{D}=\boldsymbol{J}\boldsymbol{\Delta}_s\boldsymbol{J}^{-1}. \tag{1.6.68}$$

II. 其他基本等式

我们考虑盈余过程在分红边界的变化. 为此考虑扩散过程

$$dW_b(t)=\begin{cases}c_1dt+\sigma B(dt), & W_b(t)>0,\\ c_2dt+\sigma B(dt), & W_b(t)\leqslant 0,\end{cases} \tag{1.6.69}$$

且 $W_b(0)=0$. 简记为 $dW_b(t)=c_idt+\sigma B(dt)$. 对于 $\delta>0$, 定义 $f(x,t)=g(x)\mathrm{e}^{-\delta t}$, 其中

$$g(x)=\begin{cases}d_1\mathrm{e}^{\zeta_1 x}+d_2\mathrm{e}^{\zeta_2 x}, & x>0,\\ d_3\mathrm{e}^{\zeta_3 x}+d_4\mathrm{e}^{\zeta_4 x}, & x\leqslant 0,\end{cases} \tag{1.6.70}$$

其中 ζ_1,ζ_2 是 $\dfrac{\sigma^2}{2}\zeta^2+c_1\zeta-\delta=0$ 的根, ζ_3,ζ_4 是 $\dfrac{\sigma^2}{2}\zeta^2+c_2\zeta-\delta=0$ 的根, 而 d_1,d_2,d_3,d_4 是满足

$$\begin{cases}d_1+d_2=d_3+d_4,\\ \zeta_1d_1+\zeta_2d_2=\zeta_3d_3+\zeta_4d_4\end{cases} \tag{1.6.71}$$

的常数, 它们使得函数 $g(x)$ 在 $x=0$ 处连续可微.

对 $x\in\mathbb{R}$, 定义首中时 $T_x^b=\inf\{t>0:W_b(t)=x\}$ ($T_x^b=\infty$ 如果集合空), 则对任意的 $N>0$, 我们有以下定理, 定理的证明将在本小节的附录 B 中给出.

定理 1.6.12 $M(t)=f\big(W_b(t\wedge T_N^b\wedge T_{-N}^b),t\wedge T_N^b\wedge T_{-N}^b\big)$ 是一个有界鞅.

推论 1.6.1 对任意的 $\varepsilon>0$, 我们有

$$E\big[\mathrm{e}^{-\delta T_{-\varepsilon}^b};T_{-\varepsilon}^b<T_\varepsilon^b\big]+E\big[\mathrm{e}^{-\delta T_{-\varepsilon}^b};T_{-\varepsilon}^b>T_\varepsilon^b\big]=1+o(\varepsilon),$$

且 $\lim\limits_{\varepsilon\to 0}E\big[\mathrm{e}^{-\delta T_{-\varepsilon}^b};T_{-\varepsilon}^b<T_\varepsilon^b\big]=1/2.$

证明 对任意的 $N > \alpha, \beta > 0$, 由 $W_b(t)$ 的连续性以及 $W_b(0) = 0$, 我们有 $\max\{T^b_{-\alpha}, T^b_\beta\} < \max\{T^b_N, T^b_{-N}\}$. 应用停时定理, 我们有 $E[M(T^b_{-\alpha} \wedge T^b_\beta)] = E[M(0)]$, 即

$$g(-\alpha)E\left[e^{-\delta T^b_{-\alpha}}; T^b_{-\alpha} < T^b_\beta\right] + g(\beta)E\left[e^{-\delta T^b_\beta}; T^b_{-\alpha} > T^b_\beta\right] = g(0). \quad (1.6.72)$$

利用 (1.6.70) 和 (1.6.71) 来求解 g. 令 $d_1 = 0$, 可以得到第一个解

$$g_1(x) = \begin{cases} (\zeta_3 - \zeta_4)e^{\zeta_2 x}, & x > 0, \\ (\zeta_2 - \zeta_4)e^{\zeta_3 x} + (\zeta_3 - \zeta_2)e^{\zeta_4 x}, & x \leqslant 0. \end{cases}$$

令 $d_2 = 0$, 我们可以得到第二个解

$$g_2(x) = \begin{cases} (\zeta_3 - \zeta_4)e^{\zeta_1 x}, & x > 0, \\ (\zeta_1 - \zeta_4)e^{\zeta_3 x} + (\zeta_3 - \zeta_1)e^{\zeta_4 x}, & x \leqslant 0. \end{cases}$$

将上面的两个解 g_1, g_2 代入 (1.6.72), 我们可以得到以下结论

$$\begin{cases} (\zeta_3 - \zeta_4) = E\left[e^{-\delta T^b_{-\alpha}}; T^b_{-\alpha} < T^b_\beta\right]\left[(\zeta_2 - \zeta_4)e^{-\zeta_3 \alpha} + (\zeta_3 - \zeta_2)e^{-\zeta_4 \alpha}\right] \\ \qquad + E\left[e^{-\delta T^b_\beta}; T^b_{-\alpha} > T^b_\beta\right](\zeta_3 - \zeta_4)e^{\zeta_2 \beta}, \\ (\zeta_3 - \zeta_4) = E\left[e^{-\delta T^b_{-\alpha}}; T^b_{-\alpha} < T^b_\beta\right]\left[(\zeta_1 - \zeta_4)e^{-\zeta_3 \alpha} + (\zeta_3 - \zeta_1)e^{-\zeta_4 \alpha}\right] \\ \qquad + E\left[e^{-\delta T^b_\beta}; T^b_{-\alpha} > T^b_\beta\right](\zeta_3 - \zeta_4)e^{\zeta_1 \beta}. \end{cases} \quad (1.6.73)$$

由此我们可以解出 $E\left[e^{-\delta T^b_\beta}; T^b_{-\alpha} > T^b_\beta\right]$ 和 $E\left[e^{-\delta T^b_\beta}; T^b_{-\alpha} < T^b_\beta\right]$, 再令 $\alpha = \beta = \varepsilon$. 证明完成. $\square$

3. 关于辅助向量 $\boldsymbol{V(u,b)}$

以下我们应用随机流过程 $(J(t), R_b(t))$ 的马氏性来求解 $\boldsymbol{V(u,b)}$. 不难发现有以下等式

$$\begin{cases} \text{若 } u > b, \quad \boldsymbol{V(u,b)} = \dfrac{1}{\delta}\boldsymbol{P}^u(T_b = \infty) + \boldsymbol{E}^u\left[\displaystyle\int_0^{T_b} e^{-\delta e(s)}e(ds); T_b < \infty\right]\boldsymbol{e} \\ \qquad\qquad\qquad + \boldsymbol{E}^u\left[e^{-\delta e(T_b)}; T_b < \infty\right]\boldsymbol{V(b,b)}, \\ \text{若 } u \leqslant b, \quad \boldsymbol{V(u,b)} = \boldsymbol{E}^u\left[e^{-\delta e(T_b)}; T_b < T_0\right]\boldsymbol{V(b,b)}. \end{cases}$$

$$(1.6.74)$$

1.6 具有相位型分布的风险模型

因此当 $u > b$ 时, 有矩阵函数等式

$$\delta \boldsymbol{E}^u \left[\int_0^{T_b} e^{-\delta e(s)} e(ds); T_b < \infty \right] = \boldsymbol{P}^u[T_b < \infty] - \boldsymbol{E}^u \left[e^{-\delta e(T_b)} \right], \quad (1.6.75)$$

当 $u > b$ 时, 进而有

$$\boldsymbol{V}(u,b) = \frac{1}{\delta} \left(\boldsymbol{I} - \boldsymbol{E}^u \left[e^{-\delta e(T_b)} \right] \right) \boldsymbol{e} + \boldsymbol{E}^u \left[e^{-\delta e(T_b)} \right] \boldsymbol{V}(b,b).$$

另外, 当 $0 < u < b$ 时, 应用 $\{J(t), R_b(t)\}$ 的马氏性, 我们有

$$\begin{cases}
\boldsymbol{E}^u \left[e^{-\delta e(T_b)}; T_b < T_0 \right] \\
= \boldsymbol{E}^u \left[e^{-\delta e(T_b)}; T_b < \infty \right] - \boldsymbol{E}^u \left[e^{-\delta e(T_b)}; T_0 < T_b < \infty \right], \\
\boldsymbol{E}^u \left[e^{-\delta e(T_b)}; T_0 < T_b < \infty \right] \\
= \boldsymbol{E}^u \left[e^{-\delta e(T_0)}; T_0 < T_b \right] \boldsymbol{E}^0 \left[e^{-\delta e(T_b)}; T_b < \infty \right], \\
\boldsymbol{E}^u \left[e^{-\delta e(T_0)}; T_0 < T_b \right] \\
= \boldsymbol{E}^u \left[e^{-\delta e(T_0)}; T_0 < \infty \right] - \boldsymbol{E}^u \left[e^{-\delta e(T_0)}; T_b < T_0 < \infty \right], \\
\boldsymbol{E}^u \left[e^{-\delta e(T_0)}; T_b < T_0 < \infty \right] \\
= \boldsymbol{E}^u \left[e^{-\delta e(T_b)}; T_b < T_0 \right] \boldsymbol{E}^b \left[e^{-\delta e(T_0)}; T_0 < \infty \right].
\end{cases} \quad (1.6.76)$$

应用 I 段的结论及其符号 $\boldsymbol{D}, \boldsymbol{U}, \boldsymbol{Tr}$, 可以求解 $\boldsymbol{E}^u \left[e^{-\delta e(T_b)}; T_b < T_0 \right]$ 和 $\boldsymbol{E}^u \left[e^{-\delta e(T_0)}; T_0 < T_b \right]$.

定理 1.6.13 $\boldsymbol{V}(u,b)$ 关于 u 在 $u = b$ 处可导.

证明 假设 $R_b(0) = b, J(0) = i \in \Xi_1$. 依据过程定义, J 在状态 i 停留时间 κ 服从参数为 $(-a_{ii})$ 的指数分布, 期间流过程 $(R_b - b)$ 满足 II 段所述的随机微分方程. 应用推论 1.6.1, 我们知道事件 $\{\kappa < T_{b+\varepsilon} \wedge T_{b-\varepsilon}\}$ 发生的概率为 $o(x)$. 因此, 应用 $(J(t), R_b(t))$ 过程的马氏性, 我们有

$$\begin{aligned}
\boldsymbol{V}_i(b,b) &= E^b \left[\mathrm{e}^{-\delta T_{b+\varepsilon}}; T_{b+\varepsilon} < T_{b-\varepsilon}, T_{b+\varepsilon} < \kappa \right] \boldsymbol{V}_i(b+\varepsilon) \\
&\quad + E^b \left[\mathrm{e}^{-\delta T_{b-\varepsilon}}; T_{b-\varepsilon} < T_{b+\varepsilon}, T_{b-\varepsilon} < \kappa \right] \boldsymbol{V}_i(b-\varepsilon) \\
&\quad + E^b \left[\int_0^{T_{b+\varepsilon} \wedge T_{b-\varepsilon}} \mathrm{e}^{-\delta s} 1_{\{U_b(s) > b\}} ds; T_{b+\varepsilon} \wedge T_{b-\varepsilon} < \kappa \right] \boldsymbol{e}' + o(\varepsilon).
\end{aligned}$$

同时,

$$\delta E^b\left[\int_0^{T_{b+\varepsilon}\wedge T_{b-\varepsilon}} e^{-\delta s}I\{U_b(s)>b\}ds; T_{b+\varepsilon}\wedge T_{b-\varepsilon}<\kappa\right]$$

$$\leqslant E^b\left[\left(1-e^{-\delta(T_{b+\varepsilon}\wedge T_{b-\varepsilon})}\right); T_{b+\varepsilon}\wedge T_{b-\varepsilon}<\kappa\right]$$

$$= E^b\left[e^{a_{ii}(T_{b+\varepsilon}\wedge T_{b-\varepsilon})}\right] - E^b\left[e^{(a_{ii}-\delta)(T_{b+\varepsilon}\wedge T_{b-\varepsilon})}\right] = o(\varepsilon).$$

因此, 对任意的 $i\in\Xi_1$ 我们有

$$\lim_{\varepsilon\to 0}\frac{\boldsymbol{V}_i(\boldsymbol{b}+\varepsilon,b)-\boldsymbol{V}_i(\boldsymbol{b},b)}{\varepsilon} = \lim_{\varepsilon\to 0}\frac{\boldsymbol{V}_i(\boldsymbol{b},b)-\boldsymbol{V}_i(\boldsymbol{b}-\varepsilon,b)}{\varepsilon}.$$

而当 $i\in\Xi_2$ 时,

$$\boldsymbol{V}_i(\boldsymbol{b},b) = (1+b_{ii}\varepsilon)\boldsymbol{V}_i(\boldsymbol{b}-\varepsilon,b) - b_{ii}\varepsilon\text{row}_i(\widetilde{\boldsymbol{b}\boldsymbol{\alpha}},\widetilde{\boldsymbol{B}})\boldsymbol{V}(\boldsymbol{b},b)+o(\varepsilon),$$

$$\boldsymbol{V}_i(\boldsymbol{b}+\varepsilon,b) = (1+b_{ii}\varepsilon)\boldsymbol{V}_i(\boldsymbol{b},b) - b_{ii}\varepsilon\text{row}_i(\widetilde{\boldsymbol{b}\boldsymbol{\alpha}},\widetilde{\boldsymbol{B}})\boldsymbol{V}(\boldsymbol{b},b)+o(\varepsilon),$$

至此, 对任意的 $i\in\Xi_2$, 我们也有

$$\lim_{\varepsilon\to 0}\frac{\boldsymbol{V}_i(\boldsymbol{b}+\varepsilon,b)-\boldsymbol{V}_i(\boldsymbol{b},b)}{\varepsilon} = \lim_{\varepsilon\to 0}\frac{\boldsymbol{V}_i(\boldsymbol{b},b)-\boldsymbol{V}_i(\boldsymbol{b}-\varepsilon,b)}{\varepsilon}$$

$$= \text{row}_i(\boldsymbol{b}\boldsymbol{\alpha},\boldsymbol{B})\boldsymbol{V}(\boldsymbol{b},b). \qquad\square$$

4. 主要结果

下面我们给出相位型模型中, (1.6.59) 定义的期望贴现向量函数 $\boldsymbol{V}(\boldsymbol{u},b)$ 的计算方法. 注意到在更新模型 (1.6.53) 中保费率为常数, 我们假设 $\boldsymbol{\Delta}_{\boldsymbol{c}_1}=(c_1)_{\text{diag}}=c_1\boldsymbol{I}, \boldsymbol{\Delta}_{\boldsymbol{c}_2}=(c_2)_{\text{diag}}=c_2\boldsymbol{I}$, 这也便于计算.

应用前面的结论, 我们首先求解以下三个方程, 并记 $\widetilde{\boldsymbol{D}},\boldsymbol{D},\boldsymbol{Q}=\begin{pmatrix}\boldsymbol{U} & \boldsymbol{0}\\ \boldsymbol{Tr} & \boldsymbol{0}\end{pmatrix}$ 为相应的特征根都在左半复平面的唯一的矩阵解,

$$\begin{pmatrix}\boldsymbol{\Delta}_{\sigma^2/2} & \boldsymbol{0}\\ \boldsymbol{0} & \boldsymbol{0}\end{pmatrix}\widetilde{\boldsymbol{D}}^2 + \begin{pmatrix}\boldsymbol{\Delta}_{\boldsymbol{c}_1} & \boldsymbol{0}\\ \boldsymbol{0} & -\boldsymbol{I}\end{pmatrix}\widetilde{\boldsymbol{D}} + \begin{pmatrix}\boldsymbol{A}-\delta\boldsymbol{I} & \boldsymbol{a}\boldsymbol{\beta}\\ \boldsymbol{b}\boldsymbol{\alpha} & \boldsymbol{B}\end{pmatrix} = \boldsymbol{0}; \qquad (1.6.77)$$

$$\begin{pmatrix}\boldsymbol{\Delta}_{\sigma^2/2} & \boldsymbol{0}\\ \boldsymbol{0} & \boldsymbol{0}\end{pmatrix}\boldsymbol{D}^2 + \begin{pmatrix}\boldsymbol{\Delta}_{\boldsymbol{c}_2} & \boldsymbol{0}\\ \boldsymbol{0} & -\boldsymbol{I}\end{pmatrix}\boldsymbol{D} + \begin{pmatrix}\boldsymbol{A}-\delta\boldsymbol{I} & \boldsymbol{a}\boldsymbol{\beta}\\ \boldsymbol{b}\boldsymbol{\alpha} & \boldsymbol{B}\end{pmatrix} = \boldsymbol{0}; \qquad (1.6.78)$$

$$\begin{pmatrix}\boldsymbol{\Delta}_{\sigma^2/2} & \boldsymbol{0}\\ \boldsymbol{0} & \boldsymbol{I}\end{pmatrix}\boldsymbol{Q}^2 + \begin{pmatrix}-\boldsymbol{\Delta}_{\boldsymbol{c}_2} & \boldsymbol{a}\boldsymbol{\beta}\\ \boldsymbol{0} & \boldsymbol{B}\end{pmatrix}\boldsymbol{Q} + \begin{pmatrix}\boldsymbol{A}-\delta\boldsymbol{I} & \boldsymbol{0}\\ \boldsymbol{b}\boldsymbol{\alpha} & \boldsymbol{0}\end{pmatrix} = \boldsymbol{0}. \qquad (1.6.79)$$

1.6 具有相位型分布的风险模型

然后代入下面方程组中求解当 $u \in [0,b]$ 时的 $E^u[e^{-\delta e(T_b)}; T_b < T_0]$，

$$\begin{cases} E^u[e^{-\delta e(T_b)}; T_b < T_0] \\ = \begin{pmatrix} \exp(U(b-u)) & 0 \\ \mathrm{Tr}\exp(U(b-u)) & 0 \end{pmatrix} \\ \quad - E^u[e^{-\delta e(T_0)}; T_0 < T_b] \begin{pmatrix} \exp(Ub) & 0 \\ \mathrm{Tr}\exp(Ub) & 0 \end{pmatrix}, \\ E^u[e^{-\delta e(T_0)}; T_0 < T_b] \\ = \exp(Du) - E^u[e^{-\delta e(T_b)}; T_b < T_0]\exp(Db). \end{cases} \quad (1.6.80)$$

我们有下面的关于辅助向量函数 $V(u,b)$ 的等式：

$$V(u,b) = \begin{cases} \dfrac{1}{\delta}(I - \exp(\widetilde{D}(u-b)))e + \exp(\widetilde{D}(u-b))V(b,b), & u > b, \\ E^u[e^{-\delta e(T_b)}; T_b < T_0]V(b,b), & 0 < u \leqslant b. \end{cases} \quad (1.6.81)$$

最后应用定理 1.6.13, $V(b,b)$ 由方程

$$-\frac{1}{\delta}\widetilde{D}e + \widetilde{D}V(b,b) = K(b)V(b,b) \quad (1.6.82)$$

唯一确定，其中

$$\begin{aligned} K(b) &= \lim_{u \uparrow b} \frac{\partial}{\partial u} E^u[e^{-\delta e(T_b)}; T_b < T_0] \\ &= -\left(\begin{pmatrix} U & 0 \\ \mathrm{Tr}U & 0 \end{pmatrix} + D\exp(Db) \begin{pmatrix} \exp(Ub) & 0 \\ \mathrm{Tr}\exp(Ub) & 0 \end{pmatrix} \right) \\ &\quad \times \left(I - \exp(Db) \begin{pmatrix} \exp(Ub) & 0 \\ \mathrm{Tr}\exp(Ub) & 0 \end{pmatrix} \right)^{-1}. \end{aligned} \quad (1.6.83)$$

定理 1.6.14 (1.6.56) 定义的期望贴现分红函数 $V(u,b)$ 为

$$V(u,b) = d(\boldsymbol{\alpha},0)\boldsymbol{V}(u,b), \quad \forall u \geqslant 0. \quad (1.6.84)$$

5. 破产时间的拉普拉斯变换

定义矩阵函数 $\phi(u,b) = E^u[e^{-\delta e(T_0)}]$，其中 $\phi_{ij}(u,b) = E_i^u[e^{-\delta e(T_0)}; J(T_0) = j, T_0 < \infty]$。下面我们将讨论如何计算破产时的拉普拉斯变换 $\phi(u,b) = E[e^{-\delta \tau_0} | R_b(0) = u]$。

应用马氏性,
$$\begin{cases} \phi(u,b) = E^u[e^{-\delta e(T_b)}]\phi(b,b), & u > b, \\ \phi(u,b) = E^u[e^{-\delta e(T_b)}; T_b < T_0]\phi(b,b) \\ \qquad\qquad + E^u[e^{-\delta e(T_0)}; T_0 < T_b], & 0 < u \leqslant b. \end{cases} \quad (1.6.85)$$

类似于定理 1.6.13 的证明, 我们也有

定理 1.6.15 $\phi(u,b)$ 关于 u 在 $u=b$ 点是可导的.

解方程 (1.6.80) 得到当 $0 < u < b$ 时的 $E^u[e^{-\delta e(T_0)}; T_0 < T_b]$, 以及

$$\begin{aligned} L(b) &= \lim_{u \uparrow b} \frac{\partial}{\partial u} E^u[e^{-\delta e(T_0)}; T_0 < T_b] \\ &= \left(D\exp(Db) + \begin{pmatrix} U & 0 \\ \mathrm{Tr}U & 0 \end{pmatrix} \exp(Db) \right) \\ &\quad \times \left(I - \begin{pmatrix} \exp(Ub) & 0 \\ \mathrm{Tr}\exp(Ub) & 0 \end{pmatrix} \exp(Db) \right)^{-1}, \end{aligned} \quad (1.6.86)$$

则 $\phi(b,b)$ 是下面方程的唯一解

$$\widetilde{D}\phi(b,b) = K(b)\phi(b,b) + L(b). \quad (1.6.87)$$

综上得

$$\begin{cases} \phi(u,b) = \exp(\widetilde{D}(u-b))\phi(b,b), & u > b, \\ \phi(u,b) = E^u[e^{-\delta e(T_b)}; T_b < T_0]\phi(b,b) \\ \qquad\qquad + E^u[e^{-\delta e(T_0)}; T_0 < T_b], & 0 < u \leqslant b. \end{cases} \quad (1.6.88)$$

定理 1.6.16 给定上述所得的 $\phi(u,b)$, 该模型破产时的拉普拉斯变换可以表示为

$$\phi(u,b) = (\boldsymbol{\alpha},\boldsymbol{0})\phi(u,b)e. \quad (1.6.89)$$

6. 数值举例

在本段, 我们通过数值计算的方式来演示前面的主要结论.

例 1.6.4 假设索赔时间间隔分布 $V_i \sim PH(\boldsymbol{\alpha},\boldsymbol{A})$, 索赔量 $X_i \sim PH(\boldsymbol{\beta},\boldsymbol{B})$, 其中 $\sigma = 0.3, c = 3, b = 8, d = 1, \delta = 0.05, \boldsymbol{\alpha} = (1,0), \boldsymbol{\beta} = (0.1, 0.4, 0.5), \boldsymbol{A} = \begin{pmatrix} -0.5 & 0.5 \\ 0 & -0.3 \end{pmatrix}, \boldsymbol{B} = \begin{pmatrix} -1/10 & 1/10 & 0 \\ 0 & -1/6 & 1/6 \\ 0 & 0 & -1/3 \end{pmatrix}$.

1.6 具有相位型分布的风险模型

在上述假设下, 我们有 $E[V_i] = 5.33333, E[X_i] = 7$, 因此该过程是具有正的安全负荷的, 即 $(c_1 E[V_i] - E[X_i]) > 0$, 在此条件下 U_b 以概率 1 趋于正无穷.

首先求解矩阵 $\boldsymbol{D}$, 为此定义特征矩阵

$$\boldsymbol{H}(s) = \begin{pmatrix} \boldsymbol{\Delta}_{\sigma^2/2} & 0 \\ 0 & 0 \end{pmatrix} s^2 + \begin{pmatrix} \boldsymbol{\Delta}_c & 0 \\ 0 & -\boldsymbol{I} \end{pmatrix} s + \begin{pmatrix} \boldsymbol{A} - \delta\boldsymbol{I} & a\boldsymbol{\beta} \\ b\boldsymbol{\alpha} & \boldsymbol{B} \end{pmatrix}.$$

解其行列式方程, 即

$$\mathrm{Det}[\boldsymbol{H}(s)] = 0,$$

可以得到根 $\{-66.8489, -66.7838, -0.33001, -0.15236, -0.0820223\}$ 及 $\{0.0267245, 0.236965\}$. 而且我们可以发现假设 1.6.1 是可行的, 不仅如此, 事实上对大多数 $\delta > 0$ 而言, 甚至可以假设上述方程不存在重根. 而其中实部为负数的根即是矩阵 $\boldsymbol{D}$ 的特征根, 记为

$$\boldsymbol{s} = \{s_1, s_2, s_3, s_4, s_5\}.$$

下面通过 $\boldsymbol{H}(s_i)\boldsymbol{J}_i = 0$ 求解相应的特征向量, 并记为

$$\boldsymbol{J} = \{\boldsymbol{J}_1, \boldsymbol{J}_2, \boldsymbol{J}_3, \boldsymbol{J}_4, \boldsymbol{J}_5\}$$
$$= \begin{pmatrix} -0.99998 & -0.929677 & 0.00666274 & 0.0215748 & 0.0669416 \\ -0.00378678 & -0.368347 & 0.0204564 & 0.0434101 & 0.10654 \\ 1.87647 \times 10^{-8} & 1.74967 \times 10^{-8} & 0.296469 & -0.884164 & 0.972481 \\ -0.0000125252 & -0.0000116675 & -0.68191 & 0.462952 & 0.174829 \\ 0.00501126 & 0.00466351 & 0.668313 & 0.0397386 & 0.0887899 \end{pmatrix}.$$

由此可以求解唯一满足要求的矩阵

$$\boldsymbol{D} = \boldsymbol{J}\boldsymbol{\Delta}_s \boldsymbol{J}^{-1} = \begin{pmatrix} -66.8141 & 0.16601 & 2.59177 & 7.43221 & 7.09141 \\ 0.0651088 & -66.783 & 3.86226 & 12.4989 & 13.0733 \\ 0 & 0 & -0.1 & 0.1 & 0 \\ 0 & 0 & 0 & -0.166667 & 0.166667 \\ 0.333333 & 0 & 0 & 0 & -0.333333 \end{pmatrix}.$$

类似的方法也可以解出

$$\widetilde{\boldsymbol{D}} = \begin{pmatrix} -44.6631 & 0.247812 & 2.48426 & 7.46601 & 7.3119 \\ 0.0837444 & -44.6183 & 3.19408 & 10.6053 & 11.2645 \\ 0 & 0 & -0.1 & 0.1 & 0 \\ 0 & 0 & 0 & -0.166667 & 0.166667 \\ 0.333333 & 0 & 0 & 0 & -0.333333 \end{pmatrix},$$

$$Q = \begin{pmatrix} -0.182706 & 0.16601 & 0 & 0 & 0 \\ 0.0509819 & -0.0809843 & 0 & 0 & 0 \\ 0.215625 & 0.440581 & 0 & 0 & 0 \\ 0.384969 & 0.439422 & 0 & 0 & 0 \\ 0.67257 & 0.269487 & 0 & 0 & 0 \end{pmatrix},$$

以及 $V(\boldsymbol{b},\boldsymbol{b}) = (15.7031, 13.937, 1.94431, 7.11734, 13.3234)$, 从而可得 $V(u,b)$ 和 $\phi(u,b)$, 其函数图像可以参见图 1.6.6 和图 1.6.7.

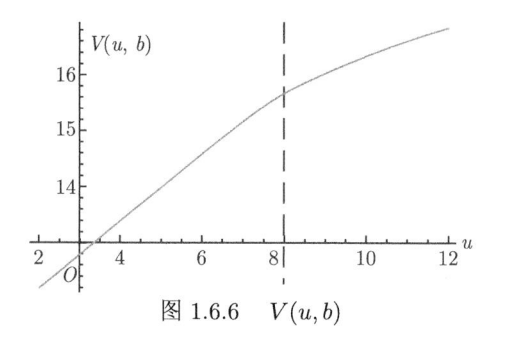

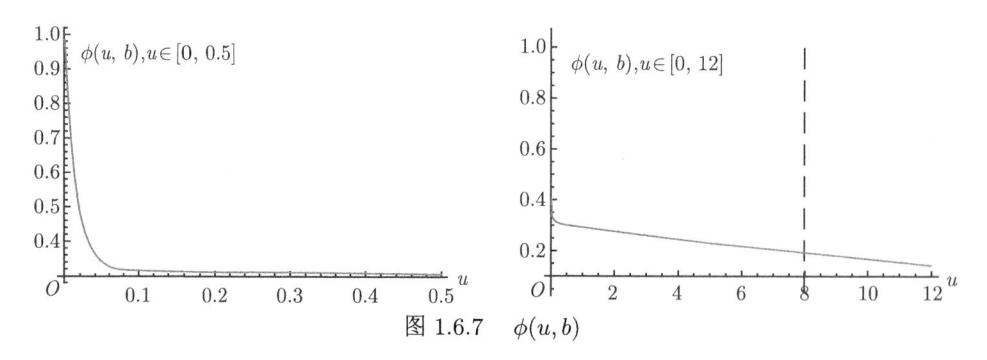

图 1.6.6　$V(u,b)$

图 1.6.7　$\phi(u,b)$

关于分红问题, 在古典风险模型中, 我们知道带壁分红策略是最优策略集, 而分红边界是与盈余过程的初值独立的. 而且带壁分红策略可以理解为阈值分红策略当分红率趋于无穷时的极限策略. 基于这些事实, 我们下面考虑相位模型情况下的类似数值结论.

例 1.6.5　延续前例盈余过程 $U_b(t)$ 的参数假设, 以分红边界 b 以及分红率 d 为变化参数, 我们考虑期望贴现分红函数关于 b,d 的变化 $V(b,d)$.

观察 $V(b,d)$ 对于不同初值的 $u=1,2,20,50$ 的图像, 可以发现 (图 1.6.10 和图 1.6.11) 似乎函数的最大值永远是在 $(12,\infty)$ 处取得. 而且这个最优的分红边界 b^* 似乎是关于初值独立的. 我们也同时可以从图像 1.6.8 和图像 1.6.9 注意到

1.6 具有相位型分布的风险模型

$V(b,d)$ 并不是关于 b 或者 d 的单调函数.

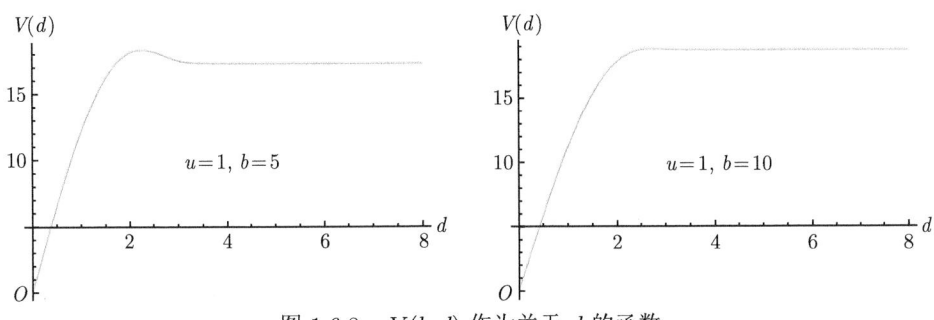

图 1.6.8　$V(b,d)$ 作为关于 d 的函数

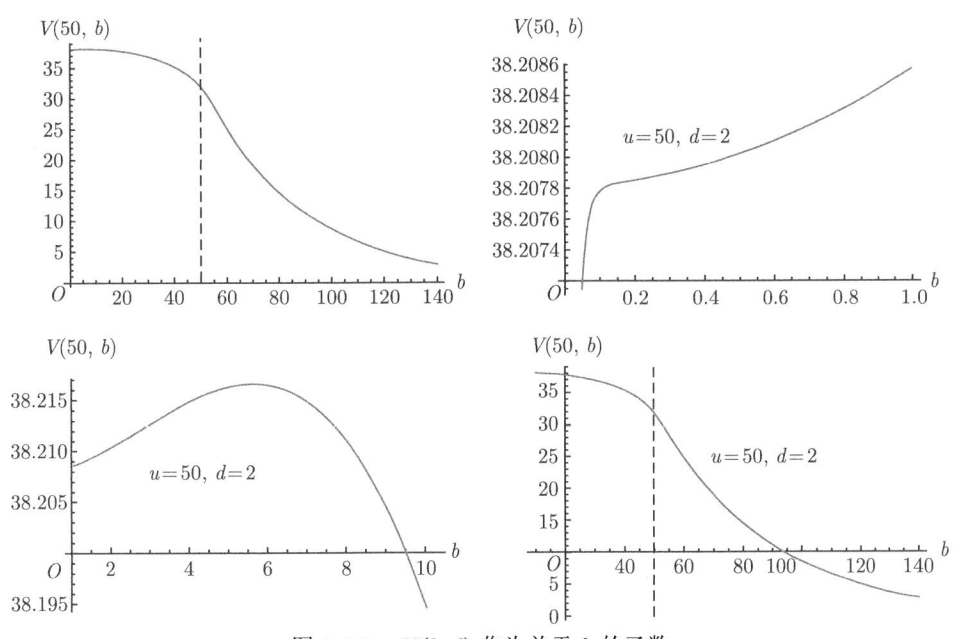

图 1.6.9　$V(b,d)$ 作为关于 b 的函数

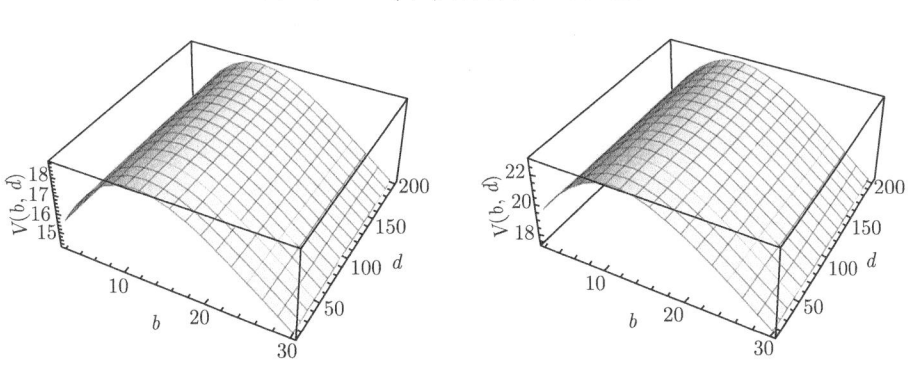

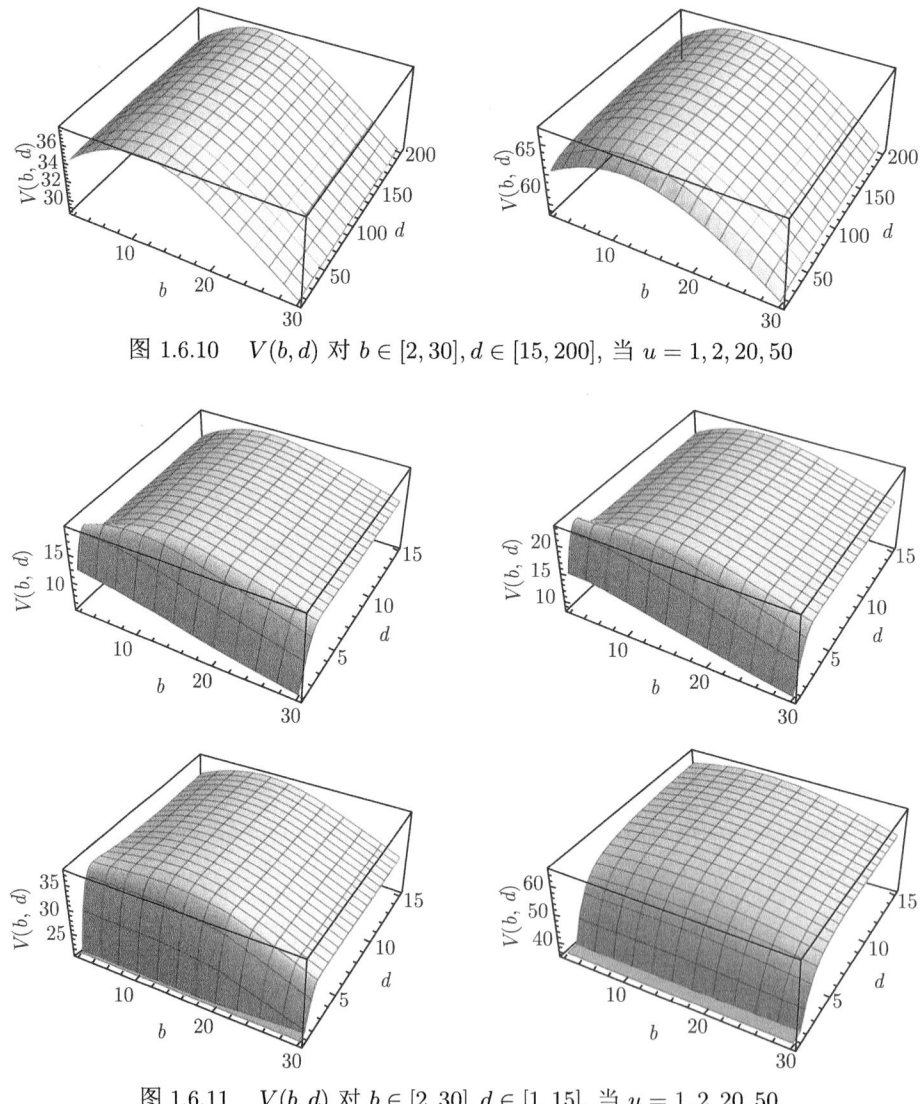

图 1.6.10　$V(b,d)$ 对 $b\in[2,30], d\in[15,200]$, 当 $u=1,2,20,50$

图 1.6.11　$V(b,d)$ 对 $b\in[2,30], d\in[1,15]$, 当 $u=1,2,20,50$

附录 A　矩阵方程解的唯一性

在附录中, 我们着重证明矩阵方程解的唯一性. 证明的想法是马氏链强度矩阵 $\boldsymbol{M}$ 的特征根实部非负. 当 $\boldsymbol{Me}\neq\boldsymbol{0}$ 时, 该矩阵亦被称为次随机矩阵 (substochastic matrix).

$$\begin{pmatrix}\boldsymbol{\Delta}_{\sigma^2/2} & \boldsymbol{0}\\ \boldsymbol{0} & \boldsymbol{0}\end{pmatrix}\boldsymbol{D}^2+\begin{pmatrix}\boldsymbol{\Delta}_c & \boldsymbol{0}\\ \boldsymbol{0} & -\boldsymbol{I}\end{pmatrix}\boldsymbol{D}+\begin{pmatrix}\boldsymbol{A}-\delta\boldsymbol{I} & \boldsymbol{a\beta}\\ \boldsymbol{b\alpha} & \boldsymbol{B}\end{pmatrix}=\boldsymbol{0}, \qquad (\text{A.1})$$

1.6 具有相位型分布的风险模型

$$\begin{pmatrix} \boldsymbol{\Delta}_{\sigma^2/2} & 0 \\ 0 & \boldsymbol{I} \end{pmatrix} \boldsymbol{Q}^2 + \begin{pmatrix} \boldsymbol{\Delta}_{-c} & a\boldsymbol{\beta} \\ 0 & \boldsymbol{B} \end{pmatrix} \boldsymbol{Q} + \begin{pmatrix} \boldsymbol{A} - \delta \boldsymbol{I} & 0 \\ b\boldsymbol{\alpha} & 0 \end{pmatrix} = 0. \quad (A.2)$$

定义特征矩阵

$$\boldsymbol{H}(s) = \begin{pmatrix} \boldsymbol{\Delta}_{\sigma^2/2} & 0 \\ 0 & 0 \end{pmatrix} s^2 + \begin{pmatrix} \boldsymbol{\Delta}_c & 0 \\ 0 & -\boldsymbol{I} \end{pmatrix} s + \begin{pmatrix} \boldsymbol{A} - \delta \boldsymbol{I} & a\boldsymbol{\beta} \\ b\boldsymbol{\alpha} & \boldsymbol{B} \end{pmatrix}.$$

对于矩阵 $\boldsymbol{D}$ 的任意一组右特征根和特征向量 $(s, \boldsymbol{I})$, 即 $\boldsymbol{DI} = s\boldsymbol{I}, \boldsymbol{I} \neq 0$. 不难发现 $\boldsymbol{H}(s)\boldsymbol{I} = 0$ 而且 $\mathrm{Det}[\boldsymbol{H}(s)] = 0$. 不仅如此, 由于 $\boldsymbol{H}(0) = \begin{pmatrix} \boldsymbol{A} - \delta \boldsymbol{I} & a\boldsymbol{\beta} \\ b\boldsymbol{\alpha} & \boldsymbol{B} \end{pmatrix}$ 是一个次随机矩阵且 $\mathrm{Det}[\boldsymbol{D}] \neq 0$ 即 0 不会是 $\boldsymbol{D}$ 的特征根. 代入 (A.1) 式, 我们有

$$\begin{aligned} \boldsymbol{H}(s) &= \begin{pmatrix} \boldsymbol{\Delta}_{\sigma^2/2} & 0 \\ 0 & 0 \end{pmatrix} (s^2 \boldsymbol{I} - \boldsymbol{D}^2) + \begin{pmatrix} \boldsymbol{\Delta}_c & 0 \\ 0 & -\boldsymbol{I} \end{pmatrix} (s\boldsymbol{I} - \boldsymbol{D}) \\ &= \left(\begin{pmatrix} \boldsymbol{\Delta}_{\sigma^2/2} & 0 \\ 0 & 0 \end{pmatrix} (s\boldsymbol{I} + \boldsymbol{D}) + \begin{pmatrix} \boldsymbol{\Delta}_c & 0 \\ 0 & -\boldsymbol{I} \end{pmatrix} \right) (s\boldsymbol{I} - \boldsymbol{D}). \quad (A.3) \end{aligned}$$

上式表明 $\boldsymbol{D}$ 的特征根完全包含在方程 $\mathrm{Det}[\boldsymbol{H}(s)] = 0$ 的根集中.

如果进一步将矩阵 $\boldsymbol{D}$ 写成分块形式 $\begin{pmatrix} \boldsymbol{D}_{11} & \boldsymbol{D}_{12} \\ \boldsymbol{D}_{21} & \boldsymbol{D}_{22} \end{pmatrix}$, 则

$$(-1)^n \mathrm{Det}[\boldsymbol{H}(s)] = \mathrm{Det}[\boldsymbol{\Delta}_{\sigma^2/2}(\boldsymbol{D}_{11} + s\boldsymbol{I}) + \boldsymbol{\Delta}_c] \times \mathrm{Det}[s\boldsymbol{I} - \boldsymbol{D}].$$

因此为证明结论, 仅需证明以下事实

引理 A.1 对任意的 $\Re \lambda < 0$ 的复数 λ, $\mathrm{Det}[\boldsymbol{\Delta}_{\sigma^2/2}(\boldsymbol{D}_{11} + s\boldsymbol{I}) + \boldsymbol{\Delta}_c] \neq 0$.

证明 (1) 首先考虑 $\lambda \in \mathbb{R}$ 即 $\lambda \leqslant 0$, 在 (A.1) 中

$$\begin{aligned} &- \left(\begin{pmatrix} \boldsymbol{\Delta}_{\sigma^2/2} & 0 \\ 0 & 0 \end{pmatrix} (\boldsymbol{D} + \lambda \boldsymbol{I}) + \begin{pmatrix} \boldsymbol{\Delta}_c & 0 \\ 0 & -\boldsymbol{I} \end{pmatrix} \right) \boldsymbol{D} \\ &= \begin{pmatrix} \boldsymbol{A} - \delta \boldsymbol{I} & a\boldsymbol{\beta} \\ b\boldsymbol{\alpha} & \boldsymbol{B} \end{pmatrix} - \lambda \begin{pmatrix} \boldsymbol{\Delta}_{\sigma^2/2} & 0 \\ 0 & 0 \end{pmatrix} \boldsymbol{D}, \end{aligned}$$

可以发现以上等式的右端事实上是一个次随机矩阵且行列式非 0, 自然有

$$(-1)^m \mathrm{Det}[\boldsymbol{\Delta}_{\sigma^2/2}(\boldsymbol{D}_{11} + \lambda \boldsymbol{I}) + \boldsymbol{\Delta}_c] \mathrm{Det}[\boldsymbol{D}] \neq 0,$$

于是也有当 $\lambda \leqslant 0$ 时

$$\mathrm{Det}\big[\boldsymbol{\Delta}_{\sigma^2/2}(\boldsymbol{D}_{11}+\lambda\boldsymbol{I})+\boldsymbol{\Delta}_c\big]\neq 0.$$

(2) 记 $\mathbb{C}$ 为复平面, 对任意的 $\lambda\in\mathbb{C}\setminus\mathbb{R}$ 且 $\Re(\lambda)<0$. 由 (A.1), 对任意的 $\varepsilon\in\mathbb{C}$,

$$\begin{aligned}&-\left(\begin{pmatrix}\boldsymbol{\Delta}_{\sigma^2/2} & 0\\ 0 & 0\end{pmatrix}(\boldsymbol{D}+\lambda\boldsymbol{I})+\begin{pmatrix}\boldsymbol{\Delta}_c & 0\\ 0 & -\boldsymbol{I}\end{pmatrix}\right)(\boldsymbol{D}-\varepsilon\boldsymbol{I})\\ &=\begin{pmatrix}\boldsymbol{A}-\delta\boldsymbol{I} & a\boldsymbol{\beta}\\ b\boldsymbol{\alpha} & \boldsymbol{B}\end{pmatrix}+\begin{pmatrix}\boldsymbol{\Delta}_{\sigma^2/2} & 0\\ 0 & 0\end{pmatrix}\boldsymbol{D}(\varepsilon-\lambda)+\varepsilon\begin{pmatrix}\lambda\boldsymbol{\Delta}_{\sigma^2/2}+\boldsymbol{\Delta}_c & 0\\ 0 & -\boldsymbol{I}\end{pmatrix}.\end{aligned}\quad\text{(A.4)}$$

取 $\varepsilon=\mathrm{Im}(\lambda)$ 即可完成该引理的证明. □

下面我们用同样的方法证明方程 (A.2) 解的唯一性. 记

$$\begin{aligned}\boldsymbol{L}(s)&=\begin{pmatrix}\boldsymbol{\Delta}_{\sigma^2/2} & 0\\ 0 & \boldsymbol{I}\end{pmatrix}s^2+\begin{pmatrix}\boldsymbol{\Delta}_{-c} & a\boldsymbol{\beta}\\ 0 & \boldsymbol{B}\end{pmatrix}s+\begin{pmatrix}\boldsymbol{A}-\delta\boldsymbol{I} & 0\\ b\boldsymbol{\alpha} & 0\end{pmatrix}\\ &=\left(\begin{pmatrix}\boldsymbol{\Delta}_{\sigma^2/2}/2 & 0\\ 0 & \boldsymbol{I}\end{pmatrix}(s\boldsymbol{I}+\boldsymbol{Q})+\begin{pmatrix}\boldsymbol{\Delta}_c & a\boldsymbol{\beta}\\ 0 & \boldsymbol{B}\end{pmatrix}\right)(s\boldsymbol{I}-\boldsymbol{Q}).\end{aligned}\quad\text{(A.5)}$$

注意到 $\boldsymbol{0}$ 是矩阵 $\begin{pmatrix}\boldsymbol{A}-\delta\boldsymbol{I} & 0\\ b\boldsymbol{\alpha} & 0\end{pmatrix}$ 的 n 重特征向量, 因此 $\boldsymbol{0}$ 也仅是 $\mathrm{Det}[\boldsymbol{L}(s)]=0$ 的 n 重根, 再注意到 $\boldsymbol{Q}=\begin{pmatrix}\boldsymbol{U} & 0\\ \boldsymbol{Tr} & 0\end{pmatrix}$ 的形式, 我们有 $\boldsymbol{0}$ 也仅是 $\boldsymbol{Q}$ 的 n 重特征向量, 即 $\mathrm{Det}[\boldsymbol{U}]\neq 0$, 而相应的矩阵 $\boldsymbol{Q}$ 的特征根和特征向量为 $\{(0,\boldsymbol{e}_i)\}_{i=m+1,m+2,\cdots,m+n}$. 不仅如此, 由 $\boldsymbol{Tr}$ 的定义, 我们有 $\boldsymbol{Tr}\cdot\boldsymbol{e}<1$, 即 $\boldsymbol{Q}+\begin{pmatrix}0 & 0\\ 0 & -\boldsymbol{I}\end{pmatrix}=\begin{pmatrix}\boldsymbol{U} & 0\\ \boldsymbol{Tr} & -\boldsymbol{I}\end{pmatrix}$ 是一个次随机矩阵.

类似于引理 **A.1** 的结论, 为证明方程 (A.2) 解的唯一性, 我们仅仅需要以下引理 A.2.

引理 A.2 对任意的 $\Re(\lambda)<0$ 的复数 λ, 有

$$\mathrm{Det}\left[\begin{pmatrix}\boldsymbol{\Delta}_{\sigma^2/2} & 0\\ 0 & \boldsymbol{I}\end{pmatrix}(\lambda\boldsymbol{I}+\boldsymbol{Q})+\begin{pmatrix}\boldsymbol{\Delta}_{-c} & a\boldsymbol{\beta}\\ 0 & \boldsymbol{B}\end{pmatrix}\right]\neq 0.$$

证明 (1) 当 $\lambda<0$ 时, 由 (A.2) 得

1.6 具有相位型分布的风险模型

$$-\left(\begin{pmatrix}\mathbf{\Delta}_{\sigma^2/2} & 0 \\ 0 & I\end{pmatrix}(\lambda I+Q)+\begin{pmatrix}\mathbf{\Delta}_{-c} & a\beta \\ 0 & B\end{pmatrix}\right)\begin{pmatrix}U & 0 \\ \mathrm{Tr} & -I\end{pmatrix}$$

$$=\begin{pmatrix}A-\delta I & 0 \\ b\alpha & 0\end{pmatrix}-\lambda\begin{pmatrix}\mathbf{\Delta}_{\sigma^2/2} & 0 \\ 0 & I\end{pmatrix}\begin{pmatrix}U & 0 \\ \mathrm{Tr} & 0\end{pmatrix}+\begin{pmatrix}0 & a\beta \\ 0 & B\end{pmatrix}+\lambda\begin{pmatrix}0 & 0 \\ 0 & I\end{pmatrix}$$

$$=\begin{pmatrix}A-\delta I & a\beta \\ b\alpha & B\end{pmatrix}-\lambda\begin{pmatrix}\mathbf{\Delta}_{\sigma^2/2}U & 0 \\ \mathrm{Tr} & -I\end{pmatrix}. \tag{A.6}$$

可见上面等式右边为次随机矩阵，而且我们有

$$\mathrm{Det}\left[\begin{pmatrix}\mathbf{\Delta}_{\sigma^2/2} & 0 \\ 0 & I\end{pmatrix}(\lambda I+Q)+\begin{pmatrix}\mathbf{\Delta}_{-c} & a\beta \\ 0 & B\end{pmatrix}\right]\neq 0, \quad \forall \lambda <0.$$

(2) 当 $\lambda\in\mathbb{C}\setminus\mathbb{R}$ 且 $\Re(\lambda)<0$ 时，对任意的 $\varepsilon_3\in\mathbb{R}$,

$$-\left(\begin{pmatrix}\mathbf{\Delta}_{\sigma^2/2} & 0 \\ 0 & I\end{pmatrix}(\lambda I+Q)+\begin{pmatrix}\mathbf{\Delta}_{-c} & a\beta \\ 0 & B\end{pmatrix}\right)\left(\begin{pmatrix}U & 0 \\ \mathrm{Tr} & -I\end{pmatrix}-\begin{pmatrix}\varepsilon_3 I & 0 \\ 0 & 0\end{pmatrix}\right)$$

$$=\begin{pmatrix}A-\delta I & a\beta \\ b\alpha & B\end{pmatrix}-\lambda\begin{pmatrix}\mathbf{\Delta}_{\sigma^2/2}U & 0 \\ \mathrm{Tr} & -I\end{pmatrix}+\varepsilon_3\begin{pmatrix}\mathbf{\Delta}_{\sigma^2/2}(\lambda I+U)+\mathbf{\Delta}_{-c} & 0 \\ \mathrm{Tr} & 0\end{pmatrix}$$

$$=\begin{pmatrix}A-\delta I & a\beta \\ b\alpha & B\end{pmatrix}+(\varepsilon_3-\lambda)\begin{pmatrix}\mathbf{\Delta}_{\sigma^2/2}U & 0 \\ \mathrm{Tr} & -I\end{pmatrix}+\varepsilon_3\begin{pmatrix}\lambda\mathbf{\Delta}_{\sigma^2/2}+\mathbf{\Delta}_{-c} & 0 \\ 0 & I\end{pmatrix}. \tag{A.7}$$

取 $\varepsilon_3=\Im(\lambda)i$, 我们可以发现上式右侧的矩阵可以看成一个强度矩阵与一个纯虚数的对角矩阵之和，显然行列式非 0, 是可逆矩阵. 因此，对于任意的 $\Re(\lambda)<0$ 的复数 λ

$$\mathrm{Det}\left[\begin{pmatrix}\mathbf{\Delta}_{\sigma^2/2} & 0 \\ 0 & I\end{pmatrix}(\lambda I+Q)+\begin{pmatrix}\mathbf{\Delta}_{-c} & a\beta \\ 0 & B\end{pmatrix}\right]\neq 0. \qquad \square$$

注 A.1 记方程 (A.2) 的实部非正的特征根和相应的特征向量为 $\{s_i, l_i\}_{i=1,\cdots,m}$, 并记 $\mathbf{\Delta}=\begin{pmatrix}\mathbf{\Delta}_s & 0 \\ 0 & 0\end{pmatrix}$, $L=(l_1,l_2,\cdots,l_m,e_{m+1},\cdots,e_{m+n})$, 则

$$Q=L\mathbf{\Delta}L^{-1}.$$

注 A.2 值得指出的是，当 $\delta=0$ 且过程有正的安全负荷时，即 $c_1E[V_i]>E[X_i]$, 根据 Q 的概率意义，该矩阵必然有一个重数为 2 的特征根 0, 相应的不变子空间的基向量为 $\{e,e_{m+1},\cdots,e_{m+n}\}$.

附录 B 定理 1.6.12 的证明

对任意固定的 $\delta > 0$, 设 $f(x,t) = g(x)\mathrm{e}^{-\delta t}$, 其中

$$g(x) = \begin{cases} d_1\mathrm{e}^{\zeta_1 x} + d_2\mathrm{e}^{\zeta_2 x}, & x > 0, \\ d_3\mathrm{e}^{\zeta_3 x} + d_4\mathrm{e}^{\zeta_4 x}, & x \leqslant 0, \end{cases} \tag{B.1}$$

其中 ζ_1, ζ_2 是 $\dfrac{\sigma^2}{2}\zeta^2 + c_1\zeta - \delta = 0$ 的根, ζ_3, ζ_4 是 $\dfrac{\sigma^2}{2}\zeta^2 + c_2\zeta - \delta = 0$ 的根, 而 d_1, d_2, d_3, d_4 满足

$$\begin{cases} d_1 + d_2 = d_3 + d_4, \\ \zeta_1 d_1 + \zeta_2 d_2 = \zeta_3 d_3 + \zeta_4 d_4. \end{cases} \tag{B.2}$$

在此条件下 $g(x)$ 在 $x = 0$ 点连续可导.

我们首先来看函数 g 满足的性质, 给定 $N > 0$:

(1) $g(x)$ 和 $g'(x)$ 在区间 $[-N, N]$ 上有界;

(2) $g''(x)$ 在集合 $[-N, N] \setminus \{0\}$ 上连续且有界;

(3) $g'(x)$ 在 $x = 0$ 左可导且右可导, 且分别等于导函数在 0 点左右极限存在, 即 $D_-(g')(0) = g''(0-) = \lim\limits_{x \to 0-} g''(x)$ 且 $D_+(g')(0) = g''(0^+) = \lim\limits_{x \to 0^+} g''(x)$;

(4) 当 $x \neq 0$ 时, $\dfrac{\sigma^2}{2}g''(x) + c_i g'(x) - \delta g(x) = 0$, 而 $x = 0$ 时, $\dfrac{\sigma^2}{2}D_- g'(0) + c_2 g'(0) - \delta g(0) = 0$.

受 (Karatzas and Shreve, 1988) 书中 "关于凸函数的一类一般化的伊藤规则" 的启发, 我们首先引入一个无穷可微的函数 $(C^\infty(\mathbb{R}))$

$$\Gamma(x) = \begin{cases} \gamma \exp\left[\dfrac{1}{(x-1)^2 - 1}\right], & 0 < x < 2, \\ 0, & \text{其他}, \end{cases}$$

其中 γ 是常数, 满足 $\int_{-\infty}^{\infty} \Gamma(x)dx = 1$, 然后我们引入函数 $\{\Gamma_n(x) \stackrel{\text{def}}{=} n\Gamma(nx)\}$ 以及

$$g_n(x) \stackrel{\text{def}}{=} \int_{-\infty}^{\infty} g(y)\Gamma_n(x-y)dy = \int_{-\infty}^{\infty} g(x - y/n)\Gamma(y)dy, \quad x \in \mathbb{R}, \quad n \geqslant 1,$$

不难发现有 $g_n(x) \in C^\infty(\mathbb{R})$.

结合前面所述 g 的性质, 可以有以下结论, 当 $n \to \infty$ 时:

$$\begin{cases} g_n(x) \to g(x), \ g'_n(x) \to g'(x), \ g''_n(x) \to g''(x), & x \neq 0, \\ g_n(0) \to g(0), \ g'_n(0) \to g'(0), & x = 0, \end{cases} \tag{B.3}$$

1.6 具有相位型分布的风险模型

$$\frac{\sigma^2}{2}g_n''(x) + c_i g_n'(x) - \delta g_n(x) \to 0, \quad x \neq 0,$$

且 $\quad g_n'(x) = \int_0^2 g'(x - y/n)\Gamma(y)dy, \quad \forall x \in \mathbb{R}.$ (B.4)

于是我们有

$$\begin{aligned}
\frac{g_n'(y) - g_n'(0)}{y} &= \int_0^2 \frac{g'(y - z/n) - g'(-z/n)}{y}\Gamma(z)dz \\
&= \int_0^2 \frac{g'(y - z/n) - g'(-z/n)}{y} I\{z \geqslant ny\}\Gamma(z)dz \\
&\quad + \int_0^2 \frac{g'(y - z/n) - g'(-z/n)}{y} I\{z < ny\}\Gamma(z)dz.
\end{aligned} \quad \text{(B.5)}$$

依据函数 $g(x)$ 的性质 (2) 和 (3), 以及 Lebesgue 控制收敛定理. 令 $y \to 0$, 由上述方程我们有 $g_n''(0) = \int_0^2 g''(-z/n)\zeta(z)dz$. 因此, 依据函数 $g(x)$ 的第三个性质, $\lim_{n\to\infty} g_n''(0) = D_-g'(0)$. 由此我们有以下结论:

引理 B.1 对任意的 $x \in \mathbb{R}$,

$$\frac{\sigma^2}{2}g_n''(x) + c_i g_n'(x) - \delta g_n(x) \to 0, \quad n \to \infty. \tag{B.6}$$

定理 1.6.12 的证明. 记 $M_n(t) = g_n\big(W_b(t \wedge T_N^b \wedge T_{-N}^b)\big)\mathrm{e}^{-\delta(t \wedge T_N^b \wedge T_{-N}^b)}$, 应用伊藤公式, 我们有

$$\begin{aligned}
&M_n(t) - M_n(0) \\
&= \int_0^{t \wedge T_N^b \wedge T_{-N}^b} \mathrm{e}^{-\delta r}\left[\frac{\sigma^2}{2}g_n''(W_b(r)) + c_i g_n'(W_b(r)) - \delta g_n(W_b(r))\right]dr \\
&\quad + \int_0^{t \wedge T_N^b \wedge T_{-N}^b} \sigma \mathrm{e}^{-\delta r} g_n'(W_b(r)) B(dr).
\end{aligned} \quad \text{(B.7)}$$

令 $n \to \infty$, 由 $T_N^b \wedge T_{-N}^b$ 的定义, 上面等式中的所有函数均可以视为在紧集上的函数, 因此一致有界. 于是 (B.7) 左边以概率 1 收敛到 $M(t) - M(0)$. 同时对于等式右侧, 应用 (B.6) 以及一致有界性, 我们有以概率 1

$$\lim_{n\to\infty}\int_0^{t \wedge T_N^b \wedge T_{-N}^b} \mathrm{e}^{-\delta r}\left[\frac{\sigma^2}{2}g_n''(W_b(r)) + c_i g_n'(W_b(r)) - \delta g_n(W_b(r))\right]dr = 0,$$

而随机积分项在 L^2 意义下收敛到 $\int_0^{t\wedge T_N^b \wedge T_{-N}^b} \sigma e^{-\delta r} g'(W_b(r))dB(r)$, 再借用 (B.3) 以及函数的一致有界性, 极限积分必然是一个有界鞅. 至此证明完成. □

注 1.6.8 1.6.3 小节的主要内容选自 (Li, et al., 2009).

1.7 逐段决定马尔可夫风险模型

引入与实际更吻合的风险模型是风险理论研究中的核心问题. 逐段决定马尔可夫过程 (简记为 PDMP) 理论为我们提供了建立这种模型的有效途径, 参见 Dassios-Embrechts (简记为 D-E) 及 Embrechts-Schmidli 模型 (参见 (Embrechts and Schmidli, 1994)). 粗略地讲, 一个 PDMP 是一过程 $\boldsymbol{Z} = \{Z_t, t \geqslant 0\}$, 其样本轨道由 t-x 平面上的一族具有某些好性质的曲线决定. 现在, 设想一个沿着 $\{Z_t\}$ 轨道运动的粒子 P. 给定其初始位置, P 将沿着曲线族中某一条运动, 直到一随机行为发生. 之后该粒子 P 将随机跳到曲线族中的另外一条曲线上继续沿着曲线移动, 直到下一次跳跃发生, 之后粒子再按这种方式继续运动下去等. 图 1.7.1 给出了一个 PDMP 轨道的示意图. 人们可以用正切向量场和转移概率函数来刻画 PDMP. 向量场决定 PDMP 的曲线族, 转移函数给出跳跃机制. 例如, 若取所有正切向量的切线方向一致, 而跳按泊松过程发生, 我们得到图 1.7.2 所示的 PDMP.

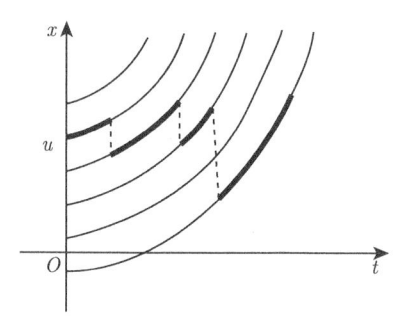

图 1.7.1 典型的 PDMP 的样本轨道示意图

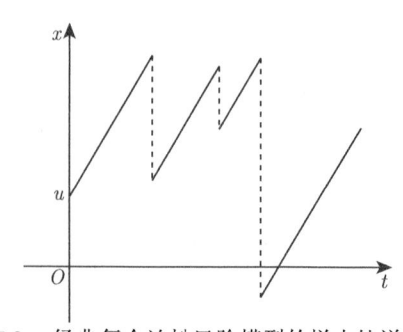

图 1.7.2 经典复合泊松风险模型的样本轨道示意图

1.7.1 关于 D-E 模型恰在破产前和在破产时盈余的分布

在某些保险风险书中, 保险公司的盈余演化服从一 PDMP. 在由图 1.7.2 所示的经典复合泊松风险模型情形, 不允许或不需要借贷. 这样的模型当然是不符合实际的, 但它提供了基本思路. Dassios 和 Embrechts (1989) 提出了更实际的 D-E 模型, 其样本轨道如图 1.7.3 中所示. 在 D-E 模型中, 允许公司以一定的利率水平借钱以便负盈余出现时公司还可以继续运作. 但是, 如果保费率低于偿付率, 就不可能用保费收入来偿付贷款. Dassios 和 Embrechts (1989) 引入了 "绝对破产" 来描述这种情形. 图 1.7.3 中的直线 $x = -c/\beta$ 称为绝对破产线, 沿着该线偿付贷款率大于保费收入速率. 依据 (Dassios and Embrechts, 1989), D-E 模型的向量场 $X = \{X_t, t \geq 0\}$ 是

$$\chi x = \begin{cases} c(d/dx), & x \geq 0, \\ (\beta x + c)(d/dx), & x < 0, \end{cases} \quad (1.7.1)$$

这里 c 是保费率, β 是利率. 对 D-E 模型, 绝对破产线由直线 $x = -c/\beta$ 给出. 在 (Dassios and Embrechts, 1989) 中破产概率由鞅方法来研究. 因更新理论不再适用于研究 D-E 模型, 我们无法借助通常的推导更新方程方法给出 D-E 模型在破产时的盈余分布表达式.

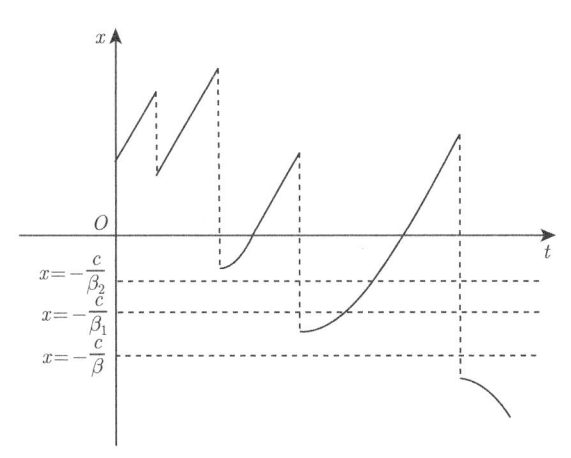

图 1.7.3 D-E 模型的样本轨道示意图

1. 具有限制性借贷的风险模型

在一个 D-E 模型中, 设置绝对破产线 $x = -c/\beta$ 意味着保险公司允许贷款总量最多为 c/β. 在实际中通常会发生可借用的钱低于 c/β. 例如, 一般是其某个比

率 $l(c/\beta)$ 且 $0 < l < 1$. 此时, 破产线应为 $x = -l(c/\beta)$, 而不是 $x = -c/\beta$. 记此时的限制性借贷模型为 X^*.

为了推导 X^* 的破产概率, 我们将考虑另一 PDMP 模型 X^{β_3}, 其向量场如下给出

$$\chi^{\beta_3} = \begin{cases} c(d/dx), & x \geqslant 0, \\ (\beta x + c)d/dx, & -lc/\beta \leqslant x < 0, \\ [(\beta x + c) + (\beta_3 - \beta)(x + lc/\beta)]d/dx, & x < -lc/\beta, \end{cases}$$

这里 c 和 β 与 (1.7.1) 中的相同, β_3 是一参数, 满足 $\beta_3 > \beta$. 令

$$\beta_2 = l^{-1}\beta, \quad \beta_1 = \beta_3 \left(1 + \frac{\beta_3 - \beta}{\beta_2}\right)^{-1}.$$

显然,

$$\lim_{\beta_3 \to \infty} \left(-\frac{c}{\beta_1}\right) = -\frac{c}{\beta_2}. \tag{1.7.2}$$

记 X^{β_3} 和 X^* 的破产概率分别为 $\psi(x, \beta_3)$ 和 $\psi^*(x)$.

引理 1.7.1

$$\psi^*(x) = \lim_{\beta_3 \to \infty} \psi(x, \beta_3). \tag{1.7.3}$$

证明 令 $A(A^{\beta_3})$ 是 $X^*(X^{\beta_3})$ 中那些破产会发生的样本轨道的集合. 从上述 χ^{β_3} 的表达式, 容易证明 X^{β_3} 的绝对破产线为 $x = -c/\beta_1$ (参看图 1.7.3). 从 (1.7.2) 我们看出 X^{β_3} 的绝对破产线趋近直线 $x = -lc/\beta$, 而它是当 β_3 趋于无穷时 X^* 的破产线. 因此 $A = \bigcup_{\beta_3} A^{\beta_3}$, 这意味着 (1.7.3) 成立. □

令 Z 表示一般的 PDMP, 其中第 i 次跳时刻为 T_i, 跳强度为 λ, 向量场为 χ 以及理赔量分布为 $P(x)$. 另外, 由 χ 确定的曲线族中的集合里的元素将记为 $\phi(t, x)$. 对可测函数 $f(x)$, 定义

$$\mathcal{U}f(x) = \chi f(x) + \lambda \int_0^\infty (f(x - y) - f(x)) dP(y).$$

对 $t > 0$, 令

$$M_t^f = f(Z_t) - f(Z_0) - \int_0^t \mathcal{U}f(Z_s) ds.$$

下述引理来自 (Dassios and Embrechts, 1989) 且在之后讨论中起重要作用.

1.7 逐段决定马尔可夫风险模型

引理 1.7.2 假设可测函数 f 满足:
(1) 对任意固定的 $x \in \mathbb{R}$, 函数 $f(\phi(t,x))$ 关于 t 绝对连续;
(2) 对任意 $t \geqslant 0$,

$$E\left[\sum_{T_i \leqslant t} \left| f(Z_{T_i}) - f\left(Z_{T_i^-}\right) \right|\right] < \infty.$$

那么 f 属于 PDMP Z 的无穷小算子 $\mathcal{U}$ 的定义域 $\mathcal{D}(\mathcal{U})$ 且 M_t^f 是关于过滤 $\mathcal{F}_t = \sigma\{Z_s, s \leqslant t\}$ 的一个鞅.

为方便起见, 在下面令 $\mathcal{U}$ 表示任一 PDMP 的无穷小算子.

现在沿用 (Embrechts and Schmidli, 1994) 中的方法, 对任意 $\beta_3 > 0$ 首先构造函数 $f_i(x, \beta_3), i = 1, 2, 3$ (或 $f_i(x), i = 1, 2, 3$), 然后如下定义函数 $f(x, \beta_3)$ (或 $f(x)$)

$$f(x, \beta_3) = I_{(-\infty, -lc/\beta]}(x) f_3(x, \beta_3) + I_{(-lc/\beta, 0]}(x) f_2(x, \beta_3)$$
$$+ I_{(0, +\infty)}(x) f_1(x, \beta_3). \tag{1.7.4}$$

根据 (Embrechts and Schmidli, 1994), $f(x)$ 满足引理 1.7.2 条件且 $\mathcal{U}f = 0$, 因此 $f\left(X_t^{\beta_3}\right)$ 必然关于 X^{β_3} 的自然过滤 σ-域是一个鞅, 由此得出

$$\psi(x, \beta_3) = 1 - \frac{f(x)}{f_1(+\infty)}. \tag{1.7.5}$$

从引理 1.7.1 和 (1.7.5) 我们得到下述定理:

定理 1.7.1 限制借贷的模型 X^* 的破产概率是

$$\psi^*(x) = 1 - \lim_{\beta_3 \to \infty} \frac{f(x)}{f_1(+\infty)}. \tag{1.7.6}$$

2. 例

例 1.7.1 令 $P(x) = 1 - e^{-x/\mu}$, 从 (Embrechts and Schmidli, 1994), 可得

$$f_3(x) = k \int_0^{x+c/\beta_1} s^{\lambda/\beta_3 - 1} e^{-s/\mu} ds \vee 0, \tag{1.7.7}$$

$$f_2(x) = f_3\left(-\frac{c}{\beta_2}\right) + \left(\frac{c'}{\beta}\right)^{1-\lambda/\beta} e^{c'/\mu\beta} f_3'\left(-\frac{c}{\beta_2}\right) \int_{c'/\beta}^{x+c/\beta} s^{\lambda/\beta - 1} e^{-s/\mu} ds, \tag{1.7.8}$$

$$f_1(x) = f_2(0) + \left(\frac{1}{\mu} - \frac{\lambda}{c}\right)^{-1} f_2'(0) \left(1 - \exp\left\{-\left(\frac{1}{\mu} - \frac{\lambda}{c}\right) x\right\}\right), \tag{1.7.9}$$

这里 k 是一个独立于 β_3 的常数, $c' = c\beta(1/\beta - 1/\beta_2)$.

注 1.7.1 从 (1.7.7)—(1.7.9) 不难看出, 在 $f(x)$ 和 $f(+\infty)$ 中的 k 在 $f(x)/f(+\infty)$ 的表达式中可以相互消去.

将 (1.7.7)—(1.7.9) 代入 (1.7.5), 对 $x \geqslant 0$, 我们有

$$\psi(x, \beta_3) = \frac{f_2'(0)\exp\{-(1/\mu - \lambda/c)x\}}{(1/\mu - \lambda/c)f_2(0) + f_2'(0)}, \tag{1.7.10}$$

对 $-c/\beta_2 \leqslant x < 0$,

$$\psi(x, \beta_3)$$

$$= \frac{1}{f_2'(0) + (1/\mu - \lambda/c)f_2(0)} \Bigg\{ f_2'(0) - (1/\mu - \lambda/c)\Bigg[f_3(-c/\beta_2) - f_2(0)$$

$$+ f_3'(-c/\beta_2)(c'/\beta)^{1-\lambda/\beta} e^{c'/\mu\beta} \int_{c'/\beta}^{x+c/\beta} s^{\lambda/\beta-1} e^{-s/\mu} ds \Bigg] \Bigg\}, \tag{1.7.11}$$

以及对 $-c/\beta_1 \leqslant x \leqslant -c/\beta_2$,

$$\psi(x, \beta_3) = \frac{f_2'(0) + (1/\mu - \lambda/c)\left(f_2(0) - k\int_0^{x+c/\beta_1} s^{\lambda/\beta_3-1} e^{-s/\mu} ds\right)}{f_2'(0) + (1/\mu - \lambda/c)f_2(0)}. \tag{1.7.12}$$

将 (1.7.3), (1.7.10) 和 (1.7.11) 结合起来, 对 $x \geqslant 0$ 我们有

$$\psi^*(x) = \Bigg\{ 1 + \left(\frac{\lambda}{\mu} - \frac{\lambda}{c}\right)\Bigg[\frac{c}{\lambda}(1-l)^{\lambda/\beta} e^{lc/\mu\beta}$$

$$+ \left(\int_{(1-l)c/\beta}^{c/\beta} s^{\lambda/\beta-1} e^{-s/\mu} ds\right)\left(\frac{c}{\beta}\right)^{1-\lambda/\beta} e^{c/\mu\beta} \Bigg] \Bigg\}^{-1}$$

$$\times \exp\left\{-\left(\frac{1}{\mu} - \frac{\lambda}{c}\right)x\right\}, \tag{1.7.13}$$

且对 $-c/\beta_2 \leqslant x < 0$, 我们有
$$\psi^*(x) = 1$$

$$-\frac{(1/\mu-\lambda/c)\left[c/\lambda(1-l)^{\lambda/\beta}e^{lc/\mu\beta} + (c/\beta)^{1-\lambda/\beta}e^{c/\mu\beta}\int_{(1-l)c/\beta}^{x+c/\beta} s^{\lambda/\beta-1}e^{-s/\mu} ds\right]}{1+(1/\mu-\lambda/c)\left[c/\lambda(1-l)^{\lambda/\beta}e^{lc/\mu\beta} + (c/\beta)^{1-\lambda/\beta}e^{c/\mu\beta}\int_{(1-l)c/\beta}^{c/\beta} s^{\lambda/\beta-1}e^{-s/\mu} ds\right]}.$$
$$\tag{1.7.14}$$

1.7 逐段决定马尔可夫风险模型

特别地, 如果 $l \to 1$, 则 (1.7.13) 和 (1.7.14) 与 D-E 模型 X 下的结果一致. 例如, 从 (1.7.13) 对 $x \geqslant 0$ 我们有

$$\psi^*(x) = \left[1 + \left(\frac{1}{\mu} - \frac{\lambda}{c}\right)\left(\int_0^{c/\beta} s^{\lambda/\beta - 1} e^{-s/\mu} ds \left(\frac{c}{\beta}\right)^{1-\lambda/\beta} e^{c/\mu\beta}\right)\right]^{-1}$$

$$\times \exp\left\{-\left(\frac{1}{\mu} - \frac{\lambda}{c}\right)x\right\}. \tag{1.7.15}$$

3. X^* 在破产时刻的盈余分布

定义 X^* 在破产时刻的盈余分布为

$$G^*(u, y) = P^u\left(\sigma < \infty, X_\sigma^* > -y - \frac{lc}{\beta}\right), \quad y \geqslant 0, \tag{1.7.16}$$

这里 σ 表示 X^* 的破产时间.

我们检验图 1.7.4 中所示的 X^* 的三种不同样本轨道 $w_i, i = 1, 2, 3$. 当 X^* 沿 w_1 移动时无破产发生, 沿 w_2 移动时, X_σ^* 将位于破产线 $x = -c/\beta_2$ 和直线 $x = -y - c/\beta_2$ 之间, 而当沿 w_3 移动时 X_σ^* 将位于直线 $x = -y - c/\beta_2$ 下方. 显然集合 $\{\sigma < \infty, X_\sigma^* > -y - c/\beta_2\}$ 与所有 w_2 一致. 我们将通过变化向量场把 w_2 从 w_1 和 w_3 中区分出来. 为此, 我们将构造如下辅助模型 $\widehat{X}$: $\widehat{X}$ 在到达破产线 $x = -c/\beta_2$ 之前与 X^* 相同, 在到达同一直线后调整 $\widehat{X}$ 的向量场中的参数使得 w_3 不再向上翻转, 而允许 w_2 快速向上翻转以使得它们可以通过直线 $x = -y - c/\beta_2$. 当这些被调整的参数趋于某些极限时, w_2 将从 w_1 和 w_3 中分离出来. 由于 $\widehat{X}$ 的轨道连续向上移动, 只有 w_2 才有可能达到直线 $x = -c/\beta_2$. 我们可推断出通过计算 $\widehat{X}$ 首中破产线 $x = -c/\beta_2$ 的概率的极限而得到 $G^*(u, y)$.

在图 1.7.4 中, 虚线表示向量场参数调整后的样本轨道. 通过上述分析 $\widehat{X}$ 的向量场可描述为

$$\widehat{\chi} = \begin{cases} c(d/dx), & x \geqslant 0, \\ (\beta x + c) d/dx, & -c/\beta_2 \leqslant x < 0, \\ ((1-l)c - \alpha_1(x + c/\beta_2)) d/dx, & -y - c/\beta_2 \leqslant x < -c/\beta_2, \\ ((1-l)c + \alpha_1 y + \alpha_2(x + c/\beta_2 + y)) d/dx, & x < -y - c/\beta_2, \end{cases}$$
$$\tag{1.7.17}$$

这里 α_1, α_2 都是正的参数. 令

$$k_y = y + \frac{c}{\beta_2}, \quad h_y = \frac{1}{\alpha_2}[(1-l)c + \alpha_1 y] + k_y. \tag{1.7.18}$$

从 (1.7.17) 容易证明 $\widehat{X}$ 的绝对破产线是 $x = -h_y$. 对任意 $\alpha_1 > 0, \alpha_2 > 0$, 我们构造函数 $f_i(x, \alpha_1, \alpha_2)$, $i = 1, 2, 3, 4$ (简记为 $f_i(x), i = 1, 2, 3, 4$), 然后再定义函数 $f(x, \alpha_1, \alpha_2)$ (简记为 $f(x)$) 如下:

$$f(x) = I_{(-\infty, -k_y]}(x) f_4(x) + I_{(-k_y, -c/\beta_2]}(x) f_3(x)$$
$$+ I_{(-c/\beta_2, 0]}(x) f_2(x) + I_{(0, \infty)}(x) f_1(x). \tag{1.7.19}$$

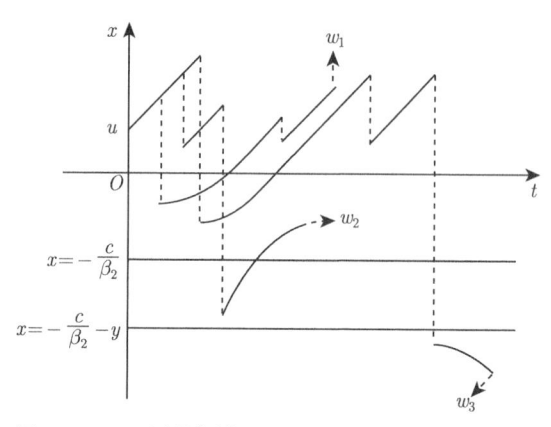

图 1.7.4 限制借贷模型的三种不同样本轨道示意图

然而, 根据 (Embrechts and Schmidli, 1994), $f(x)$ 满足引理 1.7.2 及 $\mathcal{U}f = 0$. 这意味着 $\{f(\widehat{X}_t)\}$ 关于 $\widehat{X}$ 的自然 σ-代数族是一个鞅.

注 1.7.2 这里应用的 (Embrechts and Schmidli, 1994) 中的拉普拉斯-斯蒂尔切斯 (Laplace-Stieltjes) 变换方法不适用于 f_3 的构造, 因为一额外因子 $-\alpha_1$ 不得不加到 (1.7.17) 的右端第 3 个公式.

关于 f_3 的方程是

$$\left[(1-l)c - \alpha_1\left(x + \frac{c}{\beta_2}\right)\right] f'(x)$$
$$+ \lambda\left[\int_0^{x+k_y} f(x-z) d(P(z) - 1) + \int_{x+k_y}^{x-h_y} f_4(x-z) dP(z) - f(x)\right] = 0. \tag{1.7.20}$$

令

$$\phi(x) = (1-l)c - \alpha_1\left(x + \frac{c}{\beta_2}\right), \tag{1.7.21}$$

1.7 逐段决定马尔可夫风险模型

$$F(x) = \phi(x)f'(x), \tag{1.7.22}$$

注意在 $(-k_y, -c/\beta_2)$ 上 $\phi(x) \neq 0$. 对 (1.7.20) 的第二个中括号中的第一项分部积分得到

$$F(x) + \int_{-k_y}^{x} \frac{\lambda(P(x-z)-1)}{\phi(z)} F(z) dz$$
$$= -\lambda \int_{x+k_y}^{x+h_y} f_4(x-z) dP(z) + \lambda f_4(-k_y)(1 - P(x+k_y)), \tag{1.7.23}$$

这是一个 2 阶沃尔泰拉型积分方程. 在下述边界条件下

$$f_3(-k_y) = f_4(-k_y), \quad f_3'(-k_y) = f_4'(-k_y), \tag{1.7.24}$$

表达式 (1.7.21)—(1.7.23) 确定一个唯一解

$$f_3(x), \quad x \in \left(k_y, -\frac{c}{\beta_2}\right]. \tag{1.7.25}$$

因为直到 $x = -c/\beta_2$, $\widehat{X}$ 与 X^* 相同, 关于 X^* 的破产时间 σ, 显然有

$$\sigma = \inf\left\{t \geqslant 0 : \widehat{X}_t < -\frac{c}{\beta_2}\right\}, \tag{1.7.26}$$

这意味着 σ 关于 $\widehat{X}$ 是停时. 定义

$$\tau = \inf\left\{t \geqslant 0 : \widehat{X}_t = -\frac{c}{\beta_2}\right\}. \tag{1.7.27}$$

对有界函数 f 应用最优停时定理和鞅收敛定理可得

$$f(u) = E^u\left[f(\widehat{X}_\tau)\right]$$
$$= E^u\left[f(\widehat{X}_\tau), \tau < \infty\right] + E^u\left[f(\widehat{X}_\tau), \tau = \infty, \sigma < \infty\right]$$
$$+ E^u\left[f(\widehat{X}_\tau), \tau = \infty, \sigma = \infty\right]. \tag{1.7.28}$$

因为所有理赔量是独立同分布的, 所以我们推出 $\widehat{X}_\infty$ 的取值依概率 1 或为 $-\infty$, 或为 $+\infty$. 根据 (Embrechts and Schmidli, 1994), 在 $(-\infty, -h_y)$ 上 $f_4(x) = 0$, 由此得到一个显然的结果 $f(-\infty) = \lim\limits_{x \to -\infty} f(x) = 0$. 上述这些结果意味着

$$E^u\left[f(\widehat{X}_\tau), \tau = \infty, \sigma < \infty\right] = E^u[f(-\infty), \tau = \infty, \sigma < \infty] = 0. \tag{1.7.29}$$

显然, 除去一个零测集,

$$(\sigma = \infty) \subseteq (\tau = \infty), \tag{1.7.30}$$

这意味着

$$\widehat{X}_{\tau(w)}(w) = +\infty, \quad w \in (\sigma = \infty), \tag{1.7.31}$$

以及

$$E^u\left[f(\widehat{X}_\tau), \tau = \infty, \sigma = \infty\right] = f(+\infty) P^u(\sigma = \infty). \tag{1.7.32}$$

把 (1.7.29) 和 (1.7.32) 中结果代入 (1.7.28) 得到

$$f(u) = f\left(-\frac{c}{\beta_2}\right) P^u(\tau < \infty) + f(+\infty) P^u(\sigma = \infty),$$

由此得到下式

$$\begin{aligned} P^u(\tau < \infty) &= \frac{f(u) - f(+\infty) P^u(\sigma = \infty)}{f(-c/\beta_2)} \\ &= \frac{(f(u)/f(\infty)) - P^u(\sigma = \infty)}{(f(-c/\beta_2))/f(\infty)}. \end{aligned} \tag{1.7.33}$$

与 (Embrechts and Schmidli, 1994) 中的定理 1 和定理 3 类似, $f(u)/f(\infty)$ 和 $(f(-c/\beta_2))/f(\infty)$ 是初始准备金分别为 u 和 $-c/\beta_2$ 的 $\widehat{X}$ 的非破产概率 (生存概率). 令 $\widehat{\psi}(u) = 1 - f(u)/f(\infty)$ 和 $\psi^*(u) = P^u(\sigma < \infty)$. 我们现在给出下面的主要结果:

定理 1.7.2

$$\begin{aligned} G^*(u, y) &= \lim_{\alpha_1 \to +\infty} \lim_{\alpha_2 \to +\infty} P^u(\tau < \infty) \\ &= \lim_{\alpha_1 \to +\infty} \lim_{\alpha_2 \to +\infty} \frac{\psi^*(u) - \widehat{\psi}(u)}{1 - \widehat{\psi}(-c/\beta_2)}, \quad y \geqslant 0. \end{aligned} \tag{1.7.34}$$

令 $G(u, y)$ 表示 D-E 模型 X 在破产时的损失分布, 那么利用 (1.7.34) 我们推断得

$$G(u, y) = \lim_{\ell \to 1} G^*(u, y) = \lim_{\ell \to 1} \lim_{\alpha_1 \to \infty} \lim_{\alpha_2 \to \infty} \frac{\psi^*(u) - \widehat{\psi}(u)}{1 - \widehat{\psi}(-c/\beta_2)}, \quad y \geqslant 0. \tag{1.7.35}$$

1.7 逐段决定马尔可夫风险模型

注 1.7.3 令 $P(x) = 1 - e^{-x/\mu}$, 且 $c - \mu\lambda > 0$, 计算可得

$$f_4(x) = \int_0^{x+h_y} s^{\lambda/\alpha_2 - 1} e^{-s/\mu} ds \vee 0, \tag{1.7.36}$$

$$f_3(x) = f_4(-k_y) + \left(\frac{(1-l)c}{\alpha_1} + y\right)^{(\lambda/\alpha_1)+1}$$
$$\times \exp\left\{-\left[\frac{(1-l)c}{\alpha_1} + y\right]\mu^{-1}\right\} f_4'(-k_y)$$
$$\times \int_{((1-l)c/\alpha_1)-(c/\beta_2)-x}^{((1-l)c/\alpha_1)-c/\beta_2+ky} s^{-(\lambda/\alpha_1+1)} e^{s/\mu} ds, \tag{1.7.37}$$

$$f_2(x) = f_3\left(-\frac{c}{\beta_2}\right) + \left(\frac{(1-l)c}{\beta}\right)^{-\lambda/\beta+1} e^{(1-l)c/\mu\beta}$$
$$\times f_3'\left(-\frac{c}{\beta_2}\right) \int_{(1-l)c/\beta}^{x+c/\beta} s^{\lambda/\beta-1} e^{-s/\mu} ds, \tag{1.7.38}$$

$$f_1(x) = f_2(0) + \frac{f_2'(0)}{(1/\mu - \lambda/c)}\left(1 - e^{-(1/\mu - \lambda/c)x}\right). \tag{1.7.39}$$

把 (1.7.34) 与 (1.7.13), (1.7.14) 和之前 4 个方程 (参见本小节附录 A) 结合在一起, 对 u 我们有

$$G^*(u, y) = \psi^*(u) P(y). \tag{1.7.40}$$

在 (1.7.40) 的两端取 $l \to 1^-$ 得到

$$G(u, y) = \psi(u) P(y), \tag{1.7.41}$$

这里 $\psi(u)$ 代表 D-E 模型的破产概率.

注 1.7.4 (1) 在复合泊松过程情形, (1.7.40) 和 (1.7.41) 满足相同的方程 (Dickson, 1992, p.198), 但 $\psi^*(u)$ 依赖于 ℓ 和 β.

(2) 对所有的 u, 仅利用指数分布的无记忆性可直接得到 (1.7.40) 和 (1.7.41).

4. X 恰在破产前盈余的分布

过程 X 恰在破产前盈余的分布定义为

$$F(u, x) = P^u(\theta < +\infty, X_{\theta-} < x), \quad x \geqslant -\frac{c}{\beta}, \tag{1.7.42}$$

这里 θ 代表 D-E 模型 X 的破产时间. 令 $\xi(u, x)$ 表示在初始盈余为 u 且恰在破产前盈余未达到水平 x 破产发生的概率. 利用与推导公式 (1.7.33) 相类似的方法, 我们可以得到与 (Dickson, 1992) 中相类似的一些引理:

引理 1.7.3 当 $u \leqslant x$ 时,
$$\xi(u,x) = \frac{\psi(u) - \psi(x)}{1 - \psi(x)}. \tag{1.7.43}$$

引理 1.7.4 当 $u \leqslant x$ 时,
$$F(u,x) = \xi(u,x) + \zeta(u,x) \cdot F(x,x), \tag{1.7.44}$$

这里 $\zeta(u,x) = 1 - \xi(u,x)$.

当给定 $h, h \geqslant -c/\beta$ 时, 我们令
$$\sigma_h = \inf\{t > 0 : X_t < h\}, \quad \psi_h(u) = P^u(\sigma_h < \infty),$$
$$G_h(u,y) = P^u(\sigma_h < \infty, X_{\sigma_h} > -y + h), \quad y \geqslant 0,$$
$$F_h(u,x) = P^u(\sigma_h < \infty, X_{\sigma_h^-} < x), \quad x \geqslant -h,$$

并令 $g_h(u,y)$ 表示 $G_h(u,y)$ 关于 y 的密度函数.

注 1.7.5 显然, 当 $h \geqslant 0$ 时, $\psi_h(u), G_h(u,y)$ 和 $g_h(u,y)$ 分别与 $\overline{\psi}(u-h), \overline{G}(u-h,y)$ 和 $\overline{g}(u-h,y)$ 相等, 这里 $\overline{\psi}(\cdot), \overline{G}(\cdot,\cdot)$ 和 $\overline{g}(\cdot,\cdot)$ 分别表示复合泊松模型的破产概率函数、破产时盈余分布函数和破产时盈余分布函数的密度函数; 当 $h = -lc/\beta$ 时, $\psi_h(u)$ 和 $G_h(u,y)$ 分别与 $\psi^*(u)$ 和 $G^*(u,y)$ 相等.

利用 X 的马尔可夫性质, 我们可进一步得到下述引理:

引理 1.7.5 对 $x \geqslant -c/\beta$,
$$(1 - \psi(x)) = \int_0^{x+c/\beta} g_x(x,y)(1 - \psi(x-y))dy + (1 - \psi_x(x)) \tag{1.7.45}$$

或
$$\psi(x) - \psi_x(x) + G_x\left(x, x + \frac{c}{\beta}\right) = \int_0^{x+c/\beta} g_x(x,y)\psi(x-y)dy, \tag{1.7.46}$$

由上述引理和定义, 类似于 Dickson (1992) 的证明, 可得下述定理:

定理 1.7.3 令 $x \geqslant -c/\beta$.

(1) 当 $u < x$ 时,
$$F(u,x) = \frac{1 - G_x(x, x+c/\beta)}{1 - \psi_x(x)} \cdot \psi(u) - \frac{\psi_x(x) - G_x(x, x+c/\beta)}{1 - \psi_x(x)};$$

(2) 当 $u \geqslant x$ 时,
$$F(u,x) = G_x\left(u, x + \frac{c}{\beta}\right) - \frac{1 - G_x(x, x+c/\beta)}{1 - \psi_x(x)}(\psi_x(u) - \psi(u)).$$

从定理 1.7.3 和注 1.7.5 直接可得下述推论:
推论 1.7.1 对 $x \geqslant 0$,
(1) 当 $u < x$ 时,
$$F(u,x) = \frac{1 - \overline{G}(0, x + c/\beta)}{1 - \overline{\psi}(0)} \cdot \psi(u) - \frac{\overline{\psi}(0) - \overline{G}(0, x + c/\beta)}{1 - \overline{\psi}(0)};$$

(2) 当 $u \geqslant x$ 时,
$$F(u,x) = \overline{G}\left(u - x, x + \frac{c}{\beta}\right) - \frac{1 - \overline{G}(0, x + c/\beta)}{1 - \overline{\psi}(0)}(\overline{\psi}(u - x) - \psi(u)).$$

仿 (Dickson, 1992), 利用推论 1.7.1 我们可以得到如下推论:
推论 1.7.2 若函数 $F(u,x), x \geqslant 0$ 存在密度函数 $f(u,x)$, 那么
$$f(u,x) = \frac{1 - \psi(u)}{1 - \overline{\psi}(0)} \cdot \frac{\lambda}{c}\left[1 - P\left(x + \frac{c}{\beta}\right)\right], \quad u < x,$$

以及
$$f(u,x) = \frac{\overline{\psi}(u - x) - \psi(u)}{1 - \overline{\psi}(0)} \cdot \frac{\lambda}{c}\left[1 - P\left(x + \frac{c}{\beta}\right)\right], \quad u \geqslant x.$$

令 $F(u,x,y)$ 为 $X_{\theta-}$ 和 X_θ 的联合分布函数, 即
$$F(u,x,y) = P^u\left(\theta < \infty, X_{\theta-} < x, X_\theta > -y - \frac{c}{\beta}\right), \quad x \geqslant -\frac{c}{\beta}, \quad y \geqslant 0.$$

假设 $F(u,x,y)$ 有联合密度函数 $f(u,x,y)$. 我们有下述定理:
定理 1.7.4
$$f(u,x,y) = f(u,x)\frac{p(x + y + c/\beta)}{1 - P(x + c/\beta)}, \quad x \geqslant -\frac{c}{\beta}, \quad y \geqslant 0, \quad (1.7.47)$$

这里 $p(x)$ 表示 $P(x)$ 的密度函数.
证明 第 k 次理赔量记为 $S_k, k = 1, 2, \cdots$, 我们有
$$F(u,x,y)$$
$$= P^u\left(\theta < \infty, X_{\theta-} < x, X_\theta > -y - \frac{c}{\beta}\right), \quad x \geqslant -\frac{c}{\beta}, \quad y \geqslant 0$$
$$= \int_{c/\beta}^x P^u\left(\theta < \infty, X_{\theta-} \in dz, X_\theta > -y - \frac{c}{\beta}\right)$$

$$= \int_{c/\beta}^{x} \sum_{k=1}^{\infty} P^u \left(\theta = T_k, X_{\theta^-} - \in dz, X_\theta > -y - \frac{c}{\beta} \right)$$

$$= \int_{c/\beta}^{x} \sum_{k=1}^{\infty} P^u \left(\theta = T_k, X_{T_k} - \in dz, z - S_k > -y - \frac{c}{\beta} \right)$$

$$= \int_{c/\beta}^{x} \sum_{k=1}^{\infty} P^u \left(\theta = T_k, X_{T_k} - \in dz \right)$$
$$\times P^u \left(z + \frac{c}{\beta} < S_k < z + y + \frac{c}{\beta} / \theta = T_k, X_{T_k} - \in dz \right)$$

$$= \int_{c/\beta}^{x} \sum_{k=1}^{\infty} P^u \left(\theta = T_k, X_{T_k} - \in dz \right)$$
$$\times P^u \Big(z + \frac{c}{\beta} < S_k < z + y + \frac{c}{\beta} / z - S_k < -\frac{c}{\beta},$$
$$X_{T_k} - \in dz, X_{T_i} \geqslant -\frac{c}{\beta}, i = 1, 2, \cdots, k-1 \Big)$$

$$= \int_{c/\beta}^{x} \sum_{k=1}^{\infty} P^u \left(\theta = T_k, X_{T_k} - \in dz \right)$$
$$\times P^u \left(z + \frac{c}{\beta} < S_k < z + y + \frac{c}{\beta} \right) \Big/ P^u \left(S_k > z + \frac{c}{\beta} \right). \tag{1.7.48}$$

上述最后等式成立是因为 S_k 与 σ-域 $\sigma\{X_t, t < T_k\}$ 独立. 我们可直接把 (1.7.48) 写为

$$F(u, x, y) = \int_{-c/\beta}^{x} P^u \left(\theta < \infty, X_{T_\theta} - \in dz \right) \frac{\int_0^y p(z + c/\beta + v) dv}{1 - P(z + c/\beta)}.$$

由此得到 (1.7.47). $\square$

附录 A

令 $P(x) = 1 - e^{-x/\mu}$. 从公式 (1.7.36) 可得

$$\lim_{\alpha \to +\infty} \frac{f_4(-k_y)}{f_4'(-k_y)} = \lim_{\alpha_2 \to +\infty} \frac{\int_0^{m_y} s^{(\lambda/\alpha_2)-1} e^{-s/\mu} ds}{m_y^{\lambda/\alpha_2 - 1} \cdot e^{m_y/\mu}}, \tag{A.1}$$

这里 $m_y = 1/\alpha_2 \left(\widetilde{c} + \alpha_1 y \right), \widetilde{c} = (1-l)c$.

1.7 逐段决定马尔可夫风险模型

注意
$$1 \leqslant e^{-s/\mu} \leqslant e^{-m_y/\mu}, \quad s \in [0, m_y]$$

且
$$\lim_{\alpha_2 \to +\infty} m_y = 0,$$

我们在 (A.1) 的右端把 $e^{-s/\mu}$ 换为 1, 可以看出 (A.1) 中的极限等于 $1/\lambda\,(\widetilde{c} + \alpha_1 y)$. 同样地, 利用公式 (1.7.37) 和 (A.1) 的结果, 我们有

$$\lim_{\alpha_1 \to +\infty} \lim_{\alpha_2 \to +\infty} \frac{f_3'(-c/\beta_2)}{f_3(-c/\beta_2)}$$
$$= \lim_{\alpha_1 \to +\infty} \frac{(n_y/\alpha_1)^{\lambda/\alpha_1+1} e^{-n_y/\mu\alpha_1} (\widetilde{c}/\alpha_1)^{-(\lambda/\alpha_1)+1} e^{\widetilde{c}/\mu\alpha_1}}{n_y/\lambda + (n_y/\alpha_1)^{\lambda/\alpha_1+1} e^{-n_y/\mu\alpha_1} \int_{\widetilde{c}/\alpha_1}^{n_y/\alpha_1} s^{-(\lambda/\alpha_1)+1} e^{s/\mu} ds}, \quad \text{(A.2)}$$

这里 $n_y = \widetilde{c} + \alpha_1 y$.

因为
$$e^{\widetilde{c}/\alpha_1\mu} \leqslant e^{s/\mu} \leqslant e^{(\widetilde{c}/\alpha_1+y)\cdot 1/\mu}, \quad s \in \left[\frac{\widetilde{c}}{\alpha_1}, \frac{\widetilde{c}}{\alpha_1} + y\right],$$

以及
$$\lim_{\alpha_1 \to +\infty} \left(\frac{c}{\alpha_1} + a\right)^{-\lambda/\alpha_1} = 1, \quad \text{其中 } a \in [0, y],$$

(A.2) 右端的极限等于 $(\lambda/\widetilde{c}\,e^{-y/\mu})$. 当 $\mu \geqslant 0$ 时, 从 (1.7.13), (1.7.38) 可得

$$\frac{f(u) - f(\infty) P^u(\sigma = \infty)}{f_3(-c/\beta_2)}$$
$$= \frac{f_1(u) - f_1(\infty)(1 - \psi^*(u))}{f_3(-c/\beta_2)}$$
$$= \frac{(f_2(0) + (f_2'(0))/m)(1 - e^{-mu}) - (f_2(0) + (f_2'(0))/m)(1 - \psi^*(u))}{f_3(-c/\beta_2)}$$
$$= f_3^{-1}\left(-\frac{c}{\beta_2}\right)\left[f_2(0)\psi^*(u) + \frac{f_2'(0)}{m}(\psi^*(u) - e^{-mu})\right]$$
$$= f_3^{-1}\left(-\frac{c}{\beta_2}\right)\left[f_2(0)\psi^*(u) + \frac{f_2'(0)}{m}e^{-mu}\left(\frac{1 - (1 + mA)}{1 + mA}\right)\right]$$
$$= f_3^{-1}\left(-\frac{c}{\beta_2}\right)\left(f_2(0)\psi^*(u) - f_2'(0)A\frac{e^{-mu}}{1 + mA}\right). \quad \text{(A.3)}$$

这里
$$m = (1/\mu) - (\lambda/c)A$$
$$= c/\lambda(1-l)^{\lambda/\beta} \cdot e^{lc/\mu\beta} + \left(\frac{c}{\beta}\right)^{-\lambda/\beta+1} \cdot e^{c/\mu\beta} \int_{\widetilde{c}/\beta}^{c/\beta} s^{\lambda/\beta-1} e^{-s/\mu} ds.$$

显然, 从 (1.7.13) 我们看到
$$\psi^*(u) = [e^{mu}(1+mA)]^{-1}.$$

由上述公式, (A.3) 右端的结果可修改为 $\psi^*(u) \cdot (f_2(0)/f_3(-c/\beta_2) - (f_2'(0)/f_3(-c/\beta_2)) \cdot A)$. 把极限 (A.1) 和 (A.2) 的结果与 (1.7.37) 和 (1.7.38) 结合起来, 我们有

$$\lim_{\alpha_1 \to +\infty} \lim_{\alpha_2 \to +\infty} \frac{f_2'(0)}{f_3(-c/\beta_2)}$$
$$= \frac{f_3'(-c/\beta_2)}{f_3(-c/\beta_2)} \left(\frac{\widetilde{c}}{\beta}\right)^{-\lambda/\beta+1} e^{\widetilde{c}/\mu\beta} \left(\frac{c}{\beta}\right)^{\lambda/\beta-1} e^{-c/\mu\beta} \qquad (A.4)$$
$$= \frac{\lambda}{c}(1-l)^{-\lambda/\beta} e^{-1/\mu(c/\beta_2+y)},$$

以及

$$\lim_{\alpha_1 \to +\infty} \lim_{\alpha_2 \to +\infty} \frac{f_2(0)}{f_3(-c/\beta_2)}$$
$$= 1 + \frac{\lambda}{\widetilde{c}} e^{-y/\mu} \left(\frac{\widetilde{c}}{\beta}\right)^{-\lambda/\beta+1} e^{\widetilde{c}/\mu\beta} \int_{\widetilde{c}/\beta}^{c/\beta} s^{\lambda/\beta-1} e^{-s/\mu} ds. \qquad (A.5)$$

所以
$$\lim_{\alpha_1 \to +\infty} \lim_{\alpha_2 \to +\infty} \frac{f_2(0) - f_2'(0) \cdot A}{f_3(-c/\beta_2)} = 1 - e^{-y/\mu} = P(y). \qquad (A.6)$$

从 (1.7.34), (1.7.35), (A.3) 和 (A.6) 直接可得
$$G^*(u,y) = \psi^*(u)P(y), \quad u \geqslant 0.$$

类似计算可得
$$G^*(u,y) = \psi^*(u)P(y), \quad -\frac{c}{\beta_2} \leqslant u < 0.$$

特别地, 推断出
$$G(u,y) = \lim_{l \to 1} G^*(u,y) = \lim_{l \to 1} \psi^*(u)P(y) = \psi(u)P(y).$$

逐段决定马氏过程在 (Rolski, et al., 1998) 中的第十一章中也有详细的论述.

注 1.7.6 1.7.1 小节的内容主要选自 (Zhang and Wu, 1999).

1.7.2 一类逐段决定马尔可夫风险模型的破产概率和上确界值分布

设 $\{N_t\}$ 是右连续计数过程, N_t 表示区间 $(0,t]$ 内理赔总次数, $\{Z_k\}$ 表示第 k 次理赔量, $\{T_n\}, n \geqslant 1$ 表示理赔时间序列. 设 $T_0 = 0$ 及 $S_k = T_k - T_{k-1}, k \geqslant 1$. 令 $\mathcal{B}$ 是 $\mathbb{R}^+$ 上的 Borel σ-代数, $Z_k \in (\mathbb{R}^+, \mathcal{B})$. 我们假设 $\{Z_k\}, k \geqslant 1$, 是独立同分布随机变量序列, 具有共同分布函数 F 和数学期望 μ, 在相继两次理赔期间的保费收入是确定性的. 因此, 保险公司在时刻 t 的盈余 R_t 可以表示为

$$R_t = \sum_{n=0}^{+\infty} \phi_n(t - T_n, R_{T_n}) I\{T_n \leqslant t < T_{n+1}\}, \tag{1.7.49}$$

这里 $\phi_n(t,x): \mathbb{R}_+ \times \mathbb{R} \to \mathbb{R}$ 是一可测函数, $\phi_n(t,x)$ 关于 t 右连续, 且

$$\phi_n(0, x) = x. \tag{1.7.50}$$

假设

$$\phi_n = \phi, \quad n = 0, 1, 2, \cdots, \tag{1.7.51}$$

即, ϕ_n 不依赖于 n, 以及 ϕ 满足下述泛函方程:

$$\phi(0, x) = x, \quad \phi(t + s, x) = \phi(t, \phi(s, x)). \tag{1.7.52}$$

因此关系式 (1.7.49) 现在可以写为

$$R_t = \sum_{n=0}^{+\infty} \phi(t - T_n, R_{T_n}) I\{T_n \leqslant t < T_{n+1}\}. \tag{1.7.53}$$

定义生存函数 F 为

$$F(t, u) = \exp\left\{-\int_0^t \lambda(\phi(s, u))ds\right\}, \tag{1.7.54}$$

这里 $\lambda: \mathbb{R} \to \mathbb{R}^+$ 是一可测函数. 对于 λ, 我们假设 $\int_0^{+\infty} \lambda(\phi(s,u))ds = +\infty$, 且存在 $\varepsilon > 0$ 使得 λ 在 $[0, \varepsilon)$ 可积.

由 (1.7.52) 得到

$$F(t + s, x) = F(t, x)F(s, \phi(t, x)), \tag{1.7.55}$$

这里 $x \in \mathbb{R}, t \in \mathbb{R}^+, s + t \in (0, s_*(x)], s_*(x) = \inf(t : F(t,x)) = 0$.

定义点过程 $\{N_t\}$ 为

$$P\left(T_k - T_{k-1} > t \mid R_{T_{k-1}}\right) = F\left(t, R_{T_{k-1}}\right), \quad k = 1, 2, \cdots. \quad (1.7.56)$$

因此有

$$P(S_k > 0) = P(T_k - T_{k-1} > 0) = 1, \quad k = 1, 2, \cdots.$$

现在定义计数测度 $N_t(A)$ 为

$$N_t(A) = \sum_{i=1}^{+\infty} I\{T_i \leqslant t, Z_i \in A\}, \quad A \in \mathcal{B}. \quad (1.7.57)$$

那么 R_t 的自然过滤 $\{F_t\}$ 为

$$F_t = \sigma\left(N_s(A) : s \leqslant t, A \in \mathcal{B}\right). \quad (1.7.58)$$

假设 1.7.1 对所有 $t < +\infty$, $E[N_t] = E\left[\sum_{i=1}^{+\infty} I\{T_i \leqslant t\}\right] < +\infty$.

因为 $\{N_t\}$ 右连续, 从假设 1.7.1 可知 $T_n(n = 1, 2, \cdots)$ 是 $\{F_t\}$-停时, 以及 $T_n \uparrow +\infty (n \to +\infty)$.

由 Davis 的逐段决定马尔可夫理论 (参见 (Davis, 1993)), 我们可以验证下述引理成立 (参见 (Liu, 1998)).

引理 1.7.6 上述定义的盈余过程 $\{R_t\}$ 是一齐次强马尔可夫过程.

从 (1.7.55) 我们看到 $S_k = T_k - T_{k-1}(k = 1, 2, \cdots)$ 的分布仅仅通过 $F\left(t, R_{T_{k-1}}\right)$ 依赖于 $Z_1, Z_2, \cdots, Z_{k-1}$ 的值, 而与 $Z_n, n \geqslant k$ 独立. 所以 Z_n 与 $S_k, k \leqslant n$ 独立, 从而与 $R_{T_{k-1}}, k < n$ 独立. 因此我们有

命题 1.7.1 Z_n 与 $(S_k, R_{T_{k-1}}), k \leqslant n, n = 1, 2, \cdots$ 独立.

我们将假设 (1.7.53) 中的 $\phi(t, x)$ 是下述初始值问题的解

$$\begin{cases} \dfrac{d\phi(t, u)}{dt} = g(\phi(t, u)), & t > 0, \\ \phi(0, u) = u, \end{cases} \quad (1.7.59)$$

其中 $g : R_1 \to R_1$ 是一连续可微分利普希茨 (Lipschitz) 函数. 众所周知 (1.7.59) 的解 $\phi(t, u)$ 是唯一的, 且满足 (1.7.52) 中的两个方程.

假设 1.7.2 (1) $\phi(t, u) \to +\infty(t \to +\infty)$;

(2) $\phi(t, u)$ 关于 u 在 $[0, +\infty)$ 上连续可微分, λ 在 $[0, +\infty)$ 上连续;

(3) 对 $u > 0, g(\phi(t, u)) > 0$ (因此 $\phi(t, u)$ 关于 t 是严格增的).

1. *破产概率*

假设 $R_0 = u$. 仍以 $\Psi(u)$ 表示破产概率, $\Phi(u)$ 表示生存概率, T_u 表示破产时间, 我们有 $\Psi(u) = P(T_u < +\infty)$.

定理 1.7.5 令 $u \geqslant 0$. 那么 $\Phi(u)$ 满足下述积分方程:

$$\Phi(u) = \int_0^{+\infty} \lambda(\phi(t,u)) \exp\left\{-\int_0^t \lambda(\phi(s,u))ds\right\} dt$$
$$\times \int_0^{\phi(t,u)} \Phi(\phi(t,u)-z)dF(z). \tag{1.7.60}$$

证明 因破产不可能在 $[0, T_1)$ 内发生, 从而

$$\Phi(u) = P\left(\inf_{t \geqslant 0} R_t \geqslant 0\right) = P\left(\inf_{t \geqslant T_1} R_t \geqslant 0\right). \tag{1.7.61}$$

由风险过程的强马尔可夫性可得

$$\Phi(u) = E[\Phi(R_{T_1})] = E[\Phi(T_1, u) - Z_1]. \tag{1.7.62}$$

再由命题 1.7.1 我们得到

$$\Phi(u) = \int_0^{+\infty} \int_0^{+\infty} \Phi(\phi(s,u)-z) P(T_1 \in ds, Z_1 \in dz)$$
$$= \int_0^{+\infty} \int_0^{+\infty} \Phi(\phi(s,u)-z) P(T_1 \in ds) P(Z_1 \in dz)$$
$$= \int_0^{+\infty} \lambda(\phi(s,u)) \exp\left\{-\int_0^s \lambda(\phi(l,u))dl\right\} ds$$
$$\times \int_0^{+\infty} \Phi(\phi(s,u)-z)dF(z)$$
$$= \int_0^{+\infty} \lambda(\phi(s,u)) \exp\left\{-\int_0^s \lambda(\phi(l,u))dl\right\} ds$$
$$\times \int_0^{\phi(s,u)} \Phi(\phi(s,u)-z)dF(z). \qquad \Box$$

推论 1.7.3 设 $F(z)$ 在 $[0, +\infty)$ 上有连续密度函数, 那么 $\Phi(u)$ 在 $[0, +\infty)$ 上连续.

证明 注意 $\phi(t,u)$ 关于 u 在 $[0,+\infty)$ 上连续. 因为 $F(z)$ 在 $[0,+\infty)$ 上有连续密度函数, 所以 $\int_0^{\phi(s,u)} \Phi(\phi(s,u)-z)dF(z)$ 关于 u 在 $[0,+\infty)$ 上连续. 由等式 (1.7.6) 和控制收敛定理, 我们可以验证推论 1.7.3 成立. □

定理 1.7.6 假设 F 的密度函数在 $[0,+\infty)$ 上连续, 那么 $\Phi(u)$ 在 $(0,+\infty)$ 上连续可微分. 进一步, 若 $\lambda \neq 0$ 且 λ 在 $(0,+\infty)$ 上连续可微分, 那么 $\Phi(u)$ 在 $(0,+\infty)$ 上二次连续可微分.

证明 令 $p = \phi(t,u)$, 那么 $p \geqslant u$ 及 $dt = \dfrac{1}{g(p)}dp$. 从 (1.7.60) 可得

$$\Phi(u) = \int_u^{+\infty} \frac{\lambda(p)}{g(p)} \exp\left\{-\int_u^p \frac{\lambda(l)}{g(l)}dl\right\} dp \int_0^p \Phi(p-z)dF(z). \tag{1.7.63}$$

注意到 $\int_0^p \Phi(p-z)dF(z)$ 在 $[0,+\infty)$ 上连续, 再由 (1.7.63) 我们可以验证 $\Phi(u)$ 在 $(0,+\infty)$ 上二次连续可微分. □

在 (1.7.63) 式两端取微分我们得到

$$\Phi'(u) = \frac{\lambda(u)}{g(u)}\Phi(u) - \frac{\lambda(u)}{g(u)}\int_0^u \Phi(u-z)dF(z). \tag{1.7.64}$$

注 1.7.7 $\Phi(u)$ 满足一类沃尔泰拉型积分方程. 因 $\lambda \neq 0$, 由 (1.7.64) 式可得

$$\frac{g(t)}{\lambda(t)}\Phi'(t) = \Phi(t) - \int_0^t \Phi(t-z)dF(z).$$

因 λ, g 均可导, 可将上式两边关于 t 在区间 $[0,u)$ 中积分, 得

$$\frac{g(u)}{\lambda(u)}\Phi(u) - \frac{g(0)}{\lambda(0)}\Phi(0) - \int_0^u \Phi(t)\left(\frac{g(t)}{\lambda(t)}\right)' dt$$
$$= \int_0^u \Phi(t)dt - \int_0^u F(t)\Phi(u-t)dt.$$

整理后可得

$$\Phi(u) = \Phi(0)\frac{g(0)}{\lambda(0)}\frac{\lambda(u)}{g(u)} + \int_0^u k(u,t)\Phi(t)dt, \tag{1.7.65}$$

其中

$$k(u,t) = \frac{\lambda(u)}{g(u)}\left\{\left(\frac{g(t)}{\lambda(t)}\right)' + \overline{F}(u-t)\right\}. \tag{1.7.66}$$

1.7 逐段决定马尔可夫风险模型

记

$$L(u) = \frac{g(0)}{\lambda(0)}\Phi(0)\frac{\lambda(u)}{g(u)},$$

那么

$$\Phi(u) = L(u) + \int_0^u k(u,t)\Phi(t)dt. \tag{1.7.67}$$

这是一类沃尔泰拉型积分方程 (参见 (Mikhlin, 1957)). 当 $L(u)$ 绝对可积且 $k(u,t)$ 关于 u 连续, 则对 $u > 0$ 方程有唯一解, 该唯一解具有以下表示式

$$\Phi(u) = L(u) + \int_0^u K(u,t)L(t)dt, \tag{1.7.68}$$

其中

$$K(u,t) = \sum_{m=1}^{\infty} k_m(u,t),$$

$$k_1(u,t) = k(u,t), \quad k_m(u,t) = \int_0^t k(u,s)k_{m-1}(s,t)ds, \quad m \geqslant 2.$$

注 1.7.8 1.1 节中的 (1.1.4) 式是 (1.7.64) 式的特殊情形.

注 1.7.9 在 (1.7.64) 中把 $g(u)$ 替换为 $c(u)$, 我们可得到 (Dassios and Embrechts, 1989) 中的公式 (3.8).

推论 1.7.4 假设 $F(u) = 1 - \exp\{-\alpha z\}, \lambda \neq 0$, λ 在 $(0, +\infty)$ 上连续可微分. 那么 $\Phi(u)$ 满足下述微分方程:

$$\Phi''(u) + \left[\alpha - \frac{\lambda(u)}{g(u)} - \left(\frac{\lambda(u)}{g(u)}\right)'\frac{g(u)}{\lambda(u)}\right]\Phi'(u) = 0, \quad 0 < u < +\infty. \tag{1.7.69}$$

证明 从 (1.7.64) 我们可以验证 (1.7.69) 成立.

从 (1.7.64) 我们得到

$$\Phi'(0^+) = \frac{\lambda(0)}{g(0)}\Phi(0). \tag{1.7.70}$$

求解微分方程 (1.7.69) 我们得到

$$\Phi(u) = \Phi(0)\left[1 + \frac{\lambda(0)}{g(0)}\int_0^u dl \exp\left\{-\int_0^l \left[\alpha - \frac{\lambda(p)}{g(p)} - \left(\frac{\lambda(p)}{g(p)}\right)'\frac{g(p)}{\lambda(p)}\right]dp\right\}\right]. \tag{1.7.71}$$

□

2. 破产前上确界值分布

盈余过程 $\{R_t\}$ 在破产前的上确界值的分布 $G(u,x)$ 定义为

$$G(u,x) = P\left(\sup_{0\leqslant t\leqslant T_u} R_t \geqslant x, T_u < +\infty\right). \tag{1.7.72}$$

显然, $G(u,x)$ 表示当破产发生时保险公司的盈余在破产前的上确界值达到或超过水平 x 的概率. 在一定条件下该分布有助于公司制定投资比例策略. 我们有

$$\begin{cases} G(u,x) = \Psi(x), & u \geqslant x, \\ G(u,x) = 0, & u < 0, \quad x > 0. \end{cases} \tag{1.7.73}$$

定理 1.7.7 令 $x > u \geqslant 0$. 那么 $G(u,x)$ 满足下述积分方程:

$$\begin{aligned} G(u,x) =\ & \exp\left\{-\int_0^{t_0} \lambda(\phi(l,u))dl\right\} G(\phi(t_0,u),x) \\ & + \int_0^{t_0} \lambda(\phi(s,u)) \exp\left\{-\int_0^s \lambda(\phi(l,u))dl\right\} ds \\ & \times \int_0^{\phi(s,u)} G(\phi(s,u)-z,x) dF(z), \end{aligned} \tag{1.7.74}$$

这里 t_0 满足不等式 $\phi(t_0,u) < x$.

证明 定义

$$B = \left\{\sup_{0\leqslant t\leqslant T_u} R_t \geqslant x, T_u < \infty\right\}.$$

令 $T = t_0 \wedge T_1$. 易见

$$B = \left\{\left[\sup_{0\leqslant t\leqslant T_u} R_t \geqslant x, T_u < \infty\right] \circ \theta_T\right\}. \tag{1.7.75}$$

由强马尔可夫性得到

$$G(u,x) = E\left[G(R_T, x)\right]. \tag{1.7.76}$$

所以

$$\begin{aligned} G(u,x) &= E\left[G(R_{t_0},x), T_1 > t_0\right] + E\left[G(R_{T_1},x), T_1 \leqslant t_0\right] \\ &= I_1 + I_2. \end{aligned} \tag{1.7.77}$$

1.7 逐段决定马尔可夫风险模型

分别计算 I_1 和 I_2. 易见

$$I_1 = E\left[G\left(\phi\left(t_0,u\right),x\right)I\{T_1 > t_0\}\right]$$
$$= \exp\left\{-\int_0^{t_0}\lambda(\phi(l,u))dl\right\}G\left(\phi\left(t_0,u\right),x\right). \qquad (1.7.78)$$

由命题 1.7.1, 得到

$$I_2 = E\left[G\left(\phi\left(T_1,u\right)-Z_1,x\right)I\{T_1 \leqslant t_0\}\right]$$
$$= \int_0^{+\infty}\int_0^{+\infty} G(\phi(s,u)-z,x)I\{s\leqslant t_0\}P\left(T_1\in ds, Z_1 \in dz\right)$$
$$= \int_0^{+\infty}\int_0^{+\infty} G(\phi(s,u)-z,x)I\{s\leqslant t_0\}P\left(T_1\in ds\right)P\left(Z_1 \in dz\right)$$
$$= \int_0^{t_0}\lambda(\phi(s,u))\exp\left\{-\int_0^s\lambda(\phi(l,u))dl\right\}ds$$
$$\times \int_0^{+\infty}G(\phi(s,u)-z,x)dF(z)$$
$$= \int_0^{t_0}\lambda(\phi(s,u))\exp\left\{-\int_0^s\lambda(\phi(l,u))dl\right\}ds$$
$$\times \int_0^{\phi(s,u)}G(\phi(s,u)-z,x)dF(z). \qquad (1.7.79)$$

再由 (1.7.77)—(1.7.79), 我们得到 (1.7.74). □

与推论 1.7.3 类似我们有

推论 1.7.5 假设 $F(z)$ 在 $[0,\infty)$ 上有连续密度函数, 那么 $G(u,x)$ 关于 u 在 $[0,x)$ 上连续.

命题 1.7.2
$$\lim_{t\downarrow 0}\phi'_u(t,u) = \phi'_u(0,u) = 1.$$

证明 由 (1.7.52), 关于 u 求导数可得

$$\phi'_u(t+s,u) = \phi'_u(t,\phi(s,u))\phi'_u(s,u).$$

令 $s=t$ 及 $t\downarrow 0$ 给出 $\phi'_u(0,u) = (\phi'_u(0,u))^2$. 由 (1.7.59) 易知函数 $\phi(t,u)$ 关于 u 连续可微分, 这意味着 $\phi'_u(0,u)$ 是常数. 因为 $\phi(0,u)$ 不为常数, 所以我们得到 $\phi'_u(0,u) = 1$. □

命题 1.7.3　令 $x > 0, 0 \leqslant u < x$, 假设 $F(z)$ 的密度函数在 $[0, +\infty)$ 上连续, 那么 $G'_u(u, x)$ 关于 u 在 $(0, x)$ 内连续.

证明　对任意 $\varepsilon_0 > 0, \varepsilon_0 < \frac{1}{2}x$, 只需证明定理对 $u \in (\varepsilon_0, x - \varepsilon_0)$ 成立即可. 令 $t_1 > 0$ 使得 $\phi(t_1, x - \varepsilon_0) < x$. 选取 Δt 使得 $\Delta t \in (0, t_1)$. 对任意 $u \in (\varepsilon_0, x - \varepsilon_0)$, 由定理 1.7.7, 我们有

$$G(u, x) = \exp\left\{-\int_0^{\Delta t} \lambda(\phi(l, u))dl\right\} G(\phi(\Delta t, u), x)$$
$$+ \int_0^{\Delta t} \lambda(\phi(s, u)) \exp\left\{-\int_0^s \lambda(\phi(l, u))dl\right\} ds$$
$$\times \int_0^{\phi(s,u)} G(\phi(s, u) - z, x) dF(z). \tag{1.7.80}$$

令 $p = \phi(s, u)$, 那么 (1.7.80) 可以写成如下形式

$$G(u, x) = \exp\left\{-\int_u^{\phi(\Delta t, u)} \frac{\lambda(p)}{g(p)} dp\right\} G(\phi(\Delta t, u), x)$$
$$+ \int_u^{\phi(\Delta t, u)} \frac{\lambda(p)}{g(p)} \exp\left\{-\int_u^p \frac{\lambda(l)}{g(l)} dl\right\} dp \int_0^p G(p - z, x) dF(z). \tag{1.7.81}$$

因为 $\Delta t \in (0, t_1)$ 是任意的, 对给定的 x, $G(u, x)$ 关于 u 在 $(0, x)$ 内是增的, 因此对给定的 $u_0 \in (\varepsilon_0, x - \varepsilon_0)$, 我们可以选取 Δt 使得 $G(u, x)$ 关于 u 在 $u = \phi(\Delta t, u_0)$ 处可微分. 再由 (1.7.81), 我们可以推出 $G(u, x)$ 关于 u 在 $u = u_0$ 处可微分. 因此 $G(u, x)$ 关于 u 在 $(\varepsilon_0, x - \varepsilon_0)$ 内可微分.

因为 $\lim_{t \downarrow 0} \phi'_u(t, u) = 1$, 在 (1.7.81) 两端取微分, 然后令 $\Delta t \to 0$, 我们得到 $G'_u(u, x) = G'_u(u^+, x), u \in (\varepsilon_0, x - \varepsilon_0)$. 　□

定理 1.7.8　令 $x > 0, 0 \leqslant u < x$, 假设 $F(z)$ 在 $[0, +\infty)$ 上有连续密度函数, 那么 $G(u, x)$ 满足下述积分-微分方程:

$$G'_u(u, x) = \frac{\lambda(u)}{g(u)} G(u, x) - \frac{\lambda(u)}{g(u)} \int_0^u G(u - z, x) dF(z). \tag{1.7.82}$$

证明　对任意 $\varepsilon_0 > 0, \varepsilon_0 < \frac{1}{2}x$, 只需证明定理对 $u \in (\varepsilon_0, x - \varepsilon_0)$ 成立. 令 $t_1 > 0$ 使得 $\phi(t_1, x - \varepsilon_0) < x$. 选取 Δt 充分小使得对任意 $u \in (\varepsilon_0, x - \varepsilon_0)$

1.7 逐段决定马尔可夫风险模型

(1.7.80) 或等价地 (1.7.81) 成立. 由命题 1.7.3 知 $G(u,x)$ 关于 u 在 $(0,x)$ 连续可微分, 所以有

$$\exp\left\{-\int_0^{\Delta t} \lambda(\phi(l,u))dl\right\} G(\phi(\Delta t, u), x)$$
$$= \exp\{-\lambda(\phi(l_0,u))\Delta t\} G\left(u + g\left(\phi\left(l_0^1, u\right)\right)\Delta t, x\right)$$
$$= [1 - \lambda(\phi(l_0,u))\Delta t]\left[G(u,x) + G_u'(u,x)g\left(\phi\left(l_0^1,u\right)\right)\Delta t\right] + o(\Delta t) \quad (1.7.83)$$

和

$$\int_u^{\phi(\Delta t, u)} \frac{\lambda(p)}{g(p)} \exp\left\{-\int_u^p \frac{\lambda(l)}{g(l)} dl\right\} dp \int_0^p G(p-z,x) f(z) dz$$
$$= \frac{\lambda(p_0)}{g(p_0)} \exp\left\{-\int_u^{p_0} \frac{\lambda(l)}{g(l)} dl\right\} dp$$
$$\times \int_0^{p_0} G(p_0 - z, x) dF(z)[g(\phi(\theta \Delta t, u))\Delta t + o(\Delta t)], \quad (1.7.84)$$

这里 $0 < l_0, l_0^1 < \Delta t, u < p < \phi(\Delta t, u)$, 以及 $0 < \theta < 1$. 令 $\Delta t \downarrow 0$. 由 (1.7.81), (1.7.83) 和 (1.7.84) 我们看到 (1.7.82) 在 $(\varepsilon_0, x - \varepsilon_0)$, 因此在 $(0,x)$ 中成立. □

由公式 (1.7.82) 我们可得下述推论.

推论 1.7.6 令 $x > 0, 0 \leqslant u < x$, 假设 $F(z)$ 的密度函数在 $[0, +\infty)$ 上连续, 那么 $G(u,x)$ 关于 u 在 $(0,x)$ 内连续可微分.

推论 1.7.7 令 $x > 0, 0 \leqslant u < x$, 假设 $F(z)$ 的密度函数在 $[0, +\infty)$ 上连续, λ 在 $(0, +\infty)$ 内连续可微分, 那么 $G(u,x)$ 关于 u 在 $(0,x)$ 内二次连续可微分.

与推论 1.7.4 类似, 我们有

推论 1.7.8 令 $F(z) = 1 - \exp\{-\alpha z\}(\alpha > 0)$, 假设 $\lambda \neq 0$ 及 λ 在 $(0, +\infty)$ 内连续可微分, 那么 $G(u,x)$ 满足下述微分方程:

$$G_u''(u,x) + \left[\alpha - \frac{\lambda(u)}{g(u)} - \left(\frac{\lambda(u)}{g(u)}\right)' \frac{g(u)}{\lambda(u)}\right] G_u'(u,x) = 0, \quad 0 < u < x. \quad (1.7.85)$$

引理 1.7.7 设 X 和 Y 为两个相互独立的实值随机变量, X 有连续密度函数 $f(x)$, 那么 $P(X = Y) = 0$.

证明

$$P(X = Y) = E[I\{X = Y\}] = \iint I\{x = y\} P(X \in dx, Y \in dy)$$

$$= \iint I\{x=y\}P(X \in dx)P(Y \in dy)$$
$$= \int P(Y \in dy) \int I\{x=y\}f(x)dx = 0.$$

引理 1.7.8 令 $u \geqslant 0$, 假设 $F(z)$ 有连续密度函数, 那么

$$P\left(\inf_{t \geqslant 0} R_t = 0\right) = 0.$$

证明 由命题 1.7.1 和引理 1.7.7, 我们得到

$$P\left(\inf_{t \geqslant 0} R_t = 0\right) \leqslant \sum_{k=1}^{+\infty} P\left(Z_k = \phi\left(T_k - T_{k-1}, R_{T_{k-1}}\right)\right) = 0.$$

命题 1.7.4 对 $x > 0$, 假设 $F(z)$ 有连续密度函数, 那么

$$G\left(x^-, x\right) = G(x, x).$$

证明 若在 (1.7.53) 中 $R_0 = u$, 则我们记 R_t 为 R_t^u. 定义 $A_n = \left\{T_{x-\frac{1}{n}} < +\infty\right\}$, $A = \bigcap_{n=1}^{+\infty} A_n$ 及 $A_0 = \{T_x < +\infty\}$. 因为 T_u 关于 u 是增的, 因此 $A \supset A_0$. 令 $C = \left\{\inf_{t \geqslant 0} R_t^x = 0\right\}$, 我们有 $P(C) = 0$. 如果 $\omega \in A - C$, 那么存在 k 使得对所有 $n \geqslant k$, $\inf_{t \geqslant 0} R_t^{x-\frac{1}{n}} < 0$. 所以 $\inf_{t \geqslant 0} R_t^x < 0$. 由此得 $A - C \subset A_0$. 所以除了一 P-零测集我们有 $A = A_0$.

定义 $B_n = \left\{\sup_{0 \leqslant s \leqslant T_{x-\frac{1}{n}}} R_s^{x-\frac{1}{n}} \geqslant x\right\}$ 及 $B = \bigcup_{n=1}^{+\infty} B_n$. 由 R_t 的右连续性和 $P(T_1 > 0) = 1$, 我们得到 $P(B) = 1$. 因此, 由控制收敛定理我们得到

$$G\left(x^-, x\right) = \lim_{n \to +\infty} G\left(x - \frac{1}{n}, x\right) = \lim_{n \to +\infty} E\left[I\{B_n\} I\{A_n\}\right]$$
$$= E\left[\lim_{n \to +\infty} I\{B_n\} I\{A_n\}\right] = E[I\{B\}I\{A\}] = G(x, x).$$

定理 1.7.9 令 $F(z) = 1 - \exp\{-\alpha z\}(\alpha > 0)$, 假设 $\lambda \neq 0$, λ 在 $(0, +\infty)$ 上连续可微分, 那么

$$G(u, x) = \frac{\Phi(u)}{\Phi(x)}\Psi(x) = \frac{1-\Psi(u)}{1-\Psi(x)}\Psi(x), \quad 0 \leqslant u \leqslant x. \tag{1.7.86}$$

证明 由推论 1.7.5、命题 1.7.4 和推论 1.7.8, 我们推出 $G(u,x)$ 是下述边界值问题的唯一有界连续解:

$$G_u''(u,x) + \left[\alpha - \frac{\lambda(u)}{g(u)} - \left(\frac{\lambda(u)}{g(u)}\right)' \frac{g(u)}{\lambda(u)}\right] G_u'(u,x) = 0, \quad 0 < u < x, \quad (1.7.87)$$

$$\begin{cases} G_u'(0^+, x) = \dfrac{\lambda(0)}{g(0)} G(0,x), \\ G(u,x) = \Psi(x), \quad 0 < x \leqslant u. \end{cases} \quad (1.7.88)$$

注意 $\Phi(u)$ 满足微分方程 (1.7.87), 因此 $G(u,x) = c(x)\Phi(u)$. 由 (1.7.88) 我们得到 $c(x) = \dfrac{\Psi(x)}{1 - \Psi(x)}$, 所以 (1.7.86) 成立. □

注 1.7.10 若 (1.7.82) 的有界连续解是唯一的, 那么我们仍可得到公式 (1.7.86).

3. 例

线性保费收入情形

在 (1.7.59) 中, 我们取 $g = g_1 = c$ (正常数), 那么 $\phi(t,u) = \phi_1(t,u) = u + ct$. 当在等式 (1.7.53) 中 $\phi = \phi_1$ 时, 我们记 R_t 为 R_t^1. 那么从 (1.7.53) 可得

$$R_t^1 = \sum_{n=0}^{+\infty} \phi_1\left(t - T_n, R_{T_n}^1\right)(T_n \leqslant t < T_{n+1}) = u + ct - \sum_{k=1}^{N_t} Z_k. \quad (1.7.89)$$

风险过程 $\{R_t^1\}$ 实际上是古典风险过程的推广. 显然 g_1 和 ϕ_1 满足前面导引中对它们所要求的所有条件. 注意在 (1.7.89) 中的 $\{N_t\}$ 和 $\{Z_k\}$ 一般并不相互独立.

风险过程 $\{R_t^1\}$ 的破产概率和生存概率分布分别记为 $\Psi_1(u)$ 和 $\Phi_1(u)$.

令 $F(z) = 1 - \exp\{-\alpha z\}(\alpha > 0)$, 对 $\lambda \neq 0$, 假设 λ 在 $(0, +\infty)$ 连续可微分. 从推论 1.7.4, 我们推出 $\Phi_1(u)$ 满足下述微分方程:

$$\Phi_1''(u) - \left[\frac{1}{\lambda(u)}\left(\lambda'(u) - \alpha\lambda(u)\right) + \frac{1}{c}\lambda(u)\right] \Phi_1'(u) = 0. \quad (1.7.90)$$

由 (1.7.90) 我们得到

$$\Phi_1(u) = \Phi_1(0) \left[1 + \frac{\lambda(0)}{c} \int_0^u dl \exp\left\{-\int_0^l \left(\alpha - \frac{\lambda'(p)}{\lambda(p)} - \frac{\lambda(p)}{c}\right) dp\right\}\right]. \quad (1.7.91)$$

假设 $\lambda \equiv \lambda_0$ (正常数). 那么等式 (1.7.91) 可以写成

$$\Phi_1(u) = \Phi_1(0) \left[1 + \frac{\lambda_0}{c\alpha - \lambda_0}\left[1 - \exp\left\{-\left(\alpha - \frac{\lambda_0}{c}\right)u\right\}\right]\right]. \quad (1.7.92)$$

公式 (1.7.92) 与文献 (Grandell, 1991) 中的 (II) 一致.

以下考虑函数 λ 对破产概率的影响.

A. $\lambda \equiv \lambda_0$ (正常数).

在此情形下, 点过程 $\{N_t\}$ 是一参数为 λ_0 的泊松过程, 而风险过程 $\{R_t^1\}$ 此时为古典风险过程. 对理赔分布是指数分布的情况下我们仍有公式 (1.7.92). 古典风险理论的相关结论仍成立.

B. $0 < a \leqslant \inf\limits_{s \geqslant 0} \lambda(s) \leqslant \sup\limits_{s \geqslant 0} \lambda(s) \leqslant b < +\infty$.

当模型 (1.7.89) 中的 $\{N_t\}$ 是参数为 λ_0 的泊松过程时, 我们把 $\{N_t\}$ 和 $\{R_t^1\}$ 分别记为 $\{N_t^{\lambda_0}\}$ 和 $\{R_t^{1\lambda_0}\}$. 过程 $\{N_t^{\lambda_0}\}$ 的跳时间记为 $\{T_k^{\lambda_0}\}, k \geqslant 0$. 令 $\Phi_{1\lambda_0}(u)$ 表示 $\{R_t^{1\lambda_0}\}$ 的生存概率. 因为

$$P\left(T_k - T_{k-1} > t \mid R_{T_{k-1}}^1\right) = \exp\left\{-\int_0^t \lambda\left(\phi_1\left(s, R_{T_{k-1}}^1\right)\right) ds\right\}$$

$$\geqslant \exp\{-bt\} = P\left(T_k^b - T_{k-1}^b > t\right) = P\left(T_k^b - T_{k-1}^b > t \mid R_{T_{k-1}}^{1b}\right), \quad (1.7.93)$$

即过程 $\{N_t\}$ 的更新时间 "随机" 意义下比过程 $\{N_t^b\}$ 的更新时间大, 换句话说, $\{R_t^1\}$ 比 $\{R_t^{1b}\}$ "随机" 大, 所以我们有下述不等式

$$\Phi_1(u) \geqslant \Phi_{1b}(u). \tag{1.7.94}$$

与 (1.7.94) 类似, 我们有

$$\Phi_1(u) \leqslant \Phi_{1a}(u). \tag{1.7.95}$$

由不等式 (1.7.94) 和 (1.7.95), 我们可以选取两个适当的古典风险模型分别从上方和下方控制 $\{R_t^1\}$. 特别地, 如果 a 与 b 接近时, 我们可以选取以适当古典风险模型近似 $\{R_t^1\}$.

注 1.7.11 令 $c - b\mu > 0, \lambda \neq 0, \lambda$ 在 $(0, +\infty)$ 上连续可微分, 那么 $\Phi_{1b}(+\infty) = 1$ (参见 (Grandell, 1991)). 若 $F(z) = 1 - \exp\{-\alpha z\}(\alpha > 0)$, 由 (1.7.94) 和 (1.7.91) 我们得到

$$\Phi_1(0) = \frac{1}{1 + \dfrac{\lambda(0)}{c} \int_0^{+\infty} dl \exp\left\{-\int_0^l \left(\alpha - \dfrac{\lambda'(p)}{\lambda(p)} - \dfrac{\lambda(p)}{c}\right) dp\right\}}. \tag{1.7.96}$$

如果 $\lambda \equiv \lambda_0$, 则有

$$\Phi_1(0) = 1 - \frac{\lambda_0}{\alpha c}. \tag{1.7.97}$$

公式 (1.7.97) 与 (Grandell, 1991) 中的公式 (I) 一致.

记 $\{R_t^1\}$ 破产前的最大值分布为 $G_1(u,x)$. 令 $F(z) = 1 - \exp\{-\alpha z\}$ $(\alpha > 0)$. 假设 λ 在 $(0, +\infty)$ 上连续可微分. 那么

$$G_1(u,x) = \frac{\Phi_1(u)}{\Phi_1(x)}\Psi_1(x) = \frac{1-\Psi_1(u)}{1-\Psi_1(x)}\Psi_1(x), \quad 0 \leqslant u \leqslant x. \tag{1.7.98}$$

注 1.7.12 1.7.2 小节的内容主要选自 (Wang, et al., 2003; He, et al., 2008).

第 2 章　含投资回报风险模型的破产理论

本章考虑几类含投资回报风险模型的破产理论, 主要包括: 含随机投资回报的古典风险模型的破产概率、在破产时刻的亏损分布及在破产前盈余过程极值分布的解析性质, 含常利率风险模型的破产概率和 Gerber-Shiu 期望折扣罚金函数的分析性质和表达式, 以及含随机投资回报更新风险模型的破产概率的分析性质等.

2.1　含随机投资回报古典风险模型的破产理论

我们先引入要考虑的风险过程, 参见 (Paulsen and Gjessing, 1997). 定义来自保险商业的盈余过程为古典风险过程 (参见 (1.1.1))

$$P_t = y + ct - \sum_{k=1}^{N_t} Z_k, \quad t \geqslant 0. \tag{2.1.1}$$

这里我们把 (1.1.1) 式中的 u 记为 y.

设随机投资回报过程为

$$I_t = rt + \sigma W_t, \quad t \geqslant 0, \tag{2.1.2}$$

这里 r 和 σ 是正常数, r 代表常利率; $\{W_t, t \geqslant 0\}$ 是一标准布朗运动过程, σW_t 表示在时刻 t 含于投资回报中的随机误差部分. 由伊藤公式, 这蕴含着在初始时刻 $t = 0$ 的单位资金的财富到时刻 t 的累积财富值为 e^{R_t}, 这里

$$R_t = \left(r - \frac{1}{2}\sigma^2\right)t + \sigma W_t.$$

我们假设 $\{N_t\}, \{Z_k\}$ 和 $\{W_t\}$ 相互独立.

含随机投资回报风险过程则定义为下述线性随机微分方程的解

$$dY_t = Y_s dI_s + dP_t, \quad t > 0, \quad Y_0 = y. \tag{2.1.3}$$

而 (2.1.3) 的解为

$$Y_t = \exp\{R_t\}\left(y + \int_0^t \exp\{-R_s\} dP_s\right), \tag{2.1.4}$$

且 $\{Y_t\}$ 是一齐次强马尔可夫过程 (参见 (Paulsen and Gjessing, 1997)). 令 $F_t = \sigma\{Y_s, s \leqslant t\}$ 是过程 $\{Y_t\}$ 的自然过滤.

注 2.1.1 风险过程 (2.1.4) 可以从 (Paulsen and Gjessing, 1997) 中的风险模型 (2.4) 中令 $\lambda_I = \sigma_P = 0$ 而得到.

2.1.1 破产概率

风险过程 (2.1.4) 的破产概率 $\Psi(y)$ 定义为 $\Psi(y) = P\left(\inf\limits_{t \geqslant 0} Y_t < 0\right)$, 则生存概率 $\Phi(y)$ 定义为 $\Phi(y) = 1 - \Psi(y) = P\left(\inf\limits_{t \geqslant 0} R_t \geqslant 0\right)$. 破产时间 T_y 定义为 $T_y = \inf\{t : Y_t < 0\}$, 且若对所有 $t \geqslant 0$ 时 $Y_t \geqslant 0$, 则令 $T_y = +\infty$. 我们有 $\Psi(y) = P(T_y < +\infty)$. 令 $F(z) = P(Z_1 \leqslant z)$; $\mu = E[Z_1]$ 及 $\sigma_0^2 = E(Z_1 - \mu)^2$. 本节始终假设 $\mu, \sigma_0^2 < \infty$, $2r - \sigma^2 > 0$, $c - \lambda_0 \mu > 0$. 记 $Z_t = \int_0^t \exp\{-R_s\} dP_s$, $Z_\infty = \lim\limits_{t \uparrow +\infty} Z_t$. 从 (Paulsen, 1993) 中的定理 3.1 知道, Z_∞ 以概率 1 存在且有限. 因此由 (2.1.4) 我们推出 $\Phi(+\infty) = \lim\limits_{y \uparrow +\infty} \Phi(y) = 1$.

令 $\{B_t, t \geqslant 0\}$ 是一标准布朗运动. 对 $v \in \mathbb{R}$, 定义 $B_t^{(v)} = B_t + vt$ 及 $A_t^{(v)} = \int_0^t \exp\{2(B_s + vs)\} ds$. 令 S_θ 是一独立于 B_t 的指数分布随机变量, 若其参数为 $\frac{1}{2}\theta^2$, 则由 (Yor, 1992) 中定理 2 得到

$$P\left(\exp\left\{B_{S_\theta}^{(v)}\right\} \in d\rho, A_{S_\theta}^{(v)} \in du\right) = \frac{1}{2}\theta^2 \frac{1}{\rho^{2+\lambda-v}} p_u^\lambda(1, \rho) du d\rho, \tag{2.1.5}$$

其中

$$p_u^\lambda(a, \rho) = \left(\frac{\rho}{a}\right)^\lambda \frac{\rho}{u} \exp\left\{-\frac{1}{2u}(a^2 + \rho^2)\right\} I_\lambda\left(\frac{a\rho}{u}\right), \tag{2.1.6}$$

$\lambda = (v^2 + \theta^2)^{1/2}$, 而 $I_\lambda(x)$ 是指数为 λ 的贝塞尔函数 (Bessel function).

定理 2.1.1 令 $y \geqslant 0$, 则 $\Phi(y)$ 满足下述积分方程

$$\begin{aligned}\Phi(y) = &\int_0^{+\infty} \int_0^{+\infty} \frac{\theta^2}{2} \frac{1}{\rho^{2+\lambda-v}} p_u^\lambda(1, \rho) d\rho du \\ &\times \int_0^{\rho^{-2}\left[y + \frac{4c}{\sigma^2}u\right]} \Phi\left(\rho^{-2}\left[y + \frac{4c}{\sigma^2}u\right] - z\right) dF(z),\end{aligned} \tag{2.1.7}$$

其中 $\theta^2 = 8\lambda_0/\sigma^2$, $v = -(2r - \sigma^2)/\sigma^2$.

证明 令 $A = \left\{\inf\limits_{t \geqslant 0} Y_t \geqslant 0\right\}$. 定义 M_t 为 $M_t = E[I\{A\}|F_t]$. 注意 $\{M_t, t \geqslant 0\}$ 是一个 F_t- 鞅. 因为 $P(T_1 < +\infty) = 1$, 由 Doob 停时定理和 Y_t 的齐次强马尔可夫性, 我们得到

$$\Phi(y) = E[M_0] = E[M_{T_1}] = E[E[M_{T_1}|F_{T_1}]] = E[\Phi(Y_{T_1})]. \qquad (2.1.8)$$

由布朗运动的对称性可得

$$\begin{aligned}
\Phi(y) &= E\bigg[\Phi\bigg(\exp\{R_{T_1}\}\bigg[y + c\int_0^{T_1}\exp\{-R_s\}ds\bigg] - Z_1\bigg)\bigg] \\
&= E\bigg[\Phi\bigg(\exp\bigg\{\bigg(r - \frac{1}{2}\sigma^2\bigg)T_1 + \sigma W_{T_1}\bigg\} \\
&\quad \times \bigg[y + c\int_0^{T_1}\exp\bigg\{-\bigg(r - \frac{1}{2}\sigma^2\bigg)s - \sigma W_s\bigg\}ds\bigg] - Z_1\bigg)\bigg] \\
&= E\bigg[\Phi\bigg(\exp\bigg\{-\bigg[\sigma W_{T_1} - \bigg(r - \frac{1}{2}\sigma^2\bigg)T_1\bigg]\bigg\} \\
&\quad \times \bigg[y + c\int_0^{T_1}\exp\bigg\{\sigma W_s - \bigg(r - \frac{1}{2}\sigma^2\bigg)s\bigg\}ds\bigg] - Z_1\bigg)\bigg]. \qquad (2.1.9)
\end{aligned}$$

令 $\theta^2 = 8\lambda_0/\sigma^2$, $T_1 = (4/\sigma^2)S_\theta$, 那么 S_θ 是一指数随机变量, 参数为 $\frac{1}{2}\theta^2$. 假设 $B_t = (\sigma/2)W_{(4/\sigma^2)t}$, 由布朗运动的尺度不变性可得 $\{B_t, t \geqslant 0\}$ 是一标准布朗运动. 令 $v = -(2/\sigma^2)(r - \frac{1}{2}\sigma^2)$, 由 (2.1.9), (2.1.5) 和独立性, 我们得到

$$\begin{aligned}
\Phi(y) &= E\bigg[\Phi\bigg(\exp\{-2[B_{S_\theta} + vS_\theta]\}\bigg[y + \frac{4c}{\sigma^2}\int_0^{S_\theta}\exp\{2[B_s + vs]\}ds\bigg] - Z_1\bigg)\bigg] \\
&= \int_0^{+\infty}\int_0^{+\infty}\frac{\theta^2}{2}\frac{1}{\rho^{2+\lambda-v}}p_u^\lambda(1,\rho)d\rho du E\bigg[\Phi\bigg(\rho^{-2}\bigg[y + \frac{4c}{\sigma^2}u\bigg] - Z_1\bigg)\bigg], \\
&= \int_0^{+\infty}\int_0^{+\infty}\frac{\theta^2}{2}\frac{1}{\rho^{2+\lambda-v}}p_u^\lambda(1,\rho)d\rho du \\
&\quad \times \int_0^{\rho^{-2}[y+\frac{4c}{\sigma^2}u]}\Phi\bigg(\rho^{-2}\bigg[y + \frac{4c}{\sigma^2}u\bigg] - z\bigg)dF(z).\qquad \square
\end{aligned}$$

定理 2.1.2 生存概率 $\Phi(y)$ 在 $[0, +\infty)$ 上是连续函数.

证明 为方便起见, 我们引入贝塞尔函数 $I_\lambda(x)$ 积分形式的表达式

$$I_\lambda(x) = \frac{1}{\sqrt{\pi}\Gamma(\lambda + (1/2))}\left(\frac{x}{2}\right)^\lambda \int_{-1}^1 (1-t^2)^{\lambda - \frac{1}{2}}\cosh\{xt\}dt,$$

2.1 含随机投资回报古典风险模型的破产理论

参见 (Nikiforov and Uvarov; 1988, p.223). 由 (2.1.6) 和 (2.1.7), 以及 Fubini 定理可得

$$\Phi(y) = \int_0^{+\infty} \frac{K}{\rho^{-v}} d\rho \int_{\rho^{-2}y}^{+\infty} g_1\left(\rho, \frac{\sigma^2}{4c}(\rho^2 w - y)\right) g_0(w) dw, \quad y \geqslant 0, \qquad (2.1.10)$$

其中

$$K = \frac{\theta^2 \sigma^2}{4c\sqrt{\pi}\Gamma(\lambda + (1/2))},$$

$$g_0(w) = \int_0^w \Phi(w-z) dF(z),$$

以及

$$g_1(\rho, u) = \left(\frac{\rho}{2u}\right)^{\lambda+1} \exp\left\{-\frac{1+\rho^2}{2u}\right\} \int_{-1}^{1} (1-t^2)^{\lambda-\frac{1}{2}} \cosh\left\{\frac{\rho}{u}t\right\} dt,$$

$\rho, u > 0$.

给定 $\rho > 0$, 我们有 $g_1(\rho, 0^+) = 0$. 定义 $g(\rho, u)$ 为

$$g(\rho, u) = \begin{cases} g_1(\rho, u), & \rho, u > 0, \\ 0, & \rho > 0, u \leqslant 0. \end{cases}$$

易知 $g(\rho, u)$ 关于 u 在 $(-\infty, +\infty)$ 上连续. 从 (2.1.10) 我们得到

$$\Phi(y) = \int_0^{+\infty} \frac{K}{\rho^{-v}} d\rho \int_{\rho^{-2}y}^{+\infty} g\left(\rho, \frac{\sigma^2}{4c}(\rho^2 w - y)\right) g_0(w) dw, \quad y \geqslant 0. \qquad (2.1.11)$$

由 (2.1.11) 和控制收敛定理可知 $\Phi(y)$ 在 $[0, +\infty)$ 上连续. □

令 $f(z)$ 表示 $F(z)$ 的密度函数.

定理 2.1.3 假设

(i) $f(z)$ 在 $(0, +\infty)$ 上二次连续可微分, $f(0^+), f'(0^+)$ 和 $f''(0^+)$ 存在;

(ii) $\int_0^{+\infty} |f'(z)| dz = m_1 < +\infty$, $\int_0^{+\infty} |f''(z)| dz = m_2 < +\infty$;

(iii) $4\lambda_0 - (7\sigma^2 + 2r) > 0$,

那么, $\Phi(y)$ 在 $[0, +\infty)$ 上二次连续可微分.

证明 令

$$h(\rho, y, u) = \int_0^{\rho^{-2}\left[y + \frac{4c}{\sigma^2}u\right]} \Phi\left(\rho^{-2}\left[y + \frac{4c}{\sigma^2}u\right] - z\right) dF(z)$$

$$= \int_0^{\rho^{-2}\left[y+\frac{4c}{\sigma^2}u\right]} \Phi(z) f\left(\rho^{-2}\left[y+\frac{4c}{\sigma^2}u\right]-z\right) dz, \qquad (2.1.12)$$

由假设 (i) 和定理 2.1.2 可知, $h(\rho,y,u)$ 关于 y 在 $[0,+\infty)$ 上是连续可微分的. 注意到

$$h'_y(\rho,y,u) = \rho^{-2}\Phi\left(\rho^{-2}\left[y+\frac{4c}{\sigma^2}u\right]\right) f(0^+)$$
$$+ \rho^{-2} \int_0^{\rho^{-2}\left[y+\frac{4c}{\sigma^2}u\right]} \Phi(z) f'\left(\rho^{-2}\left[y+\frac{4c}{\sigma^2}u\right]-z\right) dz \qquad (2.1.13)$$

和

$$|h'_y(\rho,y,u)| \leqslant \rho^{-2} f(0^+) + \rho^{-2} m_1, \qquad (2.1.14)$$

由 (2.1.12) 可得

$$\int_0^{+\infty} \int_0^{+\infty} \frac{\theta^2}{2} \frac{1}{\rho^{2+\lambda-v}} p_u^\lambda(1,\rho) \left(f(0^+) + \rho^{-2} m_1\right) d\rho du$$
$$= \left[f(0^+) + m_1\right] E[\exp\{-2B_{S_\theta}\}]$$
$$= \left[f(0^+) + m_1\right] \int_0^{+\infty} \frac{\theta^2}{2} \exp\left\{-(1/\sigma^2)\left(4\lambda_0 - (3\sigma^2+2r)\right)s\right\} ds$$
$$< +\infty. \qquad (2.1.15)$$

再由 (2.1.7) 和 (2.1.14) 我们推出 $\Phi(y)$ 在 $[0,+\infty)$ 上连续可微分. 类似地, 我们可以证明 $\Phi(y)$ 在 $[0,+\infty)$ 上二次连续可微分. □

例 2.1.1 假设定理 2.1.3 中的条件 (iii) 成立, 如果理赔分别服从指数分布、混合指数分布、$\Gamma(n,\alpha)(n \geqslant 2)$ 分布和对数正态分布, 则它们满足定理 2.1.3 中的条件 (i) 和 (ii), 从而相应的 $\Phi(y)$ 在 $[0,+\infty)$ 上是二次连续可微分的.

定理 2.1.4 假设 $f(z)$ 满足定理 2.1.3 中的条件, 那么 $\Phi(y)$ 满足下述积分-微分方程:

$$\frac{1}{2}\sigma^2 y^2 \Phi''(y) + (ry+c)\Phi'(y)$$
$$= \lambda_0 \Phi(y) - \lambda_0 \int_0^y \Phi(y-z) dF(z), \quad 0 < y < +\infty. \qquad (2.1.16)$$

证明 定义

$$X_t = \exp\{R_t\}\left[y + c\int_0^t \exp\{-R_s\}ds\right]. \qquad (2.1.17)$$

2.1 含随机投资回报古典风险模型的破产理论

令 $\varepsilon, t, M > 0$ 使得 $\varepsilon < y < M$ 及 $T_t^{\varepsilon,M} = \inf\{v, X_v \notin (\varepsilon, M)\} \wedge t$. 因为 $\Phi'(y)$ 和 $\Phi''(y)$ 在 $[\varepsilon, M]$ 上有界, 因此 $\int_0^{S \wedge T_t^{\varepsilon,M}} \Phi'(X_v) X_v dW_v$ 是一个鞅. 假设 $T = T_t^{\varepsilon,M} \wedge T_1$, 与 (2.1.8) 类似, 我们有

$$\Phi(y) = E[\Phi(Y_T)]. \tag{2.1.18}$$

利用伊藤公式, 我们得到

$$\begin{aligned}\Phi(y) =& E[\Phi(Y_T)] \\ =& E\left[\Phi(X_{T_t^{\varepsilon,M}}) I\{T_1 > t\}\right] + E\left[\Phi(Y_T) I\{T_1 \leqslant t\}\right] \\ =& \exp\{-\lambda_0 t\} E\left[\Phi(X_{T_t^{\varepsilon,M}})\right] \\ & + \int_0^t \lambda_0 \exp\{-\lambda_0 s\} ds \bigg\{ E\left[\Phi\left(X_{T_t^{\varepsilon,M}}\right) I\left\{T_t^{\varepsilon,M} < s\right\}\right] \\ & + \int_0^{+\infty} E\left[\Phi(X_s - z) I\left\{T_t^{\varepsilon,M} = s\right\}\right] dF(z) \bigg\} \\ =& \exp\{-\lambda_0 t\} \bigg[\Phi(y) + E\bigg\{\int_0^{T_t^{\varepsilon,M}} \left[\left(r - \frac{1}{2}\sigma^2\right) \Phi'(X_s) X_s + c\Phi'(X_s)\right] ds \\ & + \frac{1}{2}\sigma^2 \int_0^{T_t^{\varepsilon,M}} \left[\Phi''(X_s) X_s^2 + X_s \Phi'(X_s)\right] ds\bigg\}\bigg] \\ & + \int_0^t \lambda_0 \exp\{-\lambda_0 s\} ds \bigg\{ E\left[\Phi\left(X_{T_t^{\varepsilon,M}}\right) I\left\{T_t^{\varepsilon,M} < s\right\}\right] \\ & + \int_0^{+\infty} E\left[\Phi(X_s - z) I\left\{T_t^{\varepsilon,M} = s\right\}\right] dF(z) \bigg\}. \end{aligned} \tag{2.1.19}$$

在上式两端移项, 整理并除以 t 得到

$$\begin{aligned}& \frac{1 - \exp\{-\lambda_0 t\}}{t} \Phi(y) \\ =& \exp\{-\lambda_0 t\} \bigg\{ E\bigg[\frac{1}{t}\int_0^{T_t^{\varepsilon,M}} (rX_s + c) \Phi'(X_s) ds \\ & + \frac{1}{2}\sigma^2 \frac{1}{t} \int_0^{T_t^{\varepsilon,M}} \Phi''(X_s) X_s^2 ds\bigg]\bigg\} \\ & + \frac{1}{t}\int_0^t \lambda_0 \exp\{-\lambda_0 s\} ds \bigg\{ E\left[\Phi\left(X_{T_t^{\varepsilon,M}}\right) I\left\{T_t^{\varepsilon,M} < s\right\}\right]\end{aligned}$$

$$+ \int_0^{+\infty} E\left[\Phi(X_s - z) I\left\{T_t^{\varepsilon,M} = s\right\}\right] dF(z)\bigg\}. \tag{2.1.20}$$

令 $t \downarrow 0$, 由定理 2.1.2、定理 2.1.3 及 X_s 的连续性, 我们推出公式 (2.1.15) 在 (ε, M) 上成立, 从而在 $(0, +\infty)$ 上成立. □

从定理 2.1.3 和定理 2.1.4 知, $\Phi(y)$ 是下述边界值问题 (2.1.21) 和 (2.1.22) 的解

$$\frac{1}{2}\sigma^2 y^2 \Phi''(y) + (ry + c)\Phi'(y)$$
$$= \lambda_0 \Phi(y) - \lambda_0 \int_0^y \Phi(y - z) dF(z), \quad 0 < y < +\infty. \tag{2.1.21}$$

$$\Phi(+\infty) = \lim_{y \uparrow +\infty} \Phi(y) = 1,$$

$$c\Phi'(0^+) = \lambda_0 \Phi(0). \tag{2.1.22}$$

注 2.1.2 由定理 2.1.3 和定理 2.1.4 看到, 在一定条件下边界值问题 (2.1.21) 和 (2.1.22) 至少有一解. Paulsen 和 Gjessing (1997) 证明了在一定条件下上述边界值问题的解就是 $\Phi(y)$. 由 (Paulsen and Gjessing, 1997) 中的定理 2.1, 下述边界值问题

$$\frac{1}{2}\sigma^2 y^2 \Phi''(y) + (ry + c)\Phi'(y)$$
$$= \lambda_0 \Phi(y) - \lambda_0 \int_0^y \Phi(y - z) dF(z), \quad 0 < y < +\infty. \tag{2.1.23}$$

$$\Phi(+\infty) = \lim_{y \uparrow +\infty} \Phi(y) = 1,$$

$$\Phi(y) = 0, \quad y < 0 \tag{2.1.24}$$

的解是唯一的, 且等于生存概率 $\Phi(y)$. 因此, 在定理 2.1.3 的假设下, 我们可以通过求解 (2.1.21) 和 (2.1.22) 得到生存概率. 进一步, 由 (Paulsen, 1993) 我们可以得到边界值问题 (2.1.21) 和 (2.1.22) 的解的解析表达式. 令 $H(\cdot)$ 表示 Z_∞ 的分布函数. 由 (Paulsen, 1993) 中的定理 3.1 和定理 3.2 知 H 是连续的, 且

$$\Phi(y) = 1 - \Psi(y) = 1 - \frac{H(-y)}{E\left[H(-Y_{T_y})|T_y < +\infty\right]}. \tag{2.1.25}$$

令 $F(z) = 1 - \exp\{-\alpha z\}, \alpha > 0$. 由 (2.1.21) 和 (2.1.22), 我们推出 $\Phi(y)$ 是下述边界值问题 (2.1.26) 和 (2.1.27) 的解

$$\frac{1}{2}\sigma^2 y^2 \Phi'''(y) + \left[\frac{1}{2}\alpha\sigma^2 y^2 + (\sigma^2 + r)y + c\right]\Phi''(y)$$

$$+ [\alpha ry + \alpha c + r - \lambda_0]\Phi'(y) = 0, \quad 0 < y < +\infty. \tag{2.1.26}$$

$$\Phi(+\infty) = \lim_{y\uparrow+\infty} \Phi(y) = 1,$$

$$c\Phi'(0^+) = \lambda_0 \Phi(0),$$

$$c\Phi''(0^+) + (\alpha c + r - \lambda_0)\Phi'(0^+) = 0. \tag{2.1.27}$$

当理赔量为指数分布时, 通过解 (2.1.26) 和 (2.1.27) 我们可以得到 $\Phi(y)$ 的近似解或数值估计.

2.1.2 在破产时刻的盈余分布

令 $l \geqslant 0$, 我们考虑分布 $D(y,l) = P(T_y < +\infty, Y_{T_y} \geqslant -l)$. 分布 $D(y,l)$ 代表在破产发生时刻的盈余在区间 $[-l,0)$ 中的概率. 该分布对保险人选择再保险策略有参考意义. 显然有

$$D(y,l) = I_{(0,l]}(-y), \quad y < 0,$$

$$D(+\infty, l) = 0. \tag{2.1.28}$$

定理 2.1.5 令 $y, l \geqslant 0$, 那么 $D(y,l)$ 满足下述积分方程

$$\begin{aligned}D(y,l) = &\int_0^{+\infty}\int_0^{+\infty} \frac{\theta^2}{2}\frac{1}{\rho^{2+\lambda-v}}p_u^\lambda(1,\rho)d\rho du \\ &\times \bigg[\int_0^{\rho^{-2}\left[y+\frac{4c}{\sigma^2}u\right]} D\bigg(\rho^{-2}\left[y+\frac{4c}{\sigma^2}u\right]-z,l\bigg)dF(z) \\ &+ \int_{\rho^{-2}\left[y+\frac{4c}{\sigma^2}u\right]}^{\rho^{-2}\left[y+\frac{4c}{\sigma^2}u\right]+l} dF(z)\bigg].\end{aligned} \tag{2.1.29}$$

证明 令 $B = \{T_y < +\infty, Y_{T_y} \geqslant -l\}$. 定义 M_t^0 为 $M_t^0 = E[I\{B\}|F_t]$, 则 $\{M_t^0, t \geqslant 0\}$ 是一个 F_t-鞅. 注意 $P(T_1 < +\infty) = 1$, 由 Doob 停时定理和 Y_t 的齐次强马尔可夫性, 我们得到

$$D(y,l) = E[M_0^0] = E[M_{T_1}^0] = E[E[M_{T_1}^0|F_{T_1}]] = E[D(Y_{T_1},l)]. \tag{2.1.30}$$

沿用证明公式 (2.1.7) 的步骤, 我们得到

$$\begin{aligned}D(y,l) = &\int_0^{+\infty}\int_0^{+\infty} \frac{\theta^2}{2}\frac{1}{\rho^{2+\lambda-v}}p_u^\lambda(1,\rho)d\rho du \\ &\times \int_0^{+\infty} D\bigg(\rho^{-2}\left[y+\frac{4c}{\sigma^2}u\right]-z,l\bigg)dF(z).\end{aligned} \tag{2.1.31}$$

因此, 由 (2.1.28) 得

$$D(y,l) = \int_0^{+\infty} \int_0^{+\infty} \frac{\theta^2}{2} \frac{1}{\rho^{2+\lambda-v}} p_u^\lambda(1,\rho) d\rho du$$
$$\times \left[\int_0^{\rho^{-2}\left[y+\frac{4c}{\sigma^2}u\right]} D\left(\rho^{-2}\left[y+\frac{4c}{\sigma^2}u\right] - z, l\right) dF(z) \right.$$
$$\left. + \int_{\rho^{-2}\left[y+\frac{4c}{\sigma^2}u\right]}^{\rho^{-2}\left[y+\frac{4c}{\sigma^2}u\right]+l} dF(z) \right]. \quad (2.1.32)$$

$\square$

与定理 2.1.2 和定理 2.1.3 类似, 我们有

定理 2.1.6 分布 $D(y,l)$ 关于 y 在 $[0,+\infty)$ 上连续.

定理 2.1.7 假设 $f(z)$ 满足定理 2.1.3 中的条件, 那么 $D(y,l)$ 关于 y 在 $(0,+\infty)$ 上二次连续可微分.

为简单起见, 我们将把 $\partial D(y,l)/\partial y$ 简记为 $D'(y,l)$.

定理 2.1.8 假设 $f(z)$ 满足定理 2.1.3 中的条件, 那么 $D(y,l)$ 满足下述积分-微分方程

$$\frac{1}{2}\sigma^2 y^2 D''(y,l) + (ry+c)D'(y,l)$$
$$= \lambda_0 D(y,l) - \lambda_0 \int_0^y D(y-z,l)dF(z) - \lambda_0 \int_y^{y+l} dF(z), \quad 0 < y < +\infty. \quad (2.1.33)$$

证明 令 $\varepsilon, t, M > 0$ 使得 $\varepsilon < y < M$ 及 $T_t^{\varepsilon,M} = \inf\{v, X_v \notin (\varepsilon, M)\} \wedge t$. 因为 $D'(y,l)$ 和 $D''(y,l)$ 在 $[\varepsilon, M]$ 上有界, 由此知 $\int_0^{S \wedge T_t^{\varepsilon,M}} D'(X_v,l) X_v dW_v$ 是一个鞅. 假设 $T = T_t^{\varepsilon,M} \wedge T_1$, 与 (2.1.18) 类似, 我们有

$$D(y,l) = E[D(Y_T,l)]. \quad (2.1.34)$$

与等式 (2.1.19) 的证明类似, 我们得到

$$D(y,l) = E[D(Y_T,l)]$$
$$= \exp\{-\lambda_0 t\}\left[D(y,l) + E\int_0^{T_t^{\varepsilon,M}} \left[(rX_s + c)D'(x_s,l) \right.\right.$$
$$\left.\left. + \frac{1}{2}\sigma^2 D''(X_s,l) X_s^2 \right] ds \right]$$

2.1 含随机投资回报古典风险模型的破产理论

$$+ \int_0^t \lambda_0 \exp\{-\lambda_0 s\} ds \bigg\{ E\left[D\left(X_{T_t^{\varepsilon,M}}, l\right) I\left\{T_t^{\varepsilon,M} < s\right\}\right]$$

$$+ \int_0^{+\infty} E\left[D(X_s - z, l)I\left\{T_t^{\varepsilon,M} = s\right\}\right] dF(z) \bigg\}. \tag{2.1.35}$$

在上式两端移项, 整理并除以 t 得到

$$\frac{1 - \exp\{-\lambda_0 t\}}{t} D(y, l)$$

$$= \exp\{-\lambda_0 t\} E\left[\frac{1}{t} \int_0^{T_t^{\varepsilon,M}} \left[(rX_s + c) D'(X_s, l) + \frac{1}{2}\sigma^2 D''(X_s, l) X_s^2 \right] ds \right]$$

$$+ \frac{1}{t} \int_0^t \lambda_0 \exp\{-\lambda_0 s\} ds \bigg\{ E\left[D\left(X_{T_t^{\varepsilon,M}}, l\right) I\left\{T_t^{\varepsilon,M} < s\right\}\right]$$

$$+ \int_0^{+\infty} E\left[D(X_s - z, l)I\left\{T_t^{\varepsilon,M} = s\right\}\right] dF(z) \bigg\}. \tag{2.1.36}$$

令 $t \downarrow 0$, 由 (2.1.28)、定理 2.1.6 和定理 2.1.7 及 X_s 的连续性, 我们推出积分-微分方程 (2.1.33) 在 (ε, M) 中成立, 从而在 $(0, +\infty)$ 上成立. $\square$

从定理 2.1.6 和定理 2.1.7 可得 $D(y, l)$ 为下述边界值问题 (2.1.37) 和 (2.1.38) 的解

$$\frac{1}{2}\sigma^2 y^2 D''(y, l) + (ry + c)D'(y, l)$$

$$= \lambda_0 D(y, l) - \lambda_0 \int_0^y D(y-z, l) dF(z) - \lambda_0 \int_y^{y+l} dF(z), \quad 0 < y < +\infty. \tag{2.1.37}$$

$$D(+\infty, l) = 0,$$
$$cD'(0^+, l) = \lambda_0 D(0, l) - \lambda_0 F(l). \tag{2.1.38}$$

令 $F(z) = 1 - \exp\{-\alpha z\}, \alpha > 0$. 由 (2.1.37) 和 (2.1.38) 我们推出 $D(y, l)$ 是下述边界值问题 (2.1.39) 和 (2.1.40) 的解:

$$\frac{1}{2}\sigma^2 y^2 D'''(y, l) + \left[\frac{1}{2}\alpha\sigma^2 y^2 + (\sigma^2 + r)y + c\right] D''(y, l)$$

$$+ (\alpha r y + \alpha c + r - \lambda_0) D'(y, l) = 0, \quad 0 < y < +\infty. \tag{2.1.39}$$

$$\begin{cases} D(+\infty, l) = 0, \\ cD'(0^+, l) = \lambda_0 D(0, l) - \lambda_0 F(l). \\ cD''(0^+, l) + (\alpha c + r - \lambda_0) D'(0^+, l) = 0. \end{cases} \tag{2.1.40}$$

因此，当理赔量为指数分布时，通过解 (2.1.39) 和 (2.1.40)，我们可以得到 $D(y,l)$ 的近似解或数值解.

2.1.3 破产前盈余最大值分布

对 $x > 0$，令

$$G(y,x) = P\left(\sup_{0 \leqslant s \leqslant T_y} Y_s \geqslant x, T_y < +\infty\right), \tag{2.1.41}$$

这里 $G(y,x)$ 表示盈余过程在破产前的最大值达到或超过水平 x 的概率，我们称之为风险过程在破产前的最大值分布. 它对保险人把一定盈余进行投资有参考意义. 显然，我们有

$$G(y,x) = \begin{cases} 0, & x > 0, y < 0, \\ \Psi(y), & y \geqslant x > 0. \end{cases} \tag{2.1.42}$$

与定理 2.1.2—定理 2.1.4 类似，我们有下述定理 2.1.9—定理 2.1.11.

定理 2.1.9 对 $x > 0$，分布 $G(y,x)$ 关于 y 在 $[0,x]$ 上连续.

定理 2.1.10 假设 $f(z)$ 满足定理 2.1.3 中的条件，那么 $G(y,x)$ 关于 y 在 $(0,x)$ 中二次连续可微分.

定理 2.1.11 假设 $f(z)$ 满足定理 2.1.3 中的条件，那么 $G(y,x)$ 满足下述积分-微分方程

$$\frac{1}{2}\sigma^2 y^2 G_y''(y,x) + (ry+c)G_y'(y,x)$$
$$= \lambda_0 G(y,x) - \lambda_0 \int_0^y G(y-z,x)dF(z), \quad 0 < y < x. \tag{2.1.43}$$

令 $F(z) = 1 - \exp\{-\alpha z\}, \alpha > 0$，假设定理 2.1.3 中的条件 (iii) 成立，那么 $G(y,x)$ 满足下述微分方程

$$\frac{1}{2}\sigma^2 y^2 G_y'''(y,x) + \left[\frac{1}{2}\alpha\sigma^2 y^2 + (\sigma^2+r)y + c\right]G_y''(y,x)$$
$$+ (\alpha ry + \alpha c + r - \lambda_0)G_y'(y,x) = 0, \quad 0 < y < x. \tag{2.1.44}$$

从 (2.1.26)，(2.1.44) 和关系式 (2.1.42) 我们得到

$$G(y,x) = \frac{\Phi(y)}{\Phi(x)}\Psi(x) = \frac{1-\Psi(y)}{1-\Psi(x)}\Psi(x), \quad 0 \leqslant y \leqslant x. \tag{2.1.45}$$

事实上，我们有下述命题：

命题 2.1.1 假设 $f(z)$ 满足定理 2.1.3 中的条件, 那么

$$G(y,x) = \begin{cases} \dfrac{\Phi(y)}{\Phi(x)}\Psi(x) = \dfrac{1-\Psi(y)}{1-\Psi(x)}\Psi(x), & 0 \leqslant y \leqslant x, \\ \Psi(y), & y > x > 0. \end{cases} \quad (2.1.46)$$

证明 显然 $G(y,x) = \Phi(y), y > x > 0$. 我们现在证明 (2.1.45) 成立. 令 $0 < y < x$, 因为 $\Phi(y)$ 是 (2.1.16) 的解, 令 $T_y^{x,\varepsilon} = \inf\{t : Y_t \notin (\varepsilon, x-\varepsilon)\}$, 那么 $\Phi\left(Y_{T_y^{x,\varepsilon}\wedge t}\right)$ 是一个鞅. 由此得 $\Phi(y) = E\left[\Phi\left(Y_{T_y^{x,\varepsilon}\wedge t}\right)\right]$. 令 $t \uparrow \infty$, 我们得到 $\Phi(y) = E\left[\Phi\left(Y_{T_y^{x,\varepsilon}}\right)\right]$. 令 $\varepsilon \downarrow 0$ 可得

$$\Phi(y) = E\left[\Phi\left(Y_{T_y^{x,0}}\right)\right] = \Phi(0)P\left(Y_{T_y^{x,0}} = 0\right) + \Phi(x)P\left(Y_{T_y^{x,0}} = x\right). \quad (2.1.47)$$

因 $F(z)$ 有连续密度函数, 我们有 $P\left(Y_{T_y^{x,0}} = 0\right) = 0$. 因此,

$$P\left(Y_{T_y^{x,0}} = x\right) = \dfrac{\Phi(y)}{\Phi(x)}. \quad (2.1.48)$$

因为 $G(y,x)$ 是 (2.1.43) 的解, 所以 $G\left(Y_{T_y^{x,\varepsilon}\wedge t}, x\right)$ 是一鞅. 我们有 $G(y,x) = E\left[G\left(Y_{T_y^{x,\varepsilon}\wedge t}, x\right)\right]$. 令 $t \uparrow +\infty$ 得到 $G(y,x) = E\left[G\left(Y_{T_y^{x,\varepsilon}}, x\right)\right]$. 再令 $\varepsilon \downarrow 0$ 得出 $G(y,x) = E[G(Y_{T_y^{x,0}})] = \Psi(x)P(Y_{T_y^{x,0}} = x) = (\Phi(y)/\Phi(x))\Psi(x)$. 由连续性, 我们推出 $G(0,x) = (\Phi(0)/\Phi(x))\Psi(x)$. 所以, (2.1.46) 成立. □

注 2.1.3 公式 (2.1.46) 对其他一些风险模型, 例如带干扰古典风险模型, 也成立, 参见 (Wang and Wu, 2000) 中的命题 4.4.

注 2.1.4 本节内容主要选自 (Wang and Wu, 2001).

2.2 含常利率带干扰古典风险模型的破产概率

我们仿 (Paulsen and Gjessing, 1997) 引入含常利率带干扰风险模型. 来自保险公司保险业务的盈余过程定义为带干扰古典风险过程 (参见 (1.5.1))

$$R_t^0 = u + ct + \sigma W_t^0 - \sum_{k=1}^{N_t} Z_k. \quad (2.2.1)$$

在 (2.2.1) 中, u, c 和 σ 都是正常数, u 表示保险公司的初始资金, c 表示保费收入率; $\{N_t, t \geqslant 0\}$ 是一个参数为 $\lambda > 0$ 的泊松过程, 它记录在区间 $(0,t]$ 上理赔发生的次数; Z_k 是一个非负独立同分布随机变量序列, $\{Z_k, k \geqslant 1\}$ 表示第

k 次理赔量, $\{W_t^0\}$ 是标准布朗运动, σW_t^0 表示到时刻 t 时保险公司实际收入与线性收入的误差部分, R_t^0 表示保险公司在时刻 t 来自其保险业务的盈余, 假设 $\{N_t\}, \{Z_k\}, \{W_t^0\}$ 相互独立. 过程 (2.2.1) 具有强马尔可夫性.

含确定性投资回报 (即常值利率) 过程为

$$I_t = rt. \tag{2.2.2}$$

这里 r 是一正常数, 它表示投资回报率. 含确定性投资回报风险过程是下述线性随机微分方程 (积分方程形式) 的解

$$R_t = R_t^0 + \int_0^t R_{s^-} dI_s, \quad R_0 = u. \tag{2.2.3}$$

方程 (2.2.3) 的解 (参见 (Paulsen and Gjessing, 1997)) 为

$$R_t = \exp\{rt\}\left(u + \int_0^t \exp\{-rs\}dR_s^0\right), \tag{2.2.4}$$

且 (2.2.4) 中的过程 R_t 也是一个齐次强马尔可夫过程. 我们可以把过程 R_t 写为

$$R_t = \exp\{rt\}\bigg[u + \frac{c}{r}(1 - \exp\{-rt\}) \\ + \sigma\int_0^t \exp\{-rs\}dW_s^0 - \sum_{k+1}^{N_t}\exp\{-rT_k\}Z_k\bigg]. \tag{2.2.5}$$

这里 $\{T_k, k \geqslant 1\}$ 是 $\{N_t, t \geqslant 0\}$ 的跳时间序列.

Dufresne 和 Gerber (1991) 将风险过程 (2.2.1) 的破产概率分解为两部分: 由波动导致的破产概率和由理赔导致的破产概率. 在假设这两种破产概率二次连续可微分的条件下, Dufresne 和 Gerber 得到了这些破产概率级数形式的明确表达式. 由 Dufresne 和 Gerber (1991) 的工作启发, 我们把风险过程 (2.2.4) 的破产概率也分解成相应的两部分. 我们将证明这两种不同破产概率的二次连续可微分性及给出它们在理赔量分布为指数分布时的明确表达式. 注意二次连续可微分性保证这些破产概率分别所满足的积分-微分方程的解存在.

2.2.1 带干扰古典风险模型的情形

令 $a > 0$, 定义 $\tau_a = \inf\{s : |W_s^0| = a\}$, 对 $x \in [-a, a]$, 定义

$$H(a, t, x) = (2\pi t)^{-1/2} \sum_{k=-\infty}^{+\infty}\bigg[\exp\bigg\{-\frac{1}{2t}(x + 4ka)^2\bigg\} \\ - \exp\bigg\{-\frac{1}{2t}(x - 2a + 4ka)^2\bigg\}\bigg]. \tag{2.2.6}$$

2.2 含常利率带干扰古典风险模型的破产概率

$$h(a,t) = \frac{1}{2\sqrt{2\pi}} a t^{-3/2} \sum_{k=-\infty}^{+\infty} \left[(4k+1)\exp\left\{-\frac{a^2}{2t}(4k+1)^2\right\} \right.$$
$$+ (4k-3)\exp\left\{-\frac{a^2}{2t}(4k-3)^2\right\}$$
$$\left. - (4k-1)\exp\left\{-\frac{a^2}{2t}(4k-1)^2\right\} \right]. \tag{2.2.7}$$

由 (Revuz and Yor, 1991, p.105—106) 知

$$P(W_s^0 \in dx, \tau_a > s) = H(a,s,x)dx, \quad P(\tau_a \in ds) = h(a,s)ds.$$

令 $T_u^0 = \inf\{t \geqslant 0 : R_t^0 < 0\}$, 若对所有 $t \geqslant 0$ 恒有 $R_t^0 \geqslant 0$, 则定义 $T_u^0 = \infty$. 显然 T_u^0 是破产时间. 风险过程 (2.2.1) 的破产概率 $\Psi^0(u)$ 定义为 $\Psi^0(u) = P\left(\inf_{t\geqslant 0} R_t^0 < 0\right) = P(T_u^0 < \infty)$. 令 $F(z) = P(Z_1 \leqslant z)$ 和 $\mu = E[Z_1]$. 对 $u > 0$, 我们假设 $E[R_t^0] = u + (c - \lambda\mu)t > 0$, 即我们假设 $c - \lambda\mu > 0$, 这意味着 $\Psi^0(u) < 1$.

记由波动导致的破产概率为 $\Psi_d^0(u)$, 由理赔导致的破产概率记为 $\Psi_s^0(u)$. 我们有 (参见 (Dufresne and Gerber, 1991) 中的 (1.5) 式)

$$\Psi^0(u) = \Psi_d^0(u) + \Psi_s^0(u). \tag{2.2.8}$$

如果 $F(z)$ 在 $[0, \infty)$ 上有连续密度函数, 那么 $P\left(\bigcup_{k=1}^{\infty}\{R_{T_k}^0 = 0\}\right) = 0$. 因此

$$\Psi_d^0(u) = P\left(T_u^0 < \infty, R_{T_u^0}^0 = 0\right), \tag{2.2.9}$$

$$\Psi_s^0(u) = P\left(T_u^0 < \infty, R_{T_u^0}^0 < 0\right). \tag{2.2.10}$$

从 (2.2.9) 和 (2.2.10) 我们得到

$$\Psi_d^0(u) = \begin{cases} 0, & u < 0, \\ 1, & u = 0, \end{cases} \tag{2.2.11}$$

$$\Psi_s^0(u) = \begin{cases} 1, & u < 0, \\ 0, & u = 0. \end{cases} \tag{2.2.12}$$

定理 2.2.1 令 $u > 0$, 设 $F(z)$ 在 $[0, \infty)$ 上有连续密度函数, 那么 $\Psi_d^0(u)$ 满足下述积分方程:

$$\Psi_d^0(u) = \frac{1}{2}\int_0^{+\infty} \left(\Psi_d^0(ct) + \Psi_d^0(2u+ct)\right) \exp\{-\lambda t\} h\left(\frac{u}{\sigma}, t\right) dt$$

$$+ \int_0^{+\infty} \lambda \exp\{-\lambda s\} ds \int_{-u/\sigma}^{u/\sigma} H\left(\frac{u}{\sigma}, s, x\right) dx$$
$$\times \int_0^{u+cs+\sigma x} \Psi_d^0(u+cs+\sigma x - z) \, dF(z). \tag{2.2.13}$$

证明 令 A_d 表示由波动导致破产的事件. 记过程 $\{R_t^0, t \geqslant 0\}$ 的自然过滤为 $F_t = \sigma\{R_s^0, s \leqslant t\}$, 定义 $M_t = E[I\{A_d\}|F_t]$. 注意 $\{M_t, t \geqslant 0\}$ 是一 F_t-鞅. 令 $T = \tau_{u/\sigma} \wedge T_1$, 因为 $P(\tau_{u/\sigma} < \infty) = P(T_1 < \infty) = 1$, 所以我们有 $P(T < \infty) = 1$. 由 Doob 停时定理及过程 R_t^0 的齐次强马尔可夫性, 我们得到

$$\Psi_d^0(u) = E[M_0] = E[M_T] = E[E[I\{A_d\}|F_T]] = E[\Psi_d^0(R_T^0)]. \tag{2.2.14}$$

因此

$$\begin{aligned}\Psi_d^0(u) &= E[\Psi_d^0(R_T^0)] \\ &= E\left[\Psi_d^0\left(u + c\tau_{u/\sigma} + \sigma W_{\tau_{u/\sigma}}^0\right) I\{\tau_{u/\sigma} < T_1\}\right] \\ &\quad + E\left[\Psi_d^0\left(u + cT_1 + \sigma W_{T_1}^0 - Z_1\right) I\{\tau_{u/\sigma} \geqslant T_1\}\right] \\ &= I_1 + I_2. \end{aligned} \tag{2.2.15}$$

与计算 (Wang and Wu, 2000) 中的定理 3.1 中的 I_1^0 和 I_2^0 方法类似, 可分别得到

$$I_1 = \frac{1}{2} \int_0^{+\infty} \left(\Psi_d^0(ct) + \Psi_d^0(2u+ct)\right) \exp\{-\lambda t\} h\left(\frac{u}{\sigma}, t\right) dt \tag{2.2.16}$$

和

$$I_2 = \int_0^{+\infty} \lambda \exp\{-\lambda s\} ds \int_{-u/\sigma}^{u/\sigma} H\left(\frac{u}{\sigma}, s, x\right) dx$$
$$\times \int_0^{u+cs+\sigma x} \Psi_d^0(u+cs+\sigma x - z) \, dF(z). \tag{2.2.17}$$

最后从 (2.2.14)—(2.2.17) 可得公式 (2.2.13). □

注 2.2.1 定理 2.2.1 的结果可以以直观形式给予解释和验证. 为此, 我们用 A_d^u 表示事件 "给定 $R_0 = u$ 时由波动导致破产发生". 因对 $t \in (0, T), R_t^0 > 0$, 即直到时刻 T 没有破产发生, 在条件 $\{\tau_{u/\sigma} = s < T_1\}$ 下, 我们推出事件 A_d^u 发生当且仅当 A_d^{u+cs-u} 或 A_d^{u+cs+u} 发生. 而事件 A_d^{u+cs-u} 和 A_d^{u+cs+u} 发生的概率分别为 $\Psi_d^0(cs)$ 和 $\Psi_d^0(2u+cs)$. 注意到 $P(W_s^0 = -u/\sigma) = P(W_s^0 = u/\sigma) = \frac{1}{2}$, 关于变量 s 求和我们可得等式 (2.2.16).

假设过程 R_t^0 的样本轨道的首次跳在时刻 t 发生且跳跃度为 z. 因为直到时刻 t 破产不会发生, 关于 $\{T_1 = t < \tau_{u/\sigma}, W_t^0 = x\}$ 取条件, 我们看到事件 A_d^u 发

生当且仅当 $z \leqslant u+ct+\sigma x$ 和 $A_d^{u+ct+\sigma x-z}$ 发生. 事件 $A_d^{u+ct+\sigma x-z}$ 发生的概率为 $\Psi_d^0(u+cs+\sigma x-z)$. 关于变量 (t,x,z) 在区域 $(0,\infty)\times[-u/\sigma,-u/\sigma]\times(0,u+ct+\sigma x-z]$ 上取积分, 我们可得到等式 (2.2.17). 因此, 定理 2.2.1 成立.

定理 2.2.2 假设 $F(z)$ 在 $[0,\infty)$ 上有连续密度函数, 那么 $\Psi_d^0(u)$ 在区间 $(0,\infty)$ 上二次连续可微分.

证明 对任意 $\varepsilon_0 > 0$, 只需证明 $\Psi_d^0(u)$ 在区间 (ε_0,∞) 上二次连续可微分. 在定理 2.2.1 的证明中把 $\tau_{u/\sigma}$ 记为 $\tau_{\varepsilon_0/\sigma}$, 那么对任意的 $u \in (\varepsilon_0,\infty)$, 我们有

$$\Psi_d^0(u) = \frac{1}{2}\int_0^{+\infty} \left(\Psi_d^0(u-\varepsilon_0+ct)+\Psi_d^0(u+\varepsilon_0+ct)\right)$$

$$\times \exp\{-\lambda t\} h\left(\frac{\varepsilon_0}{\sigma},t\right) dt$$

$$+ \int_0^{+\infty} \lambda \exp\{-\lambda s\} ds \int_{-\varepsilon_0/\sigma}^{\varepsilon_0/\sigma} H\left(\frac{\varepsilon_0}{\sigma},s,x\right) dx$$

$$\times \int_0^{u+cs+\sigma x} \Psi_d^0(u+cs+\sigma x-z) dF(z). \quad (2.2.18)$$

通过积分变量变换, 我们可以把等式 (2.2.18) 右端被积表达式 $\Psi_d^0(u)$ 中的变量 u 移动到 H 或 h 中. 注意密度函数 $h(a,t)$ 关于变量 t 二次连续可微分, 以及对 $x \neq 0$, $H(a,t,x)$ 关于变量 x 二次连续可微分, 且满足 $\lim_{t\downarrow 0} H'_x(a,t,x) = \lim_{t\downarrow 0} H''_x(a,t,x) = 0$. 因此, 由控制收敛定理和等式 (2.2.18), 我们可以验证 $\Psi_d^0(u)$ 在 (ε_0,∞) 上二次连续可微分. □

定理 2.2.3 令 $u > 0$, 设 $F(z)$ 在 $[0,\infty)$ 上有连续密度函数, 那么 $\Psi_d^0(u)$ 满足下述积分-微分方程:

$$\frac{1}{2}\sigma^2 \Psi_d^{0''}(u) + c\Psi_d^{0'}(u) = \lambda \Psi_d^0(u) - \lambda \int_0^u \Psi_d^0(u-z) dF(z). \quad (2.2.19)$$

证明 本定理的证明与 (Wang and Wu, 2000) 中的定理 3.3 的证明类似. □

与定理 2.2.2 和定理 2.2.3 相仿, 我们有下述定理.

定理 2.2.4 设 $F(z)$ 在 $[0,\infty)$ 上有连续密度函数, 那么 $\Psi_s^0(u)$ 在区间 $(0,\infty)$ 上二次连续可微分.

定理 2.2.5 令 $u > 0$, 设 $F(z)$ 在 $[0,\infty)$ 上有连续密度函数, 那么 $\Psi_s^0(u)$ 满足下述积分-微分方程:

$$\frac{1}{2}\sigma^2 \Psi_s^{0''}(u) + c\Psi_s^{0'}(u)$$
$$= \lambda \Psi_s^0(u) - \lambda \int_0^u \Psi_s^0(u-z) dF(z) - \lambda(1-F(u)). \quad (2.2.20)$$

命题 2.2.1 设 $F(z)$ 在 $[0,\infty)$ 上有连续密度函数, 那么 $\Psi_d^0(u)$ 在 $[0,\infty)$ 上连续.

证明 由定理 2.2.2, 只需证明 $\Psi_d^0(0^+) = \Psi_d^0(0)$. 因 $P(T_{0+}^0 = 0) = P(T_0^0 = 0) = 1$ (参见 (Wang and Wu, 2000) 中的引理 4.1) 及 R_t^0 右连续, 由控制收敛定理我们得到

$$\lim_{u\downarrow 0}\Psi_d^0(u) = \lim_{u\downarrow 0} E\left[I\left\{T_u^0 < \infty, R_{T_u^0}^0 = 0\right\}\right]$$
$$= E\left[\lim_{u\downarrow 0} I\left\{T_u^0 < \infty, R_{T_u^0}^0 = 0\right\}\right]$$
$$= E\left[I\left\{T_0^0 < \infty, R_0^0 = 0\right\}\right] = 1 = \Psi_d^0(0). \qquad (2.2.21)$$

$\square$

与命题 2.2.1 类似, 我们有下述命题.

命题 2.2.2 设 $F(z)$ 在 $[0,\infty)$ 上有连续密度函数, 那么 $\Psi_s^0(u)$ 在 $[0,\infty)$ 上连续.

2.2.2 含有确定性投资回报的情形

令 $B_t = \sigma\int_0^t \exp\{-rs\}dW_s^0$, B_t 是伊藤积分, 它的二次变差过程为 $\langle B \rangle_t = (\sigma^2/2r)(1-\exp\{-2rt\})$. 令 $v_s = \inf\{t : \langle B\rangle_t > s\}$, 则有

$$v_s = \frac{1}{2r}\ln\left[\frac{\sigma^2}{\sigma^2 - 2rs}\right], \quad s < \sigma^2/2r. \qquad (2.2.22)$$

对 $s < \sigma^2/2r$, 定义 $W_s = B_{v(s)}$, 众所周知 W_s 是一个从原点出发, 运动时间长度为 $\sigma^2/2r$ 的局部布朗运动. 令 $T_u = \inf\{t \geq 0 : R_t < 0\}$, 如果对所有 $t \geq 0$ 总有 $R_t \geq 0$, 则定义 $T_u = \infty$. 记 $\Psi(u)$ 为风险过程 (2.2.4) 的破产概率, 则 $\Psi(u) = P(T_u < \infty)$. 对 $u > 0$ 我们假设 $E[R_t] = \exp\{rt\}[u + (1/r)(1-\exp\{-rt\})(c-\lambda\mu)] > 0$, 亦即我们假设 $c - \lambda\mu > 0$ 以使得 $\Psi(u) < 1$ 成立.

对风险过程 (2.2.4) 我们以 $\Psi_d(u)$ 和 $\Psi_s(u)$ 分别表示由波动和由一次理赔引起的破产概率. 我们仍有

$$\Psi(u) = \Psi_d(u) + \Psi_s(u). \qquad (2.2.23)$$

设 $F(z)$ 在 $[0,\infty)$ 上有连续密度函数, 与 (2.2.9) 和 (2.2.10) 类似, 我们有

$$\Psi_d(u) = P(T_u < \infty, R_{T_u} = 0), \qquad (2.2.24)$$

$$\Psi_s(u) = P(T_u < \infty, R_{T_u} < 0). \qquad (2.2.25)$$

2.2 含常利率带干扰古典风险模型的破产概率

从 (2.2.24) 和 (2.2.25) 我们得到

$$\Psi_d(u) = \begin{cases} 0, & u < 0, \\ 1, & u = 0, \end{cases} \tag{2.2.26}$$

$$\Psi_s(u) = \begin{cases} 1, & u < 0, \\ 0, & u = 0. \end{cases} \tag{2.2.27}$$

定理 2.2.6 令 $u > 0$, 设 $F(z)$ 在 $[0, \infty)$ 上有连续密度函数, 定义

$$\phi(x, s) = \exp\{rs\}\left[x + (c/r)(1 - \exp\{-rs\})\right],$$

那么 $\Psi_d(u)$ 满足下述积分方程

$$\begin{aligned}
\Psi_d(u) &= \int_0^{+\infty} \lambda \exp\{-\lambda s\} \int_{-u}^{u} H\left(u, v^{-1}(s), x\right) dx \\
&\quad \times \int_0^{\phi(u+x,s)} \Psi_d(\phi(u+x,s) - z) dF(z) \\
&\quad + \frac{1}{2} \int_0^{\sigma^2/2r} \left[\Psi_d(\phi(2u, v(s))) + \Psi_d(\frac{c}{r} \exp\{rv(s)\} - 1)\right] \\
&\quad \times \exp\{-\lambda v(s)\} h(u, s) ds.
\end{aligned} \tag{2.2.28}$$

证明 令 $\tau_u^0 = \inf\{v(s) : |B_{v(s)}| = u\}$, $\tau_u = \inf\{s : |B_{v(s)}| = u\}$, 那么 $\tau_u^0 = v(\tau_u)$. 定义 $T = T_1 \wedge \tau_u^0$. 与公式 (2.2.14) 类似, 我们有

$$\Psi_d(u) = E[\Psi_d(R_T)]. \tag{2.2.29}$$

因此,

$$\begin{aligned}
\Psi_d(u) &= E\left[\Psi_d(R_T)\right] \\
&= E\left[\Psi_d(R_{T_1}) I\{T_1 \leqslant \tau_u^0\}\right] + E\left[\Psi_d(R_{\tau_u^0}) I\{T_1 > \tau_u^0\}\right] \\
&= I_1^1 + I_2^1.
\end{aligned} \tag{2.2.30}$$

我们先给出 I_1^1 和 I_2^1 的表达式. 我们有

$$\begin{aligned}
I_1^1 &= E\left[\Psi_d\left(\exp\{rT_1\}\left[u + \int_0^{T_1} \exp\{-rs\} dR_s^0\right]\right) I\{T_1 \leqslant \tau_u^0\}\right] \\
&= E\left[\Psi_d\left(\phi(u + B_{T_1}, T_1) - Z_1\right) I\{T_1 \leqslant \tau_u^0\}\right]
\end{aligned} \tag{2.2.31}$$

和

$$I_2^1 = E\left[\Psi_d\left(\exp\{r\tau_u^0\}\left[u + \int_0^{\tau_u^0} \exp\{-rs\}dR_s^0\right]\right)I\{T_1 > \tau_u^0\}\right]$$
$$= E\left[\Psi_d\left(\phi\left(u + B_{\tau_u^0}, \tau_u^0\right)\right)I\{T_1 > \tau_u^0\}\right]. \tag{2.2.32}$$

然后再完全仿 (Wang and Wu, 2000) 中定理 2.1 证明中 I_1 和 I_2 的计算方法, 我们可以验证 I_1^1 和 I_2^1 分别等于 (2.2.28) 右端的第一项和第二项. □

与定理 2.2.2 类似我们有下述定理.

定理 2.2.7 设 $F(z)$ 在 $[0,\infty)$ 上有连续密度函数, 那么 $\Psi_d(u)$ 在 $(0,\infty)$ 上二次连续可微分.

定理 2.2.8 设 $F(z)$ 在 $[0,\infty)$ 上有连续密度函数, 那么 $\Psi_d(u)$ 满足下述积分-微分方程:

$$\frac{1}{2}\sigma^2\Psi_d''(u) + (ru+c)\Psi_d'(u)$$
$$= \lambda\Psi_d(u) - \lambda\int_0^u \Psi_d(u-z)dF(z), \quad u > 0. \tag{2.2.33}$$

证明 选取 $\varepsilon, t, M > 0$ 使得 $\varepsilon < u < M$, 定义 $T_t^{\varepsilon,M} = \inf\{s > 0 : \exp\{rs\}[u + (c/r)(1 - \exp\{-rs\}) + B_s] \notin (\varepsilon, M)\} \wedge t$. 注意到 $\Psi_d'(u)$ 和 $\Psi_d''(u)$ 在 $[\varepsilon, M]$ 上有界, 因此 $\int_0^{S \wedge T_t^{\varepsilon,M}} \Psi_d'(\phi(u+B_v, v))\exp\{rv\}dB_v$ 是一个鞅. 令 $T = T_t^{\varepsilon,M} \wedge T_1$, 与 (2.2.29) 类似, 我们有

$$\Psi_d(u) = E\left[\Psi_d\left(R_{T_t^{\varepsilon,M} \wedge T_1}\right)\right]. \tag{2.2.34}$$

因此, 应用伊藤公式, 我们推出

$$\Psi_d(u)$$
$$= \exp\{-\lambda t\}E\left[\Psi_d\left(\phi\left(u + B_{T_t^{\varepsilon,M}}, T_t^{\varepsilon,M}\right)\right)\right]$$
$$+ \int_0^t \lambda\exp\{-\lambda s\}\left\{E\left[\Psi_d\left(\phi\left(u + B_{T_t^{\varepsilon,M}}, T_t^{\varepsilon,M}\right)\right)I\{T_s^{\varepsilon,M} < s\}\right]\right.$$
$$\left.+ \int_0^{+\infty} E\left[\Psi_d\left(\phi\left(u + B_{T_t^{\varepsilon,M}}, T_t^{\varepsilon,M}\right) - z\right)I\{T_s^{\varepsilon,M} = s\}\right]dF(z)\right\}ds$$

$$= \exp\{-\lambda t\}\left\{\Psi_d(u) + E\left[\int_0^{T_s^{\varepsilon,M}} \Psi_d'(\phi(u+B_s,s))(\phi(u+c,s) + re^{2rs}B_s)\right.\right.$$
$$\left.\left. + \frac{\sigma^2}{2}\Psi_d''(\phi(u+B_s,s))ds\right]\right\}$$
$$+ \int_0^t \lambda\exp\{-\lambda s\}\left\{E\left[\Psi_d\left(\phi\left(u+B_{T_t^{\varepsilon,M}}, T_t^{\varepsilon,M}\right)\right)I\{T_s^{\varepsilon,M} < s\}\right]\right.$$
$$\left. + \int_0^{+\infty} E\left[\Psi_d\left(\phi\left(u+B_{T_t^{\varepsilon,M}}, T_t^{\varepsilon,M}\right) - z\right)I\{T_s^{\varepsilon,M} = s\}\right]dF(z)\right\}ds.$$

移项并除以 t 可得

$$\frac{1-\exp\{-\lambda t\}}{t}\Psi_d(u)$$
$$= \exp\{-\lambda t\}\left\{E\left[\frac{1}{t}\int_0^{T_s^{\varepsilon,M}} \Psi_d'(\phi(u+B_s,s))(\phi(u+c,s)+re^{2rs}B_s)\right.\right.$$
$$\left.\left. + \frac{\sigma^2}{2}\Psi_d''(\phi(u+B_s,s))ds\right]\right\} + \frac{1}{t}\int_0^t \lambda\exp\{-\lambda s\}$$
$$\times\left\{E\left[\Psi_d\left(\phi\left(u+B_{T_t^{\varepsilon,M}}, T_t^{\varepsilon,M}\right)\right)I\{T_s^{\varepsilon,M}<s\}\right]\right.$$
$$\left. + \int_0^{+\infty} E\left[\Psi_d\left(\phi\left(u+B_{T_t^{\varepsilon,M}}, T_t^{\varepsilon,M}\right)-z\right)I\{T_s^{\varepsilon,M}=s\}\right]dF(z)\right\}ds.$$

令 $t\to 0$, 我们可验证 (2.2.33) 式在 (ε,M) 中成立, 从而在 $(0,\infty)$ 中成立. □

与定理 2.2.7 和定理 2.2.8 以及命题 2.2.1 和命题 2.2.2 相同, 我们有下述定理.

定理 2.2.9 设 $F(z)$ 在 $[0,\infty)$ 上有连续密度函数, 那么 $\Psi_s(u)$ 在 $(0,\infty)$ 上二次连续可微分.

定理 2.2.10 设 $F(z)$ 在 $[0,\infty)$ 上有连续密度函数, 那么 $\Psi_s(u)$ 满足下述积分-微分方程:

$$\frac{1}{2}\sigma^2\Psi_s''(u) + (ru+c)\Psi_s'(u)$$
$$= \lambda\Psi_s(u) - \lambda\int_0^u \Psi_s(u-z)dF(z) - \lambda(1-F(u)), \quad u>0. \qquad (2.2.35)$$

命题 2.2.3 设 $F(z)$ 在 $[0,\infty)$ 上有连续密度函数, 那么 $\Psi_d(u)$ 在 $[0,\infty)$ 上连续.

命题 2.2.4 设 $F(z)$ 在 $[0,\infty)$ 上有连续密度函数, 那么 $\Psi_s(u)$ 在 $[0,\infty)$ 上连续.

2.2.3 例

在本小节中我们在理赔量分布是指数分布情形时给出由波动引起的破产概率和由理赔引起的破产概率的一些解析表达式. 设 $F(z)$ 在 $[0,\infty)$ 上有连续密度函数, 从 2.2.1 小节和 2.2.2 小节, 我们可以推出 $\Psi_d^0(u)$, $\Psi_s^0(u)$, $\Psi_d(u)$ 和 $\Psi_s(u)$ 分别是下述边界值问题的有界连续解:

$$\frac{1}{2}\sigma^2\Psi_d^{0''}(u) + c\Psi_d^{0'}(u) = \lambda\Psi_d^0(u) - \lambda\int_0^u \Psi_d^0(u-z)dF(z), \quad u>0, \quad (2.2.36)$$

$$\Psi_d^0(0) = 1, \quad \Psi_d^0(+\infty) = 0. \quad (2.2.37)$$

$$\frac{1}{2}\sigma^2\Psi_s^{0''}(u) + c\Psi_s^{0'}(u)$$
$$= \lambda\Psi_s^0(u) - \lambda\int_0^u \Psi_s^0(u-z)dF(z) - \lambda(1-F(u)), \quad u>0, \quad (2.2.38)$$

$$\Psi_s^0(0) = 0, \quad \Psi_s^0(+\infty) = 0. \quad (2.2.39)$$

$$\frac{1}{2}\sigma^2\Psi_d^{''}(u) + (ru+c)\Psi_d^{'}(u)$$
$$= \lambda\Psi_d(u) - \lambda\int_0^u \Psi_d(u-z)dF(z), \quad u>0, \quad (2.2.40)$$

$$\Psi_d(0) = 1, \quad \Psi_d(+\infty) = 0. \quad (2.2.41)$$

$$\frac{1}{2}\sigma^2\Psi_s^{''}(u) + (ru+c)\Psi_s^{'}(u)$$
$$= \lambda\Psi_s(u) - \lambda\int_0^u \Psi_s(u-z)dF(z) - \lambda(1-F(u)), \quad u>0, \quad (2.2.42)$$

$$\Psi_s(0) = 0, \quad \Psi_s(+\infty) = 0. \quad (2.2.43)$$

我们取 $F(z) = 1 - \exp\{-\beta z\}(\beta > 0)$, 则上述边界值问题可以转化为如下边界值问题:

$$\frac{1}{2}\sigma^2\Psi_d^{0'''}(u) + \left(\frac{1}{2}\beta\sigma^2 + c\right)\Psi_d^{0''}(u) + (\beta c - \lambda)\Psi_d^{0'}(u) = 0, \quad u>0, \quad (2.2.44)$$

$$\Psi_d^0(0) = 1, \quad \Psi_d^0(+\infty) = 0. \quad \frac{1}{2}\sigma^2\Psi_d^{0''}(0^+) + c\Psi_d^{0'}(0^+) = \lambda. \quad (2.2.45)$$

$$\frac{1}{2}\sigma^2\Psi_s^{0'''}(u) + \left(\frac{1}{2}\beta\sigma^2 + c\right)\Psi_s^{0''}(u) + (\beta c - \lambda)\Psi_s^{0'}(u) = 0, u>0, \quad (2.2.46)$$

$$\Psi_s^0(0) = 0, \quad \Psi_s^0(+\infty) = 0. \quad \frac{1}{2}\sigma^2\Psi_s^{0''}(0^+) + c\Psi_s^{0'}(0^+) = -\lambda. \quad (2.2.47)$$

2.2 含常利率带干扰古典风险模型的破产概率

$$\frac{1}{2}\sigma^2\Psi_d'''(u) + \left(\frac{1}{2}\beta\sigma^2 + ru + c\right)\Psi_d''(u)$$
$$+ (\beta ru + \beta c + r - \lambda)\Psi_d'(u) = 0, \quad u > 0, \qquad (2.2.48)$$

$$\Psi_d(0) = 1, \quad \Psi_d(+\infty) = 0. \quad \frac{1}{2}\sigma^2\Psi_d''(0^+) + c\Psi_d'(0^+) = \lambda. \qquad (2.2.49)$$

$$\frac{1}{2}\sigma^2\Psi_s'''(u) + \left(\frac{1}{2}\beta\sigma^2 + ru + c\right)\Psi_s''(u)$$
$$+ (\beta ru + \beta c + r - \lambda)\Psi_s'(u) = 0, \quad u > 0, \qquad (2.2.50)$$

$$\Psi_s(0) = 0, \quad \Psi_s(+\infty) = 0. \quad \frac{1}{2}\sigma^2\Psi_s''(0^+) + c\Psi_s'(0^+) = -\lambda. \qquad (2.2.51)$$

因为上述边界值问题的解都是唯一的,从而,我们可以得到 $\Psi_d^0(u)$, $\Psi_s^0(u)$, $\Psi_d(u)$ 和 $\Psi_s(u)$ 的解析表达式. 问题 (2.2.44), (2.2.45) 和问题 (2.2.46), (2.2.47) 的求解是容易的. 注意到

$$\left(\frac{1}{2}\beta\sigma^2 + c\right)^2 > \left(\frac{1}{2}\beta\sigma^2 + c\right)^2 - 2\sigma^2(\beta c - \lambda)$$
$$= \left(\frac{1}{2}\beta\sigma^2 - c\right)^2 + 2\lambda\sigma^2 > 0. \qquad (2.2.52)$$

问题 (2.2.44) 和 (2.2.45) 的解为

$$\Psi_d^0(u) = 1 + c_1 \exp\{-\lambda_1 u\} + c_2 \exp\{-\lambda_2 u\}, \qquad (2.2.53)$$

其中

$$\lambda_1 = \frac{\left(\frac{1}{2}\beta\sigma^2 + c\right) - \sqrt{\left(\frac{1}{2}\beta\sigma^2 + c\right)^2 - 2\sigma^2(\beta c - \lambda)}}{\sigma^2}, \qquad (2.2.54)$$

$$\lambda_2 = \frac{\left(\frac{1}{2}\beta\sigma^2 + c\right) + \sqrt{\left(\frac{1}{2}\beta\sigma^2 + c\right)^2 - 2\sigma^2(\beta c - \lambda)}}{\sigma^2}, \qquad (2.2.55)$$

$$c_1 = \frac{\sigma^2\lambda_2^2 - 2c\lambda_2 - 2\lambda}{\sigma^2(\lambda_2^2 - \lambda_1^2) - 2c(\lambda_2 - \lambda_1)}, \qquad (2.2.56)$$

$$c_2 = \frac{-\sigma^2\lambda_1^2 + 2c\lambda_1 + 2\lambda}{\sigma^2(\lambda_2^2 - \lambda_1^2) - 2c(\lambda_2 - \lambda_1)}, \qquad (2.2.57)$$

问题 (2.2.46) 和 (2.2.47) 的解为

$$\Psi_s^0(u) = c_1^1 \exp\{-\lambda_1 u\} + c_2^1 \exp\{-\lambda_2 u\}, \qquad (2.2.58)$$

其中
$$c_1^1 = \frac{2\lambda}{\sigma^2(\lambda_2^2-\lambda_1^2)-2c(\lambda_2-\lambda_1)}, \tag{2.2.59}$$

$$c_2^1 = \frac{-2\lambda}{\sigma^2(\lambda_2^2-\lambda_1^2)-2c(\lambda_2-\lambda_1)}. \tag{2.2.60}$$

我们现在考虑边界值问题 (2.2.48) 和 (2.2.49) 的解. 定义

$$\kappa = \frac{c}{r} - \frac{\beta\sigma_2}{2r}. \tag{2.2.61}$$

$$U(a,b,x) = \frac{1}{\Gamma(a)}\int_0^{+\infty} \exp\{-xt\}t^{a-1}(1+t)^{b-a-1}dt,$$
$$a>0, \quad x>0. \tag{2.2.62}$$

$$F(a,b,x) = \frac{\Gamma(b)}{\Gamma(b-a)\Gamma(a)}\int_0^1 \exp\{xt\}t^{a-1}(1-t)^{b-a-1}dt,$$
$$a>0, \quad x>0. \tag{2.2.63}$$

令

$$\overline{Q}_1'(x) = \exp\left\{-\beta x + \frac{r}{\sigma^2}(x+\kappa)^2\right\} U\left(\frac{\lambda}{2r}, \frac{1}{2}, \frac{r}{\sigma^2}(x+\kappa)^2\right). \tag{2.2.64}$$

$$\overline{Q}_2'(x) = (x+\kappa)\exp\left\{-\beta x + \frac{r}{\sigma^2}(x+\kappa)^2\right\}$$
$$\times F\left(\frac{1}{2}+\frac{\lambda}{2r}, \frac{3}{2}, \frac{r}{\sigma^2}(x+\kappa)^2\right). \tag{2.2.65}$$

注 2.2.2 上述定义的 $F(a,b,x)$ 是标准的双曲汇流超几何函数, 而 $U(a,b,x)$ 是其二次型 (参见 (Slater, 1960, p.5)). 在我们的讨论中 $F(a,b,x)$ 和 $U(a,b,x)$ 是两个有用的函数. Paulsen 和 Gjessing (1997) 利用它们给出了模型 (2.2.4) 的生存概率的解析表达式. 这里我们将利用它们给出 $\Psi_d(u)$ 和 $\Psi_s(u)$ 的解析表达式. 沿用求解 (Paulsen and Gjessing, 1997) 中微分方程 (2.16) 的步骤我们可得到问题 (2.2.48) 的一般解如下:

$$\Psi_d(u) = c_0^2 + c_1^2 Q_1(u) + c_2^2 Q_2(u), \tag{2.2.66}$$

其中

$$Q_1(u) = \int_0^u \overline{Q}_1'(x)dx, \tag{2.2.67}$$

2.2 含常利率带干扰古典风险模型的破产概率

$$Q_2(u) = \int_0^u \overline{Q}_2'(x)dx. \tag{2.2.68}$$

要得到 (2.2.48) 和 (2.2.49) 的解，我们要利用边界值条件 (2.2.49) 确定任意常数 c_0^2, c_1^2 和 c_2^2. 定义 $\delta = (r/\sigma^2)\kappa^2$，计算可得

$$c_0^2 = 1, \tag{2.2.69}$$

$$c_1^2 = -\frac{k_2 + \lambda Q_2(+\infty)}{C}, \tag{2.2.70}$$

$$c_2^2 = \frac{k_1 + \lambda Q_1(+\infty)}{C}, \tag{2.2.71}$$

这里

$$C = k_2 Q_1(u) - k_1 Q_2(u), \tag{2.2.72}$$

$$k_1 = \left(c - \frac{1}{2}\beta\sigma^2 - r\kappa\right) \exp\{-\delta\} U\left(\frac{\lambda}{2r}, \frac{1}{2}, \delta\right)$$
$$- \frac{1}{2}\lambda\kappa \exp\{-\delta\} U\left(1 + \frac{\lambda}{2r}, \frac{3}{2}, \delta\right), \tag{2.2.73}$$

$$k_2 = \left(\frac{1}{2}\sigma^2 + c\kappa - \frac{1}{2}\beta\kappa\sigma^2 - \frac{1}{2}r\kappa^2\right) \exp\{-\delta\} F\left(\frac{1}{2} + \frac{\lambda}{2r}, \frac{3}{2}, \delta\right)$$
$$+ \frac{1}{3}(\lambda + r)\kappa^2 \exp\{-\delta\} F\left(\frac{3}{2} + \frac{\lambda}{2r}, \frac{5}{2}, \delta\right). \tag{2.2.74}$$

因此我们得到关于 $\Psi_d(u)$ 的如下解析表达式

$$\Psi_d(u) = 1 - \frac{k_2 + \lambda Q_2(+\infty)}{C} Q_1(u) + \frac{k_1 + \lambda Q_1(+\infty)}{C} Q_2(u). \tag{2.2.75}$$

与求解边界值问题 (2.2.48) 和 (2.2.49) 类似，我们可得边界值问题 (2.2.50) 和 (2.2.51) 的解 $\Psi_s(u)$ 如下:

$$\Psi_s(u) = \frac{\lambda Q_2(+\infty)}{C} Q_1(u) - \frac{\lambda Q_1(+\infty)}{C} Q_2(u). \tag{2.2.76}$$

注 2.2.3 本节内容主要选自 (Wang, 2001).

2.3 含常利率带干扰古典风险模型的 Gerber-Shiu 期望折扣罚金函数

我们仍考虑 2.2 节引进的含常利率带干扰古典风险模型. 来自保险业务的盈余过程为 (2.2.1) 中的带干扰古典风险过程

$$R_t^0 = y + ct + \sigma W^0(t) - \sum_{k=1}^{N(t)} Z_k, \quad t \geqslant 0, \tag{2.3.1}$$

这里我们把模型 (2.2.1) 中的符号 u 改为 y. 仍令 $\{T_k, k \geqslant 1\}$ 表示过程 $\{N(t), t \geqslant 0\}$ 的跳时间序列.

假设保险人从其盈余过程 (2.3.1) 的投资中以常利率 $r > 0$ 收取回报, 对 $t \geqslant 0$ 及 $R_0 = y$, 保险人当前的盈余过程为

$$R_t = e^{rt}\left[y + c\int_0^t e^{-rs}ds + \sigma\int_0^t e^{-rs}dW^0(s) - \sum_{k=1}^{N(t)} e^{-rT_k}Z_k\right], \tag{2.3.2}$$

参见风险过程 (2.2.5).

风险过程 (2.3.2) 的破产时间定义为 $T_y = \inf\{t \geqslant 0 : R_t \leqslant 0\}$, 且约定 $\inf\{\varnothing\} = \infty$. 注意破产可能由理赔或波动引起. 令 T_s 和 T_d 分别表示由理赔和波动引起的破产时间. 如果 $T_y = \infty$, 那么 $T_d = T_s = \infty$. 如果 $T_y < \infty$, 那么 $T_s = \inf\{t \geqslant 0 : R_t < 0\}$ 和 $T_d = \inf\{t \geqslant 0 : Y(t) = 0\}$. 所以, 对 $y < 0$, $T_s = 0$ a.s., 而对 $y \neq 0$, 则有 $T_d > 0$ a.s..

定义 $w = w(x_1, x_2)$ 为 $[0, \infty) \times [0, \infty)$ 上的非负可测函数. 风险过程 (2.3.2) 的 Gerber-Shiu 期望折扣罚金函数为

$$\begin{aligned}\Phi(y) &= E\left[e^{-\alpha T_y}w\left(R_{T_y^-}, |R_{T_y}|\right)I\{T_y < \infty\} \mid R_0 = y\right] \\ &= E^y\left[e^{-\alpha T_y}w\left(R_{T_y^-}, |R_{T_y}|\right)I\{T_y < \infty\}\right],\end{aligned} \tag{2.3.3}$$

其中 $\alpha \geqslant 0$ 是常数, 而 $I\{A\}$ 是事件 A 的示性函数.

Gerber 和 Landry (1998) 考虑 $w = w(x_2)$ 时风险过程 (2.3.1) 的 Gerber-Shiu 期望折扣罚金函数. 他们把 Gerber-Shiu 期望折扣罚金函数分解成两部分: 在由理赔导致破产的时刻的期望折扣罚金函数和在由波动导致破产的时刻的期望折扣现罚金函数. 仿 Gerber 和 Landry (1998) 的方法, 我们把等式 (2.3.3) 中的 Gerber-Shiu 期望折扣罚金函数 $\Phi(y)$ 分解成相应的两部分. 我们分别用 Φ_s 和 Φ_d

表示这两部分. 这样我们就有

$$\Phi_s(y) = E^y \left[e^{-\alpha T_s} w \left(R_{T_s^-}, |R_{T_s}| \right) I \{T_s < T_d\} \right] \quad (2.3.4)$$

及

$$\Phi_d(y) = E^y \left[e^{-\alpha T_d} w \left(R_{T_d^-}, |R_{T_d}| \right) I \{T_d < T_s\} \right]$$
$$= w(0,0) E^y \left[e^{-\alpha T_d} I \{T_d < T_s\} \right]. \quad (2.3.5)$$

令 $\alpha = 0$ 及 $w \equiv 1$, 那么, $\Phi_s(y) = P^y(T_s < T_d) \triangleq \Psi_s(y)$ 就是由理赔导致的破产概率, 以及 $\Phi_d(y) = P^y(T_d < T_s) \triangleq \Psi_d(y)$ 就是由波动引起的破产概率. 这两类不同的破产概率在风险过程 (2.3.1) 下已在 (Dufresne and Gerber, 1991) 中研究过, 在风险过程 (2.3.2) 下已在 (Wang, 2001; Cai and Yang, 2005) 中研究过.

2.3.1 积分和积分-微分方程

以下我们仍使用 2.2 节中所用到的一些术语和符号. 回忆对 $t \geqslant 0$, 我们定义 $B(t) = \sigma \int_0^t e^{-rs} dW^0(s)$, 其二次变差过程为 $\langle B \rangle(t) = (2r)^{-1} \sigma^2 (1 - e^{-2rt})$, $t \geqslant 0$. 对 $v(s) = \inf\{t : \langle B \rangle(t) > s\}$, 我们有

$$v(s) = \frac{1}{2r} \ln \frac{\sigma^2}{\sigma^2 - 2rs}, \quad 0 \leqslant s < \frac{\sigma^2}{2r}. \quad (2.3.6)$$

又对 $W(t) = B(v(t)), t \geqslant 0$, 我们已知它是一直到时刻 $(2r)^{-1} \sigma^2$ 的局部标准布朗运动, 且满足 $W(0) = 0$.

定义 $\lambda_0 = \alpha + \lambda$, $A(y) = \int_y^\infty w(y, z - y) dF(z)$. 回忆 $\phi(y,s) = e^{rs} \left(y + c \int_0^s e^{-rt} dt \right)$, (2.2.6) 和 (2.2.7) 式定义的函数 $H(a,t,x)$ 及 $h(a,t)$.

定理 2.3.1 令 $y > 0$, 那么 $\Phi_s(y)$ 满足积分方程

$$\Phi_s(y) = \frac{1}{2} \int_0^{\frac{\sigma^2}{2r}} e^{-\lambda_0 v(t)} \left[\Phi_s(\phi(0, v(t))) + \Phi_s(\phi(2y, v(t))) \right] h(y,t) dt$$
$$+ \int_0^\infty e^{-\lambda_0 t} dt \int_{-y}^y H\left(y, v^{-1}(t), x\right) g_s(\phi(y+x, t)) dx, \quad (2.3.7)$$

这里

$$g_s(y) = \lambda \left[\int_0^y \phi_s(y - z) dF(z) + A(y) \right]. \quad (2.3.8)$$

证明 令 $y > 0$. 定义 $\tau_y^0 = \inf\{t : |B(t)| = y\}$ 和 $\tau_y = \inf\{t : |W(t)| = |B(v(t))| = y\}$. 我们有 $\tau_y^0 = v(\tau_y)$. 令 $T = T_1 \wedge \tau_y^0$, 容易看出 $P(T < \infty) = 1$. 因为对 $t \in (0, T)$ 总有 $R_t > 0$, 从而 $T_y \geqslant T$ a.s., 这蕴含着 $T_s \geqslant T$ a.s.. 所以, 由 R_t 的强马尔可夫性我们得到

$$\Phi_s(y) = E^y \left[e^{-\alpha T} E^{R_T} \left[e^{-\alpha T_s} w \left(R_{T_s^-}, |R_{T_s}| \right) I \{T_s < T_d\} \right] \right]$$
$$= E^y \left[e^{-\alpha T} \Phi_s(R_T) \right]. \tag{2.3.9}$$

由 (2.3.9) 我们把 $\Phi_s(y)$ 分解成两部分

$$\Phi_s(y) = E^y \left[e^{-\alpha \tau_y^0} \Phi_s \left(R_{\tau_y^0} \right) I \{\tau_y^0 < T_1\} \right]$$
$$+ E^y \left[e^{-\alpha T_1} \Phi_s (R_{T_1}) I \{\tau_y^0 > T_1\} \right]$$
$$= E_1 + E_2. \tag{2.3.10}$$

由独立性假设我们得到

$$E_1 = E \left[e^{-\lambda_0 \tau_y^0} \Phi_s \left(\phi \left(y + B \left(\tau_y^0 \right), \tau_y^0 \right) \right) I \{\tau_y^0 < \infty\} \right]$$
$$= E \left[e^{-\lambda_0 v(\tau_y)} \Phi_s \left(\phi \left(y + W(\tau_y), v(\tau_y) \right) \right) I \{\tau_y < (2r)^{-1} \sigma^2\} \right]$$
$$= \int_0^{\frac{\sigma^2}{2r}} e^{-\lambda_0 v(t)} \Phi_s(\phi(0, v(t))) P(\tau_y \in dt, W(\tau_y) = -y)$$
$$+ \int_0^{\frac{\sigma^2}{2r}} e^{-\lambda_0 v(t)} \Phi_s(\phi(2y, v(t))) P(\tau_y \in dt, W(\tau_y) = y).$$

由 (Wang and Wu, 2000) 中的等式 (2.9) 我们得到

$$P(\tau_y \in dt, W(\tau_y) = y) = P(\tau_y \in dt, W(\tau_y) = -y) = \frac{1}{2} h(y, t) dt,$$

由此得

$$E_1 = \frac{1}{2} \int_0^{\frac{\sigma^2}{2r}} e^{-\lambda_0 v(t)} \left[\Phi_s(\phi(0, v(t))) + \Phi_s(\phi(2y, v(t))) \right] h(y, t) dt. \tag{2.3.11}$$

仍由独立性假设和等式 (2.2.6) 可得

$$E_2 = E \left[e^{-\alpha T_1} \Phi_s \left(\phi \left(y + B(T_1), T_1 \right) - Z_1 \right) I \{\tau_y^0 > T_1\} \right]$$
$$= E \left[e^{-\alpha T_1} \Phi_s \left(\phi \left(y + W(v^{-1}(T_1)), T_1 \right) - Z_1 \right) I \{\tau_y > v^{-1}(T_1)\} \right]$$

2.3 含常利率带干扰古典风险模型的 Gerber-Shiu 期望折扣罚金函数

$$= \int_0^\infty \int_{-y}^y e^{-\alpha t} E\big[\Phi_s\left(\phi(y+x,t)-Z_1\right)$$
$$\times |T_1 = tW\left(v^{-1}(T_1)\right) = x, \tau_y > v^{-1}(T_1)\big]$$
$$\times P\left(T_1 \in dt, W\left(v^{-1}(T_1)\right) \in dx, \tau_y > v^{-1}(T_1)\right)$$
$$= \int_0^\infty \lambda e^{-\lambda_0 t} dt \int_{-y}^y H\left(y, v^{-1}(t), x\right) dx$$
$$\times \left[\int_0^{\phi(y+x,t)} \Phi_s(\phi(y+x,t)-z)dF(z) + A(\phi(y+x,t))\right]. \quad (2.3.12)$$

从等式 (2.3.10)—(2.3.12) 我们得到 (2.3.7). □

借助于定理 2.3.1 可确定 Φ_s 在 $(0,\infty)$ 上二次连续可微分的条件. 记 f 为 F 的密度函数. 令 $m' = \int_0^\infty |f'(z)|\,dz$ 和 $m'' = \int_0^\infty |f''(z)|\,dz$. 与 (Wang and Wu, 2001) 中的定理 2.2 和 (Cai, 2004) 中的定理 3.2 的证明类似可验证下述定理成立.

定理 2.3.2 假设

(i) f 在 $(0,\infty)$ 上二次连续可微分, m' 和 m'' 有限;

(ii) $f(0^+), f'(0^+)$ 和 $f''(0^+)$ 存在;

(iii) $\lambda_0 - 2r > 0$;

(iv) 罚金函数 $w(x_1,x_2) = h(x_2)$ 有界,

那么 Φ_s 在 $(0,\infty)$ 上二次连续可微分.

注 2.3.1 定理 2.3.2 的条件对 Φ_s 在 $(0,\infty)$ 上二次连续可微分远非必要. 如果 F 是指数分布或混合指数分布, 定理 2.3.2 中 (iv) 的条件可以替换为 $h(x) \leqslant M_0(1+x)^m$, 其中 $m \geqslant 1$, 且 M_0 为一正的实数. 这一结论将在下面 2.3.2 小节用到.

定理 2.3.3 假设 Φ_s 在 $(0,\infty)$ 上二次连续可微分, 那么 Φ_s 满足下述积分-微分方程:

$$\frac{1}{2}\sigma^2 \Phi_s''(y) + (ry+c)\Phi_s'(y)$$
$$= \lambda_0 \Phi_s(y) - \lambda\left[\int_0^y \Phi_s(y-z)dF(z) + A(y)\right]. \quad (2.3.13)$$

证明 令 $y > 0$. 假设 $\epsilon, f, M > 0$ 使得 $\epsilon < y < M$. 定义 $T_t^\epsilon = \inf\{s > 0 : \phi(y+B(s),s) \notin (\epsilon, M)\} \wedge t$ 及 $T_0 = T_t^\epsilon \wedge T_1$. 对所有 $s \in (0, T_0)$, 我们有 $P(T_0 < \infty) = 1$ 及 $R_s > 0$. 那么, 与 (2.3.9) 和 (2.3.10) 类似有

$$\Phi_s(y) = E^y\left[\mathrm{e}^{-\alpha T_0}\Phi_s\left(R_{T_0}\right)\right]$$
$$= E^y\left[\mathrm{e}^{-\alpha T_t^\epsilon}\Phi_s\left(R_{T_t^\epsilon}\right)I\{t<T_1\}\right]$$
$$+ E^y\left[\mathrm{e}^{-\alpha T_{T_1}^\epsilon}\Phi_s\left(R_{T_{T_1}^\epsilon}\right)I\{T_1<t\}\right]. \tag{2.3.14}$$

由独立性假设, 沿用等式 (2.3.12) 中的证明方法我们可得

$$\Phi_s(y) = \mathrm{e}^{-\lambda t}E\left[\mathrm{e}^{-\alpha T_t^\epsilon}\Phi_s\left(\phi\left(y+B\left(T_t^\epsilon\right),T_t^\epsilon\right)\right)\right]$$
$$+ \int_0^t \mathrm{e}^{-\lambda_0 v}E\left[I\{T_v^\epsilon = v\}g_s(\phi(y+B(v),v))\right]dv$$
$$+ \int_0^t \lambda\mathrm{e}^{-\lambda v}E\left[\mathrm{e}^{-\alpha T_v^\epsilon}I\{T_v^\epsilon<v\}\Phi_s\left(\phi\left(y+B\left(T_v^\epsilon\right),T_v^\epsilon\right)\right)\right]dv$$
$$= I_1(t) + I_2(t) + I_3(t). \tag{2.3.15}$$

由伊藤公式得

$$\lim_{t\downarrow 0} t^{-1}\left(I_1(t)-\Phi_s(y)\right) = \frac{1}{2}\sigma^2\Phi_s''(y) + (ry+c)\Phi_s'(y) - \lambda_0\Phi_s(y). \tag{2.3.16}$$

注意到 $\lim_{t\downarrow 0} I\{T_t^\epsilon = t\} = 1$ 及 $\lim_{t\downarrow 0} I\{T_t^\epsilon < t\} = 0$ a.s., 从而得

$$\lim_{t\downarrow 0} t^{-1}I_2(t) = g_s(y) \tag{2.3.17}$$

及

$$\lim_{t\downarrow 0} t^{-1}I_3(t) = 0. \tag{2.3.18}$$

从 (2.3.8) 和 (2.3.15)—(2.3.18), 我们可得 (2.3.13) 对 $y\in(\epsilon,M)$ 成立. 因此, 等式 (2.3.13) 在 $(0,\infty)$ 中成立. $\square$

假设 f 在 $(0,\infty)$ 上连续, 仿 (Wang and Wu, 2000) 中命题 4.3 的证明可得

$$\Phi_s\left(0^+\right) = \Phi_s(0) = 0. \tag{2.3.19}$$

因此, 从定理 2.3.3 和公式 (2.3.19) 及下述边界条件, 我们可以通过求解边界值问题得到 Φ_s,

$$\Phi_s(0) = 0, \quad \lim_{y\to\infty}\Phi_s(y) = 0. \tag{2.3.20}$$

与定理 2.3.1—定理 2.3.3 类似, 我们有如下结论.

定理 2.3.4 令 $y>0$. 那么 Φ_d 满足下述积分方程

$$\Phi_d(y) = \frac{1}{2}\int_0^{\frac{\sigma^2}{2r}} \mathrm{e}^{-\lambda_0 v(t)}\left[\Phi_d(\phi(0,v(t))) + \Phi_d(\phi(2y,v(t)))\right]h(y,t)dt$$

$$+ \int_0^\infty e^{-\lambda_0 t} dt \int_{-y}^y H\left(y, v^{-1}(t), x\right) g_d(\phi(y+x,t)) dx. \qquad (2.3.21)$$

这里

$$g_d(y) = \lambda \int_0^y \Phi_d(y-z) dF(z). \qquad (2.3.22)$$

定理 2.3.5 在定理 2.3.2 条件下, Φ_d 在 $(0,\infty)$ 上二次连续可微分.

定理 2.3.6 假设 Φ_d 在 $(0,\infty)$ 上二次连续可微分, 那么 Φ_d 满足下述积分-微分方程:

$$\frac{1}{2}\sigma^2 \Phi_d''(y) + (ry+c)\Phi_d'(y) = \lambda_0 \Phi_d(y) - \lambda \int_0^y \Phi_d(y-z) dF(z). \qquad (2.3.23)$$

假设 f 在 $(0,\infty)$ 上连续, 与 (2.3.19) 类似, 我们有

$$\Phi_d\left(0^+\right) = \Phi_d(0) = w(0,0). \qquad (2.3.24)$$

因此, 由定理 2.3.6 和公式 (2.3.24), 我们可以通过求解带下述边界条件

$$\Phi_d(0) = w(0,0), \quad \lim_{y\to\infty} \Phi_d(y) = 0 \qquad (2.3.25)$$

的方程 (2.3.23) 而得到 Φ_d.

我们指出当 $w(x,y) \equiv 1$ 和 $\alpha = 0$ 时, 方程 (2.3.13) 和 (2.3.23) 分别简化为 (Wang, 2001) 中的 (2.15) 和 (2.14) 以及 (Cai and Yang, 2005) 中的 (3.4) 和 (3.9).

2.3.2 一些关于 Φ_s 的闭形式表达式

在本小节, 我们假设 $\alpha = 0$ 及对 $m \geqslant 1$, 罚金函数 $w(x_1, x_2) = h(x_2) \leqslant M_0(1+x_2)^m$. 那么, $\Phi_s(y) = E^y[h(|R_{T_s}|) I\{T_s < T_d\}]$ 给出破产由理赔引起时在破产时刻亏损的罚金的期望值. 选取 $h(x) = x^m$, 那么, $\Phi_s(y) = E^y[(|R_{T_s}|)^m \times I\{T_s < T_d\}]$ 是由理赔引起破产时在破产时刻亏损的 m 阶矩. 令 $h(x) = e^{-\delta x}$, 那么, $\Phi_s(y) = E^y\left[e^{-\delta|R_{T_s}|} I\{T_s < T_d\}\right]$ 是由理赔引起破产时在破产时刻亏损的拉普拉斯变换.

例 2.3.1 假设 $r > 0$ 及 F 为指数分布 $F(z) = 1 - e^{-\beta z}, z > 0, \beta > 0$. 定义 $H = \int_0^\infty h(z) \beta e^{-\beta z} dz$. 我们有 $A(y) = He^{-\beta y}$. 容易看出

$$H = \begin{cases} m! \beta^{-m}, & h(x) = x^m, \\ (\delta + \beta)^{-1} \beta, & h(x) = e^{-\beta x}. \end{cases} \qquad (2.3.26)$$

注意 $\beta A(y) + A'(y) = 0$. 从定理 2.3.3 我们推出当 $\alpha = 0$ 时, $\Phi_s(y)$ 是下述微分方程的解

$$\frac{1}{2}\sigma^2 \Phi_s'''(y) + \left(ry + c + \frac{1}{2}\sigma^2\beta\right)\Phi_s''(y) + ((r-\lambda) + \beta(ry+c))\Phi_s'(y) = 0, \tag{2.3.27}$$

这里边界条件为

$$\begin{cases} \Phi_s(0) = 0, \quad \lim_{y\to\infty}\Phi_s(y) = 0, \\ \frac{1}{2}\sigma^2\Phi_s''(0) + c\Phi_s'(0) = -\lambda H. \end{cases} \tag{2.3.28}$$

回忆由 (2.2.61) 式定义的参数 κ、由 (2.2.62) 和 (2.2.63) 中引入的标准双曲汇流超几何函数 $F(a,b,x)$ 及其二次型 $U(a,b,x)$、由 (2.2.64)—(2.2.68) 式分别定义的函数 $\bar{Q}_1'(x), \bar{Q}_2'(x), Q_1(y)$ 和 $Q_2(y)$. 利用这些函数, 仿求解例 2.2.3 中的方法可得由理赔导致的破产概率 $\Psi_s(u)$ 的解析表达式为

$$\Psi_s(y) = \frac{\lambda}{C}\left[Q_2(\infty)Q_1(y) - Q_1(\infty)Q_2(y)\right], \tag{2.3.29}$$

其中

$$\begin{aligned}
C &= q_2 Q_1(\infty) - q_1 Q_2(\infty), \\
q_1 &= \left(c - \frac{1}{2}\beta\sigma^2 - r\kappa\right)\mathrm{e}^{-\gamma}U\left(\frac{\lambda}{2r}, \frac{1}{2}, \gamma\right) - \frac{1}{2}\lambda\kappa\mathrm{e}^{-\gamma}U\left(1 + \frac{\lambda}{2r}, \frac{3}{2}, \gamma\right), \\
q_2 &= \left(\frac{1}{2}\sigma^2 + \left(c - \frac{1}{2}\beta\sigma^2\right)\kappa - r\kappa^2\right)\mathrm{e}^{-\gamma}F\left(\frac{1}{2} + \frac{\lambda}{2r}, \frac{3}{2}, \gamma\right) \\
&\quad + \frac{1}{3}(\lambda + r)\kappa^2\mathrm{e}^{-\gamma}F\left(\frac{3}{2} + \frac{\lambda}{2r}, \frac{5}{2}, \gamma\right), \\
\gamma &= \sigma^{-2}r\kappa^2.
\end{aligned} \tag{2.3.30}$$

对 $y \geqslant 0$, 把边界值问题 (2.3.27) 和 (2.3.28) 与边界值问题 (2.2.50) 和 (2.2.51) 作比较我们得到 $\Phi_s(y)$ 的解析表达式

$$\Phi_s(y)|_{\alpha=0} = H\Psi_s(y), \quad y \geqslant 0. \tag{2.3.31}$$

这里 $\Psi_x(y)$ 由 (2.3.29) 定义, 由这些边界值问题解的唯一性, 可以看出等式 (2.3.31) 中的关系是唯一的. 由公式 (2.3.26), (2.3.27) 和 (2.3.31), 可得到 $\Phi_s(y)$ 闭形式解析表达式.

2.3 含常利率带干扰古典风险模型的 Gerber-Shiu 期望折扣罚金函数

对 $y \geqslant 0$, 从 (2.3.31) 式我们看到给定 $\{T_s < T_d\}$, 当理赔量分布为指数分布时在破产时刻的损失罚金函数的期望值与破产概率成比例. 此时, 从 (2.3.28) 式我们得到

$$\Phi_s(y)|_{\alpha=0} = \begin{cases} m!\beta^{-m}\Psi_s(y), & h(x) = x^m, \\ (\delta+\beta)^{-1}\beta\Psi_s(y), & h(x) = e^{-\beta x}, \end{cases} \quad (2.3.32)$$

对 $y \geqslant 0$, 从 (2.3.32) 式, 我们得到由理赔引起破产时在破产时刻损失的均值和方差分别为

$$E[|R_{T_s}| I\{T_s < T_d\}] = \beta^{-1}\Psi_s(y) \quad (2.3.33)$$

和

$$\text{Var}(|R_{T_s}| I\{T_s < T_d\}) = \beta^{-2}(2 - \Psi_s(y))\Psi_s(y). \quad (2.3.34)$$

例 2.3.2 假设 $r = 0$, F 是指数分布的组合, 其密度函数 f 定义为

$$f(x) = a_1\beta_1 e^{-\beta_1 x} + a_2\beta_2 e^{-\beta_2 x} + \cdots + a_n\beta_n e^{-\beta_n x}, \quad x > 0,$$

这里 $0 < \beta_1 < \beta_2 < \cdots < \beta_n$ 以及 a_i 均为非零常数. 只要 $f(x) \geqslant 0$ 对所有 $x > 0$ 总成立, 则这些常数中的某些 a_i 可以选取为负数. 假设 $h(x) \leqslant M_0(1+x)^m$, $m \geqslant 1$, 应用定理 2.3.1 和定理 2.3.3 我们可验证

$$\lim_{y \to \infty} \Phi_s'(y) = 0. \quad (2.3.35)$$

当 $r = 0$ 和 $\alpha = 0$ 时, 从 (2.3.13) 和 (2.3.20) 我们看到 $\Phi_s(y)$ 是下述边界值问题的解:

$$\frac{1}{2}\sigma^2\Phi_s''(y) + c\Phi_s'(y) = \lambda\Phi_s(y) - \lambda\left[\int_0^y \Phi_s(y-z)dF(z) + A(y)\right], \quad (2.3.36)$$

$$\Phi_s(0) = 0, \quad \lim_{y \to \infty} \Phi_s(y) = 0. \quad (2.3.37)$$

由 $f(z)$ 和 $A(z)$ 的定义, 我们有

$$\int_y^\infty A(z)dz = \sum_{k=1}^n a_k H_k e^{-\beta_k y}, \quad (2.3.38)$$

其中 $H_k = \int_0^\infty h(z)e^{-\beta_k z}dz$, $k = 1, \cdots, n$. 再利用 (2.3.35) 式及 (Dufresne and Gerber, 1991, p.56—57) 中分析方法, 我们推出 (2.3.36) 和 (2.3.37) 的解具有如

下形式:

$$\Phi_s(y)|_{r=\alpha=0} = \sum_{k=1}^{n+1} C_k e^{-r_k y}, \quad y \geqslant 0, \tag{2.3.39}$$

这里 $r_1, \cdots, r_{n+1}$ 是下述方程的解

$$\lambda \sum_{k=1}^{n} \frac{a_k}{\beta_k - x} + \frac{1}{2}\sigma^2 x = c, \tag{2.3.40}$$

而 $C_1, \cdots, C_{n+1}$ 是下述 $n+1$ 个线性方程系统的解

$$C_1 + \cdots + C_{n+1} = 0 \tag{2.3.41}$$

和

$$\sum_{k=1}^{n+1} \frac{\beta_i}{\beta_i - r_k} C_k = H_i, \quad i = 1, \cdots, n. \tag{2.3.42}$$

为简单起见, 我们假设方程 (2.3.40) 有 $n+1$ 个不同的非负根. 如果所有 a_k 是正的, 则这一假设成立 (参见 (Dufresne and Gerber, 1991, p.57)). Dufresne 和 Gerber (1991) 以一种简单却很巧妙的方式求解与 (2.3.41) 和 (2.3.42) 类似的 $n+1$ 个线性方程系统, 得到了风险过程 (2.3.1) 的生存概率的解析表达式. 因为 (2.3.42) 中的 H_i 的值不一定相同, (Dufresne and Gerber, 1991) 中的方法在这里不再适用. 然而, 沿用 (Gerber and Shiu, 2005) 中的讨论, 及利用关于柯西矩阵 (Cauchy matrix) 的有关结果我们可以求解线性系统 (2.3.41) 和 (2.3.42), 并得到 $C_1, \cdots, C_{n+1}$ 的解析表达式.

令 D 表示线性系统 (2.3.41) 和 (2.3.42) 的 $(n+1) \times (n+1)$ 系数矩阵. 因此, 矩阵在 i-j 位置的项, 当 $i=1$ 时为 1, 当 $i \neq 1$ 时为 $\beta_i/(\beta_i - r_j)$. 所以, 矩阵 D 的行列式为

$$\det D = \left(\prod_{k=1}^{n} \beta_k\right) \sum_{k=1}^{n+1} (-1)^{k+1} \det D_k^0 \neq 0, \tag{2.3.43}$$

这里 D_k^0 是一个 $n \times n$ 柯西矩阵, 其在 i-j 位置的项当 $i < k$ 时为 $1/(\beta_i - r_j)$, 当 $j > k$ 时为 $1/(\beta_i - r_{j+1})$, $k = 1, \cdots, n$. 利用柯西矩阵公式 (参见 (Pólya and Szego, 1976, p.279) 或 (Gerber and Shiu, 2005) 中的 (A1)), 我们得到

$$\det D_k^0 = \frac{\prod_{i<j, i \leqslant n, j \leqslant n+1, j \neq k} (\beta_i - \beta_j)(r_j - r_i)}{\prod_{i \leqslant n, j \leqslant n+1, j \neq k} (\beta_i - r_j)}. \tag{2.3.44}$$

所以

$$\det \boldsymbol{D} = \left(\prod_{k=1}^{n} \beta_k\right) \sum_{k=1}^{n+1} (-1)^{k+1} \frac{\prod\limits_{i<j, i\leqslant n, j\leqslant n+1, j\neq k} (\beta_i - \beta_j)(r_j - r_i)}{\prod\limits_{i\leqslant n, j\leqslant n+1, j\neq k} (\beta_i - r_j)}. \tag{2.3.45}$$

把行列式 $\boldsymbol{D}$ 的第 k 列替换为列向量 $(0, H_1, \cdots, H_n)^{\mathrm{T}}$ 我们得到一个新的 $(n+1) \times (n+1)$ 矩阵, 并把它记为 $\boldsymbol{D}_k$. 那么, 系统 (2.3.41) 和 (2.3.42) 的解通常可以表示为

$$C_k = (\det \boldsymbol{D})^{-1} \det \boldsymbol{D}_k, \quad k = 1, \cdots, n+1. \tag{2.3.46}$$

矩阵 $\boldsymbol{D}_k$ 的行列式也可以利用柯西矩阵公式来计算. 为说明这一点, 我们把矩阵 $\boldsymbol{D}_k$ 的第 $j+1$ 行和第 k 列移除而得到一个 $n \times n$ 矩阵 $\boldsymbol{D}_{kj}$. 我们有

$$\det \boldsymbol{D}_k = \sum_{j=1}^{n} (-1)^{k+j+1} H_j \det \boldsymbol{D}_{kj}, \quad k = 1, \cdots, n+1. \tag{2.3.47}$$

我们把矩阵 $\boldsymbol{D}_{kj}$ 的第 1 行和第 q 列移除得到一个 $(n-1) \times (n-1)$ 矩阵 $\boldsymbol{D}_{kjq}$. 容易看到 $\boldsymbol{D}_{kjq}$ 也是柯西矩阵. 所以, 再次应用柯西矩阵公式得到

$$\det \boldsymbol{D}_{kjq} = \frac{\left(\prod\limits_{i=1, i\neq j}^{n} \beta_i\right) \prod\limits_{i<l, i\leqslant n, i\neq j, l\leqslant n+1, l\neq k, q; k\neq q} (\beta_i - \beta_l)(r_l - r_i)}{\prod\limits_{i\leqslant n, i\neq j, l\leqslant n+1, l\neq k, q; k\neq q} (\beta_i - r_l)}. \tag{2.3.48}$$

利用 $\boldsymbol{D}_{kj}$ 和 $\boldsymbol{D}_{kjq}$ 定义, 我们得到

$$\det \boldsymbol{D}_{kj} = \sum_{q=1}^{k-1} (-1)^{q+1} \det \boldsymbol{D}_{kjq} + \sum_{q=k+1}^{n+1} (-1)^{q} \det \boldsymbol{D}_{kjq}. \tag{2.3.49}$$

利用关系式 (2.3.45) — (2.3.49), 我们可得到关于 $C_1, \cdots, C_{n+1}$ 的解析表达式. 利用 $C_1, \cdots, C_{n+1}$ 的解析表达式, 从关系式 (2.3.39) 和 (2.3.40) 可得到关于 $\Phi_s(y)|_{r=\alpha=0}$ 的闭形式解析表达式.

当 $w(x_1, x_2) \equiv 1$ 和 $r = 0$ 时, Tsai (2003) 考虑了关系式 (2.3.3) 中的 Gerber-Shiu 期望折扣罚金函数 $\Phi(y)$, 关系式 (2.3.4) 中的 Gerber-Shiu 期望折扣罚金函数 $\Phi_s(y)$ 和关系式 (2.3.5) 中的 Gerber-Shiu 期望折扣罚金函数 $\Phi_d(y)$. 当分布 F 是一指数分布的组合时, Tsai (2003) 利用拉普拉斯变换给出了这些函数的一些闭形式解析表达式. 在例 2.3.2 中当 $h(x_2) \equiv 1$ 时的函数 $\phi_s(y)$ 与 (Tsai, 2003) 中当 $\delta = 0$ 时的函数 $\phi_s(y)$ 一致.

注 2.3.2 本节内容主要选自 (Wang and Wu, 2008).

2.4 含随机投资回报更新风险模型的破产理论

我们先引入要考虑的更新风险过程. 假设来自保险商业的盈余过程为

$$P_t = y + ct - \sum_{k=1}^{N_t} Z_k, \quad t \geqslant 0, \tag{2.4.1}$$

这里 $y \geqslant 0$ 是初始准备金, $c > 0$ 是固定的保费收入率, $\{N_t, t \geqslant 0\}$ 是一通常的更新过程 (ordinary renewal process), N_t 表示在 $(0,t]$ 理赔发生的次数, Z_k 表示第 k 次理赔量, Z_k 是独立同分布随机变量序列, 共同分布函数记为 F_P, 且 $F_P(0) = 0$. 假设 N_t 和 Z_k 相互独立.

假设允许把来自经营保险业务的盈余投资到一个资产或一投资组合, 其价格过程为 $\{\exp\{R_t\}, t \geqslant 0\}$, 这里 $\{R_t, t \geqslant 0\}$ 是一个与 $\{P_t, t \geqslant 0\}$ 独立的右连续莱维过程. 这一假设蕴含着在初始时刻 $t = 0$ 投资单位资金, 则在时刻 t 的累积值为 $\exp\{R_t\}$, 或等价地, 在时刻 t 的单位资金在初始时刻 $t = 0$ 的现值为 $\exp\{-R_t\}$. 因此, 对 $t \geqslant 0$, 含有投资回报风险过程 (或盈余过程) 为

$$Y_t = \exp\{R_t\} \left(y + \int_0^t \exp\{-R_{s-}\} dP_s \right), \tag{2.4.2}$$

这里 $Y_0 = y$. 在 (2.4.1) 式中当 N_t 是泊松过程时, (2.4.2) 式中的过程 Y_t 是 (Kalashnikov and Norberg, 2002); (Yuen, et al., 2004); (Yuen and Wang, 2005) 等所涉及的过程.

令 $\{\tau_n, n \geqslant 1\}$ 表示理赔相继发生的时间间隔序列. 由通常更新过程的定义, $\{\tau_n, n \geqslant 1\}$ 是一个独立同分布非负随机变量序列. 其共同分布函数记为 F_τ, 且 $F_\tau(0) = 0$. 令 f_τ 表示 F_τ 的密度函数. 对 $n \geqslant 1$, 定义 $T_0 = 0$ 及 $T_n = \tau_1 + \cdots + \tau_n$. 那么, T_n 是第 n 次理赔发生的时间. 考虑嵌入离散时间过程 $\{Y_{T_n}, n \geqslant 1\}$, 这里 $Y_{T_0} = y$. 容易验证

$$Y_{T_n} = \exp\{R_{T_n} - R_{T_{n-1}}\}$$
$$\times \left(Y_{T_{n-1}} + \int_{(T_{n-1}, T_n]} \exp\{-(R_{s-} - R_{T_{n-1}})\} dP_s \right). \tag{2.4.3}$$

对 $0 \leqslant t < \infty$, 假设 R_t 在 $(0,t]$ 上的跳次数有限, 且 R_t 的跳尺度也有限. 那么, 对 $n \geqslant 1$, 从 (2.4.3) 我们得到

$$Y_{T_n} = \xi_n Y_{T_{n-1}} + \eta_n, \tag{2.4.4}$$

这里 $\{(\xi_n, \eta_n), n \geqslant 1\}$ 是一个独立同分布的二维随机向量的序列, 共同分布为如下定义的二维随机向量 (ξ, η) 的分布:

$$\xi = \xi_1 = \exp\{R_{\tau_1}\} \quad \text{及} \quad \eta = c\int_0^{\tau_1} \exp\{R_s\} ds - Z_1 \triangleq c\zeta_1 - Z_1. \quad (2.4.5)$$

从 (2.4.4), 我们得到

$$Y_{T_n} = y\prod_{k=1}^n \xi_k + \sum_{k=1}^n \left(\eta_k \prod_{l=k+1}^n \xi_l\right), \quad n \geqslant 1, \quad (2.4.6)$$

这里对 $n < m$, 我们定义 $\prod_{k=m}^n = 1$ 及 $\sum_{k=m}^n = 0$.

2.4.1 Gerber-Shiu 期望折扣罚金函数

定义风险过程 (2.4.2) 的破产时间为 $T_y = \inf\{t : Y_t < 0\}$, 若对所有 $t \geqslant 0$ 总有 $Y_t \geqslant 0$, 则令 $T_y = \infty$. 令 $\Psi(y) = P(T_y < \infty) = P(\inf_{t \geqslant 0} Y_t < 0)$ 表示初始资本金为 y 时的最终破产概率. 本节始终假设 $y \geqslant 0$.

令 $H = H(x_1, x_2)$ 是 $[0, \infty) \times [0, \infty)$ 上一非负可测函数. 考虑风险过程 (2.4.2) 的 Gerber-Shiu 期望折扣罚金函数

$$\begin{aligned}\Phi_\alpha(y) &= E^y\left[H\left(Y_{T_y^-}, |Y_{T_y}|\right)\exp\{-\alpha T_y\}I\{T_y < \infty\}\right] \\ &\triangleq E\left[H\left(Y_{T_y^-}, |Y_{T_y}|\right)\exp\{-\alpha T_y\}I\{T_y < \infty\} \mid Y_0 = y\right],\end{aligned} \quad (2.4.7)$$

其中 $I\{B\}$ 表示事件 B 的示性函数.

记 $Y_{T_1^-}$ 为 X_{τ_1}. 对 $x > 0$ 定义

$$B_\alpha(y, x)dx = E^y\left[\exp\{-\alpha\tau_1\}I\{X_{\tau_1} \in dx\}\right], \quad (2.4.8)$$

以及

$$G_n(\alpha, y; H) = E^y\left[\exp\{-\alpha T_n\}H\left(Y_{T_n^-}, |Y_{T_n}|\right)I\{T_y = T_n\}\right]. \quad (2.4.9)$$

因为破产仅在时刻 $T_n(n \geqslant 1)$ 上发生, 仿 (Wu, et al., 2005), 我们有

$$\begin{aligned}\Phi_\alpha(y) &= \sum_{n=1}^\infty E^y\left[\exp\{-\alpha T_n\}H\left(Y_{T_n^-}, |Y_{T_n}|\right)I\{T_y = T_n\}\right] \\ &= \sum_{n=1}^\infty G_n(\alpha, y; H).\end{aligned} \quad (2.4.10)$$

令
$$A(y) = \int_y^\infty H(y, z-y) dF_P(z). \tag{2.4.11}$$

记 f_P 为分布 F_P 的密度函数.

定理 2.4.1 假设 (2.4.7) 中的期望值函数存在. 那么,

(1) 对 $n \geqslant 2$, (2.4.9) 式中的 $G_n(\alpha, y; H)$ 满足下述递推公式

$$G_n(\alpha, y; H) = \int_0^\infty B_\alpha(y, x_1) dx_1 \int_0^{x_1} G_{n-1}(\alpha, x_1 - z_1; H) dF_P(z_1), \tag{2.4.12}$$

其中

$$G_1(\alpha, y; H) = \int_0^\infty B_\alpha(y, x_1) A(x_1) dx_1. \tag{2.4.13}$$

(2) 由 (2.4.7) 式定义的 Gerber-Shiu 期望折扣罚金函数满足下述积分方程

$$\Phi_\alpha(y) = \int_0^\infty B_\alpha(y, x) dx \left(\int_0^x \Phi_\alpha(x-z) dF_P(z) + A(x) \right). \tag{2.4.14}$$

证明 因为 $\{T_y = T_n\} = \left\{ Y_{T_1^-} > 0, Y_{T_1} > 0, \cdots, Y_{T_n^-} > 0, Y_{T_n} < 0 \right\}$, 我们有

$$G_1(\alpha, y; H)$$
$$= E^y \left[\exp\{-\alpha T_1\} H\left(Y_{T_1^-}, |Y_{T_1}|\right) I\left\{ Y_{T_1^-} \geqslant 0, Y_{T_1} < 0 \right\} \right]$$
$$= E^y \left[\exp\{-\alpha T_1\} H\left(Y_{T_1^-}, |Y_{T_1}|\right) I\left\{ Y_{T_1^-} \geqslant 0, Z_1 > Y_{T_1^-} \right\} \right]$$
$$= \int_0^\infty \int_{x_1}^\infty E^y \left[\exp\{-\alpha T_1\} I\left\{ Y_{T_1^-} \in dx_1 \right\} \right] H(x_1, z - x_1) dF_P(z)$$
$$= \int_0^\infty B_\alpha(y, x_1) A(x_1) dx_1. \tag{2.4.15}$$

对 $n \geqslant 2$, 我们得到

$$G_n(\alpha, y; H)$$
$$= E^y \Big[\exp\{-\alpha T_n\} H\left(Y_{T_n^-}, |Y_{T_n}|\right)$$
$$\qquad \times I\left\{ Y_{T_1^-} > 0, Y_{T_1} > 0, \cdots, Y_{T_n^-} > 0, Y_{T_n} < 0 \right\} \Big]$$
$$= \int_0^\infty \int_0^{x_1} E^y \left[\exp\{-\alpha T_n\} H\left(Y_{T_n^-}, |Y_{T_n}|\right) I\left\{ Y_{T_1^-} \in dx_1, Y_{T_1} \in dy_1 \right\} \right.$$

2.4 含随机投资回报更新风险模型的破产理论

$$\times I\left\{Y_{T_2^-}>0, Y_{T_2}>0,\cdots, Y_{T_n^-}>0, Y_{T_n}<0\right\}\Big]. \tag{2.4.16}$$

利用 (2.4.4)—(2.4.6) 和独立性假设, 我们可以把 (2.4.16) 右端积分表达式中的期望重新写为

$$E^y\left[\exp\{-\alpha T_1\} I\left\{Y_{T_1^-}\in dx_1, Y_{T_1}\in dy_1\right\}\right]$$
$$\times E^y\Big[\exp\{-\alpha(T_n-T_1)\} H\left(Y_{T_n^-}, |Y_{T_n}|\right)$$
$$\times I\left\{Y_{T_2^-}>0, Y_{T_2}>0,\cdots, Y_{T_n^-}>0, Y_{T_n}<0\right\}\Big|Y_{T_1^-}=x_1, Y_{T_1}=y_1\Big]$$
$$= E^y\left[\exp\{-\alpha T_1\} I\left\{Y_{T_1^-}\in dx_1, Y_{T_1}\in dy_1\right\}\right]$$
$$\times E^{y_1}\left[\exp\{-\alpha T_{n-1}\} H\left(Y_{T_{n-1}^-}, |Y_{T_{n-1}}|\right) I\{T_y=T_{n-1}\}\right]$$
$$= B_\alpha(y, x_1) G_{n-1}(\alpha, y_1; H) f_P(x_1-y_1) dx_1 dy_1. \tag{2.4.17}$$

因此, 利用 (2.4.16) 和 (2.4.17) 得到

$$G_n(\alpha, y; H) = \int_0^\infty \int_0^{x_1} B_\alpha(y, x_1) G_{n-1}(\alpha, y_1; H) f_P(x_1-y_1) dx_1 dy_1$$
$$= \int_0^\infty B_\alpha(y, x_1) dx_1 \int_0^{x_1} G_{n-1}(\alpha, x_1-z_1; H) dF_P(z_1),$$

即为 (2.4.12) 式. 最后, 综合 (2.4.7), (2.4.12) 和 (2.4.13) 可得

$$\Phi_\alpha(y) = \int_0^\infty B_\alpha(y, x) dx \left[\int_0^x \left(\sum_{n=2}^\infty G_{n-1}(\alpha, x-z; H)\right) dF_P(z) + A(x)\right]$$
$$= \int_0^\infty B_\alpha(y, x) dx \left[\int_0^x \Phi_\alpha(x-z) dF_P(z) + A(x)\right],$$

即为 (2.4.14). □

在下述 2.4.2 小节中, 对某些特定的 R_t 和 F_τ, 我们将利用上述 (2.4.14) 式来推导 $\Phi_\alpha(y)$ 所满足的积分-微分方程.

推论 2.4.1 对 $y \geqslant 0$, 由 (2.4.7) 式定义的 Gerber-Shiu 期望折扣罚金函数可以表示为

$$\Phi_\alpha(y) = \sum_{n=1}^\infty \int_0^\infty dx_1 \int_0^{x_1} dF_P(z_1)\cdots \int_0^\infty dx_{n-1} \int_0^{x_{n-1}} dF_P(z_{n-1})$$

$$\times \int_0^\infty dx_n \left(\prod_{k=1}^n B_\alpha(x_{k-1} - z_{k-1}, x_k) \right) A(x_n), \tag{2.4.18}$$

其中 $x_0 = y$ 及 $z_0 = 0$.

证明 由 (2.4.12) 和 (2.4.13) 我们得到

$$G_n(\alpha, y; H) = \int_0^\infty dx_1 \int_0^{x_1} dF_P(z_1) \cdots \int_0^\infty dx_{n-1} \int_0^{x_{n-1}} dF_P(z_{n-1})$$

$$\times \int_0^\infty dx_n \left(\prod_{k=1}^n B_\alpha(x_{k-1} - z_{k-1}, x_k) \right) A(x_n),$$

其中 $x_0 = y$ 及 $z_0 = 0$. 再由 (2.4.10) 式可推出 (2.4.18) 式. □

对 $\alpha = 0$, 记 (2.4.8) 中的 $B_0(y,x)$ 为 $B(y,x)$, 即对 $x > 0$,

$$B(y,x)dx = P^y(X_{\tau_1} \in dx), \tag{2.4.19}$$

当 $\alpha = 0$ 及 $H \equiv 1$ 时, 我们有 $\Phi_\alpha(y) = \Psi(y)$ 和 $A(y) = \bar{F}_P(y) = 1 - F_P(y)$. 从 (2.4.14) 和 (2.4.18) 两式, 我们得到关于最终破产概率所满足的积分方程和其解析表达式

$$\Psi(y) = \int_0^\infty B(y,x)dx \left(\int_0^x \Psi(x-z)dF_P(z) + \bar{F}_P(x) \right) \tag{2.4.20}$$

和

$$\Psi(y) = \sum_{n=1}^\infty \int_0^\infty dx_1 \int_0^{x_1} dF_P(z_1) \cdots \int_0^\infty dx_{n-1} \int_0^{x_{n-1}} dF_P(z_{n-1})$$

$$\times \int_0^\infty dx_n \left(\prod_{k=1}^n B(x_{k-1} - z_{k-1}, x_k) \right) \bar{F}_P(x_n). \tag{2.4.21}$$

2.4.2 关于 $\Phi_\alpha(y)$ 的积分-微分方程

在本小节, 我们考虑 (2.4.2) 中的投资回报是常利率情形, 即对 $t \geqslant 0$,

$$R_t = rt, \tag{2.4.22}$$

这里 r 是一正常数. 此时,

$$Y_t = \exp\{rt\} \left(y + c \int_0^t \exp\{-rs\}ds - \sum_{k=1}^{N_t} \exp\{-rT_k\} Z_k \right), \tag{2.4.23}$$

2.4 含随机投资回报更新风险模型的破产理论

这一模型有时称为含常利率更新风险模型, Cai 和 Dickson (2002) 研究了该模型的最终破产概率, 该模型可看作是 (Sundt and Teugels, 1995, 1997) 中含常值利率经典风险模型的自然推广. 此时在模型 (2.4.23) 下, 由 (2.4.8) 定义的 $B_\alpha(y,x)$ 可表示为

$$B_\alpha(y,x) = \left(\frac{ry+c}{rx+c}\right)^{\frac{\alpha}{r}} f_\tau\left(\frac{1}{r}\ln\left(\frac{rx+c}{ry+c}\right)\right) \frac{1}{rx+c} I\{x>y\}. \quad (2.4.24)$$

因此, 从 (2.4.14) 我们看到 $\Phi_\alpha(y)$ 满足积分方程

$$\Phi_\alpha(y) = \int_y^\infty \left(\frac{ry+c}{rx+c}\right)^{\frac{\alpha}{r}} f_\tau\left(\frac{1}{r}\ln\left(\frac{rx+c}{ry+c}\right)\right) \frac{1}{rx+c}$$
$$\times \left(\int_0^x \Phi_\alpha(x-z)dF_P(z) + A(x)\right) dx. \quad (2.4.25)$$

即使在常值利率情形, 对一般分布 F_τ 很难得到 $\Phi_\alpha(y)$ 所满足的且方便应用的积分-微分方程. 为简单起见, 我们考虑 F_τ 是参数为 n 和 λ 的埃尔朗分布, 其密度函数为

$$f_\tau(x) = \frac{\lambda^n x^{n-1}}{(n-1)!}\exp\{-\lambda x\}, \quad x \geqslant 0, \quad n \geqslant 1, \quad \lambda \geqslant 0. \quad (2.4.26)$$

那么, 我们有

$$f_\tau\left(\frac{1}{r}\ln\left(\frac{rx+c}{ry+c}\right)\right) = \frac{\lambda^n}{r^{n-1}} \left(\frac{ry+c}{rx+c}\right)^{\frac{\lambda}{r}} \left(\ln\left(\frac{rx+c}{ry+c}\right)\right)^{n-1}. \quad (2.4.27)$$

因此, 从 (2.4.25) 和 (2.4.27) 我们得到下述积分方程

$$\Phi_\alpha(y) = \int_y^\infty \frac{\lambda^n}{r^{n-1}} \frac{(ry+c)^{\frac{\alpha+\lambda}{r}}}{(rx+c)^{\frac{\alpha+\lambda}{r}+1}} \left(\ln\left(\frac{rx+c}{ry+c}\right)\right)^{n-1}$$
$$\times \left(\int_0^x \Phi_\alpha(x-z)dF_P(z) + A(x)\right) dx. \quad (2.4.28)$$

利用 (2.4.28) 式, 我们可以验证下述引理成立.

引理 2.4.1 令 F_τ 是参数为 n 和 λ 的埃尔朗分布, 罚金函数 H 有界. 假设 $A(x)$ 和 $f_P(x)$ 在 $[0,\infty)$ 上连续. 那么, $\Phi_\alpha(y)$ 的 n 阶导数, 记为 $\Phi_\alpha^{(n)}(y)$, 在 $[0,\infty)$ 上连续.

我们现在假设 $\Phi_\alpha^{(n)}(y)$ 在 $[0,\infty)$ 上连续. 对 $1 \leqslant k \leqslant n-1$, 定义 $\Phi_k(y)$ 为

$$\Phi_k(y) = \int_y^\infty \frac{\lambda^k}{r^{k-1}} \frac{(ry+c)^{\frac{\alpha+\lambda}{r}}}{(rx+c)^{\frac{\alpha+\lambda}{r}}+1} \left(\ln\left(\frac{rx+c}{ry+c}\right)\right)^{k-1}$$
$$\times \left(\int_0^x \Phi_\alpha(x-z) dF_P(z) + A(x)\right) dx. \tag{2.4.29}$$

那么, 从 (2.4.28) 我们得到

$$\Phi_\alpha^{(1)}(y) = \frac{\alpha+\lambda}{ry+c}\Phi_\alpha(y) - \frac{\lambda(n-1)}{ry+c}\Phi_{n-1}(y), \tag{2.4.30}$$

或, 等价地,

$$\Phi_{n-1}(y) = \frac{1}{\lambda(n-1)}\left((\alpha+\lambda)\Phi_\alpha(y) - (ry+c)\Phi_\alpha^{(1)}(y)\right)$$
$$\triangleq \frac{1}{\lambda(n-1)}((\alpha+\lambda)\boldsymbol{I} - (ry+c)\boldsymbol{D})\Phi_\alpha(y). \tag{2.4.31}$$

类似地, 从 (2.4.29) 式我们看到 Φ_k 满足递推关系式

$$\Phi_k(y) = \frac{1}{\lambda k}\left((\alpha+\lambda)\boldsymbol{I} - (ry+c)\boldsymbol{D}\right)\Phi_{k+1}(y), \tag{2.4.32}$$

其中 $1 \leqslant k \leqslant n-2$, 且

$$\int_0^y \Phi_\alpha(y-z) dF_P(z) + A(y) = \frac{1}{\lambda}((\alpha+\lambda)\boldsymbol{I} - (ry+c)\boldsymbol{D})\Phi_1(y). \tag{2.4.33}$$

利用 (2.4.30) — (2.4.33) 式, 我们可以推出 $\Phi_\alpha(y)$ 所满足的下述积分-微分方程

$$((\alpha+\lambda)\boldsymbol{I} - (ry+c)\boldsymbol{D})^n \Phi_\alpha(y)$$
$$= \lambda^n(n-1)! \left(\int_0^y \Phi_\alpha(y-z) dF_P(z) + A(y)\right), \tag{2.4.34}$$

其中对 $k \geqslant 2$, 定义

$$((\alpha+\lambda)\boldsymbol{I} - (ry+c)\boldsymbol{D})^k \Phi_\alpha(y)$$
$$\triangleq ((\alpha+\lambda)\boldsymbol{I} - (ry+c)\boldsymbol{D})\left(((\alpha+\lambda)\boldsymbol{I} - (ry+c)\boldsymbol{D})^{k-1}\Phi_\alpha(y)\right).$$

如果 $\alpha = 0$ 和 $H \equiv 1$, 那么 $\Phi_\alpha(y) = \Psi(y)$ 及 $A(y) = \bar{F}_P(y)$. 由 (2.4.34) 式, 我们得到最终破产概率 $\Psi(y)$ 所满足的下述积分-微分方程

$$(\lambda\boldsymbol{I} - (ry+c)\boldsymbol{D})^n \Psi(y) = \lambda^n(n-1)!\left(\int_0^y \Psi(y-z) dF_P(z) + \bar{F}_P(y)\right). \tag{2.4.35}$$

例 2.4.1 对 $\beta > 0$, 假设 $F_P(x) = 1 - \exp\{-\beta x\}$, $A(x)$ 在 $[0,\infty)$ 上连续可微分. 那么, 由 (2.4.34) 式可得 $\Phi_\alpha(y)$ 所满足的微分方程

$$(\boldsymbol{D}((\alpha+\lambda)\boldsymbol{I} - (ry+c)\boldsymbol{D})^n + \beta((\alpha+\lambda)\boldsymbol{I} - (ry+c)\boldsymbol{D})^n)\Phi_\alpha(y)$$
$$= \lambda^n(n-1)!\,(\beta\Phi_\alpha(y) + \beta A(y) + A'(y)). \tag{2.4.36}$$

若 $\alpha = 0$ 及 $H \equiv 1$, 那么 $\beta A(y) + A'(y) = 0$. 由 (2.4.36) 式, 我们得到 $\Psi(y)$ 所满足的微分方程

$$(\boldsymbol{D}(\lambda\boldsymbol{I} - (ry+c)\boldsymbol{D})^n + \beta(\lambda\boldsymbol{I} - (ry+c)\boldsymbol{D})^n)\Psi(y)$$
$$= \lambda^n(n-1)!\,\beta\Psi(y). \tag{2.4.37}$$

利用 (2.4.30) 和 (2.4.32) 式, 可得与方程 (2.4.36) 相联系的边界条件为

$$\begin{cases} ((\alpha+\lambda)\boldsymbol{I} - (ry+c)\boldsymbol{D})^n\Phi_\alpha(y)|_{y=0} = \lambda^n(n-1)!A(0), \\ \lim_{y\to\infty}\Phi_\alpha^{(k)}(y) = 0, \quad 1 \leqslant k \leqslant n-1, \\ \lim_{y\to\infty}\Phi_\alpha(y) = 0. \end{cases} \tag{2.4.38}$$

2.4.3 破产概率的上下界

Kalashnikov 和 Norberg (2002), Yuen 等 (2004) 和 Cai (2004) 研究了资产价格的对数为一些特殊的莱维过程时含投资回报风险过程的破产问题. 他们给出了最终破产概率的一些上、下界估计. 这些最终破产概率的界一般为幂函数或指数为负的次-指数函数. 由于 (2.4.4)—(2.4.6) 式, 这些关于最终破产概率的界可以推广到风险过程 (2.4.2). 仿 (Kalashnikov and Norberg, 2002), 我们假设利息收益可能为负及损失可能足够大:

$$P(\xi < 1) > 0 \quad 及 \quad P(\eta \leqslant u\xi) > 0, \quad 所有 -\infty < u < \infty, \tag{2.4.39}$$

其中 (2.4.39) 中的条件对应于 (Kalashnikov and Norberg, 2002) 定理 1 中的条件 (i) 和 (ii). 在条件 (2.4.39) 下, 我们可以选取两个常数 $\bar{\xi} < 1$ 和 $\bar{\eta} > 0$ 使得

$$\bar{q} = P(\xi \leqslant \bar{\xi}, \eta \leqslant \bar{\eta}) > 0 \quad 及 \quad q^* = P\left(\eta \leqslant -\frac{2\bar{\eta}\bar{\xi}}{1-\bar{\xi}}\right) > 0. \tag{2.4.40}$$

利用 (2.4.39) 和 (2.4.40), 仿 (Kalashnikov and Norberg, 2002) 中定理 1 的证明, 我们可验证下述定理成立.

定理 2.4.2 在条件 (2.4.39) 下, 我们有

$$\Psi(y) \geqslant \begin{cases} Ay^{-B}, & y > C_0, \\ q^*, & 0 \leqslant y \leqslant C_0, \end{cases}$$

其中

$$C_0 = \frac{\bar{\eta}}{1-\bar{\xi}}, \quad B = \frac{\ln \bar{q}}{\ln \bar{\xi}} \quad \text{及} \quad A = \bar{q}q^* \left(\frac{\bar{\eta}}{1-\bar{\xi}}\right)^B.$$

当 $\alpha = 0$ 及 $H \equiv 1$ 时, 对 $n \geqslant 2$, 我们记 (2.4.9) 式中的 $G_n(\alpha, y, H)$ 为 $\phi_n(y)$. 从 (2.4.9), (2.4.12) 和 (2.4.13), 我们推出

$$\phi_n(y) = \int_0^\infty B(y,x)dx \int_0^x \phi_{n-1}(x-z)dF_P(z). \tag{2.4.41}$$

而

$$\phi_1(y) = \int_0^\infty \bar{F}_P(x)B(y,x)dx. \tag{2.4.42}$$

定义 $\psi_n(y) = P^y\left(\bigcup_{k=1}^n \{Y_{T_k} < 0\}\right) = \sum_{k=1}^n \phi_k(y)$. 从 (2.4.41) 和 (2.4.42), 对 $n \geqslant 2$, 我们得到

$$\psi_n(y) = \phi_1(y) + \int_0^\infty B(y,x)dx \int_0^x \psi_{n-1}(x-z)dF_P(z), \tag{2.4.43}$$

而 $\psi_1(y) = \phi_1(y)$. 注意到 (2.4.43) 式推广了 (Cai, 2004) 定理 4.1 中的方程 (2.1).

假设存在一常数 $R > 0$ 使得

$$E\left[\exp\{-R\eta\}\right] = 1. \tag{2.4.44}$$

令

$$\frac{1}{\alpha} = \inf_{t \geqslant 0} \left\{ \frac{\int_t^\infty \exp\{Rz\}dF_P(z)}{\exp\{Rt\}\bar{F}_P(t)} \right\}.$$

由 (Cai, 2004) 中的 (2.8) 式, 我们得到

$$\bar{F}_P(x) \leqslant \alpha \exp\{-Rx\} E\left[\exp\{RZ_1\}\right].$$

利用等式 (2.4.43), 我们可以模仿 (Cai, 2004) 中推论 2.3 和推论 2.4 的证明得到下述定理.

定理 2.4.3 令 R_t 是一非负莱维过程. 在条件 (2.4.44) 下,

(1) $\Psi(y) \leqslant \alpha E\left[\exp\{-RY_{\tau_1}\}\right] \leqslant \alpha \exp\{-Ry\}$;

(2) 对 $x \geqslant 0$, 进一步假设

$$\int_{x+y}^{\infty} \bar{F}_P(t)dt \geqslant \bar{F}_P(x) \int_y^{\infty} \bar{F}_P(t)dt.$$

那么,

$$\Psi(y) \leqslant E\left[\exp\{-RX_{\tau_1}\}\right].$$

定理 2.4.3 推广了 (Cai and Dickson, 2002) 中的定理 4.2 及 (Cai, 2004) 中的推论 2.3 和推论 2.4. 因为 $\Psi(y)$ 是 y 的减函数, 由 (2.4.20) 式可得

$$\Psi(y) \geqslant \int_0^{\infty} B(y,x)\bar{F}_P(x)dx + \int_0^y B(y,x)dx \int_0^x \Psi(x-z)dF_P(z)$$

$$\geqslant \int_0^{\infty} B(y,x)\bar{F}_P(x)dx + \Psi(y)\int_0^y B(y,x)F_P(x)dx. \tag{2.4.45}$$

由 (2.4.45) 式, 我们可得到最终破产概率的另一个下界表达式

$$\Psi(y) \geqslant \frac{\int_0^{\infty} B(y,x)\bar{F}_P(x)dx}{1 - \int_0^y B(y,x)F_P(x)dx}, \tag{2.4.46}$$

上式对应于 (Cai, 2004) 中的关系式 (2.3).

注 2.4.1 在 (2.4.39) 中, 条件 $P(\xi < 1) > 0$ 是指收益率以一正概率取负值, 此时由定理 2.4.2 看出最终破产概率的递减速度不会超过某个指数为负的幂函数再乘以一常数. 另一方面, 由定理 2.4.3 看出若收益率以概率 1 取非负值, 则最终破产概率将以指数函数速度递减. 所以在这两种不同情形, 最终破产概率的渐近行为有较大差异.

2.4.4 关于 $B_\alpha(y,x)$ 的一些分析结果

基于 (2.4.14), (2.4.18), (2.4.20) 和 (2.4.21), 容易看出 (2.4.19) 式中的密度函数 $B(y,x)$ 和 (2.4.8) 式中的折现密度函数 $B_\alpha(y,x)$ 对刻画 $\Psi(y)$ 和 $\Phi_\alpha(y)$ 非常有用. 在本小节中, 针对 R_t 的两种不同选择, 即带正漂移的布朗运动情形和带正漂移的复合泊松过程情形, 我们将给出 $B_\alpha(y,x)$ 的一些解析表达式.

1. 布朗运动情形

对 $t \geqslant 0$, 令 R_t 是一带正漂移的布朗运动, 即

$$R_t = rt + \sigma W_t, \quad t \geqslant 0,$$

这里 $r, \sigma > 0$ 是常数, W_t 是一标准布朗运动, $W_0 = 0$. 此时, $\{\exp\{R_t\}, t \geqslant 0\}$ 是 Black-Scholes 股票价格模型. 对 $t \geqslant 0$, 令

$$X_t = \exp\{rt + \sigma W_t\} \left(y + c \int_0^t \exp\{-rs - \sigma W_s\} ds \right),$$

那么, (2.4.8) 成为

$$B_\alpha(y, x)dx = E^y \left[\exp\{-\alpha \tau_1\} I\{X_{\tau_1} \in dx\} \right]$$
$$= \int_0^\infty \exp\{-\alpha t\} f_\tau(t) I_0 dt, \qquad (2.4.47)$$

这里

$$I_0 = P\left(\exp\{rt + \sigma W_t\} \left(y + c \int_0^t \exp\{-(ru + \sigma W_u)\} du \right) \in dx \right).$$

令 $t = 4\sigma^{-2} s$, 我们有

$$I_0 = P\left(\exp\{2(v_0 s + B_s)\} \left(y + 4c\sigma^{-2} \int_0^s \exp\{-2(v_0 u + B_u)\} du \right) \in dx \right), \tag{2.4.48}$$

其中 $v_0 = 2\sigma^{-2} r$ 及 $B_s = 2^{-1} \sigma W_{4\sigma^{-2}s}$. 注意, 由布朗运动的尺度不变性, B_s 是一标准布朗运动, $B_0 = 0$.

对 $t > 0$ 和 $x \in (-\infty, \infty)$, 定义

$$h(t, x) = (2\pi t)^{-2^{-1}} \exp\{-(2t)^{-1} x^2\}, \tag{2.4.49}$$

$$a_t(x, u) = \frac{(2\pi t)^{\frac{1}{2}}}{u} \exp\{(2t)^{-1} x^2 - (2u)^{-1}(1 + \exp\{2x\})\} \theta_{u^{-1} \exp\{x\}}(t), \tag{2.4.50}$$

其中

$$\theta_x(t) = \frac{x}{(2\pi^3 t)^{\frac{1}{2}}} \exp\{(2t)^{-1} \pi^2\}$$
$$\times \int_0^\infty \exp\{-(2u)^{-1} y^2 - x \cosh y\} (\sinh y) \sin(t^{-1} \pi y) dy.$$

利用 (2.4.49) 和 (2.4.50), 我们可以把 (2.4.48) 式中的 I_0 重新写为

$$I_0 = dx \int_{2^{-1} \ln(x^{-1} y)}^\infty h\left(4^{-1} \sigma^2 t, w + 4^{-1} \sigma^2 v_0 t\right)$$

2.4 含随机投资回报更新风险模型的破产理论

$$\times a_{4^{-1}\sigma^2 t}\left(w, (4c)^{-1}\sigma^2(\exp\{2w\}x - y)\right)(4c)^{-1}\sigma^2 \exp\{2w\}dw$$

$$\triangleq C(t, y, x)dx, \tag{2.4.51}$$

其中当 $y = 0$ 时定义 $2^{-1}\ln(x^{-1}y) = -\infty$. 在附录 A 中给出了 (2.4.51) 式的证明. 从 (2.4.47), (2.4.48) 和 (2.4.51) 式可得

$$B_\alpha(y, x) = \int_0^\infty \exp\{-\alpha t\} f_\tau(t) C(t, y, x) dt. \tag{2.4.52}$$

令 $\alpha = 0$, 且假设分布 F_τ 服从由 (2.4.26) 式所定义的埃尔朗分布, 在此基础上我们给出关于 $B(y, x)$ 的解析表达式. 此时, 首次来到间隔时间 τ_1 可以表示为 $\tau_1 = \tau_1^0 + \cdots + \tau_n^0$, 这里 $\tau_1^0, \cdots, \tau_n^0$ 是独立同分布随机变量, 共同分布是参数为 λ 的指数分布. 定义 $\tau_{j,n}^* = \sum_{k=j}^n \tau_k^0$. 由过程 X_t 的强马尔可夫性, 我们得到

$$B(y, x)dx = P\left(\exp\left\{R_{\tau_{1,n}^*}\right\}\left(y + \int_0^{\tau_{1,n}^*} \exp\{-R_u\}du\right) \in dx\right)$$

$$= \int_0^\infty P^y\left(X_{\tau_1^0} \in dx_1\right) P\left(\exp\left\{R_{\tau_{2,n}^*}\right\}\right.$$

$$\left.\times \left(x_1 + \int_0^{\tau_{2,n}^*} \exp\{-R_u\}du\right) \in dx\right). \tag{2.4.53}$$

沿用相同的思路, 重复 (2.4.53) 式的推理我们可以得到

$$B(y, x)dx = \int_0^\infty P^y\left(X_{\tau_1^0} \in dx_1\right) \cdots \int_0^\infty P^{x_{n-2}}\left(X_{\tau_{n-1}^0} \in dx_{n-1}\right)$$

$$\times P^{x_{n-1}}\left(X_{\tau_n^0} \in dx\right). \tag{2.4.54}$$

对 $x_1 > 0$, 定义

$$V(y, x_1) = \int_{(x_1^{-1}y)^{\frac{1}{2}}}^\infty \frac{\lambda}{c} \rho^{-(\lambda_0 + v_0)} p_{(4c)^{-1}\sigma^2(\rho^2 x_1 - y)}^{\lambda_0}(1, \rho) d\rho, \tag{2.4.55}$$

其中 $\lambda_0 = (\theta^2 + v_0^2)^{\frac{1}{2}}$, $\theta^2 = 8\sigma^{-2}\lambda$, 以及

$$p_t^\beta(a, r) = \left(\frac{r}{a}\right)^\beta \frac{r}{t} \exp\left\{-(2t)^{-1}(a^2 + r^2)\right\} I_\beta\left(\frac{ar}{t}\right),$$

这里 $I_\beta(x)$ 是指数为 β 的贝塞尔函数. 那么, 我们有

$$P^y\left(X_{\tau_1^0} \in dx_1\right) = V(y, x_1) dx_1. \tag{2.4.56}$$

在附录 A 中给出了 (2.4.56) 式的证明. 从 (2.4.54) 和 (2.4.56) 式可以推出

$$B(y,x) = \int_0^\infty dx_1 \cdots \int_0^\infty dx_{n-1} \prod_{k=1}^{n-1} V(x_{k-1}, x_k) V(x_{n-1}, x),$$

其中 $x_0 = y$.

2. 复合泊松过程情形

我们现在假设 R_t 是一个带正漂移系数的复合泊松过程

$$R_t = rt + \sum_{k=1}^{N_{R,t}} \ln(1 + Z_{R,k}), \quad t \geqslant 0,$$

这里 $\{N_{R,t}, t \geqslant 0\}$ 是一参数为 λ_R 的泊松过程, $Z_{R,k}$ 是独立同分布随机变量序列, 共同分布记为 F_R. 此时,

$$\exp\{R_t\} = \exp\{-rt\} \prod_{k=1}^{N_{R,t}} (1 + Z_{R,k})$$

是 Kalashnikov 和 Norberg (2002), Yuen 等 (2004), 以及 Yuen 和 Wang (2005) 所考虑的过程. 假设 $F_R(-1) = 0$. 令 f_R 表示 F_R 的密度函数.

对 $k \geqslant 1$, 定义 $S_k = 1 + Z_{R,k}$. 对 $k \geqslant 0$, 假设 $a_k > 0$. 定义

$$D_n = P\left(a_0 + a_1 S_1 + a_2 S_1 S_2 + \cdots + a_n \prod_{k=1}^n S_k \in dx\right).$$

对 $x > a_0$, 直接计算可得

$$D_n = h_n(a_0, a_1, \cdots, a_n, x) dx,$$

其中

$$\begin{aligned}
&h_n(a_0, a_1, \cdots, a_n, x) \\
&= \int_0^{(x-a_0)a_1^{-1}} f_R(z_1 - 1) dz_1 \int_0^{\left(\frac{x-a_0}{z_1} - a_1\right)a_2^{-1}} f_R(z_2 - 1) dz_2 \cdots \\
&\quad \times \int_0^{\left(\frac{x-a_0}{z_1 \cdots z_{n-2}} - \frac{a_1}{z_2 \cdots z_{n-2}} - \cdots - \frac{a_{n-3}}{z_{n-2}} - a_{n-2}\right)a_{n-1}^{-1}} f_R(z_{n-1} - 1) \\
&\quad \times f_R\left(\left(\frac{x - a_0}{z_1 \cdots z_{n-1}} - \frac{a_1}{z_2 \cdots z_{n-1}} - \cdots - \frac{a_{n-2}}{z_{n-1}} - a_{n-1}\right)\left(\frac{1}{a_n}\right) - 1\right)
\end{aligned}$$

$$\times \frac{1}{z_1 \cdots z_{n-1} a_n} dz_{n-1}.$$

我们重新把 X_t 写为

$$X_t = \exp\{rt\} \left(\prod_{k=1}^{N_{R,t}} (1+Z_{R,k}) \right) \left(y + \int_0^t \exp\{-rs\} \left(\prod_{k=1}^{N_{R,s}} \frac{1}{1+Z_{R,k}} \right) ds \right),$$

有

$$B_\alpha(y,x)dx = E^y \left[\exp\{-\alpha\tau_1\} I\{X_{\tau_1} \in dx\} \right]$$

$$= \sum_{n=0}^\infty E^y \left[\exp\{-\alpha\tau_1\} I\{X_{\tau_1} \in dx, N_{R,t}=n\} \right]$$

$$\triangleq \sum_{n=0}^\infty Q_n(y,x,dx). \qquad (2.4.57)$$

容易证明

$$Q_0(y,x,dx) = \left(\frac{ry+c}{rx+c} \right)^{\frac{\lambda_R+\alpha}{r}} f_\tau \left(\frac{1}{r} \ln \left(\frac{rx+c}{ry+c} \right) \right) \frac{1}{rx+c} I\{x>y\} dx, \quad (2.4.58)$$

以及当 $n \geqslant 1$ 时

$$Q_n(y,x,dx)$$
$$= \int_0^\infty f_\tau(t) \exp\{-(\alpha+\lambda_R)t\} \frac{(\lambda_R t)^n}{n!} P^y(X_t \in dx \mid N_{R,t}=n) dt. \qquad (2.4.59)$$

进一步，由 (Yuen and Wang, 2005) 中的 (A.5) 式得到

$$P^y(X_t \in dx \mid N_{R,t}=n)$$
$$= \left(\frac{n!}{t^n} \exp\{-rt\} \int_0^t dt_1 \int_{t_1}^t dt_2 \cdots \int_{t_{n-1} \vee (t-r^{-1}\ln(1+(rc^{-1})x))}^t h_n(cb_{n+1}, \right.$$
$$\left. cb_n, \cdots, cb_2, c(b_1+u), x \exp\{-rt\}) dt_n \right) dx, \qquad (2.4.60)$$

这里 $a \vee b = \max\{a,b\}, b_k = \int_{t_{k-1}}^{t_k} \exp\{-rs\} ds, k \leqslant n+1, t_0=0$, 以及 $t_{n+1}=t$.
从 (2.4.57)—(2.4.60) 式我们得到

$$B_\alpha(y,x) = \left(\frac{ry+c}{rx+c} \right)^{\frac{\lambda_R+\alpha}{r}} f_\tau \left(\frac{1}{r} \ln \left(\frac{rx+c}{ry+c} \right) \right) \frac{1}{rx+c} I\{x>y\}$$

$$+ \lambda_R^n \int_0^\infty f_\tau(t) \exp\left\{-\left(\alpha + \lambda_R + r\right)t\right\} dt$$

$$\times \int_0^t dt_1 \int_{t_1}^t dt_2 \cdots \int_{t_{n-1} \vee (t-r^{-1}\ln(1+(rc^{-1})x))}^t h_n\left(cb_{n+1},\right.$$

$$\left. cb_n, \cdots, cb_2, c\left(b_1 + u\right), x\exp\{-rt\}\right) dt_n. \tag{2.4.61}$$

若取 $\lambda_R = 0$, 则由 (2.4.61) 式推出 (2.4.24) 式.

附录 A

等式 (2.4.51) 的证明: 由布朗运动的对称性, 从 (2.4.48) 式可得

$$I_0 = P\left(\exp\left\{-2B_s^{(-\nu_0)}\right\}\left(y + 4c\sigma^{-2}A_s^{(-\nu_0)}\right) \in dx\right), \tag{A.1}$$

这里 $B_s^{(v)} = B_s + vs$ 及 $A_s^{(v)} = \int_0^s \exp\{2(B_u + vu)\} du$. 由全概率公式, 可以把 I_0 写为

$$I_0 = \int_{-\infty}^\infty P\left(B_s^{(-v_0)} \in dw\right) P\left(\exp\{-2w\}\left(y + 4c\sigma^{-2}A_s^{(-v_0)}\right) \in dx | B_s^{(-v_0)} = w\right) dw. \tag{A.2}$$

对 $-\infty < v < \infty$, 利用 (Yor, 1992) 中公式 (6.a') 我们得到

$$P\left(A_t^{(v)} \in du \mid B_t^{(v)} = x\right) = a_t(x, u) du.$$

再应用 (A.2) 式得到

$$I_0 = dx \int_{-\infty}^\infty h\left(s, w + v_0 s\right) a_s\left(w, (4c)^{-1}\sigma^2(\exp\{2w\}x - y)\right)(4c)^{-1}\sigma^2 \exp\{2w\} dw. \tag{A.3}$$

因为 $A_s^{(-v_0)} > 0$, 对 $w < 2^{-1}\ln\left(x^{-1}y\right)$ 和 $y > 0$, (A.3) 右端被积表达式等于零. 所以, 当 $s = 4^{-1}\sigma^2 t$ 时, (A.3) 式与 (2.4.51) 式等价. 当 $y = 0$ 时定义 $2^{-1}\ln\left(x^{-1}y\right) = -\infty$, 此时 (2.4.51) 仍成立.

(2.4.56) 式的证明: 令 $\theta^2 = 8\sigma^{-2}\lambda$ 及 $\tau_\theta = 4\sigma^{-2}\tau_0^1$. 那么, τ_θ 是指数随机变量, 参数为 $2^{-1}\theta^2$, 且与 W_t 独立. 与 (A.1) 式类似, 我们有

$$P^y\left(X_{\tau_1^0} \in dx_1\right) = P\left(\exp\left\{-2B_{\tau_\theta}^{(-v_0)}\right\}\left(y + 4c\sigma^{-2}A_{\tau_\theta}^{(-v_0)}\right) \in dx_1\right), \tag{A.4}$$

2.4 含随机投资回报更新风险模型的破产理论

由全概率公式, 从 (A.4) 式得到

$$P^y\left(X_{\tau_1^0} \in dx_1\right)$$
$$= \int_0^\infty P\left(\exp\{B_{\tau_\theta}^{(-\nu_0)}\} \in d\rho, A_{\tau_\theta}^{(-\nu_0)} \in (4c)^{-1}\sigma^2\left(\rho^2 dx_1 - y\right)\right).$$

利用 (Yor, 1992) 中定理 2 我们得到

$$P\left(\exp\{B_{\tau_\theta}^{(-\nu_0)}\} \in d\rho, A_{\tau_\theta}^{(-\nu_0)} \in (4c)^{-1}\sigma^2\left(\rho^2 dx_1 - y\right)\right)$$
$$= \frac{\theta^2}{2}\frac{1}{\rho^{2+\lambda_0+v_0}}p_{(4c)^{-1}\sigma^2(\rho^2 x_1-y)}^{\lambda_0}(1,\rho)\frac{\sigma^2\rho^2}{4c}d\rho dx_1.$$

由此可得

$$P^y\left(X_{\tau_1^0} \in dx_1\right) = \int_0^\infty \frac{\lambda}{c}\frac{1}{\rho^{\lambda_0+v_0}}p_{(4c)^{-1}\sigma^2(\rho^2 x_1-y)}^{\lambda_0}(1,\rho)d\rho dx_1. \tag{A.5}$$

因为 $A_{\tau_\theta}^{(-\nu_0)} > 0$, 所以对 $\rho < \left(x_1^{-1}y\right)^{\frac{1}{2}}$, (A.5) 右端积分表达式等于零. 由此从 (A.5) 式可得到 (2.4.56) 式.

注 2.4.2 本节内容主要选自 (Yuen, et al., 2006).

第 3 章 相依风险模型

关于经典风险理论已有较为丰富的研究成果,本章主要内容为非经典风险理论的相关内容. 首先是带延迟索赔的离散时间复合二项风险模型,其次是带延迟索赔的复合泊松风险模型. 对这类风险模型的破产概率以及破产前余额和破产时赤字等相关精算量给出系列的结果. 本章的最后部分主要是关于带相依结构的具有多类索赔的风险模型的破产概率等方面的内容.

3.1 时间相依复合二项风险模型破产概率

3.1.1 引言

在经典的破产理论中,保险公司盈余过程的平稳独立增量假设起着重要作用. 然而,这种假设的限制性很强. 许多作者研究了人寿和非人寿保险的索赔金额和索赔数量之间存在各种依赖关系的风险模型. 如 Gerber (1982) 研究了当年度收益为线性时间序列时的破产问题. 这些时间序列包括了自回归模型和移动平均模型; Goovaerts 和 Dhaene (1996) 给出了具有相依关系的风险组合的复合泊松近似逼近; Ambagaspitiya (1998; 1999) 和 Partrat (1994) 考虑了具有相依关系的总索赔额的分布和矩母函数,其中不同类别的保险业务的索赔计数过程存在相依关系. Reinhard (1984) 和 Asmussen (1989) 研究了马尔可夫调节的风险模型,马氏调节模型则表现出另一种相依关系.

在本节中,我们考虑复合二项模型中具有时间相依索赔的风险模型的破产概率问题. 复合二项模型已被许多作者研究过,例如 Gerber (1988), Shiu (1989), Willmot (1993) 和 Dickson (1994). 我们将考虑与本模型相关的涉及两类相依风险的情况. 具体来说,一个索赔的发生会引起另一个具有不同索赔额分布的索赔发生. 然而,被诱发的索赔的发生时间可能被推迟到较晚的时间段. 这种现象在现实中是经常发生的,比如对于像地震或暴雨这样的灾害,很可能在直接的索赔之后还存在其他的被推迟的衍生保险索赔.

对我们模型的另一种解释是,诱发的延迟索赔可以被看作是总索赔中的一个随机部分,其理赔需要更多的时间来完成. 这种风险模型在精算学中也被研究过,例如,Waters 和 Papatriandafylou (1985) 使用鞅技术推导出允许索赔结算延迟的破产概率的上界.

3.1.2 模型

考虑如下的离散时间模型, 它涉及两种类型的保险索赔: 主索赔和副索赔. 用 $k = 0, 1, 2, \cdots$ 表示离散时间单位. 假设每个主索赔都引发一个副索赔. 在任何单位时间段内, 主索赔发生的概率为 $q, 0 < q < 1$, 因此没有主索赔的概率是 $p = 1 - q$. 假设不同时期内主索赔是否发生是独立的. 副索赔及其相关的主索赔可能以概率 θ 同时发生, 或者副索赔的发生可能会延迟到下一个时间段, 概率为 $1 - \theta$. 所有索赔金额都是独立的, 取正整数值. 假设主索赔额 $X_1, X_2, \cdots$ 是独立同分布的. 令 $X = X_1$, 则 X_i 的共同概率分布列为 $f_m = P(X = m), m = 1, 2, \cdots$. 相应的母函数和均值分别为 $\tilde{f}(z) = \sum_{m=1}^{\infty} f_m z^m$ 和 $\mu_X = \sum_{n=1}^{\infty} n f_n$. 令 $Y_1, Y_2, \cdots$ 表示独立同分布的副索赔额, 并令 $Y = Y_1$. 它们的共同概率分布列为 $g_n = P(Y = n), n = 1, 2, \cdots$, 其母函数和均值分别记为 $\tilde{g}(z) = \sum_{n=1}^{\infty} g_n z^n$ 和 $\mu_Y = \sum_{n=1}^{\infty} n g_n$. 容易看出, 当没有副索赔时该模型即为复合二项风险模型.

假定单位时间的保费为 1, 初始盈余为非负整数 u, 则盈余过程可表示为

$$S_k = u + k - U_k^X - U_k^Y, \quad k = 0, 1, 2, \cdots, \tag{3.1.1}$$

此处 U_k^X 和 U_k^Y 分别表示前 k 个时间段内的总主索赔额和总副索赔额. 有限时间的生存概率定义为

$$\phi(u, k) = P(S_j \geqslant 0; j = 0, 1, 2, \cdots, k). \tag{3.1.2}$$

因此有限时间的破产概率则为 $\psi(u, k) = 1 - \phi(u, k)$.

令 $U_k = U_k^X + U_k^Y$. 容易看出 $E[U_1] = q\mu_X + q\theta\mu_Y$. 注意到在任意单位时间段内会有三种索赔出现: 主索赔, 主索赔产生的副索赔, 以及由前一个主索赔产生的副索赔. 因此由全概率公式可知

$$E[U_{n+1}] = E[U_n] + (q\mu_X + q\theta\mu_Y) + q(1-\theta)\mu_Y.$$

递推可得

$$\begin{aligned} E[U_{n+1}] &= (n+1)(q\mu + q\theta\mu_X) + nq(1-\theta)\mu_Y \\ &= nq(\mu_X + \mu_Y) + q\mu_X + q\theta\mu_Y. \end{aligned} \tag{3.1.3}$$

因此, 根据上面的等式, 为了保证正的安全负荷, 我们需要假定

$$q(\mu_X + \mu_Y) < 1. \tag{3.1.4}$$

本节最后我们给出无穷时间生存概率的定义, 即

$$\phi(u) = \lim_{k \to \infty} \phi(u, k),$$

以及无穷时间破产概率 $\psi(u) = 1 - \phi(u)$.

3.1.3 递推公式

为了评估有限时间破产概率, 我们需要研究两种情况下的索赔事件. 第一, 如果主索赔发生在某一时期, 其相关的副索赔也发生在同一时期. 因此, 在下一个时间段内不会有副索赔, 并且盈余过程真正得到更新. 第二种情况只是第一种情况的补充. 换句话说, 如果存在主索赔, 其关联的副索赔将在一个时期后发生. 考虑第二种情况, 即主索赔发生在上一期, 其关联的副索赔将发生在本期末. 我们定义相应的过程为

$$S_{1k} = u + k - U_k^X - U_k^Y - YI\{k=1\}, \tag{3.1.5}$$

其中 $k = 1, 2, \cdots, S_{10} = u$. 该过程表示的盈余过程与 (3.1.1) 类似, 只是减去了与副索赔同分布的随机变量 Y. 用 $\phi_1(u,k)$ 表示上述过程对应的有限时间 k 之前的生存概率. 那么, 根据全概率公式, 有

$$\phi(u-1,k) = p\phi(u,k-1) + q\theta \sum_{m+n \leqslant u} \phi(u-m-n, k-1) f_m g_n$$
$$+ q(1-\theta) \sum_{m \leqslant u} \phi_1(u-m, k-1) f_m. \tag{3.1.6}$$

同时关于 $\phi_1(u,k)$, 对 $u \geqslant 1, k \geqslant 1$ 有

$$\phi_1(u-1,k)$$
$$= p\sum_{n \leqslant u} \phi(u-n, k-1) g_n + q\theta \sum_{m+n+l \leqslant u} \phi(u-m-n-l, k-1) f_m g_n g_l$$
$$+ q(1-\theta) \sum_{m+n \leqslant u} \phi_1(u-m-n, k-1) f_m g_n. \tag{3.1.7}$$

显然对 $u \geqslant 0, \phi(u,0) = \phi_1(u,0) = 1$.

我们使用生成函数的技术来求解 (3.1.6) 的 ϕ. 定义相应的生成函数为

$$\tilde{\phi}(z,k) = \sum_{u=0}^{\infty} \phi(u,k) z^u \quad \text{和} \quad \tilde{\phi}_1(z,k) = \sum_{u=0}^{\infty} \phi_1(u,k) z^u.$$

将 (3.1.6) 和 (3.1.7) 两端都乘以 z^u, 并关于 u 从 1 到无穷求和得到

$$z\tilde{\phi}(z,k) = p\left(\tilde{\phi}(z,k-1) - \phi(0,k-1)\right) + q\theta\tilde{\phi}(z,k-1)\tilde{f}(z)\tilde{g}(z)$$
$$+ q(1-\theta)\tilde{\phi}_1(z,k-1)\tilde{f}(z), \tag{3.1.8}$$
$$z\tilde{\phi}_1(z,k) = p\tilde{\phi}(z,k-1)\tilde{g}(z) + q\theta\tilde{\phi}(z,k-1)\tilde{f}(z)\tilde{g}^2(z)$$

3.1 时间相依复合二项风险模型破产概率

$$+ q(1-\theta)\tilde{\phi}_1(z, k-1)\tilde{f}(z)\tilde{g}(z). \tag{3.1.9}$$

考虑如下二元生成函数

$$\bar{\phi}(z,t) = \sum_{k=0}^{\infty} \tilde{\phi}(z,k)t^k, \quad \bar{\phi}_1(z,t) = \sum_{k=0}^{\infty} \tilde{\phi}_1(z,k)t^k \quad \text{和} \quad \bar{\phi}_0(t) = \sum_{k=0}^{\infty} \phi(0,k)t^k.$$

与 (3.1.8) 和 (3.1.9) 的推导类似, 我们得到

$$z\left(\bar{\phi}(z,t) - \tilde{\phi}(z,0)\right) = pt\left(\bar{\phi}(z,t) - \bar{\phi}_0(t)\right) + q\theta t\tilde{f}(z)\tilde{g}(z)\bar{\phi}(z,t)$$
$$+ q(1-\theta)t\tilde{f}(z)\bar{\phi}_1(z,t), \tag{3.1.10}$$

$$z\left(\bar{\phi}_1(z,t) - \tilde{\phi}_1(z,0)\right) = pt\tilde{g}(z)\bar{\phi}(z,t) + q\theta t\tilde{f}(z)\tilde{g}^2(z)\bar{\phi}(z,t)$$
$$+ q(1-\theta)t\tilde{f}(z)\tilde{g}(z)\bar{\phi}_1(z,t)$$
$$= \tilde{g}(z)\left(pt\bar{\phi}(z,t) + q\theta t\tilde{f}(z)\tilde{g}(z)\bar{\phi}(z,t)\right.$$
$$\left. + q(1-\theta)t\tilde{f}(z)\bar{\phi}_1(z,t)\right). \tag{3.1.11}$$

注意到 (3.1.11) 的右侧与 (3.1.10) 的右侧几乎相同. 根据定义 $\tilde{\phi}(z,0) = \tilde{\phi}_1(z,0) = (1-z)^{-1}$, (3.1.10) 和 (3.1.11) 可以改写为

$$z\bar{\phi}(z,t) - \frac{z}{1-z}$$
$$= \left(pt + q\theta t\tilde{f}(z)\tilde{g}(z)\right)\bar{\phi}(z,t) + q(1-\theta)t\tilde{f}(z)\bar{\phi}_1(z,t) - pt\bar{\phi}_0(t),$$

$$z\bar{\phi}_1(z,t) - \frac{z}{1-z}$$
$$= \tilde{g}(z)\left(z\bar{\phi}(z,t) - \frac{z}{1-z} + pt\bar{\phi}_0(t)\right).$$

把上面两个等式合为一个, 可以得到

$$\bar{\phi}(z,t)\left[z - t\left(p + q\tilde{f}(z)\tilde{g}(z)\right)\right]$$
$$= \frac{z}{1-z} + t\left(1 - \tilde{g}(z)\right)\frac{q(1-\theta)\tilde{f}(z)}{1-z} - pt\bar{\phi}_0(t)\left(1 - q(1-\theta)t\frac{\tilde{f}(z)\tilde{g}(z)}{z}\right). \tag{3.1.12}$$

令 U_k^W 表示复合二项模型前 k 个索赔总和, 其中单个索赔的分布与 $W = X + Y$ 相同. 则 U_k^W 的概率生成函数为 $\tilde{h}(z,k) = \left(p + q\hat{f}(z)\tilde{g}(z)\right)^k$. 分别用 $h(i,k)$ 和 $H(i,k)$ 表示 U_k^W 的概率函数和分布函数. 我们将看到这些函数在寻找有限时间生存概率的递归公式时非常有用.

容易看出 $\tilde{h}(z,1) = p + q\hat{f}(z)\tilde{g}(z)$. 将 (3.1.12) 式的两边同除以 $z - t\tilde{h}(z,1)$, 并把 $\left(z - t\tilde{h}(z,1)\right)^{-1}$ 表示为 t 的幂级数形式, 则对于 $k = 1, 2, \cdots$, 通过比较 t^k 的系数我们可得出

$$\begin{aligned}z^k\tilde{\phi}(z,k) =& \frac{\tilde{h}(z,k)}{1-z} + \tilde{f}(z)(1-\tilde{g}(z))\tilde{h}(z,k-1)\frac{q(1-\theta)}{1-z} \\ & - p\sum_{j=0}^{k-1}\phi(0,k-1-j)\tilde{h}(z,j)z^{k-1-j} \\ & + pq(1-\theta)\tilde{f}(z)\tilde{g}(z)\sum_{j=0}^{k-2}\phi(0,k-2-j)\tilde{h}(z,j)z^{k-2-j}. \end{aligned} \quad (3.1.13)$$

容易看出 $q\tilde{f}(z)\tilde{g}(z)\tilde{h}(z,k) = \tilde{h}(z,k+1) - p\tilde{h}(z,k)$. 由于概率生成函数 $\tilde{h}$ 可以用 H 和 h 来表示, (3.1.13) 等价于

$$\begin{aligned}& z^k \tilde{\phi}(z,k) \\ =& \sum_{i=0}^{\infty} z^i H(i,k) - p\sum_{j=0}^{k-1}\phi(0,k-1-j)\sum_{i=0}^{\infty}z^{i+k-1-j}h(i,j) \\ & + \frac{q(1-\theta)}{1-z}\tilde{f}(z)\tilde{h}(z,k-1) - \frac{1-\theta}{1-z}(\tilde{h}(z,k) - p\tilde{h}(z,k-1)) \\ & + p(1-\theta)\sum_{j=0}^{k-2}z^{k-2-j}\phi(0,k-2-j)\left(\tilde{h}(z,j+1) - p\tilde{h}(z,j)\right). \end{aligned} \quad (3.1.14)$$

进一步定义 $\tilde{h}_1(z,k) = \tilde{h}(z,k-1)\left(p + q\tilde{f}(z)\right)$, 令 $H_1(i,k)$ 作为对应的分布函数. 交换 (3.1.14) 中求和的顺序并重新排列, 我们得到

$$\begin{aligned}& z^k\tilde{\phi}(z,k) \\ =& \sum_{i=0}^{\infty}z^i H(i,k) - p\sum_{i=0}^{k-1}z^i\sum_{j=k-1-i}^{k-1}\phi(0,k-1-j)h(i+j+1-k,j)\end{aligned}$$

$$- p \sum_{i=k}^{\infty} z^{k-1} \sum_{j=0}^{k} \phi(0, k-1-j) h(i+j+1-k, j) + \frac{1-\theta}{1-z} \tilde{h}_1(z, k)$$

$$- \frac{1-\theta}{1-z} \tilde{h}(z, k) + p(1-\theta) \sum_{j=1}^{k-1} z^{k-1-j} \phi(0, k-1-j) \tilde{h}(z, j)$$

$$- p^2(1-\theta) \sum_{j=0}^{k-2} z^{k-2-j} \phi(0, k-2-j) \tilde{h}(z, j)$$

$$= \theta \sum_{i=0}^{\infty} z^i H(i, k) - p \sum_{i=0}^{k-1} z^i \sum_{j=k-1-i}^{k-1} \phi(0, k-1-j) h(i+j+1-k, j)$$

$$- p \sum_{i=k}^{\infty} z^i \sum_{j=0}^{k-1} \phi(0, k-1-j) h(i+j+1-k, j) + (1-\theta) \sum_{i=0}^{\infty} z^i H_1(i, k)$$

$$+ p(1-\theta) \left(\sum_{i=0}^{k-1} z^i \sum_{j=k-1-i}^{k-1} \phi(0, k-1-j) h(i+j+1-k, j) \right.$$

$$\left. - h(0,0) \phi(0, k-1) z^{k-1} + \sum_{i=k}^{\infty} z^i \sum_{j=1}^{k-1} \phi(0, k-1-j) h(i+j+1-k, j) \right)$$

$$- p^2(1-\theta) \left(\sum_{i=0}^{k-2} z^i \sum_{j=k-2-i}^{k-2} \phi(0, k-2-j) h(i+j+2-k, j) \right.$$

$$\left. + \sum_{i=k-1}^{\infty} z^i \sum_{j=0}^{k-2} \phi(0, k-2-j) h(i+j+2-k, j) \right). \tag{3.1.15}$$

另一方面, 根据定义知

$$z^k \tilde{\phi}(z, k) = \sum_{i=0}^{\infty} \phi(i, k) z^{i+k} = \sum_{i=k}^{\infty} z^i \phi(i-k, k). \tag{3.1.16}$$

然后, 将 (3.1.16) 式中最后求和项中 z^i 的系数与 (3.1.15) 右侧的系数进行比较, 我们得到以下递归公式:

$$\phi(0, k)$$
$$= \theta H(k, k) + (1-\theta) H_1(k, k) - p\theta \sum_{j=0}^{k-1} \phi(0, k-1-j) h(j+1, j)$$

$$-p^2(1-\theta)\sum_{j=0}^{k-2}\phi(0,k-2-j)h(j+2,j), \tag{3.1.17}$$

$$\phi(i-k,k)$$
$$=\theta H(i,k)+(1-\theta)H_1(i,k)-p\theta\sum_{j=0}^{k-1}\phi(0,k-1-j)h(i+j+1-k,j)$$
$$-p^2(1-\theta)\sum_{j=0}^{k-2}\phi(0,k-2-j)h(i+j+2-k,j). \tag{3.1.18}$$

对于 $1\leqslant k\leqslant i$. 显然通过 (3.1.17) 和 (3.1.18) 可以给出 $\phi(i,0)=1, i\geqslant 1$, 这与 ϕ 的定义是一致的. 对于 $k\geqslant 1$, $\phi(0,k)$ 可以通过 (3.1.17) 递归计算求得. 给定这些值, (3.1.18) 可以用来计算 $u\geqslant 1$ 时的 $\phi(u,k)$ 的值. 作为一个展示, 我们通过递归公式根据 X 和 Y 的概率函数获得 ϕ 的值如下:

$$\phi(0,1)=p+q(1-\theta)f_1,$$
$$\phi(0,2)=p^2+pqf_1g_1+pq(1-\theta)f_1+pq(1-\theta)f_2,$$
$$\phi(1,1)=p+q(1-\theta)(f_1+f_2)+q\theta f_1g_1,$$
$$\phi(1,2)=p^2+pq(f_1g_2+f_2g_1)+pq(1-\theta)(f_1+f_2+f_3)$$
$$+q(1-\theta)f_1g_1(p+qf_1).$$

(3.1.17) 和 (3.1.18) 中的 H, H_1 和 h 可以使用概率生成函数 $\tilde{h}$ 和 $\tilde{h}_1$ 计算. 为了计算 (3.1.2) 的 $\phi(u,k)$ 的数值, 我们需要给定 p, θ 的值以及 X 和 Y 的分布. 假设 $p=0.7$ 和 $\theta=0.2, 0.8$. 我们考虑到 $k=6$ 时间段的生存概率并选择 $u=0,3,5$. 表 3.1.1 给出了当 $\tilde{f}(z)=\tilde{g}(z)=z$ 时的 ϕ 值, 表 3.1.2 给出了当 $\tilde{f}=z(2-z)^{-1}$ 和 $\tilde{g}(z)=z$ 时的 ϕ 值. 正如预期的那样, 两个表都显示初始盈余

表 3.1.1 $\tilde{f}(z)=\tilde{g}(z)=z$ 时 $\phi(u,k)$ 的值

		\multicolumn{6}{c}{k}					
		1	2	3	4	5	6
	$\phi(0,k)$	0.940	0.868	0.845	0.818	0.807	0.793
$\theta=0.2$	$\phi(3,k)$	1	1	1	0.998	0.996	0.995
	$\phi(5,k)$	1	1	1	1	1	0.999
	$\phi(0,k)$	0.760	0.742	0.682	0.677	0.651	0.649
$\theta=0.8$	$\phi(3,k)$	1	1	1	0.994	0.993	0.987
	$\phi(5,k)$	1	1	1	1	1	0.999

越大, 生存概率越高, 并且 $\theta = 0.8$ 时的概率小于或等于 $\theta = 0.2$ 时的概率. 此外, 当其他参数值固定时生存概率随着 k 的增加而降低. 当 k 趋于无穷大时, $\phi(u,k)$ 的值收敛到最终生存概率 $\phi(u)$ 的值.

表 3.1.2 $\tilde{f}(z) = z(2-z)^{-1}, \tilde{g}(z) = z$ 时 $\phi(u,k)$ 的值

		k					
		1	2	3	4	5	6
$\theta = 0.2$	$\phi(0,k)$	0.820	0.721	0.652	0.603	0.565	0.534
	$\phi(3,k)$	0.978	0.945	0.912	0.881	0.854	0.829
	$\phi(5,k)$	0.994	0.983	0.968	0.952	0.935	0.919
$\theta = 0.8$	$\phi(0,k)$	0.730	0.627	0.556	0.509	0.473	0.445
	$\phi(3,k)$	0.966	0.923	0.883	0.847	0.816	0.788
	$\phi(5,k)$	0.992	0.976	0.957	0.937	0.917	0.899

3.1.4 一些特殊情况下的最终破产概率

在本小节中, 我们将讨论两种特殊情况, 并给出最终生存概率的显式表达式.

我们首先研究 $\theta = 1$ 的情况. 实际上, 这个情形与 Willmot (1993) 提出的情形非常相似. 假设有一个副索赔 Y, 与主索赔 X 同时发生. 因此, 唯一的区别是我们使用 $W = X + Y$ 作为我们的索赔额随机变量, 而 Willmot 只考虑了 X. 由于他的对最终生存概率的结果可以很容易地扩展到我们的第一种情况, 我们只给出初始盈余为零时的表达式

$$\phi(0) = \frac{1 - q(\mu_X + \mu_Y)}{1 - q}.$$

为了求出 $\phi(u), u \geqslant 1$, 我们需要 $\tilde{f}$ 和 $\tilde{g}$ 的明确表达式. 在一些特殊情况下 Willmot (1993) 给出了 $\phi(u)$ 的明确表达式.

现在我们转到第二种情形, 即 $\theta = 0$ 的情形. 这种情况要求副索赔发生在主索赔发生后的第一个时间段末. 第二种情况进一步假设 $f_1 = g_1 = 1$. 那么该模型与经典赌徒的破产模型几乎相同, 只是两元钱是分开支付的, 当期和下一个时间段各支付一元. 因此, 赌徒有机会在第二次支付之前赚取一元. 直觉上, 这种特殊情况的最终破产概率应该小于经典模型的破产概率.

我们不使用递归公式 (3.1.17) 和 (3.1.18), 而是应用 Willmot (1993) 的方法来推导出最终破产概率. 从 (3.1.12) 不难看出, 对于任何 $|t| < 1$, 存在如下方程的唯一解 $z(t), |z(t)| < 1$,

$$z - t\left(p + q\tilde{f}(z)\tilde{g}(z)\right) = z - t\tilde{h}(z,1) = 0. \tag{3.1.19}$$

把 $\theta = 0$ 和 $\tilde{f}(z) = \tilde{g}(z) = z$ 代入 (3.1.12), 由 (3.1.19) 可得

$$\sum_{k=0}^{\infty} \phi(0,k) t^k = \frac{z(t)}{pt(1-z(t))} \left(1 + \frac{qt}{1-qtz(t)} \right)$$

$$= \frac{z(t)}{pt(1-z(t))} \left(1 + \frac{qz(t)}{p} \right). \qquad (3.1.20)$$

进一步, 若 (3.1.19) 成立, 则对任意满足 $l(0) = 0$ 的解析函数 l, 根据拉格朗日 (Lagrange) 级数展开则有

$$l(z(t)) = \sum_{n=1}^{\infty} \frac{t^n}{n!} \frac{d^{n-1}}{ds^{n-1}} \left[l'(s)(\tilde{h}(s,1))^n \right] \bigg|_{s=0}. \qquad (3.1.21)$$

由于 $\tilde{h}(s,n) = \left[\tilde{h}(s,1)\right]^n$ 以及

$$h(n-1,n) = \frac{1}{(n-1)!} \frac{d^{n-1}}{ds^{n-1}} \tilde{h}(s,n) \bigg|_{s=0},$$

由 (3.1.21) 可得

$$z(t) = \sum_{n=1}^{\infty} \frac{t^n}{n} h(n-1,n) \quad \text{和} \quad \frac{z(t)}{1-z(t)} = \sum_{n=1}^{\infty} \left(\sum_{i=0}^{n-1} H(i,n) \right) \frac{t^n}{n}. \qquad (3.1.22)$$

把 (3.1.22) 式代入 (3.1.20), 则有

$$\sum_{k=0}^{\infty} \phi(0,k) t^k$$

$$= \frac{1}{p} \sum_{k=0}^{\infty} \left(\sum_{i=0}^{k} H(i,k+1) \right) \frac{t^k}{k+1} + \frac{q}{p^2 t} \left(\frac{z(t)}{1-z(t)} - z(t) \right)$$

$$= \left(\frac{1}{p} + \frac{q}{p^2} \right) \sum_{k=0}^{\infty} \left(\sum_{i=0}^{k} H(i,k+1) \right) \frac{t^k}{k+1} - \frac{q}{p^2} \sum_{k=0}^{\infty} \frac{h(k,k+1)}{k+1} t^k.$$

比较等式两端 t^k 项的系数则有

$$\phi(0,k) = \frac{1}{p^2(k+1)} \sum_{i=0}^{k} H(i,k+1) - \frac{q}{p^2(k+1)} h(k,k+1). \qquad (3.1.23)$$

为了导出最终生存概率 $\phi(0)$ 的表达式, 我们需要找到 (3.1.23) 的极限. 根据 Willmot (1993) 的结果, (3.1.23) 中第一项的极限具有下面的形式

3.1 时间相依复合二项风险模型破产概率

$$\lim_{k\to\infty} \frac{1}{p^2(k+1)} \sum_{i=0}^{k} H(i,k+1) = \frac{1-2q}{p^2}.$$

对于 (3.1.23) 中的第二项, 如果 k 是奇数, 则 $h(k,k+1) = 0$. 根据斯特林 (Stirling) 公式以及 $pq \leqslant \frac{1}{4}$ 可知, 对于 $k = 2m, m = 1, 2, \cdots$,

$$\frac{1}{k+1} h(k,k+1) = \frac{1}{2m+1} C_{2m+1}^{m} p^{m+1} q^{m} \leqslant p 4^{-m} \frac{(2m)!}{m!(m+1)!}.$$

显然上式右端当 $m \to \infty$ 时收敛到零, 因此

$$\phi(0) = \lim_{k\to\infty} \phi(0,k) = \frac{1-2q}{p^2}. \tag{3.1.24}$$

定义 $\bar{\phi}(z) = \sum_{u=0}^{\infty} \phi(u) z^u$. 利用关于级数的陶伯 (Tauber) 定理, 根据 (3.1.12) 和 (3.1.24) 可得

$$\bar{\phi}(z) = \lim_{t\uparrow 1}(t-1)\bar{\phi}(z,t) = \frac{p(1-qz)}{z-(p+qz^2)} \lim_{t\uparrow 1}(t-1)\bar{\phi}_0(t)$$

$$= \frac{-p(1-qz)}{z-(p+qz^2)} \left(\frac{1-2q}{p^2}\right) = \sum_{u=0}^{\infty} \left(1 - \frac{q^{u+2}}{p^{u+2}}\right) z^u.$$

因此

$$\phi(u) = 1 - \left(\frac{q}{p}\right)^{u+2} \quad \text{以及} \quad \psi(u) = \left(\frac{q}{p}\right)^{u+2}. \tag{3.1.25}$$

经典赌徒输光模型的破产概率为 $(qp^{-1})^{u+1}$. 对于这里的特殊情况, 条件 (3.1.4) 等价于 $2q < 1$. 这揭示了这样一个事实, 即 (3.1.25) 中的破产概率 $\psi(u)$ 小于经典赌徒输光模型的破产概率.

3.1.5 一个推广

我们现在将上面提出的模型扩展到带如下副索赔的情形, 即它可能与主索赔同时发生或晚于主索赔后一个时间段发生或晚于主索赔后两个时间段发生. 具体来说, 每个副索赔的发生可能会延迟 0, 1 或 2 个时间段, 概率分别为 $\theta, \theta(1-\theta)$ 或 $(1-\theta)^2$. 根据 (3.1.5)—(3.1.7), 我们需要考虑扩展模型中的五种生存概率: 原模型的生存概率 ϕ; 在第二个时间段内会发生副索赔的条件下的生存概率 ϕ_1; 在第三个时间段内会发生副索赔的条件下的生存概率 ϕ_2; 在第二和第三时间段中的每个时间段都会发生副索赔的条件下的生存概率 ϕ_3; 在第二个时间段内会发生两次副索赔的条件下的生存概率 ϕ_4. 这些分类导致以下方程组:

$$\phi(u-1,k) = p\phi(u,k-1) + q\theta \sum_{m+n\leqslant u} \phi(u-m-n,k-1)f_m g_n$$

$$+ q\theta(1-\theta) \sum_{m\leqslant u} \phi_1(u-m,k-1)f_m$$

$$+ q(1-\theta)^2 \sum_{m\leqslant u} \phi_2(u-m,k-1)f_m,$$

$$\phi_1(u-1,k) = p \sum_{n\leqslant u} \phi(u-n,k-1)g_n$$

$$+ q\theta \sum_{m+n+l\leqslant u} \phi(u-m-n-l,k-1)f_m g_n g_l$$

$$+ q\theta(1-\theta) \sum_{m+n\leqslant u} \phi_1(u-m-n,k-1)f_m g_n$$

$$+ q(1-\theta)^2 \sum_{m\leqslant u} \phi_2(u-m-n,k-1)f_m g_n,$$

$$\phi_2(u-1,k) = p\phi_1(u,k-1) + q\theta \sum_{m+n\leqslant u} \phi_1(u-m-n,k-1)f_m g_n$$

$$+ q\theta(1-\theta) \sum_{m\leqslant u} \phi_4(u-m,k-1)f_m$$

$$+ q(1-\theta)^2 \sum_{m\leqslant u} \phi_3(u-m,k-1)f_m,$$

$$\phi_3(u-1,k) = p \sum_{n\leqslant u} \phi_1(u-n,k-1)g_n$$

$$+ q\theta \sum_{m+n+l\leqslant u} \phi_1(u-m-n-l,k-1)f_m g_n g_l$$

$$+ q\theta(1-\theta) \sum_{m+n\leqslant u} \phi_4(u-m-n,k-1)f_m g_n$$

$$+ q(1-\theta)^2 \sum_{m+n+l\leqslant u} \phi_3(u-m-n,k-1)f_m g_n,$$

$$\phi_4(u-1,k) = p \sum_{n+l\leqslant u} \phi(u-n-l,k-1)g_n g_l$$

3.1 时间相依复合二项风险模型破产概率

$$+ q\theta \sum_{m+n+l+d \leqslant u} \phi(u-m-n-l-d, k-1) f_m g_n g_l g_d$$

$$+ q\theta(1-\theta) \sum_{m+n+l \leqslant u} \phi_1(u-m-n-l, k-1) f_m g_n g_l$$

$$+ q(1-\theta)^2 \sum_{m+n+l \leqslant u} \phi_2(u-m-n-l, k-1) f_m g_n g_l. \qquad (3.1.26)$$

上式中的 $u \geqslant 1, k \geqslant 1$. 尽管上述方程组看起来复杂, 但仍可用上面的方法来求出 ϕ.

回忆 3.1.3 小节定义的 $\tilde{h}, h, H, \tilde{h}_1$ 和 H_1. 令 h_1 表示与 $\tilde{h}_1$ 和 H_1 相联系的概率函数. 我们现在定义另外两个概率生成函数如下:

$$\tilde{h}_2(z, k) = \left(p + q\tilde{f}^2(z)\right) \tilde{h}(z, k-1)$$

和

$$\tilde{h}_3(z, k) = (p + q\tilde{g}(z)) \tilde{h}(z, k-1).$$

它们的概率函数 (分布函数) 分别表示为 $h_2(i, k)$ 和 $h_3(i, k)$ ($H_2(i, k)$ 和 $H_3(i, k)$). 与推导 (3.1.17) 和 (3.1.18) 的方法相同, 我们可以得到

$$\phi(u, k) = p(1-\theta)^2 \sum_{i=0}^{k-3} \phi_1(0, k-3-i)$$

$$\times \left(\theta(\theta-2) h_1(u+i+3, i+2) - p\theta(\theta-2) h(u+i+3, i+1)\right.$$

$$\left. - p(1-\theta)^2 h_1(u+i+3, i+1) + p^2(1-\theta)^2 h(u+i+3, i)\right)$$

$$+ \sum_{i=0}^{k-3} \phi(0, k-3-i) \left(p^2 \theta(1-\theta)(2\theta-3) h(u+i+3, i+1)\right.$$

$$\left. - p^3(1-\theta)^3 h(u+i+3, i) + p\theta^2(\theta-2) h(u+i+3, i+2)\right)$$

$$- p(1-\theta)^2 \phi_1(0, k-2) h_1(u+2, 1) - p\theta \phi(0, k-2) h(u+2, 1)$$

$$+ \theta^2(2-\theta) H(u+k, k) + \theta(1-\theta)(3-2\theta) H_1(u+k, k)$$

$$+ 2p(1-\theta)^3 H_1(u+k, k-1) - p(1-\theta)^3 H(u+k, k-2)$$

$$+ q(1-\theta)^3 H_2(u+k, k-1).$$

上面式子中 $u \geqslant 0, k \geqslant 1$, 且

$$\phi_1(0,k) = pg_1\phi(0,k-1) + p(1-\theta)^2 \sum_{i=0}^{k-3} \phi_1(0,k-3-i)\big(\theta(\theta-2)h(i+3,i+2)$$

$$-p\left(2\theta^2 - 4\theta + 1\right)h(i+3,i+1) + p^2(1-\theta)^2 h(i+3,i)\big)$$

$$+ \frac{p}{q}\sum_{i=0}^{k-3} \phi(0,k-3-i)\big(\theta^2(\theta-2)h_3(i+3,i+3) + p^3(1-\theta)^3 h(i+3,i)$$

$$+ p\theta(1-\theta)(2\theta-3)h_3(i+3,i+2) - p^2(1-\theta)^3 h_3(i+3,i+1)$$

$$- p^2\theta(1-\theta)(2\theta-3)h(i+3,i+1) - p\theta^2(\theta-2)h(i+3,i+2)\big)$$

$$+ \frac{p}{q}\phi(0,k-2)\left(p\theta h(2,1) - p(1-\theta)h_3(2,1) - \theta h_3(2,2)\right)$$

$$- \frac{p}{q}\phi(0,k-1)h_3(1,1) - p(1-\theta)^2\phi_1(0,k-2)h(2,1)$$

$$+ \left(\frac{p\theta^2}{q}(\theta-2) + \theta(1-\theta)(3-2\theta)\right)H(k,k)$$

$$+ \left(p(1-\theta)^3 + \frac{p}{q}\theta(1-\theta)(2\theta-3)\right)H(k,k-1)$$

$$+ \frac{p}{q}\theta(1-\theta)(3-2\theta)H_3(k,k) - \frac{\theta^2}{q}(\theta-2)H_3(k,k+1)$$

$$- \frac{(1-\theta)^3 p^2}{q}H(k,k-2) + \frac{p^2}{q}(1-\theta)^3 H_3(k,k-1)$$

$$+ (1-\theta)^3 H_1(k,k) - p(1-\theta)^3 H_1(k,k-1).$$

按照与 (3.1.26) 相同的方法, 我们可以把模型推广到副索赔延后 d 个阶段才发生, $d > 2$. 无疑这种推广将使得计算相关破产概率变得非常复杂和繁琐.

3.2 破产前余额与破产时赤字

3.2.1 引言

如 3.1 节所述, 复合二项式风险模型已被多位作者研究过, 文献中对该模型进行了一些扩展. Cossette 等 (2003) 考虑了复合马尔可夫二项式风险模型. Yuen 和 Guo (2001) 研究了一个具有时间相依索赔的复合二项式风险模型, 即每个索

3.2 破产前余额与破产时赤字

赔引起一个可能延迟到下一个时间段的副索赔, 得到了有限时间破产概率的递推公式. 对于连续时间模型, 采用鞅方法进行了研究, 见 (Yuen and Guo, 2005). 在本节中, 我们将给出破产前的盈余和破产时的赤字的联合分布 $f(u, x, y)$ 的递推公式, 并给出具有时间相依索赔的复合二项式风险模型与经典复合二项风险模型的关系. 利用经典复合二项风险模型的破产概率和破产时赤字的分布给出了破产概率的表达式. 利用 (Brémaud, 2000) 中使用的方法, 本节将给出破产概率的上限.

本节所使用的记号与 3.1 节基本相同, 但也有部分不同, 我们在此处仍进行完整的描述. 用 $k = 0, 1, 2, \cdots$ 表示离散时间单位. 假设每个主索赔都可产生一个副索赔. 在任何时间段内, 有主索赔发生的概率为 $q, 0 < q < 1$, 因此无主索赔发生的概率为 $p = 1 - q$. 不同时期主索赔的发生是相互独立的. 副索赔及其相关的主索赔可能以概率 θ 同时发生, 或者副索赔的发生可能以 $1 - \theta$ 的概率延迟到下一个时间段. 所有索赔金额都是独立的, 取正整数值. 主索赔额 $X_1, X_2, \cdots$ 相互独立且同分布. 令 $X = X_1$, 则 X_i 的共同概率函数由 $g_m = P(X = m), m = 1, 2, \cdots$ 给出. 它的概率生成函数和均值分别记为 $\widetilde{g}(z) = \sum_{m=1}^{\infty} g_m z^m$ 和 $\mu_X = \sum_{m=1}^{\infty} m g_m$. 令 $Y_1, Y_2, \cdots$ 为独立同分布的副索赔金额, 记 $Y = Y_1$. 将它们的共同概率函数表示为 $h_n = P(Y = n), n = 1, 2, \cdots$. 还有它们的概率生成函数和均值用 $\widetilde{h}(z)$ 和 μ_Y 表示.

假设单位时间收取的保费为 1. 令初始盈余取非负整数 u, 则盈余过程可定义为

$$S_k = u + k - U_k^X - U_k^Y, \tag{3.2.1}$$

其中 $k = 0, 1, 2, \cdots$, U_k^X 和 U_k^Y 为前 k 个时间段内的主索赔和副索赔总量. 令 $U_k = U_k^X + U_k^Y$. 根据 (Yuen and Guo, 2001) 可知

$$E[U_{n+1}] = nq(\mu_X + \mu_Y) + q\mu_X + q\theta\mu_Y. \tag{3.2.2}$$

假设 $q(\mu_X + \mu_Y) < 1$, 即过程具有正的安全负荷, 破产时间定义为 $T = \inf\{k : S_k < 0\}$.

3.2.2 破产前余额和破产时赤字的联合分布

和文献 (Yuen and Guo, 2001) 相同, 我们考虑两种情形.

a. 如果在某段时间内主索赔和副索赔同时发生, 则除初始值不同外, 盈余过程得到更新, 与初始的运动规律一样;

b. 如果在某个阶段主索赔所产生的副延迟索赔到下一阶段发生, 则因延迟副索赔的影响, 盈余过程将会有不同的表现. 因此我们定义如下的新的盈余

过程
$$S_{1,k} = u + k - U_k^X - U_k^Y - \tilde{Y}I\{k \geq 1\}, \tag{3.2.3}$$

其中 $k = 1, 2, 3, \cdots$, $\tilde{Y}$ 与 Y_i 具有相同的分布, 但独立于所有其它的变量.

令 $T_1 = \inf\{k : S_{1,k} < 0\}$ 为模型 (3.2.3) 的破产时间. 分别定义模型 (3.2.1) 和 (3.2.3) 的破产前余额和破产时赤字的联合分布如下:

$$f(u, x, y) = P(T < \infty, S_{T-1} = x, S_T = -y|S_0 = u), \tag{3.2.4}$$

$$f_1(u, x, y) = P(T_1 < \infty, S_{1,T_1-1} = x, S_{1,T_1} = -y|S_{1,0} = u). \tag{3.2.5}$$

对盈余过程 (3.2.1), 在时刻 1 处有如下三种可能的情况发生:

- 无索赔发生;

- 一个主索赔以及它的副索赔同时发生;

- 一个主索赔发生但其副索赔延迟到下一个阶段.

因此对 $u = 0, 1, 2, \cdots, x-1, x+1, \cdots$, 由全概率公式我们得到

$$f(u, x, y) = pf(u+1, x, y) + q\theta \sum_{m+n \leq u+1} f(u+1-m-n, x, y)g_m h_n$$
$$+ q(1-\theta) \sum_{m \leq u+1} f_1(u+1-m, x, y)g_m. \tag{3.2.6}$$

$u = x$ 的情况特殊, 与上面略有不同. 当总索赔量大于 $u+1$ 时破产发生, 但由于破产前的余额为 x 时相应的项不消失, 因此

$$f(x, x, y) = pf(x+1, x, y) + q\theta \sum_{m+n \leq x+1} f(x+1-m-n, x, y)g_m h_n$$
$$+ q(1-\theta) \sum_{m \leq x+1} f_1(x+1-m, x, y)g_m + D, \tag{3.2.7}$$

其中

$$D = q\theta \sum_{m+n = x+y+1} g_m h_n + q(1-\theta)g_{x+y+1}. \tag{3.2.8}$$

对模型 (3.2.3), 根据同样的推理可知

$$f_1(u, x, y)$$

3.2 破产前余额与破产时赤字

$$= p \sum_{n \leqslant u+1} f(u+1-n, x, y) h_n + q\theta \sum_{m+n+l \leqslant u+1} f(u+1-m-n-l, x, y)$$
$$\times g_m h_n h_l + q(1-\theta) \sum_{m+n \leqslant u+1} f_1(u+1-m-n, x, y) g_m h_n. \tag{3.2.9}$$

当 $u = x$ 时

$$f_1(x, x, y)$$
$$= p \sum_{n \leqslant x+1} f(x+1-n, x, y) h_n + q\theta \sum_{m+n+l \leqslant x+1} f(x+1-m-n-l, x, y)$$
$$\times g_m h_n h_l + q(1-\theta) \sum_{m+n \leqslant x+1} f_1(x+1-m-n, x, y) g_m h_n + D_1, \tag{3.2.10}$$

此处

$$D_1 = p h_{x+y+1} + q\theta \sum_{m+n+l=x+y+1} g_m h_n h_l + q(1-\theta) \sum_{m+n=x+y+1} g_m h_n. \tag{3.2.11}$$

假定 $\sum_{u=0}^{\infty} f(u, x, y) < \infty$, $\sum_{u=0}^{\infty} f_1(u, x, y) < \infty$. 根据 (3.2.6) 和 (3.2.7), 对 u 从 0 到 ∞ 求和得到

$$\sum_{u=0}^{\infty} f(u, x, y) = p \sum_{u=1}^{\infty} f(u, x, y) + q\theta \sum_{u=0}^{\infty} \sum_{m+n=2}^{m+n=u+1} f(u+1-m-n, x, y) g_m h_n$$
$$+ q(1-\theta) \sum_{u=0}^{\infty} \sum_{m=1}^{u+1} f_1(u+1-m, x, y) g_m + D,$$

即

$$\sum_{u=0}^{\infty} f(u, x, y) = p \sum_{u=1}^{\infty} f(u, x, y) + q\theta \sum_{u=0}^{\infty} f(u, x, y) \sum_{m+n=2}^{\infty} g_m h_n$$
$$+ q(1-\theta) \sum_{u=0}^{\infty} f_1(u, x, y) \sum_{m=1}^{\infty} g_m + D.$$

因为 $\sum_{m+n=2}^{\infty} g_m h_n = 1, \sum_{m=1}^{\infty} g_m = 1$, 可以推出

$$\sum_{u=0}^{\infty} f(u, x, y) = p \sum_{u=1}^{\infty} f(u, x, y) + q\theta \sum_{u=0}^{\infty} f(u, x, y)$$

$$+ q(1-\theta)\sum_{u=0}^{\infty} f_1(u,x,y) + D. \tag{3.2.12}$$

同样根据 (3.2.9) 和 (3.2.10) 可得

$$\sum_{u=0}^{\infty} f_1(u,x,y) = p\sum_{u=0}^{\infty} f(u,x,y) + q\theta\sum_{u=0}^{\infty} f(u,x,y)$$

$$+ q(1-\theta)\sum_{u=0}^{\infty} f_1(u,x,y) + D_1. \tag{3.2.13}$$

根据上面得到的 (3.2.12) 和 (3.2.13), 我们可以得到如下的定理.

定理 3.2.1 当 $u=0$ 时, 盈余过程 (3.2.1) 的破产前盈余和破产时赤字的联合分布为

$$f(0,x,y) = \frac{(p+q\theta)D + q(1-\theta)D_1}{p^2 + pq\theta}, \tag{3.2.14}$$

其中 D, D_1 分别由 (3.2.8) 和 (3.2.11) 式给出.

推论 3.2.1 当 $u=0$ 时, 破产概率由下式给出

$$P(T < \infty | u=0) = \frac{q}{p(p+q\theta)}\left(\mu_X + \mu_Y - 1 - p(1-\theta)\right). \tag{3.2.15}$$

证明 实际上我们容易证明

$$\sum_{x=0}^{\infty}\sum_{y=1}^{\infty} D = q(\mu_X - 1) + q\theta\mu_Y$$

和

$$\sum_{x=0}^{\infty}\sum_{y=1}^{\infty} D_1 = q\mu_X + q\theta\mu_Y + \mu_Y - 1.$$

因此由 (3.2.14) 可得

$$P(T<\infty|u=0) = \sum_{x=0}^{\infty}\sum_{y=1}^{\infty} f(0,x,y)$$

$$= \frac{1}{p}\sum_{x=0}^{\infty}\sum_{y=1}^{\infty} D + \frac{q(1-\theta)}{p^2+pq\theta}\sum_{x=0}^{\infty}\sum_{y=1}^{\infty} D_1$$

$$= \frac{q}{p(p+q\theta)}(\mu_X + \mu_Y - 1 - p(1-\theta)). \qquad \square$$

3.2 破产前余额与破产时赤字

注 3.2.1 在论文 (Yuen and Guo, 2001) 中, 在 $u = 0$ 的情形, 破产概率的明确表达式仅在 $\theta = 0$ 和 $\theta = 1$ 时才由不同的方法给出.

例 3.2.1 假设 $0 \leqslant \theta \leqslant 1$. 令 X 和 Y 服从几何分布, $P(X = k) = a^{k-1}(1-a), P(Y = k) = b^{k-1}(1-b)$, 其中 $0 < a < 1, 0 < b < 1, k \geqslant 1$. 则由 (3.2.8) 和 (3.2.11) 可知

$$D = q\theta \sum_{m+n=x+y+1} (1-a)(1-b)a^{m-1}b^{n-1} + q(1-\theta)(1-a)a^{x+y}$$

$$= q\theta \frac{(1-a)(1-b)}{b-a}(b^{x+y} - a^{x+y}) + q(1-\theta)(1-a)a^{x+y},$$

$$D_1 = p(1-b)b^{x+y} + q\theta \sum_{m+n+l=x+y+1} (1-a)(1-b)^2 a^{m-1}b^{n-1}b^{l-1}$$

$$+ q(1-\theta) \sum_{m+n=x+y+1} (1-a)(1-b)a^{m-1}b^{n-1}$$

$$= p(1-b)b^{x+y} + q\theta \frac{(1-a)(1-b)^2}{b-a}\left\{(x+y-1)b^{x+y-1}\right.$$

$$\left. - \frac{ab^{x+y-1} - a^{x+y}}{b-a}\right\} + q(1-\theta)\frac{(1-a)(1-b)}{b-a}(b^{x+y} - a^{x+y}).$$

因此可得

$$f(0, x, y) = \frac{D}{p} + \frac{q(1-\theta)}{p^2 + pq\theta}D_1 \tag{3.2.16}$$

和

$$P(T < \infty | u = 0) = \frac{q}{p(p+q\theta)}\left(\frac{1}{1-a} + \frac{1}{1-b} - 1 - p(1-\theta)\right). \tag{3.2.17}$$

数值例子我们将在定理 3.2.2 之后给出.

现在我们根据求得的初值 $f(0, x, y)$ 来推导 $f(u, x, y)$ 满足的递推公式. 当 $0 \leqslant z < 1$ 时, 考虑 f 和 f_1 的生成函数

$$\tilde{M}(z) = \sum_{u=0}^{\infty} f(u, x, y)z^u \quad \text{和} \quad \tilde{M}_1(z) = \sum_{u=0}^{\infty} f_1(u, x, y)z^u.$$

在 (3.2.6) 和 (3.2.7) 式两端分别乘以 z^u, 然后对 u 从 0 到 ∞ 求和可得

$$z\tilde{M}(z) = p\left(\tilde{M}(z) - f(0, x, y)\right) + q\theta\tilde{M}(z)\tilde{g}(z)\tilde{h}(z)$$

$$+ q(1-\theta)\tilde{M}_1(z)\tilde{g}(z) + Dz^{x+1}. \tag{3.2.18}$$

同样根据 (3.2.9) 和 (3.2.10) 可以得到

$$z\tilde{M}_1(z) = p\tilde{M}(z)\tilde{h}(z) + q\theta\tilde{g}(z)\tilde{M}(z)\tilde{h}^2(z)$$
$$+ q(1-\theta)\tilde{M}_1(z)\tilde{g}(z)\tilde{h}(z) + D_1 z^{x+1}. \tag{3.2.19}$$

联合 (3.2.18) 和 (3.2.19) 式得到

$$\left[p + q\tilde{g}(z)\tilde{h}(z) - z\right]\tilde{M}(z)$$
$$= q(1-\theta)\left[z^x D - \frac{1}{z}pf(0,x,y)\right]\tilde{g}(z)\tilde{h}(z)$$
$$- q(1-\theta)D_1 z^x \tilde{g}(z) - Dz^{x+1} + pf(0,x,y). \tag{3.2.20}$$

现在比较 (3.2.20) 式两端 z^u 的系数, 可以得到下面的定理.

定理 3.2.2 令 u 取正整数, 表示盈余过程 (3.2.1) 的初始值, 则破产前余额和破产时赤字的联合分布满足下面递推公式

$$pf(u,x,y)$$
$$= f(u-1,x,y) - q\sum_{l=2}^{u}\sum_{m+n=l}f(u-l,x,y)g_m h_n$$
$$+ D\left[q(1-\theta)\sum_{m+n=u-x}g_m h_n I\{u \geqslant x+2\} - I\{u = x+1\}\right]$$
$$- q(1-\theta)D_1 g_{u-x} I\{u \geqslant x+1\}$$
$$- pq(1-\theta)f(0,x,y)\sum_{m+n=u+1}g_m h_n, \tag{3.2.21}$$

其中 $x = 0, 1, 2, \cdots, y = 1, 2, \cdots, D, D_1$ 和 $f(0,x,y)$ 分布由 (3.2.8), (3.2.11) 和 (3.2.14) 给出.

下面的表 3.2.1 给出了例 3.2.1 中联合分布 $f(u,x,y)$ 的数值解, 这些数值由 (3.2.16) 和定理 3.2.2 中的递推公式 (3.2.21) 得到. 此处 θ 分别取 0 (完全延迟情况), 1 (无延迟的古典模型) 和 0.5 (索赔以概率 0.5 发生延迟). 其他参数还有 $p = 0.8, q = 0.2, a = 0.5, b = 1/3$.

3.2 破产前余额与破产时赤字

表 3.2.1 $p=0.8, q=0.2, a=0.5, b=1/3$ 时的破产概率值

(x,y)		$u=0$	$u=1$	$u=2$	$u=3$	$u=4$	$u=5$
(0,1)	$\theta=0$	0.138889	0.071296	0.058719	0.048759	0.040589	0.033813
	$\theta=0.5$	0.102238	0.038278	0.032321	0.027040	0.022559	0.018806
	$\theta=1$	0.083333	0.0208333	0.019097	0.016348	0.013732	0.011471
(0,5)	$\theta=0$	0.007984	0.003910	0.003224	0.002678	0.002229	0.001857
	$\theta=0.5$	0.011667	0.004139	0.003510	0.002940	0.002454	0.002046
	$\theta=1$	0.013567	0.003392	0.003109	0.002662	0.002236	0.001868
(3,5)	$\theta=0$	0.000983	0.001163	0.001317	0.001447	0.000869	0.000721
	$\theta=0.5$	0.001648	0.002004	0.002323	0.002593	0.001427	0.001203
	$\theta=1$	0.001877	0.002346	0.002776	0.003144	0.001577	0.001366
(5,3)	$\theta=0$	0.000983	0.001163	0.001317	0.001447	0.001555	0.001645
	$\theta=0.5$	0.001648	0.002004	0.002323	0.002593	0.002819	0.003008
	$\theta=1$	0.001877	0.002346	0.002776	0.003144	0.003454	0.003712
(5,5)	$\theta=0$	0.000245	0.000290	0.000328	0.000360	0.000387	0.000410
	$\theta=0.5$	0.000426	0.000518	0.000601	0.0006705	0.000729	0.000778
	$\theta=1$	0.000480	0.000600	0.000710	0.000804	0.000883	0.000949
(x,y)		$u=6$	$u=7$	$u=8$	$u=9$	$u=10$	$u=11$
(0,1)	$\theta=0$	0.028175	0.023479	0.019565	0.016304	0.013587	0.011322
	$\theta=0.5$	0.015674	0.013062	0.010885	0.009071	0.007559	0.006299
	$\theta=1$	0.009566	0.007973	0.006645	0.005537	0.004614	0.003845
(0,5)	$\theta=0$	0.001548	0.001290	0.001075	0.000896	0.000746	0.000622
	$\theta=0.5$	0.001705	0.001421	0.001184	0.000987	0.000822	0.000685
	$\theta=1$	0.001557	0.001298	0.001082	0.000902	0.000751	0.000626
(3,5)	$\theta=0$	0.000600	0.000500	0.000417	0.000347	0.000289	0.000241
	$\theta=0.5$	0.001006	0.000839	0.000700	0.000583	0.000486	0.000405
	$\theta=1$	0.001151	0.000963	0.000803	0.000669	0.000558	0.000465
(5,3)	$\theta=0$	0.001035	0.000859	0.000715	0.000596	0.000497	0.000414
	$\theta=0.5$	0.001774	0.001492	0.001247	0.001040	0.000867	0.000722
	$\theta=1$	0.002051	0.001761	0.001481	0.001237	0.001032	0.000860
(5,5)	$\theta=0$	0.000257	0.000214	0.000178	0.000148	0.000124	0.000103
	$\theta=0.5$	0.000461	0.000388	0.000324	0.000270	0.000225	0.000188
	$\theta=1$	0.000524	0.000450	0.000378	0.000316	0.000264	0.000220

3.2.3 无穷时间破产概率

本节主要研究盈余过程 (3.2.1) 的破产概率 $P(T<\infty)$ 的表达式. 为此我们区分 $\theta<1$ 和 $\theta=1$ 两种情况. 为了明确, 我们分别记它们在时刻 k 的盈余为 $S_k^{\theta=1}$ 和 $S_k^{\theta<1}$. 实际上, $S_k^{\theta=1}$ 是古典复合二项风险模型. 为了强调破产概率对初始盈余 u 的依赖, 我们使用如下记号, 如 $P(T<\infty|u)$.

令 $W=\inf\{k:S_k^{\theta=1}<0\}$ 表示 $S_k^{\theta=1}$ 的破产时间. 则对 $k=0,1,2,\cdots$ 有 $S_k^{\theta=1} \leqslant S_k^{\theta<1}$. 因此 $W \leqslant T$ 且有

$$P(W<\infty|u) = P(W<\infty, T<\infty|u) + P(W<\infty, T=\infty|u)$$
$$= P(T<\infty|u) + P(W<\infty, T=\infty|u).$$

上式表明为了得到 $P(T<\infty|u)$, $P(W<\infty,T=\infty|u)$ 是一个需要主要关注的量.

在条件 $W<\infty$ 和 $T=\infty$ 下, 我们易知

$$S_W^{\theta=1}<0, \quad S_W^{\theta<1}\geqslant 0. \tag{3.2.22}$$

因此对过程 $S_t^{\theta=1}$, 主索赔和副索赔同时在时刻 W 发生. 但对过程 $S_t^{\theta<1}$, 主索赔发生在时刻 W, 但副延迟索赔到时刻 $W+1$, 否则 $S_W^{\theta=1}=S_W^{\theta<1}<0$, 与 (3.2.22) 矛盾. 用 X_W 和 Y_W 分别表示相应的主索赔和副索赔, 则

$$S_W^{\theta=1}+Y_W=S_W^{\theta<1}.$$

令 Z 表示过程 $S_k^{\theta<1}$ 发生在时刻 $W+1$ 的所有可能的索赔, 则有

$$S_{W+1}^{\theta\neq 1}=S_W^{\theta<1}+1-Y_W-Z=S_W^{\theta=1}+1-Z. \tag{3.2.23}$$

因为 $S_{W+1}^{\theta<1}\geqslant 0$, 所以从 (3.2.23) 可得

$$Z-1\leqslant S_W^{\theta=1}<0.$$

因此 $Z=0$, $S_W^{\theta=1}=-1$. 而且从 (3.2.23) 可得 $S_{W+1}^{\theta<1}=0$.

现总结如下. 如果 $W<\infty$, $T=\infty$, 则

- 在时刻 W, $S_W^{\theta=1}=-1$;

- 在时刻 W, 主索赔发生, 与其相关的副延迟索赔到时刻 $W+1$;

- 在时刻 $W+1$, $S_{W+1}^{\theta<1}=0$, 过程 $S_t^{\theta<1}$ 从 0 重新开始;

- 在时刻 $W+1$, 没有主索赔发生.

因此有

$$P(W<\infty,T=\infty|u)$$
$$=P(W<\infty,S_W^{\theta=1}=-1,Y_W\text{ 延迟发生},$$
$$\text{且没有主索赔发生在时刻}W+1,T=\infty,S_{W+1}^{\theta<1}=0)$$
$$=P(W<\infty,S_W^{\theta=1}=-1|u)(1-\theta)p(1-P(T<\infty|u=0)).$$

由此我们可以得到本节的主要结果如下.

3.2 破产前余额与破产时赤字

定理 3.2.3 模型 (3.2.1) 的破产概率与古典复合二项风险模型的破产概率和破产时赤字具有如下关系:

$$P(T<\infty|u) = P(W<\infty|u) - P(W<\infty, S_W=-1|u)$$
$$\times (1-\theta)p(1-P(T<\infty|u=0)). \qquad (3.2.24)$$

在上面定理中,我们用 S_W 来表示 $S_W^{\theta=1}$. 注意到有很多文献研究了 $P(W<\infty|u)$ 和 $P(W<\infty, S_W=-1|u)$. 因此 $P(T<\infty|u=0)$ 可以容易地由 (3.2.14) 和 (3.2.15) 来计算.

例 3.2.2 假定 $0 \leqslant \theta \leqslant 1$. 令 X 和 Y 如例 3.2.1, 服从几何分布, 即 $P(X=k)=a^{k-1}(1-a), P(Y=k)=b^{k-1}(1-b)$, 其中 $0<a<1, 0<b<1$, $k \geqslant 1$.

首先考虑 $\theta = 1$ 的古典情况. 令 $\Psi(u) = P(S_k \leqslant 0$ 对某 k 成立, $k = 1,2,3,\cdots)$, $G(u,y) = P(T' < \infty, \text{且 } S_{T'} > -y)$, 此处 $T' = \inf\{k \geqslant 1 : S_k \leqslant 0\}$. 注意此处破产的定义与 $P(W<\infty|u)$ 不同, 但与 (Gerber, 1988; Dickson, 1994) 中的定义对应. 因此我们可得

$$G(u,y) = \sum_{j=0}^{u-1}(1-H(j))G(u-j,y) + \sum_{j=u}^{u+y-1}(1-H(j)), \qquad (3.2.25)$$

这里

$$\begin{cases} 1-H(j) = qP(X+Y>j) = q\left\{\dfrac{1-a}{b-a}b^j - \dfrac{1-b}{b-a}a^j\right\}, & j \geqslant 2, \\ 1-H(j) = q, \quad j=0,1. \end{cases} \qquad (3.2.26)$$

这个实际上是 (Dickson, 2005) 第 124 页中的公式. 由 (3.2.25) 可以得到

$$G(0,y) = \sum_{j=0}^{y-1}(1-H(j)) = \frac{q}{b-a}\left\{\frac{1-a}{1-b}(1-b^y) - \frac{1-b}{1-a}(1-a^y)\right\},$$

$$G(1,y) = \frac{q}{p(b-a)}\left\{\frac{1-a}{1-b}b(1-b^y) - \frac{1-b}{1-a}a(1-a^y)\right\},$$

$$G(2,y) = \frac{q}{p}G(1,y) + \frac{q}{p(b-a)}\left\{\frac{1-a}{1-b}b^2(1-b^y) - \frac{1-b}{1-a}a^2(1-a^y)\right\}.$$

把 (3.2.26) 代入 (3.2.25) 式, 可得

$$G(u,y) = \sum_{j=0}^{u-1}\frac{1-a}{b-a}qb^j G(u-j,y) + \sum_{j=u}^{u+y-1}\frac{1-a}{b-a}qb^j$$

$$-\sum_{j=0}^{u-1}\frac{1-b}{b-a}qa^jG(u-j,y)-\sum_{j=u}^{u+y-1}\frac{1-b}{b-a}qa^j.$$

因此,

$$G(u+1,y)=\sum_{j=0}^{u}\frac{1-a}{b-a}qb^jG(u+1-j,y)+\sum_{j=u+1}^{u+y}\frac{1-a}{b-a}qb^j$$

$$-\sum_{j=0}^{u}\frac{1-b}{b-a}qa^jG(u+1-j,y)-\sum_{j=u+1}^{u+y}\frac{1-b}{b-a}qa^j$$

$$=qG(u+1,y)+b\left\{\sum_{j=0}^{u-1}\frac{1-a}{b-a}qb^jG(u-j,y)+\sum_{j=u}^{u+y-1}\frac{1-a}{b-a}qb^j\right\}$$

$$-a\left\{\sum_{j=0}^{u-1}\frac{1-b}{b-a}qa^jG(u-j,y)+\sum_{j=u}^{u+y-1}\frac{1-b}{b-a}qa^j\right\}.$$

基于上面给出的关于 $G(u,y)$ 和 $G(u+1,y)$ 的两个等式, 可以得出

$$pG(u+2,y)-(q+ap+bp)G(u+1,y)+abG(u,y)=0. \quad (3.2.27)$$

此递推公式加上 $G(1,y), G(2,y)$ 的初始值就给出了一种计算 $G(u,y)$ 的简单方法. 对于破产概率, 方程 (参见 (Dickson, 2005, p.116))

$$\Psi(u)=\sum_{j=0}^{u-1}(1-H(j))\Psi(u-j)+\sum_{j=u}^{\infty}(1-H(j)) \quad (3.2.28)$$

可被用来推导下面的递推公式, 其方法与推导递推公式 (3.2.27) 类似.

$$p\Psi(u+2)-(q+ap+bp)\Psi(u+1)+ab\Psi(u)=0. \quad (3.2.29)$$

初值分别为

$$\Psi(0)=\sum_{j=0}^{\infty}(1-H(j))=\frac{q}{b-a}\left\{\frac{1-a}{1-b}-\frac{1-b}{1-a}\right\},$$

$$\Psi(1)=\frac{q}{p(b-a)}\left\{\frac{1-a}{1-b}b-\frac{1-b}{1-a}a\right\},$$

$$\Psi(2)=\frac{q}{p}\Psi(1)+\frac{q}{p(b-a)}\left\{\frac{1-a}{1-b}b^2-\frac{1-b}{1-a}a^2\right\}.$$

注意到 $P(W<\infty|u)=\Psi(u+1)$, $P(W<\infty,S_W=-1|u)=G(u+1,1)$, 因此 $P(T<\infty|u=0)$ 可由公式 (3.2.17) 来计算. 因此方程 (3.2.24) 变为

3.2 破产前余额与破产时赤字

$$P(T < \infty | u) = \Psi(u+1) - AG(u+1, 1), \tag{3.2.30}$$

此处 $A = p(1-\theta)\left\{1 - \dfrac{q}{p(p+q\theta)}\left(\dfrac{1}{1-a} + \dfrac{1}{1-b} - 1 - p(1-\theta)\right)\right\}$.

在图 3.2.1 和图 3.2.2 中, 我们展示了例 3.2.2 的一些数值结果. 破产概率上界由定理 3.2.4 的 (3.2.34) 式给出

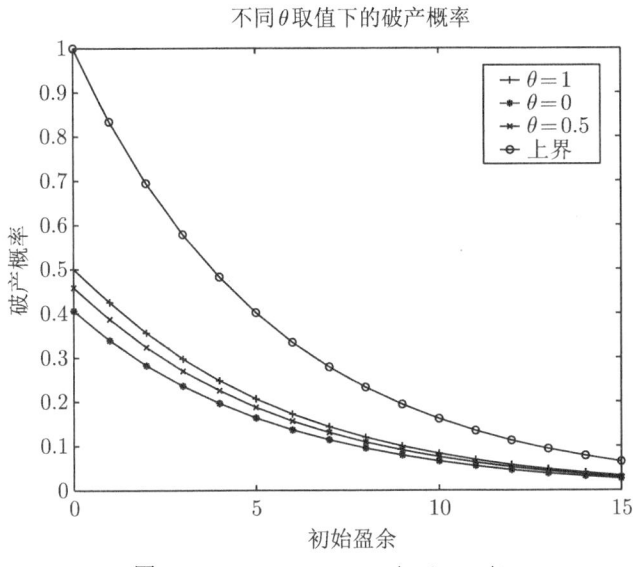

图 3.2.1　$p = 0.8, a = 1/2, b = 1/3$

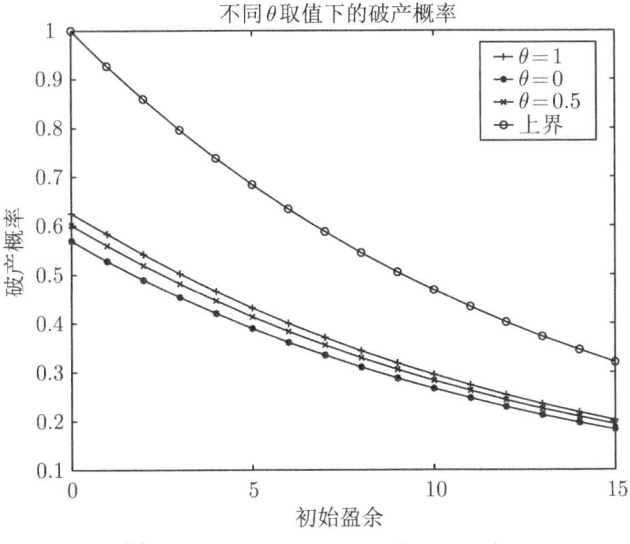

图 3.2.2　$p = 0.75, a = 1/2, b = 1/3$

3.2.4 Lundberg 指数和破产概率上界

令随机变量 Z_k 表示风险模型 $S_k^{\theta=1}$ 在第 k 个时间段的索赔额, $Z_1, Z_2, \cdots$ 是独立同分布的. $P(Z_1 = 0) = p$, $P(Z_1 = X_1 + Y_1) = q$. 假定存在 $r > 0$ 使得 $E\left[\mathrm{e}^{rZ_1}\right] < \infty$. 则

$$S_k^{\theta=1} = u + k - \sum_{i=1}^{k} Z_i. \tag{3.2.31}$$

令 $R^* > 0$ 表示 $S_k^{\theta=1}$ 的 Lundberg 指数, R^* 是下面方程的唯一正根:

$$\mathrm{e}^{-r} E\left[\mathrm{e}^{rZ_1}\right] = 1. \tag{3.2.32}$$

则我们有如下定理.

定理 3.2.4 令 T 是盈余过程 (3.2.1) 的破产时间, 则

$$P(T < \infty) = \frac{\mathrm{e}^{-R^* u}}{E\left[\mathrm{e}^{-R^* S_T^{\theta=1}} | T < \infty\right]} \tag{3.2.33}$$

且如下 Lundberg 不等式成立:

$$P(T < \infty) < \mathrm{e}^{-R^* u}. \tag{3.2.34}$$

同时 R^* 是盈余过程 (3.2.1) 的 Lundberg 不等式的最优指数.

证明 由古典风险理论知道 $\mathrm{e}^{-R^* S_k^{\theta=1}}$ 是一个鞅. 因此 $\mathrm{e}^{-R^* u} = E\left[\mathrm{e}^{-R^* S_k^{\theta=1}}\right]$, 而且

$$\begin{aligned}\mathrm{e}^{-R^* u} = & \sum_{i=1}^{k} E\left[\mathrm{e}^{-R^* S_k^{\theta=1}} \bigg| T = i\right] P(T = i) \\ & + E\left[\mathrm{e}^{-R^* S_k^{\theta=1}} \bigg| T > k\right] P(T > k).\end{aligned} \tag{3.2.35}$$

因为 $S_k^{\theta=1} = S_i^{\theta=1} + S_k^{\theta=1} - S_i^{\theta=1}$, $S_k^{\theta=1} - S_i^{\theta=1}$ 和 $\{T = i\}$ 是独立的, 而

$$E\left[\mathrm{e}^{-R^*(S_k^{\theta=1} - S_i^{\theta=1})}\right] = 1.$$

因此

$$E\left[\mathrm{e}^{-R^* S_k^{\theta=1}} \bigg| T = i\right] P(T = i) = E\left[\mathrm{e}^{-R^* S_i^{\theta=1}} \bigg| T = i\right] P(T = i).$$

3.2 破产前余额与破产时赤字

由此得到方程 (3.2.35) 可写为如下形式:

$$e^{-R^*u} = \sum_{i=1}^{k} E\left[e^{-R^*S_i^{\theta=1}}\bigg|T=i\right]P(T=i)$$
$$+ E\left[e^{-R^*S_k^{\theta=1}}\bigg|T>k\right]P(T>k). \tag{3.2.36}$$

令 $k \to \infty$, 易知方程 (3.2.36) 的右边的第一项收敛到

$$E\left[e^{-R^*S_T^{\theta=1}}\bigg|T<\infty\right]P(T<\infty).$$

对于第二项, 因为 $q(\mu_X + \mu_Y) < 1$, 因此当 $k \to \infty$ 时, $S_k^{\theta=1} \to +\infty$. 由上面分析可以得到当 $k \to \infty$ 时, $E\left[e^{-R^*S_k^{\theta=1}}\bigg|T>k\right]P(T>k) \to 0$.

最后在 (3.2.36) 中令 $k \to \infty$, 可以得到

$$e^{-R^*u} = E\left[e^{-R^*S_T^{\theta=1}}\bigg|T<\infty\right]P(T<\infty).$$

此即为公式 (3.2.33). 而
$$P(T<\infty) < e^{-R^*u}$$

则是 $P(W<\infty) < e^{-R^*u}$ 和 $S_k^{\theta=1} \leqslant S_k^{\theta=1}$ 的直接推论.

为了证明 R^* 是关于盈余过程 (3.2.1) 的 Lundberg 不等式的最优指数, 我们先证明如下结论

$$\lim_{u\to\infty} \frac{1}{u}\ln P(T<\infty) = -R.$$

这里 R 是方程 $e^{-R}E\left[e^{RZ_1}\right] = 1$ 或 $\ln E\left[e^{RZ_1}\right] = R$ 的正根.

为此, 我们利用下面的一般结论:

$$R = \sup\{r : \lambda(r) \leqslant 0\}.$$

此处
$$\lambda(r) = \lim_{k\to\infty} \frac{1}{k}\ln E\left[e^{-r(S_k^{\theta<1}-u)}\right].$$

注意到 $S_k^{\theta=1} \leqslant S_k^{\theta<1} \leqslant S_k^{\theta=1} + Y$, 因此有

$$\frac{1}{k}\ln E\left[e^{-r(S_k^{\theta=1}+Y-u)}\right] \leqslant \frac{1}{k}\ln E\left[e^{-r(S_k-u)}\right] \leqslant \frac{1}{k}\ln E\left[e^{-r(S_k^{\theta=1}-u)}\right],$$

即
$$\frac{1}{k}\ln E\left[\mathrm{e}^{-rY}\right]+\frac{1}{k}\ln E\left[\mathrm{e}^{-r(S_k^{\theta=1}-u)}\right]$$
$$\leqslant \frac{1}{k}\ln E\left[\mathrm{e}^{-r(S_k-u)}\right]\leqslant \frac{1}{k}\ln E\left[\mathrm{e}^{-r(S_k^{\theta=1}-u)}\right].$$

由此得到
$$\lim_{k\to\infty}\frac{1}{k}\ln E\left[\mathrm{e}^{-r(S_k-u)}\right]=\lim_{k\to\infty}\frac{1}{k}\ln E\left[\mathrm{e}^{-r(S_k^{\theta=1}-u)}\right].$$

$R = R^*$ 则由上述等式直接得到. □

3.3 带延迟索赔的复合泊松风险过程

3.3.1 引言

在实践中, 保险索赔可能会因各种原因而延迟, 具有这种延迟的风险模型已经在文献中讨论了很多. Waters 和 Papatriandafylou (1985) 考虑了一种允许延迟索赔的离散时间风险模型, 并使用鞅方法推导出破产概率的上限. Boogaert 和 Haezendonck (1989) 在经济学环境的框架内研究了具有结算延迟的负债过程的数学性质. 在本节中, 我们假设每个主索赔都会引发另一种索赔, 称为副索赔. 这两种类型的索赔具有不同的分布. 副索赔的发生时间晚于主索赔的发生时间, 副索赔的延迟时间是随机的. 这种风险模型具有很多实践背景. 例如, 严重的汽车事故会导致不同类型的索赔, 如汽车损坏、人身受伤和死亡, 有些可以立即处理, 而有些则需要等待随机的一段时间才能解决. 本部分的结构如下: 在 3.3.2 小节中, 我们详细描述了该模型; 在 3.3.3 小节中, 我们使用鞅方法推导出最终破产概率的表达式, 它涉及非延迟盈余过程及其 Lundberg 指数; 在 3.3.4 小节中, 我们证明了所提出的延迟索赔模型的 Lundberg 指数与相关的非延迟风险模型的 Lundberg 指数相同; 最后, 在 3.3.5 小节中, 我们研究了总索赔过程的弱收敛性, 利用布朗运动逼近给出了破产概率的近似值.

3.3.2 模型

Yuen 和 Guo (2001) 使用概率生成函数的方法为带延迟索赔的离散时间的复合二项式模型推导出了破产概率的递推计算公式和相关表达式. 在本节中, 我们考虑连续时间的类似问题. 具体而言, 我们研究具有延迟索赔的复合泊松模型的相关问题.

设聚合主索赔过程为复合泊松过程, $N(t)$ 是强度为 λ 的泊松索赔记数过程. 它的跳跃时刻记为 $\{T_i, i = 1, 2, \cdots\}$ 且 $T_0 = 0$. 主索赔金额随机变量 $\{X_i, i =$

3.3 带延迟索赔的复合泊松风险过程

$1,2,\cdots\}$ 具有共同分布 F, 均值为 μ_F, 方差为 σ_F^2. 在我们的模型中, 如果 X_i 发生在时刻 T_i, 它将生成由 Y_i 表示的副索赔, 发生在时间 T_i+W_i, 其中 W_i 是 Y_i 的随机延迟时间. 副索赔随机变量 $\{Y_i, i=1,2,\cdots\}$ 具有共同分布 G, 均值为 μ_G, 方差为 σ_G^2, 而延迟时间为 $\{W_i, i=1,2,\cdots\}$, 服从指数分布, 均值为 λ_1^{-1}. 假设 X_i, Y_i, T_i 和 W_i 是相互独立的. 本节考虑的所有随机变量和随机过程都定义在概率空间 $(\Omega, \mathcal{F}, P)$ 上.

在上面的框架下, 盈余过程具有下面的形式

$$S(t) = u + ct - D(t), \tag{3.3.1}$$

其中

$$D(t) = \sum_{i=1}^{N(t)} X_i + \sum_{i=1}^{\infty} Y_i I\{T_i + W_i \leqslant t\},$$

$I\{\cdot\}$ 是示性函数, u 是初始盈余, c 是保费率. 相应的副索赔计数过程为

$$\bar{N}(t) = \sum_{i=1}^{\infty} I\{T_i + W_i \leqslant t\}.$$

很明显, 副索赔过程的并入使盈余过程 (3.3.1) 的研究更加复杂.

令 H_{T_i} 表示 T_i 的分布函数, 则到 t 时刻总的副索赔量的期望为

$$E\left[\sum_{i=1}^{\infty} Y_i I\{T_i + W_i \leqslant t\}\right] = \sum_{i=1}^{\infty} \mu_G P(T_i + W_i \leqslant t)$$

$$= \mu_G \int_0^t \sum_{i=1}^{\infty} H_{T_i}(t-x) \lambda_1 e^{-\lambda_1 x} dx$$

$$= \mu_G \int_0^t \lambda(t-x) \lambda_1 e^{-\lambda_1 x} dx$$

$$= \lambda \mu_G \left(t - \frac{1}{\lambda_1} + \frac{1}{\lambda_1} e^{-\lambda_1 t} \right). \tag{3.3.2}$$

因此, 为了满足正安全负荷条件, 我们假定 $c > \lambda(\mu_F + \mu_G)$. 令 $T = \inf\{t : S(t) < 0\}$ 为破产时间, 则 $\psi(u) = P(T < \infty)$ 为相应的破产概率.

3.3.3 破产概率的鞅方法

在本小节中我们利用鞅方法来推导风险过程 $S(t)$ 的破产概率的解析表达式. 特别地, 本小节我们用一个修正的盈余过程及其相关的调节系数来给出带延迟的风险过程的破产概率表达式.

定义 $S(t)$ 的一个修正如下:

$$S^*(t) = u + ct - D^*(t), \qquad (3.3.3)$$

其中 $D^*(t) = \sum_{i=1}^{N(t)}(X_i + Y_i)$. 注意到 (3.3.3) 是由复合泊松过程构成的风险过程, 其第 i 个索赔量为随机变量 $X_i + Y_i$. 令 $\mathcal{F}_t = \sigma\{S(u), u \leqslant t\}$ 和 $\mathcal{F}_t^* = \sigma\{S^*(u), u \leqslant t\}$ 分别表示由 $S(t)$ 和 $S^*(t)$ 产生的 σ-代数流. 与 $S^*(t)$ 对应的调节系数 R^* 定义为方程 $E\left[\mathrm{e}^{r(X+Y)}\right] = 1 + \lambda^{-1}cr$ 的非零解. 由古典风险理论可知

$$M^*(t) = \mathrm{e}^{-R^* S^*(t)}$$

是关于 σ-代数流 $\mathcal{F}_t^*$ 的鞅. 考虑下面两个 σ-代数流

$$\mathcal{G}_t^* = \mathcal{F}_t^{*X} \vee \mathcal{F}_t^{*Y} \qquad \text{和} \qquad \mathcal{G}_t = \mathcal{G}_t^* \vee \sigma\{W_1, W_2, \cdots\}.$$

此处 $\mathcal{F}_t^{*X}$ 是过程 $\sum_{i=1}^{N(t)} X_i$ 的自然 σ-代数流, $\mathcal{F}_t^{*Y}$ 是过程 $\sum_{i=1}^{N(t)} Y_i$ 的自然 σ-代数流. 显然 $\mathcal{G}_t^* \subset \mathcal{G}_t$, $M^*(t)$ 是一个 $\mathcal{G}_t^*$ 鞅. 进一步, 我们有如下的命题.

命题 3.3.1 对盈余过程 (3.3.1) 的破产时间 $T = \inf\{t \geqslant 0 : S(t) < 0\}$ 以及 $\mathcal{F}_t$, $\mathcal{F}_t^*$, $\mathcal{G}_t$, $\mathcal{G}_t^*$ 和 $M^*(t)$, 我们有

(a) (i) $\mathcal{F}_t^* \subset \mathcal{G}_t^*$ 和 (ii) $\mathcal{F}_t \subset \mathcal{G}_t$;
(b) $M^*(t)$ 关于 $\mathcal{G}_t$ 是鞅;
(c) T 关于 $\mathcal{F}_t$ 和 $\mathcal{G}_t$ 是停时.

证明 因为 $D^*(t) = \sum_{i=1}^{N(t)} X_i + \sum_{i=1}^{N(t)} Y_i$, 所以 (a)(i) 成立. 记

$$W_i^{(k)} = \sum_{j=0}^{\infty} \frac{j+1}{k} I\left\{\frac{j}{k} < W_i \leqslant \frac{j+1}{k}\right\}$$

和

$$D_Y^{(k)}(t) = \sum_{i=1}^{N(t)} Y_i I\left\{T_i + W_i^{(k)} \leqslant t\right\}.$$

则我们有

$$\lim_{k \to \infty} W_i^{(k)} = W_i \quad \text{和} \quad \lim_{k \to \infty} D_Y^{(k)}(t) = \sum_{i=1}^{N(t)} Y_i I\{T_i + W_i \leqslant t\}.$$

因此, 为证明 (a)(ii), 只需证明 $D_Y^{(k)}(t)$ 是 $\mathcal{G}_t$ 可测的. 易知

$$I\{N(t) = n\} D_Y^{(k)}(t)$$

3.3 带延迟索赔的复合泊松风险过程

$$= \sum I\{N(t)=n\}\left(\prod_{i=1}^{n} I\left\{\frac{j_i}{k}<W_i\leqslant\frac{j_i+1}{k}\right\}\right)$$
$$\times \sum_{i=1}^{n} Y_i I\left\{T_i\leqslant t-\frac{j_i+1}{k}\right\}. \tag{3.3.4}$$

上式右边第一个求和是关于每一个 $j_i = 0, 1, \cdots$ 对 i 从 1 到 n 求和. 注意到下式成立

$$I\{N(t)=n\}\left(\prod_{i=1}^{n} I\left\{\frac{j_i}{k}<W_i\leqslant\frac{j_i+1}{k}\right\}\right)$$
$$\times \sum_{i=1}^{n} Y_i I\left\{T_i\leqslant t-\frac{j_i+1}{k}\right\}$$
$$=I\{N(t)=n\}\left(\prod_{i=1}^{n} I\left\{\frac{j_i}{k}<W_i\leqslant\frac{j_i+1}{k}\right\}\right)$$
$$\times \sum_{i=1}^{n} Y_i I\left\{N(t-\frac{j_i+1}{k})\geqslant i\right\}. \tag{3.3.5}$$

由等式 (3.3.4) 和 (3.3.5) 可得 $I\{N(t)=n\}D_Y^{(k)}(t)$ 是 $\mathcal{G}_t$ 可测的, 因为 (3.3.5) 两边的乘积项是 $\sigma\{W_1, W_2, \cdots\}$ 可测的.

对于 (b), 需要证明对 $t>s$ 有 $E[M^*(t)|\mathcal{G}_s] = M^*(s)$ 几乎处处成立, 即对每一个 $G \in \mathcal{G}_s$, $\int_G M^*(t)dP = \int_G M^*(s)dP$. 根据 $\mathcal{G}_s$ 的定义, 这等价于证明对 $K_1 \in \mathcal{G}_t^*$ 和 $K_2 \in \sigma\{W_1, W_2, \cdots, W_n\}$ 有 $G = K_1 \cap K_2$. 因为 K_1 和 K_2 是独立的, K_2 独立于 $M^*(t)$, 所以, 由 $M^*(t)$ 是 $\mathcal{G}_t^*$ 鞅可知

$$\int_{K_1\cap K_2} M^*(t)dP = P(K_2)\int_{K_1} M^*(t)dP = P(K_2)\int_{K_1} M^*(s)dP$$
$$= \int_{K_1\cap K_2} M^*(s)dP.$$

根据 T 的定义和 (a)(ii) 可知 (c) 成立. □

下面我们给出本小节的主要定理, 该定理说明 $S^*(t)$ 以及调节系数 R^* 在研究 $S(t)$ 的破产概率方面起着重要的作用.

定理 3.3.1 $S(t)$ 的破产概率可以表示为

$$\psi(u) = \frac{e^{-R^*u}}{E\left[e^{-R^*S^*(T)}|T<\infty\right]},$$

其中 T 是 $S(t)$ 的破产时间.

证明 因为 $M^*(t)$ 是鞅, T 是停时, 根据停时定理可得

$$\mathrm{e}^{-R^*u} = M^*(0) = E[M^*(t \wedge T)]$$
$$= E[M^*(t \wedge T)|T \leqslant t]P(T \leqslant t) + E[M^*(t \wedge T)|T > t]P(T > t).$$

因此为证该定理只需证

$$E[M^*(t \wedge T)|T > t]P(T > t) \to 0 \tag{3.3.6}$$

当 $t \to \infty$ 时成立.

下面两个期望值将被用来证明 (3.3.6):

$$Z_1(R^*) = E\left[S(t)\mathrm{e}^{R^*(D^*(t)-ct)}\right] \quad \text{和} \quad Z_2(R^*) = E\left[(S(t))^2\mathrm{e}^{R^*(D^*(t)-ct)}\right].$$

首先考虑 $Z_1(R^*)$. 令

$$Z_1(R^*) = u + ct - Z_{11}(R^*) - Z_{12}(R^*), \tag{3.3.7}$$

此处

$$Z_{11}(R^*) = E\left[\sum_{i=1}^{N(t)} X_i \mathrm{e}^{R^*(D^*(t)-ct)}\right],$$

$$Z_{12}(R^*) = E\left[\sum_{i=1}^{\infty} Y_i I\{T_i + W_i \leqslant t\} \mathrm{e}^{R^*(D^*(t)-ct)}\right].$$

定义 $h_X(r) = E[\mathrm{e}^{rX}] - 1$, $h_Y(r) = E[\mathrm{e}^{rY}] - 1$ 以及 $h(r) = E[\mathrm{e}^{r(X+Y)}] - 1$. 则有

$$Z_{11}(r) = \mathrm{e}^{-rct}\sum_{n=1}^{\infty}\left(\frac{(\lambda t)^n \mathrm{e}^{-\lambda t}}{n!}\sum_{i=1}^{n} E\left[X_i \mathrm{e}^{rX_i} \mathrm{e}^{r\sum_{j \leqslant n, j \neq i} X_j} \mathrm{e}^{r\sum_{i=1}^{n} Y_i}\right]\right)$$

$$= \mathrm{e}^{-rct}\sum_{n=1}^{\infty}\left(\frac{(\lambda t)^n \mathrm{e}^{-\lambda t}}{n!}(h_Y(r)+1)^n(h_X(r)+1)^{n-1}\sum_{i=1}^{n} E[X_i \mathrm{e}^{rX_i}]\right).$$

因为 $E[X_i\mathrm{e}^{rX_i}] = h'_X(r)$, $h(r)+1 = (h_X(r)+1)(h_Y(r)+1)$ 以及 $\lambda h(R^*) - cR^* = 0$, 所以 $Z_{11}(R^*)$ 可表示为

$$Z_{11}(R^*) = (h_Y(R^*)+1)h'_X(R^*)\lambda t. \tag{3.3.8}$$

3.3 带延迟索赔的复合泊松风险过程

另一方面, 我们有

$$Z_{12}(r) = e^{-rct} \sum_{n=1}^{\infty} E\left[Y_n I\{T_n + W_n \leqslant t\} e^{rD^*(t)}\right]$$

$$= e^{-rct} \sum_{n=1}^{\infty} \int_0^{\infty} E\left[Y_n I\{T_n + W_n \leqslant t\} e^{rD^*(t)} \Big| W_n = s\right] P(W_n = s) ds$$

$$= e^{-rct} \sum_{n=1}^{\infty} \int_0^t \lambda_1 e^{-\lambda_1 s} E\left[Y_n I\{T_n \leqslant t-s\} e^{rD^*(t)}\right] ds$$

$$= e^{-rct} \int_0^t \lambda_1 e^{-\lambda_1 s} E\left[e^{rD^*(t)} \sum_{n=1}^{\infty} Y_n I\{T_n \leqslant t-s\}\right] ds$$

$$= e^{-rct} \int_0^t \lambda_1 e^{-\lambda_1 s} E\left[e^{rD^*(t)} \sum_{n=1}^{N(t-s)} Y_n\right] ds$$

$$= e^{-rct} \int_0^t \lambda_1 e^{-\lambda_1 s} E\left[e^{rD^*(t-s)} e^{r(D^*(t)-D^*(t-s))} \sum_{n=1}^{N(t-s)} Y_n\right] ds$$

$$= \int_0^t \lambda_1 e^{-\lambda_1 s} E\left[e^{r(D^*(t-s)-c(t-s))} \sum_{n=1}^{N(t-s)} Y_n\right] E\left[e^{r(D^*(s)-cs)}\right] ds.$$

根据 (3.3.8) 以及对所有 s, $E\left[e^{R^*(D^*(s)-cs)}\right] = 1$, 可知 $Z_{12}(R^*)$ 可以写为

$$Z_{12}(R^*) = \int_0^t \lambda_1 e^{-\lambda_1 s} (h_X(R^*) + 1) h'_Y(R^*) \lambda(t-s) ds$$

$$= (h_X(R^*) + 1) h'_Y(R^*) \left(\lambda t - \frac{\lambda}{\lambda_1}(1 - e^{-\lambda_1 t})\right).$$

把 $Z_{11}(R^*)$ 和 $Z_{12}(R^*)$ 的表达式代入 (3.3.7), 可得

$$Z_1(R^*) = u + ct - \lambda t h'(R^*) + \frac{\lambda}{\lambda_1}(1 - e^{-\lambda_1 t})(h_X(R^*) + 1)h'_Y(R^*). \quad (3.3.9)$$

下面寻找 $Z_2(R^*)$ 的一个上界. 先把它表示为下面的形式:

$$Z_2(r) = (u+ct)^2 - 2(u+ct)Z_{21}(r) + Z_{22}(r) + Z_{23}(r) + 2Z_{24}(r), \quad (3.3.10)$$

其中

$$Z_{21}(r) = E\left[\left(\sum_{i=1}^{N(t)} X_i + \sum_{i=1}^{\infty} Y_i I\{T_i + W_i \leqslant t\}\right) e^{r(D^*(t)-ct)}\right],$$

$$Z_{22}(r) = E\left[\left(\sum_{i=1}^{N(t)} X_i\right)^2 \mathrm{e}^{r(D^*(t)-ct)}\right],$$

$$Z_{23}(r) = E\left[\left(\sum_{i=1}^{\infty} Y_i I\{T_i+W_i \leqslant t\}\right)^2 \mathrm{e}^{r(D^*(t)-ct)}\right],$$

$$Z_{24}(r) = E\left[\left(\sum_{i=1}^{N(t)} X_i\right)\left(\sum_{i=1}^{\infty} Y_i I\{T_i+W_i \leqslant t\}\right) \mathrm{e}^{r(D^*(t)-ct)}\right].$$

注意到 $Z_{21}(R^*) = Z_{11}(R^*) + Z_{12}(R^*)$，即

$$Z_{21}(R^*) = \lambda t h'(R^*) - \frac{\lambda}{\lambda_1}(1-\mathrm{e}^{-\lambda_1 t})h'_Y(R^*)(h_X(R^*)+1).$$

为了得到 $Z_{22}(r)$ 的表达式，我们先给出下式

$$H(r) = E\left[\left(\sum_{i=1}^{n} X_i\right)^2 \mathrm{e}^{r\sum_{i=1}^{n} X_i}\right]$$

$$= [(h_X(r)+1)^n]''$$

$$= n(h_X(r)+1)^{n-2}\left((n-1)(h'_X(r))^2 + (h_X(r)+1)h''_X(r)\right).$$

从而可得

$$Z_{22}(r) = \sum_{n=0}^{\infty} \frac{(\lambda t)^n \mathrm{e}^{-\lambda t}}{n!} E\left[\left(\sum_{i=1}^{n} X_i\right)^2 \mathrm{e}^{r(D^*(t)-ct)}\right]$$

$$= \mathrm{e}^{-rct}\sum_{n=1}^{\infty} \frac{(\lambda t)^n \mathrm{e}^{-\lambda t}}{n!}(h_Y(r)+1)^n H(r).$$

经过一些代数运算可得

$$Z_{22}(R^*) = \mathrm{e}^{t(\lambda h(R^*)-cR^*)}\lambda t(h_Y(R^*)+1)\left(\lambda t(h_Y(R^*)+1)(h'_X(R^*))^2 + h''_X(R^*)\right)$$

$$= \lambda t(h_Y(R^*)+1)\left(\lambda t(h_Y(R^*)+1)(h'_X(R^*))^2 + h''_X(R^*)\right).$$

同样的方法可证明

$$Z_{23}(R^*) \leqslant E\left[\left(\sum_{i=1}^{N(t)} Y_i\right)^2 \mathrm{e}^{R^*(D^*(t)-ct)}\right]$$

$$= \lambda t(h_X(R^*) + 1) \left(\lambda t(h_X(R^*) + 1)(h'_Y(R^*))^2 + h''_Y(R^*)\right).$$

对于 (3.3.10) 右端的最后一项, 我们有

$$Z_{24}(R^*) \leqslant E\left[\left(\sum_{i=1}^{N(t)} X_i\right)\left(\sum_{i=1}^{N(t)} Y_i\right) e^{R^*(D^*(t)-ct)}\right]$$

$$= e^{-R^*ct-\lambda t} \sum_{n=0}^{\infty} \frac{(\lambda t)^n}{n!} E\left[\sum_{i=1}^{n} X_i e^{R^* \sum_{i=1}^{n} X_i} \sum_{i=1}^{n} Y_i e^{R^* \sum_{i=1}^{n} Y_i}\right]$$

$$= e^{-R^*ct-\lambda t} \sum_{n=0}^{\infty} \frac{(\lambda t)^n}{n!} \left[(h_X(r)+1)^n\right]'_{r=R^*} \left[(h_Y(r)+1)^n\right]'_{r=R^*}$$

$$= e^{-R^*ct-\lambda t} h'_X(R^*) h'_Y(R^*) \sum_{n=1}^{\infty} \frac{(\lambda t)^n}{(n-1)!} n(h(R^*)+1)^{n-1}$$

$$= e^{-R^*ct-\lambda t} h'_X(R^*) h'_Y(R^*) \lambda t e^{\lambda t(h(R^*)+1)} \left(1 + \lambda t(h(R^*)+1)\right)$$

$$= h'_X(R^*) h'_Y(R^*) \lambda t \left(1 + \lambda t(h(R^*)+1)\right).$$

把 $Z_{21}(R^*), Z_{22}(R^*), Z_{23}(R^*), Z_{24}(R^*)$ 代入 (3.3.10) 可得

$$Z_2(R^*) \leqslant (u+ct)^2 - 2(u+ct)\left(\lambda t h'(R^*) - \frac{\lambda}{\lambda_1}(1 - e^{-\lambda_1 t} h'_Y(R^*))(h_X(R^*)+1)\right)$$

$$+ \lambda t(h_Y(R^*)+1)\left(\lambda t(h_Y(R^*)+1)((h'_X(R^*))^2 + h''_X(R^*))\right)$$

$$+ \lambda t(h_X(R^*)+1)\left(\lambda t(h_X(R^*)+1)((h'_Y(R^*))^2 + h''_Y(R^*))\right)$$

$$+ 2h'_X(R^*) h'_Y(R^*) \lambda t(1 + \lambda t(h(R^*)+1)). \tag{3.3.11}$$

(3.3.6) 的证明如下. 首先有

$$E[M^*(t \wedge T) | T > t] P(T > t) = \int_{T>t} M^*(t) dP.$$

易知对 $T > t$, $S(t) \geqslant 0$. 因为 $c - \lambda h'(R^*) < 0$, 从 (3.3.9) 可知, 对于较大的 t, $Z_1(R^*) < 0$. 因此

$$\int_{T>t} M^*(t) dP$$

$$\leqslant \int_{S(t) \geqslant 0} M^*(t) dP \leqslant \int_{S(t) \geqslant \frac{Z_1(R^*)}{2}} M^*(t) dP$$

$$\leqslant \int_{|S(t)-Z_1(R^*)|\geqslant -\frac{Z_1(R^*)}{2}} M^*(t)dP$$

$$\leqslant \int_{|S(t)-Z_1(R^*)|\geqslant -\frac{Z_1(R^*)}{2}} \frac{4\mathrm{e}^{-R^*S^*(t)}(S(t)-(Z_1(R^*))^2)}{(Z_1(R^*))^2}dP$$

$$\leqslant \frac{4\mathrm{e}^{-R^*u}(Z_2(R^*)-(Z_1(R^*))^2)}{(Z_1(R^*))^2}. \tag{3.3.12}$$

利用 (3.3.9) 和 (3.3.11), 可以得到

$$\begin{aligned}Z_2(R^*)&-(Z_1(R^*))^2\\ &\leqslant 2\lambda t h'(R^*)\frac{\lambda}{\lambda_1}(1-\mathrm{e}^{-\lambda_1 t})h'_Y(R^*)(h_X(R^*)+1)\\ &\quad +\lambda t h''(R)-\left(\frac{\lambda}{\lambda_1}(1-\mathrm{e}^{-\lambda_1 t})h'_Y(R^*)(h_X(R^*)+1)\right)^2.\end{aligned}$$

因为 (3.3.12) 右端的分子和 t 同阶, $(Z_1(R^*))^2$ 和 t^2 同阶, 因此当 $t\to\infty$ 时

$$E[M^*(t\wedge T)|T>t]P(T>t)=\int_{T>t}M^*(t)dP\to 0. \qquad \square$$

3.3.4 Lundberg 指数

在本小节中, 我们证明 R^* 也是模型 (3.3.1) 的 Lundberg 指数. Brémaud (2000) 也讨论了泊松散粒噪声延迟索赔模型的这个问题. 由于模型 (3.3.1) 的破产概率小于非延迟模型的破产概率, 我们有 $\psi(u)\leqslant \mathrm{e}^{-R^*u}$. 为了验证 R^* 是 Lundberg 指数, 我们必须计算 $E\left[\mathrm{e}^{rD(t)}\right]$. 对于 $N(t)=k$, 众所周知随机向量 $(T_1,T_2,\cdots,T_k)$ 具有与 k 个独立同服从 $[0,t]$ 上均匀分布的随机变量的顺序统计量相同的分布. 此外, $N(t),X_i,Y_i$ 和 W_i 是独立的. 因此, 我们有

$$\begin{aligned}E\left[\mathrm{e}^{rD(t)}\right]&=\sum_{k=0}^{\infty}\mathrm{e}^{-\lambda t}\frac{(\lambda t)^k}{k!}\frac{k!}{t^k}\int_0^t ds_1\int_{s_1}^t ds_2\cdots\int_{s_{k-1}}^t ds_k\\ &\quad \times \prod_{i=1}^k E\left[\exp\left\{r\left(X_i+Y_iI\{s_i+W_i\leqslant t\}\right)\right\}\right]\\ &=\mathrm{e}^{-\lambda t}\sum_{k=0}^{\infty}\frac{\lambda^k}{k!}\left(\int_0^t E[\exp\{r(X+YI\{W\leqslant s\})\}]ds\right)^k\\ &=\exp\left\{-\lambda t\left(1-t^{-1}\int_0^t E[\exp\{r(X+YI\{W\leqslant s\})\}]ds\right)\right\},\end{aligned}$$

此处 (X,Y,W) 是与 (X_i,Y_i,W_i) 同分布的一般随机向量.

令 $g(r) = \lim_{t\to\infty} t^{-1}\ln E\left[e^{r(D(t)-ct)}\right]$. 容易证明

$$\begin{aligned}g(r) &= \lambda E\left[e^{r(X+Y)} - 1\right] - cr \\ &= \lambda r \int_0^\infty e^{rx}(1 - F*G(x))dx - cr.\end{aligned} \quad (3.3.13)$$

这里 $F*G$ 表示 F 和 G 的卷积. 另一方面, 由 Duffield 和 O'Connell (1995) 的结论知

$$\lim_{u\to\infty} \frac{1}{u}\ln\psi(u) = -R,$$

这里 $R = \sup\{r: g(r) \leqslant 0\}$. 由 (3.3.13) 知 R 是非延迟风险模型 (3.3.3) 对应的 Lundberg 指数. 因此 $R = R^*$.

3.3.5 破产概率的逼近

本小节考虑模型 (3.3.1) 的布朗运动逼近及相应的破产概率问题. 复合泊松模型的这种近似可以在 (Grandell, 1977, 1978; Iglehart, 1969) 中找到. 尽管副索赔计数 $\bar{N}(t)$ 既不是泊松也不是更新过程, 我们仍然能够将经典结果扩展到所提出的模型中.

定义 $\kappa^2 = \sigma_F^2 + \sigma_G^2 + (\mu_F + \mu_G)^2$. 对 $D^*(t)$, 它的期望和方差分别为 $\lambda t(\mu_F + \mu_G)$ 和 $\lambda t \kappa^2$. 下面的定理指出 $D(t)$ 具有与 $D^*(t)$ 渐近相同的期望和方差而且索赔时间的延误对过程的极限不受影响.

定理 3.3.2 当 $t \to \infty$ 时,

$$U(t) = \frac{D(t) - \lambda t(\mu_F + \mu_G)}{(\lambda t \kappa^2)^{\frac{1}{2}}} \xrightarrow{d} N(0,1).$$

此处 "$\xrightarrow{d}$" 表示依分布收敛, $N(0,1)$ 是标准正态随机变量. 因此 $(\lambda t)^{-\frac{1}{2}}(\bar{N}(t) - \lambda t) \xrightarrow{d} N(0,1)$.

证明 众所周知

$$\frac{D^*(t) - \lambda t(\mu_F + \mu_G)}{(\lambda t \kappa^2)^{\frac{1}{2}}} \xrightarrow{d} N(0,1).$$

从 (3.3.2) 可得, 当 $t \to \infty$ 时

$$E\left[\frac{D^*(t) - \lambda t(\mu_F + \mu_G)}{(\lambda t \kappa^2)^{\frac{1}{2}}} - U(t)\right]$$

$$= E\left[\frac{\sum_{i=1}^{N(t)} Y_i - \sum_{i=1}^{\infty} Y_i I\{T_i + S_i \leqslant t\}}{(\lambda t \kappa^2)^{\frac{1}{2}}}\right]$$

$$= \frac{\lambda \mu_G (1 - e^{-\lambda_1 t})}{\lambda_1 (\lambda t \kappa^2)^{\frac{1}{2}}} \to 0.$$

因此

$$\frac{D^*(t) - \lambda t(\mu_F + \mu_G)}{(\lambda t \kappa^2)^{\frac{1}{2}}} - U(t) \to 0$$

以概率成立. 这意味着 $U(t)$ 弱收敛. 令 $X_i = 0$ 且 $Y_i = 1$, 则得到副索赔计数过程的收敛是 $U(t)$ 收敛的特例. □

定义

$$U_n(t) = \frac{D(nt) - \lambda nt(\mu_F + \mu_G)}{(\lambda n \kappa^2)^{\frac{1}{2}}}.$$

为了得到布朗运动逼近的结果, 我们需要证明 $U_n(t)$ 的弱收敛性. 记号 "$\overset{d}{\Longrightarrow}$" 代表随机过程的弱收敛.

定理 3.3.3 对固定的 t, 当 $n \to \infty$ 时 $U_n(t) \overset{d}{\Longrightarrow} B(t)$, 此处 $B(t)$ 表示标准布朗运动.

证明 为了证明该定理, 我们需要证明: (i) $U_n(t)$ 的有限维分布收敛; (ii) $U_n(t)$ 的一致胎紧性, 即对任意 $\epsilon > 0$,

$$\lim_{c \to 0} \limsup_{n \to \infty} \Delta_{J_1}^P(c, U_n(t), \epsilon) = 0, \tag{3.3.14}$$

此处

$$\Delta_{J_1}^P(c, U_n(t), \epsilon) = \sup_{t_1 < t < t_2} \min\left(P(|U_n(t) - U_n(t_1)| > \epsilon); P(|U_n(t_2) - U_n(t)| > \epsilon)\right)$$

对 $t_1 \geqslant t - c$, $t_2 \leqslant t + c$ 成立. 根据 (Skorohod, 1957) 关于过程收敛的结果, (i) 和 (ii) 意味着 $l(U_n(t))$ 依分布收敛到 $l(B(t))$ 对任意 J_1 连续泛函 l 成立.

根据 $U_n(t)$ 的定义, 对任意 $t_2 > t_1$,

$$|U_n(t_1) - U_n(t_2)|$$

$$= \left|\frac{\sum_{i=N(nt_1)+1}^{N(nt_2)} (X_i + Y_i) - \lambda n(t_2 - t_1)(\mu_F + \mu_G)}{(\lambda n \kappa^2)^{\frac{1}{2}}}\right|$$

$$+ \left|\frac{\sum_{i=1}^{\infty} Y_i \left(I\{nt_1 < T_i \leqslant nt_2\} - I\{nt_1 < T_i + S_i \leqslant nt_2\}\right)}{(\lambda n \kappa^2)^{\frac{1}{2}}}\right|$$

3.3 带延迟索赔的复合泊松风险过程

$$=: L_1 + L_2.$$

根据 Chebyshev 不等式,

$$P(L_1 \leqslant \epsilon) \leqslant \frac{t_2 - t_1}{\epsilon^2}. \tag{3.3.15}$$

而且

$$L_2 \leqslant \left| \frac{\sum_{i=1}^{\infty} Y_i \left(I\{nt_1 < T_i \leqslant nt_2\} - I\{nt_1 < T_i \leqslant nt_2, nt_1 < T_i + S_i \leqslant nt_2\} \right)}{(\lambda n \kappa^2)^{\frac{1}{2}}} \right|$$

$$+ \frac{\sum_{i=1}^{\infty} Y_i I\{T_i \leqslant nt_1, nt_1 < T_i + S_i \leqslant nt_2\}}{(\lambda n \kappa^2)^{\frac{1}{2}}}$$

$$= \frac{\sum_{i=1}^{\infty} Y_i I\{nt_1 < T_i \leqslant nt_2, T_i + S_i > nt_2\}}{(\lambda n \kappa^2)^{\frac{1}{2}}}$$

$$+ \frac{\sum_{i=1}^{\infty} Y_i I\{T_i \leqslant nt_1, nt_1 < T_i + S_i \leqslant nt_2\}}{(\lambda n \kappa^2)^{\frac{1}{2}}}.$$

因此有

$$E[L_2] \leqslant \frac{\mu_G \sum_{i=1}^{\infty} P(nt_1 < T_i \leqslant nt_2, T_i + S_i > nt_2)}{(\lambda n \kappa^2)^{\frac{1}{2}}}$$

$$+ \frac{\mu_G \sum_{i=1}^{\infty} P(T_i \leqslant nt_1, nt_1 < T_i + S_i \leqslant nt_2)}{(\lambda n \kappa^2)^{\frac{1}{2}}}$$

$$\leqslant \frac{\mu_G \sum_{i=1}^{\infty} \left(P(T_i \leqslant nt_2 < T_i + S_i) + P(T_i \leqslant nt_1 < T_i + S_i) \right)}{(\lambda n \kappa^2)^{\frac{1}{2}}}. \tag{3.3.16}$$

注意到对 $k = 1, 2$,

$$P(T_i \leqslant nt_2 < T_i + S_i) + P(T_i \leqslant nt_1 < T_i + S_i)$$

$$= \int_0^{\infty} \lambda_1 e^{-\lambda_1 s} \Big(P(T_i \leqslant nt_2 < T_i + s) + P(T_i \leqslant nt_1 < T_i + s) \Big) ds$$

$$= \int_0^{nt_2} \lambda_1 e^{-\lambda_1 s} P(T_i \leqslant nt_2 < T_i + s) ds + \int_{nt_2}^{\infty} \lambda_1 e^{-\lambda_1 s} P(T_i \leqslant nt_2) ds$$

$$+ \int_0^{nt_1} \lambda_1 e^{-\lambda_1 s} P(T_i \leqslant nt_1 < T_i + s) ds + \int_{nt_1}^{\infty} \lambda_1 e^{-\lambda_1 s} P(T_i \leqslant nt_1) ds, \tag{3.3.17}$$

以及

$$P(T_i \leqslant nt_k < T_i + s) = \int_{nt_k - s}^{nt_k} \frac{\lambda^{i+1} x^i}{i!} e^{-\lambda x} dx$$

$$= \int_0^s \frac{\lambda^{i+1}(nt_k-x)^i}{i!}e^{-\lambda(nt_k-x)}dx.$$

令
$$\eta_n(t_k) = \int_0^{nt_k} \lambda_1 e^{-\lambda_1 s} \int_0^s \lambda \sum_{i=1}^\infty \frac{\lambda^i(nt_k-x)^i}{i!}e^{-\lambda(nt_k-x)}dxds$$
$$+ \int_{nt_k}^\infty \lambda_1 e^{-\lambda_1 s} \sum_{i=1}^\infty P(T_i \leqslant nt_k)ds$$
$$= \int_0^{nt_k} \lambda_1 e^{-\lambda_1 s} \int_0^s \lambda(1-e^{-\lambda(nt_k-x)})dxds + \lambda nt_k e^{-\lambda_1 nt_k}$$
$$= \int_0^{nt_k} \lambda_1 e^{-\lambda_1 s}(\lambda s + e^{-\lambda nt_k} - e^{-\lambda(nt_k-s)})ds + \lambda nt_k e^{-\lambda_1 nt_k}$$
$$= \lambda\left(\frac{1}{\lambda_1} + \left(\frac{\lambda_1}{\lambda(\lambda_1-\lambda)} - \frac{1}{\lambda_1}\right)e^{-\lambda_1 nt_k}\right.$$
$$\left. - \frac{1}{\lambda_1-\lambda}e^{-\lambda nt_k} - \frac{1}{\lambda}e^{-(\lambda+\lambda_1)nt_k}\right). \tag{3.3.18}$$

根据 (3.3.16)—(3.3.18), 有
$$E[L_2] \leqslant \frac{\mu_G \sum_{k=1}^2 \eta_n(t_k)}{(\lambda n\kappa^2)^{\frac{1}{2}}}.$$

因此
$$P(L_2 \leqslant \epsilon) \leqslant \frac{\mu_G \sum_{k=1}^2 \eta_n(t_k)}{\epsilon(\lambda n\kappa^2)^{\frac{1}{2}}}. \tag{3.3.19}$$

由 (3.3.15) 和 (3.3.19) 知 (3.3.14) 成立. □

定义
$$V_n(t) = \rho_n\lambda(\mu_F+\mu_G)n^{\frac{1}{2}}t - (\lambda\kappa^2)^{\frac{1}{2}}U_n(t).$$

根据 $U_n(t)$ 的弱收敛性, 可得如下定理.

定理 3.3.4 假定当 $n \to \infty$ 时 $n^{\frac{1}{2}}\rho_n$ 收敛到一个正常数 γ, 则 $V_n(t) \stackrel{d}{\Longrightarrow} V(t)$, 此处
$$V(t) = \gamma\lambda(\mu_F+\mu_G)t - (\lambda\kappa^2)^{\frac{1}{2}}B(t).$$

而且对任意正常数 u 和 δ,
$$\lim_{n\to\infty} \psi\left(n^{-\frac{1}{2}}\delta, n^{\frac{1}{2}}u\right) = e^{-2\delta u}, \tag{3.3.20}$$

这里 $\psi(n^{-\frac{1}{2}}\delta, n^{\frac{1}{2}}u)$ 表示模型 (3.3.1) 的破产概率, $n^{\frac{1}{2}}u$ 是初始盈余, $n^{-\frac{1}{2}}\delta$ 是安全负荷.

证明 根据定理 3.3.2 以及 Skorohod 极限定理 (Skorohod, 1957), 即得 $V_n(t)$ 弱收敛. 由 (Grandell, 1978) 可得 (3.3.20) 成立. □

3.4 一类具有泊松和埃尔朗风险过程的索赔相关风险模型

3.4.1 引言

本节考虑一个包含两类相依保险业务的风险模型. 设随机变量 X_i 和 Y_i 表示两类保险业务的索赔额, 分布函数分别为 F_X, F_Y, 均值为 μ_X, μ_Y, 两类保险的总索赔为

$$U(t) = \sum_{i=1}^{N_1(t)} X_i + \sum_{i=1}^{N_2(t)} Y_i, \qquad (3.4.1)$$

其中 $N_i(t)$ 表示第 i $(i=1,2)$ 类保险业务的索赔计数过程. 假设索赔额 $X_i, i = 1, 2, \cdots$ 和 $Y_i, i = 1, 2, \cdots$ 是相互独立的随机变量, 且独立于 $N_1(t)$ 和 $N_2(t)$, 则两个索赔计数过程的相关关系为

$$N_1(t) = K_1(t) + \tilde{K}(t), \quad N_2(t) = K_2(t) + \tilde{K}(t), \qquad (3.4.2)$$

$K_1(t)$, $K_2(t)$, $\tilde{K}(t)$ 是三个相互独立的更新过程. 定义盈余过程

$$S(t) = u + ct - U(t), \qquad (3.4.3)$$

其中 u 表示初始盈余, c 为保费率. 无穷时间生存概率为

$$\phi(u) = P(S(t) \geqslant 0 \text{ 对所有} t \geqslant 0), \qquad (3.4.4)$$

无穷时间破产概率为 $\psi(u) = 1 - \phi(u)$.

显然, (3.4.3) 式中的相依性来自两个索赔计数过程中的公共部分 $\tilde{K}(t)$. 近年来, 这一类相依索赔模型已被广泛研究. 例如, Ambagaspitiya (1998) 考虑了由一个独立随机变量组成的向量构造一个含 p $(p \geqslant 2)$ 个相关索赔计数的向量的一般方法, 并得到了有 p 类相依业务的情况下计算总索赔分布的公式; Cossette 和 Marceau (2000) 利用离散化时间的方法研究了这种相依关系对有限时间破产概率和调节系数的影响.

埃尔朗分布是排队论中最常用的分布之一, 排队论与风险理论有着密切的联系; 如 Asmussen (1987,1989), Takács (1962) 以及 Dickson (1998) 说明了如何将

复合泊松风险模型中的方法应用于索赔计数过程为埃尔朗过程的一类风险过程. 对于这种埃尔朗风险过程, Dickson 和 Hipp (1998) 将无穷时间生存概率看作一个复合几何随机变量, 得到了破产概率的解析解和数值解. 本节我们进一步探讨埃尔朗过程在精算理论中的应用. 特别地, 我们考虑当 $K_1(t)$ 和 $K_2(t)$ 为泊松过程时, $\tilde{K}(t)$ 为埃尔朗过程时模型 (3.4.3) 的无穷时间生存 (破产) 概率. 将埃尔朗过程包含在复合泊松模型中使得问题更加有趣, 这也使破产概率的推导复杂化.

3.4.2 模型转换

设泊松过程 $K_1(t)$ 和 $K_2(t)$ 的参数分别为 λ_1, λ_2. $\tilde{K}(t)$ 是参数为 $\tilde{\lambda}$ 的 Erlang(2) 过程, 即 $\tilde{K}(t)$ 的索赔间隔时间服从 Erlang(2, $\tilde{\lambda}$) 分布, 密度函数为 $f(t) = \tilde{\lambda}^2 t \exp\{-\tilde{\lambda}t\}$, $t > 0$. 为了研究 $S(t)$ 的破产概率, 我们利用下面的盈余过程:

$$S'(t) = u + ct - \sum_{i=1}^{K_{12}(t)} X'_i - \sum_{i=1}^{\tilde{K}(t)} Y'_i, \qquad (3.4.5)$$

其中 $\{X'_i, i=1,2,\cdots\}$ 和 $\{Y'_i, i=1,2,\cdots\}$ 是相互独立的索赔额随机变量, $K_{12}(t) = K_1(t) + K_2(t)$ 是参数为 $\lambda_1 + \lambda_2$ 的泊松过程, 且 X'_i 和 Y'_i 独立于 $K_{12}(t)$ 和 $\tilde{K}(t)$, 其分布分别为

$$F_{X'}(x) = \frac{\lambda_1}{\lambda_1 + \lambda_2} F_X(x) + \frac{\lambda_2}{\lambda_1 + \lambda_2} F_Y(x) \quad \text{和} \quad F_{Y'}(x) = F_X * F_Y(x),$$

其中 F_X 和 F_Y 分别为 (3.4.1) 中 X_i 和 Y_i 的分布函数, $F_X * F_Y$ 表示 F_X 和 F_Y 的卷积. 由 (3.4.1)—(3.4.3) 和 (3.4.5) 容易看出, 过程 $S'(t)$ 与初始过程 $S(t)$ 同分布. 因此研究 $S(t)$ 的相关问题可转换为研究 $S'(t)$ 的对应问题.

上述模型的转换表明, 具有两个相依业务的风险过程可以转换回具有两个独立索赔计数过程的风险过程. 如果 $\tilde{K}(t)$ 也是一个参数为 $\tilde{\lambda}$ 的泊松过程, 且与 $K_1(t)$ 和 $K_2(t)$ 相互独立, 则可以证明 $U(t)$ 为一个参数为 $\lambda = \lambda_1 + \lambda_2 + \tilde{\lambda}$ 的复合泊松过程, 具体也可参考 (Yuen and Wang, 2005). 因此破产概率可以用经典方法解决. 该模型的这一特征通常也适用于具有两个以上相关业务的情况. 此外, 模型 (3.4.3) 有一个简单的解释, 即来自公共过程 $\tilde{K}(t)$ 的索赔事件是由独立于这两个风险的外部因素引起的. 例如, 自然灾害可能导致的保险索赔与两种传统业务的索赔无关.

$\tilde{K}(t)$ 是 Erlang(2) 过程的假设使过程失去了泊松过程所具备的良好性质, 因此经典破产概率理论不再成立. 下面将给出具有这种公共的 Erlang(2) 过程的相关模型的生存和破产概率公式.

3.4.3 指数索赔的破产概率

设 $V_1, V_2, \cdots$ 表示 X_i' 之间的间隔时间, V_1 是 X_1' 发生的时刻. 这些时间间隔相互独立且服从均值为 $(\lambda_1 + \lambda_2)^{-1}$ 的指数分布. Y_i' 之间的间隔时间构成一列独立同分布的 Erlang$(2, \tilde{\lambda})$ 的随机变量 $L_1, L_2, \cdots$. 我们假设 $L_1 = L_{11} + L_{12}, L_2 = L_{21} + L_{22}, \cdots$, 其中 $L_{11}, L_{12}, L_{21}, L_{22}, \cdots$ 是均值为 $(\tilde{\lambda})^{-1}$ 的独立指数随机变量. 由于 $(\lambda_1 + \lambda_2)\mu_{X'}$ 和 $0.5\tilde{\lambda}\mu_{Y'}$ 分别为与 K_{12} 和 $\tilde{K}$ 相关联的在单位时间间隔的期望总索赔, 由正安全负荷条件得

$$c > (\lambda_1 + \lambda_2)\mu_{X'} + \frac{1}{2}\tilde{\lambda}\mu_{Y'}. \tag{3.4.6}$$

下面我们考虑一个新过程, 它是对上述过程的一个小的改变, 即在其他条件相同的情况下, 唯一的更改是将 L_1 设为 L_{12}, 而不是 $L_{11} + L_{12}$. 也就是说, L_1 服从均值为 $(\tilde{\lambda})^{-1}$ 的指数分布, 当 $i = 2, 3, \cdots$ 时 L_i 仍然服从相同的 Erlang$(2, \tilde{\lambda})$ 分布. 我们用 $\phi_1(u)$ 表示相应的生存概率, 这在 $\phi(u)$ 的推导中非常重要.

设 W 为 V_1 和 L_{11} 的最小值. 如果 $W = L_{11} = t$, 则在 $(0, t]$ 内没有索赔. 另一方面, 如果 $W = V_1 = t$, 则在时刻 t 有一次索赔而在 t 之前没有索赔. 因此

$$\phi(u) = \int_0^\infty P(W = t, W = L_{11}) \phi_1(u + ct) dt$$
$$+ \int_0^\infty P(W = t, W = V_1) \int_0^{u+ct} \phi(u + ct - x) dF_{X'}(x) dt. \tag{3.4.7}$$

注意到

$$P(W = V_1) = P(V_1 < L_{11}) = \frac{\lambda_1 + \lambda_2}{\lambda},$$
$$P(W = L_{11}) = P(V_1 > L_{11}) = \frac{\tilde{\lambda}}{\lambda},$$
$$P(W > t | W = V_1) = P(W > t | W = L_{11}) = \exp\{-\lambda t\},$$

其中 $\lambda = \lambda_1 + \lambda_2 + \tilde{\lambda}$. 由上式可知这两个条件分布是参数为 λ 的指数分布. 利用这些概率值, (3.4.7) 式可被重新表示为

$$\phi(u) = \frac{\tilde{\lambda}}{\lambda} \int_0^\infty \lambda \exp\{-\lambda t\} \phi_1(u + ct) dt$$
$$+ \frac{\lambda_1 + \lambda_2}{\lambda} \int_0^\infty \lambda \exp\{-\lambda t\} \int_0^{u+ct} \phi(u + ct - x) dF_{X'}(x) dt.$$

通过类似的分析, 我们得到

$$\phi_1(u) = \frac{\tilde{\lambda}}{\lambda} \int_0^\infty \lambda \exp\{-\lambda t\} \int_0^{u+ct} \phi(u+ct-x) dF_{Y'}(x) dt$$
$$+ \frac{\lambda_1 + \lambda_2}{\lambda} \int_0^\infty \lambda \exp\{-\lambda t\} \int_0^{u+ct} \phi_1(u+ct-x) dF_{X'}(x) dt.$$

令 $s = u + ct$, 得

$$c\phi(u) = \tilde{\lambda} \int_u^\infty \phi_1(s) \exp\left\{-\frac{\lambda(s-u)}{c}\right\} ds$$
$$+ (\lambda_1 + \lambda_2) \int_u^\infty \exp\left\{-\frac{\lambda(s-u)}{c}\right\} \int_0^s \phi(s-x) dF_{X'}(x) ds,$$
$$c\phi_1(u) = \tilde{\lambda} \int_u^\infty \exp\left\{-\frac{\lambda(s-u)}{c}\right\} \int_0^s \phi(s-x) dF_{Y'}(x) ds$$
$$+ (\lambda_1 + \lambda_2) \int_u^\infty \exp\left\{-\frac{\lambda(s-u)}{c}\right\} \int_0^s \phi_1(s-x) dF_{X'}(x) ds.$$

对 u 求导, 得到下列积分-微分方程:

$$c\phi^{(1)}(u) = -\tilde{\lambda}\phi_1(u) - (\lambda_1 + \lambda_2) \int_0^u \phi(u-x) dF_{X'}(x) + \lambda\phi(u), \quad (3.4.8)$$
$$c\phi_1^{(1)}(u) = -\tilde{\lambda} \int_0^u \phi(u-x) dF_{Y'}(x)$$
$$- (\lambda_1 + \lambda_2) \int_0^u \phi_1(u-x) dF_{X'}(x) + \lambda\phi_1(u). \quad (3.4.9)$$

在指数索赔的情况下, 可以得到 $\phi(u)$ 和 $\phi_1(u)$ 的显式表达式. 假设 $F_X(x)$ 和 $F_Y(y)$ 是等均值 μ 的指数分布, 则 $F_{X'}(x)$ 是均值为 μ 的指数分布, $F_{Y'}(x)$ 是密度为 $\mu^{-2} x \exp\{-\mu^{-1} x\}$ 的埃尔朗分布. 此时 (3.4.8) 和 (3.4.9) 式变为

$$c\phi^{(1)}(u) = -\tilde{\lambda}\phi_1(u) - \frac{\lambda_1 + \lambda_2}{\mu} \int_0^u \phi(x) \exp\left\{-\frac{u-x}{\mu}\right\} dx + \lambda\phi(u),$$
$$c\phi_1^{(1)}(u) = -\frac{\tilde{\lambda}}{\mu^2} \int_0^u \phi(x)(u-x) \exp\left\{-\frac{u-x}{\mu}\right\} dx$$
$$- \frac{\lambda_1 + \lambda_2}{\mu} \int_0^u \phi_1(x) \exp\left\{-\frac{u-x}{\mu}\right\} dx + \lambda\phi_1(u).$$

3.4 一类具有泊松和埃尔朗风险过程的索赔相关风险模型

再次求导得

$$c\phi^{(2)}(u) = -\tilde{\lambda}\phi_1^{(1)}(u) - \frac{\lambda_1+\lambda_2}{\mu}\phi(u)$$
$$+ \frac{\lambda_1+\lambda_2}{\mu^2}\int_0^u \phi(x)\exp\left\{-\frac{u-x}{\mu}\right\}dx + \lambda\phi^{(1)}(u)$$
$$= -\tilde{\lambda}\phi_1^{(1)}(u) - \frac{\lambda_1+\lambda_2}{\mu}\phi(u)$$
$$+ \frac{1}{\mu}\left(\lambda\phi(u) - \tilde{\lambda}\phi_1(u) - c\phi^{(1)}(u)\right) + \lambda\phi^{(1)}(u)$$
$$= \left(\lambda - \frac{c}{\mu}\right)\phi^{(1)}(u) + \frac{\tilde{\lambda}}{\mu}\phi(u) - \tilde{\lambda}\phi_1^{(1)}(u) - \frac{\tilde{\lambda}}{\mu}\phi_1(u), \tag{3.4.10a}$$

$$c\phi_1^{(2)}(u) = -\frac{\tilde{\lambda}}{\mu^2}\int_0^u \phi(x)\exp\left\{-\frac{u-x}{\mu}\right\}dx$$
$$+ \frac{\tilde{\lambda}}{\mu^3}\int_0^u \phi(x)(u-x)\exp\left\{-\frac{u-x}{\mu}\right\}dx - \frac{\lambda_1+\lambda_2}{\mu}\phi_1(u)$$
$$+ \frac{\lambda_1+\lambda_2}{\mu^2}\int_0^u \phi_1(x)\exp\left\{-\frac{u-x}{\mu}\right\}dx + \lambda\phi_1^{(1)}(u)$$
$$= \left(\lambda - \frac{c}{\mu}\right)\phi_1^{(1)}(u) + \frac{\tilde{\lambda}}{\mu}\phi_1(u) - \frac{\tilde{\lambda}}{\mu^2}\int_0^u \phi(x)\exp\left\{-\frac{u-x}{\mu}\right\}dx. \tag{3.4.10b}$$

再求导可得

$$c\phi_1^{(3)}(u) = \left(\lambda - \frac{c}{\mu}\right)\phi_1^{(2)}(u) + \frac{\tilde{\lambda}}{\mu}\phi_1^{(1)}(u)$$
$$+ \frac{\tilde{\lambda}}{\mu^3}\int_0^u \phi(x)\exp\left\{-\frac{u-x}{\mu}\right\}dx - \frac{\tilde{\lambda}}{\mu^2}\phi(u)$$
$$= \left(\lambda - \frac{2c}{\mu}\right)\phi_1^{(2)}(u) + \left(\frac{\lambda+\tilde{\lambda}}{\mu} - \frac{c}{\mu^2}\right)\phi_1^{(1)}(u)$$
$$+ \frac{\tilde{\lambda}}{\mu^2}\left(\phi_1(u) - \phi(u)\right). \tag{3.4.11}$$

因此, (3.4.10) 和 (3.4.11) 构成一个带如下边界条件的线性微分系统:

$$c\phi^{(1)}(0) = -\tilde{\lambda}\phi_1(0) + \lambda\phi(0), \quad c\phi_1^{(1)}(0) = \lambda\phi_1(0),$$

$$c\phi_1^{(2)}(0) = \left(\lambda - \frac{c}{\mu}\right)\phi_1^{(1)}(0) + \frac{\tilde{\lambda}}{\mu}\phi_1(0), \quad \phi(\infty) = 1, \quad \phi_1(\infty) = 1. \quad (3.4.12)$$

利用 (3.4.10) 和 (3.4.11) 得

$$c^2\mu^2\phi_1^{(5)}(u) + c\mu(3c - 2\lambda\mu)\phi_1^{(4)}(u) + ((\lambda\mu - c)(\lambda\mu - 3c) - 2c\mu\tilde{\lambda})\phi_1^{(3)}(u)$$
$$+ \left((\lambda\mu - c)\left(\lambda + \tilde{\lambda} - \frac{c}{\mu}\right) - 2c\tilde{\lambda}\right)\phi_1^{(2)}(u) + 2\left(\lambda - \frac{c}{\mu}\right)\phi_1^{(1)}(u) = 0.$$

其特征方程

$$c^2\mu^2 z^5 + c\mu(3c - 2\lambda\mu)z^4 + ((\lambda\mu - c)(\lambda\mu - 3c) - 2c\mu\tilde{\lambda})z^3$$
$$+ \left((\lambda\mu - c)\left(\lambda + \tilde{\lambda} - \frac{c}{\mu}\right) - 2c\tilde{\lambda}\right)z^2 + 2\left(\lambda - \frac{c}{\mu}\right)z = 0$$

有五个根, 即

$$z_1 = 0, \quad z_2 = -\frac{1}{\mu}, \quad z_3 = \frac{\lambda\mu - c}{c\mu},$$
$$z_4 = \frac{1}{2c\mu}\left(\lambda\mu - c - \left(8c\mu\tilde{\lambda} + (c - \lambda\mu)^2\right)^{1/2}\right),$$
$$z_5 = \frac{1}{2c\mu}\left(\lambda\mu - c + \left(8c\mu\tilde{\lambda} + (c - \lambda\mu)^2\right)^{1/2}\right).$$

正安全负荷条件 $c > \lambda\mu$ 说明, 只有 z_5 是正的. 因此, $\phi_1(u)$ 的通解为

$$\phi_1(u) = C_1 + C_2\exp\{z_2 u\} + C_3\exp\{z_3 u\} + C_4\exp\{z_4 u\}. \quad (3.4.13)$$

由 (3.4.11) 和 (3.4.13) 得

$$\phi(u) = C_1 + C_2 q(z_2)\exp\{z_2 u\} + C_3 q(z_3)\exp\{z_3 u\} + C_4 q(z_4)\exp\{z_4 u\},$$

其中

$$q(z) = 1 + \frac{\mu}{\tilde{\lambda}}\left(\lambda + \tilde{\lambda} - \frac{c}{\mu}\right)z + \frac{\mu^2}{\tilde{\lambda}}\left(\lambda - \frac{2c}{\mu}\right)z^2 - \frac{c\mu^2}{\tilde{\lambda}}z^3.$$

注意到 $q(z_2) = 0$. 由边界条件 (3.4.12) 得 $C_1 = 1$. 其余的系数可由下列方程求得

$$\lambda = (cz_2 - \lambda)C_2 + (cz_3 - \lambda)C_3 + (cz_4 - \lambda)C_4,$$
$$\frac{\tilde{\lambda}}{\mu} = \left(cz_2^2 - \lambda - \frac{\tilde{\lambda} - c}{\mu}\right)C_2 + \left(cz_3^2 - \lambda - \frac{\tilde{\lambda} - c}{\mu}\right)C_3$$

$$+ \left(cz_4^2 - \lambda - \frac{\tilde{\lambda} - c}{\mu}\right) C_4,$$

$$\lambda_1 + \lambda_2 = \left(cz_2 - \lambda + \tilde{\lambda}\right) q(z_2) C_2 + \left(cz_3 - \lambda + \tilde{\lambda}\right) q(z_3) C_3$$

$$+ \left(cz_4 - \lambda + \tilde{\lambda}\right) q(z_4) C_4.$$

例 3.4.1 对 $\lambda_1 = \lambda_2 = 1.5, \tilde{\lambda} = 1, \mu = 1$ 及 $c = 6$, 生存概率为

$$\phi_1(u) = 1 + 0.0635439 \exp\{-u\} + 0.0847262 \exp\{-0.767592u\}$$

$$- 0.894093 \exp\{-0.333333u\},$$

$$\phi(u) = 1 - 0.0196911 \exp\{-0.767592u\} - 0.596063 \exp\{-0.333333u\}. \quad (3.4.14)$$

对于均值不相等的指数索赔, 即, $\mu_X \neq \mu_Y$, F_X 和 F_Y 的卷积不再是 Gamma 函数而是 F_X 和 F_Y 的线性组合. 这种情况下我们得到

$$c\phi^{(3)}(u) = \left(\lambda - \frac{c}{\mu_X} - \frac{c}{\mu_Y}\right) \phi^{(2)}(u) + \left(\frac{\lambda - \lambda_1}{\mu_X} + \frac{\lambda - \lambda_2}{\mu_Y} - \frac{c}{\mu_X \mu_Y}\right) \phi^{(1)}(u)$$

$$+ \frac{\tilde{\lambda}}{\mu_X \mu_Y} \phi(u) - \tilde{\lambda} \phi_1^{(2)}(u) - \left(\frac{1}{\mu_X} + \frac{1}{\mu_Y}\right) \tilde{\lambda} \phi_1^{(1)}(u) - \frac{\tilde{\lambda}}{\mu_X \mu_Y} \phi_1(u),$$

$$c\phi_1^{(3)}(u) = \left(\lambda - \frac{c}{\mu_X} - \frac{c}{\mu_Y}\right) \phi_1^{(2)}(u) + \left(\frac{\lambda - \lambda_1}{\mu_X} + \frac{\lambda - \lambda_2}{\mu_Y} - \frac{c}{\mu_X \mu_Y}\right) \phi_1^{(1)}(u)$$

$$+ \frac{\tilde{\lambda}}{\mu_X \mu_Y} \phi_1(u) - \frac{\tilde{\lambda}}{\mu_X \mu_Y} \phi(u).$$

由此可得相应的微分方程为

$$A_6 \phi_1^{(6)}(u) + A_5 \phi_1^{(5)}(u) + A_4 \phi_1^{(4)}(u) + A_3 \phi_1^{(3)}(u)$$

$$+ A_2 \phi_1^{(2)}(u) + A_1 \phi_1^{(1)}(u) = 0,$$

其中

$$A_1 = 2\tilde{\lambda} \left(\frac{\lambda - \lambda_1}{\mu_X} + \frac{\lambda - \lambda_2}{\mu_Y} - \frac{c}{\mu_X \mu_Y}\right) - \tilde{\lambda}^2 \left(\frac{1}{\mu_X} + \frac{1}{\mu_Y}\right),$$

$$A_2 = \mu_X \mu_Y \left(\frac{\lambda - \lambda_1}{\mu_X} + \frac{\lambda - \lambda_2}{\mu_Y} - \frac{c}{\mu_X \mu_Y}\right)^2 + 2\tilde{\lambda} \left(\lambda - \frac{c}{\mu_X} - \frac{c}{\mu_Y}\right) - \tilde{\lambda}^2,$$

$$A_3 = 2\left(\mu_X \mu_Y \left(\lambda - \frac{c}{\mu_X} - \frac{c}{\mu_Y}\right) \left(\frac{\lambda - \lambda_1}{\mu_X} + \frac{\lambda - \lambda_2}{\mu_Y} - \frac{c}{\mu_X \mu_Y}\right) - c\tilde{\lambda}\right),$$

$$A_4 = \mu_X \mu_Y \left(\left(\lambda - \frac{c}{\mu_X} - \frac{c}{\mu_Y} \right)^2 - 2c \left(\frac{\lambda - \lambda_1}{\mu_X} + \frac{\lambda - \lambda_2}{\mu_Y} - \frac{c}{\mu_X \mu_Y} \right) \right),$$

$$A_5 = -2c\mu_X \mu_Y \left(\lambda - \frac{c}{\mu_X} - \frac{c}{\mu_Y} \right), \quad A_6 = c^2 \mu_X \mu_Y.$$

且相应的边界条件为

$$c\phi^{(1)}(0) = \tilde{\lambda}\phi_1(0) + \lambda\phi(0), \quad c\phi_1^{(1)}(0) = \lambda\phi_1(0),$$

$$c\phi_1^{(2)}(0) = \left(\lambda - \frac{c}{\mu_X} \right) \phi_1^{(1)}(0) + \left(\frac{\lambda - \lambda_1}{\mu_X} - \frac{\lambda_2}{\mu_Y} \right) \phi_1(0),$$

$$\phi(\infty) = 1, \quad \phi_1(\infty) = 1.$$

给定参数值, 可利用 Mathematica 或其他计算机软件求得 ϕ_1 (以及 ϕ).

例 3.4.2 对 $\lambda_1 = 2, \lambda_2 = 1.5, \tilde{\lambda} = 1, \mu_X = 1, \mu_Y = 1/1.8$ 及 $c = 4$, 有

$$\phi_1(u) = 1 + 0.00057508 \exp\{-1.61861u\}$$

$$+ 0.0328009 \exp\{-0.729264u\} - 0.959197 \exp\{-0.11291u\},$$

$$\phi(u) = 1 + 0.000242903 \exp\{-1.61861u\}$$

$$- 0.0131632 \exp\{-0.729264u\} - 0.87463 \exp\{-0.11291u\}. \quad (3.4.15)$$

本小节最后, 我们对模型 (3.4.5), 即具有共同 Erlang(2) 过程的模型 (3.4.3) 的有限时间破产概率进行模拟研究. 记 τ 年破产概率为 $\psi(u, \tau) = 1 - \phi(u, \tau)$, 其中 $\phi(u, \tau)$ 是 τ 年生存概率

$$\phi(u, \tau) = P\left(S'(t) \geqslant 0, 0 \leqslant t \leqslant \tau \right) = P(S(t) \geqslant 0, 0 \leqslant t \leqslant \tau).$$

这里我们考虑例 3.4.1 和例 3.4.2 中的两种情况: (i) $\lambda_1 = \lambda_2 = 1.5, \tilde{\lambda} = 1, \mu_X = \mu_Y = 1$ 及 $c = 6$; (ii) $\lambda_1 = 2, \lambda_2 = 1.5, \tilde{\lambda} = 1, \mu_X = 1, \mu_Y = 1/1.8$ 及 $c = 4$. 每种情况使用了不同的 u 和 τ 的值. 表 3.4.1 和表 3.4.2 概括了该模拟研究的主要结果. 两个表格的每个条目都是基于 10000 次模拟计算的. 表 3.4.1 和表 3.4.2 的最后一列分别由 (3.4.14) 和 (3.4.15) 计算得到.

正如预期, 破产概率随 τ 的增加而增加, 随 u 的增加而减小. 从表 3.4.1 可以看出, 当 $\tau = 30, 40$ 和 50 时, 情形 (i) 的有限时间破产概率相同且非常接近终极概率. 对于情形 (ii), 表 3.4.2 表明, 即使 $\tau = 50$, 有限时间破产概率与终极破产概率的差距也较大.

表 3.4.1　情形 (i) 中 $\psi(u,\tau)$ 的值

u	τ							
	5	10	15	20	30	40	50	∞
0	0.6021	0.6110	0.6126	0.6128	0.6128	0.6128	0.6128	0.6158
2	0.2900	0.3025	0.3047	0.3051	0.3053	0.3053	0.3053	0.3103
4	0.1422	0.1531	0.1551	0.1558	0.1559	0.1559	0.1559	0.1580
6	0.0688	0.0779	0.0794	0.0799	0.0801	0.0801	0.0801	0.0809
8	0.0326	0.0389	0.0404	0.0407	0.0410	0.0410	0.0410	0.0415
10	0.0157	0.0200	0.0209	0.0210	0.0211	0.0211	0.0211	0.0213

表 3.4.2　情形 (ii) 中 $\psi(u,\tau)$ 的值

u	τ							
	5	10	15	20	30	40	50	∞
0	0.79688	0.8322	0.8473	0.8552	0.8667	0.8717	0.8745	0.8876
2	0.4854	0.5684	0.6051	0.6284	0.6545	0.6669	0.6746	0.7009
4	0.2844	0.3865	0.4266	0.467	0.4905	0.5072	0.5193	0.5575
6	0.1612	0.2505	0.2983	0.3295	0.3681	0.3875	0.4012	0.4444
8	0.0926	0.1632	0.2062	0.2387	0.2782	0.3011	0.3157	0.3545
10	0.0486	0.1040	0.1430	0.1713	0.2067	0.295	0.2441	0.2828

3.4.4　一般索赔的渐近结果

对于非指数分布的索赔额, 一般无法得到 ϕ_1 的微分方程. 本小节我们主要研究一般索赔分布时破产概率的渐近性 (当 $u \to \infty$ 时).

对 (3.4.8) 式两边从 0 到 u 积分得

$$\phi(u) = \phi(0) - \frac{\tilde{\lambda}}{c}\int_0^u \phi_1(s)ds + \frac{\lambda}{c}\int_0^u \phi(s)ds$$
$$+ \frac{\lambda_1 + \lambda_2}{c}\int_0^u \int_0^s \phi(s-x)d\left(1 - F_{X'}(x)\right)ds.$$

通过交换积分顺序并利用分部积分公式, 得

$$\int_0^u \int_0^s \phi(s-x)d\left(1 - F_{X'}(x)\right)ds$$
$$= \int_0^u \phi(u-x)\left(1 - F_{X'}(x)\right)dx - \int_0^u \phi(x)dx.$$

因此 $\phi(u)$ 满足的方程可被重写为

$$\phi(u) = \phi(0) + \frac{\tilde{\lambda}}{c}\int_0^u \left(\phi(x) - \phi_1(x)\right)dx$$

$$+ \frac{\lambda_1 + \lambda_2}{c} \int_0^u \phi(u-x)\left(1 - F_{X'}(x)\right) dx. \qquad (3.4.16)$$

X' 和 Y' 的期望分别记为 $\mu_{X'}$ 和 $\mu_{Y'}$. 根据单调收敛定理, 由 (3.4.16) 得, 当 $u \to \infty$ 时,

$$\phi(\infty) = \phi(0) + \frac{\tilde{\lambda}}{c} \int_0^\infty \left(\phi(x) - \phi_1(x)\right) dx + \frac{(\lambda_1 + \lambda_2)\mu_{X'}}{c} \phi(\infty).$$

由于 $\phi(\infty) = 1$,

$$\psi(0) = \frac{(\lambda_1 + \lambda_2)\mu_{X'}}{c} + \frac{\tilde{\lambda}}{c} \int_0^\infty \left(\psi_1(x) - \psi(x)\right) dx. \qquad (3.4.17)$$

利用 (3.4.16) 和 (3.4.17), 破产概率具有如下形式

$$\psi(u) = \frac{\lambda_1 + \lambda_2}{c} \left(\int_u^\infty \left(1 - F_{X'}(x)\right) dx + \int_0^u \psi(u-x)\left(1 - F_{X'}(x)\right) dx \right)$$
$$+ \frac{\tilde{\lambda}}{c} \int_u^\infty \left(\psi_1(x) - \psi(x)\right) dx. \qquad (3.4.18)$$

与 (3.4.17) 和 (3.4.18) 类似, 由 (3.4.9) 可得

$$\psi_1(0) = \frac{(\lambda_1 + \lambda_2)\mu_{X'}}{c} + \frac{\tilde{\lambda}}{c} \left(\mu_{Y'} - \int_0^\infty \left(\psi_1(x) - \psi(x)\right) dx \right) \qquad (3.4.19)$$

$$\psi_1(u) = \frac{\lambda_1 + \lambda_2}{c} \left(\int_u^\infty \left(1 - F_{X'}(x)\right) dx + \int_0^u \psi_1(u-x)\left(1 - F_{X'}(x)\right) dx \right)$$
$$+ \frac{\tilde{\lambda}}{c} \left(\int_u^\infty \left(1 - F_{Y'}(x)\right) dx + \int_0^u \psi(u-x)\left(1 - F_{Y'}(x)\right) dx \right.$$
$$\left. - \int_u^\infty \left(\psi_1(x) - \psi(x)\right) dx \right). \qquad (3.4.20)$$

由 (3.4.17) 和 (3.4.19), 容易看出

$$\psi(0) + \psi_1(0) = \frac{\tilde{\lambda}\mu_{Y'} + 2(\lambda_1 + \lambda_2)\mu_{X'}}{c}.$$

结合 (3.4.18) 和 (3.4.20) 可得

$$\psi(u) + \psi_1(u)$$

3.4 一类具有泊松和埃尔朗风险过程的索赔相关风险模型

$$= \int_u^\infty \left(\frac{2(\lambda_1 + \lambda_2)}{c}(1 - F_{X'}(x)) + \frac{\tilde{\lambda}}{c}(1 - F_{Y'}(x)) \right) dx$$

$$+ \int_0^u \left(\frac{\lambda_1 + \lambda_2}{c}(1 - F_{X'}(x)) + \frac{\tilde{\lambda}}{c}(1 - F_{Y'}(x)) \right) \psi(u-x) dx$$

$$+ \int_0^u \frac{\lambda_1 + \lambda_2}{c}(1 - F_{X'}(x)) \psi_1(u-x) dx$$

$$\leqslant \int_u^\infty \left(\frac{2(\lambda_1 + \lambda_2)}{c}(1 - F_{X'}(x)) + \frac{\tilde{\lambda}}{c}(1 - F_{Y'}(x)) \right) dx$$

$$+ \int_0^u \left(\frac{\lambda_1 + \lambda_2}{c}(1 - F_{X'}(x)) + \frac{\tilde{\lambda}}{2c}(1 - F_{Y'}(x)) \right)$$

$$\times (\psi(u-x) + \psi_1(u-x)) dx.$$

注意到 $\psi(u) \leqslant \psi_1(u)$. 再次根据正的安全负荷条件得

$$\int_0^\infty \left(\frac{\lambda_1 + \lambda_2}{c}(1 - F_{X'}(x)) + \frac{\tilde{\lambda}}{2c}(1 - F_{Y'}(x)) \right) dx < 1.$$

因此, 由更新定理可得 $\psi(u) + \psi_1(u)$ 的上界.

定义 $h_1(r) = \int_0^\infty \exp\{rx\} dF_{X'}(x) - 1$ 及 $h_2(r) = \int_0^\infty \exp\{rx\} dF_{Y'}(x) - 1$.

假设存在 $r_1 > 0$ 和 $r_2 > 0$ 使得当 $r \uparrow r_1$ 时 $h_1(r) \uparrow \infty$, 当 $r \uparrow r_2$ 时 $h_2(r) \uparrow \infty$. 则存在 $R > 0$ 使得

$$\int_0^\infty \exp\{Rx\} \left(\frac{\lambda_1 + \lambda_2}{c}(1 - F_{X'}(x)) + \frac{\tilde{\lambda}}{2c}(1 - F_{Y'}(x)) \right) dx = 1.$$

也就是说, R 是方程

$$(\lambda_1 + \lambda_2) h_1(r) + \frac{1}{2} \tilde{\lambda} h_2(r) = cr$$

的正解. 因此, 有下列更新型不等式

$$\frac{1}{2} \exp\{Rx\} (\psi(u) + \psi_1(u))$$

$$\leqslant \exp\{Ru\} \int_u^\infty \left(\frac{\lambda_1 + \lambda_2}{c}(1 - F_{X'}(x)) + \frac{\tilde{\lambda}}{2c}(1 - F_{Y'}(x)) \right) dx$$

$$+ \frac{1}{2} \int_0^u \exp\{Rx\} \left(\frac{\lambda_1 + \lambda_2}{c} (1 - F_{X'}(x)) + \frac{\tilde{\lambda}}{2c} (1 - F_{Y'}(x)) \right)$$
$$\times \exp\{R(u-x)\} (\psi(u-x) + \psi_1(u-x)) \, dx. \qquad (3.4.21)$$

记

$$H(x) = \frac{\lambda_1 + \lambda_2}{c} (1 - F_{X'}(x)) + \frac{\tilde{\lambda}}{2c} (1 - F_{Y'}(x)).$$

由直接积分可以证明

$$\frac{\rho}{1+\rho} \frac{c}{(\lambda_1 + \lambda_2) h_1^{(1)}(R) + (1/2)\tilde{\lambda} h_2^{(1)}(R) - c}$$
$$= \frac{\int_0^\infty \exp\{Ru\} \int_u^\infty H(x) dx du}{\int_0^\infty x \exp\{Rx\} H(x) dx},$$

其中 $h_1^{(1)}$ 和 $h_2^{(1)}$ 分别是 h_1 和 h_2 的一阶导数. 则对 (3.4.21) 利用更新定理得

$$\lim_{u \to \infty} \frac{\exp\{Ru\} (\psi(u) + \psi_1(u))}{2}$$
$$\leqslant \frac{\rho}{1+\rho} \frac{c}{(\lambda_1 + \lambda_2) h_1^{(1)}(R) + (1/2)\tilde{\lambda} h_2^{(1)}(R) - c},$$

其中

$$\rho = \frac{c}{(\lambda_1 + \lambda_2) \mu_{X'} + (1/2)\tilde{\lambda} \mu_{Y'}} - 1$$

是对应的安全负荷.

注 3.4.1 本章内容主要取自 (Yuen and Guo, 2001; Xiao and Guo, 2007; Yuen, et al., 2005; Yuen, 2002).

第 4 章 莱维风险模型

莱维过程是一类具有平稳独立增量的随机过程, 它还是时空齐次马氏过程和半鞅, 其中布朗运动、泊松过程、复合泊松过程和稳定过程是莱维过程的典型代表. 莱维过程在理论上和应用上均有非常重要的研究价值, 特别地, 在数理金融和精算等领域也得到了广泛的应用. 本章首先总结莱维过程的定义、性质及基本结论, 然后给出它在保险精算中的应用.

4.1 莱维过程的定义

设 $(\Omega, \mathcal{F}, \mathbb{F}, P)$ 为一个完备的带流的概率空间, 其中 $\mathbb{F} := (\mathcal{F}_t)$ 为 $\mathcal{F}$ 的子 σ-代数流, 即对所有的 $0 \leqslant s < t \leqslant T$,

$$\mathcal{F}_s \subset \mathcal{F}_t \subset \mathcal{F}_T \subset \mathcal{F}.$$

定义 4.1.1(莱维过程) 定义在 $(\Omega, \mathcal{F}, \mathbb{F}, P)$ 上的实值随机过程 $X = \{X_t, t \geqslant 0\}$ 称为莱维过程, 如果它满足下列条件:

(i) X 的轨道是 P-a.s. 右连续且有左极限;
(ii) $P(X_0 = 0) = 1$;
(iii) X 具有独立增量;
(iv) X 具有平稳增量.

最简单的莱维过程是一个确定性过程 ct, 其中 c 为常数. 布朗运动是唯一非确定性的具有连续轨道的莱维过程. 其他的例子有泊松过程、复合泊松过程和稳定过程等. 漂移布朗运动与泊松过程的和仍是一个莱维过程, 称为莱维跳跃扩散过程.

定理 4.1.1 (莱维-欣钦 (Lévy-Khintchine) 公式) 对于莱维过程 X, 存在 $\mu \in \mathbb{R}, \sigma \in \mathbb{R}^+$ 及 $\mathbb{R}_0 = \mathbb{R} \setminus \{0\}$ 上的满足 $\int_{\mathbb{R}} (1 \wedge x^2) \Pi(dx) < \infty$ 的测度 Π, 使得

$$E[e^{i\theta X_t}] = e^{-t\Psi(\theta)}, \quad \theta \in \mathbb{R},$$

其中

$$\Psi(\theta) = i\mu\theta + \frac{1}{2}\sigma^2\theta^2 + \int_{\mathbb{R}_0} (1 - e^{i\theta x} + i\theta x I\{|x| < 1\}) \Pi(dx).$$

定义 4.1.2 三元组 (μ,σ,Π) 称为莱维过程 X 的特征三元组或莱维三元组, 其中 Π 称为莱维测度, μ 称为漂移系数, σ 称为高斯系数或扩散系数, Ψ 称为特征指数.

如果 $\sigma^2 > 0$ 及莱维测度 $\Pi \equiv 0$, 则 X 是一个布朗运动; 如果 $\sigma^2 = 0$ 及 $\int_{\mathbb{R}_0} \Pi(dx) < \infty$, 则 X 是一个复合泊松过程; 如果 $\sigma^2 = 0$, $\int_{\mathbb{R}_0} \Pi(dx) = \infty$ 及 $\int_{\mathbb{R}_0} (1 \wedge |x|)\Pi(dx) < \infty$, 则 X 具有无穷个跳跃但是有限变差的; 如果 $\sigma^2 = 0$, $\int_{\mathbb{R}_0} \Pi(dx) = \infty$ 及 $\int_{\mathbb{R}_0} (1 \wedge |x|)\Pi(dx) = \infty$, 则 X 具有无穷个跳跃并且是无界变差的.

定理 4.1.2 (莱维-伊藤 (Lévy-Itô) 分解) 对于一般莱维过程 X, 它可以分解为三个独立莱维过程之和:
$$X = X^{(1)} + X^{(2)} + X^{(3)},$$

其中, $X^{(1)}$ 为线性布朗运动, $X^{(2)}$ 为跳跃的幅度不小于 1 的复合泊松过程, $X^{(3)}$ 为跳跃的幅度小于 1 的纯跳过程.

在一些特殊情况, 应用拉普拉斯变换研究莱维过程更方便, X_t 的拉普拉斯变换定义为
$$E[e^{-\lambda X_t}] = e^{-t\Phi(\lambda)}, \quad \lambda > 0,$$

其中
$$\Phi(\lambda) = \Psi(i\lambda) = -\mu\lambda - \frac{1}{2}\sigma^2\lambda^2 + \int_{\mathbb{R}} (1 - e^{-\lambda x} - \lambda x I\{|x| < 1\})\Pi(dx)$$

称为拉普拉斯指数.

下面简要介绍三类特殊的莱维过程.

从属过程 一个莱维过程称为从属过程, 假如它在 $[0,\infty)$ 取值且有递增的样本轨道. 在这种情况, 其拉普拉斯指数具有简单形式:
$$\Phi(\lambda) = \delta\lambda + \int_{(0,\infty)} (1 - e^{-\lambda x})\Pi(dx),$$

其中 $\delta := -\mu - \int_0^1 x\Pi(dx) \geqslant 0$ 为漂移系数, Π 是 $(0,\infty)$ 上的测度满足条件
$$\int_{(0,\infty)} (1 \wedge x)\Pi(dx) < \infty.$$

谱负莱维过程 如果 $\Pi(0,\infty) = 0$, 则称莱维过程 X 为谱负莱维过程. 其拉普拉斯指数为

$$\Phi(\lambda) = -\mu\lambda - \frac{1}{2}\sigma^2\lambda^2 + \int_{(-\infty,0)} (1 - e^{-\lambda x} - \lambda x I\{-1 < x < 0\})\Pi(dx).$$

谱正莱维过程 如果 $\Pi(-\infty,0) = 0$, 则称莱维过程 X 为谱正莱维过程. 其拉普拉斯指数为

$$\Phi(\lambda) = -\mu\lambda - \frac{1}{2}\sigma^2\lambda^2 + \int_{(0,\infty)} (1 - e^{-\lambda x} - \lambda x I\{0 < x < 1\})\Pi(dx).$$

显然, 一个过程 X 为谱正莱维过程当且仅当 $-X$ 为谱负莱维过程.

4.2 莱维过程的例子

例 4.2.1 (漂移布朗运动) 漂移布朗运动 $\{\mu t + \sigma B_t, t \geqslant 0\}$ 是唯一轨道连续的莱维过程, 其中, $\{B_t, t \geqslant 0\}$ 是一个标准布朗运动, $\mu, \sigma \in \mathbb{R}$ 为常数. 其莱维测度为 0, 特征指数为

$$\Psi(\theta) = i\mu\theta + \frac{1}{2}\sigma^2\theta^2, \quad \theta \in \mathbb{R}.$$

例 4.2.2 (复合泊松过程) 复合泊松过程 $X_t = \sum_{i=1}^{N_t} Y_i$ 是一个莱维过程, 其中, N_t 是一个强度为 λ 的泊松过程, Y_i 的分布为 F. 其莱维测度为 $\nu(dx) = \lambda F(dx)$, 特征指数为

$$\Psi(\theta) = \int (1 - e^{i\theta x})\nu(dx), \quad \theta \in \mathbb{R}.$$

特别地, 当 $Y_i \equiv 1$ 时, 泊松过程 $X_t = N_t$ 是一个莱维过程, 其特征指数为 $\Psi(\theta) = \lambda(1 - e^{i\theta})$.

例 4.2.3 (Gamma 过程) 一个实值随机过程 $\{X_t, t \geqslant 0\}$ 称为标准 Gamma 过程, 假如它满足 $X_0 = 0$, 具有平稳独立增量性且 $X_t - X_s$ 服从参数为 $(t-s, 1)$ 的 Gamma 分布 $(s < t)$. 其莱维测度为

$$\nu(dx) = \frac{e^{-x}}{x} dx,$$

拉普拉斯指数为

$$\Phi(\lambda) = \ln(1 + \lambda), \quad \lambda > 0.$$

4.3 谱负莱维过程的逸出问题

假设 $X = \{X_t, t \geq 0\}$ 为概率空间 $(\Omega, \mathcal{F}, \mathbb{F}, P)$ 上的谱负莱维过程, 其拉普拉斯指数 $\kappa : [0, \infty) \to \mathbb{R}$ 定义为

$$E[\mathrm{e}^{\theta X_t}] = \mathrm{e}^{t\kappa(\theta)}, \quad \theta \geq 0,$$

其中

$$\kappa(\theta) = -\mu\theta + \frac{1}{2}\sigma^2\theta^2$$
$$+ \int_{(-\infty,0)} (\mathrm{e}^{\theta x} - 1 - \theta x I\{-1 < x < 0\})\Pi(dx), \quad \theta \geq 0.$$

这里 $\mu \in \mathbb{R}, \sigma \geq 0, \Pi$ 满足 $\int_{(-\infty,0)} (1 \wedge x^2)\Pi(dx) < \infty$. 当 X 是有界变差的, 即 $\sigma = 0$ 及 $\int_{(-1,0)} |x|\Pi(dx) < \infty$ 时, X 可以表示为

$$X_t = ct - S_t, \quad t \geq 0,$$

其中 $\{S_t, t \geq 0\}$ 为无漂移的从属过程,

$$c := -\mu - \int_{(-1,0)} |x|\Pi(dx).$$

我们排除 X 的样本轨道是单调的情况, 即要求 $c > 0$. 此时它的拉普拉斯指数为

$$\kappa(\theta) = c\theta + \int_{(-\infty,0)} (\mathrm{e}^{x\theta} - 1)\Pi(dx), \quad \theta \geq 0.$$

尺度函数是研究莱维过程的重要工具, 下面给出它的定义及常见性质.

尺度函数 对于每个 $q \geq 0$, 存在函数 $W^{(q)} : \mathbb{R} \to [0, \infty)$, 称为 X 的 q-尺度函数, 若当 $x < 0$ 时 $W^{(q)}(x) = 0$, 并且它在 $[0, \infty)$ 上是一个严格递增且连续的函数, 则其拉普拉斯变换为

$$\int_0^\infty \mathrm{e}^{-\theta x} W^{(q)}(x) dx = \frac{1}{\kappa(\theta) - q}, \quad \theta > \Phi(q),$$

其中 $\Phi(q) = \sup\{\theta \geq 0 : \kappa(\theta) = q\}$ 是 κ 的右连续逆. 简记 $W = W^{(0)}$.

4.3 谱负莱维过程的逸出问题

对于 $x \in \mathbb{R}$, 定义尺度函数

$$\overline{W^{(q)}}(x) = \int_0^x W^{(q)}(y)dy,$$

$$Z^{(q)}(x) = 1 + q\int_0^x W^{(q)}(y)dy,$$

$$\overline{Z^{(q)}}(x) = \int_0^x Z^{(q)}(z)dz = x + q\int_0^x \int_0^z W^{(q)}(w)dwdz,$$

$$Z^{(q)}(x,\theta) = e^{\theta x}\left(1 + (q - \kappa(\theta))\int_0^x e^{-\theta y}W^{(q)}(y)dy\right).$$

注意到 $W^{(q)}(x) = 0, x < 0$, 因此, 当 $x \leqslant 0$ 时, 我们有

$$\overline{W^{(q)}}(x) = 0, \quad Z^{(q)}(x) = 1, \quad \overline{Z^{(q)}}(x) = x, \quad Z^{(q)}(x,\theta) = e^{\theta x}.$$

由文献 (Chan, et al., 2011) 可知, 如果 X 是无界变差的或莱维测度是无原子的, 则 $W^{(q)} \in C^1(\mathbb{R} \setminus \{0\})$. 如果 $\sigma > 0$, 则 $W^{(q)}|_{(0,\infty)} \in C^2(0,\infty)$.

关于在原点的性质, 由 (Kuznetsov, et al., 2012b) 可知, 对任意的 $q \geqslant 0$,

$$W^{(q)}(0^+) = \begin{cases} \dfrac{1}{c}, & \sigma = 0 \text{ 或 } \int_{(-1,0)} |x|\Pi(dx) < \infty, \\ 0, & \sigma > 0 \text{ 或 } \int_{(-1,0)} |x|\Pi(dx) = \infty, \end{cases}$$

以及

$$W^{(q)\prime}(0^+) = \begin{cases} \dfrac{2}{\sigma^2}, & \sigma > 0, \\ \dfrac{q + \Pi(-\infty,0)}{c^2}, & \sigma = 0, \ \Pi(-\infty,0) < \infty, \\ \infty, & \sigma = 0, \ \Pi(-\infty,0) = \infty. \end{cases}$$

单边和双边逸出问题 我们给出谱负莱维过程 X 逸出区间 $(0,\infty)$ 及 (a,b) 的时间的分布问题. 利用记号 $P^x(\cdot) = P(\cdot|X_0 = x)$, $E^x[\cdot] = E[\cdot|X_0 = x]$. 特别地, 简记 $P^0 = P, E^0 = E$. 对任意的 $x \in \mathbb{R}$, 定义

$$\tau_x^+ = \inf\{t > 0 : X_t > x\}, \quad \tau_x^- = \inf\{t > 0 : X_t < x\}.$$

定理 4.3.1 (单边逸出公式) (i) 对于任意的 $x \geqslant 0, q \geqslant 0$,

$$E^x\left[e^{-q\tau_0^-}I\{\tau_0^- < \infty\}\right] = Z^{(q)}(x) - \frac{q}{\Phi(q)}W^{(q)}(x),$$

其中, 当 $q=0$ 时, $\dfrac{q}{\Phi(q)}$ 理解为在极限的意义下. 特别地,

$$E^x\left[I\{\tau_0^-<\infty\}\right]=\begin{cases}1-\kappa'(0^+)W(x),&\kappa'(0^+)\geqslant 0,\\ 1,&\kappa'(0^+)<0.\end{cases}$$

(ii) 对任意的 $x\leqslant a, q\geqslant 0$,

$$E^x\left[e^{-q\tau_a^+}I\{\tau_a^+<\infty\}\right]=e^{\Phi(q)(x-a)}.$$

(iii) 对任意的 $0<x<a$ 及 $u,v>0$,

$$E^x\left[e^{-u\tau_0^-+vX_{\tau_0^-}}I\{\tau_0^-<\infty\}\right]=Z^{(u)}(x,v)-\dfrac{u-\kappa(u)}{\Phi(u)-v}W^{(u)}(x).$$

定理 4.3.2 (双边逸出公式) (i) 对于任意的 $q\geqslant 0, a<b$ 及 $x\in[a,b]$,

$$E^x\left[e^{-q\tau_b^+};\tau_b^+<\tau_a^-\right]=\dfrac{W^{(q)}(x-a)}{W^{(q)}(b-a)},$$

$$E^x\left[e^{-q\tau_a^-};\tau_b^+>\tau_a^-\right]=Z^{(q)}(x-a)-Z^{(q)}(b-a)\dfrac{W^{(q)}(x-a)}{W^{(q)}(b-a)}.$$

(ii) 对任意的 $0<x<a$ 及 $u,v>0$,

$$E^x\left[e^{-u\tau_0^-+vX_{\tau_0^-}}I\{\tau_0^-<\tau_a^+\}\right]=Z^{(u)}(x,v)-\dfrac{u-\kappa(u)}{\Phi(u)-v}Z^{(u)}(a,v).$$

定理 4.3.3 (q-位势测度公式) (i) 对于任意的 $q\geqslant 0, a<b$ 及 $x,y\in[a,b]$, q-位势测度具有密度

$$E^x\left[\int_0^{\tau_a^-\wedge\tau_b^+}e^{-qt}I\{X_t\in dy\}dt\right]$$
$$=\left\{\dfrac{W^{(q)}(x-a)W^{(q)}(b-y)}{W^{(q)}(b-a)}-W^{(q)}(x-y)\right\}dy.$$

(ii) 对于任意的 $q\geqslant 0, a<b, x\in[a,b]$ 及正的可测函数 f,

$$E^x\left[e^{-q\tau_a^-}f(X_{\tau_a^-});\tau_b^+>\tau_a^-\right]$$
$$=f(a)\dfrac{\sigma^2}{2}\left\{W^{(q)\prime}(x-a)-\dfrac{W^{(q)\prime}(b-a)}{W^{(q)}(b-a)}W^{(q)}(x-a)\right\}$$

$$+ \int_0^{b-a} \int_{(-\infty,-y)} f(y+u+a)\Pi(du)dy$$

$$\times \left\{ \frac{W^{(q)}(x-a)W^{(q)}(b-a-y)}{W^{(q)}(b-a)} - W^{(q)}(x-a-y) \right\},$$

其中 $W^{(q)'}$ 为 $W^{(q)}$ 的导数, 当 $\sigma \neq 0$ 时它是有意义的.

特别地, 当 $\sigma > 0$ 时,

$$E^x \left[e^{-q\tau_a^-} I\{X_{\tau_a^-} = a, \tau_a^- < \tau_b^+\} \right]$$
$$= \frac{\sigma^2}{2} \left(W^{(q)'}(x-a) - \frac{W^{(q)}(x-a)W^{(q)'}(b-a)}{W^{(q)}(b-a)} \right), \quad a < x \leqslant b.$$

注 4.3.1 上述定理的证明可见 (Kuznetsov, et al., 2012b; Kyprianou, 2014; Yin and Yuen, 2014), 或由其中的结果直接推出. 谱正莱维过程的相关结果可参见 (Yin, et al., 2014), 跳跃过程的逸出问题的有关结果可见 (Yin, et al., 2013).

4.4 谱负莱维过程的末离时

4.4.1 引言

假设 $X = \{X(t), t \geqslant 0\}$ 为谱负莱维过程, 满足 $P^x(X(0) = x) = 1$. X 由

$$E^0 \left[e^{\alpha X(t)} \right] = e^{t\psi(\alpha)}, \quad \alpha \geqslant 0 \tag{4.4.1}$$

所定义, 其中

$$\psi(\alpha) = a\alpha + \frac{1}{2}\sigma^2\alpha^2 + \int_{-\infty}^0 (e^{\alpha x} - 1 - \alpha x I\{x > -1\})\nu(dx), \tag{4.4.2}$$

$a \in \mathbb{R}, \sigma^2 \geqslant 0, \nu$ 是支撑在 $(-\infty, 0)$ 上的测度满足

$$\int_{-\infty}^{-1} \nu(dx) < \infty \quad \text{和} \quad \int_{-1}^0 x^2 \nu(dx) < \infty.$$

当且仅当 $\sigma = 0$ 及 $\int_{-1}^0 |x|\nu(dx) < \infty$ 时, 莱维指数可以表示为

$$\psi(\alpha) = b\alpha + \int_{-\infty}^0 (e^{\alpha x} - 1)\nu(dx),$$

其中 $b = a - \int_{-1}^{0} x\nu(dx)$ 是漂移系数. 像通常一样, 我们假设 X 不是一个从属过程.

如果 Y 是一个谱正的莱维过程, 则 $X := -Y$ 是一个谱负的莱维过程. 因此, 关于 Y 的结果可以由 X 的相关结果获得.

下列关于 ψ 的结论可参考文献 (Bertoin, 1996). 用 z 表示 ψ 的最大实零点, 则 ψ 在区间 $[z, \infty)$ 上是严格递增并连续的, $\psi(0) = 0$, 当 $\alpha \to \infty$ 时 $\psi(\alpha) \to \infty$, $\psi'(0^+) = E^0[X(1)]$, 当 $\alpha > 0$ 时 $\psi'(\alpha) > 0$. ψ 的右逆记为 ψ^{-1}.

对于 $x \in \mathbb{R}$, 用 $\tau_x = \inf\{t \geqslant 0 : X(t) > x\}$ 及 $T_x = \inf\{t \geqslant 0 : X(t) < x\}$ 分别表示上穿及下穿水平 x 的首次通过时间; 用 $l_x = \sup\{t \geqslant 0 : X(t) < x\}$ 及 $T'_x = \inf\{t \geqslant T_x : X(t) > x\}$ 分别表示下穿水平 x 的最后通过时间 (末离时) 及 T_x 以后上穿水平 x 的首次通过时间, 按通常约定 $\inf \varnothing = \infty$ 和 $\sup \varnothing = 0$. 因为当 $E^0[X(1)] \leqslant 0$ 时, 几乎必然有 $\liminf_{t \to \infty} X(t) = -\infty$ (见 (Zolotarev, 1964)), 因此对任何固定的 x, 几乎必然有 $l_x = \infty$. 往下我们假设 $E^0[X(1)] > 0$, 其等价于 $P^0\left(\lim_{t \to \infty} X(t) = +\infty\right) = 1$ (见 (Bingham, 1975)). 为了表达简洁, 记 $Q(x) = 1 - \overline{Q}(x) = P^0\left(\inf_{t \geqslant 0} X(t) < -x\right)$, $x \geqslant 0$, $Q(0) := \lim_{x \downarrow 0} Q(x)$ 及 $E^0[X(1)] = m$.

引理 4.4.1 (Bertoin, 1996) 设 X 是一个谱负的莱维过程, 则 τ_x ($x \geqslant 0$) 是一个从属过程, 具有拉普拉斯指数 ψ^{-1}, 即有

$$E^0[e^{-\alpha \tau_x}] = e^{-x\psi^{-1}(\alpha)}, \quad \alpha \geqslant 0. \tag{4.4.3}$$

引理 4.4.2 (Zolotarev, 1964) 对于谱负的莱维过程 X, $Q(x)$ 可由下式确定:

$$\alpha \int_0^\infty e^{-\alpha x} Q(x) dx = 1 - \frac{\alpha m}{\psi(\alpha)}. \tag{4.4.4}$$

由 (4.4.4) 可知, 如果 $\sigma^2 > 0$ 或者 $\int_{-1}^{0} |x|\nu(dx) = \infty$, 则 $Q(0) = 1$ (也可参见 (Rogozin, 1966; Prabhu, 1970)); 如果 $\sigma = 0$ 及 $\int_{-1}^{0} |x|\nu(dx) < \infty$, 则

$$Q(0) = \frac{\int_{-\infty}^{0} x\nu(dx)}{\int_{-1}^{0} x\nu(dx) - a}.$$

众所周知, 对于任意使 $\psi(c)$ 有限的 c, 关于 P^0, $\Lambda_t(c) = \exp\{cX(t) - \psi(c)t\}$ 是一

个鞅 (见 (Avram, et al., 2004)). 令 $P^{0(c)}$ 为 $\mathcal{F}$ 上的概率测度, 由下式所定义

$$\frac{dP^{0(c)}}{dP^0}\bigg|_{\mathcal{F}_t} = \Lambda_t(c), \quad 0 \leqslant t < \infty.$$

对于任意的停时 T_x $(x \leqslant 0)$, 我们有

$$P^{0(c)}(T_x < \infty) = E^0[\Lambda_{T_x}(c) I\{T_x < \infty\}] = E^0[\Lambda_{T_x}(c)]. \quad (4.4.5)$$

在测度 $P^{0(c)}$ 下, X 仍然是谱负的莱维过程, 其拉普拉斯指数为 (见 (Avram, et al., 2004))

$$\psi_c(\theta) = \psi(\theta + c) - \psi(c), \quad \theta \geqslant \min\{-c, 0\}. \quad (4.4.6)$$

定义 4.4.1 (Avram, et al., 2004) 对于 $p \geqslant 0$, p-尺度函数 $W^{(p)} : (-\infty, \infty) \to [0, \infty)$ 是满足下列条件的唯一函数: 在 $(-\infty, 0]$ 上恒为 0, 在 $(0, \infty)$ 上连续并具有拉普拉斯变换

$$\int_0^\infty e^{-\theta x} W^{(p)}(x) dx = (\psi(\theta) - p)^{-1}, \quad \theta > \psi^{-1}(p).$$

注 4.4.1 类似于 (Avram, et al., 2004), 我们用记号 $W_c^{(p)}(x)$ 表示关于 $(X, P^{(c)})$ 的 p-尺度函数. 进一步, 对每个 $x \geqslant 0$, 映射 $p \to W_c^{(p)}(x)$ 可以推广到复平面.

引理 4.4.3 (Emery, 1973) 对于 $\alpha \geqslant 0$ 及 $\beta \geqslant 0$, 则 T_y 和 $X(T_y)$ 的联合拉普拉斯变换为

$$E^x\left[e^{-\alpha T_y + \beta X(T_y)}\right] = e^{\beta x}\left\{Z_\beta^{(p)}(x-y) - W_\beta^{(p)}(x-y) p / \psi_\beta^{-1}(p)\right\}, \quad x \geqslant y, \quad (4.4.7)$$

其中 $p = \alpha - \psi(\beta)$, $W_\beta^{(p)}$ 和 $Z_\beta^{(p)}$ 都是尺度函数满足

$$\int_0^\infty e^{-\theta x} W_\beta^{(p)}(x) dx = \frac{1}{\psi_\beta(\theta) - p}, \quad \theta > \psi_\beta^{-1}(p)$$

和

$$Z_\beta^{(p)}(x) = 1 + p \int_{-\infty}^x W_\beta^{(p)}(y) dy.$$

引理 4.4.4 (Doney, 1991) (i) 对于任意有界变差谱负的莱维过程, 我们有

$$E^0\left[e^{-\theta T_0'}\right] = 1 - \{b(\psi^{-1})'(\theta)\}^{-1}, \quad \theta > 0.$$

(ii) 对于任意无界变差谱负的莱维过程, 我们有 $T_0' = 0$ a.s..

4.4.2 特殊情况

本小节考虑有界变差谱负莱维过程, 即假设 X 满足 $\sigma = 0$ 和 $\int_{-1}^{0} |x|\nu(dx) < \infty$. 此时 X 实际上是一个正的漂移过程与一个从属 (subordinator) 过程的差 (参见 (Bingham, 1975, 命题 6)). 为了清楚起见, 对于这个特殊情况, 我们记莱维指数为

$$\phi(\alpha) = b\alpha + \int_{-\infty}^{0} (e^{\alpha x} - 1)\nu(dx),$$

其中 $b = a - \int_{-1}^{0} x\nu(dx)$.

我们首先给出 $l_x - \tau_x$ 的拉普拉斯变换, 接着推出 l_x 的拉普拉斯变换, 最后给出 $T_x, l_x - T_x$ 和 $T'_x - T_x$ 的联合拉普拉斯变换.

定理 4.4.1 对任意的 $y \leqslant x$ 和 $\alpha > 0$, 我们有

$$E^y \left[e^{-\alpha(l_x - \tau_x)} \right] = m(\phi^{-1})'(\alpha). \tag{4.4.8}$$

证明 先考虑 $y = 0$. 对于 $x \geqslant 0$, 用 $S_n(x)$ 表示第 n 次和第 $n+1$ 次访问 x 过去的时间. 因为 x 是非极性的和非规则的, 显然在 $\{\omega \in \Omega : S_i(x)(\omega) < \infty\}$ 上有 $l_x - \tau_x = S_1(x) + \cdots + S_N(x)$, 其中 $N = \max\{k \geqslant 1 : S_k(x) < \infty\}$. 由马氏性可知随机变量 $\{S_i(x)\}$ 独立同分布. 并且它们与 N 独立, N 具有几何分布

$$P^0(N = k) = \overline{Q}(0)Q^k(0), \quad k = 0, 1, 2, \cdots.$$

注意到 $P^0(l_x - \tau_x < \infty) = 1$ 及 $P^0(S_1(x) \geqslant T_x) = 1$. 因此, 对于 $\alpha > 0$, 我们有

$$\begin{aligned} E^0 \left[e^{-\alpha(l_x - \tau_x)} \right] &= E^0 \left[e^{-\alpha(l_x - \tau_x)} \mid l_x - \tau_x < \infty \right] \\ &= \sum_{k=0}^{\infty} \left\{ E^0 \left[e^{-\alpha S_1(x)} \mid S_1(x) < \infty \right] \right\}^k P^0(N = k) \\ &= \frac{\overline{Q}(0)}{1 - Q(0) E^0 \left[e^{-\alpha S_1(x)} \mid S_1(x) < \infty \right]}. \end{aligned} \tag{4.4.9}$$

由 X 的平稳独立增量性, $S_1(x)$ 的分布不依赖 x, 由引理 4.4.4 可知

$$E^0 \left[e^{-\alpha S_1(0)} I\{T_0 < \infty\} \right] = E^0 \left[e^{-\alpha S_1(0)} \right] = 1 - \{b(\phi^{-1})'(\alpha)\}^{-1},$$

它蕴含

$$E^0 \left[e^{-\alpha S_1(0)} \mid S_1(0) < \infty \right] = E^0 \left[e^{-\alpha S_1(0)} \mid T_0 < \infty \right]$$

4.4 谱负莱维过程的末离时

$$= [1 - \{b(\phi^{-1})'(\alpha)\}^{-1}]/\overline{Q}(0).$$

将此代入 (4.4.9) 并注意到 $\overline{Q}(0)b = m$, 我们有

$$E^0\left[\mathrm{e}^{-\alpha(l_x - \tau_x)}\right] = m(\phi^{-1})'(\alpha). \tag{4.4.10}$$

由 X 的平稳独立增量性, 对于 $x, y \in \mathbb{R}$ 和 $y \leqslant x$,

$$E^y\left[\mathrm{e}^{-\alpha(l_x - \tau_x)}\right] = E^0\left[\mathrm{e}^{-\alpha(l_{x-y} - \tau_{x-y})}\right],$$

结果得证. $\square$

定理 4.4.2 对于 $\alpha > 0$ 和 $x, y \in \mathbb{R}$, 有

$$E^y[\mathrm{e}^{-\alpha l_x} I\{l_x > 0\}] = \begin{cases} m(\phi^{-1})'(\alpha)\mathrm{e}^{-(x-y)\phi^{-1}(\alpha)}, & y < x, \\ m(\phi^{-1})'(\alpha) - \dfrac{m}{b}, & y = x, \\ \dfrac{m(\phi^{-1})'(\alpha) P^{0(\phi^{-1}(\alpha))}(T_{x-y} < \infty)}{\mathrm{e}^{(x-y)\phi^{-1}(\alpha)}}, & y > x. \end{cases} \tag{4.4.11}$$

证明   因为 $P^0(X(\tau_x) = x) = 1$, X 在时间 τ_x 的强马氏性包含, 对于 $x, s, t > 0$,

$$P^0(l_x - \tau_x < t, \tau_x < s) = E^0\left[P^{X(\tau_x)}(l_x < t) I\{\tau_x < s\}\right]$$
$$= P^x(l_x < t) P^0(\tau_x < s). \tag{4.4.12}$$

因为过程 X 只有负跳及 $P^0\left(\lim\limits_{t \to \infty} X(t) = +\infty\right) = 1$, 因此 $P^0(\tau_x < \infty) = 1$, $x > 0$. 故在 (4.4.12) 中令 $s \to \infty$ 得 $P^0(l_x - \tau_x < t) = P^x(l_x < t)$, 因此, (4.4.12) 表明 $l_x - \tau_x$ 和 τ_x 关于 P^0 是相互独立的. 由 (4.4.10) 及引理 4.4.1, 我们有, 任取 $x > 0$,

$$E^0\left[\mathrm{e}^{-\alpha l_x}\right] = E^0\left[\mathrm{e}^{-\alpha(l_x - \tau_x)}\right] E^0\left[\mathrm{e}^{-\alpha \tau_x}\right]$$
$$= m(\phi^{-1})'(\alpha)\mathrm{e}^{-x\phi^{-1}(\alpha)}.$$

令 $x \downarrow 0$, 得到

$$E^0\left[\mathrm{e}^{-\alpha l_0}\right] = m(\phi^{-1})'(\alpha),$$

再由过程的独立平稳性, 任取 $x \in \mathbb{R}$, 我们有

$$E^x\left[\mathrm{e}^{-\alpha l_x}\right] = E^0\left[\mathrm{e}^{-\alpha l_0}\right] = m(\phi^{-1})'(\alpha), \tag{4.4.13}$$

此式等价于 $y = x$ 时的情况.

任取 $y < x$, 有 $P^y(l_x > 0) = P^y(\tau_x < \infty) = 1$ 和 $P^y(X(\tau_x) = x) = 1$. 利用在时间 τ_x 的强马氏性,

$$E^y[\mathrm{e}^{-\alpha l_x}I\{l_x > 0\}]$$
$$= E^y\left[\mathrm{e}^{-\alpha \tau_x}E^{X(\tau_x)}[\mathrm{e}^{-\alpha l_x}I\{l_x \geqslant 0\}]I\{\tau_x < \infty\}\right]$$
$$= E^0[\mathrm{e}^{-\alpha \tau_{x-y}}]E^x[\mathrm{e}^{-\alpha l_x}]. \tag{4.4.14}$$

要证的结果可由 (4.4.13), (4.4.14) 及引理 4.4.1 获得.

由 X 平稳独立性及强马氏性, 任取 $y > x$, 我们有

$$E^y\left[\mathrm{e}^{-\alpha l_x}I\{l_x > 0\}\right]$$
$$= E^0\left[\mathrm{e}^{-\alpha l_{x-y}}I\{l_{x-y} > 0\}\right]$$
$$= E^0\left[\mathrm{e}^{-\alpha T_{x-y}}E^{X(T_{x-y})}[\mathrm{e}^{-\alpha l_{x-y}}I\{l_{x-y} \geqslant 0\}]I\{T_{x-y} < \infty\}\right]$$
$$= \int_0^\infty \int_{-\infty}^{x-y} \mathrm{e}^{-\alpha t}E^z\left[\mathrm{e}^{-\alpha l_{x-y}}\right]P^0\left(T_{x-y} \in dt, X(T_{x-y}) \in dz, T_{x-y} < \infty\right),$$

因此, 结果可由 $y < x$ 时的结果及 (4.4.5) 获得. □

定理 4.4.3 假设 $\alpha, \beta, \delta > 0$ 和 $x, y \in \mathbb{R}$. 如果 $y > x$, 则

$$E^y\left[\mathrm{e}^{-\alpha T_x - \beta(l_x - T_x) - \delta(T_x' - T_x)}I\{T_x < \infty\}\right]$$
$$= m(\phi^{-1})'(\beta)\mathrm{e}^{-x\phi^{-1}(\beta+\delta)}\Delta_1(\alpha, \beta, \delta, x, y), \tag{4.4.15}$$

其中

$$\Delta_1(\alpha, \beta, \delta, x, y) = \mathrm{e}^{\phi^{-1}(\beta+\delta)y}\left\{Z^{(p_1)}_{\phi^{-1}(\beta+\delta)}(y-x) - \frac{W^{(p_1)}_{\phi^{-1}(\beta+\delta)}(y-x)p_1}{\phi^{-1}_{\phi^{-1}(\beta+\delta)}(p_1)}\right\},$$

其中 $p_1 = \alpha - \beta - \delta$, $W^{(p_1)}_{\phi^{-1}(\beta+\delta)}$ 为尺度函数, 具有拉普拉斯变换

$$\int_0^\infty \mathrm{e}^{-\theta x}W^{(p_1)}_{\phi^{-1}(\beta+\delta)}(x)dx = \frac{1}{\phi_{\phi^{-1}(\beta+\delta)}(\theta) - p_1}, \quad \theta > \phi^{-1}_{\phi^{-1}(\beta+\delta)}(p_1),$$

以及

$$Z^{(p_1)}_{\phi^{-1}(\beta+\delta)}(x) = 1 + p_1\int_{-\infty}^x W^{(p_1)}_{\phi^{-1}(\beta+\delta)}(y)dy.$$

4.4 谱负莱维过程的末离时

证明 由 X 的强马氏性和 (4.4.11),

$$E^y\left[e^{-\alpha T_x-\beta(l_x-T_x)-\delta(T'_x-T_x)}I\{T_x<\infty\}\right]$$
$$=E^y\left[e^{-\alpha T_x}E^{X(T_x)}\left[e^{-\beta l_x-\delta T'_x}\right]I\{T_x<\infty\}\right]$$
$$=E^y\left[e^{-\alpha T_x}E^{X(T_x)}\left[e^{-(\beta+\delta)T'_x}\cdot E^x[e^{-\beta l_x}]\right]I\{T_x<\infty\}\right]$$
$$=m(\phi^{-1})'(\beta)E^y\left[e^{-\alpha T_x-\phi^{-1}(\beta+\delta)(x-X(T_x))}I\{T_x<\infty\}\right]$$
$$=m(\phi^{-1})'(\beta)e^{-x\phi^{-1}(\beta+\delta)}E^y\left[e^{-\alpha T_x+\phi^{-1}(\beta+\delta)X(T_x)}\right],$$

再应用引理 4.4.3 结果得证. □

下面的推论推广了 (Doney, 1991) 中的 (2.19).

命题 4.4.1 任取 $\alpha,\beta>0$, 我们有

$$E^0\left[e^{-\alpha T_0-\beta(l_0-T_0)-\delta(T'_0-T_0)}I\{T_0<\infty\}\right]$$
$$=m(\phi^{-1})'(\beta)\left[1-\frac{\alpha-\beta-\delta}{b\{\phi^{-1}(\alpha)-\phi^{-1}(\beta+\delta)\}}\right].$$

证明 由定理 4.4.3 的证明可知

$$E^0\left[e^{-\alpha T_0-\beta(l_0-T_0)-\delta(T'_0-T_0)}I\{T_0<\infty\}\right]$$
$$=m(\phi^{-1})'(\beta)E^0\left[e^{-\alpha T_0+\phi^{-1}(\beta+\delta)X(T_0)}\right].$$

又因为

$$E^0\left[e^{-\alpha T_0+\phi^{-1}(\beta)X(T_0)}\right]=1-\frac{\alpha-\beta}{b\{\phi^{-1}(\alpha)-\phi^{-1}(\beta)\}},$$

参见 (Prabhu, 1970), 故结论得证. □

4.4.3 一般情况

在 4.4.2 小节中, 对于有界变差谱正莱维过程 X, 我们计算了 $l_x, l_x-\tau_x$ 拉普拉斯变换, 以及 T_x, l_x-T_x 和 T'_x-T_x 的联合拉普拉斯变换. 本小节我们考虑由 (4.4.1) 和 (4.4.2) 所定义的一般莱维过程, 它也包含 4.4.2 小节有界变差的情况. 然而, 4.4.2 小节使用的方法不能应用于 $\sigma\neq 0$ 或 $\int_{-1}^{0}|x|\nu(dx)=\infty$ 的情况, 因为在这种情况 X 有无界变差, 所以几乎必然 $S_i(x)=0$ (见引理 4.4.4 (ii)).

定理 4.4.4 对于 $\alpha > 0$ 和 $x, y \in \mathbb{R}$, 我们有

$$E^y\left[\mathrm{e}^{-\alpha l_x} I\{l_x > 0\}\right]$$
$$= \begin{cases} m(\psi^{-1})'(\alpha)\mathrm{e}^{-(x-y)\psi^{-1}(\alpha)}, & y < x, \\ m(\psi^{-1})'(\alpha) - \overline{Q}(0), & y = x, \\ \dfrac{m(\psi^{-1})'(\alpha) P^{0^{(\psi^{-1}(\alpha))}}(T_{x-y} < \infty)}{\mathrm{e}^{(x-y)\psi^{-1}(\alpha)}}, & y > x, \end{cases} \quad (4.4.16)$$

其中 $\overline{Q}(0) = 0$, 如果 $\sigma^2 > 0$ 或 $\int_{-1}^{0} |x|\nu(dx) = \infty$; $\overline{Q}(0) = \dfrac{m}{b}$, 如果 $\sigma^2 = 0$ 及 $\int_{-1}^{0} |x|\nu(dx) < \infty$.

证明 注意到 $\{l_0 < t\} = \left\{X(t) > 0, \inf\limits_{s \geqslant t} X(s) > 0\right\}$. 利用马氏性和轨道的右连续性, 我们有

$$E^0\left[\mathrm{e}^{-\alpha l_0}\right] = \alpha \int_0^\infty \mathrm{e}^{-\alpha t} P^0(l_0 < t) dt$$
$$= \alpha \int_0^\infty \int_0^\infty \mathrm{e}^{-\alpha t} \overline{Q}(x) P^0\left(X(t) \in dx\right) dt.$$

利用恒等式 $tP^0(\tau_x \in dt) dx = x P^0(X(t) \in dx) dt$ (Bertoin, 1996, p.190, 推论 3) 可以推出

$$E^0\left[\mathrm{e}^{-\alpha l_0}\right] = \alpha \int_0^\infty \left[x^{-1}\overline{Q}(x) \int_0^\infty t\mathrm{e}^{-\alpha t} P^0(\tau_x \in dt)\right] dx$$
$$= -\alpha \int_0^\infty \left[x^{-1}\overline{Q}(x) \frac{d}{d\alpha}\left[\int_0^\infty \mathrm{e}^{-\alpha t} P^0(\tau_x \in dt)\right]\right] dx$$
$$= -\alpha \int_0^\infty \left[x^{-1}\overline{Q}(x) \frac{d}{d\alpha}\left[\mathrm{e}^{-x\psi^{-1}(\alpha)}\right]\right] dx$$
$$= \alpha(\psi^{-1})'(\alpha) \int_0^\infty \overline{Q}(x)\mathrm{e}^{-x\psi^{-1}(\alpha)} dx$$
$$= m(\psi^{-1})'(\alpha),$$

其中在第三步和最后一步, 我们分别利用了 (4.4.3) 及 (4.4.4). 因为过程 X 具有平稳独立增量性, 我们有

$$E^x\left[\mathrm{e}^{-\alpha l_x}\right] = E^0\left[\mathrm{e}^{-\alpha l_0}\right] = m(\psi^{-1})'(\alpha), \quad (4.4.17)$$

因此 $y = x$ 的情况得证.

由于 (4.4.14) 对于无界变差过程仍然成立, 连同 (4.4.3) 和 (4.4.17) 得出 $y < x$ 时的结果.

任取 $y > x$, 利用 (4.4.17) 及与证明 (4.4.11) 同样的方法, 我们得到

$$E^y\left[e^{-\alpha l_x}I\{l_x > 0\}\right]$$
$$= \int_0^\infty \int_{-\infty}^{x-y} \frac{m(\psi^{-1})'(\alpha)}{e^{\alpha t}} e^{-(x-y-z)\psi^{-1}(\alpha)}$$
$$\times P^0\left(T_{x-y} \in dt, X(T_{x-y}) \in dz, T_{x-y} < \infty\right),$$

因此 $y > x$ 的情况得证. □

注 4.4.2 概率 $P^{0(\psi^{-1}(\alpha))}(T_{x-y} < \infty)$ (及 4.4.2 小节的 $P^{0(\phi^{-1}(\alpha))}(T_{x-y} < \infty)$) 可以利用引理 4.4.2 或 (Kyprianou and Palmowski, 2005, 定理 4) 来计算

$$P^{0(\psi^{-1}(\alpha))}(T_{x-y} < \infty) = 1 - \psi'_{\psi^{-1}(\alpha)}(0^+)W(y-x),$$

其中 W 是尺度函数具有拉普拉斯变换

$$\int_0^\infty e^{-\beta x}W(x)dx = \frac{1}{\psi_{\psi^{-1}(\alpha)}(\beta)}, \quad \beta > \psi_{\psi^{-1}(\alpha)}^{-1}(0).$$

定理 4.4.5 假设 $\alpha, \beta, \delta > 0$ 和 $x, y \in \mathbb{R}$. 如果 $y < x$, 则

$$E^y\left[e^{-\alpha \tau_x - \beta(l_x - \tau_x)}I\{\tau_x < \infty\}\right] = m(\psi^{-1})'(\beta)e^{-(x-y)\psi^{-1}(\alpha)}, \tag{4.4.18}$$

如果 $y > x$, 则

$$E^y\left[e^{-\alpha T_x - \beta(l_x - T_x) + \delta X(T_x)}I\{T_x < \infty\}\right]$$
$$= m(\psi^{-1})'(\beta)e^{-x\psi^{-1}(\beta)}\Delta_2(\alpha, \beta, \delta, x, y), \tag{4.4.19}$$

其中

$$\Delta_2(\alpha, \beta, \delta, x, y) = e^{\kappa y}\left\{Z_\kappa^{(p)}(y-x) - \frac{W_\kappa^{(p)}(y-x)p}{\psi_\kappa^{-1}(p)}\right\}.$$

这里 $p = \alpha - \psi(\delta + \psi^{-1}(\beta))$, $\kappa = \delta + \psi^{-1}(\beta)$, $W_\kappa^{(p)}$ 是尺度函数具有拉普拉斯变换

$$\int_0^\infty e^{-\theta x}W_\kappa^{(p)}(x)dx = \frac{1}{\psi_\kappa(\theta) - p}, \quad \theta > \psi_\kappa^{-1}(p),$$

以及

$$Z_\kappa^{(p)}(x) = 1 + p\int_{-\infty}^x W_\kappa^{(p)}(y)dy.$$

证明 对任意的 $y, x \in \mathbb{R}$ 满足 $y < x$, 有 $P^y(\tau_x < \infty) = 1$ 和 $P^y(X(\tau_x) = x) = 1$. 由 X 在时间 τ_x 的强马氏性、平稳独立增量性和方程 (4.4.16) 可得出, 对 $\alpha, \beta > 0$,

$$E^y \left[e^{-\alpha \tau_x - \beta (l_x - \tau_x)} I\{\tau_x < \infty\} \right]$$
$$= E^y \left[e^{-\alpha \tau_x} E^{X(\tau_x)} \left[e^{-\beta l_x} I\{l_x \geqslant 0\} \right] I\{\tau_x < \infty\} \right]$$
$$= E^y \left[e^{-\alpha \tau_x} \right] E^x \left[e^{-\beta l_x} I\{l_x \geqslant 0\} \right]$$
$$= E^0 \left[e^{-\alpha \tau_{x-y}} \right] E^x \left[e^{-\beta l_x} \right]. \tag{4.4.20}$$

方程 (4.4.18) 可由 (4.4.3), (4.4.17) 及 (4.4.20) 得出.

任取 $y, x \in \mathbb{R}$ 满足 $y > x$ 和 $\alpha, \beta, \delta > 0$, 由 X 的强马氏性和 (4.4.16),

$$E^y \left[e^{-\alpha T_x - \beta(l_x - T_x) + \delta X(T_x)} I\{T_x < \infty\} \right]$$
$$= E^y \left[e^{-\alpha T_x + \delta X(T_x)} E^{X(T_x)} \left[e^{-\beta l_x} I\{l_x \geqslant 0\} \right] I\{T_x < \infty\} \right]$$
$$= \int_0^\infty \int_{-\infty}^x e^{-\alpha t + \delta z} E^z \left[e^{-\beta l_x} I\{l_x \geqslant 0\} \right]$$
$$\times P^y(T_x \in dt, X(T_x) \in dz, T_x < \infty)$$
$$= m(\psi^{-1})'(\beta) \int_0^\infty \int_{-\infty}^x e^{-\alpha t + \delta z} e^{-(x-z)\psi^{-1}(\beta)}$$
$$\times P^y(T_x \in dt, X(T_x) \in dz, T_x < \infty),$$

结果得证. □

4.4.4 在风险理论中的应用

考虑带扩散干扰的经典盈余过程:

$$R(t) = u + ct + \sigma B_t - \sum_{i=1}^{N_t} Z_i, \quad t \geqslant 0, \tag{4.4.21}$$

其中, $u \geqslant 0$ 为初始盈余, σ 为非负常数, c 为正常数保费收入率, $\{B_t, t \geqslant 0\}$ 为标准布朗运动, $\{N_t, t \geqslant 0\}$ 为强度 $\lambda > 0$ 的泊松过程, $\{Z_k, k \geqslant 1\}$ 为一系列非负独立且分布相同的索赔额, $\{B_t, t \geqslant 0\}$, $\{N_t, t \geqslant 0\}$ 和 $\{Z_k, k \geqslant 1\}$ 是相互独立的. 分别用 P 和 μ 表示索赔额 Z_k 的分布函数和平均值, 假设 $P(0) = 0$. 假设安全负载 $c - \lambda \mu$ 为正, 因此 $\lim_{t \to \infty} R(t) = \infty$ 几乎必然. 为简单起见, 假定 P 具有密度 p. (4.4.21) 中的扩散项由保费收入的额外不确定性或盈余的总索赔额的不确定性

4.4 谱负莱维过程的末离时

组成. 这种模型首先由 Gerber(1970) 引入和研究. 当 $\sigma = 0$ 时, (4.4.21) 称为经典风险过程. 对风险理论的完整阐述, 可参见文献 (Embrechts, et al., 1997; Rolski, et al., 1998; Asmussen, 2000).

密度 p 的拉普拉斯变换记为 $\hat{p}(\alpha) = \int_0^\infty e^{-\alpha x} p(x) dx$, 则 $E^0 \left[e^{\alpha(R(t)-u)} \right] = e^{t\xi(\alpha)}$, 其中 $\xi(\alpha) = c\alpha + \frac{1}{2}\sigma^2\alpha^2 + \lambda\{\hat{p}(\alpha) - 1\}$. 显然 $\{R(t) - u, t \geqslant 0\}$ 是一个初值为 0 的谱负莱维过程, 满足 $E^0[R(1) - u] = c - \lambda\mu > 0$.

用 T 表示破产时间, $\Psi(u) = P^u(T < \infty)$ 为最终破产概率. 众所周知 $\Psi(0)$ 是 1, 如果 $\sigma \neq 0$, 其他情况是 $\lambda\mu/c$. 如果用 4.4.1 小节的记号, 我们有 $T = T_0$ 及 $\Psi(u) = Q(u)$.

风险理论的一个中心话题是寻找破产概率. 近年来, 与盈余过程有关的其他随机变量的分布问题越来越受到人们的关注. 这些随机变量包括盈余第一次达到某个水平的时间 (Gerber, 1990; Picard and Lefevre, 1994; Zhang and Wu, 2002)、盈余最后一次越过某个水平的时间 (Gerber, 1990)、负盈余的持续时间 (Egídio Dos Reis, 1993; Zhang and Wu, 2002)、负盈余的恢复时间 (Dickson and Egídio Dos Reis, 1997; Egídio Dos Reis, 2000; Yang and Zhang, 2001), 等等. 这些随机变量有意义的场景如下. 假设所考虑的投资组合是一家公司的众多投资组合中的一个, 因此该公司有其他可用资金来支持一段时间的负盈余, 希望该投资组合在未来能够恢复. 在这种情况下, 也许一个更有趣的问题是找到在给定水平上剩余过程的第一次和最后一次通过时间的分布及其差异. Gerber(1990) 在经典风险模型中考虑了这个问题, 得到了拉普拉斯变换和矩的显式结果. 然而, 对于受扩散扰动的经典风险过程, 当我们考虑最后一次通过的时间为 x 和连续两次访问之间的持续时间为 x 时, Gerber(1990) 的方法是不适用的, 因为由布朗运动引起的 $R(t)$ 的无限振荡产生任意小的持续时间. 然而, 对于前两节中关于谱负莱维过程的一般结果可以直接使用.

使用与前面相同的符号 τ_x, l_x, T_x 和 T_x'. 将前面几节的结果应用到方程 (4.4.21) 定义的特殊莱维过程, 我们得到如下结果.

定理 4.4.6 对任意的 $y \leqslant x$ 和 $\alpha > 0$, 我们有

$$E^y \left[e^{-\alpha(l_x - \tau_x)} \right] = \frac{c - \lambda\mu}{c + \lambda\hat{p}'(\xi^{-1}(\alpha))}.$$

定理 4.4.7 任取 $\alpha > 0$ 及 $x, y \in \mathbb{R}$, 有

$$E^y\left[\mathrm{e}^{-\alpha l_x}I\{l_x>0\}\right]$$

$$=\begin{cases}\dfrac{c-\lambda\mu}{c+\xi^{-1}(\alpha)\sigma^2+\lambda\hat{p}'(\xi^{-1}(\alpha))}\mathrm{e}^{-(x-y)\xi^{-1}(\alpha)}, & y<x,\\[2mm] -\dfrac{\lambda(c-\lambda\mu)\hat{p}'(\xi^{-1}(\alpha))}{c\{c+\lambda\hat{p}'(\xi^{-1}(\alpha))\}}, & y=x,\sigma=0,\\[2mm] \dfrac{c-\lambda\mu}{c+\xi^{-1}(\alpha)\sigma^2+\lambda\hat{p}'(\xi^{-1}(\alpha))}, & y=x,\sigma\neq 0,\\[2mm] \dfrac{(c-\lambda\mu)P^{0(\xi^{-1}(\alpha))}(T_{x-y}<\infty)}{c+\xi^{-1}(\alpha)\sigma^2+\lambda\hat{p}'(\xi^{-1}(\alpha))}\mathrm{e}^{-(x-y)\xi^{-1}(\alpha)}, & y>x.\end{cases}$$

定理 4.4.8 对任意的 $\alpha,\beta,\delta>0$ 和 $x,y\in\mathbb{R}$, 如果 $y<x$, 则

$$E^y\left[\mathrm{e}^{-\alpha\tau_x-\beta(l_x-\tau_x)}I\{\tau_x<\infty\}\right]=\frac{(c-\lambda\mu)\mathrm{e}^{-(x-y)\xi^{-1}(\alpha)}}{c+\xi^{-1}(\beta)\sigma^2+\lambda\hat{p}'(\xi^{-1}(\beta))},$$

如果 $y>x$, 则

$$E^y\left[\mathrm{e}^{-\alpha T_x-\beta(l_x-T_x)+\delta R(T_x)}I\{T_x<\infty\}\right]$$
$$=\frac{(c-\lambda\mu)E^0\left[\mathrm{e}^{-\alpha T_{x-y}+\{\delta+\xi^{-1}(\beta)\}R(T_{x-y})}\right]}{\{c+\xi^{-1}(\beta)\sigma^2+\lambda\hat{p}'(\xi^{-1}(\beta))\}\mathrm{e}^{x\xi^{-1}(\beta)}},$$

其中 $E^0\left[\mathrm{e}^{-\alpha T_{x-y}+\{\delta+\xi^{-1}(\beta)\}R(T_{x-y})}\right]$ 可以由引理 4.4.3 计算.

定理 4.4.9 假设 $\alpha,\beta,\delta>0$ 和 $\sigma=0$. 对任意的 $x,y\in\mathbb{R}$, 如果 $y>x$, 则

$$E^y\left[\mathrm{e}^{-\alpha T_x-\beta(l_x-T_x)-\delta(T'_x-T_x)}I\{T_x<\infty\}\right]$$
$$=\frac{c-\lambda\mu}{c+\lambda\hat{p}'(\xi_1^{-1}(\beta))}\mathrm{e}^{-x\xi_1^{-1}(\beta+\delta)}E^0\left[\mathrm{e}^{-\alpha T_{x-y}+\xi_1^{-1}(\beta+\delta)R(T_{x-y})}\right],$$

其中 $\xi_1(\alpha)=c\alpha+\lambda\{\hat{p}(\alpha)-1\}$, $E^0\left[\mathrm{e}^{-\alpha T_{x-y}+\xi_1^{-1}(\beta+\delta)R(T_{x-y})}\right]$ 可以由引理 4.4.3 计算.

注 4.4.3 当 $\sigma=0$ 时, 在定理 4.4.7 中令 $c=1, y=0$ 及 $\alpha=-s$, 我们得到 (Gerber, 1990, p.118) 中的 (43) 式.

注 4.4.4 4.4.4 小节选自论文 (Chiu and Yin, 2005), 部分内容被专著 (Kyprianou, 2006, 2014) 收录. 关于谱负莱维过程的末离时的进一步研究, 参见 (Baurdoux, 2009; Li, et al., 2017).

4.5 谱负莱维过程的逗留时

在本节中, 设 X 为一个谱负莱维过程, 具有拉普拉斯指数

$$\varphi(\theta) = \mu\theta + \frac{1}{2}\sigma^2\theta^2 + \int_{(-\infty,0)} (e^{\theta x} - 1 - \theta x I\{-1 < x < 0\})\Pi(dx), \quad \theta \geqslant 0,$$

其中 $\mu \in \mathbb{R}, \sigma \geqslant 0$, Π 满足 $\int_{(-\infty,0)} (1 \wedge x^2)\Pi(dx) < \infty$. 记 Φ 为 φ 的右连续逆. 令 $D = \int_0^\infty I\{X(t) < 0\}dt$, 它表示 X 逗留在区间 $(0,\infty)$ 内的总时间. 下面的结果推广了 (Egídio Dos Reis, 1993; Zhang and Wu, 2002) 中的相应结果, 其中分别考虑了经典复合泊松风险模型和受布朗运动扰动的经典复合泊松风险模型.

定理 4.5.1 假设莱维过程 X 漂移到 ∞, 则对于任意的 $x > 0, \beta > 0$,

$$E^x\left[e^{-\beta D}\right] = \varphi'(0^+)\Phi(\beta)e^{\Phi(\beta)x}\int_x^\infty e^{-\Phi(\beta)y}W(y)dy. \tag{4.5.1}$$

特别地,

$$E^0\left[e^{-\beta D}\right] = \varphi'(0^+)\frac{\Phi(\beta)}{\beta}.$$

证明 对于 $\varepsilon \geqslant 0$, 定义

$$L_1(\varepsilon) = \inf\{t \geqslant 0 : X(t) < -\varepsilon\},$$
$$R_1(\varepsilon) = \inf\{t \geqslant L_1(\varepsilon) : X(t) = 0\}.$$

一般地, 对于 $k \geqslant 2$ 递归定义

$$L_k(\varepsilon) = \inf\{t \geqslant R_{k-1}(\varepsilon) : X(t) < -\varepsilon\},$$
$$R_k(\varepsilon) = \inf\{t \geqslant L_k(\varepsilon) : X(t) = 0\}.$$

如果存在某个 k 使得 $\{t \geqslant R_{k-1}(\varepsilon) : X(t) < -\varepsilon\} = \varnothing$, 则我们定义 $L_k(\varepsilon) = \infty$ (因此 $R_k(\varepsilon) = \infty$) 和 $R_k - L_k = 0$.

我们先考虑 X 是有界变差的情况. 为方便起见, 用 L_k 代替 $L_k(0)$, 用 R_k 代替 $R_k(0)$. 则 $0 \leqslant T = L_1 < R_1 < L_2 < R_2 < \cdots$, $R_k - L_k$ 代表盈余第 k 次到达 0 以下直到 $X(t)$ 在 L_k 之后首次访问 0 的时间段. 因此, 随机变量 D 可以分解如下:

$$D = \sum_{k=1}^N (R_k - L_k),$$

其中 $N = \sup\{k : L_k < \infty\}$ ($N = 0$ 如果集合是空的). 注意到 N 具有几何分布,

$$P^x(N = n) = \begin{cases} R(x), & n = 0, \\ \psi(x)R(0)(\psi(0))^{n-1}, & n = 1, 2, \cdots, \end{cases}$$

其中 $R(x) = 1 - \psi(x)$ 及 $\psi(x) = P(I_\infty < 0 | X(0) = x)$. 由 X 增量的平稳独立增性可知, 给定 $N = n$, $\{R_k - L_k, k = 1, \cdots, n\}$ 是相互独立的, 并且 $\{R_k - L_k, k = 2, \cdots, n\}$ 是同分布的. 利用重期望公式及强马氏性可以得到

$$E^x\left[e^{-\beta D}\right]$$
$$= P^x(N = 0)E^x\left[e^{-\beta D} | N = 0\right]$$
$$+ \sum_{n=1}^\infty P^x(N = n)E^x\left[e^{-\beta(R_1 - L_1)} | N = n\right]$$
$$\times E^x\left[e^{-\beta \sum_{k=2}^n (R_k - L_k)} | N = n\right]$$
$$= P^x(N = 0) + \sum_{n=1}^\infty P^x(N = n)E^x\left[e^{-\beta(R_1 - L_1)} | L_n < \infty, L_{n+1} = \infty\right]$$
$$\times \left\{E^x\left[e^{-\beta(R_2 - L_2)} | L_n < \infty, L_{n+1} = \infty\right]\right\}^{n-1}$$
$$= R(x) + R(0)E^x\left[e^{X(T)\Phi(\beta)}, T < \infty\right] \sum_{n=1}^\infty \left\{E^0\left[e^{X(T)\Phi(\beta)}, T < \infty\right]\right\}^{n-1}$$
$$= R(x) + E^x\left[e^{X(T)\Phi(\beta)}, T < \infty\right] \frac{R(0)}{1 - E^0\left[e^{X(T)\Phi(\beta)}, T < \infty\right]}, \quad (4.5.2)$$

其中, 在第三步, 我们利用了

$$E^x\left[e^{-\beta(R_1 - L_1)} | L_n < \infty, L_{n+1} = \infty\right]$$
$$= E^x\left[E^{X(T)}\left[e^{-\beta R_1}\right], T < \infty\right] / P^x(T < \infty)$$
$$= E^x\left[e^{X(T)\Phi(\beta)}, T < \infty\right] / P^x(T < \infty)$$

及

$$E^x\left[e^{-\beta(R_2 - L_2)} | L_n < \infty, L_{n+1} = \infty\right]$$
$$= E^0\left[E^{X(T)}\left[e^{-\beta R_1}\right], T < \infty\right] / P^0(T < \infty)$$
$$= E^0\left[e^{X(T)\Phi(\beta)}, T < \infty\right] / P^0(T < \infty).$$

4.5 谱负莱维过程的逗留时

利用众所周知的结果

$$E_x\left[e^{X(T)\Phi(\beta)}, T<\infty\right] = \beta e^{\Phi(\beta)x}\int_x^\infty e^{-\Phi(\beta)y}W(y)dy - \frac{\beta}{\Phi(\beta)}W(x).$$

因为 $R(x) = \varphi'(0^+)W(x)$, 故结果 (4.5.1) 成立.

接下来我们考虑 X 的路径具有无限变差的情况. 注意, 对于 $\varepsilon > 0$, $0 \leqslant L_1(\varepsilon) \leqslant R_1(\varepsilon) \leqslant L_2(\varepsilon) \leqslant R_2(\varepsilon) \leqslant \cdots$, 以及 $R_k(\varepsilon) - L_k(\varepsilon)$ 表示 $X(t)$ 从 k 次低于 $-\varepsilon$ 水平到 $L_k(\varepsilon)$ 之后第一次访问 0 的持续时间. 令

$$D(\varepsilon) = \sum_{k=1}^{N(\varepsilon)}(R_k(\varepsilon) - L_k(\varepsilon)),$$

其中 $N(\varepsilon) = \sup\{k : L_k(\varepsilon) < \infty\}$ ($N(\varepsilon) = 0$ 如果集合为空集), 服从几何分布

$$P_x(N(\varepsilon) = n) = \begin{cases} R(x+\varepsilon), & n = 0, \\ \psi(x+\varepsilon)R(\varepsilon)(\psi(\varepsilon))^{n-1}, & n = 1, 2, \cdots, \end{cases}$$

其中, $R(x) = 1 - \psi(x)$ 及 $\psi(x) = P(I_\infty < 0|X(0) = x)$. 类似于前面, 给定 $N(\varepsilon) = n$, $\{R_k(\varepsilon) - L_k(\varepsilon), k = 1, \cdots, n\}$ 相互独立, 并且 $\{R_k(\varepsilon) - L_k(\varepsilon), k = 2, \cdots, n\}$ 同分布. 利用同样的方法,

$$E^x\left[e^{-\beta D(\varepsilon)}\right] = R(x+\varepsilon) + \frac{R(\varepsilon)E^x\left[e^{X(T_{-\varepsilon}^-)\Phi(\beta)}, T_{-\varepsilon}^- < \infty\right]}{1 - E^0\left[e^{X(T_{-\varepsilon}^-)\Phi(\beta)}, T_{-\varepsilon}^- < \infty\right]}.$$

取极限可得

$$\lim_{\varepsilon \to 0}\frac{R(\varepsilon)}{1 - E^0\left[e^{X(T_{-\varepsilon}^-)\Phi(\beta)}, T_{-\varepsilon}^- < \infty\right]} = \varphi'(0^+)\frac{\Phi(\beta)}{\beta}.$$

利用 $X(t)$ 轨道的右连续性, 我们有 $\lim_{\varepsilon \to 0} D(\varepsilon) = D$. 注意到 $R(x) = \varphi'(0^+)W(x)$, 我们得到结果 (4.5.1). □

注 4.5.1 本节的内容选自论文 (Yin and Yuen, 2014). 另一种方法可以在 (Landriault, et al., 2011) 中找到. 进一步的研究可见 (Loeffen, et al., 2014; Cai and Li, 2018; Lkabous, 2021). 关于多维布朗运动的逗留时的研究见 (尹传存和吴荣, 1996; Yin and Chiu, 2001).

4.6 具有终端值的谱正莱维过程的最优分红问题

4.6.1 引言

本节考虑 De Finetti 的最优红利问题, 假设保险公司的风险过程在红利扣除之前是按一个谱正莱维过程演变的. 在过去的十年里, 对于保险风险过程用莱维过程来建模受到了很大的关注, 可以追溯到 Klüppelberg 等 (2004) 的工作. 在这篇文献中, 传统的复合泊松模型被一般的莱维过程所取代, 莱维过程允许在建模方面有更大的灵活性, 有关莱维过程的文献不断增多, 在过去几十年中也得到了很大发展. 特别地, 谱正的莱维过程形成了一个非常容易处理的子类, 最近在理论和精算文献中被大量利用, 譬如, (Avanzi, et al., 2007; Avanzi and Gerber, 2008; Bayraktar and Egami, 2008; Li and Wu, 2008; Ng, 2009; Yao, et al., 2010; Dai, et al., 2010, 2011; Avanzi, et al., 2011; Bayraktar, et al., 2013, 2014; Yin and Wen, 2013a, 2013b) 等等.

最近的论文 (Bayraktar, et al., 2013) 研究了经典的 De Finetti 最优红利问题, 其中公司的盈余是由一个谱正莱维过程建模的. 我们继续这个最优的红利问题, 但是在红利价值函数中加入一个成分, 以惩罚控制风险过程的过早破产. 我们现在陈述本文中考虑的控制问题. 记 $X = \{X(t), t \geqslant 0\}$ 为定义在滤过概率空间 $(\Omega, \mathcal{F}, \mathbb{F}, P)$ 上的没有负跳的莱维过程. 其中 $\mathbb{F} = (\mathcal{F}_t)_{t \geqslant 0}$ 是由过程 X 生成的并满足通常的条件. 由于 X 没有负的跳跃, 它的拉普拉斯指数存在, 并由下式定义:

$$\Psi(\theta) = \frac{1}{t} \ln E\left[e^{-\theta X(t)}\right]$$
$$= c\theta + \frac{1}{2}\sigma^2\theta^2 + \int_0^\infty (e^{-\theta x} - 1 + \theta x I\{|x| < 1\})\Pi(dx), \quad (4.6.1)$$

其中 I_A 是事件 A 的示性函数, $c > 0$, $\sigma \geqslant 0$ 和 Π 是 $(0, \infty)$ 上的测度, 满足

$$\int_0^\infty (1 \wedge x^2)\Pi(dx) < \infty.$$

记 P^x 为 $X(0) = x$ 时 X 的概率律, 用 E^x 表示与 P^x 相联系的期望. 方便起见, 当 $X(0) = 0$ 时, 分别记为 P 和 E. 为避免平凡性, 我们假设 X 的轨道不是单调的. 下文我们假设 $-\Psi'(0^+) = E[X(1)] > 0$, 它保证 X 趋于 $+\infty$. 众所周知, 若 $\int_1^\infty y\Pi(dy) < \infty$, 则 $E[X(1)] < \infty$ 及 $E[X(1)] = -c + \int_1^\infty y\Pi(dy)$. 注意 X 是有界变差的当且仅当 $\sigma = 0$ 及 $\int_0^\infty (1 \wedge x)\Pi(dx) < \infty$. 在这种情况, (4.6.1)

可以写为
$$\Psi(\theta) = c_0\theta + \frac{1}{2}\sigma^2\theta^2 + \int_0^\infty (e^{-\theta x} - 1)\Pi(dx), \qquad (4.6.2)$$

其中 $c_0 = c + \int_0^1 x\Pi(dx)$ 称为 X 的漂移. 特别地, 当 $\sigma = 0, \Pi(dx) = \lambda P(dx)$ 时, 随机过程 X 变为 (Avanzi, et al., 2007) 中的对偶模型. 当 $\Pi(dx) = \lambda P(dx)$ 时, 过程变为 (Avanzi and Gerber, 2008) 中带扩散的对偶模型. 关于谱正莱维过程的详细讨论, 读者可参见三本专著 (Bertoin, 1996; Sato, 1999; Kyprianou, 2006).

用 $\pi = \{L_t^\pi, t \geqslant 0\}$ 表示全体红利策略的全体, 它包含非减、右连续 $\mathbb{F}$-适应过程且从 0 开始, 其中 L_t^π 表示保险公司在时间 t 前派发的所有红利之和. 保险公司具有初始资金 $x \geqslant 0$ 及控制红利策略 π 的风险过程定义为 $U^\pi = \{U_t^\pi, t \geqslant 0\}$, 其中
$$U_t^\pi = X(t) - L_t^\pi, \quad t \geqslant 0.$$

破产时刻定义为
$$\tau_\pi = \inf\{t > 0 | U_t^\pi = 0\}.$$

如果 $L_t^\pi - L_{t-}^\pi \leqslant U_{t-}^\pi, t < \tau_\pi$, 则称红利策略是可容许的. 换句话说, 支付的红利总和不能超过可支配的资本数额. 我们定义红利值函数 V_π 如下:
$$V_\pi(x) = E\left[\int_0^{\tau_\pi} e^{-qt} dL_t^\pi + Se^{-q\tau_\pi} \Big| U_0^\pi = x\right],$$

其中 $q > 0$ 为现值计算的利息率, $S \in \mathbb{R}$ 是终端值. 用 Ξ 表示所有容许策略的集合. De Finetti 的红利问题是求解下列随机控制问题:
$$V(x) = \sup_{\pi \in \Xi} V_\pi(x), \qquad (4.6.3)$$

以及找一个最优策略 $\pi^* \in \Xi$ 满足 $V(x) = V_{\pi^*}(x), x \geqslant 0$.

下面我们回顾一下有关文献. 最近, 关于谱负莱维过程的最优红利问题已引起很多关注. Avram 等 (2007), Loeffen (2008) 及 Kyprianou 等 (2010) 研究了谱负莱维过程关于 $S = 0$ 的情况. Thonhauser 和 Albrecher (2007) 对于复合泊松模型及布朗运动风险过程研究了当 $S < 0$ 的情况. 对于谱负莱维过程, Loeffen (2009) 及 Loeffen 和 Renaud (2010) 考虑了一般情况. 已经证明, 对于这种模型, 当莱维测度满足一定条件时, 最优策略为障碍策略. 进一步, Azcue 和 Muler (2005) 提供了一个反例说明当 $S = 0$ 时, 障碍策略不是最优的. 然而, 形成鲜明对照的是, 对于谱正莱维过程, Bayraktar 等 (2013) 考虑了 $S = 0$ 的情况, 证明了障

碍策略是最优的, 不管跳测度具有何种形式. 受论文 (Bayraktar, et al., 2013) 的启发, 本节的目的是研究 $S \neq 0$ 时类似的问题.

4.6.2 尺度函数

对于任意的谱正莱维过程, 其拉普拉斯指数 Ψ 是严格凸的及 $\lim_{\theta \to \infty} \Psi(\theta) = \infty$. 并且 Ψ 在 $[\Phi(0), \infty)$ 上严格递增, 其中 $\Phi(0)$ 是 Ψ 的最大零点. 因此存在函数 $\Phi : [0, \infty) \to [\Phi(0), \infty)$, 定义为 $\Phi(q) = \sup\{\theta \geqslant 0 : \Psi(\theta) = q\}$ (它的右逆), 使得 $\Psi(\Phi(q)) = q, q \geqslant 0$. 现在我们回忆 q-尺度函数 $W^{(q)}$ 的定义及一些性质. 对于 $q \geqslant 0$, 存在连续递增的函数 $W^{(q)} : \mathbb{R} \to [0, \infty)$, 称为 q-尺度函数, 满足: 当 $x < 0$ 时, $W^{(q)}(x) = 0$; 当 $x \in [0, \infty)$ 时, 它的拉普拉斯变换为

$$\int_0^\infty e^{-\theta x} W^{(q)}(x) dx = \frac{1}{\Psi(\theta) - q}, \quad \theta > \Phi(q). \tag{4.6.4}$$

与尺度函数 $W^{(q)}$ 密切相关的是尺度函数 $Z^{(q)}$, 定义为

$$Z^{(q)}(x) = 1 + q \int_0^x W^{(q)}(y) dy, \quad x \in \mathbb{R}.$$

我们也将用到下面的函数:

$$\overline{W}^{(q)}(x) = \int_0^x W^{(q)}(z) dz, \quad \overline{Z}^{(q)}(x) = \int_0^x Z^{(q)}(z) dz, \quad x \in \mathbb{R}.$$

注意有下列性质:

$$Z^{(q)}(x) = 1, \quad \overline{Z}^{(q)}(x) = x, \quad x \leqslant 0.$$

如果 X 的轨道是有界变差的, 则对任何的 $q \geqslant 0$, $W^{(q)}|_{(0, \infty)} \in C^1(0, \infty)$ 当且仅当 Π 无原子. 在 X 是无界变差的情况, 则对于所有 $q \geqslant 0$, $W^{(q)}|_{(0, \infty)} \in C^1(0, \infty)$. 此外, 如果 $\sigma > 0$, 则 $W^{(q)}|_{(0, \infty)} \in C^2(0, \infty)$. 进一步, 若莱维测度具有密度, 则尺度函数永远是可微的 (可参见文献 (Chan, et al., 2011)).

尺度函数 $W^{(q)}$ 及其导数的初值可由 (4.6.4) 推出:

$$W^{(\delta)}(0^+) = \begin{cases} \dfrac{1}{c_0}, & X \text{ 具有有界变差的轨道}, \\ 0, & \text{其他}, \end{cases}$$

以及

$$W^{(\delta)'}(0^+) = \begin{cases} \dfrac{2}{\sigma^2}, & \sigma \neq 0, \\ \dfrac{q + \Pi(0, \infty)}{c_0^2}, & X \text{ 是泊松过程}, \\ \infty, & \sigma = 0 \text{ 和 } \Pi(0, \infty) = \infty. \end{cases}$$

函数 $W^{(q)}(x)$ 及 $Z^{(q)}(x)$ 在解决双边逸出问题时起着非常关键的作用. 下列的结果可以从现存的文献直接获得. 例如, 以不同的形式出现在文献 (Korolyuk, et al., 1976; Bertoin, 1997; Avram, et al., 2004; Kuznetsov, et al., 2012b) 中. 对于实数 $a < b$, 规定 $\inf \emptyset = \infty$, 定义首次通过时间

$$T_b^+ = \inf\{t \geqslant 0 : X(t) > b\},$$

$$T_a^- = \inf\{t \geqslant 0 : X(t) < a\},$$

$$\tau_{ab} = T_a^- \wedge T_b^+.$$

则对于 $x, y \in (a, b), q \geqslant 0, z \geqslant b$, 我们有

$$E^x\left[\mathrm{e}^{-qT_a^-} I\{T_a^- < T_b^+\}\right] = \frac{W^{(q)}(b-x)}{W^{(q)}(b-a)}, \tag{4.6.5}$$

$$E^x\left[\mathrm{e}^{-qT_b^+} I\{T_b^+ < T_a^-\}\right] = Z^{(q)}(b-x) - W^{(q)}(b-x)\frac{Z^{(q)}(b-a)}{W^{(q)}(b-a)}, \tag{4.6.6}$$

$$E^x\left[\mathrm{e}^{-q\tau_{ab}} I\{X(\tau_{ab}) = b\}\right] = \frac{\sigma^2}{2}\left(W^{(q)'}(b-x) - W^{(q)}(b-x)\frac{W^{(q)'}(b-a)}{W^{(q)}(b-a)}\right), \tag{4.6.7}$$

$$E^x\left[\mathrm{e}^{-q\tau_{ab}} I\{X(\tau_{ab}-) \in dy, X(\tau_{ab}) \in dz\}\right] = u^{(q)}(x,y)\Pi(dz-y)dy, \tag{4.6.8}$$

其中

$$u^{(q)}(x,y) = W^{(q)}(b-x)\frac{W^{(q)}(y-a)}{W^{(q)}(b-a)} - W^{(q)}(y-x).$$

等式 (4.6.5) 及 (4.6.6) 连同强马氏性可以推出

$$\mathrm{e}^{-q(t \wedge \tau_{ab})}W^{(q)}(b - X(t \wedge \tau_{ab})), \quad \mathrm{e}^{-q(t \wedge \tau_{ab})}Z^{(q)}(b - X(t \wedge \tau_{ab}))$$

及

$$\mathrm{e}^{-q(t \wedge \tau_{ab})}\left(Z^{(q)}(b - X(t \wedge \tau_{ab})) - W^{(q)}(b - X(t \wedge \tau_{ab}))\frac{Z^{(q)}(b-a)}{W^{(q)}(b-a)}\right)$$

均为鞅.

4.6.3 主要结果

记作 $\pi_b = \{L_t^b, t \leqslant \tau^b\}$ 为在水平 b 常数障碍策略, 记 $U_b = \{U_b(t) : t \geqslant 0\}$ 为相对应的风险过程, 其中 $U_b(t) = X(t) - D_b(t)$, $L_{0-}^b = 0$ 以及 $L_t^b = \left(b \vee \sup_{0 \leqslant s \leqslant t} X(s)\right) - b.$

注意到 $U_b(t)$ 是在 b 处反射的谱正莱维过程, $\pi_b \in \Xi$ 及 $L_0^b = x - b$, 假如 $X(0) = x > b$. 在红利策略 π_b 下, 用 $V_b(x)$ 表示红利值函数, 即

$$V_b(x) = E^x\left[\int_0^{T_b} e^{-qt}dL_t^b + Se^{-qT_b}\right], \quad 0 \leqslant x \leqslant b,$$

其中 $T_b = \inf\{t > 0 : U_b(t) = 0\}$, 规定 $T_b = \infty$ 如果 $U_b(t) > 0$ 对所有 $t \geqslant 0$ 成立. 这里 $q > 0$ 为折扣因子, $S \in \mathbb{R}$ 为终端值. 我们给出本节的主要结果.

定理 4.6.1 在水平 $b \geqslant 0$ 的障碍策略的红利函数为

$$V_b(x) = \begin{cases} \Lambda(b)Z^{(q)}(b-x) - \overline{Z}^{(q)}(b-x) - \dfrac{\Psi'(0^+)}{q}, & 0 \leqslant x \leqslant b, \\ x - b + \Lambda(b) - \dfrac{\Psi'(0^+)}{q}, & x > b, \end{cases} \quad (4.6.9)$$

其中

$$\Lambda(b) = \left(\overline{Z}^{(q)}(b) + \frac{\Psi'(0^+)}{q} + S\right)\frac{1}{Z^{(q)}(b)}.$$

定理 4.6.2 对于控制问题 (4.6.3) 及任意的莱维测度, 在 b^* 的障碍策略是最优策略, 即 $V(x) = V_{b^*}(x)$, 其中

$$b^* = \begin{cases} (\overline{Z}^{(q)})^{-1}\left(-\dfrac{\Psi'(0^+)}{q} - S\right), & -\dfrac{\Psi'(0^+)}{q} - S > 0, \\ 0, & -\dfrac{\Psi'(0^+)}{q} - S \leqslant 0, \end{cases} \quad (4.6.10)$$

以及

$$V_{b^*}(x) = \begin{cases} -\overline{Z}^{(q)}(b^* - x) - \dfrac{\Psi'(0^+)}{q}, & -\dfrac{\Psi'(0^+)}{q} - S > 0, \\ x + S, & -\dfrac{\Psi'(0^+)}{q} - S \leqslant 0, \end{cases} \quad (4.6.11)$$

对所有的 $x \geqslant 0$.

为证定理 4.6.1 及定理 4.6.2, 我们需要几个引理.

用 $\mathcal{A}$ 表示过程 X 的广义生成元, 对于 $g \in C^2$, 定义为

$$\mathcal{A}g(x) = \frac{1}{2}\sigma^2 g''(x) - cg'(x)$$
$$+ \int_0^\infty [g(x+y) - g(x) - g'(x)yI\{|y| < 1\}]\Pi(dy). \quad (4.6.12)$$

4.6 具有终端值的谱正莱维过程的最优分红问题

引理 4.6.1 令 $S = 0$. 假设 $V_b(x)$ 在 $(0, b)$ 上是有界二次连续可微的, 且一阶导数有界, 则 $V_b(x)$ 满足下面的积分-微分方程:

$$\mathcal{A}V_b(x) = qV_b(x), \quad 0 < x < b,$$

以及边界条件

$$V_b(0) = 0, \quad V_b'(b) = 1, \quad V_b(x) = x - b + V_b(b), \quad x > b.$$

证明 类似于跳-扩散的情况 (参见 (Yin, et al., 2013; Yin and Wen, 2013a, 2013b)), 应用半鞅的伊藤公式, 我们有

$$E^x\left[e^{-q(t_n \wedge T_b)}V_b(U_b(t_n \wedge T_b))\right]$$
$$= V_b(x) + E^x\left[\int_0^{t_n \wedge T_b} e^{-qs}[(\mathcal{A} - q)V_b(U_b(s))]ds\right] - E^x\left[\int_0^{t_n \wedge T_b} e^{-qt}dL_t^b\right],$$

其中 $\{t_n, n \geqslant 1\}$ 是一个停时的适当的局部序列. 令 $n \to \infty$ 并注意到 $V_b(0) = 0$, 我们有

$$V_b(x) = E^x\left[\int_0^{T_b} e^{-qt}dL_t^b\right]. \quad \square$$

注 4.6.1 若 $\Pi(dx) = \lambda P(dx)$, 其中 $\lambda > 0$ 及 $P(y)$ 是 $(0, \infty)$ 上的概率分布函数, 则由引理 4.6.1 的结果可以推出 (Avanzi and Gerber, 2008) 中的式 (2.3)—(2.6).

引理 4.6.2 对于 $b, q \geqslant 0$ 及 $0 \leqslant x \leqslant b$, 我们有

$$E^x\left[e^{-qT_b}\right] = \frac{Z^{(q)}(b-x)}{Z^{(q)}(b)}. \tag{4.6.13}$$

证明 令 $Y_b(t) = b - U_b(t)$, 则 Y_b 为初值为 $b - x$ 的反射莱维过程. 定义 $\tilde{T}_b = \inf\{t > 0 : Y_b(t) \geqslant b\}$, 则

$$E\left[e^{-qT_b}|U_b(0) = x\right] = E\left[e^{-q\tilde{T}_b}|Y_b(0) = b - x\right] = \frac{Z^{(q)}(b-x)}{Z^{(q)}(b)},$$

其中在最后一步我们利用了 (Pistorius, 2004) 中的命题 2(i); 也可以参见 (Kuznetsov, et al., 2012b) 中定理 2.8(i). $\square$

下面的引理来自文献 (Bayraktar, et al., 2013). 这里给出一个不同的证明.

引理 4.6.3 对于 $b, q \geqslant 0$ 及 $0 \leqslant x \leqslant b$, 定义

$$V(x,b) = E^x\left[\int_0^{T_b} e^{-qt} dL_t^b\right],$$

我们有

$$V(x,b) = \frac{\overline{Z}^{(q)}(b)}{Z^{(q)}(b)} Z^{(q)}(b-x) - \overline{Z}^{(q)}(b-x) + \frac{\Psi'(0^+)}{q}\left(\frac{Z^{(q)}(b-x)}{Z^{(q)}(b)} - 1\right). \tag{4.6.14}$$

证明 类似于 (Yin, et al., 2013), 利用全概率公式及强马氏性, 我们有

$$V(x,b) = h_1(x)V(b,b) + h_2(x), \tag{4.6.15}$$

其中,

$$h_1(x) = E^x\left[e^{-qT_b^+} I\{T_b^+ < T_0^-\}\right],$$

以及

$$h_2(x) = E^x\left[e^{-qT_b^+}(X(T_b^+) - b)I\{T_b^+ < T_0^-\}\right].$$

由 (4.6.6),

$$h_1(x) = Z^{(q)}(b-x) - W^{(q)}(b-x)\frac{Z^{(q)}(b)}{W^{(q)}(b)}. \tag{4.6.16}$$

由 (4.6.8),

$$E^x\left[e^{-qT_b^+} X(T_b^+) I\{T_b^+ < T_0^-\}\right]$$
$$= \int_{y=0}^b \int_{z=b}^\infty z u^{(q)}(x,y)\Pi(dz-y)dy$$
$$\equiv I_1(x) - I_2(x), \tag{4.6.17}$$

其中

$$I_1(x) = \int_{y=0}^b \int_{z=b}^\infty \frac{W^{(q)}(b-x)}{W^{(q)}(b)} W^{(q)}(y) z \Pi(dz-y)dy$$
$$= -\frac{bZ^{(q)}(b)}{W^{(q)}(b)} W^{(q)}(b-x) + bcW^{(q)}(b-x)$$
$$+ \frac{W^{(q)}(b-x)}{W^{(q)}(b)}\left(\overline{Z}^{(q)}(b) - \frac{\Psi'(0^+)}{q} Z^{(q)}(b) + \frac{\Psi'(0^+)}{q}\right), \tag{4.6.18}$$

$$I_2(x) = \int_{y=0}^{b} \int_{z=b}^{\infty} W^{(q)}(y-x) z \Pi(dz-y) dy$$
$$= -bZ^{(q)}(b-x) + bcW^{(q)}(b-x)$$
$$+ \overline{Z}^{(q)}(b-x) - \frac{\Psi'(0^+)}{q} Z^{(q)}(b-x) + \frac{\Psi'(0^+)}{q}, \qquad (4.6.19)$$

将 (4.6.18) 及 (4.6.19) 代入 (4.6.17) 得

$$E^x \left[e^{-qT_b^+} X(T_b^+) I\{T_b^+ < T_0^-\} \right]$$
$$= \frac{W^{(q)}(b-x)}{W^{(q)}(b)} \left(\overline{Z}^{(q)}(b) - \Psi'(0^+) \overline{W}^{(q)}(b) - bZ^{(q)}(b) \right)$$
$$- \overline{Z}^{(q)}(b-x) + \Psi'(0^+) \overline{W}^{(q)}(b-x) + bZ^{(q)}(b-x),$$

由此及 (4.6.16) 可得

$$h_2(x) = \frac{W^{(q)}(b-x)}{W^{(q)}(b)} \left(\overline{Z}^{(q)}(b) - \Psi'(0^+) \overline{W}^{(q)}(b) \right)$$
$$- \overline{Z}^{(q)}(b-x) + \Psi'(0^+) \overline{W}^{(q)}(b-x). \qquad (4.6.20)$$

将 (4.6.16) 及 (4.6.20) 代入 (4.6.15) 并利用边界条件 $V'(b,b) = 1$, 得

$$V(b,b) = \frac{\overline{Z}^{(q)}(b)}{Z^{(q)}(b)} + \frac{\Psi'(0^+)}{qZ^{(q)}(b)} - \frac{\Psi'(0^+)}{q},$$

因此结果得证. □

定理 4.6.1 的证明 利用引理 4.6.2 及引理 4.6.3 立得定理 4.6.1 的证明.

定理 4.6.2 的证明 对 (4.6.9) 求微分, 我们得到

$$V_b'(x) = \begin{cases} -q\Lambda(b) W^{(q)}(b-x) + Z^{(q)}(b-x), & 0 < x \leqslant b, \\ 1, & x > b. \end{cases} \qquad (4.6.21)$$

由此可知 $V_b'(b) = 1$ 当且仅当 $\Lambda(b) = 0$, 或, 等价地 $\overline{Z}^{(q)}(b) = -\frac{\Psi'(0^+)}{q} - S$. 记我们的候选边界水平为

$$b^* = \begin{cases} (\overline{Z}^{(q)})^{-1} \left(-\frac{\Psi'(0^+)}{q} - S \right), & -\frac{\Psi'(0^+)}{q} - S > 0, \\ 0, & -\frac{\Psi'(0^+)}{q} - S \leqslant 0. \end{cases} \qquad (4.6.22)$$

在障碍策略 π_{b^*} 下，红利值函数有下式给出

$$V_{b^*}(x) = \begin{cases} -\overline{Z}^{(q)}(b^* - x) - \dfrac{\Psi'(0^+)}{q}, & -\dfrac{\Psi'(0^+)}{q} - S > 0, \\ x + S, & -\dfrac{\Psi'(0^+)}{q} - S \leqslant 0, \end{cases} \quad (4.6.23)$$

对所有的 $x \geqslant 0$.

根据文献 (Loeffen, 2008) 中的引理 5，为证定理，只要证明 $V_{b^*}(x)$ 满足

$$(\mathcal{A} - q)V_{b^*}(x) \leqslant 0, \quad x > b^*. \quad (4.6.24)$$

类似于文献 (Bayraktar, et al., 2013) 中定理 2.1 的证明，当 $b^* = 0$ 时，则 $V_{b^*}(x) = x + S$ 及 $(\mathcal{A} - q)V_{b^*}(x) = -\Psi'(0^+) - q(x + S) \leqslant -qx \leqslant 0, x \geqslant 0$.

现假设 $b^* > 0$. 因为 $\left(\mathrm{e}^{-q(t \wedge \tau_{0b^*})} \left[\overline{Z}^{(q)}(b^* - X(t \wedge \tau_{0b^*})) + \dfrac{\Psi'(0^+)}{q} \right] \right)_{t \geqslant 0}$ 是 P_x-鞅，由伊藤公式，我们推出

$$(\mathcal{A} - q)V_{b^*}(x) = 0, \quad 0 < x < b^*. \quad (4.6.25)$$

由于 V_{b^*} 充分光滑，特别地，(4.6.25) 当 $x = b^*$ 时也成立. 因为 $(\mathcal{A} - q)V_{b^*}(x)$ 在 $[b^*, \infty)$ 上是递减的，所以 $V_{b^*}(x)$ 满足 (4.6.24). 这就完成了定理 4.6.2 的证明. □

注 4.6.2 在定理 4.6.2 中令 $S \to 0$，可以推出文献 (Bayraktar, et al., 2013) 中定理 2.1 的结果.

注 4.6.3 本节的内容选自论文 (Yin and Wen, 2013b). 进一步的研究可见 (Yin and Yuen, 2015; Zhao, et al., 2017b; Zhao, et al., 2017a; Avanzi, et al., 2020). 对于谱负莱维过程的最优分红问题，参见文献 (Noba, et al., 2018; Avanzi, et al., 2021).

4.7 谱正莱维过程的最优分红问题

4.7.1 引言

近年来，金融保险公司的股利优化问题受到广泛关注. 公司应该如何向股东支付股息？一个可能的目标是，公司试图最大化期望折现红利，直到公司可能破产. 近年来，关于对偶模型中的最优股利问题，有许多有趣的研究. 例如，Avanzi 等 (2007) 考虑了与经典风险模型对偶的模型，研究了当收益分布为指数分布或指数分布的混合分布时，如何计算破产前期望折现红利，并给出了如何确定最优红利的边界的精确值. Avanzi 和 Gerber(2008) 研究了受扩散扰动的对

4.7 谱正莱维过程的最优分红问题

偶模型的相同问题. 此外, 他们还指出对偶模型中的最优股利策略是一种障碍策略. 对于最优策略是障碍策略的直接证明有一定的意义, 但据我们所知尚未给出; Bayraktar 和 Egami(2008) 的证明仅适用于指数收益. Yao 等 (2010) 在没有扩散的对偶风险模型中考虑了股息支付和股票发行的最优问题, 在比例交易费用的假设下, 他们找到了最优策略, 即最大化红利支付的预期现值减去破产前发行新股票的贴现成本. 此外, 对于指数分布的跳跃大小, 得到了闭式解. Dai 和 Liu(2011), Dai 等 (2010) 考虑了与 (Yao, et al., 2010) 中相同的问题, 分别考虑了具有有界收益和指数收益的扩散的对偶风险模型. Avanzi 等 (2011) 确定了当收益分布为指数混合分布时, 具有扩散的对偶模型中的值函数的显式形式. 他们证明了障碍分红策略也是最优的, 并推测在具有扩散的对偶模型中, 无论收益分布如何, 最优分红策略都应该是障碍分红策略. 最近, Bayraktar 等 (2013) 利用谱正莱维过程的波动理论, 证明了所有此类莱维过程的障碍策略的最优性.

以上所有的研究都是针对具有障碍策略的对偶风险模型. 这样的策略有一个参数 $b > 0$, 即障碍水平. 每当盈余超过限额时, 超额部分立即作为股息支付. 当股息率不受限制时, 障碍策略通常作为最优策略的候选策略. 然而, 如果采用障碍策略, 公司的最终破产是肯定的. 在许多情况下, 这是不可取的. 这种考虑导致我们对股息流施加限制. Ng(2009) 考虑了复合泊松模型在门限红利策略下的对偶性, 导出了一组由期望总贴现红利直至破产所满足的两个积分-微分方程, 并说明了如何仅使用两个积分-微分方程中的一个来解方程. 然后求解利润服从指数分布或指数混合分布的情形, 并利用拉普拉斯变换讨论一般利润分布的情形. 他举例说明了在破产前最大化预期总贴现红利的最优阈值水平是如何得到的. 本节给出了一个统一的数学框架来分析一般谱正莱维过程在股息率受限时的最优控制问题. Asmussen 和 Taksar (1997), Jeanblanc-Picqué 和 Shiryaev(1995) 以及 Højgaard 和 Taksar(1999) 在扩散情况下考虑了这个问题.

本节的其余部分组织如下. 4.7.2 小节给出了模型并给出了股利优化问题. 4.7.3 小节讨论了阈值策略, 得到了股利支付期望折现值的显式表达式, 并在 4.7.4 小节给出了主要结果, 证明了最优股利策略是由一个阈值策略构成的. 这个策略也被称为折射策略, 规定当公司的净盈余低于最佳界限 b^* 时不支付股息, 当净盈余超过 b^* 时, 按固定的最高利率 α 支付股息.

4.7.2 模型和最优化问题

设 $X = \{X_t\}_{t \geqslant 0}$ 是定义在滤过的概率空间 $(\Omega, \mathcal{F}, \mathbb{F}, P)$ 上的非单调谱正莱维过程, 其中 $\mathbb{F} = (\mathcal{F}_t)_{t \geqslant 0}$ 是由 X 生成的并满足通常条件. X 的莱维三元组由 (c, σ, Π) 给出, 其中 $\sigma \geqslant 0$, Π 是 $(0, \infty)$ 上的测度满足

$$\int_0^\infty (1 \wedge x^2)\Pi(dx) < \infty.$$

当 $x_0 = x$ 时, 用 P^x 表示 X 的律, 用 E^x 表示与 P^x 相关联的期望. 为方便起见, 当 $X_0 = 0$ 时, 我们写为 P 和 E.

过程 X 的拉普拉斯指数定义为

$$\begin{aligned}\Psi(\theta) &= \frac{1}{t}\ln E\left[\mathrm{e}^{-\theta X_t}\right] \\ &= c\theta + \frac{1}{2}\sigma^2\theta^2 + \int_0^\infty (\mathrm{e}^{-\theta x} - 1 + \theta x I\{0 < x < 1\})\Pi(dx),\end{aligned} \quad (4.7.1)$$

其中 I_A 是集合 A 的示性函数. 往下, 我们假设 $-\Psi'(0^+) = \mathbb{E}(X_1) > 0$, 这意味着过程 X 会漂移到 $+\infty$. 众所周知, 如果 $\int_1^\infty y\Pi(dy) < \infty$, 则 $E(X_1) < \infty$ 及 $E(X_1) = -c + \int_1^\infty y\Pi(dy)$. 注意到 X 具有有界变差的路径当且仅当

$$\sigma = 0, \quad \int_0^\infty (1 \wedge x)\Pi(dx) < \infty.$$

在这种情况下, 拉普拉斯指数 (4.7.1) 可以写成

$$\Psi(\theta) = c_0\theta + \frac{1}{2}\sigma^2\theta^2 + \int_0^\infty (\mathrm{e}^{-\theta x} - 1)\Pi(dx), \quad (4.7.2)$$

这里 $c_0 = c + \int_0^1 x\Pi(dx)$ 表示 X 的所谓的漂移.

对于任意谱正的莱维过程, 拉普拉斯指数 Ψ 在 $(0, \infty)$ 上是严格凸的, $\lim_{\theta \to \infty}\Psi(\theta) = \infty$. 因此存在一个函数 $\Phi: [0, \infty) \to [0, \infty)$, 由 $\Phi(q) = \sup\{\theta \geqslant 0 | \Psi(\theta) = q\}$ 定义, 使得 $\Psi(\Phi(q)) = q, q \geqslant 0$.

欲了解更多关于谱正莱维过程的细节, 请参考 (Bertoin, 1996; Kyprianou, 2006).

假设 X 的正则分解为

$$X_t = -ct + \sigma B_t + J_t, \quad t \geqslant 0, \quad (4.7.3)$$

其中, $\{B_t, t \geqslant 0\}$ 是一个标准的维纳过程, $\{J_t, t \geqslant 0\}$ 是一个独立于 $\{B_t, t \geqslant 0\}$ 的纯向上跳跃过程. 此外, $J_0 = 0$. 注意, (Avanzi and Gerber, 2008) 中带有扩散的对偶模型对应于 $\Pi(dx) = \lambda F(dx)$ 的情况, 其中 $\lambda > 0$ 是泊松参数, F 是个人收

4.7 谱正莱维过程的最优分红问题

益的分布, 费用率由 $c_0 = c + \int_0^1 x\Pi(dx)$ 给出. 特别是, 当 $\sigma = 0$ 时, 模型简化为所谓的 Avanzi 等 (2007) 的对偶模式.

我们现在回顾一下 q-尺度函数 $W^{(q)}$ 的定义. 对于每个 $q \geqslant 0$, 存在一个连续的递增函数 $W^{(q)} : \mathbb{R} \to [0, \infty)$, 称为 q-尺度函数, 该函数的定义方式为: 对于所有 $x < 0$, $W^{(q)}(x) = 0$, 在 $[0, \infty)$ 上, 其拉普拉斯变换为

$$\int_0^\infty e^{-\theta x} W^{(q)}(x) dx = \frac{1}{\psi(\theta) - q}, \quad \theta > \Phi(q). \tag{4.7.4}$$

与 $W^{(q)}$ 密切相关的是

$$Z^{(q)}(x) = 1 + q \int_0^x W^{(q)}(y) dy, \quad x \in \mathbb{R}.$$

我们还将使用以下函数

$$\overline{Z}^{(q)}(x) = \int_0^x Z^{(q)}(z) dz, \quad x \in \mathbb{R}.$$

请注意

$$Z^{(q)}(x) = 1, \quad \overline{Z}^{(q)}(x) = x, \quad x \leqslant 0.$$

以下关于尺度函数的事实摘自 (Chan, et al., 2011). 如果 X 具有有界变差的路径, 那么对于所有的 $q \geqslant 0$, $W^{(q)}|_{(0,\infty)} \in C^1(0, \infty)$ 当且仅当 Π 没有原子. 在 X 具有无限变化路径的情况下, 已知对于所有 $q \geqslant 0$, $W^{(q)}|_{(0,\infty)} \in C^1(0, \infty)$. 此外, 如果 $\sigma > 0$, 那么 $C^1(0, \infty)$ 可以替换为 $C^2(0, \infty)$. 此外, 如果莱维测度有密度, 那么尺度函数总是可微的. 众所周知

$$W^{(q)}(0^+) = \begin{cases} \dfrac{1}{c_0}, & \sigma = 0 \text{ 或 } \int_{(-1,0)} |x|\Pi(dx) < \infty, \\ 0, & \sigma > 0 \text{ 或 } \int_{(-1,0)} |x|\Pi(dx) = \infty, \end{cases}$$

以及

$$W^{(q)'}(0^+) = \begin{cases} \dfrac{2}{\sigma^2}, & \sigma > 0, \\ \dfrac{q + \Pi(0, \infty)}{c_0^2}, & \sigma = 0 \text{ 和 } \Pi(-\infty, 0) < \infty, \\ \infty, & \sigma = 0 \text{ 和 } \Pi(-\infty, 0) = \infty. \end{cases}$$

在所有情况下, 如果 $q > 0$, 则 $W^{(q)}(x) \sim e^{\Phi(q)x}/\Psi'(\Phi(q))$, 当 $x \to \infty$ 时.

我们假设公司的盈余过程在没有支付股息时由 (4.7.3) 描述. 一个可容许的 (红利) 策略 $\pi = \{L_t^\pi, t \geqslant 0\}$ 由一个从 0 开始的非减、右连续和 $\mathbb{F}$-适应过程给出. 假设 $U^\pi = \{U_t^\pi, t \geqslant 0\}$ 是公司在时间 t 扣除股息后的盈余. 因此,

$$U_t^\pi = X_t - L_t^\pi, \quad t \geqslant 0.$$

在本节中, 我们感兴趣的是, π 只允许绝对连续的策略, 这样

$$dL_t^\pi = l^\pi(t)dt, \tag{4.7.5}$$

对于 $t \geqslant 0$, $l^\pi(t)$ 满足

$$0 \leqslant l^\pi(t) \leqslant \alpha, \tag{4.7.6}$$

其中 α 是最高利率. 我们定义了红利值函数 V_π 为

$$V_\pi(x) = E\left[\int_0^{\tau_\pi} e^{-qt} l^\pi(t) dt \,\bigg|\, U_0^\pi = x\right],$$

其中, $q > 0$ 是计算现值的利息力, τ_π 是破产时间, 定义为

$$\tau_\pi = \inf\{t > 0 | U_t^\pi = 0\}.$$

我们用 Ξ 表示所有可接受的红利策略集. 目的是解决如下随机控制问题:

$$V(x) = \sup_{\pi \in \Xi} V_\pi(x), \tag{4.7.7}$$

并找到一个最优策略 $\pi^* \in \Xi$, 它满足对所有 $x \geqslant 0$, $V(x) = V_{\pi^*}(x)$. 在本节中, 我们将证明最优股利策略是由参数为 b^* 和 α 的阈值策略构成的 (b^* 的定义由 (4.7.24) 给出): 当受控风险过程低于 b^* 时, 不支付股利; 然而, 当受控风险过程高于此水平时, 股息按最高容许利率 α 连续支付.

4.7.3 阈值分红策略

在本小节中, 我们假设当风险过程由 X 建模时, 公司根据由参数 $b > 0$ 和 $\alpha > 0$ 控制的阈值策略支付股息. 当修正盈余低于阈值水平 b 时, 不支付股息. 然而, 当盈余高于这一临界水平时, 股息将以固定利率 α 持续支付. 我们定义修正的风险过程 $U_b = \{U_b(t) : t \geqslant 0\}$, 其中 $U_b(t)$ 是由随机微分方程

$$dU_b(t) = dX_t - \alpha I\{U_b(t) > b\}dt, \quad t \geqslant 0$$

来定义. 在 X 是复合泊松模型的对偶的情况下, 风险过程已由 Ng(2009) 详细研究. 对于一般的谱正莱维过程 X, 请注意, $-X$ 是谱负莱维过程, 上述方程唯一强解的存在性直接来自 (Kyprianou and Loeffen, 2010), 其中所谓的折射莱维过程是谱负莱维过程建立的.

令 D_b 表示直到破产时间 T 前所有股息的现值, 即

$$D_b = \alpha \int_0^T e^{-qt} I\{U_b(t) > b\} dt,$$

其中, $T = \inf\{t > 0 : U_b(t) = 0\}$, 规定 $T = \infty$ 假如对所有的 $t \geqslant 0$ 有 $U_b(t) > 0$. 这里, $q > 0$ 是折扣率. 用 $V(x, b)$ 表示股息支付的预期贴现价值, 即

$$V(x, b) = E[D_b | U_b(0) = x].$$

显然, $0 \leqslant V(x, b) \leqslant \dfrac{\alpha}{q}$ 及 $\lim\limits_{x \to \infty} V(x, b) = \dfrac{\alpha}{q}$.

用 $\mathcal{A}$ 表示过程 X 的扩展生成元, 它作用于足够平滑的函数 g:

$$\begin{aligned}\mathcal{A}g(x) = {}& \frac{1}{2}\sigma^2 g''(x) - cg'(x) \\ & + \int_0^\infty [g(x+y) - g(x) - g'(x)y I\{0 < y < 1\}]\Pi(dy).\end{aligned} \tag{4.7.8}$$

在本节中, 函数 $f : D \to (0, \infty)$ 被称为足够光滑, 这意味着它属于 $C^1(D)$, 如果 X 是有界变差的; 它属于 $C^2(D)$, 如果 X 有高斯指数; 如果 X 是无界变差的和 $\sigma = 0$, 它几乎在任何地方都是两次连续可微的, 但不属于 $C^2(D)$.

定理 4.7.1 假设函数 $V(x, b)$ 在 $(0, b) \cup (b, \infty)$ 上充分光滑, 则 $V(x, b)$ 满足下列积分-微分方程:

$$\mathcal{A}V(x, b) = qV(x, b), \quad 0 < x < b, \tag{4.7.9}$$

$$\mathcal{A}V(x, b) - \alpha V'(x, b) = qV(x, b) - \alpha, \quad x > b, \tag{4.7.10}$$

具有初值条件 $V(0, b) = 0$ 和连续性条件

$$V(b-, b) = V(b+, b) = V(b, b). \tag{4.7.11}$$

另外, 如果 X 是有界变差的, 则

$$(c_0 + \alpha)V'(b+, b) - c_0 V'(b-, b) = \alpha, \tag{4.7.12}$$

如果 X 是无界变差的, 则

$$V'(b+, b) = V'(b-, b). \tag{4.7.13}$$

证明 如果 $\sigma > 0$, 则利用半鞅的伊藤公式 (参见 (Klebaner, 2008, p.234)) 可得

$$E^x\left[e^{-q(t\wedge T)}V(U_b(t\wedge T),b)\right]$$
$$= V(x,b) + E^x\left[\int_0^{t\wedge T} e^{-qs}[(\mathcal{A}-q)V(U_b(s),b) - \alpha I\{U_b(s)>b\}V'(U_b(s),b)]ds\right].$$

令 $t \to \infty$ 并注意到 $V(0,b) = 0$ (因为 $U_b(T) = 0$ a.s., 给定 $T < \infty$), 我们有

$$V(x,b) = \alpha E^x\left[\int_0^T e^{-qt}I\{U_b(t)>b\}dt\right]$$

当且仅当

$$(\mathcal{A}-q)V(x,b) - \alpha I\{x>b\}V'(x,b) = -\alpha I\{x>b\}.$$

如果 X 是有界变差, 我们可以使用变量的替换 (Protter, 1992, 定理 31); 如果 X 具有无界变差且 $\sigma = 0$, 则使用迈耶-伊藤 (Meyer-Itô) 公式 (Protter, 1992, 定理 70) 和半鞅的随机分部积分, 我们也得到了结果. 对于复合泊松模型的对偶, 条件 (4.7.11) 和 (4.7.12) 正确 (见 (Ng, 2009)). 对于一般情况, 我们可以使用 (Shen, et al., 2013) 中用于谱负莱维过程的近似逼近方法来证明 (4.7.11)和(4.7.12) 也是正确的. □

定义首次通过时间,

$$T_b^+ = \inf\{t \geqslant 0 : U_b(t) > b\}, \quad T_b^- = \inf\{t \geqslant 0 : U_b(t) < b\}.$$

规定 $\inf \varnothing = \infty$. 对于 $q \geqslant 0$, 令

$$\Phi_1(q) = \sup\{\theta \geqslant 0 | \Psi(\theta) + \alpha\theta = q\}.$$

下面的结果推广了 (Ng, 2009, 定理 2) 的结果, 其中只考虑了经典保险风险模型的对偶模型.

定理 4.7.2 对于 $x > b$, 我们有

$$V(x,b) = \frac{\alpha}{q} + \left(V(b,b) - \frac{\alpha}{q}\right)e^{-\Phi_1(q)(x-b)}. \qquad (4.7.14)$$

证明 类似于 Yin 等 (2013) 所述, 利用 U_b 在 T_b^- 处的强马尔可夫性质, 我们得到

$$V(x,b) = \frac{\alpha}{q} - \frac{\alpha}{q}E^x\left[e^{-qT_b^-}, T_b^- < \infty\right]$$

4.7 谱正莱维过程的最优分红问题

$$+ E^x \left[e^{-qT_b^-} V(U_b(T_b^-), b), T_b^- < \infty \right].$$

结果 (4.7.14) 得证, 这是因为 $P^x(U_b(T_b^-) = b, T_b^- < \infty) = 1$ 及

$$E^x \left[e^{-qT_b^-}, T_b^- < \infty \right] = \exp(-\Phi_1(q)(x-b)).$$

最后一个公式是从谱负莱维过程的相应结果得到的 (参见 (Bertoin, 1996, 定理 1, p.189)). 这就完成了证明. □

定理 4.7.3 假设 $X = \{X_t, t \geqslant 0\}$ 是一个谱正的莱维过程, 我们假设莱维测度 Π 在 X 是有界变差情况下没有原子. 那么对于 $0 < x < b$, 我们有

$$V(x,b) = \frac{\alpha}{q} Z^{(q)}(b-x) + \left(V(b,b) - \frac{\alpha}{q} \right) e^{\Phi_1(q)(b-x)}$$
$$\times \left(1 + \alpha \Phi_1(q) \int_0^{b-x} W^{(q)}(z) e^{-\Phi_1(q)z} dz \right), \qquad (4.7.15)$$

其中

$$V(b,b) = \frac{\alpha}{q} \left(1 - \frac{Z^{(q)}(b) e^{-\Phi_1(q)b}}{1 + \alpha \Phi_1(q) \int_0^b W^{(q)}(z) e^{-\Phi_1(q)z} dz} \right).$$

证明 根据全概率定律和强马尔可夫性, 对于 $0 < x < b$, 我们得到

$$V(x,b) = E^x \left[e^{-qT_b^+} V(X_{T_b^+}, b), T_b^+ < T \right].$$

上式连同(4.7.14), 得到

$$V(x,b) = \frac{\alpha}{q} E^x \left[e^{-qT_b^+}, T_b^+ < T \right]$$
$$+ \left(V(b,b) - \frac{\alpha}{q} \right) E^x \left[e^{-qT_b^+ - \Phi_1(q)(X_{T_b^+} - b)}, T_b^+ < T \right]. \qquad (4.7.16)$$

由 (Yin and Wen, 2013b) 中的 (2.3), 我们有

$$E^x \left[e^{-qT_b^+}, T_b^+ < T_0^- \right] = Z^{(q)}(b-x) - W^{(q)}(b-x) \frac{Z^{(q)}(b)}{W^{(q)}(b)}. \qquad (4.7.17)$$

接下来, 我们计算 (4.7.16) 中的第二个期望值. 利用下面的公式 (见 (Kuznetsov, et al., 2012, p.1117; Kadankov and Kadankova, 2005, (12))):

$$E^x\left[\mathrm{e}^{-qT_b^+}f(X_{T_b^+})\right] = E^x\left[\mathrm{e}^{-qT_b^+}f(X_{T_b^+}), T_b^+ < T_0^-\right]$$
$$+ E^x\left[\mathrm{e}^{-qT_0^-}E^{X_{T_0^-}}\left[\mathrm{e}^{-qT_b^+}f(X_{T_b^+})\right], T_b^+ > T_0^-\right],$$

并注意到 $P^x(X_{T_0^-}=0)=1$, $P^x(T_0^-=T)=1$, 我们有

$$E^x\left[\mathrm{e}^{-qT_b^+-\Phi_1(q)X_{T_b^+}}, T_b^+ < T_0^-\right]$$
$$= -E^x\left[\mathrm{e}^{-qT_0^-}, T_b^+ > T_0^-\right]E^0\left[\mathrm{e}^{-qT_b^+-\Phi_1(q)X_{T_b^+}}\right] + E^x\left[\mathrm{e}^{-qT_b^+-\Phi_1(q)X_{T_b^+}}\right].$$
(4.7.18)

由 (Yin and Wen, 2013b) 中的 (2.2), 可得

$$E^x\left[\mathrm{e}^{-qT_0^-}, T_b^+ > T_0^-\right] = \frac{W^{(q)}(b-x)}{W^{(q)}(b)}. \tag{4.7.19}$$

考虑对偶过程 $-X$, 并利用 (Kuznetsov, et al., 2012, p.122) 中的 (58), 我们有

$$E^x\left[\mathrm{e}^{-qT_b^+-\Phi_1(q)X_{T_b^+}}\right] = \mathrm{e}^{-\phi_1(q)x}\left(1+\alpha\Phi_1(q)\int_0^{b-x}W^{(q)}(z)\mathrm{e}^{-\Phi_1(q)z}dz\right)$$
$$- \frac{\alpha\Phi_1(q)}{\Phi(q)-\Phi_1(q)}\mathrm{e}^{-\phi_1(q)b}W^{(q)}(b-x). \tag{4.7.20}$$

将 (4.7.17)—(4.7.20) 代入 (4.7.16), 我们得到

$$V(x,b) = \frac{\alpha}{q}\left(Z^{(q)}(b-x) - W^{(q)}(b-x)\frac{Z^{(q)}(b)}{W^{(q)}(b)}\right)$$
$$+ \left(V(b,b)-\frac{\alpha}{q}\right)\left\{\mathrm{e}^{\Phi_1(q)(b-x)}\left(1+\alpha\Phi_1(q)\int_0^{b-x}W^{(q)}(z)\mathrm{e}^{-\Phi_1(q)z}dz\right)\right.$$
$$\left. -\frac{W^{(q)}(b-x)}{W^{(q)}(b)}\mathrm{e}^{\Phi_1(q)b}\left(1+\alpha\Phi_1(q)\int_0^b W^{(q)}(z)\mathrm{e}^{-\Phi_1(q)z}dz\right)\right\},$$

其中常数 $V(b,b)$ 可以由条件 (4.7.12) 及 (4.7.13) 确定. 因为

$$\frac{\alpha}{q}Z^{(q)}(b) + \left(V(b,b)-\frac{\alpha}{q}\right)\mathrm{e}^{\Phi_1(q)b}\left(1+\alpha\Phi_1(q)\int_0^b W^{(q)}(z)\mathrm{e}^{-\Phi_1(q)z}dz\right) = 0,$$

结果 (4.7.15) 得证. □

注 4.7.1 当 $\sigma \geqslant 0$ 时，由

$$\Psi(\Phi_1(q)) + \alpha \Phi_1(q) = q$$

的图像可以验证当 $\alpha \to \infty$ 时 $\Phi_1(q) \to 0$. 经过简单计算可得 $\lim_{\alpha \to \infty} \alpha \Phi_1(q) = q$,

$$\lim_{\alpha \to \infty} \alpha(q - \alpha \Phi_1(q)) = q\Psi'(0^+),$$

以及

$$\lim_{\alpha \to \infty} V(b,b) = \frac{\overline{Z}^{(q)}(b)}{Z^{(q)}(b)} + \frac{\Psi'(0^+)}{qZ^{(q)}(b)} - \frac{\Psi'(0^+)}{q}.$$

因此，当 $0 < x < b$ 时，我们得出

$$\lim_{\alpha \to \infty} V(x,b) = \frac{\overline{Z}^{(q)}(b)}{Z^{(q)}(b)} Z^{(q)}(b-x) - \overline{Z}^{(q)}(b-x)$$

$$+ \frac{\Psi'(0^+)}{q}\left(\frac{Z^{(q)}(b-x)}{Z^{(q)}(b)} - 1\right),$$

这是障碍策略股息支付的期望折扣值. 参见 (Bayraktar, et al., 2013) 中的引理 2.1.

4.7.4 最优分红策略

在本小节中，我们将重点验证使用 b^* 的阈值策略的最优性.

引理 4.7.1 (验证引理) 假设 $\hat{\pi}$ 是一个可接受的红利策略，满足 $V_{\hat{\pi}}$ 在 $(0, \infty)$ 上是平滑的，对所有 $x > 0$,

$$\mathcal{A}V_{\hat{\pi}}(x) - qV_{\hat{\pi}}(x) + \sup_{0 \leqslant r \leqslant \alpha}\{r(1 - V'_{\hat{\pi}}(x))\} \leqslant 0 \tag{4.7.21}$$

具有 $V_{\hat{\pi}}(0) = 0$, 其中 $\mathcal{A}$ 是过程 X 的扩展生成元, 由 (4.7.8) 定义. 那么 $V_{\hat{\pi}}(x) = V(x), x \geqslant 0$, 因此 $\hat{\pi}$ 是一个最佳策略.

证明 Kyprianou 等 (2012) 获得了谱负莱维过程的相关结果. 这里的证明类似于他们论文中引理 5 的证明, 我们省略了它. □

定理 4.7.4 对于任何谱正的莱维过程，考虑随机控制问题 (4.7.7). 令 Ξ 为满足 (4.7.5)—(4.7.6) 的可容许红利策略. 假设 $\phi_1(q)\dfrac{\alpha}{q} > 1$. 那么我们有 $V(x) = V(x, b^*)$, 且阈值水平为 b^* 的阈值策略是 Ξ 上的最优红利策略, 其中

$$V(x,b^*) = \begin{cases} \dfrac{\alpha}{q} - \dfrac{1}{\Phi_1(q)}\mathrm{e}^{-\Phi_1(q)(x-b^*)}, & x > b^*, \\ -\dfrac{\alpha\displaystyle\int_0^{b^*-x} W^{(q)}(z)\mathrm{e}^{-\Phi_1(q)z}dz}{\mathrm{e}^{-\Phi_1(q)(b^*-x)}} \\ +\dfrac{\alpha}{q}Z^{(q)}(b^*-x) - \dfrac{\mathrm{e}^{\Phi_1(q)(b^*-x)}}{\Phi_1(q)}, & 0 < x < b^*, \end{cases} \quad (4.7.22)$$

并且 b^* 由

$$V(b^*,b^*) = \frac{\alpha}{q} - \frac{1}{\Phi_1(q)}$$

确定.

推论 4.7.1 对于受布朗运动扰动的复合泊松模型的对偶问题, 无论收益分布如何, 红利支付率有界的最优策略均由一个阈值策略构成.

推论 4.7.2 对于复合泊松模型的对偶问题, 当收益分布在 $(0,\infty)$ 上连续时, 红利支付率有界的最优策略由一个阈值策略构成.

定理 4.7.4 的证明 由 (4.7.14) 可知

$$V'(x,b) = -\Phi_1(q)\left(V(b,b) - \frac{\alpha}{q}\right)\mathrm{e}^{-\Phi_1(q)(x-b)}, \quad x > b. \quad (4.7.23)$$

如果 $\Phi_1(q)\dfrac{\alpha}{q} \leqslant 1$, 因为 $V(0,0) = 0$, 则 $V'(x,0) \leqslant 1$. 因此 $b^* = 0$. 现假设 $\Phi_1(q)\dfrac{\alpha}{q} > 1$, 我们得到关于 b^* 的条件:

$$-\Phi_1(q)\left(V(b^*,b^*) - \frac{\alpha}{q}\right) = 1.$$

或, 等价地, b^* 是如下方程的解

$$V(b^*,b^*) = \frac{\alpha}{q} - \frac{1}{\Phi_1(q)}. \quad (4.7.24)$$

由 (4.7.14) 及 (4.7.15) 可得

4.7 谱正莱维过程的最优分红问题

$$V(x,b^*) = \begin{cases} \dfrac{\alpha}{q} - \dfrac{1}{\Phi_1(q)}\mathrm{e}^{-\Phi_1(q)(x-b^*)}, & x > b^*, \\[2mm] -\dfrac{\alpha\displaystyle\int_0^{b^*-x} W^{(q)}(z)\mathrm{e}^{-\Phi_1(q)z}dz}{\mathrm{e}^{-\Phi_1(q)(b^*-x)}} \\[2mm] +\dfrac{\alpha}{q}Z^{(q)}(b^*-x) - \dfrac{\mathrm{e}^{\Phi_1(q)(b^*-x)}}{\Phi_1(q)}, & 0 < x < b^*. \end{cases} \quad (4.7.25)$$

在上述关系中两边对 x 取导数, 可得

$$V'(x,b^*)$$
$$= \begin{cases} \mathrm{e}^{-\Phi_1(q)(x-b^*)}, & x > b^*, \\ \mathrm{e}^{\Phi_1(q)(b^*-x)}\left(1 + \alpha\Phi_1(q)\displaystyle\int_0^{b^*-x} W^{(q)}(z)\mathrm{e}^{-\Phi_1(q)z}dz\right), & 0 < x < b^*. \end{cases}$$
$$(4.7.26)$$

因此, 当 $x > b^*$ 时, $V'(x,b^*) < 1$. 进一步, 对于 $0 < x < b^*$,

$$V''(x,b^*) = -\Phi_1(q)\mathrm{e}^{\Phi_1(q)(b^*-x)}\left(1 + \alpha\Phi_1(q)\int_0^{b^*-x} W^{(q)}(z)\mathrm{e}^{-\Phi_1(q)z}dz\right)$$
$$- \alpha\Phi_1(q)W^{(q)}(b^*-x) < 0. \quad (4.7.27)$$

因此, 对于 $0 < x < b^*$, $V'(x,b^*) > V'(b^*,b^*) = 1$. 考虑到方程 (4.7.9) 及 (4.7.10), 我们发现 $V(x,b^*)$ 满足 (4.7.21), 结果得证. □

注 4.7.2 由 (4.7.26) 和 (4.7.27) 我们发现 $V'(x,b^*)$ 在 $(0,\infty)$ 上是连续的, $V''(b^*-,b^*) = -\Phi_1(q) - \alpha\Phi_1(q)W^{(q)}(0)$ 及 $V''(b^*+,b^*) = -\Phi_1(q)$. 因此, 如果 X 具有有界变差, 则 $V''(b^*-,b^*) \neq V''(b^*+,b^*)$; 如果 X 具有无界变差, 则 $V''(b^*-,b^*) = V''(b^*+,b^*)$.

注 4.7.3 值得注意的是, 一个谱正莱维过程的红利支付率有界的最优策略是由阈值策略形成的, 而不考虑莱维测度. 然而, 对于谱负的莱维模型 $-X$, Kyprianou 等 (2012) 证明了最佳策略由阈值策略构成, 条件是 $-X$ 的莱维测度具有完全单调的密度.

注 4.7.4 本节的内容选自论文 (Yin, et al., 2014). 进一步的研究可见 (Avanzi, et al., 2017). 关于谱负莱维过程的最优分红问题, 参见文献 (Shen, et al., 2013).

参 考 文 献

尹传存, 吴荣. 1996. Brown 运动关于球及球面的若干问题. 中国科学, 26(5): 412-442.

Albrecher H, Boxma O J. 2005. On the discounted penalty function in a Markov-dependent risk model. Insurance: Mathematics and Economics, 37(3): 650-672.

Albrecher H, Teugels J L. 2006. Exponential behavior in the presence of dependence in risk theory. Journal of Applied Probability, 43(1): 257-273.

Ambagaspitiya R S. 1998. On the distribution of a sum of correlated aggregate claims. Insurance: Mathematics and Economics, 23(1): 15-19.

Ambagaspitiya R S. 1999. On the distribution of two classes of correlated aggregate claims. Insurance: Mathematics and Economics, 24(3): 301-308.

Asimit A V, Badescu A L. 2010. Extremes on the discounted aggregate claims in a time dependent risk model. Scandinavian Actuarial Journal, 2: 93-104.

Asmussen S. 1987. Applied Probability and Queues. New York: Wiley.

Asmussen S. 1989. Risk theory in a Markovian environment. Scandinavian Actuarial Journal, 2: 69-100.

Asmussen S. 1995. Stationary distributions for fluid flow models with or without Brownian noise. Communications in Statistics Stochastic Models, 11(1): 21-49.

Asmussen S. 2000. Ruin Probabilities. Singapore: World Scientific.

Avanzi B, Gerber H U. 2008. Optimal dividends in the dual model with diffusion. Astin Bulletin, 38(2): 653-667.

Asmussen S, Taksar M. 1997. Controlled diffusion models for optimal dividend pay-out. Insurance: Mathematics and Economics, 20(1): 1-15.

Avanzi B, Gerber H U, Shiu E S W. 2007. Optimal dividends in the dual model. Insurance: Mathematics and Economics, 41(1): 111-123.

Avanzi B, Lau H, Wong B. 2020. Optimal periodic dividend strategies for spectrally positive Lévy risk processes with fixed transaction costs. Insurance: Mathematics and Economics, 93(2): 315-332.

Avanzi B, Lau H, Wong B. 2021. Optimal periodic dividend strategies for spectrally negative Lévy processes with fixed transaction costs. Scandinavian Actuarial Journal, 8: 645-670.

Avanzi B, Perez J L, Wong B, et al. 2017. On optimal joint reflective and refractive dividend strategies in spectrally positive Lévy models. Insurance: Mathematics and Economics, 72: 148-162.

Avanzi B, Shen J, Wong B. 2011. Optimal dividends and capital injections in the dual model with diffusion. Astin Bulletin, 41(2): 611-644.

Avram F, Kyprianou A E, Pistorius M. 2004. Exit problems for spectrally negative Lévy processes and applications to (Canadized) Russian options. The Annals of Applied Probability, 14(1): 215-238.

Avram F, Palmowski Z, Pistorius M. 2007. On the optimal dividend problem for a spectrally negative Lévy process. The Annals of Applied Probability, 17: 156-180.

Azcue P, Muler N. 2005. Optimal reinsurance and dividend distribution policies in the Cramér-Lundberg model. Mathematical Finance, 15(2): 261-308.

Badescu A, Drekic S, Landriault D. 2007. Analysis of a threshold dividend strategy for a MAP risk model. Scandinavian Actuarial Journal, 4: 227-247.

Baurdoux E J. 2009. Last exit before an exponential time for spectrally negative Lévy processes. Journal of Applied Probability, 46(2): 542-558.

Bayraktar E, Egami M. 2008. Optimizing venture capital investments in a jump diffusion model. Mathematical Methods of Operations Research, 67(1): 21-42.

Bayraktar E, Kyprianou A, Yamazaki K. 2014. Optimal dividends in the dual model under transaction costs. Insurance: Mathematics and Economics, 54: 133-143.

Bayraktar E, Kyprianou A, Yamazaki K. 2013. On optimal dividends in the dual model. ASTIN Bulletin, 43(3): 359-372.

Bertoin J. 1996. Lévy Processes. Cambridge: Cambridge University Press.

Bertoin J. 1997. Exponential decay and ergodicity of completely asymmetric Lévy processes in a finite interval. The Annals of Applied Probability, 7(1): 156-169.

Bingham N H. 1975. Fluctuation theory in continuous time. Advances in Applied Probability, 7(4): 705-766.

Blumenthal R M, Getoor R K. 1968. Markov Processes and Potential Theory. New York: Academic Press.

Boogaert P, Haezendonck J. 1989. Delay in claim settlement. Insurance: Mathematics and Economics, 8(4): 321-330.

Boudreault M, Cossette H, Landriault D, et al. 2006. On a risk model with dependence between interclaim arrivals and claim sizes. Scandinavian Actuarial Journal, 5: 265-285.

Brémaud P. 2000. An insensitivity property of Lundberg's estimate for delayed claims. Journal of Applied Probability, 37(3): 914-917.

Cai C H, Li B. 2018. Occupation times of intervals until last passage times for spectrally negative Lévy processes. Journal of Theoretical Probability, 31(4): 2194-2215.

Cai J. 2004. Ruin probabilities and penalty functions with stochastic rates of interest. Stochastic Processes and their Applications, 112(1): 53-78.

Cai J, Dickson D C M. 2002. On the expected discounted penalty function at ruin of a surplus process with interest. Insurance: Mathematics and Economics, 30(3): 389-404.

Cai J, Dickson D C M. 2003. Upper bounds for ultimate ruin probabilities in the Sparre Andersen model with interest. Insurance: Mathematics and Economics, 32(1): 61-71.

Cai J, Yang H L. 2005. Ruin in the perturbed compound Poisson risk process under interest force. Advances in Applied Probability, 37(3): 819-835.

Chan T, Kyprianou A, Savov M. 2011. Smoothness of scale functions for spectrally negative Lévy processes. Probability Theory and Related Fields, 150: 691-708.

Chiu S N, Yin C C. 2005. Passage times for a spectrally negative Lévy process with applications to risk theory. Bernoulli, 11(3): 511-522.

Cohen J W. 1982. The Single Server Queue. Amsterdam: North-Holland Publishing Company.

Cossette H, Landriault D, Marceau E. 2003. Ruin probabilities in the compound Markov binomial model. Scandinavian Actuarial Journal, 4: 301-323.

Cossette H, Marceau E. 2000. The discrete-time risk model with correlated classes of business. Insurance: Mathematics and Economics, 26(2): 133-149.

Cossette H, Marceau E, Marri F. 2008. On the compound Poisson risk model with dependence based on a generalized Farlie-Gumbel-Morgenstern copula. Insurance: Mathematics and Economics, 43(3): 444-455.

Csörgö M, Révész P. 1981. Strong Approximations in Probability and Statistics. Budapest: Academic Press.

Dai H S, Liu Z M. 2011. Optimal Financing and dividend control in the dual model. Mathematical and Computer Modelling, 53(9-10): 1921-1928.

Dai H S, Liu Z M, Luan N N. 2010. Optimal dividend strategies in a dual model with capital injections. Mathematical Methods of Operations Research, 72(1): 129-143.

Dassios A, Embrechts P. 1989. Martingales and insurance risk. Communications in Statistics-Stochastic Models, 5(2): 181-217.

Davis M H A. 1993. Markov Models and Optimization. London: Chapman & Hall.

De Finetti B. 1957. Su un'impostazione alternativa dell teoria collecttiva del rischio. Transactions of the XVth International Congress of Actuaries, 2: 433-443.

De Vylder F E, Goovaerts M J. 1999. Explicit finite-time and infinite-time ruin probabilities in the continuous case. Insurance: Mathematics and Economics, 24(3): 155-172.

Dickson D C M. 1994. Some comments on the compound binomial models. Astin Bulletin, 24(1): 33-45.

Dickson D C M. 2005. Insurance Risk and Ruin. Cambridge: Cambridge University Press.

Dickson D C M, Drekic S. 2004. The joint distribution of the surplus prior to ruin and the deficit at ruin in some Sparre Andersen models. Insurance: Mathematics and Economics, 34(1): 97-107.

Dickson D C M, Egídio dos Reis A D. 1997. The effect of interest on negative surplus. Insurance: Mathematics and Economics, 21(1): 1-16.

Dickson D C M, Hipp C. 1998. Ruin probabilities for Erlang (2) risk processes. Insurance: Mathematics and Economics, 22(3): 251-262.

Dickson D C M, Hipp C. 2001. On the time to ruin for Erlang (2) risk process. Insurance: Mathematics and Economics, 29(3): 333-344.

Dickson D C M. 1992. On the distribution of the surplus prior to ruin. Insurance: Mathematics and Economics, 11(3): 191-207.

Dickson D C M. 1998. On a class of renewal risk processes. North American Actuarial Journal, 2(3): 60-68.

Doney R A. 1991. Hitting probabilities for spectrally positive Lévy process. Journal of the London Mathematical Society, 44(3): 566-576.

Duffield N G, O'Connell N. 1995. Large deviations and overflow probabilities for the general single-server queue, with applications. Mathematical Proceedings of the Cambridge Philosophical Society, 118(2): 363-374.

Dufresne F, Gerber H U. 1991. Risk theory for the compound Poisson process that is perturbed by diffusion. Insurance: Mathematics and Economics, 10(1): 51-59.

Egídio dos Reis A D. 1993. How long is the surplus below zero? Insurance: Mathematics and Economics, 12(1): 23-38.

Egídio dos Reis A D. 2000. On the moments of ruin and recovery times. Insurance: Mathematics and Economics, 27(3): 331-343.

Embrechts P, Klüppelberg C, Mikosch T. 1997. Modelling Extremal Events for Insurance and Finance. Berlin: Springer.

Embrechts P, Schmidli H. 1994. Ruin estimation for a general insurance risk model. Advances in Applied Probability, 26(2): 404-422.

Emery D J. 1973. Exit problem for a spectrally positive process. Advances in Applied Probability, 5(3): 498-520.

Feller W. 1971. An Introduction to Probability Theory and its Applications. New York: Wiley.

Furrer H J, Schmidli H. 1994. Exponential inequalities for ruin probabilities of risk processes perturbed by diffusion. Insurance: Mathematics and Economics, 15(1): 23-36.

Gao H L, Yin C C. 2008. The perturbed Sparre Andersen model with a threshold dividend strategy. Journal of Computational and Applied Mathematics, 220(1-2): 394-408.

Gerber H U. 1970. An extension of the renewal equation and its application in the collective theory of risk. Scandinavian Actuarial Journal, 1970(3-4): 205-210.

Gerber H U. 1979. An introduction to mathematical risk theory. S.S. Huebner Foundation for Insurance Education, University of Pennsylvania, Philadelphia.

Gerber H U. 1982. Risk theory in the linear model. Insurance: Mathematics and Economics, 1(3): 213-217.

Gerber H U. 1988. Mathematical fun with the compound binomial process. Astin Bulletin, 18(2): 161-168.

Gerber H U. 1990. When does the surplus reach a given target? Insurance: Mathematics and Economics, 9(2-3): 115-119.

Gerber H U, Lantry B. 1998. On the discounted penalty at ruin in a jump-diffusion and the perpetual put option. Insurance: Mathematics and Economics, 22(3): 263-276.

Gerber H U, Shiu E S W. 1997. The joint distribution of the time of ruin, the surplus immediately before ruin, and the deficit at ruin. Insurance: Mathematics and Economics, 21(2): 129-137.

Gerber H U, Shiu E S W. 1998. On the time value of ruin. North American Actuarial Journal, 2(1): 48-72.

Gerber H U, Shiu E S W. 2005. The time value of ruin in a Sparre Andersen model. North American Actuarial Journal, 9(2): 49-69.

Gihman H U, Skorohod A V. 1974. Theory of Stochastic Process II. New York: Springer.

Goovaerts M J, Dhaene J. 1996. The compound Poisson approximation for a portfolio of dependent risks. Insurance: Mathematics and Economics, 18(1): 81-85.

Grandell J. 1977. A class of approximations of ruin probabilities. Scandinavian Actuarial Journal, 1977 (Issue sup1): 37-52.

Grandell J. 1978. A Remark on 'A class of approximations of ruin probabilities'. Scandinavian Actuarial Journal, 2: 77-78.

Grandell J. 1991. Aspects of Risk Theory. New York: Springer.

Harrison J M. 1977. Ruin problems with compounding assets. Stochastic Processes and their Applications, 5(1): 67-79.

He J M, Wu R, Zhang H Y. 2008. Ruin probabilities of a surplus process described by PDMPs. Acta Mathematicae Applicatae Sinica, English Series, 24(1): 117-128.

Hϕjgaard B, Taksar M. 1999. Controlling risk exposure and dividends payout schemes: Insurance company example. Mathematical Finance, 9(2): 153-182.

Iglehart D L. 1969. Diffusion approximations in collective risk theory. Journal of Applied Probability, 6(2): 285-292.

Ikeda N, Watanabe E S. 1981. Stochastic Differential Equations and Diffusion Processes. Amsterdam: North-Holland.

Jacobson M. 2005. The time to ruin for a class of Markov additive risk process with two-sided jumps. Advanced in Applied Probability, 37(4): 963-992.

Jeanblanc-Picqué M, Shiryaev A N. 1995. Optimization of the flow of dividends. Russian Mathematical Surveys, 50(2): 25-46 .

Ji L P, Zhang C S. 2010. The Gerber-Shiu penalty functions for two classes of renewal risk processes. Journal of Computational and Applied Mathematics, 233(10): 2575-2589.

Ko B. 2007. Discussion of the discounted joint distribution of the surplus prior to ruin and the deficit at ruin in a Sparre Andersen model. North American Actuarial Journal, 11(3): 136-137.

Kadankov V F, Kadankova T V. 2005. On the distribution of the first exit time from an interval and the value of the overjump across a boundary for processes with independent increments and random walks. Ukrainian Mathematical Journal, 57(10): 1359-1384.

Kalashnikov V, Norberg R. 2002. Power tailed ruin probabilities in the presence of risky investments. Stochastic Processes and their Applications, 98(2): 211-228.

Karatzas I, Shreve S. 1988. Brownian Motion and Stochastic Calculus. New York: Springer-Verlag.

Klüppelberg C, Kyprianou A, Maller R. 2004. Ruin probabilities and overshoots for general Lévy insurance risk processes. The Annals of Applied Probability, 14(4): 1766-1801.

Klebaner F C. 2005. Introduction to Stochastic Calculus with Applications. London: Imperial College Press.

Korolyuk V S, Suprun B I, Shurenkov V M. 1976. Method of potential in boundary problems for processes with independent increases and jumps of the same sign. Theory Probability and its Applications, 21(2): 243-249.

Kuznetsov A, Kyprianou A E, Pardo J C. 2012a. Meromorphic Lévy processes and their fluctuation identities. The Annals of Applied Probability, 22(3): 1101-1135.

Kuznetsov A, Kyprianou A E, Rivero V. 2012b. The Theory of Scale Functions for Spectrally Negative Lévy Processes// Lévy Matters II. Lecture Notes in Mathematics, vol 2061. Berlin, Heidelberg: Springer.

Kyprianou A E. 2006. Introductory Lectures on Fluctuations of Lévy Processes with Applications. Berlin: Springer-Verlag.

Kyprianou A E. 2014. Fluctuations of Lévy Processes with Applications. 2nd ed. Berlin: Springer.

Kyprianou A E, Loeffen R. 2010. Refracted Lévy processes. Annales de l'Institut Henri Poincaré-Probabilités et Statistiques, 46 (1): 24-44.

Kyprianou A E, Loeffen R, Perez J L. 2012. Optimal control with absolutely continuous strategies for spectrally negative Lévy processes. Journal of Applied Probability, 49(1): 150-166.

Kyprianou A E, Palmowski Z. 2005. A martingale review of some fluctuation theory for spectrally negative Lévy processes// Émery M, Ledoux M, Yor M, eds. Séminaire de Probabilités XXXVIII. Lecture Notes in Mathematics (Séminaire de Probabilités), vol 1857. Berlin, Heidelberg: Springer.

Kyprianou A E, Rivero V, Song R. 2010. Convexity and smoothness of scale functions and de Finetti's control problem. Journal of Theoretical Probability, 23: 547-564.

Landriault D, Renaud J, Zhou X W. 2011. Occupation times of spectrally negative Lévy processes with applications. Stochastic Processes and their Applications, 121(11): 2629-2641.

Li B, Wu R. 2008. The dividend function in the jump-diffusion dual model with barrier dividend strategy. Applied Mathematics and Mechanics, 29(9): 1239-1249.

Li B, Wu R, Song M. 2009. A renewal jump-diffusion process with threshold dividend strategy. Journal of Computational and Applied Mathematics, 228(1): 41-55.

Li J Z, Tang Q H, Wu R. 2010. Subexponential tails of discounted aggregate claims in a time-dependent renewal risk model. Advances in Applied Probability, 42(4): 1126-1146.

Li S M. 2008. The time of recovery and the maximum severity of ruin in a Sparre Andersen model. North American Actuarial Journal, 12(4): 413-425.

Li S M, Garrido J. 2004. On ruin for the Erlang(n) risk process. Insurance: Mathematics and Economics, 34(3): 391-408.

Li S M, Garrido J. 2005. On the Gerber-Shiu functions in a Sparre Andersen risk process perturbed by diffusion. Scandinavian Actuarial Journal, 3: 161-186.

Li S M, Lu Y. 2008. The decompositions of the discounted penalty functions and dividend-penalty identity in a Markov-modulated risk model. ASTIN Bulletin, 38(1): 53-71.

Li Y Q, Yin C C, Zhou X W. 2017. On the last exit times for spectrally negative Lévy processes. Journal of Applied Probability, 54(2): 474-489.

Liu G X. 1998. Piecewise-deterministic Markov process. Ph.D. Thesis, Changsha Railway University.

Lkabous M A. 2021. Poissonian occupation times of spectrally negative Lévy processes with applications. Scandinavian Actuarial Journal. DOI: 10.1080/03461238.2021.1907783.

Loeffen R L, Renaud J F, Zhou X W. 2014. Occupation times of intervals until first passage times for spectrally negative Lévy processes. Stochastic Processes and their Applications, 124(3): 1408-1435.

Loeffen R L. 2008. On optimality of the barrier strategy in de Finetti's dividend problem for spectrally negative Lévy processes. The Annals of Applied Probability, 18(5): 1669-1680.

Loeffen R L. 2009. An optimal dividends problem with a terminal value for spectrally negative Lévy processes with a completely monotone jump density. Journal of Applied Probability, 46(1): 85-98.

Loeffen R L, Renaud J F. 2010. De Finetti's optimal dividends problem with an affine penalty function at ruin. Insurance: Mathematics and Economics, 46(1): 98-108.

Lu Y, Tsai C C L. 2007. The expected discounted penalty at ruin for a markov-modulated risk process perturbed by diffusion. North American Actuarial Journal, 11(2): 136-149.

Marcus M, Minc H. 1965. A survey of matrix theory and matrix inequalities. Mathematics of Computation, 19(89): 150-151.

Mikhlin S G. 1957. Integral Equations. London: Pergamon Press.

Ng A C Y. 2009. On a dual model with a dividend threshold. Insurance: Mathematics and Economics, 44(2): 315-324.

Nikiforov A F, Uvarov V B. 1988. Special Function of Mathematical Physics. Basel: Birkhauser.

Noba K, Pérez J L, Yamazaki K, et al. 2018. On optimal periodic dividend strategies for Lévy risk processes. Insurance: Mathematics and Economics, 80: 29-44.

Partrat C. 1994. Compound model for two dependent kinds of claim. Insurance: Mathematics and Economics, 15(2-3): 219-231.

Paulsen J. 1993. Risk theory in a stochastic economic environment. Stochastic Processes and their Applications, 46(2): 327-361.

Paulsen J, Gjessing H K. 1997. Ruin theory with stochastic return on investments. Advances in Applied Probability, 29(4): 965-985.

Picard P, Lefèvre C. 1994. On the first crossing of the surplus process with a given upper barrier. Insurance: Mathematics and Economics, 14(2): 163-179 .

Pistorius M R. 2004. On exit and ergodicity of the spectrally one-sided Lévy process reflected at its infimum. Journal of Theoretical Probability, 17(1): 183-220.

Pitts S M, Politis K. 2007. The joint density of the surplus before and after ruin in the Sparre Andersen model. Journal of Applied Probability, 44(3): 695-712.

Pólya G, Szegö G. 1976. Problems and Theorems in Analysis, vol.II. New York: Springer.

Port S, Stone C. 1978. Brownian Motion and Classical Potential Theory. New York: Academic Press.

Prabhu N U. 1970. Ladder variables for a continuous stochastic process. Zeitschrift für Wahrscheinlichkeitstheorie und Verwandte Gebiete, 16: 157-164.

Protter P. 1992. Stochastic Integration and Differential Equations: A New Approach. Berlin: Springer.

Reinhard J M. 1984. On a class of semi-Markov risk models obtained as classical risk models in a Markovian environment. ASTIN Bulletin, 14(1): 23-43.

Ren J D. 2007. The discounted joint distribution of the surplus prior to ruin and the deficit at ruin in a Sparre Andersen model. North American Actuarial Journal, 11(3): 128-136.

Revuz D, Yor M. 1991. Continuous Martingales and Brownian Motion. Berlin: Springer.

Rogozin B A. 1966. On distributions of functionals related to boundary problems for processes with independent increments. Theory of Probability and its Applications, 11(4): 580-591.

Rolski T, Schmidli H, Schmidt V, et al. 1998. Stochastic Processes for Insurance and Finance. Chichester: John Wiley.

Sato K. 1999. Lévy Processes and Infinitely Divisible Distributions. London: Cambridge University Press.

Schäl M. 1993. On hitting times for jump-diffusion processes with past dependent local characteristics. Stochastic Processes and their Applications, 47: 131-142.

Schmidli H. 1995. Cramer-Lundberg approximations for ruin probabilities of risk processes perturbed by diffusion. Insurance: Mathematics and Economics, 16(2): 135-149.

Schmidli H. 2005. Discussion of 'The Time Value of Ruin in a Sparre Andersen Model'. North American Actuarial Journal, 9: 69-70.

Shen Y, Yin C C, Yuen K C. 2013. Alternative approach to the optimality of the threshold strategy for spectrally negative Lévy processes. Acta Mathematicae Applicatae Sinica, English Series, 29(4): 705-716.

Shiu E S W. 1989. The probability of eventual ruin in the compound binomial model. ASTIN Bulletin, 19(2): 179-190.

Skorohod A V. 1957. Limit theorems for stochastic processes with independent increments. Theory of Probability and its Applications, 2(2): 138-171.

Slater L J. 1960. Confluent Hypergeometric Functions. London: Cambridge University Press.

Song M, Meng Q B, Wu R, et al. 2010. The Gerber-Shiu discounted penalty function in the risk process with phase-type interclaim times. Applied Mathematics and Computation, 216(2): 523-531.

Song M, Wu R. 2007. Total duration of negative surplus for the risk process with constant interest force. Stochastic Analysis and Applications, 25(6): 1263-1272.

Sundt B, Teugels J L. 1995. Ruin estimates under interest force. Insurance: Mathematics and Economics, 16(1): 7-22.

Sundt B, Teugels J L. 1997. The adjustment function in ruin estimates under interest force. Insurance: Mathematics and Economics, 19(2): 85-94.

Takács L. 1962. Introduction to the Theory of Queues. New York: Oxford University Press.

Thonhauser S, Albrecher H. 2007. Dividend maximization under consideration of the time value of ruin. Insurance: Mathematics and Economics, 41(1): 163-184.

Tsai C C L. 2003. On the expectations of the present values of the time of ruin perturbed by diffusion. Insurance: Mathematics and Economics, 32(3): 413-429.

Veraverbeke N. 1993. Asymptotic estimates for the probability of ruin in a Poisson model with diffusion. Insurance: Mathematics and Economics, 13(1): 57-62.

Wang G J. 2001. A decomposition of ruin probability for the risk process perturbed by diffusion. Insurance: Mathematics and Economics, 28(1): 49-59.

Wang G J, Wu R. 2000. Some distributions for classical risk process that is perturbed by diffusion. Insurance: Mathematics and Economics, 26(1): 15-24.

Wang G J, Wu R. 2001. Distributions for the risk process with a stochastic return on investments. Stochastic Processes and their Applications, 95(2): 329-341.

Wang G J, Wu R. 2008. The expected discounted penalty function for the perturbed compound Poisson risk process with constant interest. Insurance: Mathematics and Economics, 42(1): 59-64.

Wang G J, Zhang C S, Wu R. 2003. Ruin theory for the risk process described by PDMPs. Acta Mathematicae Applicatae Sinica, 19(1): 59-70.

Waters H R, Papatriandafylou A. 1985. Ruin probabilities allowing for delay in claims settlement. Insurance: Mathematics and Economics, 4(2): 113-122.

Wei L, Wu R. 2002. The joint distributions of several important actuarial diagnostics in the classical risk model. Insurance: Mathematics and Economics, 30(3): 451-462.

Willmot G E. 1993. Ruin probabilities in the compound binomial model. Insurance: Mathematics and Economics, 12(2): 133-142.

Wu R, Lu Y H, Fang Y. 2007. On the Gerber-Shiu discounted penalty function for the ordinary renewal risk model with constant interest. North American Actuarial Journal, 11(2): 119-134.

Wu R, Wang G J, Wei L. 2003. Joint distributions of some actuarial random vectors containing the time of ruin. Insurance: Mathematics and Economics, 33(1): 147-161.

Wu R, Wang G J, Zhang C S. 2005. On a joint distribution for the risk process with constant interest force. Insurance: Mathematics and Economics, 36(3): 365-374.

Wu R, Wang W. 2012. The hitting time for a Cox risk process. Journal of Computational and Applied Mathematics, 236(10): 2706-2716.

Wu R, Wei L. 2004. The probability of ruin in a kind of Cox risk model with variable premium rate. Scandinavian Actuarial Journal, 2: 121-132.

Wu R, Zhang C S, Wang G J. 2002. About a joint distribution in classical risk model. Acta Mathematicae Applicatae Sinica, 25(3): 554-560.

Xiao Y T, Guo J Y. 2007. The compound binomial risk model with time-correlated claims. Insurance: Mathematics and Economics, 41(1): 124-133.

Yang H L, Zhang L Z. 2001. Spectrally negative Lévy processes with applications in risk theory. Advances in Applied Probability, 33(1): 281-291.

Yao D J, Yang H L, Wang R M. 2010. Optimal financing and dividend strategies in a dual model with proportional costs. Journal of Industrial and Management Optimization, 6(4): 761-777.

Yin C C, Shen Y, Wen Y Z. 2013. Exit problems for jump processes with applications to dividend problems. Journal of Computational and Applied Mathematics, 245(1): 30-52.

Yin C C, Wen Y Z, Zhao Y X. 2014. On the optimal dividend problem for a spectrally positive Lévy process. ASTIN Bulletin, 44(3): 635-651.

Yin C C, Chiu S N. 2001. Occupation times of balls by Brownian motion with drift. Chinese Annals of Mathematics, 22(1): 47-56.

Yin C C, Wen Y Z. 2013a. An extension of Paulsen-Gjessing's risk model with stochastic return on investments. Insurance: Mathematics and Economics, 52(3): 469-476.

Yin C C, Wen Y Z. 2013b. Optimal dividend problem with a terminal value for spectrally positive Lévy processes. Insurance: Mathematics and Economics, 53(3): 769-773.

Yin C C, Yuen K C. 2014. Exact joint laws associated with spectrally negative Lévy processes and applications to insurance risk theory. Frontiers of Mathematics in China, 9(6): 1453-1471.

Yin C C, Yuen K C. 2015. Optimal dividend problems for a jump-diffusion model with capital injections and proportional transaction costs. Journal of Industrial and Management Optimization, 11(4): 1247-1262.

Yor M. 1992. On some exponential functionals of Brownian motion. Advances in Applied Probability, 24(3): 509-531.

Yuen K C, Guo J Y. 2001. Ruin probabilities for time-correlated claims in the compound binomial model. Insurance: Mathematics and Economics, 29(1): 47-57.

Yuen K C, Guo J Y, Ng K W. 2005. On ultimate ruin in a delayed-claims risk model. Journal of Applied Probability, 42(1): 163-174.

Yuen K C, Guo J Y, Wu X Y. 2002. On a correlated aggregate claims model with Poisson and Erlang risk processes. Insurance: Mathematics and Economics, 31(2): 205-214.

Yuen K C, Wang G J, Ng K W. 2004. Ruin probabilities for a risk process with stochastic return on investments. Stochastic Processes and their Applications, 110(2): 259-274.

Yuen K C, Wang G J. 2005. Some ruin problems for a risk process with stochastic Interest. North American Actuarial Journal, 9(3): 129-142.

Yuen K C, Wang G J, Wu R. 2006. On the renewal risk process with stochastic interest. Stochastic Processes and their Applications, 116(10): 1496-1510.

Zhang C S. 1997. Some problems on the classical risk model perturbed by diffusion and a class of insurance risk models. Ph.D. Thesis, Nankai University.

Zhang C S, Wang G J. 2003. The joint density function of three characteristics on jump-diffusion risk process. Insurance: Mathematics and Economics, 32(3): 445-455.

Zhang C S, Wu R. 1999. On the distribution of the surplus of the D-E model prior to and at ruin. Insurance: Mathematics and Economics, 24(3): 309-321.

Zhang C S, Wu R. 2002. Total duration of negative surplus for the compound poisson process that is perturbed by diffusion. Journal of Applied Probability, 39(3): 517-532.

Zhao Y X, Chen P, Yang H L. 2017a. Optimal periodic dividend and capital injection problem for spectrally positive Lévy processes. Insurance: Mathematics and Economics, 74: 135-146.

Zhao Y X, Wang R M, Yin C C. 2017b. Optimal dividends and capital injections for a spectrally positive Lévy process. Journal of Industrial and Management Optimization, 13(1): 1-21.

Zolotarev V M. 1964. The first passage time of a level and the behavior at infinity for a class of processes with independent increments. Theory of Probability and its Applications, 9(4): 653-661.

《现代数学基础丛书》已出版书目

（按出版时间排序）

1. 数理逻辑基础(上册) 1981.1 胡世华 陆钟万 著
2. 紧黎曼曲面引论 1981.3 伍鸿熙 吕以辇 陈志华 著
3. 组合论(上册) 1981.10 柯 召 魏万迪 著
4. 数理统计引论 1981.11 陈希孺 著
5. 多元统计分析引论 1982.6 张尧庭 方开泰 著
6. 概率论基础 1982.8 严士健 王隽骧 刘秀芳 著
7. 数理逻辑基础(下册) 1982.8 胡世华 陆钟万 著
8. 有限群构造(上册) 1982.11 张远达 著
9. 有限群构造(下册) 1982.12 张远达 著
10. 环与代数 1983.3 刘绍学 著
11. 测度论基础 1983.9 朱成熹 著
12. 分析概率论 1984.4 胡迪鹤 著
13. 巴拿赫空间引论 1984.8 定光桂 著
14. 微分方程定性理论 1985.5 张芷芬 丁同仁 黄文灶 董镇喜 著
15. 傅里叶积分算子理论及其应用 1985.9 仇庆久等 编
16. 辛几何引论 1986.3 J.柯歇尔 邹异明 著
17. 概率论基础和随机过程 1986.6 王寿仁 著
18. 算子代数 1986.6 李炳仁 著
19. 线性偏微分算子引论(上册) 1986.8 齐民友 著
20. 实用微分几何引论 1986.11 苏步青等 著
21. 微分动力系统原理 1987.2 张筑生 著
22. 线性代数群表示导论(上册) 1987.2 曹锡华等 著
23. 模型论基础 1987.8 王世强 著
24. 递归论 1987.11 莫绍揆 著
25. 有限群导引(上册) 1987.12 徐明曜 著
26. 组合论(下册) 1987.12 柯 召 魏万迪 著
27. 拟共形映射及其在黎曼曲面论中的应用 1988.1 李 忠 著
28. 代数体函数与常微分方程 1988.2 何育赞 著

29	同调代数　1988.2　周伯壎　著	
30	近代调和分析方法及其应用　1988.6　韩永生　著	
31	带有时滞的动力系统的稳定性　1989.10　秦元勋等　编著	
32	代数拓扑与示性类　1989.11　马德森著　吴英青　段海豹译	
33	非线性发展方程　1989.12　李大潜　陈韵梅　著	
34	反应扩散方程引论　1990.2　叶其孝等　著	
35	仿微分算子引论　1990.2　陈恕行等　编	
36	公理集合论导引　1991.1　张锦文　著	
37	解析数论基础　1991.2　潘承洞等　著	
38	拓扑群引论　1991.3　黎景辉　冯绪宁　著	
39	二阶椭圆型方程与椭圆型方程组　1991.4　陈亚浙　吴兰成　著	
40	黎曼曲面　1991.4　吕以辇　张学莲　著	
41	线性偏微分算子引论(下册)　1992.1　齐民友　徐超江　编著	
42	复变函数逼近论　1992.3　沈燮昌　著	
43	Banach 代数　1992.11　李炳仁　著	
44	随机点过程及其应用　1992.12　邓永录等　著	
45	丢番图逼近引论　1993.4　朱尧辰等　著	
46	线性微分方程的非线性扰动　1994.2　徐登洲　马如云　著	
47	广义哈密顿系统理论及其应用　1994.12　李继彬　赵晓华　刘正荣　著	
48	线性整数规划的数学基础　1995.2　马仲蕃　著	
49	单复变函数论中的几个论题　1995.8　庄圻泰　著	
50	复解析动力系统　1995.10　吕以辇　著	
51	组合矩阵论　1996.3　柳柏濂　著	
52	Banach 空间中的非线性逼近理论　1997.5　徐士英　李　冲　杨文善　著	
53	有限典型群子空间轨道生成的格　1997.6　万哲先　霍元极　著	
54	实分析导论　1998.2　丁传松等　著	
55	对称性分岔理论基础　1998.3　唐　云　著	
56	Gel'fond-Baker 方法在丢番图方程中的应用　1998.10　乐茂华　著	
57	半群的 S-系理论　1999.2　刘仲奎　著	
58	有限群导引(下册)　1999.5　徐明曜等　著	
59	随机模型的密度演化方法　1999.6　史定华　著	
60	非线性偏微分复方程　1999.6　闻国椿　著	
61	复合算子理论　1999.8　徐宪民　著	
62	离散鞅及其应用　1999.9　史及民　编著	

63	调和分析及其在偏微分方程中的应用 1999.10	苗长兴 著
64	惯性流形与近似惯性流形 2000.1	戴正德 郭柏灵 著
65	数学规划导论 2000.6	徐增堃 著
66	拓扑空间中的反例 2000.6	汪 林 杨富春 编著
67	拓扑空间论 2000.7	高国士 著
68	非经典数理逻辑与近似推理 2000.9	王国俊 著
69	序半群引论 2001.1	谢祥云 著
70	动力系统的定性与分支理论 2001.2	罗定军 张 祥 董梅芳 编著
71	随机分析学基础(第二版) 2001.3	黄志远 著
72	非线性动力系统分析引论 2001.9	盛昭瀚 马军海 著
73	高斯过程的样本轨道性质 2001.11	林正炎 陆传荣 张立新 著
74	数组合地图论 2001.11	刘彦佩 著
75	光滑映射的奇点理论 2002.1	李养成 著
76	动力系统的周期解与分支理论 2002.4	韩茂安 著
77	神经动力学模型方法和应用 2002.4	阮炯 顾凡及 蔡志杰 编著
78	同调论——代数拓扑之一 2002.7	沈信耀 著
79	金兹堡-朗道方程 2002.8	郭柏灵等 著
80	排队论基础 2002.10	孙荣恒 李建平 著
81	算子代数上线性映射引论 2002.12	侯晋川 崔建莲 著
82	微分方法中的变分方法 2003.2	陆文端 著
83	周期小波及其应用 2003.3	彭思龙 李登峰 谌秋辉 著
84	集值分析 2003.8	李 雷 吴从炘 著
85	数理逻辑引论与归结原理 2003.8	王国俊 著
86	强偏差定理与分析方法 2003.8	刘 文 著
87	椭圆与抛物型方程引论 2003.9	伍卓群 尹景学 王春朋 著
88	有限典型群子空间轨道生成的格(第二版) 2003.10	万哲先 霍元极 著
89	调和分析及其在偏微分方程中的应用(第二版) 2004.3	苗长兴 著
90	稳定性和单纯性理论 2004.6	史念东 著
91	发展方程数值计算方法 2004.6	黄明游 编著
92	传染病动力学的数学建模与研究 2004.8	马知恩 周义仓 王稳地 靳 祯 著
93	模李超代数 2004.9	张永正 刘文德 著
94	巴拿赫空间中算子广义逆理论及其应用 2005.1	王玉文 著
95	巴拿赫空间结构和算子理想 2005.3	钟怀杰 著
96	脉冲微分系统引论 2005.3	傅希林 闫宝强 刘衍胜 著

97	代数学中的 Frobenius 结构	2005.7	汪明义	著		
98	生存数据统计分析	2005.12	王启华	著		
99	数理逻辑引论与归结原理(第二版)	2006.3	王国俊	著		
100	数据包络分析	2006.3	魏权龄	著		
101	代数群引论	2006.9	黎景辉	陈志杰	赵春来	著
102	矩阵结合方案	2006.9	王仰贤	霍元极	麻常利	著
103	椭圆曲线公钥密码导引	2006.10	祝跃飞	张亚娟	著	
104	椭圆与超椭圆曲线公钥密码的理论与实现	2006.12	王学理	裴定一	著	
105	散乱数据拟合的模型方法和理论	2007.1	吴宗敏	著		
106	非线性演化方程的稳定性与分歧	2007.4	马 天	汪守宏	著	
107	正规族理论及其应用	2007.4	顾永兴	庞学诚	方明亮	著
108	组合网络理论	2007.5	徐俊明	著		
109	矩阵的半张量积:理论与应用	2007.5	程代展	齐洪胜	著	
110	鞅与 Banach 空间几何学	2007.5	刘培德	著		
111	非线性常微分方程边值问题	2007.6	葛渭高	著		
112	戴维-斯特瓦尔松方程	2007.5	戴正德	蒋慕蓉	李栋龙	著
113	广义哈密顿系统理论及其应用	2007.7	李继彬	赵晓华	刘正荣	著
114	Adams 谱序列和球面稳定同伦群	2007.7	林金坤	著		
115	矩阵理论及其应用	2007.8	陈公宁	著		
116	集值随机过程引论	2007.8	张文修	李寿梅	汪振鹏	高 勇 著
117	偏微分方程的调和分析方法	2008.1	苗长兴	张 波	著	
118	拓扑动力系统概论	2008.1	叶向东	黄 文	邵 松	著
119	线性微分方程的非线性扰动(第二版)	2008.3	徐登洲	马如云	著	
120	数组合地图论(第二版)	2008.3	刘彦佩	著		
121	半群的 S-系理论(第二版)	2008.3	刘仲奎	乔虎生	著	
122	巴拿赫空间引论(第二版)	2008.4	定光桂	著		
123	拓扑空间论(第二版)	2008.4	高国士	著		
124	非经典数理逻辑与近似推理(第二版)	2008.5	王国俊	著		
125	非参数蒙特卡罗检验及其应用	2008.8	朱力行	许王莉	著	
126	Camassa-Holm 方程	2008.8	郭柏灵	田立新	杨灵娥	殷朝阳 著
127	环与代数(第二版)	2009.1	刘绍学	郭晋云	朱 彬	韩 阳 著
128	泛函微分方程的相空间理论及应用	2009.4	王 克	范 猛	著	
129	概率论基础(第二版)	2009.8	严士健	王隽骧	刘秀芳	著
130	自相似集的结构	2010.1	周作领	瞿成勤	朱智伟	著

131	现代统计研究基础	2010.3	王启华　史宁中　耿　直　主编
132	图的可嵌入性理论(第二版)	2010.3	刘彦佩　著
133	非线性波动方程的现代方法(第二版)	2010.4	苗长兴　著
134	算子代数与非交换 L_p 空间引论	2010.5	许全华　吐尔德别克　陈泽乾　著
135	非线性椭圆型方程	2010.7	王明新　著
136	流形拓扑学	2010.8	马　天　著
137	局部域上的调和分析与分形分析及其应用	2011.6	苏维宜　著
138	Zakharov 方程及其孤立波解	2011.6	郭柏灵　甘在会　张景军　著
139	反应扩散方程引论(第二版)	2011.9	叶其孝　李正元　王明新　吴雅萍　著
140	代数模型论引论	2011.10	史念东　著
141	拓扑动力系统——从拓扑方法到遍历理论方法	2011.12	周作领　尹建东　许绍元　著
142	Littlewood-Paley 理论及其在流体动力学方程中的应用	2012.3	苗长兴　吴家宏　章志飞　著
143	有约束条件的统计推断及其应用	2012.3	王金德　著
144	混沌、Mel'nikov 方法及新发展	2012.6	李继彬　陈凤娟　著
145	现代统计模型	2012.6	薛留根　著
146	金融数学引论	2012.7	严加安　著
147	零过多数据的统计分析及其应用	2013.1	解锋昌　韦博成　林金官　编著
148	分形分析引论	2013.6	胡家信　著
149	索伯列夫空间导论	2013.8	陈国旺　编著
150	广义估计方程估计方法	2013.8	周　勇　著
151	统计质量控制图理论与方法	2013.8	王兆军　邹长亮　李忠华　著
152	有限群初步	2014.1	徐明曜　著
153	拓扑群引论(第二版)	2014.3	黎景辉　冯绪宁　著
154	现代非参数统计	2015.1	薛留根　著
155	三角范畴与导出范畴	2015.5	章　璞　著
156	线性算子的谱分析(第二版)	2015.6	孙　炯　王　忠　王万义　编著
157	双周期弹性断裂理论	2015.6	李　星　路见可　著
158	电磁流体动力学方程与奇异摄动理论	2015.8	王　术　冯跃红　著
159	算法数论(第二版)	2015.9	裴定一　祝跃飞　编著
160	偏微分方程现代理论引论	2016.1	崔尚斌　著
161	有限集上的映射与动态过程——矩阵半张量积方法	2015.11	程代展　齐洪胜　贺风华　著
162	现代测量误差模型	2016.3	李高荣　张君　冯三营　著
163	偏微分方程引论	2016.3	韩丕功　刘朝霞　著
164	半导体偏微分方程引论	2016.4	张凯军　胡海丰　著

165	散乱数据拟合的模型、方法和理论(第二版) 2016.6	吴宗敏 著
166	交换代数与同调代数(第二版) 2016.12	李克正 著
167	Lipschitz 边界上的奇异积分与 Fourier 理论 2017.3	钱 涛 李澎涛 著
168	有限 p 群构造(上册) 2017.5	张勤海 安立坚 著
169	有限 p 群构造(下册) 2017.5	张勤海 安立坚 著
170	自然边界积分方法及其应用 2017.6	余德浩 著
171	非线性高阶发展方程 2017.6	陈国旺 陈翔英 著
172	数理逻辑导引 2017.9	冯 琦 编著
173	简明李群 2017.12	孟道骥 史毅茜 著
174	代数 K 理论 2018.6	黎景辉 著
175	线性代数导引 2018.9	冯 琦 编著
176	基于框架理论的图像融合 2019.6	杨小远 石 岩 王敬凯 著
177	均匀试验设计的理论和应用 2019.10	方开泰 刘民千 覃 红 周永道 著
178	集合论导引(第一卷:基本理论) 2019.12	冯 琦 著
179	集合论导引(第二卷:集论模型) 2019.12	冯 琦 著
180	集合论导引(第三卷:高阶无穷) 2019.12	冯 琦 著
181	半单李代数与 BGG 范畴 $\mathcal{O}$ 2020.2	胡 峻 周 凯 著
182	无穷维线性系统控制理论(第二版) 2020.5	郭宝珠 柴树根 著
183	模形式初步 2020.6	李文威 著
184	微分方程的李群方法 2021.3	蒋耀林 陈 诚 著
185	拓扑与变分方法及应用 2021.4	李树杰 张志涛 编著
186	完美数与斐波那契序列 2021.10	蔡天新 著
187	李群与李代数基础 2021.10	李克正 著
188	混沌、Melnikov 方法及新发展(第二版) 2021.10	李继彬 陈凤娟 著
189	一个大跳准则——重尾分布的理论和应用 2022.1	王岳宝 著
190	Cauchy-Riemann 方程的 L^2 理论 2022.3	陈伯勇 著
191	变分法与常微分方程边值问题 2022.4	葛渭高 王宏洲 庞慧慧 著
192	可积系统、正交多项式和随机矩阵——Riemann-Hilbert 方法 2022.5	范恩贵 著
193	三维流形组合拓扑基础 2022.6	雷逢春 李风玲 编著
194	随机过程教程 2022.9	任佳刚 著
195	现代保险风险理论 2022.10	郭军义 王过京 吴 荣 尹传存 著